# 构建
# 地方应用性高等教育
# 新模式（中）

主　编　程　艺　李和平
副主编　储常连　方　明

安徽师范大学出版社
·芜湖·

责任编辑：李 玲 潘 安 王一澜 谢晓博 禹晓雪 装帧设计：桑国磊
责任校对：吴毛顺 胡志恒 责任印制：郭行洲

**图书在版编目（CIP）数据**

构建地方应用性高等教育新模式：全3册/程艺，李和平主编．—芜湖：安徽师范大学出版社，2014.11

ISBN 978-7-5676-1618-9

Ⅰ.①构… Ⅱ.①程… ②李… Ⅲ.①地方教育—高等教育—教育模式—研究—安徽省 Ⅳ.①G649.285.4

中国版本图书馆CIP数据核字（2014）第251419号

构建地方应用性高等教育新模式

（全三册）

程 艺 李和平 主编

---

出版发行：安徽师范大学出版社

芜湖市九华南路189号安徽师范大学花津校区 邮政编码：241002

网 址：http：//www.ahnupress.com/

发 行 部：0553-3883578 5910327 5910310（传真）E-mail：asdcbsfxb@126.com

印 刷：安徽芜湖新华印务有限责任公司

版 次：2014年11月第1版

印 次：2014年11月第1次印刷

规 格：710×1000 1/16

印 张：57.25

字 数：996千

书 号：ISBN 978-7-5676-1618-9

定 价：115.00元

---

# 目　录

## 第一编　领导讲话

谢广祥同志在历届全省高校党建暨高教工作会议上的讲话 ……………… 3
程艺同志关于构建地方应用性高等教育新模式方面的讲话 ……………… 16
程艺同志在其他相关工作会议上的讲话 ……………………………… 36
李和平同志在相关工作会议上的讲话 ………………………………… 64

## 第二编　调查研究

关于安徽省高等教育人才培养质量有关问题的调研报告 ………………… 97
深入贯彻落实科学发展观　着力提升高等教育发展水平——安徽省普通高等教育改革发展调研报告 ……………………………………………… 104
有关合肥学院等地方院校人才培养模式改革调研报告 ………………… 118
江苏、上海高等教育体制改革情况考察报告 ………………………… 127
安徽省普通高等教育改革发展调研报告 ……………………………… 139
关于我省普通高等教育学历考试情况的调研报告 …………………… 154
加快学科专业结构调整　增强人才培养的社会适应性 ……………… 162
大力发展应用性高等教育　服务引领安徽奋力崛起 ………………… 168
转型提升　科学构建地方应用性高等教育体系 ……………………… 178
支持地方新建本科院校科学发展 ……………………………………… 185
社会资源应优先用于发展高等教育 …………………………………… 186
地方高校人才培养的问题、思路与举措 ……………………………… 188
对高校创业教育的思考 ………………………………………………… 192
关于发展专业学位教育的认识与思考 ………………………………… 198

应用型人才培养的思考与实践——以合肥学院为例 …………………… 209
失范与重构：应用型本科院校质量监控问题探析 …………………… 214
借鉴德国经验，实施应用型本科教学改革 …………………………… 221
应用型本科院校实践教学的思考和探索 ……………………………… 226
新建本科院校建设发展应处理好四个关系 …………………………… 230
科学构建高等教育体系的思考 ………………………………………… 235
关于高等教育分类研究若干问题的思考——兼论科学构建应用性高等教育体系 ………………………………………………………………… 239
特需项目：专业硕士培养路径新探索 ………………………………… 254

## 第三编　政策举措

中共安徽省委　安徽省人民政府　关于建设高等教育强省的若干意见 ………………………………………………………………… 265
关于深化高等教育教学改革　全面提高人才培养质量的若干意见 …… 272
关于进一步优化本科学科专业结构　提高高等学校本科教学质量的通知 ………………………………………………………………… 282
关于实施高等学校教学质量与教学改革工程的意见 ………………… 285
安徽省教育厅　安徽省财政厅　关于印发《安徽省支持本科高校发展能力提升计划》和《安徽省高等教育振兴计划》的通知 ……………… 291
关于印发安徽省两项高等教育体制改革试点实施方案的通知 ………… 301
关于应用型共享课程开发和建设的若干意见 ………………………… 306
关于加强高等学校实践教学工作的若干意见 ………………………… 309
安徽省教育厅　关于印发安徽省职业院校升学考试改革试点方案（试行）的通知 …………………………………………………………… 313
安徽省应用型本科高校联盟实践教学小学期制管理办法（暂行） …… 327
关于加快我省船舶专业人才培养的意见 ……………………………… 329
关于加快我省旅游专业人才培养的意见 ……………………………… 331
安徽省教育厅　关于做好大学生创新创业训练计划实施工作　加强学科和技能竞赛项目管理的意见 ………………………………………… 334
关于印发《安徽省普通本科高等学校教师专业技术资格条件》

（试行）的通知 …………………………………………………………………… 337
关于印发《安徽省高职高专院校教师专业技术资格条件》（试行）的通知 …………………………………………………………………………… 349
关于在公益二类事业单位中开展编制备案制管理试点的通知 ………… 360

## 第四编　推广应用

产教融合　转型提升 ……………………………………………………… 365
突出地方特点　认真谋划安徽高等教育改革与发展 …………………… 373
建设应用型大学要在“转”字上下工夫 ………………………………… 379
《新华教育观察》：合肥学院创新办学模式　就业率连年攀升至全省最前列 ……………………………………………………………………………… 383
《人民日报》：安徽向市民开放高校公共资源 ………………………… 387
《教育部简报》：服务支撑产业　促进就业创业　安徽省积极构建地方应用性高等教育新模式 ……………………………………………………… 388
《中国教育报》：安徽29所应用型高校“结盟” ……………………… 390
《中国教育报》：设置“认知性实践学期”　实施“N+2”考试改革合肥学院创新教学模式　培养应用型人才 ………………………………… 391
《光明日报》：把论文写在田野山林 …………………………………… 393
《中国教育报》：从单兵作战到抱团发展 ……………………………… 395
《光明日报》：把一流工艺设备搬进课堂——记安徽铜陵学院的应用型本科院校建设之路 ……………………………………………………………… 397
《教育体制改革简报》：安徽省走地方应用型高等教育发展新路 ……… 399
《中国教育报》：一所地方高校的转型突围——合肥学院十年建设应用型大学之路 …………………………………………………………………………… 403
《中国教育报》：一场悄然兴起的教育变革——地方高校转型发展的改革创新实践（五） ………………………………………………………………… 413
《光明日报》：安徽首创政府主导“网络成教园区” …………………… 415

# 第一编

# 领导讲话

# 谢广祥同志在历届全省高校党建暨高教工作会议上的讲话

高校是培养人才的摇篮、科技创新的前沿、成果转化和文化传播的桥梁，对提升区域综合实力和核心竞争力具有全局性的意义。我们要深入贯彻落实科学发展观，理清高等教育改革发展的基本思路。概括地说，在今后相当长一段时期，就是要围绕“一个目标，两项任务，三个关系，四项工作”来推动我省高等教育大发展。

一个目标，就是确立建设高等教育强省的战略目标。在深入学习实践科学发展观活动中，就高等教育强省建设，王明方同志做了大量调研。根据我省各方面的实际情况，特别是高等教育要引领、服务安徽经济社会加速崛起的重大目标和“人才强省”战略目标的实现，经省委研究，提出战略目标任务，并列入了2009年省委常委的工作要点。建设高等教育强省，是建设人力资源强省的需要，是建设创新型安徽的需要，也是满足广大人民群众日益增长的高等教育需求的需要。当前，我省高等教育的整体发展水平与发达地区、与全国平均水平相比，还有很大的差距。建设高等教育强省，是一个长期的奋斗目标，需要经过艰苦努力和扎实工作才能实现。对于什么是高等教育强省，教育界有不同的意见和观点，我认为，对我省而言，高等教育强省起码是规模要比较大，结构要比较优，质量要比较高，效益要比较好。基础前提是规模进一步扩大，关键是结构调优，核心是质量大幅提升，最终体现是效益能充分发挥。建设高等教育强省，不仅要做大做强高等教育自身，更要强化高等教育对经济社会发展的引领和服务功能，提高高等教育对经济、社会、科技、文化建设的贡献度。我们要立足当前，着眼长远，认真谋划，科学规划高等教育强省建设。

两项任务，就是抓好扩大规模、提高质量的双重任务。当前，我省高等教育的总体发展水平距全国平均水平尚有一定差距，“双百工程”的目标，我们在数量上很快就能达到，但距离100万在校生的目标还有差距。这就决定了我们今后一个时期还要全力追赶跨越，在发展战略的主基调选择上，要坚定不移地实施规模与质量并重的方针，努力完成扩大规模和提升质量的双重任务。我们要争取到2012年，全省普通高等院校超过100所，在校生达100万人，高等教育毛入学率超过25%，基本达到全国平均水平。到2020年，我省高等教育规模的主要指标超过全国平均水平，进入全国前列。

三个关系，就是处理好规模和质量的关系，处理好政府、高校和社会之间的关系，处理好建设高等教育强省与加速安徽崛起、建设创新型安徽的关系。规模和质量的关系是当前高等教育的核心问题。规模和质量在不同方面体现出高等教育的发展水平，基于我省高等教育发展形势和任务，我们要在观念上、在实践中把两者并举，统筹兼顾，有机结合。政府、高校和社会之间的关系是解决高等教育发展力量源泉的问题。高等教育是社会公益事业，建设高等教育强省是全社会的共同责任，要把政府的主导作用、高校的主体作用、社会的参与作用充分发挥好、调动好，形成加快高等教育发展的强大合力。建设高等教育强省与加速安徽崛起、建设创新型安徽的关系是手段和目的的关系。推动安徽加速崛起、建设创新型安徽是我省高等教育改革发展的出发点和落脚点，我省高等教育理应承担更大的责任，这也是我们的光荣任务和历史使命。

四项工作，就是双百工程、质量工程、人才队伍建设和高教体制改革。一是继续实施双百工程，统筹规模、结构、质量、效益协调发展，构建具有安徽特色的高等教育体系。二是扎实推进质量工程，突出工作重点，抓住关键环节，解决主要矛盾，提高核心竞争力。三是加强人才队伍建设，建立人尽其才、才尽其用的体制机制，造就一批高水平的大师和创新团队。四是深化高等教育办学体制和管理体制改革，释放高等教育发展活力，推进高校实施科学管理、精细管理、规范管理。

（在第16次全省高校党建暨2009年度高教工作会议上的讲话摘录）

全面分析我省高等教育发展面临形势，切实增强建设高等教育强省的责任感和使命感。

一是创新思路，在分类指导、特色发展上形成新共识。在高等教育大众化进程中，高校办学定位趋同、盲目攀高求大、特色不够鲜明的问题日趋突出。针对这一现象，我省主动谋划，在全国率先提出“科学定位、分类指导、多元发展、特色办学”的总体思路，并通过启动实施质量工程、推进高教强省计划、构建现代应用性高等教育体系等三大举措，引导高校立足地方、面向市场，以质量求生存、以服务求支持、以特色求发展。这些新的思路和举措，影响广泛，效果很好，得到了全省高校普遍认同，社会各界也给予了积极评价。

二是抢抓机遇，在争先进位、服务发展上取得新进展。首先，抢抓国家大力发展高等教育的历史机遇，千方百计盘活存量、激活增量，扩大高等教育规模。截至2009年年底，我省普通高校已达95所，普通高校数量、招生数和在校生数分别位居全国第5位、第9位和第10位。其次，创造条件积极争取国家各类项目和成果。2009年共获得国家自然科学基金项目407项、国家社会科学基金项目55项、国家科学技术二等奖4项，项目数量比上年大幅增加。最后，高校服务经济社会发展的意识和能力明显增强。中国科学技术大学量子通信、语音技术，合肥工业大学汽车电子、节能电源等技术应用已经成为推动我省高新技术产业发展的新增长极。各类高等学校主动服务合芜蚌自主创新试验区建设，“千人培养计划”顺利启动。

…………

总体上，近年来，我省高等教育实现了跨越式发展，整体实力大幅提高，许多重要指标位居全国前列，但与我省加速崛起的新要求、人民群众的新期待和兄弟省市高教事业前进的新步伐相比，我们在服务经济社会发展、挖掘自身潜力等方面仍然存在不小差距，主要表现在以下几个方面：

一是从服务经济社会发展的视角看，我省高等教育的贡献度还偏弱。突出体现在三个“偏低”上：首先是高等教育对人力资源建设的贡献率偏低。据统计，我省每10万人口中接受高等教育人数为1 658人，比全国平均水平少384人，在中部10省中排名第9位。其次是高等教育对科技创新的贡献率偏低。2009年我省高校获得省科学技术奖65项，占该奖项总数的近50%；获省社会科学奖68项，占该奖项总数的76.4%。而同期，湖北高校获得省科学技术奖258项，占该奖项总数的79.4%；获省社会科学奖172项，占该奖项总数的92.5%。最后是高等教育对经济社会发展的支撑度偏低。高校科技成果转化率低，科技创新企业数量较少、产值较低，应用型人才培养能力和培养质量亟待提高。

二是从综合办学实力的视角看，我省高等教育的整体水平还不够高。主要表现在三个方面。首先是教育投入不足。尽管近年我省高教经费财政投入有了较大幅度增长，但总体水平仍然不高。2008 年，全省高校生均预算内教育事业费 4 078 元，仅是全国平均水平 7 577 元的 53.8%，在中部 10 省中排名第 9 位，在全国排名第 29 位。其次是高校师资数量和质量有待提高。2008 年，我省高校生师比为 18.1：1，高于全国平均 17.1：1 的水平，在中部 10 省中排名第 9 位。最后是办学条件相对较差。2008 年，普通高校生均教学仪器设备值 6 614 元，生均图书 68 册，在中部省份中均处于较后位次。

三是从自身发展潜力的视角看，我省高等教育的可持续发展能力还不够强。首先是校均规模偏小。我省省属普通本科高校校均规模 14 573 人，比全国平均水平 14 775 人少 202 人；高职高专院校校均规模 5 660 人，比全国平均水平 5 903 人少 243 人。其次是专业结构不优。专业同质化倾向明显，传统财会、文秘专业偏多，与经济社会发展密切相关的应用性、技能性、工科性专业偏少。最后是学校发展不平衡。省属大学和一般本科高校间发展不平衡，有些高校与兄弟省同类高校相比差距在拉大；高职高专院校中，举办者的重视程度、投入强度参差不齐，高校间的办学条件、管理水平差距很大。最后是历史积淀不够丰富。在省属普通高校中，举办时间在 10 年以内的有 75 所，其中本科 13 所、高职高专 62 所，占普通高校总数的 79%；尚没有一届毕业生的新办专业近 1 150 个，占专业总数的 40%；35 岁以下青年教师占专任教师总数的 53.5%，提升新建高校、新办专业、新进教师水平的任务繁重。

（在第 17 次全省高校党建暨 2010 年度高教工作会议上的讲话摘录）

第一，要明确高等教育的发展目标。“十二五”高等教育发展的主要目标，我想可以概括为“一个目标”“两个赶超”“三个提高”。“一个目标”，即全面推进高等教育强省建设，初步建成能够服务党委和政府决策、支撑经济发展和产业升级、引领文化繁荣和社会进步的具有安徽特色的现代应用性高等教育体系，高等教育对经济社会发展的贡献度、对人力资源强省建设的支撑度和人民群众的满意度有明显提升。“两个赶超”，即高等教育主要发展指标赶超全国平均水平、赶超中部地区高等教育领先省份，为到2020年实现全国先进、中部领先奠定坚实基础。这里的主要发展指标，包括高等教育毛入学率、高考录取率、毕业生就业率、科技成果转化率和生均预算内教育事业费等。“三个提高”，即提高高等教育的综合实力、办学活力和服务能力，改善高等教育的基本办学条件、师资队伍力量和人才培养质量，实现以质量求生存、以改革求发展、以服务求支持。

第二，要理清提高质量的基本思路。提高质量是建设高等教育强省的基本要求，是“十二五”高等教育发展的核心任务。这里的高等教育质量是广义的质量，既包括人才培养质量，也包括科学研究和社会服务的质量。如何提高质量？我认为要从以下四个方面入手：

一要做好优化结构这篇大文章。优化结构办出特色，既是做强高等教育的必然选择，也是高等教育服务经济社会发展的必然要求。一方面要主动围绕经济社会发展需求，建立动态调整机制，不断优化学科专业、类型、层次和区域布局结构，扩大应用型、复合型、技能型人才培养规模。另一方面，要实行分类管理，发挥政策指导和资源配置的作用，引导高校合理定位，克服同质化倾向，形成各自的办学理念和风格，在不同层次、不同领域办出特色，争创一流。

二要汇聚和培育更多优质资源。优质资源既是提高质量的物质基础，也是质量优良的现实表征。优质资源包括先进的教育理念和良好的办学条件，其载体是名校、名师、优势学科、特色专业和高水平实验实训基地。优质资源从哪里来？我想高校的自我建设和培育是主渠道，但另外三个方面也不容忽视：一是面向省外、境外、国外的学习借鉴和引进；二是面向行业、企业和社会的开放合作；三是高校之间的深度合作与资源共享。

三要抓好师资这个最关键要素。要加强师德建设。把关爱学生、严谨笃学、淡泊名利、自尊自律，以人格魅力和学识威望教育感染学生，做学生健康成长的指导者和引路人，镌刻在每一位教师的灵魂深处。要提升学术水平。大力培养造就一批在国内外有较高知名度的专家学者、一批具有较高学术水平的中青年学者和一批优秀年轻骨干教师，为提升我省高等教育整体水平奠定坚实基础。要改革教师队伍建设机制。加快学科带头人和团队建设，以人才聚集资源、以人才承接项目、以人才培育成果、以人才彰显贡献。

四要坚持示范与薄弱建设相结合。示范建设的目标是分类建设一批在全国同类高校中有特色和竞争力的高等学校、学科专业、创新平台、人文社科基地和人才团队，力争使其达到国内同类院校先进水平，引领各类高校和学科专业的建设标准和发展模式。同时，推进高等学校统筹发展，对皖北地区高校、新建高校、民办高校予以重点支持，对新办专业、新进教师等予以重点关注。通过示范建设和薄弱建设的有机结合，发挥项目引领和评估督导的综合效应，提升我省高等教育的整体实力。

第三，要把准推进改革的主要路径。一要巩固深化已有改革成果；二要扎实推进国家改革试点；三要鼓励支持高校先行先试；四要落实保障发展的政策措施。

（在第18次全省高校党建暨2011年度高教工作会议上的讲话摘录）

**一、肯定成绩、清醒认识，进一步坚定高等教育科学发展的正确方向**

在新的历史条件下，安徽高等教育发展进程中存在的矛盾已经发生了一些转化。一是我们基本满足了人民群众接受高等教育的愿望和需求，但人民群众对优质高等教育的强烈需求与优质资源供给不足的矛盾仍然存在。二是我们不断完善、提升了高等学校的服务功能，但打造“三个强省”、构建美好安徽的新要求与高等教育服务、支撑、引领作用不足的矛盾更加凸显。三是我们加快推进落实高校办学自主权，但推进省级统筹高等教育体制改革与现行体制机制约束的矛盾仍然突出。四是我们着力加强了师资队伍建设，但提高高等教育质量要求与师资队伍保障不足的矛盾仍然存在。五是我们注重增强高校办学经费和保障能力，但资金投入的增长相对高校发展的需求仍显不足，同时加大经费投入与高校精细化管理水平不高的矛盾仍然存在。推进解决这些矛盾和问题，要求我们进一步坚定高等教育科学发展的正确方向，把提高质量作为高等教育改革发展最核心最紧迫的任务，围绕加快建成“一个体系”（即初步建成能够服务党委和政府决策、支撑经济发展和产业升级、引领文化繁荣和社会进步的具有安徽特色的现代应用型高等教育体系，高等教育对经济社会发展的贡献度、对人力资源强省建设的支撑度和人民群众的满意度明显提升）、实现“两个赶超”（即高等教育主要发展指标赶超全国平均水平、赶超中部地区高等教育领先省份，为到2020年实现全国先进、中部领先奠定坚实基础)、确保“三个提高”（即坚持全面提高高等教育的综合实力、办学活力和服务能力)，全面推进高等教育强省建设。

**二、转变方式、服务发展，进一步理清高等教育科学发展的基本思路**

（一）正确处理高等教育与经济社会发展的关系，加速推进高等教育大省向高等教育强省转变

过去，受长期惯性思维影响，高校习惯于做经济社会发展的适应者，但今天，时代要求我们走在前面，引领经济社会发展，这是高等教育所肩负的神圣使命，体现了高等教育的独特价值。高校作为知识、智慧、人才集中的高地，理应扮演好科学知识创新者、创新人才培养者、知识成果转化者和社会价值维护者的角色，努力成为地方科技文化的活跃中心和经济社会发展的重要引擎，这同时也是高校自身保持生机活力的关键所在。截至2011年年底，我省普通高校数量已达104所，跃居全国第6位、中部第3位，普通高校招生数、在校生数均跃居全国第9位，我省已经跨入与人口大省、教育大省相协调的高等教育大省行列。现在，主要任务就是大踏步向高等教育强省迈进。建设高等教育强省，核心就是在做大做强的同时，着力强化高等教育对经济社会发展的服务、支撑和引领作用，切实提高高等教育对经济、政治、文化、社会和生态文明建设的贡献度。

（二）正确处理规模、结构、质量和效益的关系，加速推进规模扩张向质量提升转变

实现高等教育科学发展，必须要以结构优化、效益提升和质量提高为基础。从安徽高等教育发展的现状来看，既要重规模，更要重质量、重效益。不讲规模单讲效益不符合安徽实际，我们以全国较低的投入办出了中等偏上的规模和水平，这本身就是最大的效益。但我们不能一想到发展，就认为是铺摊子、盖房子，要把准发展的节奏，找准发展的方向。当前，要坚持质量是高等教育的生命线，把提高教育质量放在突出位置，推动高等教育发展，实现由规模扩张向质量提升的战略性转变。在这一转变过程中，我们必须要做到数量服从质量，硬件服务软件，形态体现功能，从点面设置转向结构优化，从布局调整转向功能提升，从建筑大楼转向培育大师。

（三）正确处理研究型与应用型的关系，加速推进高等教育由研究型为主向应用型为主转变

过去，受经济社会发展环境和资源条件制约，高等教育只能走“精英化”之路，我们更注重培养基础理论研究和研究型人才。但随着经济的发展、实力的壮大，高等教育资源日益丰富，高等教育“大众化”加速推进并正在向“普及化”迈进，特别是近年来我省高等教育的发展壮大，以及工业化、城镇化加速发展，对应用型、技能型人才的需求大幅增加，结构调整、方式转变、社会转型已经成为大趋势、大战略、大背景，迫切需要高等教育适应这种转变，也就是由研究型为主转向应用型为主。当前，要加强高素质应用型师资队伍和“实验、实习、实训”资源共享基地建设，加快推进示范性高职院校、应用型本科高校建设，大力发展专业学位研究生教育，以切实措施加快向应用型为主转变。针对我省一些高校科研实力较强，在国家基础性、战略性、前沿性研究方面已经取得良好成绩和声誉的基础上，我们还要坚持“两手抓”，一手抓应用型院校建设，一手抓研究型、创新型院校培育，特别是对于具有良好基础条件和研究实力的高校及部分学校的少数学科，要进一步以推进学术创新，提高研究水平为主，提升综合实力，努力在某些领域或某些学科的高精尖方面实现更大作为。

（四）正确处理高校间竞争与合作的关系，加速推进高校由相互独立向开放合作转变

竞争作为一种市场机制，给高校注入了新的压力和活力，提升了高等教育的效率和质量，而合作则有利于资源共享、成果共用、发展共进。合作是对竞争的补充和强化，通过合作最终可以实现双赢甚至多赢。安徽高等教育资源有限，无序竞争必然带来局面混乱，正确处理竞争与合作的关系，要更加自觉地从相互独立走向开放合作，把“开门办学”作为重要抓手，强力推进校地、校际、校企合作和中外合作办学，进一步向企业开放，向其他学校开放，向社会开放，向世界开放。同时，要科学合理地选择竞争合作的路径，实施差异化发展战略。各高校应当紧密结合自身的实力，明确目标，科学定位，根据自身的优势和特色来寻找发展道路，强化固化稀有性、稀缺性，形成比较优势和核心竞争力，构建独特的竞争优势。

（五）正确处理共性与个性的关系，加速推进高校由趋同向多元、特色发展转变

在多元化的社会形态下，高等教育必须正确处理好共性与个性的关系问题，核心是要在遵循共性教育规律的基础上，避免趋同化发展，注重多元和特色发展。关键要做到“六破六立”，即：破计划经济思维，立市场意识；破各自为战思维，立开放意识；破习惯思维，立创新意识；破趋同思维，立特色意识；破精英教育思维，立大众化教育意识；破安于现状思维，立争先意识。要坚持特色立校、特色兴校、特色强校，遵循比较优势原则，坚持“有所为有所不为”，走规模适度、内涵与外延相结合的发展道路。一流大学并不是学科专业越多越好，关键在于特色和优势，关键在于创立品牌，增强特色，强化优势。

（在第19次全省高校党建暨2012年度高教工作会议上的讲话摘录）

未来五年，是我省打造“三个强省”、建设美好安徽、全面建成小康社会的关键时期。我们要坚持以邓小平理论、“三个代表”重要思想、科学发展观为指导，全面贯彻党的十八大精神，落实党的教育方针。坚持“科学定位、分类指导、多元发展、特色办学”的发展思路，努力实现“一个目标”“两个赶超”“三个提高”。“一个目标”就是要大力推进高等教育强省建设，全面提高高等教育质量，建成能够服务党委和政府决策、支撑经济发展和产业升级、引领文化繁荣和社会进步的具有安徽特色的现代高等教育体系，高等教育对经济社会发展的贡献度、对人力资源强省建设的支撑度和人民群众的满意度有明显提升。“两个赶超”就是要实现我省高等教育投入水平、整体规模、学科专业、师资队伍、教育质量、办学绩效等主要指标赶超全国平均水平，进入中部地区高等教育领先行列。“三个提高”就是要大力提高高等教育的综合实力、服务能力和办学活力，建成一批有特色的高等学校，形成一批有影响的学科专业，建设一支高水平的名师名家队伍，取得一批有突出贡献的成果，培育一大批高素质、有竞争力的学生，高等教育的基本办学条件、师资队伍力量和人才培养质量有明显改善。我想，坚持内涵发展要重点把握好以下三个方面：

第一，强力推进三个转变，更加扎实地贯彻党的教育方针。一是转变发展

方式。大力推进安徽高等教育从以规模扩张与质量提升并重为基本特征的外延式发展，向以更加注重提高质量为核心的内涵式发展转变。在发展中，高度重视如何处理好高等教育与经济社会发展之间关系，统筹好规模、结构、质量和效益之间的关系，做到“顶天”与“立地”并重，既努力培养更多适应国内外科技、经济竞争需要的创新型高层次人才，又要更大规模地培养适应经济社会发展需要的应用型、技能型人才。二是转变思想观念。实现发展方式和作风转变，前提是要统一思想、转变观念。要深入学习贯彻党的十八大精神，以及国家和省关于提高高等教育质量、推进内涵式发展的有关精神，把思想统一到加强内涵建设、提高教育质量上来，统一到办好人民满意的高等教育上来。要彻底改变过去形成的注重外延发展为主导的惯性思维，坚决摒弃不正确的政绩观，强化各类项目、资金的杠杆作用，优先保障支持内涵建设，心无旁骛，一心一意推进教育质量稳步提升。三是转变工作作风。转变工作作风，就是要求高校领导干部把转变思想观念落实到具体工作中，按照中央和省关于转变作风的各项规定，把人民群众满意作为检验高等教育工作的最高标准，深入听取各方意见，及时解决各类困难和问题，扎实推进校风、教风和学风根本转变。

第二，全力提高五个度，更加有效地提高高等教育质量。以内涵式发展为导向，通过“五个度”来更好地分析评价高校教育质量、衡量办学水平，持续提高高等教育质量。一是高校办学定位与社会需求的切合度，要求我们正确处理高校与经济社会发展的关系，坚持以社会需求为导向，围绕我省推进四化同步、产业转型升级等重大发展战略对创新型、复合型、应用型、技能型人才的需要，科学定位学校的学科专业、服务面向、办学层次与类型。二是高校功能对办学定位的协调度，要求我们正确处理高校的人才培养、科学研究、社会服务、文化传承创新等作用与学校发展的关系，牢固确立人才培养在高校工作中的中心地位。科学研究、社会服务、文化传承创新必须服从、服务于人才培养工作。三是质量监控体系对高校内涵发展的引领度，要求我们正确处理人才培养目标、方案、教学运行等各环节之间的关系，做好人才培养工作的顶层设计。在人才培养过程中，探索多样化人才培养模式，加强过程质量管理和调控，引导教师将主要精力投入教学，严肃教风，端正学风，确保教学效果。四是教育资源对提高教学水平的保障度，要求我们正确处理师资队伍、教学仪器设备、实践教学基地、图书资料等教学条件建设与其他建设的关系，确立教学条件建设优先发展的地位。树立正确政绩观，保证新增生均拨款、新增教学经费优先用于教学建设特别是内涵建设上来。五是社会对高校人才培养质量的满意度，要求我们正确处理人才培养与利益相关者的关系，坚持以学生为本，不断提高社会影响力和美誉度，努力让学生、社会、用人单位、党委政府等各方面满意放心。

第三，把握六个要求，更加自觉地把办好人民满意的高等教育作为最高追求和努力方向。办好人民满意教育是党的十八大提出的明确要求，是广大群众对高等教育发展的迫切期待，也是内涵建设的最终目标。满意是一种复杂现象，用什么方式全面了解、积极回应广大人民群众所思所想所盼呢？关键是把握好人民满意高等教育的基本要求，这至少包含六个方面。一要上得了，要求内涵建设不以压缩规模为代价，在稳步提高高等教育毛入学率的基础上优化结构、提高质量、促进公平，让那些想上学的孩子都有学上。二要上得起，要求我们确保“绿色通道”畅通，建立完善奖、助、贷、勤、补多渠道立体资助系统，不断提高家庭经济困难学生资助水平，不让一个学生因为贫困而失学。三要学得好，要求学校能为学生提供良好的学习条件，人才培养方案制定要科学合理，师资队伍、教学仪器设备、图书资源等教学资源能满足学生学习成长需要，教学质量有严格保障。四是用得上，要求专业设置符合发展需要，全面提高学生社会适应能力，使学生学有所长、学有所专，具有过硬就业本领，同时增强发展潜力与后劲。五是有作为，要求学校在人才培养、科学研究、社会服务、文化传承创新方面大有作为，成为人才培养集聚、成果创新转化、服务引领发展、文化传承创新的高地，发挥知识创新作用，为建设美好安徽提供有力人才支持、智力支撑。六是保安稳，要求学校正确处理好改革、发展和稳定的关系，努力建设平安、和谐校园；抓牢意识形态的正确导向，坚持立德树人的办学取向，加强学生安全教育和学校日常管理，确保不发生安全事故，让家长放心，让社会放心。

（在第20次全省高校党建暨2013年度高教工作会议上的讲话摘录）

当前，高等教育形势正在发生深刻变化。我省自2004年高等教育毛入学率突破15%迈入大众化阶段之后，高等教育规模加速壮大，到2012年首次超过全国平均水平。随着大众化水平的不断提升，各方面更加关注高等教育公平和效益、更加重视教育结构和布局；工业化、城镇化、农业现代化和信息化的深入推进，给高等教育理念和方式带来多层次、多方位的挑战和冲击。科学分析我省高等教育面临的新形势，对于进一步明确发展方向，办好人民满意的高等教育具有重要作用。从纵向看，我省高等教育正处于加快转型发展的关键期。目前，我省高等教育正由以规模扩张为主的高教大省向突出内涵发展与规模适度扩张并重的高教强省加快转型，由办学定位趋同发展向分类、多元、特色发展加快转型，由传统教育教学模式向融合信息技术的现代教育教学模式转型，由推进单项改革向全面综合改革转型。从横向看，我省高等教育正处于追赶跨越的战略机遇期。2010 年，我省提出高教强省的战略目标，将目标定在与全国平均水平相比，与中部地区相比。2012 年，我省高等教育加入长三角联盟，开始与长三角的高教强省比较。比较对象和目标定位的改变，充分说明了我省高等教育经过近年来的快速发展，整体水平有了较大幅度提高，与苏、浙、沪等发达省市的差距正在缩小，“主要发展指标赶超全国平均水平，赶超中部地区高等教育领先省份”的“两个赶超”的目标正越来越近，高考录取率、高等教育毛入学率、高校毕业生初次就业率等一些主要指标已经提前达到或超过全国平均水平，领先中部地区。从现实看，我省高等教育正处于深化改革的攻坚期。近年来，我省在高等教育改革方面进行了积极探索，取得了一定成效，部分工作走在了全国前列。但是，我省高等教育改革发展中仍然存在不容忽视的问题，剩下来的都是难啃的硬骨头。一是高水平大学较少，特色优势学科不多。国家重点实验室等国家级平台较少，国家级重点项目与国家级奖励不多，高水平大学所必需的优秀人才，特别是院士、“长江学者”、“千人计划”等优秀拔尖人才、学术（学科）领军人才更是缺乏。国家级重点学科相对较少，目前全省共有国家级重点学科 27 个，只占全国 963 个重点学科的 2.8%，低于全国平均水平。二是我省高等教育的实力、活力和服务能力仍有较大差距。省属高校与发达地区同类型高校相比，综合办学实力不强；公办高校在体制机制上约束较多，导致活力不够，省属高校整体上对“三个强省”建设的支撑作用仍然不足。例如，从服务经济建设看，我省目前正处于工业化加速推进阶段，工业在国民经济三次产业中的比例高达 54.6%，比全国高 10.7 个百分点，但全省高校与之相关的专业点数只占 22%，专业结构以及人才培养支撑力度不够。三是高校内部治理能力相对较弱。部分高校在现代大学制度建设上比较滞后，治理结构等不够完善，这既有外部体制上的较多约束，也有内部机制上的不足，治理能力仍需进一步加强。为此，要按照党的十八大和十八届三中全会要求，围绕全省经济社会发展大局，把“立德树人”作为高等教育改革的根本任务，把提高教育质量作为主要抓手，把省级政府教育统筹综合改革试点作为重要平台，不断提升高等教育的综合实力、办学活力和服务能力，深入推进高等教育强省建设。

（在第21次全省高校党建暨2014年度高教工作会议上的讲话摘录）

# 程艺同志关于构建地方应用性高等教育新模式方面的讲话

胡锦涛同志在清华大学百年校庆发表重要讲话以来，我省深入学习贯彻讲话精神，认真落实《国家中长期教育改革和发展规划纲要（2010—2020年）》（以下简称《教育规划纲要》），紧密结合安徽“科学发展、全面转型、加速崛起、兴皖富民”的重大战略需求，着力从3个方面谋划提高高等教育质量的对策措施，取得了积极进展和初步成效。

**一、确立“应用型”地方高等教育发展定位**

为地方经济社会发展服务，是地方高等教育的主要职责。省委省政府明确提出，初步建成能够服务党委和政府决策、支撑经济发展和产业升级、引领文化繁荣和社会进步的具有安徽特色的现代应用性高等教育体系，并且将“对经济社会发展的支撑度、对人力资源强省建设的贡献度和人民群众的满意度”，作为高等教育质量的根本评判标准。为实现这一发展目标，采取了4个方面的措施：一是大力发展应用特色鲜明的专业学位研究生教育；二是加大学科专业结构调整力度，大幅度增设安徽经济社会发展急需的紧缺应用专业，停招停办一批非应用专业；三是充分发挥高等职业教育在职业教育中的龙头带动作用；四是把高校服务地方经济社会发展的工作效果，作为考核高校和高校领导干部的重要内容。

**二、推进“合作式”地方高等教育体制改革**

我省作为国务院批准的省级政府教育统筹综合改革试点省，把推进高校开放合作，特别是校地、校企、校际和中外合作办学，作为深化高等教育体制改革的重要抓手。一是成立六类高校合作联盟，依托联盟平台，在学校定位、事业规划、专业布局、招生计划、项目建设等方面，对高校实施分类管理。联盟高校共商办学标准、共建学科专业，共享优质资源。医学联盟联合开展全科医生培养；应用型本科高校联盟联合实施小学期制，联合开展学生跨校跨区域选课、辅修专业和学位；省属重点高校与科研院所、企业联合实施“千人研究生培养计划”，联合开展学科建设和科学研究。二是推动高校与各级政府合作，共建图书馆、体育馆和文化设施，开放高校资源，开展继续教育，使高校成为开放性教育文化和科技研发中心。三是推动高校与行业、企业合作，省教育厅与有关部门就农业、旅游、船舶制造等行业共谋人才培养措施，共建人才培养基地，支持企业在高校建立“嵌入式”研发基地或联办学科专业。四是广泛开展产学研用合作，组建20多个合作联盟，协同科技创新，推出量子通信、语音识别、汽车、煤矿安全、现代农业等一批高质量科技成果。五是借鉴境外应用型高等教育发展经验，与德国下萨克森州举办应用型高等教育发展论坛，引进国外专家担任高校副校长，联合举办“校中院”和开设应用型专业。

**三、构建“一体化”地方高等教育质量保障体系**

提高高等教育质量是一项复杂的系统工程，必须在构建质量保障体系上下功夫。一是组织开展教育思想观念大讨论，深入学习胡锦涛同志重要讲话精神和《教育规划纲要》，树立以“三个度”为根本要求的高等教育质量观，确立以提高质量为核心的高等教育发展观。二是组织实施各类卓越应用型人才培养计划，立项研究具有安徽特色的各类应用型人才培养标准、专业标准、课程标准。三是重点实施覆盖各类高等教育的质量提升与改革工程，加强内涵建设，推进教学改革，推行学分制、主辅修制、小学期制、订单培养，开展高职院校自主招生改革试点。四是加强资源保障，实施国家“千人计划”和省“百人计划”“高校教师素质提升计划”等，加强教师队伍建设。省政府出台了《国务院关于进一步加大财政教育投入的实施意见》，确保高校生均拨款水平和公办高校债务化解计划落实到位。五是加强质量监管，建立教学基本状态数据库，实行常态监测。将社会需求、办学定位、培养目标、资源保障、质量状况及社会评价之间符合度作为高校审核评估的主要内容，将报考率、就业率、成果转化率等纳入评估指标。尝试发布了高等教育质量报告，主动接受社会监督。

我们将以本次会议为契机，按照刘延东同志要求和教育部部署，扎实做好提高高等教育质量的各项工作，为安徽加速崛起做出新贡献！

（在2012年教育部全面提高高等教育质量工作会议上的发言）

**尊敬的各位来宾：**

经过改革开放30多年、特别是近10年的发展，中国高等教育已经实现了历史性的跨越，迈入了大众化的发展阶段。中国大学正站在新的历史起点、面临新的历史任务。这次中国大学教学论坛在合肥召开，我很高兴能有机会与各位专家共同探讨中国大学的发展与前景问题。我发言的主题是：提高人才培养质量的思考与探索。

**一、几点思考**

谈论今天的高等教育，离不开“大众化、国际化、终身化和多样性、适应性”这些关键词；谈论今天的高等教育，也离不开30多年的励精图治和“纲要”描绘的美好蓝图，但归根结底，我们最需要关注和思考的还是高等教育质量。正如胡锦涛同志在清华大学百年校庆上说的那样：不断提高质量，是高等教育的生命线，必须始终贯穿高等学校人才培养、科学研究、社会服务、文化传承创新各项工作之中。

今天我们召开这样大规模的会议，议题是教学改革问题，实际上就是提高人才培养质量的核心问题。

关注人才培养质量，我们不可避免地要思考以下2个问题：

第一个问题是：如何理解和评价人才培养质量？

近年来，对高等教育质量提出质疑，是高等教育由精英走向大众化的必然结果，是高等教育质量观和质量标准变化的具体反映。精英阶段的质量标准是相对统一的，大学生和大学就代表了人才和高水平。而大众化阶段的显著特征就是大众性和多样性，一是有更多的人可以接受高等教育，大学必须面对“进入大学年轻人的多样化”，面对学生在“能力、知识、素质”的差异性和多样性；二是各种大学应运而生，大学的定位、大学生的培养模式和规格应该是多种多样的；三是社会对人才资质、能力的期待发生了改变，社会对大学生的评价，不仅是看他“懂不懂”，更多地是看他“行不行”，也就是说从人才需求的“学位本位”转化到“能力本位”；四是国家从“在确保最低水准基础上谋求量的扩充”这样一种政策导向转变到“在适应经济社会发展的竞争环境下促进多样化”政策的转换。

高等教育大众化阶段，评价高等教育，更多地要求我们跳出高等教育，从教育的视角转向社会的视角。我认为，判断今天的高等教育质量，取决于高等教育的功能与国家发展战略和经济社会发展需求的符合度；取决于专业设置、人才培养方案及运行情况与就业岗位需求的符合度。

第二个问题是：如何提高人才培养质量？

这是高教战线面临的共同任务，是千秋万代的伟大工程。虽然我们进入了大众化阶段，但仍然面临着以下“四个矛盾”：一是人民群众对高等教育特别是优质高等教育的强烈需求与供给不足的矛盾。二是经济社会发展对多样化、能力强人才的强烈需求与高等教育趋同发展的矛盾，创新型、复合型、应用型、技能型人才培养仍然滞后于产业升级需要；三是增强高等教育活力与体制机制约束的矛盾，高校与政府、社会的关系需进一步理清，现代大学制度需进一步建立完善；四是高等教育强劲的发展势头与资源保障乏力的矛盾，特别是经费投入历史欠账较多，教师队伍数量不足和质量不高的问题短期内难以彻底解决。

面对这些矛盾，结合安徽实际，我们认为提高人才培养质量要解决以下 4 个问题：

第一，科学的办学定位和学科专业结构优化是提高人才培养质量的基础。有了明确的定位，就有了人才培养的目标定位。社会对人才的需求是多样的，也就为高校提供了多样性的人才培养定位。尤其对地方高校来说，更要在国家经济社会发展中找准自己的定位，发挥自己的特色，为自己培养的学生创造发展的空间。如果所有高校都挤在同一个轮盘上，按照同一个速度去旋转，同一种追求去发展，同一种要求去教学，最终被甩出去的一定是我们，最终得不到社会认可的也是我们。现在社会上热衷于高校排名，我认为这是高等教育庸俗化的一种体现。排名也许对高校争取项目资源、提高研究水平，起到短期的兴奋剂作用，但热衷于排名无疑不利于潜心育人、提高人才培养质量、开展教育教学改革，也导致高校的同质化倾向。

有了适应经济社会发展的学科专业结构，就有了一个良好的人才培养平台。经过这个平台的学习和锻炼，使学生既掌握了适应经济社会发展的学科专业知识，又锻炼了自己干事、创业、创新的能力。有人可能会担心，学科专业结构的优化调整不能向女孩子的裙子那样跟着时髦走，但是要想学科专业结构适应于经济社会发展，就要顺应于经济社会发展的大趋势并具有前瞻性。现在的趋势是，经济发展方式要转型，产业结构要调整，文化事业要发展，社会建设要加强。这不但是我国经济社会发展趋势，也是一种世界潮流。

第二，先进的思想观念和教育教学改革是提高人才培养质量的核心。周远清同志多次讲过：思想观念是人才培养体制改革的先导。我再补充一句，没有先进的思想观念、或者观念模糊不清的教学改革，就是瞎折腾。过去听说个别地方曾经搞过什么教师挂牌上课，出发点也许是好的，是为了促进教师认真教学，提高教学质量。但是如果不是从提高教师的职业道德、学问水平，改进符合教育规律的评价方式入手，而是把教师等同于卖肉的屠夫，不但是瞎折腾，还是对教育的亵渎。这次大学教学论坛的中心议题就是讨论思想观念和教育教学改革这个核心问题。我们将认真学习各高校的先进经验，不断把教育教学改革引向深入。

第三，优秀的教师队伍和有利于教师乐于从教的评价机制是提高人才培养质量的关键。好的定位，好的观念，好的改革方案，不但来源于教师，也要依靠教师去实现。好的教师队伍可以设计出好的教学改革方案，好的评价机制可以让好的教师创造性地去实现教学改革方案。最近我们在讨论教育部即将出台的提高质量的“三十条”。看后十分令人振奋，但是不免有些心酸。中国大学的教授上基础课，要由国家教育行政部门郑重作出约束性要求，说明我们的评价机制出了问题，对教师的导向出了问题。

第四，合理的经费投入和现代大学制度建设是提高人才培养质量的保障。长期以来，高校负债运行，每每想到教育教学改革，都受到经费不足的严重制约。随着国家“4%”的目标确定，各省、地方政府对教育的投入将按照确定的教育支出占财政总支出的百分比加大教育投入，教育投入将逐步改善。但是，并不是有了投入就能解决人才培养的质量问题，现代大学制度，才是高校健康发展的根本保障。

**二、初步探索**

安徽是一个人口大省，全省约有 6 700 万人口。安徽又是一个文化底蕴深厚的省份，民间秉承着“穷不丢书，富不丢猪”的古训，每个家庭，无论是农村还是城市的家庭，无论是穷人还是富人，都希望自己的孩子能够接受良好的教育。安徽还是一个正在寻求高速发展的省份，因此更加突出改革开放，走出中部地区科学承接，跨越崛起的新路子；更加突出创新驱动，走出资源型大省结构优化，转型升级的新路子；更加突出统筹发展，走出农业大省城乡一体、区域联动的新路子；更加突出生态文明，走出后发地区低碳环保、持续发展的新路子；更加突出人才优先，走出人口大省素质提升、科教兴皖的新路子；更加突出富民导向，走出发展中省份普惠民生、和谐发展的新路子。安徽的高等教育正面临着既要满足人们接受高等教育的需求，又要满足我省经济社会发展对人才需求的双重压力。

正是在这样的背景和压力下，我们一刻也不敢放松改革发展的脚步，近几年，我们不懈地进行了一些改革创新。

第一，深入开展教育思想观念大讨论。没有思想上的高度统一，就难以形成干事创业的合力。为此，我们在全省高校深入持久地开展了教育思想观念大讨论。特别是最近，用胡锦涛同志在庆祝清华大学100周年大会上的重要讲话精神和“教育规划纲要”精神统一思想认识，为深化教学改革、提高高等教育质量营造良好的舆论氛围。我们提出了“六破六立”，就是高等学校和广大师生员工要破计划经济思维，立市场意识；破封闭思维，立开放意识；破习惯思维，立创新意识；破趋同思维，立特色意识；破精英教育思维，立大众化教育意识；破保守思维，立争先意识。我们确立了“四句话”的发展思路，即“科学定位、分类指导、多元发展，特色办学”。提出这“四句话”的思路，主要针对1998年以来高校规模快速增长后的办学定位趋同、盲目攀高求大、办学特色不够明显问题，进一步加强省级政府统筹和宏观调控，指导高等学校立足地方、面向市场，错位发展，以质量求生存、以服务求支持、以特色求发展。

第二，构建“服务地方、支撑经济、引领发展”的应用性高等教育体系。为地方经济社会发展服务，是地方高等教育的主要职责。牢固确立“应用性”发展定位，是提高地方高等教育质量的前提和基础，也是高等教育由“精英教育”转向“大众化教育”的必然趋势。安徽省委、省政府明确将“初步建成能够服务党委和政府决策、支撑经济发展和产业升级、引领文化繁荣和社会进步的具有安徽特色的现代应用性高等教育体系”作为高等教育事业的发展目标。将“对经济社会发展的支撑度、对人力资源强省建设的贡献度和人民群众的满意度”，作为对我省高等教育质量的根本评判标准。为此，我省一是大力发展应用特色鲜明的专业学位研究生教育并作为我省研究生教育的重点发展方向，目前培养面已基本覆盖专业学位研究生教育专业或领域。二是加大学科专业结构调整力度，坚持每年定期发布学科专业结构及社会需求分析报告，坚持对社会需求量小、就业率低的专业停办、停招。针对我省师范教育比重较大，我们重点加大了对近10年来师专升格为本科高校的学科专业结构的改革力度。三是强化高等职业教育的“职业”属性，发挥其在职业教育中的龙头带动作用，逐步拓展高职院校招生面向。四是支持少数高校和学科围绕国家重大战略需求，提升学术水平、科技创新和文化传承与创新能力，发挥牵引和带动作用。

我们还把强力推进校际、校地、校企和中外合作办学作为推动应用性高等教育的重要抓手。一是成立6类高校合作联盟，联盟高校分类抱团发展，共建学科专业，共享优质资源，共商办学标准。目前，我省应用型本科高校联盟，通过采取三学期制实现了学生异地跨校选课和学分互认，教师教育联盟联合承担了全省中小学教师的“国家培训计划”，“国家示范性高等职业院校合作委员会”联合开展了单独招生的试点，医学院校联盟联合开展了全科医生的培养。二是推动高校与各级政府合作，共建图书馆、体育馆和文化设施，开放高校资源，开展继续教育，使高校成为属地的开放性教育文化和科技研发中心。三是推动高校与行业、企业合作，省教育厅先后与有关部门就农业、旅游、船舶制造等行业共谋人才培养措施。支持企业在高校建立“嵌入式”研发基地、实训基地或联办学科专业。四是开展高校与科研院所、企业联合培养研究生的“千人培养计划”，计划实施3年来总量已达千人。五是广泛开展产学研合作，组建20多个产学研合作联盟，协同科技创新，既推出了量子通信、语音识别、汽车、煤矿安全、现代农业等一批高质量的科技成果转化，又为广大教师服务社会提供了舞台。六是积极引进省外优质教育资源，努力扩大省外院校在皖招生，培养人才。引进河海大学在我省境内举办独立学院，为我省培养水利人才。七是借鉴境外应用型高等教育发展经验，与德国下萨克森州举办应用型高等教育发展年度论坛，并已逐步辐射到其他省份的高校。与境外大学联合举办了“校中院”和开设了一批应用型专业。

以上这些措施，为我省高校提高人才培养质量注入了新的活力，发挥了积极作用，锻炼了教师队伍，优化了学科专业结构。近几年，我省高校，特别是最近10年由师范专科升格为本科的高校以及高职院校的新生报到率逐年攀升，毕业生就业率始终保持在较高水平，社会满意度有所提升。

我们也注意到，倡导地方高等教育的应用性，并没有降低高等学校的学术水平。几年来，我省高校获得的国家级奖项、科研项目以及专利授权都有较大幅度的增加，科技竞争力明显增强。我们深深体会，保持高校较高水准的学术水平和科技竞争力是建设较高水准的应用性高等教育的基础，强化应用性也为提高学术水平起到促进作用。

第三，启动“系统设计、上下贯通、分步实施”的人才培养质量工程。我省把提高人才培养质量作为一个系统工程，实行招生、培养、就业联动、高职、本科、研究生统筹。一是改革招生制度，通过自主命题、单独招生、平行志愿、放宽专业限制等措施，大幅度提高本专科学生的高考志愿满足率。二是在全面实施教育部“本科教学质量与教学改革工程”的基础上，年均投资 1 亿元开展人才培养质量工程建设并延伸到研究生教育和高等职业教育。为了加强引导，2010 年，我省还尝试发布了《高等教育教学质量报告》和《毕业生就业状况分析报告》。三是注重整体性。注重整合教学、科研、人才等各类项目资源。改变过去单项申报、分项遴选的传统模式，强调所有高校要紧扣办学定位，围绕发展战略，整体规划，整体申报、整体论证、整体验收，突出项目的整体功能，使科研项目和人才项目与质量工程项目相互支撑。

第四，加大适应开展应用性高等教育的教师队伍建设。除了开展传统的人才引进和培养计划外，我省注重了教师的教学能力和应用研发能力的所谓“双能型”教师队伍建设。一是针对学生数的大幅增加，增加了高校的教师编制数量，为提高教学质量提供了基本保证。二是在科研项目立项中，增设了产学研合作项目，支持教师以完成企业技术难题和科技成果推广、转化为主要目标的项目研究。三是改革了教师评价制度，逐步把教学质量和教学任务的完成情况作为教师晋升、年度考核的前置性要求。把服务社会、开展技术攻关，解决企业难题作为重要指标。四是对高职院校教师的晋升要求与本科院校脱钩。五是实行开放式教师队伍建设，鼓励企业和社会专业技术人员进入高校从教，竞聘专业技术职务，制定教师离岗进入企业开展技术攻关的优惠政策和股权激励机制。

第五，加大政府统筹，推动高等教育改革。我省是国务院批准的省级政府教育统筹综合改革试点省。在落实省级统筹高等教育的政策措施方面，我省做到了“三到位”：一是领导重视到位。省委常委会多次听取高等教育工作汇报，省政府成立了以王三运同志为组长的体制改革领导小组，一些高校建设项目列入我省的重大建设项目。二是改革力度到位。主要是在高校财政拨款体制改革、人事管理制度改革和人才培养体制改革等关键环节加大改革力度，扩大高校办学自主权。三是经费投入到位。省政府已研究决定我省本科高校生均拨款水平从3 544元提高到今年的8 000元、2012年将达到12 000元，同时提高高职院校生均拨款水平；计划用2年的时间化解公办高校72%以上的债务。

**三、几点体会**

在工作中，我们有如下几点体会。

第一，如何发挥政府、学校、教师的各自的职能，形成有利于质量提升的合力至关重要。作为教育行政部门，我们的工作重点主要集中在加强组织协调，提供经费保障，搭建环境平台。把教学改革的设计和实施交给学校和教师去完成，充分发挥和调动学校和教师的积极性。

第二，提高人才培养质量，开展教学改革要与学校的科学研究、社会服务、文化传承与创新协同推进。

第三，提高人才培养质量既要尊重教育规律，也要重视社会反馈。开展教学改革更要有开放的心态，开阔的视野。要把学生的健康成长、增长才干，学会生存、学会发展、学会创业放在心中的最高位置。

各位代表，本次论坛专家云集，群贤毕至。论坛聚焦中国大学教学，聚焦人才培养质量。非常重要、非常及时。安徽是改革之地、崛起之地，非常渴望你们的点拨，非常期待会议的成果，非常愿意做改革的试验田。

最后，祝本次论坛圆满成功，祝各位来宾在合肥期间工作顺利、身体健康，心情愉快。

谢谢大家。

（在2011年第四届中国大学教学论坛上的报告）

走什么样的路，采取什么样的办学定位是一个根本性的问题。传统上我们习惯将高校分类成教学型、教学研究型、研究教学型和研究型。我个人认为，这种分类价值观趋同、目标单一、形式僵化，对大多数学校来讲，脱离了社会对人才的要求。这是一种“学校本位”的分类方式，而不是一种“社会需求本位”的分类方式。因此，不利于高校进一步解放思想，不利于高校根据市场对人才的需求探索自身发展的广阔空间。任何一所高校都需要教学，没有教学，不成为学校。任何一所高校都要开展研究，没有研究，就提升不了教师自身的水平，掌握不了经济社会高速发展的变化，也就无从谈起培养符合经济社会发展需要的人才。打破这种桎梏，才能使我们在一种新的思维下，创造性地谋划我们的未来。如果要说分类，对我们来说，只有一种类型，那就是“人民满意型”。

日本在进入高等教育大众化之后，提出了高等教育功能的多样化，这种多样化体现在如下几个方面：一是世界级的研究、教育机构，可应对国家重大战略目标对人才的需求。二是高级专门职业人才的培养机构，如专门的金融人才、专门的水利人才等。三是大面积职业人才的培养。四是综合性养成教育。五是特定的专门人才的教育，如体育、艺术、音乐等。六是各地提供生涯学习的机构。七是大学的社会贡献功能。举这个例子，只想说明一件事情，在高等教育大众化的今日，多样化是一个显著的特点。

今年，我们召开了一次中德应用型高等教育的改革与发展研讨会，其目的就是要开阔大家的眼界和思路。德国的应用科技大学在二战后德国的发展中起到了不可替代的作用，形成了自己的办学特色，有着成功的办学经验，受到了社会普遍认可。研讨会上德方的校长教授和专家，就如何培养社会实用性人才发表了非常有见解的看法，对我们有所启发。去年，我们邀请了德国应用科技大学的一位教授在合肥学院担任了三个月的副校长，其目的也是为了加强中德双方相互的了解，尤其是让我省的校领导们能够更深入地了解德国校长的思维方式和思考问题的出发点。

我并非推崇西方的做法，我只想在高等教育进入大众化后，激发我们自身的思考和创新。

经过大家的思考和努力，大家倾向于强化应用方向发展，我认为这是一次思想上的突破。也许，我们今后一个时期的发展方向，就是要培养适应性强、就业面广、社会需求量大的“大面积职业人”。

什么是应用型高等教育？应用型的本科教育与高等职业教育有什么区别？这些问题我没有仔细研究过，但我认为它是一种导向。它更加强化以培养人才的知识和技术应用能力为核心，以技术研发、推广和服务为主要任务的高等教育。我们既要为少数学生提供进一步深造的基础，更要给大多数学生提供谋生创业的能力。如何开创我们的尝试，我认为有以下几点：

第一要解放思想。一是体现在在办学定位上解放思想，不拘泥于传统的思维习惯和模式，敢于从旧框框中解放自己。如果我们和所有高校都处在同一个轮盘上，我们势必处在轮盘的边缘，在高速旋转中就有被甩出去的危险。只有跳出这个轮盘，创造符合自身发展和社会满意的新天地，才有我们发挥自如的空间。我个人认为，今后的发展趋势，将会从“在确保最低水准基础上谋求量的扩充”这样一种政策，到“在竞争环境下促进多样化”这样一种政策的转换。二是体现在敢于在开创新的目标、新的专业上下本钱，敢于在转变方向上有动作，不因我们的办学基础、师资力量的限制，而失去努力的决心。三是大胆改革人才培养模式，从专业设置、教学计划、学生管理等方面精心设计，大胆创新。四是在校内广泛开展解放思想大讨论，形成共识，找准定位，动员所有教师参与改革。我期待着有朝一日，类似的研讨会在各个学校的专业教师中进行。

第二要全面开放。面向所在区域开放，面向社会开放，面向企业开放，广泛寻求国际合作。我们要逐步形成符合现代社会经济发展的“开门办学”的思路，使学生在一种开放的环境下成为有道德、有知识、有技能的社会人。

第三要加强合作。我们这些学校，论条件和实力，可能不如其他学校，但是如果我们能够有一种更加灵活的体制机制，我们就会形成自己的特色。尤其是在办学机制上，利用我们之间的共性和差异，相互取长补短，敢于做过去没有做过的事情，敢于做他人没有做过的事情。

第四要持之以恒。对我们来说，寻求符合社会需求的高等教育之路，是我们必须面临的问题。但改革的路子不是一蹴而就的，需要我们有耐心，有决心。不能指望一个宣言就解决问题，也不能指望一个章程就转变了机制。但启动起来，就要坚决地走下去。

（在2008年安徽省应用型本科高校建设研讨会暨新建本科高校第五次协作会上的讲话摘录）

一是要调整学科专业结构。最近中央召开了经济工作会议，明确提出要推动经济发展方式转变、调整经济结构、推进自主创新。这是我国经济发展的战略性调整，是今后我国经济发展的方向。我省皖江城市带承接产业转移示范区已经被列入国家级经济发展的“特区”，科技部也将我省列入自主创新试点省，其核心内容不仅包含了皖江城市带，也包含了合芜蚌自主创新试验区。因此我们要根据我国经济发展方向和我省经济发展的战略布局，继续加大学科专业设置和学科专业的招生规模的结构性调整力度。更加注重培养更多适应新兴产业自主创新需要和企业急需的技能型人才，适应城镇化建设和新农村建设需要的各类实用性人才。

二是要加大人才培养模式的改革。采取更加体现“以学生为本”的教育教学方式方法，加强学生的动手能力和社会实践能力，通过实行更加灵活的选课方式、强化实践环节、开设辅修专业获第二学位，使整个培养过程更加富有灵活性。目前我们正在讨论的模块化教学方式，就是一个很好的开始，要坚持下去，创造一套符合教育规律并有自己特色的模块化教学。

三是加强管理理念和管理方法的改变。不客气地说，我们的管理理念和管理方法还不能适应真正的应用型本科院校建设。这里特别要指出我们的干部，包括在座的书记、校长，要强化一种专业精神，我们的专业就是学校管理，就是教育。我们要在管理干部中树立一种理念，就是要做好应用型本科高校建设这个大项目，写好创新教育新模式这篇大文章。要改革教师评价制度，引导教师投身应用型本科院校建设中去。要根据学校发展需要引进人才。我们这些学校有优势，就是我们有较大的办学灵活度；但我们也有不足，一些过去的专科思维方式方法还时常在学校的管理中体现出来。管理的效率和精细化程度还不能适应应用型本科院校建设的需要。学校的政治生态、学术生态还需要进一步优化。

四是加强开放办学。任何一类教育都不是封闭式的教育，我们要加大开放办学的步伐，在与企业、社会的互动中取得实效，要探索引进企业和社会的实践场所和嵌入式的实验室或培训基地，在国际合作中创新合作模式。目前安徽工程科技学院（现在的安徽工程大学）正在与芜湖市合作，开展有关动漫的联合基地建设。合肥学院正在探索与德国汉诺威应用科技大学等高校的国际合作新模式。

（在2010年应用型本科高校联盟第二届年会上的讲话摘录）

第一，要以更大的魄力推动人才培养体制改革。我已经离开高等教育第一线多年了，对高校人才培养的体制失去了感性认识。我相信，各校在人才培养体制改革中取得了不少进步。但是，如果我们对比一下今天的人才培养体制、教育教学的方式方法、教学计划、管理方式，与过去相比发生了哪些本质性的变化，与那些所谓的研究型、研究教学型、教学研究型和教学型的高校相比，又有哪些本质性的不同，情况可能就不那么乐观。《国家中长期教育改革和发展规划纲要（2010—2020年）》（以下简称《教育规划纲要》）把人才培养体制改革作为重要的改革内容，不是说给老百姓听的，而是对高等院校提出的迫切要求。对于我们尝试一种新的人才培养定位的学校来说更是任重道远。我们必须以更大的魄力推动围绕人才培养的各项改革。按部就班不行，小打小闹也不行。

第二，要以更大的决心推动学校管理体制改革。最近一个时期，社会上纷纷指责高校“行政化”色彩严重。《教育规划纲要》中也明确提出要“去行政化”。如果我们仔细反思一下，不难发现，社会的责难不是没有道理的。高校的管理制度松懈，管理方式粗放，管理效率不高，已经不能够适应人才培养体制的改革。恕我直言，目前的管理体制基本上沿袭着十几年前甚至几十年前的管理习惯。面对学校规模越来越大、专业结构越来越复杂的现实，面对我们要广泛开展校际合作、鼓励学生跨校选课的设计，仅仅靠增加管理人员是解决不了问题的，必须来一场管理体制的革命。诚然，政府需要真正体现“管办分开，政校分离”，给高校以更大的办学自主权。省教育厅将认真研究并逐步推行“生均拨款、总控编制”的宏观管理方式，把更多的自主权交给学校。但是，更希望学校要以更大的决心，加大内部管理结构的改革。只有转变管理方式，才能为人才培养体制改革和联盟的深度合作提供保障。

第三，要以更大的气力调动师生的积极性、创造性。近几年来，联盟学校的办学定位与合作方式，得到了各校广大教师、干部的广泛认可。随着改革和合作的不断深入，教师、干部的思想观念亟待转变，面对改革的勇气和推动改革的积极性、创造性亟待提高。只有他们的认识提高了，积极性调动起来了，创造性发挥出来了，推动改革、深化合作才有可能。任何人才培养体制的改革，必须由广大教师在教学实践中加以实现，任何管理体制的改革，需要各级干部的大力支持，任何合作共享方案，需要广大学生的积极配合。

第四，要以更加坚定的信心主动创新发展方式。中国高等教育30多年的历程，基本上是由一些办学历史较长、办学底蕴深厚、办学声誉较高的大学领导改革开放的新潮流。我们不断地学习和借鉴其办学经验和改革举措，从“办像”逐步过渡到“真办”。当我们在思考“真办”什么样的学校时，我们发现建设的应用型本科院校，以及探索深度开展校际间合作共享的机制，并没有多少可值得借鉴的经验和模板。即便是国外一些成功的经验，也需要引进、消化、吸收并再创新。我们已经建立的联盟就是一种发展方式的创新，我们欣喜地看到，几年来已经探索的一些措施以及本次会议上将要讨论开展的一些改革就是创新。我们要有敢为人先的精神，要有敢于创新的精气神，创造一条符合高等教育规律、符合经济社会对人才的需求、符合我们自身特点的发展方式。

第五，要以更加主动的姿态积极推动校企合作，加强学生社会实践能力。应用型最大的实验室是企业，社会是最好的课堂。如何推动校企合作，充分发挥企业这个大课堂的作用，是应用型高校必须有效解决的课题。通过与企业的合作，不仅培养了学生，也锻炼了队伍，更好地提升高校科技人员为企业解决技术难题的能力。应用型本科院校与企业合作，不仅是培养技能，更重要的是了解企业的需求，把书本知识与生产实践结合起来。

第六，要以更加有效的措施推动联盟学校之间深度合作。联盟成立3年来，从学校领导层的定期交流磋商，到教师之间共同设计课程模块，已经形成了初步结果。希望联盟学校巩固已有合作成果，继续探索深度合作。一要在人才培养体制和管理体制改革上加强合作交流，既要齐头并进，又要相互促进，逐步形成具有联盟特色、有利于深度合作的人才培养体制和管理体制。二要注重合作的实际成效，通过现代信息技术、设立网上课程、开放实验设备、加强教师交流、设置小学期制、开办暑期学校等方式，让联盟学校的广大学生共享合作成果。三要研究制定各项管理和评价标准，如双学位或辅修专业设置标准和收费标准、学生评教标准、学生成绩评价标准［学分和平均积分点（GPA）］等等。四要保持各校专业建设上的特色。在合作中融入各自的特色，在合作中彰显各自的特色。五要研究国内外好的经验和做法，除继续深入研究吸收德国的应用型人才培养方式外，从长远看，要研究如美国州立大学各分校之间的关系，印度理工学院（Indian Institutes of Technology）各分校之间的关系，等等。

（在2011年安徽省应用型本科高校联盟第三届年会上的讲话摘录）

今天是应用型高校联盟会议，那么就要认真思考怎么办好应用型高等教育。现就这些问题，谈几点体会。

一要坚决克服教条主义，始终坚持改革创新。经常讲教育改革，讲着、讲着，就会碰到这样那样的障碍，这也不敢动那也不敢搞。除了管理方面的原因，有没有在办学思想上的教条和僵化？高等教育有规律，但不能教条。举三个例子。第一个例子是专业，“专业”这个词，在英语中叫“major”，实际上，它的含义是主修的专业。既然是主修，就一定有辅修。这说明人才培养过程中，既要考虑知识的深度，也要考虑知识的广度，还要考虑灵活和多样化的选择。这样才能使学生在更宽的平台上得到更好的锻炼，在今后的发展中具有更广阔的空间。如果仅仅根据高考分数，定死了专业，爱学不爱学都是它，这样对学生的成长不利。应用型本科高校应该在这方面胆子更大一点，思想再解放一点。一方面把专业选择放开，另一方面开设更多的辅修，让学生真正做到“我的专业我做主”。现在讲提高教学质量，更多的是从“教”这个角度考虑，还要考虑“学”的一面。激发学生主观能动性是提高教学质量的重要基础，而尊重学生选择、提供更多选择机会就是最好的激发方式之一。第二个例子是关于教学大纲。每个专业都有一个专业教学大纲，说是“大纲”，不管是研究型大学还是我们这些大学，只要专业同名，基本上都要遵守。如果我们也机械照搬，甚至选择教材也模仿研究型大学，看似高雅，其实是过于教条，不切实际。既达不到研究型大学的水平，也与应用型的定位相违背。与其模仿一个僵硬的大纲去做简写本，不如抛弃那些过分的条条框框束缚。第三个例子是毕业论文。在接受教学评估学校中，一个共性的问题是学生的毕业论文水平较低。不少论文都存在“空、散、浅”的问题。我们强调应用型，我们强调学生的实践能力、动手能力，但仍然沿用老方法，习惯于在最后一学期，利用几周时间来完成论文，仍然由在校教师承担论文指导，即便给更多的编制，进更多的教师，论文的质量也不会提高多少，与应用型的培养目标仍会相差甚远。为什么不能改一改？比如让学生大三时就开始起步、谋划毕业论文。让学生带着问题去实习、实践，在企业等更大的课堂中完成论文的构思，在实践中思考问题的解答。让学生不仅接受来自老师的指导，还得到企业家、经营者、一线的工程技术人员的指导。如果一个学习企业管理的学生，能够深入某个企业，就企业的生产、管理、营销、发展搞深搞透，有数据、有分析，哪怕只拥有一些稚嫩的观点，也总比闭门造车要强。

二要坚决克服形式主义，始终保持脚踏实地。成立联盟，不是搞形式主义。高校在国际合作、校地合作等方面，不少是签字的时候热热闹闹，签完字以后不了了之。试问：现在有哪一位校长，能够把自己履职以来，签过多少协议讲清楚，我估计很少有人讲清楚。令人欣慰的是，这个联盟坚持了脚踏实地，但是我还是要提醒大家，不要搞形式主义。比如说小学期制，如果仅仅是搞那么两三周，举行一个开幕式，领导一番讲话，学生穿上统一的T恤衫，然后这看看、那看看，这就是形式主义。你搞小学期制，就要扎扎实实地搞；你搞辅修专业，就要认认真真地开。逐步建立起规范的、可持续的小学期制、辅修专业。现在全省联盟很多，如果只是一年开一次会，大家发表一些高屋建瓴的观点，提上一大堆意见，最后屁股一拍，那么就是形式主义。我希望应用型本科联盟一定要牢牢记住，要脚踏实地。

三要坚决克服保守主义，始终勇于大胆探索。举一个不恰当的例子，比如说咱们的小岗村，打响了改革开放的第一枪，把土地给承包了。在当时确实是一件惊天动地的大事件，所以现在它仍然是改革开放的一个圣地。但是，当各地都搞承包时，如果我们没有新的招数，就有可能落后。江苏的华西村在我们后面分了土地，然后又探索乡镇企业和工业化的发展，就有了今天翻天覆地的变化。我的意思是，当我们有一个好的思想，千万不要固步自封。不要忘了，思想没有版权，你能做到，别人反应过来也能做到。虽然别人迈出的第一步比你晚，但他紧跟着迈出第二步、第三步，就意味着你可能要落后。所以我们要坚决克服思想上的保守、行动上的过分谨慎。比如说对教育部的指导意见，大家可以议论，提意见。对于所谓的技术技能型，有些人生怕自己掉价，“沦落”成了一个高职院校。其实，掉价不掉价不是你能左右的。三中全会一再强调市场配置资源起决定性作用。这个资源不仅仅指物质资源，也包含人力资源。你培养出来的人，在市场上能否经受检验，受到欢迎，优于高职，才是最重要的。如果我们现在就纠缠于高职与应用型本科之区分，纠缠于一些概念性的东西，就可能什么事也干不成。我们要大胆地往前推动，不要担心有什么影响。教育部提倡应用技术，我们就搞应用技术。假如有朝一日教育部要搞应用技术大学，我们就搞应用技术大学。只要我们坚持围绕应用型的目标走下去，探索下去，就不要有任何顾虑。有些人说我们学院要改大学，我不反对，问题是你能不能抓住机会。如果你整天琢磨按照原来的那些套路走下去，你就慢慢排队吧。假如真是“应用技术大学”搞起来了，我们在应用型本科建设上占了先机，更名大学也没有什么难的。其实想想真没有什么意思，不就是换了名字嘛。莎士比亚说过：玫瑰叫什么名字，其芳香如故。再举个例子，两年前安徽科技学院、合肥学院和合肥师范学院获得专业硕士培养项目，就是因为应用型搞得好，大家托起了这3所学校，这3所学校抓住机遇，占了先机。如果按照传统的路子去突破硕士学位，不知道要花多少精力去搞那些我们并不擅长也缺少基础的学科建设，花个五年十年也未必成功。即使突破了硕士授权，要不了三五年，还要重新回到专业学位上面来，因为在我们这样的学校，甚至包括一些已经具有硕士授权的学校，学术型硕士培养走不远。中国不可能要那么多学术型硕士，今后大量的可能是专业学位，专业学位硕士就是研究生层次的“应用型”。我们要敢于走没有走过的路子。你不敢闯，没人关心你。你做得好，就会得到社会关注。2011年，《光明日报》上刊登了某学院党委书记写的文章，把安徽省应用型本科联盟与美国的常春藤联盟、英国的罗素集团、俄罗斯的Cluster联盟以及北京大学、清华大学等9校联盟列在一起，说明我们的做法引起了业界的关注。希望大家胆子要大，思想要活。

在人才培养方面，我们也要解放思想，不要怕学生这也没学到那也没学到。我们是应用型大学，在人才培养上要更加强调一个“活”字。说句玩笑话，要“培养活着的人，还要让他活着出去”。现在大学生在外面就业，最麻烦的就是一个活生生的青年人经过大学四年以后，变成木呆呆的人。我不认为学生经过大学学习会变成了废材，但现实确实反映了大学培养人的弊端，这就要求我们以最快的速度加以改变。我们船小好调头，大学有它的文化，有它的追求，还有它的使命。我们也有使命，我们的使命就是我们要把人培养得更加适应经济社会的发展，所以在人才培养改革上也不能保守。

有人在问什么叫“应用型”，其实“应用型”是一个导向，也没有多少可借鉴的模板。比如德国应用科技大学，我们可能了解的是皮毛，也不能完全照搬。德国应用科技大学要求教师必须有五年以上在企业工作的经验，我们能做到吗？做不到。你不想要的老师你能让他下岗吗？你做不到。让一个专业关门，就是让这个专业所有的老师走人。那你怎么办？德国应用科技大学的这种做法我们要思考：为什么需要有五年企业经验的人呢？因为这些人有一种企业的意识，一种价值观，这种意识和价值观我们只能通过产学研或到企业学习锻炼来强化。换人不行，就换脑子吧。所以你想有个成熟的经验让我们借鉴是不可能的。你要瞻前顾后，怕这个怕那个，就会一事无成。

以上是三点体会。下面提几个建议。

第一，要进一步优化布局和结构，推进专业结构调整。从全省来看，今后一个时期我省高等教育结构的重点是要把一些独立学院逐步地改造成真正独立的学校，而不是像现在附属在某一个大学，成为大学的简写本、复制品。今天，河海大学文天学院和安徽工程大学机电学院也来了。从河海大学文天学院就看得出来，它没有在安徽复制一个河海大学，其实也复制不了，而是利用河海大学的优质资源，走了一条培养应用型人才的路子。而安徽工程大学机电学院引进了高科技企业，我希望它以后是一个从风格、特点上完全与工程大学毫无关系的、培养应用型、专门化的电子信息类人才的一个学校，我甚至希望它胆子可以更大一点，找美国一个合适的学校，大胆借鉴它已有的教学方法、内容和理念，人家怎么教我就怎么教，人家用什么教材我就用什么教材，把我们过去的那些僵化的东西全抛弃。对于学校来讲，专业结构调整仍然是一个重要任务。在专业结构调整上，希望校长们一定要清楚，两个重要的要素要抓。第一个要素是人。过去传统上是根据学校师资，经过重新组合，就办起了新专业。我们确实也有这方面的潜力，但是如果就这样调整下去，要不了多久就会出现问题。学校现在编制很紧张，因此就不能随便进人，那种为了满足博士、硕士达到多少比例，管他什么专业录进来再说的做法，就要改变了。进人要有针对性，我要办的专业，就要引进这个专业的人，我不办或限制办的专业，哪怕是院士我也不要。虽然有些热门专业引进人才很困难，但也要坚持这么干。当然我们也可以在校内人员消化、转岗、培养方面下工夫。第二，要舍得投入。真要引进一个应用型专业，就必须把必要的实验室建起来。有些学校在专业调整过程中确实显得简单了一些，几个老师就凑成一个专业，尤其是相近的专业。比较容易的专业大家搞得比较热，真正难的专业建设力度还不够大。所以大家要咬咬牙，定好了要搞哪个专业，就盯它三五年，引进不来一个团队，但可逐年引进几个，三五年也就有了初步的队伍。滁州学院的地理信息科学专业就是一个很好的例子。尽管也有一些传统的地理老师参与，但他们加大了从外面引进人才的力度，很快就把这个专业建立起来。所以说在学科专业结构调整方面一定要强化这两条：一要在人上面舍得下工夫，二要在实验室等硬件建设上舍得下本钱。

第二，要进一步改进课程体系、课程内容和教学方法。我觉得课程体系上大有文章可做，我还是那句话，我们不要模仿那些名牌大学的课程设置，有合理的地方，我们可以借鉴，但该调整的要坚决调整，教学方法上要大胆地改。例如思政课的课时占的比例大，如果都是在课堂上滔滔不绝地讲，肯定不行。对思政课的讲授方式进行改革，学生在老师的指导下利用假期或其他课余时间开展社会实践，在实践中去思索并将所花时间计入课时，老师认认真真地进行点评、引导，组织学生讨论，并计入工作量。学生以调研报告代替考试，这样做也许效果会更好。思政课不是把老师的思想、书本上的东西强加给学生，而是让学生在老师的指导和引导下，从感性认识上升到理性认识，在实践中加强“三观”教育。再比如说英语，虽然我是外行，但安徽外国语学院的做法我觉得还是有道理的，那里的学生不仅学一门语言，还要学如营销、管理等方面的专业知识。可以想象，如果外国语学院也按照传统大学的培养模式搞，学生的英语语言与文学素养水平就很难与安徽大学英语专业的学生抗衡。总之，如果教学方法不改革，课程体系不改革，还搞什么“应用型”？所谓“知行统一”，不仅仅是懂不懂、懂多少的问题，更重要的是行不行、能干什么的问题。再比如刚才讲到的慕课，我们有必要建立自己的一套慕课，那些所谓高雅的慕课，你接受不了，大补的东西你吸收不了，不如不吃，还不如小米粥养人。我心中的应用型大学的慕课就是那些应用性的、有特色的、真正做到让别的学校共享的教学资源。这样的课程你可以搞模块法。这个学校一个模块，那个学校一个模块，经过顶层设计，有机拼接，可能就是一个很好的课程。现在中小学都在搞“微课程”，我们为什么不能试一试？我们从教学上要把它拉入我们规范的体系，要承认它的学分，要组织学生认真地去学，这样的慕课才有效果。如果是电脑点开，一边在看，一边听音乐，这么学慕课，那是个万金油教育。

第三，要加大实践教学改革的力度。在座的各位都是这方面行家，我只是强调一点，从应用型本科高校培养出来的学生，不但要“知行统一”，还要“情智双高”，情商和智商都要提高。一些学生毕业后很木讷，实际上是情商问题。在情商方面，不是简单通过课程就能加强的，更重要的是让学生走出去，在实践和社会中锻炼自己。因此，要把实践和锻炼作为人才培养中的一个重要组成部分。所以，我希望在实践教学方面能有更大的作为。

第四，要加强和推进科研和产学研合作。现在有一个误区，总是说应用型本科院校不要做研究，或者说因为研究能力不强，才搞应用型。其实，只有对研究和产学研有较深功底的教师，才能把知识教“活”。从某种角度讲，开展应用技术研究，其难度一点不亚于从事理论研究。当然，应用型高校开展的科技研究要更多地向产学研方面引导。皖西学院在石斛种植产业化方面的成就就是一个很好的例子，可以说如果没有皖西学院在研究和应用方面的贡献，就不可能有六安数亿元投资生产石斛的企业。再比如说，我们在合肥学院看到固体垃圾废弃物处理，那些德国教授对处理的技术路径、基本原理讲得头头是道，说明这中间的学问一定很深，应用性一定很强。所以我们要培养这样的老师。绝不要认为应用型高校就不要搞研究了。当然，说起来容易做起来难，特别是价值观的问题、评价体系的问题。我们也正在研究如何在职称、项目评审中更加公平、科学地对待从事应用技术研发和产学研工作的教师和成果。

第五，要树立人力资源配置的新观念。过去，我们都强调教师队伍建设，就是进人入编要有学历、有论文，为此大家都希望增加编制。现在看来突破的希望并不大，国务院已经明确今后一个时期不增加在编财政供给人员。这似乎给队伍建设打了一个死结。确实，高校改革的最大难点，就是用人制度的改革。改革开放以来，最僵化的体制就是事业单位用人体制。但是我相信国家将会对事业单位改革出台一些政策。目前，我们已经选择了几所学校开展编制备案试点，并逐步推开。我这里想说的是，与其坐等政策，不如创新思路。学校的人事部门要树立一种新型的人力资源配置的观点，在人力资源上大胆试点，花钱买服务。过去那种计划性太强的做法，学校承担不了，你没有那么多编制。再回到毕业论文这件事情上来，既然我们没有足够的师资，又要强化应用性，那能不能花点钱，请企业、社会人士来指导我们学生的毕业论文？学生在企业实习，就找当地的总工程师、技术员指导学生毕业论文，在中学顶岗实习，就请一个老教师来指导论文，哪怕付给他们一些酬金。不要说学生论文一定要讲师以上的大学老师才能带，我们是应用型，为什么工程师就不能指导呢？

（在2014年安徽省应用型本科高校联盟第五届年会上的讲话摘录）

# 程艺同志在其他相关工作会议上的讲话

## 一、合作委员会在高等教育深化改革、加快发展的大背景中应时而生

改革开放30多年特别是近10年来，我省努力探索适合安徽省情、能与安徽经济社会发展良性互动、具有安徽特色的高等教育发展道路，抢抓机遇，加快发展，取得了可喜成绩。一是规模实现大跨越。1998年以来，普通高校数量从34所增加到95所，普通高等教育招生规模从3.5万人增加到27.3万人，普通高等学校在校生从10.5万人增加到80.8万人，高等教育毛入学率达到21.2%。高等教育对我省经济社会发展发挥了人才支撑和智力支持的重要作用。安徽有今天加快崛起的局面，高等教育功不可没。二是内涵得到大提升。到2008年，高等学校占地面积、校舍面积、固定资产总值、教学仪器设备总值、图书资料等办学资源增长了5倍以上。教师队伍建设明显加强，质量工程深入推进，国家、省和高校三级质量工程体系基本建立。职教大省建设起步，高教强省建设启动，自主创新和科技成果丰硕。三是办学形成大格局。多元主体举办高等教育的积极性显著提高，部委、省、市共进，公办、民办并重，企业、行业并举，目前全省95所普通高校中，部属2所，省属29所，市政府举办23所，行业、厅、局举办18所，大型国有企业举办6所，民办17所，高等教育主体多元、办学灵活、发展自主的办学格局基本形成。四是服务有了大贡献。高等教育主动适应市场经济体制的需求，“以需求为导向、以贡献求支持、以服务求发展”已深深融入高校的办学理念，校园建设与城市建设互动，学科专业与地方经济发展互动，科学研究与企业需求互动，培养了一大批学有所长的管理人才和技术能手，推出了一大批科研成果，已经在我省乃至全国的经济社会建设中发挥了重大作用。

10年来，高等职业教育异军突起，在适应经济社会发展对人力资源的需求中迅速发展壮大，为我省乃至国家的人力资源建设做出了应有的贡献，得到了

社会的充分肯定。目前，我省高职院校数量达到64所，高职高专在校生408 980人，占普通高等教育在校生一半以上，教育规模处于全国上游水平，高等职业教育已成为高等教育的重要组成部分和职业教育的龙头，在我省实施“中部崛起”、“861”行动计划、“十一五”发展规划中担负着高技能应用型人才培养的重任。经过调整，高职院校类型结构和专业结构得到优化，人才培养结构正在逐步适应经济社会发展的迫切需求。据统计，有33所学校建设了新校区，9所学校进行了校园的改建扩建，校区建设基本完成，办学条件逐渐完善。宏观管理上，实行省级统筹管理为主，院校围绕地方经济、行业和企业发展的需求，面向市场自主办学。教学改革上，积极探索创新人才培养模式，取得初步成效，11所学校成为国家、省示范院校和培育学校。经历了以层次提升、资源整合、规模扩张为特征的大发展历程，高等职业教育正进入一个崭新的阶段。

适应经济社会的发展，高职教育发展的新阶段里机遇与挑战并存。说机遇，一是社会人才需求旺盛，这是最大的机遇。随着我省承接长三角产业转移、合芜蚌自主创新综合配套改革试验区建设、加快皖北和沿淮部分市县发展和工业化进程的加快，推进自主创新，转变发展方式，加快产业结构升级，都对高技能人才提出迫切需求。二是高职经过10年的积聚，为进一步发展打下了良好的基础。我省有4所国家示范高等职业学校建设单位（含培育单位），7所省级示范高等职业学校建设单位（含培育单位），获得的中央财政支持超过1亿元。中央财政支持建设的实训基地达到20个，高等教育质量工程项目中高职项目占到一半以上。三是省委、省政府对高等职业教育重视。说挑战：一是安徽崛起对高职教育提出了更高的要求，要求高职教育适合省情办出特色，培养更多实用的高技能人才。二是进入新阶段后教育教学改革深度推进面临着诸多困难，特别是教学内容改革、课程开发、教学方法变革。三是高教强省、职教大省建设赋予高职教育历史使命，高职教育必须担当重任。机遇就是挑战，挑战也是机遇，抢抓机遇、应对挑战，靠单打独斗难以胜任，必须集合力量形成群体优势。不久前，谢广祥同志率领我省职业教育代表团访问欧洲。在与德国萨克森州交流时，该州的7所高职院校提出与我省高职教育交流合作事宜。应该说，这也是合作委员会成立的又一动因。总而言之，合作委员会是时代的产儿，应时而生，担当着重任。

## 二、合作委员会要打造强势，要发挥优势，要形成合势

### （一）打造强势，引领事业发展

站在发展的新起点上，我们清楚地看到，高职教育的办学模式、培养质量、管理水平、干部素质、教师水平、改革力度还不能很好地适应经济社会发展的最新需求。省委第八次党代会提出了我省发展的四大总体战略，其中之一就是要将我省从人口大省建设成为人力资源强省。高等职业教育如何在人力资源强省建设中找准自己的定位，成为“大职教”中的中坚力量，在职教大省建设、应用型高等教育发展中发挥更大作用，形成一支强势力量？这需要我们按照示范院校设定的建设目标，通过实施示范性高职院校建设，使示范院校在办学综合实力、教学质量、管理水平、办学效益和辐射能力等方面有较大提高，在深化教育教学改革、创新专业人才培养模式、课程建设、校内外生产性实训基地建设、高水平专兼结合专业教学团队建设、社会服务能力提高和创建办学特色等方面取得明显进展，发挥示范作用，带动高职教育加快改革与发展，逐步形成结构合理、功能完善、质量优良的高职教育体系，更好地为经济建设和社会发展服务，使示范院校成为高等职业教育发展的模范、改革的模范、管理的模范。一部分先强起来才能使整体强起来。合作委员会的使命之一就是要担起重任，形成强势力量，在职业教育大省和应用型高等教育建设的理论和实践上有更多的话语权，在经济社会发展中有更多的发言权。

### （二）发挥优势，引导教学改革

要想办好学生和家长满意、企业和社会欢迎的高等职业教育，教学质量是核心。质量的提高离不开先进理念的指导，离不开适合高职教育特点的人才培养模式建立，这就要求必须加强高职教育教学改革：一是要切实转变教育教学观念；二是要改革专业人才培养模式，切实提高人才培养水平。

当前，高职教育需要坚持育人为本，将职业道德教育和人文素质教育融入课程体系，强化学生责任意识和遵纪守法意识，培养学生诚信笃实、敬业爱岗、吃苦耐劳、虚心好学的优良品质。在此基础上，加强对学生职业关键能力的培养，兼顾学生社会适应性和持续发展能力，适应社会需求和职业岗位需要。要把工学结合作为人才培养模式改革的重要切入点，引导课程设置、教学内容和教学方法改革，在人才培养模式改革中突出教学过程的实践性、职业性和开放性，抓住实验、实训、实习关键环节，积极推行订单培养，探索工学交替、任

务驱动、项目导向、顶岗实习等有利于增强学生能力的教学模式。重视学生校内学习与实际工作的一致性，校内成绩考核与企业实践考核相结合，探索课堂与实习地点的一体化。要深入探索“基于工作过程”“教、学、做一体化”“前校后厂”“任务驱动、产教合一”等已有的人才培养和教学模式内涵。在这些方面，示范院校有较好的基础，在示范院校建设过程中有许多好的做法和经验。今后要在教学领域深化改革，探索人才培养模式，建立起成熟的专业人才培养方案。合作委员会要做教学改革的领头羊，不带任何框框去探索，特别要在核心课程开发上下工夫，带动全省高职教育教学改革走上正轨，推向深入。

（三）形成合势，服务经济社会

当前，对应用型高等教育的探索方兴未艾。长期以来，高校遵循学科本位和学术导向，一厢情愿培养人才。高等教育进入大众化阶段，社会上的学术型人才已供大于求，同时高技术、高技能岗位的适用人才严重短缺。应用型人才是相对于学术型人才来说的，是指能够将科学理论知识和专业技术技能应用于所从事的生产实践和社会实践的一种专门的人才类型，是熟练掌握生产和管理一线的基础知识和技术技能，主要从事一线生产和管理的知识或技术应用人才。应用型高等教育是高等教育发展和经济社会发展中要重点加强的一种高等教育类型，是区别于学术型高等教育的，是以培养人才的知识和技术应用能力为核心，以技术研发和推广为主要科研任务的一类高等教育。高等教育要适应和服务经济社会发展，就要发展应用型高等教育。去年 10 月 17 日，省委、省政府在合肥召开全省推进自主创新暨建设合芜蚌自主创新综合配套改革试验区动员大会，提出要全面推进自主创新。今年又提出承接长三角产业转移。实现自主创新，人才是支撑，其中应用型人才承担着实施的主要任务，是创新的重要力量和实现载体。发展应用型高等教育是我国经济社会发展对高等教育的必然要求。恰当利用自己的办学传统和资源条件，科学确定自己的办学定位和服务面向，主动服务地方经济社会发展，主动满足市场的人才需求，以质量求生存、以服务求支持、以特色求发展，在各自的层次上办出相对高水平，走应用型高等教育发展道路，是广大地方高校改革发展的必然选择。

在高等教育快速发展的过程中，我们感受到经济社会发展对应用型人才的迫切需求与高校应用型人才培养能力不足反差较大。应用型人才培养是高等职业教育、本科教育和研究生教育共同担负的重任。因此，希望合作委员会一方面形成高职教育的合势，另一方面要参与形成高等职业教育、本科教育、研究生专业学位教育的合势，面向经济社会主战场，心系一处，培养应用人才。

三、合作委员会要创新，要合作，要开放

1. 要创新。创新是发展的动力。是否创新，是合作委员会组织先进与否的重要标志。创新才能成就大业。如果我们的思维受制于普通教育的制约，就无法在自我发展上取得突破；如果我们的教学不突破习惯方式，就难以培养适销对路的高技能人才；如果我们的办学因循守旧，就会与经济社会大潮格格不入；如果我们的行动长期受制于已有困难的束缚，我们就永远跳不出落后的怪圈；如果我们管理不敢触及长期存在的深层问题，就无法激发和调动各方面的积极性，提高管理效能。合作委员会成立伊始，就要面向未来，立足一流，解放思想，创新思路；面对现实，面对困难，敢于破解难题。一是要面向潮流，努力创新，办出学校特色。鉴于应用知识、技术的更新、变化速度总是快于基础知识和理论的变化速度，合作院校要在管理、教学、科研、服务等一系列方面引入新理念，了解新趋势，适应新变化，不断创新工作机制。二是要在合作的机制上创新。在合作资源、体系、制度、办法、机制上创新，整合好校内和企业资源、学校和社会资源、国内和国外资源，坚持自主创新与引进创新相结合。

2. 要合作。一是学校要和企业合作。要了解本地区的企业、服务本地区的企业，和行业企业深度融合，密切合作，相互支持，共同发展。要了解行业企业发展趋势、产品和技术变化动态，参与行业企业的技术开发。与企业合作开展专业建设，专业核心课程和教学内容应覆盖相应职业资格要求，专业设置和课程改革要请行业企业人员参与。建立企业接收高等职业院校学生实习的制度，加强学生的生产实习和社会实践。通过学中做、做中学，突出职业岗位能力培养和职业素养养成。要通过行业企业专家和专业教师共同制定人才培养方案。通过有计划地安排教师到企事业单位进行专业实践，支持教师参与产学研结合实践、专业能力培训等，提高教师自身的技术技能水平。要广泛吸纳企事业单位既有工作实践经验又有较扎实理论基础的高级技术人员、管理人员和有特殊技能的人员到学校担任专、兼职教师，充实完善“双师型”教师队伍。要依靠企业建立产学研紧密结合的校外实习、实训基地，让学生直接参加生产和实际工作，进行仿真模拟实习。二是学校要与地方合作。学校要在适应、服务的基础上，努力支撑地方经济社会发展，坚持立足地方、服务区域，坚持本土化战略，坚定不移地在培养当地发展所急需的高级应用型人才，在加快科技向地方转化、优化当地资源配置和形成当地特色优势产业等方面做出应有的贡献。三是学校之间强化合作。在招生、就业、人才培养、资源共享、共建专业、教学研究、发展环境、文化建设等方面打通互认。四是合作委员会要与本科合作联盟合作。取长补短，形成合力。五是与国外的合作。走出去，引进来，以和德国萨克森州 7 所高职学校合作为突破口，真正搞懂他们的办学特点和理念、优势，进行教学资源、人才培养方面的实质性合作。

在这里，我提一项要求，即合作委员会的所有学校都要选择一所皖北地区高职学校进行对口支持，促进其办学水平、管理水平和教学水平在一两年内有明显提高。支持别人也是提高自己，希望能将此作为一项任务认真落实。

大卫·李嘉图在《政治经济学及赋税原理》中提出了“比较优势贸易理论”。他认为，国际贸易的基础是生产技术的相对差别而非绝对差别，以及由此产生的相对成本的差别。每个国家都应根据“两利相权取其重，两弊相权取其轻”的原则，集中生产并出口其具有“比较优势”的产品，进口其具有“比较劣势”的产品。用在我们合作上，就是取长补短，取重避轻，共同促进。希望合作委员会建立机制，强化落实，抓住重点，搞好合作。

3. 要开放。开放是合作的前提，是创新的基础。要向企业开放，向学校开放，向社会开放，对政府开放，向世界开放。向企业开放才能了解行业技术领域的特点、变化和发展趋势，了解企业对人才的需求，不断改进专业人才培养方案；向其他学校开放才能明确自己发展的方向、重点和特色所在，更好地合作，个体发展，整体推进；向社会开放才能了解需求，改造自身，引进职业资格标准，适应社会；向政府开放才能让政府了解、理解、关心、支持，才能更好地服务大局、服务地方；向世界开放，才能明白差距、增长见识、坚定信心。

（在 2009 年安徽省示范性高等职业院校合作委员会成立大会上的讲话摘录）

第一，承担教师教育的高等院校特别是师范院校，如何科学定位、多元发展、特色办学的问题。

合理的办学定位是高等院校科学发展的前提和先导，对于承担教师教育的高等院校特别是师范院校，更显得重要。经过近年来的发展，师范院校通过开放和综合，已经转向以教师教育为主要职能，并积极面向广泛的社会需求、实现多学科专业的共同发展，而不再是单纯培养教师了。比如：在专业设置及人才培养上，师范院校已实现向非师范专业拓展；在科学研究及学科建设上，师范院校不再满足于原先与中学课程相对应的结构单一、相互间交叉融合程度较低的学科格局，而是通过培育、拓展和交叉，增加硕士点和博士点数量、规模，实现学科建设上水平、学校办学上层次的发展目标。在社会服务上，师范院校不断拓宽服务领域和功能，积极面向经济社会发展的各个行业和领域，提高经济效益和社会效益。与此同时，这种转型也在某些方面削弱了教师教育的学科专业地位。这是高等师范教育所面对的普遍性问题。很多师范院校出现“去师范化”，“师范不师”，热衷于综合化，向综合性院校看齐，结果把自己的老本行、传统优势丢了。这是师范院校办学定位的严重误区。

师范院校切不可丢失自身的优势、特色而一味趋同于一般大学尤其是综合性大学，应当通过这种开放化和综合化，将教师教育发展成为与医学教育、法学教育、工程教育等相得益彰的高水平专业教育。同时，师范院校也应将自身积累的学科、专业、人才上的资源，进一步固化教师教育特色和优势，走特色发展之路。

第二，关于教师教育如何加快发展方式转变，提高质量，培养卓越教师的问题。

加快经济发展方式转变是深入贯彻落实科学发展观的重要目标和战略举措。随着经济发展方式的转变，教育发展方式由扩大规模为主向提高质量为主转变，由外延发展为主向内涵发展为主转变。《国家中长期教育改革和发展规划纲要(2010—2020 年)》(以下简称《教育规划纲要》）指出：“深化教师教育改革，创新培养模式，增强实习实践环节，强化师德修养和教学能力训练，提高教师培养质量。”这是承担教师教育的高等院校特别是师范院校下一步发展和改革的核心任务。只有在现有的规模、层次和办学条件基础上，进一步彰显师范性，面向我省教育发展对教师队伍建设的需要，特别是要适应基础教育、职业教育教师队伍的需要，切合不同层次、类型、学科教师的发展需要，特别是提高在职教师素质，以质量求发展，以服务求支持，教师教育才能展现生机活力，才能获得教育界的欢迎和社会的重视。

这次《教育规划纲要》提出，要实施卓越工程师、卓越医师培养计划，我觉得，教师是培养人才的人才，理应达到高素质、专业化。我们难以想象，二流、三流素质的教师，缺少创新精神和能力的教师，能够培养出一流人才、创新拔尖人才。这样下去，建设创新型国家和人才强国战略就可能落空。因此，我省教师教育发展方式的转变，应当积极探索实施“卓越教师”培养计划，通过一系列政策扶持和保障，培养具有卓越能力和品质的高素质专业化教师。

第三，高师院校如何加强与地方教育行政部门、中小学校合作，在人才培养体制和机制上进行突破的问题。

人才培养体制和机制改革的核心，是综合利用校内外各种优质教育资源合作培养人才。对高师院校来说，当前人才培养体制改革的重点有4个方面：一是大力推进大学生实习顶岗支教；二是选择优秀中小学校作为师范生实习基地；三是吸收地方教育行政部门、中小学校优秀教师和教学管理干部作为高校兼职教师；四是根据地方教育行政部门和中小学校需要，为他们定单培养和培训人才。

我省部分高师院校已在人才培养体制改革上迈出了重要步伐，如安庆师范学院师范生顶岗实习和置换培训工作已持续数年，积累了丰富的改革经验，受到了各方面的欢迎和好评。今年，国家正在实施的“国培计划”将顶岗实习和置换培训作为重要内容，我省已完成“国培计划”各类项目的招标工作。希望相关高师院校高度重视，精心组织，以高水平实施“国培计划”为契机，深化教师教育人才培养体制改革，探索合作育人的新机制。

第四，教师教育如何主动适应基础教育改革，特别是如何提高农村、皖北、特殊教育教师水平问题，为促进教育公平做出应有贡献。

《教育规划纲要》把促进公平作为国家基本教育政策，并提出促进教育公平的目标、重点和路线图。促进教育公平的根本措施是合理配置教育资源，向农村地区、边远贫困地区和民族地区倾斜，加快缩小教育差距。其中，教师素质是制约教育公平的最重要因素。因此，承担教师教育的高等院校特别是师范院校在促进教育公平上负有责任，应大有作为。

就我省具体情况看，如何提高农村教师、皖北教师、特殊教育教师的素质水平，是促进义务教育省域均衡的三大重点和难点。希望承担教师教育的高等院校特别是师范院校，在课程设置、培养模式以及思想教育等方面积极探索，特别是要积极参与在职教师培训的任务。目前，中小学教师“国培计划”已经全面启动，有关师范院校都高度重视。这不仅是教育资源获得的一种方式，更是师范院校的一种责任担当，要真正通过培训达到农村教师素质的整体提高。这才是促进教育公平的根本所在。

（在2010年安徽省高等院校教师教育合作委员会成立大会上的讲话摘录）

## 一、如何设定发展目标

今年4月，省委省政府制定出台《关于努力建设高等教育强省的若干意见》。该意见经过一年多的充分调研，广泛征求了各方意见，并吸收了“国家规划纲要”的主要精神。尽管其在“国家规划纲要”颁布前出台，但与规划纲要精神一脉相承，符合安徽省情。因此，我们认为，未来5～10年，安徽高等教育的首要任务，就是建设高等教育强省；高教强省确定的发展目标，就是省规划纲要高等教育的发展目标。发展目标体现在以下四个方面：

一个体系目标。就是初步建成能够服务党委和政府决策、支撑经济发展和产业升级、引领文化繁荣和社会进步的具有安徽特色的现代应用性高等教育体系。

两个参照目标。就是不低于全国平均水平，并保持中部地区领先。比如，高等教育毛入学率2015年达到36%、2020年达到40%，均与国家平均水平持平，但我省的增幅要超过全国平均水平；主要劳动年龄人口平均受过高等教育的比例，2015年达到15%，与全国平均水平持平，2020年达到22%，超过全国平均水平2个百分点。

“三度”价值目标。就是提高高等教育对人力资源强省建设的贡献度、对经济社会发展的支撑度和人民群众的满意度。我与王明方同志交流时，谈到有些同志对安徽是否能够建设高教强省提出异议，王明方同志非常坚定地说，只要这三个度提高了，我们就是高等教育强省。

“三率”工作目标。就是提高高等教育毛入学率、高等学校毕业生就业率和科技成果转化率。这“三个率”，是王三运同志在省政府常务会议讨论高教强省意见时对建设目标提出的明确要求。

**二、如何提高高等教育质量**

高等教育质量是广义的质量，既包括人才培养质量，又包括科学研究和社会服务的质量。提高质量是高等教育发展的核心任务，也是建设高等教育强省的基本要求。我们认为，安徽高等教育提高质量的关键，就是要继续坚持“科学定位、分类指导、多元发展、特色办学”的思路，进一步提升资源的集聚度、成果的显示度和服务的贡献度。具体要把握好以下五个方面。

第一，做好优化结构这篇大文章。一方面，要主动围绕经济社会发展需求，建立动态调整机制，不断优化学科专业、类型、层次和区域布局结构，扩大应用型、复合型、技能型人才培养规模。另一方面，要实行分类管理，发挥政策指导和资源配置的作用，引导高校合理定位，克服同质化倾向，形成各自的办学理念和风格，在不同层次、不同领域办出特色，争创一流。

第二，汇聚和培育更多优质资源。优质资源既是提高质量的物质基础，又是质量优良的现实表征。优质资源包括先进的教育理念和良好的办学条件，其载体是名校、名师、优势学科、特色专业和各类实验实训基地。优质资源从哪里来？我想高校的自我建设和培育是主渠道，但另外三个方面也不容忽视：一是面向省外、境外、国外的学习借鉴和引进；二是面向行业、企业和社会的开放合作；三是高校之间的深度合作与资源共享。

第三，抓好人才这个最关键要素。这里的人才包括高素质的教师队伍和管理干部队伍。教师队伍建设的关键有两点：一是必须加强师德建设，把“关爱学生，严谨笃学，淡泊名利，自尊自律，以人格魅力和学识魅力教育感染学生，做学生健康成长的指导者和引路人”镌刻在每一位教师的灵魂深处；二是要改革教师队伍建设机制，着力改变现有人才、项目、平台多头建设、资源分散的现状，加快学科带头人和团队建设，以人才聚集资源、以人才承接项目、以人才培育成果、以人才彰显贡献。管理干部队伍建设也要高度重视，特别是高校党政主要负责人的选拔和培养。

第四，示范建设与薄弱建设相结合。示范建设的目标是分类建设一批在全国同类高校中有特色和竞争力的高等学校、学科专业、创新平台、人文社科基地和人才团队，力争使其达到国内同类院校先进水平，引领各类高校和学科专业的建设标准和发展模式。同时，推进高等学校均衡发展，对皖北地区高校、新建高校、民办高校予以重点支持，对新办专业、新进教师等予以重点关注。

通过示范建设和薄弱建设的有机结合，发挥项目引领和评估督导的综合效应，提升我省高等教育的整体实力。

**三、如何推进高等教育改革**

高等教育要发展，根本出路在改革。但高教体制改革是一项长期而艰巨的任务，不可能一蹴而就。我们认为，未来5～10年，我省高等教育改革必须坚持“解放思想、大胆创新，巩固成果、强化统筹，稳步推进、重点突破”的思路。具体是：

第一，巩固深化已有改革成果。袁贵仁同志最近说过，中国高等教育不要妄自菲薄。我想说，安徽的高等教育也要自信自强。近些年来，我省高等教育改革推进的力度和取得的成果有目共睹，很多方面走在了全国的前列。例如，“科学定位、分类指导、多元发展、特色办学”的指导思想，应用型人才培养模式改革和应用性高等教育体系建设，校际合作、校地合作、校企合作、国际合作、抱团发展的办学模式，高职注册制招生、示范高职单独招生、高考单独命题、平行志愿等一系列高校招生录取制度改革，高校教师职称分类评审、评审权下放等人事制度改革等等，都对我省高教事业发展产生了积极的推动作用。新一轮的高教改革，必须保持改革的延续性和稳定性，巩固深化已有改革成果，应用推广已有改革成果，在此基础上进一步把改革向纵深推进。

第二，强力推进国家改革试点。选择部分地区和学校开展教育体制改革试点，是国家教育规划纲要的重大举措。经我省申报和国家评审，国务院已正式批准我省作为7个“省级统筹教育综合改革试点省”之一，批准“改革高等学校应用型人才培养模式”“开展高等学校分类管理改革”等8个项目为国家教育体制改革试点项目。根据国家要求，我省已完成改革试点总体方案和任务书的编制工作，明确了改革的总体目标、阶段性目标、改革措施、配套政策、保障条件、进度安排和风险评估和应对预案等。高等教育“一个统筹、两个专项”改革，是我省高教体制改革必须做好的重大任务，也是深化其他改革先行先试的突破口，必须强力推进，必须确保实效。目前我们正在研究制定各项改革试点的具体实施方案，进一步明确改革的时间表和路线图，并适时召开全省教育体制改革会议动员部署和启动实施。

第三，鼓励支持高校先行先试。高校是高教改革的主体和基础。在整个教育管理体系中，国家现在越来越强调省级统筹的功能和作用。《国家教育体制改革试点方案》安排7个省（区、市）进行省级政府教育统筹综合改革试点，正是探索强化省级教育统筹的具体措施。但在改革的实施过程中，必须在统一领导、统筹协调的基础上，充分相信和依靠高校的智慧和师生的首创精神，鼓励支持高校结合校情先行先试。我省很多高校改革创新的意识非常强，像安徽农业大学探索农科教结合的“大别山道路”，合肥学院借鉴创新德国应用型人才培养模式，安徽工业大学、宿州学院、铜陵学院、池州学院与当地政府全面合作等，效果很好，影响深远。希望在新一轮的高教改革中，每一所高校都能积极参与，我们将在政策、项目和经费等方面，力所能及地为改革保驾护航。

**四、如何争取更多政策支持**

争取政策是我省贯彻落实全国教育工作会议和规划纲要精神，体现教育优先发展重中之重的工作，也是高校最为关注、寄予厚望的热点问题之一。我们的体会是，争取政策要有依据，争取政策要有办法，争取政策也要首先高质量做好自己分内的工作。

第一，国家规定政策必须落实。《国家中长期教育改革和发展规划纲要(2010—2020年)》政策保障条文中，最大的亮点是提高国家财政性教育经费支出占国内生产总值的比例，2012年达到4%。全国教育工作会议后，省财政厅已会同省教育厅，制定了我省到2012年达到国家要求的教育财政支出增长方案，并上报财政部，待国务院批准后实施。

第二，争取出台更多地方政策。我们提出，在经费保障方面，进一步扩大国债用于教育的份额，各级政府应从土地出让收入和彩票公益金中划出一定比例用于教育，逐年增加各级政府教育预算内基建投资，实行多项教育税费减免政策，加大财政资助力度，积极化解公办学校基本建设债务；省级政府根据国家办学条件基本标准和教育教学基本需要，制定并逐步提高区域内各级学校学生人均经费基本标准和学生人均财政拨款基本标准，到2012年不低于中部省份平均水平，到2017年达到或超过全国平均水平。同时，设立一批改革试点和重大发展专项，支持高等学校建设和发展。

第三，高校首先做好表率。安徽目前还是一个经济欠发达省份，财力十分有限，而且需要花钱的地方很多。仅就教育系统内部而言，学前教育、义务教育、职业教育与民生工程关系更为密切，每年教育支出增长部分基本上都用在这些领域。高等教育争取每一分投入、每一项政策都来之不易。因此，希望各高校倍加珍惜各种政策机遇，用好各类财政经费。当前，特别要高度重视节约型校园建设、各类项目建设效果和经费使用效益，不能“一边缺钱、一边大手大脚花钱”“重项目申报、轻项目管理”，授人以话柄，影响高校的社会形象，也影响再向各方面继续争取经费和政策支持。

（在2010年省属高校咨询委员会成立大会上的讲话摘录）

第一，要高度重视对研究生教育规律的探索和总结。

一是要探索和总结如何选才的问题。按道理说选才就是要考查学生大学的基础是否扎实全面，是否具有较强的分析问题、解决问题的能力，是否具有继续培养的潜质或特长。所以除了笔试还要有复试、面试，除了考试还有免试推荐。但是，面对大众化的高等教育和大学生的就业压力，报考研究生的人数在不断增加，考研的竞争越来越激烈，社会关注度越来越高，“应试”的氛围也越来越浓。就那么四张卷，尤其是政治和英语，全国统一。免试推荐也只有依靠大学成绩的排名。这种简单僵化的选才方法走到了极端就出现一些考研“专业学校”，这些学校从学生进校起就鼓励学生考研，针对某些招收研究生多的著名大学，紧抓几门功课，大搞考研辅导。社会上也出现了各类考研辅导资料、考研辅导班和考研辅导明星，考研辅导已经成了一个产业。如果说我国的教育考试招生要改革，我觉得最迫切需要改革的正是研究生考试招生制度。因为现行的选才制度和现状与培养创新型人才要求相去甚远。因此，研究生招生工作怎么组织，怎么改革，需要我们认真研究。

二是要探索和总结如何培养的问题。研究生培养的基本模式是导师负责制。大约在16年前，国家开始尝试所谓“一级学科培养”，其目的是为了拓宽学生的知识面。如果说导师负责制侧重在“专”，那么“一级学科”侧重的是“宽”。因此，解决好基于一级学科的培养和导师负责制以及两者之间的协调，就解决了研究生培养的基础性问题。但是，现在的问题是“一级学科”成了一种荣誉，成了展示学校办学实力的象征。如何真正整合一级学科内的力量和资源，建立基于一级学科的研究生培养方案，必须引起我们高度重视。

三是要探索和总结如何定位的问题。《中华人民共和国学位条例》对博士和硕士的标准有原则性要求。对博士来说，要求“在本门学科上掌握坚实宽广的基础理论和系统深入的专门知识；具有独立从事科学研究工作的能力；在科学或专门技术上做出创造性的成果”。简言之即两个关键词：“博学”和“创新”。历史上一些科学家的博士论文就是一篇不朽的学术著作。数学史上也出现过博士论文的成果就获得了菲尔茨奖（相当于数学界的诺贝尔奖）的事例。可见对博士的“博学”与“创新”没有最好，只有更好。对硕士来讲，《中华人民共和国学位条例》的要求是“在本门学科上掌握坚实的基础理论和系统的专门知识；具有从事科学研究工作或独立担负专门技术工作的能力”。与对博士的要求相比，前一句话少了“宽广”和“深入”，后一句话强调了“独立”。《中华人民共和国学位条例》对博士、硕士做出了原则性的基本要求，关键看各校如何把握这个要求。把握这个要求的就是答辩委员会和学校的学位委员会。但是，多年来答辩委员会的权威性和严肃性一直受到质疑。说好话的多，指出问题的少，“优秀”的多，“合格”的少，过不了答辩关的则更少。为了更好地把关，就出现了要求发表论文，把对学生能力的评价和鉴别送到了学术杂志的编辑部。这样做是有一定道理的。杂志编辑部找的评审人都是背靠背的，把关也更加严格，发表了是要让全国乃至全世界同行阅读、研究和评价的。但是任何事情不能绝对。且不谈一些杂志水平如何、把关如何以及是否存在花钱买发表的乱象，即便是这样的导向，对于硕士生以及那些专业学位的硕士生来说未必全面。不是还要考察“独立担负专门技术工作的能力”吗？发表文章很难反映学生独立担负专门技术工作的能力。所以，全面把握不同形式学位要求，做好质量监管的科学性、有效性，是提高质量的基本保证。

四是要探索和总结如何管理的问题。首先是要针对研究生的特点加强思想政治教育，学术诚信教育和心理健康教育。据有关调查，研究生的心理问题比较突出。除了学业上的压力外，个人生活上的压力，与导师和同学之间的关系等一系列问题都需要有针对性地加以引导。其次是管理机构设置和职能定位。曾经有这么一种看法，只有那些著名的大学才能设置研究生院。凭什么省属高校不能设研究生院呢？《中华人民共和国高等教育法》说得清清楚楚，二级机构设置是学校的权利。实际上“研究生院”是“研究生学院”的简称，英文名字都一样的。我不是鼓励大家都成立研究生院，问题不在于名字，而在于研究生管理机构主要管什么，如何与院系、导师加强配合协调，如何推动研究生招生和培养方式的改革，如何根据各类学位不同的要求进一步规范学位授予、把好质量关，真正发挥管理机构的职能才是我们应该关注的重点。

第二，要大力推进研究生培养方式的改革。

一是对招生录取方式进行改革。虽然国家现行制度是采取统一考试（初试），划定分数线并对总分和单科成绩作出规定。但毕竟还是由招生学校自行组织复试和面试。因此我觉得高校现在能做的就是要加强复试和面试，这是国家政策中所允许的。但复试和面试的难度非常大，有很多细节问题需要解决，关键是精心设计、前置公告、社会认可。所谓精心设计就是要坚持以考查学生大学的基础是否扎实全面，是否具有较强的分析问题、解决问题的能力和具有继续培养的潜质，统筹好初试的专业考试内容与复试内容，设计好初试成绩与复试成绩所占的比例和录取章程，确定好面试的基本要素，等等。要事先广而告之，不能等到确定了初试名单后再来告知录取的章程和复试面试的程序和内容。否则你如果通过复试淘汰了初试高分的学生就会引起无穷的麻烦。当今社会，对教育所采取的任何改革，不但有科学性的问题，还要获得社会的认可，特别是公平公正的问题。你搞复试、面试社会并不反对，但是你是否有严密的制度和足够的自律保证，不受各种干扰，不打人情分，不泄露复试内容。必须给社会一个说法，让社会感到放心。

二是要加强“三助”岗位的设置和管理。现在研究生招生录取实行的是所谓计划招生、自筹经费和委托培养等形式。计划招生不收费，每月还要发相应的生活费。自筹和委托培养的主体也都发生了变化，大部分可能是学生自己“自筹”和自己“委托”培养自己。这就造成了研究生收费的“双轨制”。这种政策如果不改变，研究生教育就没有出路，可惜我们没有决定权。本科生现在收费很规范，其中一个重要的基础，是在20世纪90年代后期解决了双轨制的问题。当时有自费生和公费生，如果这个问题不解决，高校里面没有今天这么安宁，本科教育的质量也难以保证。既然我们动不了国家的双轨制，那么我们能不能在研究生培养过程中和管理上做一些改革，加强助教、助研、助管的岗位设置。我一直有一个信念，那就是研究生已经大学毕业了，具备了通过自己的劳动来资助自己继续求学的能力。大量的中国学生到美国去读研究生，有几个是靠家长掏钱的？中国赴美的研究生并不完全是靠在饭馆里打工、端盘子养活自己的。大部分是在学校里面通过助教、助研、项目助理等方式获得免学费的机会，获得奖学金，从而资助自己求学。高校也通过提供这些岗位，得到人力资源的补充，节省人力资源成本。我们的高校有没有这种需求，有没有这种能力？我觉得有这种迫切的需求，也渐渐地具备这样的能力。当年我们读书时候，一个主讲老师，配三四个辅导老师，作业本改得很细，每周两次答疑，你有什么问题都可以去问，现在这种情况完全没有了。学生数的增加，编制的限制，不可能再设专职在编的助教。有研究生的高校应该拿出一些钱充分发挥研究生的作用。用较低的成本聘请研究生当助教，既可提高本科生的教学质量，又可提高研究生的待遇，还能让他们对本科所学的知识温故知新。而另一部分研究生，可以通过帮助导师完成项目，从事助研工作。导师也不要舍不得花这个钱，好的研究生是会有助于导师完成项目、争取经费的。还有助管，比如说优秀的研究生做本科生的辅导员是完全能够胜任的。当然，学科之间存在课程总量和项目经费的差异，可以通过学校调节来实现。比如说，文科的学生多做做助管，基础性的学科多做做助教，应用性强的学科多做做助研。你如果什么也做不了，什么也竞争不上，那只有靠你自己了。我个人认为研究生收费改革是迟早的事，只是这种收费制度一定是建立在一种充分发挥研究生自身能力、开发研究生的人力资源、有利于激励研究生创新发展的完善资助体系之上的收费。这种资助体系不再是像本科生那样以资助家庭经济困难、奖励品学兼优为主，而是以你有多大能耐，能干什么事情就能得到多少资助的方式为主。我们开展“三助”就是为建立这样的资助体系奠定基础，积累经验。

三是要加强基于一级学科培养方案的设置。前面我讲了，一级学科是为了解决研究生“博学”的问题，为创新、创造、独立开展工作奠定坚实和宽广的基础。因此，已经争取到一级学科的学科，应该把主要精力放在一级学科培养方案的设计上。20 世纪 90 年代中期国家搞一级学科，本人也参与过讨论并组织开展了国家首批一级学科博士点的人才培养方案的制订和实践。当初我所在的地方有 5 个二级学科博士点，经过整合，形成了基于一级学科的培养方案，学生的基础更宽了，选择面更大了。我个人认为，没有博学的知识和宽广的视野，在科研上很难上得更高、走得更远。因此设计好一级学科的研究生培养方案才是争取一级学科的要义所在。但是设计好这样的培养方案是一项巨大的工程，不是简单的拼盘。这样的培养方案不仅是对学位课程的要求，还应该在培养机制上体现先进性。比如，在一级学科下，可否考虑统一招生，学习一段时间后再确定导师，给导师选择学生、学生选择导师的机会？另外，即便有了一级学科，也未必是该学科下的每一个二级学科都要招研究生，都要发展。再举一个我所熟悉的例子，生物学科下有12个二级学科，但中国科学技术大学的生物学一级学科始终坚持围绕自己擅长的基因、神经、蛋白等分子生物学和生物物理的主要内容，并不追求面面俱到。

四是要广泛开展硕博贯通式的培养方式。我国现行的制度是分层培养，尤其是硕士和博士是相对独立的培养。硕士要学外语、政治、学位课程，要写论文、发表文章，到了博士又要学外语、政治、学位课程，写论文、发表文章。这种方式的弊端是课程相对凌乱，甚至有重复，研究工作也有些零散，很难做出大文章。多年来，兄弟院校大量实践表明硕博贯通（也叫硕博连读）式的培养是克服分层培养弊端、提高博士生培养水平的一个好办法。花上五六年时间，前期侧重课程，后期集中精力做研究，有可能多做出点名堂。但是，开展硕博贯通，必须要解决两个基本问题。第一是制定符合贯通式的整体培养方案。第二是要建立贯通式培养过程的淘汰机制。这两条是基本保证，缺一不可。至于大家反映的指标问题，我认为只有通过改革，才能获得支持。改革力度到位了，培养质量保证了，符合人才培养规律，就为争取国家支持奠定了基础。反之，培养质量上不去，培养方法陈旧，想获得支持就很难。

五是要大力发展专业学位研究生教育。2011年全国专业学位研究生占整个研究生总数的35%，我省是35.7%。到2015年全国要达到50%。现在的主要问题就纠结在我们怎么去对待专业学位和我们通常所说的学术性学位之间的关系。我认为国家之所以大力发展专业学位，不仅是为了适应经济社会发展的需求，也是通过大力发展专业学位来改造整个硕士生培养制度。因此，大力发展专业学位研究生教育，是推动硕士生教育改革的一项重大举措。如果我们有这样的共识，就应该放心大胆地去发展专业学位的研究生教育。不要再去争论哪些是学术性的问题、哪些是专业性的问题，重要的是要积极探索符合专业学位教育特点的研究生培养模式和管理制度，大胆创新与企业、科研院所以及其他社会组织开展开放式联合培养的机制。我省专业学位虽然有83种，但分布并不均衡，一些学校的硕士点数量远远超出了专业学位种类的数量，专业学位真要达到50%，我担心我们是否具备这样的承载能力。这里就有如何调整结构、改革硕士生培养制度和大力发展专业学位的问题，尤其是那些没有博士学位授权的学校，更应该重视通过专业学位研究生教育来改革硕士生培养制度。

六是要大胆探索研究生培养的合作开放。这里我重点讲一讲研究生“千人培养计划”。自从我省开始合芜蚌自主创新以来，省属高校在“科技成果、产业成果、改革成果、人才成果”等方面尚未展示出让人眼前一亮的业绩。现阶段，我们的强项可能是出“人才成果”，尤其是符合自主创新要求的高端人才成果。为此，我们设计了高校与企业、科研院所联合培养研究生的“千人培养计划”。我个人认为，实施这个计划完全符合胡锦涛同志提出的“协同创新”要求。今后，我们还要扩大“千人培养计划”的规模，还要从硕士生拓展到博士生。通过“千人培养计划”，对学生来讲，可以提高学术水平，增强解决实际问题的能力，在企业、科研院所得到更多的锻炼。对学校来讲，构建了多元化的导师队伍，建立高校教师和企业、科研院所联系的桥梁。我们讲导师队伍，应该眼光放开一点：社会上有大量的资源你为何不用呢？科研院所和企业某些领域的研究实力远在高校之上，例如海螺的垃圾焚烧技术、余热发电技术、环保技术，一些电子研发机构的能力，等等，无论是学术上、技术上还是贴近市场上都是高校无法相比的。一些企业的总工程师和技术研发人员的学术水平和工程水平远胜于高校教师。例如，我省搞地质和探矿的资深两院院士不在高校而是在地矿部门，38 所的领导、淮南矿业的总工程师都是中国工程院的院士。对企业和科研院所来讲，通过与高校的合作，得到高校科研力量的支持，也增添了研究生这样一支充满朝气的新生力量，解决人才培养质量与研发之间的脱节。但是，“千人培养计划”不要搞成形式主义。签一个合作协议、发一批兼职教授的聘书很容易，真想开展好“千人培养计划”还需要各校花大量的时间去研究、设计和实践。我总的感觉是高校对“千人培养计划”重视不够，还是习惯于自己的教授培养自己的学生，习惯于和企业、科研院所搞形式上的合作。个别高校为了争取一个项目而与企业签订一个协议，拉着企业老总去答辩，实际上没有多少实质性的合作。学校要有这样的魄力，要合作就要来真的，搞实的，通过联合培养，真正建立高校、企业、科研院所在人才培养、科技研发方面的深度合作。另一个层面是开放培养的问题。一是通过深入社会、接触企业不断提高研究生的社会能力、学术能力和解决实际问题的综合能力。我注意到，清华大学、中国人民大学有不少研究生在安徽的基层挂职。枞阳的一个副县长是清华大学社会学专业的博士生，他不是当了副县长才考上清华的，而是在读期间到枞阳来当副县长。蒙城的县委书记、合肥的发展和改革委员会主任都是清华研究生，通过挂职到任职。为了设立这样的制度，他们学校的领导会亲自出面与地方沟通协调。我倒觉得我们要学学他们的做法。即便今后不在基层任职，通过社会调查和实践，对研究生的学术能力、实践能力和社会能力也会很有帮助。我国著名的社会学家费孝通，不就是扎根苏北，花了很长时间，做出了很有影响的成果嘛。目前，我们实施的"千人培养计划"也有这个含义在里面。不是这个计划的学生，我看也可以增加一些社会实践活动。二是国际化的问题。我们现在三加一也好，四加一也好，我们从中学到了什么？借鉴了什么？国际合作重在为我所用、合作共赢，在合作过程中不断地提升我自己的水平。这一点合肥学院做得还是不错的，他们也向外输送学生，但同时把先进理念、办学经验借鉴过来了，否则合肥学院固体废弃物处理方向的专业学位点不可能上升这么快，这么有特色。三是要注重学科交叉综合集成的问题。这是一个学科与学科之间的开放、理论与应用的融合问题。现在很多成果都出自学科交叉，出自新兴学科、出自理论研究与工程技术的融合。今年中国科学技术大学新当选的年轻院士潘建伟，你说他搞的那套东西是信息还是物理？是基础理论还是工程技术？现在我们逐步具备了交叉集成的能力，关键是我们有没有那种气魄来鼓励教授们、研究生们敢于冒险，敢于跨出自己学术上的小圈圈。

第三，要不断加强研究生教育与学校的科研、人才队伍、本科教学的有机结合。

一是要促进研究生培养和科技研发有机结合。研究生的学习方式重点强调的是研究。研究工作的重要载体是项目，项目的重要保障是经费，对博士研究生来讲更是如此。目前国内外科技研发主要采取项目方式开展的，无论是国家或省级重大、重点还是基金、专项以及企业委托开展的研发工作都是以项目配以经费资助方式开展的。简单地说，高校抓科技研发主要就是抓项目。除特殊情况外，理论上讲，没有科技研发项目就很难支撑研究生培养。反之，研究生是科技研发中一支思维活跃、充满干劲的青年近卫军，对完成项目、争取项目都会起到积极作用。因此，高校指导研究生（尤其是博士生）不应该仅凭职称，应该考虑教授正在开展的项目情况。当然，目前我国科技研发项目的竞争和评审中还存在一些不公正的现象，项目的管理制度还不健全，地方高校在项目竞争中仍处于弱势。只要我们坚持以项目为抓手，鼓励和支持广大教师靠实力争取项目，凭本事完成研发，我们的科技研发水平就能够不断提高，研究生的培养质量也会带动起来。

二是要促进研究生教育和人才队伍建设的有机结合。现在省属高校的人才队伍，大部分还是通过送出去再请回来的方式进行培养。这部分同志对学校的情况比较熟悉，有根基、有基础。渐渐地，我们从外面引进的高端人才会多起来。人家为什么来，除了提供住房工资等待遇外，给他提供一个良好的发展环境是很重要的。这个发展环境包括科研条件、必要的经费支持（实际上一个真正优秀的人才，只会给学校争取来更多经费，而不是需要学校不断提供经费），还有为他指导研究生创造条件。可以说能够开展研究生培养是吸引人才的重要因素。如果引进的人确实能干，就应该多给予支持，给他们配备助手，在研究生指标上给予他们更多的支持。若干时日后，引进的人才就能够把队伍拉起来，科研工作就能开展，也就更容易扎下根来。

三是要促进研究生和本科生教育的有机结合。比如说课程体系的衔接，我们现在很多学校搞学分制，问题是有没有那么多课程供学生选择。有些学生与其给他们提供机会让他们去考研，还不如让他们去选他们感兴趣的研究生课程，如果他们真想学的话。还有些本科生的专业课程，不是这个专业的研究生能不能选？学数学的研究生想选量子力学，非要让我选研究生的量子力学，怎么受得了呢？如果选本科生的量子力学，行不行？这就是一个衔接问题。再比如在提高本科生教学质量和管理方面。一是使用研究生助教对提高本科生教学起到好的作用。二是选择优秀的相关专业研究生特别是博士生担任本科生辅导员，有利于学生的管理和思想政治教育。三是要坚持教授特别是研究生指导教师给本科生上课。一个有学术造诣和研究心得的教师，只要他用心，是能够讲出精彩的基础课程的。所以对研究生导师工作量的分配上要兼顾科研、研究生培养和本科生教育。

（在2012年省属高校研究生工作座谈会上的讲话摘录）

**一、试点的主要内容**

一是分类招生。高职院校自主招生对象分为应历届普通高中毕业生、应历届中职毕业生、具有高中阶段学历的农民工、复转军人、企事业单位在职职工、失业人员。

试点高校分三类：第一类是国家示范（骨干）高等职业院校，侧重招收学有所长或有技能特长的考生，培养高素质技能型人才，彰显办学定位和办学特色。第二类是市属高等职业院校，侧重通过市级统筹，建立中高职衔接的人才培养通道，招收市（含下辖县、市、区）所属中职学生。第三类是行业、企业和民办高等职业院校侧重面向行业、企业和特殊岗位需要，开展“订单式”人才培养，实行招生、培养、就业联动。

高职院校可以根据考生意愿和办学实际，采取以上多种招生形式和培养模式。

二是多元录取。体现在两个方面：第一个多元是指试点院校可以在省教育厅的指导下，自主制定招生政策；第二个多元是指试点院校根据不同招生对象，研究制定有针对性的考试（测试）办法，包括使用普通高中毕业生学业水平考试成绩和综合素质考评结果，对中职学生实行“知识＋技能”测试，对在职职工和失业人员凭技能等级证书注册入学等多种方式。当然，多元也有统一要求，就是参加自主招生的考生必须具有安徽户籍，必须参加高考（含对口招生考试）报名，凭高考考生号到试点高校参加自主招生考试（测试）。试点高校于2012年5月20日前将拟录取考生名单报省教育招生考试院并办理相关录取手续。被录取考生不再参加普通高校招生全国统一考试及录取、高校对口招生考试及录取。

三是联合培养。包括三个联合：第一是校企联合。试点院校与企业紧密合作，合作办学、合作育人、合作就业、合作发展。第二是中高职联合。通过加强市级统筹，建立市属高等职业院校牵头、中职学校参与的人才培养联合体，共同制定人才培养方案，共同实施人才培养。第三是校际联合。试点高校之间也可加强合作。

**二、试点的招生计划**

2012年度全省自主招生总计划数按当年全省高职招生计划总数的5%确定，今年的计划数是11 080人。各试点院校自主招生计划实行单列，属于竞争性指标，未完成的自主招生计划不得转入普通高考招生。

**三、试点的主要特点**

我省高职院校自主招生改革试点有以下四个方面的特点：

一是遴选了优质高职院校和专业参加自主招生改革试点。2012 年参加试点院校都是我省优质高职院校，包括 8 所国家示范（骨干）高职院校、10 所省级示范高职院校，以及 6 所办学较好的行业、企业和民办高职院校。这些院校全部是通过申报、答辩和专家评审“竞争上岗”的，各校试点招生的专业都是社会认可度很高的专业，有的是本校的国家示范建设专业，有的是行业示范建设专业，有的是省级特色专业，这些专业的毕业生在就业市场供不应求，较为抢手。

二是扩大了招生对象范围，复转军人、农民工、失业人员等均可参加自主招生。自主招生拓宽到应历届普通高中毕业生、应历届中职毕业生、具有高中阶段学历的农民工、复转军人、企事业单位在职职工、失业人员等。

就业是民生工程。复转军人为保家卫国甘心奉献，退役后，政府应为其提高就业能力想办法。农民工通过参加自主招生，一方面提高学历，另一方面学习一技之长。失业人员一直是政府关注重点，可以通过自主招生帮助他们掌握一技之长，帮助他们重新就业。

三是更加突出引导高职教育教学改革。注重市级统筹和中高职协调发展，注重构建高职院校招生、培养、就业联动机制，注重引导高职院校科学定位、分类发展、特色办学。

四是保持现行招生制度相对稳定。自主招生计划总体规模只占普通高职招生计划总量的 5%。

（在 2012 年安徽省高职院校自主招生改革试点新闻通气会上的讲话摘录）

一是要正确处理高校与经济社会发展的关系。胡锦涛同志指出，高等教育是科技第一生产力和人才第一资源之间的重要结合点。这两个“第一”只有在经济社会发展中才能体现出来。高等教育必须坚持以经济社会发展需要为导向。对我省高校来说更要紧紧围绕我省重大发展战略、未来产业升级和承接产业转移的需求，以及对创新型、复合型、应用型、技能型人才的需要。另外，在高等教育进入大众化后，越来越多的年轻人走进大学，他们渴望在今后人生的道路上，在经济社会发展的大潮中充分发挥自己的才能，拓展个人发展空间。他们需要生存，谋求发展，渴望创业。可以说，满足经济社会发展需求，是当今提高质量的核心，也是提高质量的原动力。人才培养质量高不高，关键是看毕业生在经济社会发展中的竞争力和适应力，看毕业生对经济社会发展的贡献度。我们倡导“应用型”，其目的就是引导地方高校时刻牢记满足经济社会发展需求，尤其是满足地方经济社会发展的需求，只有深深扎根于地方经济社会发展的土壤之中，才能体现学校顽强的生命力。应用型与研究型并不对立，有共性，有各自的目标。有的高校对应用型不愿提，生怕降低了身份，但广东中山大学、华南理工大学、上海东华大学就追求培养应用型人才。

二是要正确处理人才培养、科学研究、社会服务、文化传承创新四位一体关系。高校的人才培养、科学研究、社会服务、文化传承创新四大职能不是孤立的，而是相互联系的。人才培养是核心，科学研究是基础，社会服务是方向，文化传承创新是引领，四者是一个整体，相互促进。为此，高等学校必须正确处理人才培养、科学研究、社会服务、文化传承创新四者关系，切实落实教学工作中心地位、教学改革核心地位、教学建设优先地位，必须加强科学研究、社会服务、文化传承创新与人才培养的有机结合，实现在科学研究和社会服务中培养人才，实现文化育人。

三是正确处理教学建设与其他建设的关系。教学建设是保证人才培养质量的最重要的基础性建设，在与其他建设的关系中，应处于优先发展地位。各高校一要转变发展方式，走内涵式发展道路。二要落实教学建设的优先地位，新增生均拨款、新增教学经费优先用于师资队伍建设、专业建设、课程建设、教学信息化建设、实验实训基地、图书资料等办学条件的建设。调整优化各级政府预算内基建投资结构，加大对教学设施的投入。三要建立稳定的经费增长机制，用于教学建设。完善以政府投入为主、多渠道筹措教育经费、保障教育投入稳定增长的机制。完善捐赠教育激励机制，积极引导社会投入，鼓励和引导社会力量捐资，改善教学基本条件。四要树立正确政绩观。基础设施建设是显性的，路宽了，灯亮了，标志性建筑有了，这些是“硬”政绩。而教学建设多数是隐性的，看不见、摸不着的，是“软”政绩。高校领导应树立正确的政绩观，不搞形式主义，不搞面子工程，应以学校发展目标和总体规划为依据，统筹安排，精心组织，创造稳定、良好的人才培养环境。

（在2012年安徽省高校教学工作会议上的讲话摘录）

在制定高等教育振兴计划实施方案时，我们通过多次厅内各相关处室的交流研讨，并广泛征求有关高校的意见，会商财政厅后，确立了高等教育振兴计划的内容包括有特色高水平高校建设计划（含有特色高水平高校建设项目、高等教育分类管理与校际合作联盟建设项目）、专业结构调整服务地方发展计划（含专业结构优化调整与专业改造项目）、教学改革与质量提升计划（含重大本科教学改革资助项目、高职服务产业能力提升项目）、学科建设与研究生教育创新计划（含学科建设与研究生教育创新项目）、领军骨干人才引进与培育计划（含高校领军人才引进和培育资助项目、高校优秀青年骨干人才基金项目）、高校思想政治教育综合改革计划（含高校思想政治教育综合改革项目）、高校创新能力提升与科研成果转化计划［含协同创新（省级 2011 计划）和哲学社会科学繁荣计划项目、高校产学研合作成果转化培育重大项目和经济社会发展“智库”项目］、创新与公共服务平台建设计划（含数字图书馆及优质数字化资源共建共享项目、教育科研网信息化平台建设项目、成人高等教育远程化教学模式改革与信息化建设项目、产业共性技术研发平台高校支持项目、示范性实验实践教学基地建设项目）、国际合作与开放办学计划（含中外合作办学示范项目、“留学安徽”项目）等 9 类计划 18 个子项目。其中，属高教管理类项目 8 个，学科建设与科学研究类项目 5 个，人才引进与师资建设类项目 2 个，思想政治教育类项目 1 个，国际交流与合作类项目 2 个。

这 18 个项目中，有特色高水平高校建设重大项目，是高等教育振兴计划所有项目的重中之重项目，其他各类项目和计划都要紧紧围绕有特色高水平高校建设项目的需要来开展。今年我们通过与财政厅会商，根据分期稳步推进的原则，重点启动了一批我省高等教育领域急需解决、特别重大的 8 类计划 11 个项目，请大家仔细研读《关于印发〈安徽省支持本科高校发展能力提升计划〉和〈安徽省高等教育振兴计划〉的通知》（皖教办〔2013〕8 号）和今年的启动文件（皖教秘高〔2013〕59 号），准确把握振兴计划中各类计划和项目的具体内涵和精神实质，根据学校定位和办学特色，科学设计申报项目，务求取得实效。

振兴计划项目申报和实施中需注意几个问题：

（一）振兴计划与学校办学定位、办学特色之间的关系

国家教育“十二五”规划提出“引导高校合理定位，办出特色”，合理的办学定位是高校科学发展的前提和先导，特色发展是高校可持续发展的必由之

路，振兴计划项目的立项和实施，要处理好与学校办学定位、办学特色之间的关系。

振兴计划的立项与实施应该以学校办学定位和办学特色为出发点。振兴计划的实施原则之一是加速提升高校综合实力和核心竞争力，激励高校在不同的办学层次、办学类型上办出水平，彰显特色，争创一流。按照这一原则，各高校要统一部署，根据振兴计划的总体目标、原则和内容，依据振兴计划项目申报和实施的要求，紧扣本校的办学定位、办学特色，统筹确定项目种类和建设内容，确定振兴计划实施总体规划，制定项目建设实施方案，组织项目实施，将振兴计划项目作为一个有机整体进行申报和实施，并保证项目建设达到预期成效。通过振兴计划项目的实施，促进自身的科学定位、错位发展、办出特色，从而提高我省高校的整体竞争力。

此外，振兴计划项目的申报也必须要突出自身的优势。振兴计划项目的立项具有很强的竞争性，如何科学利用学校的办学目标定位，如何在充分发挥学校的办学优势和办学特色的基础上，进一步突出本校的整体办学实力和核心竞争力，坚持有所为有所不为，从而在申报项目时突出竞争优势、彰显特色，在不同的层次上争创一流水平，是各校在研究项目申报时必须考虑的问题。

（二）保基本、促发展与上水平之间的关系

今年是我省实施提升计划和振兴计划的第一年，根据我省发展实际，按照“生均加专项”改革的思路，在设计提升计划和振兴计划之初，就考虑要突出强化“保基本、促发展、上水平”的要求。

“保基本、促发展、上水平”是一个系统的整体要求，是面对我省高等教育中各项事业发展的不同要求提出的指导性原则。“保基本”是我省高等教育发展的根本，没有高等教育的“基本”就没有高等教育的“发展”和“上水平”；“促发展”是我省高等教育持续、健康、稳定发展的要求，“促发展”是为了“上水平”；“上水平”是我省高等教育发展的目标，上水平后才能在全国取得竞争优势。而高等教育发展“上水平”后，又可以拉动、牵引、促进高等教育的发展，使我省高等教育具有更高层次的基础条件。

提升计划的项目设计主要是从“促发展”层面出发来考虑的，过去部分竞争性一般的、较微观的项目都放到提升计划，由学校自行设置。而提升计划的项目设计主要是从“上水平”层面出发来考虑的，以引领高等教育未来发展，支撑经济转型发展，服务社会和谐发展。

（三）高等教育质量提升工程与高等学校本科教学质量与教学改革工程之间的关系

高等教育质量提升工程是《安徽省“十二五”教育事业发展规划》中提出的重大教育工程之一，目标是建设一批高水平大学、高水平学科专业、高水平创新平台、高水平人文社科基地，培育一批以高水平领军人才为核心的创新团队。在实施质量提升工程的同时，继续实施高等学校本科教学质量与教学改革工程。

提升计划和振兴计划是高等教育质量提升工程的抓手，实施这两个计划的目的就是为了推进高等教育质量提升工程。目前由于经费财政渠道的不同，提升计划和振兴计划项目的经费大多用于省属公办本科院校的建设。而“质量工程”有国家、省、高校三级体系，注重面向不同层次、不同类型的高校，项目全面覆盖各级各类高等教育，体现了对提高质量的整体推进。

省属公办本科高校在规划提升计划项目时应继承一期省级质量工程各类项目，保持质量工程项目建设的连续性。已经下达的一期质量工程项目经费要在发展能力提升计划项目中配套到位。原省级质量工程各类项目今后将由学校根据本校内涵发展和质量提升的需求自行编制，学校申报经省教育厅同意后，认定为省级项目，赋予省级质量工程项目编号。

除省属公办普通本科高校外，其他各级各类高校的省级质量工程项目还应继续实施，在校级质量工程建设的基础上，经学校申报和省教育厅评审通过后，由省教育厅立项为省级质量工程项目进行建设。

今后，省级质量工程项目建设经费，省属公办本科高校由各校在提升计划的专项资金中统筹安排；除省属公办普通本科高校外，其他各级各类高校的省级质量工程项目建设经费，由各校自筹解决，立项的省级质量工程项目必须要有资金保证。

（四）振兴计划与提升计划之间的关系

实施安徽省支持本科高校发展能力提升计划，是着力加强我省高校的基础办学能力的重要保障；实施安徽省高等教育振兴计划，是着力提升我省高等教育的办学水平和综合实力的重要举措。

提升计划与振兴计划之间可以概括为打基础与上水平的关系，提升计划中的项目为振兴计划项目打下前期基础，强调的是基础保障，而振兴计划中的项目则是在前期提升计划培养的基础上，开展进一步的建设和研究，取得高水平的成果，是具有重大全局性、牵引性、综合性的项目，强调的是高端引领。两个计划中的许多项目具有对应关系，如提升计划中有“基础教学条件保障能力提升计划”，主要是支持本科高校达到必备的办学条件和办学标准，完善基本办学功能，而振兴计划中的“有特色高水平高校建设计划”，则是在基础教学条件完善的基础上，在不同层次、不同类型高校中建成一批国内一流的地方高水平高校。

因此，学校在进行振兴计划项目立项和实施规划时，要注意与提升计划相关项目的衔接和协调，根据两个计划不同的目标和内容，制定不同的规划，使振兴计划项目有提升计划项目的支撑，提升计划项目有振兴计划项目的引领和拉动，两个计划的相关项目间梯度推进，相互促进，共同发展，以项目的方式推动学校整体的发展。

（五）振兴计划中各项目之间的关系

高等教育振兴计划中虽然涵盖 9 大计划 18 个项目，但它是一个有机整体，核心任务和主要目标是建设有特色高水平高校。振兴计划中，有特色高水平高校建设重大项目，是振兴计划所有项目的重中之重项目，目标是重点建设一批在全国同类高校中有特色高水平地方高校，实现我省不同层次、不同类型高校各安其位，特色发展。

围绕建设有特色高水平高校，振兴计划中其他项目从各方面进行建设以支撑这一目标，包括侧重于调整优化学科专业结构，建设一批创新平台和公共服务平台，引进和培育国内外有重要影响的高水平领军人才和高水平教学科研团队，与国外知名大学开展深度合作与交流，提高安徽高等教育国际化水平。

建设有特色高水平高校并不意味着学校在振兴计划的申报和实施中要面面俱到，重要的是“有特色”，各校要坚持突出特色、发挥优势、有取有舍、统筹建设的原则，集中优势资源打造自身相对优势，不搞平均主义，向自身优势方面高度倾斜，错位发展，从而在全省层面上实现不同层次、不同类型高校的特色发展。

（六）2013 年项目立项与长远规划之间的关系

高等教育振兴计划是一个系统、持续的建设工程，有一个长期的建设过程，因此，学校在考虑 2013 年项目立项时，要在全面领会《安徽省高等教育振兴计划》精神实质的前提下，结合本校办学定位、办学特色、发展思路、改革路径和政策保障的需要，把握好总体方向和原则，进一步明确学校发展目标，整体谋划，精心设计，处理好长远与眼前的关系，加强对自身发展规划的调控，减少发展的盲目性。根据自身的优势和特色来寻找发展道路，强化原有的比较优势和核心竞争力，探索突破性路径，以创新寻求新的办学特色，培育新的独特的竞争优势。

2013 年的振兴计划项目申报必须要结合申报项目递交总体的规划，冠名“大学”的高校的规划应以建设地方高水平大学为目标，一般本科院校的规划要以建设应用型示范本科院校为目标，高职高专院校的规划要以建设国家骨干高职院校为目标。振兴计划申报时各校的总体规划可以是一个草案，但振兴计划项目正式立项后，各校要围绕立项的项目，继续研究，完善规划，特别是结合学校的提升计划，统筹谋划、协调推进项目建设。

（七）本科院校、高职院校与民办院校之间的关系

高等教育振兴计划的资金来源于本科生均 12 000 元的投入，是本科生提标经费的落实。因此，受资金的财政渠道影响，振兴计划中的大多数项目只对公办本科高校开放申请。考虑到我省高等教育的协调发展，我厅向省财政厅建议少数项目向高职院校与民办院校开放申请。目前，高职院校可以申报专业结构优化调整与专业改造重大项目中停招停办专业的奖励，和重大教学改革资助项目；民办院校可以申报专业结构优化调整与专业改造重大项目，和重大教学改革资助项目。

高职院校的提标经费正在落实中，随着高职院校经费投入的增加，今后高职院校的建设和发展将有更多的振兴计划项目支撑。

（八）立项建设与经费落实使用的关系

振兴计划的项目是重大的、全局性、引领性的项目，因此，振兴计划中单个项目的经费普遍较多。随着经费投入的增加，经费的精细管理是必须考虑的问题。如何避免过去那种粗放式管理，尤其要用好钱、管好钱，是一个非常艰巨的任务。各校要科学设计经费预算，防止浪费，每个项目都要明确经费安排的必要性、项目绩效目标以及详细的资金测算过程等，保证可操作、可监测、可评估。

（在 2013 年高等教育振兴计划实施工作布置会上的讲话摘录）

# 李和平同志在相关工作会议上的讲话

在我省多年来应用型高等教育实践的基础上，我们有以下三个方面的理论思考：

一是关于应用型高等教育的内涵。我们认为，应用型高等教不是一种高等教育的类型，而是一个高等教育的性质描述，其核心是应用性；它不是一个高等教育的层次，而是贯穿高等教育不同层次的完整体系；它不是特指某几所高校，而是指向所有高校；它不是指某所高校的所有学科专业，而是指那些培养应用型人才的学科专业。应用型高等教育内涵具有三个方面的显著特征：

第一，应用型与现实性。应用型高等教育有“两个追求”：在基本理论知识学习的基础上，追求知识、理论、科学、技术的实际应用；面向生产、生活、服务、管理一线，追求实用、实效，关注人才培养、科学研究、社会服务的实际价值和现实意义。

第二，地方性与开放性。应用型高等教育与地方经济社会紧密联系，服务于区域经济发展。其举办专业针对工程技术、应用技术、职业岗位（群）需要，具有行业、职业或技术的定向性和地方性；其师生与实际劳动者紧密联系，要求高校全面开放办学过程，融于地方经济社会发展之中。

第三，多样性与系统性。应用型高等教育既包括纵向的专科教育、本科教育、研究生教育等不同层次，又包括横向的人才培养、科学研究、社会服务等不同职能。应用型高等教育是一个由多层次、多功能、多行业以及多专业构成的教育系统。

二是关于应用型与学术型高等教育的区别。应用型高等教育是在经济社会高速发展、高等教育大众化过程中提出来的。从其产生的背景我们可以知道，它不同于传统的学术型高等教育。二者至少有以下六个方面的区别：

区别之一是服务对象不同。学术型高等教育服务于国家战略和长远发展目标，以精英教育为主，重点培养社会需要的高尖端科技人才，其发展以提高学术质量为核心内容；应用型高等教育服务于现实的经济社会发展需要，往往与地方经济社会的发展融为一体。

区别之二是任务主体和责任主体不同。学术型高等教育的任务主体是“985工程”“211 工程”等一些国家重点建设高校，发展的主要责任是中央政府；应用型高等教育的任务主体是地方高校，尤其是近几年来的新建本科院校、改制高校、独立学院以及一些民办高校，发展的主要责任是地主政府。

区别之三是学历标准要求不同。学术型高等教育对人才培养的基本学历，要求是博士研究生，最低是硕士研究生；应用型高等教育人才培养根据社会需求和专业特点不同，学历可以分别是技能和操作型的专科、知识和技术应用和工程型的本科、高级技术和高级管理型的研究生。

区别之四是人才培养模式不同。体现在人才培养的目标、内容、过程、方法等各个方面。

区别之五是研究方向不同。学术型高等教育致力于基础研究，探索自然和人类的新知识，针对性不明确；应用型高等教育致力于应用研究和技术研发，解决现实问题，针对性强。

区别之六是评价标准不同。学术型高等教育追求学术高层人才培养和储备，科研成果的理论价值和原创性发现；应用型高等教育追求多样化的应用人才培养，科研成果的产业化、商品化，以及其经济价值、社会价值和现实作用。

从某种意义上说，学术型高等教育致力于认识世界，侧重点是知识创新；应用型高等教育致力于改造世界，侧重点是技术创新。必须强调的是，学术型和应用型高等教育的共同核心要素是学术性，只是它们处在学术链的不同阶段和不同层级，这也是高等教的核心竞争力所在。

三是关于大力发展应用型高等教育的必要性。应用型高等教育是伴随经济社会发展，伴随“精英教育”向“大众化教育”转变应运而生的。它作为一个概念一经提出就很快地付诸实践。近几年，一批应用型本科院校强势涌现，已成为我国高等教育的一支重要力量。这说明大力发展应用型高等教育是追赶国际高等教育发展潮流的一种需要，是经济发展和社会进步的要求，更是努力建设高等教育强省、高等教育强国的必然选择。

第一，大力发展应用型高等教育是经济社会发展的必然要求。1998 年以来，高等教育在快速发展中积累了不少问题和矛盾。其中，高校发展求大、求全、求高的趋同现象，已成为高等教育发展的重大障碍，必须解决。解决办法就是打破高校发展的趋同思维，树立特色意识，实现分类指导，特色发展，构建与经济社会发展良性互动，能服务、支撑、引领经济社会发展的应用型高等教育体系。

第二，大力发展应用型高等教育是高等教育大众化深度发展的必然趋势。高等教育大众化绝不仅仅是高等教育毛入学率的指标问题。其与精英教育阶段相比，在教育理念、办学模式、人才培养、功能定位等多方面会发生质的变化。高等教育大众化深度发展，要求各高校必须坚持以应用型为宗旨，实现多元发展、分类发展。同时，应用型高等教育的发展，办学规模的扩大，将大大提高安徽省地市、县市和广大农村人口接受高等教育比例，既有利于促进高等教育的大众化进程，也有利于缩小城乡高等教育的差别。

第三，大力发展应用型高等教育是高等教育本身发展的必然趋势。随着我国进入全面建设小康社会、加快实施社会主义现代化建设第三步战略阶段，对高等教育在量的发展和质的提高方面提出了历史性的要求，需要培养和造就数以千万计的专门人才和大批拔尖创新人才。应用型高等教育发展，有利于优化人才培养的层次结构，有利于人才培养模式的创新和多样化，有利于保持高等教育系统的生态平衡，促进高等教育的科学发展。

（在2010年第三届中德应用型高等教育论坛上的讲话摘录）

商科教育联盟要通过全方位的合作，实现联盟人才、智力、技术、设备等方面的资源共享和优势互补，充分发挥群体优势、组合效应和规模效应，推进我省高职院校商科教育改革创新。

一是校企合作。按照教育部关于校企合作提出的合作办学、合作育人、合作就业、合作发展要求，进行深度合作。校企共同确定职业院校人才培养目标。企业根据相关岗位或岗位群需要的知识和技能点，共同研究并形成职业院校相关专业人才的培养目标。共同开发建立符合高技能商科人才成长的课程、教材体系。希望院校与企业、行业共同开发能够代表国际主流发展和服务标准的课程和教材。加强教师和技术人员的交流，建设“双师型”教师队伍。希望企业为参与合作的职业院校提供在生产一线见习和实践的机会，使专业教师更多地了解企业技术发展、装备现状及未来学生工作岗位知识和技能需求。合作企业可以积极申请作为职业院校教师开展实践活动的技能培训基地，也可以选派技术人员担任兼职教师，提高职业教育师资水平。共建实训基地，通过职业教育基础能力建设、实训基地等项目支持项目学校建设，不断完善相关专业的技能教室和实训场地，提供职业院校学生“学中做，做中学”的教学实践环境，帮助他们养成良好的职业操守和工作习惯，具备较强的工作技能。

二是校际合作。校际合作不只是领导层之间的合作，更多的是深层次合作。通过深层次合作，高职院校强强联合、强弱协调，做到资源和信息共享，充分挖掘、利用、开发职业教育资源，优化资源配置，提高了教学资源的利用率，形成了“1 +1 >2”的协同效应，增强了自身办学水平。院校要在招生、就业、人才培养、资源共享、共建专业、教学研究、发展环境、文化建等方面打通互认，共同发展。

三是校地合作。由于院校所处地理位置不同，其办学特色都带有地方烙印，院校在为商业服务的同时，更要为地方经济社会发展服务。院校要坚持立足地方、服务区域，坚持本土化战略，坚定不移地在培养当地发展所急需的商科应用型人才，加快科技向地方转化、优化当地资源配置和形成当地特色优势产业等方面做出应有的贡献。

四是国际合作。作为现代大学，开放度的高低决定办学水平的高低。现在已进入经济全球化时代，商务活动已遍及全球，这既是机遇，也是挑战，只有加快培养懂得国际通行规则与惯例的金融、保险、贸易、管理、会计、营销等方面的商务管理人才，才能为省内企业积极、务实、理智灵活、有效地融入经济全球化的浪潮提供智力支持。我省高职院校要适应形势发展需要，主动融入国际大环境，提高开放水平，积极开展国际合作。

五是加强联盟自身建设。希望联盟建立长效机制，成立专门工作机构，制定并落实年度工作计划，广泛开展活动，加强协调，抓住重点，搞好合作。

（在 2011 年安徽省高等职业院校商科教育联盟成立大会上的讲话摘录）

第一，安徽已跨入高教大省行列，正在努力建设高教强省，为安徽经济社会发展服务的能力大幅提升，我们有信心为船舶企业提供高水平的人才和智力支撑。

一是高校布局不断优化。我省目前普通高校达到104所，高等教育在校生达到155万人。普通高校数量跃居全国第5位、中部第2位；普通高校招生、在校生数量均跃居全国第9位。我省已经跨入与人口大省、教育大省相协调的高等教育大省行列。中国科学技术大学“985工程”“211工程”建设，合肥工业大学、安徽大学“211工程”建设成效显著。6所省属大学进入一本批次招生，5所高校列入省级示范应用型本科建设，8所高校成为国家示范、12所高校成为省级示范高职院校，15所本科高校通过教育部教学评估，其中11所获得优秀等次，34所高职高专院校通过教学评估，其中18所获得优秀等次，一大批高校进入全国同类高校先进行列。

二是专业结构更加合理。我省高校共设置203种本科专业、1 202个本科专业点，设置386种专科专业、2 240个专科专业点，教育部现设专业目录中的绝大多数专业，我省高校都有培养能力。特别是近5年来，高校紧紧围绕全省重大发展战略培养紧缺人才，628个社会需求量小、就业率低的专业停止招生，新增与我省振兴发展的钢铁、汽车、船舶、石化、产业等相关专业1 598个，占现招生专业点的54%，应用型专业招生计划所占比重达到70%，学科专业结构调整成效显著，已初步形成与我省经济社会发展相适应的学科专业体系。

三是科研水平持续提高。“十一五”期间，全省高校累计获得国家自然基金、社科基金项目2 079项、经费7.47亿元，承担高校由“十五”末的14所增加到27所；累计获得教育部项目410多项、经费3 700多万元，承担高校由“十五”末的9所增加到32所。2010年，全省高校获得项目和经费数量位居全国第10，科研竞争能力显著提高。5年来，高校累计建成185个省部级以上创新平台，其中重点实验室86个、工程研究中心51个、省级实验室25个、人文社科重点研究基地23个，科技创新基础能力显著增强。

第二，高等教育始终密切关注社会需求，多渠道搭建产学研合作平台，为经济社会发展做出了重要贡献，高校和船舶企业可以借鉴校企合作发展的成功经验。

一是建立“服务导向”的高等教育发展模式。去年，省委、省政府研究制定出台《关于建设高等教育强省的若干意见》（以下简称《意见》）。《意见》系统谋划了高等教育服务安徽经济社会发展的行动方案。在建设目标上，强调初步建成能够服务党委和政府决策、支撑经济发展和产业升级、引领文化繁荣和社会进步的具有安徽特色的现代应用性高等教育体系。在价值追求上，强调不是简单追求若干高校、若干学科专业成为全国一流，而是要把“对安徽经济社会发展的支撑度、对人力资源强省建设的贡献度和人民群众的满意度”作为“强省”的根本评判标准。在建设任务上，强调建设一批高水平大学，支撑区域经济社会发展；建设一批高水平学科专业，服务主导产业发展；建设一批高水平创新平台，推动创新型安徽建设；建设一批高水平人文社科基地，促进文化强省建设；培育一批以高水平领军人才为核心的创新团队，落实人才强省战略。在保障措施上，强调建立高等学校为地方经济社会发展服务评价制度，与省政府目标管理考核制度等衔接，把高等学校服务地方经济社会发展的工作效果，作为考核高等学校的重要内容。

二是创立校企合作的人才培养体制。根据全省战略性新兴产业发展规划，省教育厅会同文化厅、旅游局等部门联合出台意见，建立紧缺人才培养基地和培养体制，加快动漫、旅游、汽车等相关专业人才培养。同时，主动服务合芜蚌自主创新试验区和皖江城市带承接产业转移示范区建设，启动了高校和企业、科研院所联合培养研究生的“千人培养计划”。组织安徽大学等10所具有博士或硕士学位授予权的省属高校，与奇瑞汽车股份有限公司等试验区内105个企业或科研机构，签订了合作培养硕士研究生框架协议，并制定了相应的联合培养方案，共联合培养硕士研究生641人。我省芜湖职院、淮南职院等高校还与部分企业紧密合作，采取“订单式”培养模式，为企业定向培养了一大批“下得去、留得住、用得上、干得好”的实用人才。

三是搭建产学研合作平台。仅“十一五”以来，省教育厅联合省直有关厅局、有关市政府，主办大规模产学研合作活动11次，签约项目2 500余项、研发经费近6亿多元，全省各高校5年累计获得社会、企业合作科研经费23亿多元；与优势企业联合组建产业技术创新联盟20多个，累计向企业派出高校科技特派员652名，组织100多名专家和博士生开展了教授博士企业行活动，推动大批项目取得实质性进展，取得了良好的经济和社会效益。高校还面向社区、农村和企事业单位，主动提供培训服务，累计培训学员200多万人次，为我省劳动力素质提高和学习型社会建设作出了重要贡献。

经过多年的积累和变革，“以需求为导向、以贡献求支持、以服务求发展”已深深融入我省高校的办学理念。校园建设与城市建设互动，学科专业建设与地方经济发展互促，已成为我省高校的自觉行为。

第三，我省加快船舶人才培养的政策体系已制定出台，希望高校和船舶企业主动对接抓落实，创新体制求实效，共同开创校企合作共赢的新局面。

一要认人认门。打个不恰当的比方，校企合作就像年轻人谈恋爱，见面相亲是必不可少的环节。今天这个对接会，就是工办和教育厅做媒，让高校和企业见见面、聊一聊，互相了解对方的情况。会后，高校要主动到企业去，认门、认人，与企业交朋友。也非常欢迎企业界的同志们到高校走一走、看一看，了解高校的软硬件情况，特别欢迎你们到高校开设讲座或与师生座谈交流。我想，经常性走动并逐步建立互信，校企合作才有坚实的基础。

二要摸清需求。科学的人才需求预测是高校设置专业和安排招生计划的前提和基础。受多种条件制约，目前高校难以完整了解船舶企业人才需求。希望本次对接会上和会后，高校和企业能够联合对我省船舶行业所需人才的专业类别、需求数量、学历层次等，进行问卷调查和系统分析。在此基础上，省教育厅指导全省高校对专业设置和培养规模进行科学规划、统筹安排，进一步提高船舶人才培养的针对性。

三要遴选项目。校企合作的范围和内容很多，对船舶人才培养来说，可以合作共建专业、共建实验实习实训基地、订单教育、聘任教师、合作就业等。不同高校、不同企业可结合自身需求实际，选择合适的项目先做起来，在项目推进的过程中不断丰富完善合作内容。对高校和企业来说，当前最重要的事情，还是要认真研究船舶人才培养现状，研究自身的需求和能力，研究省教育厅、国防工办联合出台的《关于加快我省船舶专业人才培养的意见》，找准合作伙伴、选好合作项目，早谋划、早启动、早受益。

四要培育品牌。综合分析我省船舶人才培养现状，目前存在的主要问题是专业少、规模小、供需交流不畅，特别是优质资源不足。在全面推进船舶人才培养的同时，选择部分院校、专业、实践基地和人才团队进行重点建设，打造一批优质船舶教育资源，培育船舶教育品牌，这对于带动全省船舶教育的持续健康发展至关重要。今年国防工办和省教育厅共同实施的“船舶人才培养基地”项目已经启动，希望相关高校和企业高度重视，按照“共谋、共建、共管、共享”的要求，尽快制定完善建设方案并组织实施。省教育厅在今年的质量工程项目建设中，也启动了校企合作共建特色专业、示范实训实习中心、卓越工程师等项目，希望相关高校、相关企业积极参与申报。省教育厅将在项目评审和建设中，继续予以高度关注和重点支持。

（在2011年安徽省船舶人才培养校企对接会上的讲话摘录）

教育资源数字化建设是建设高等教育强省的重大举措。高校图书馆作为资源、设备和人才最集中的地方，理应先行先试。2009年，省教育厅、财政厅启动了“高校数字图书馆”建设项目。经高校申报和专家评审，确定将总馆设在中国科学技术大学，并设立安徽大学等5个数字文献服务中心。我们希望通过一些典型学校的带领和合作，充分利用我省高校和国内外高校图书馆丰富的电子馆藏资源，逐步形成以共享服务为目标、全省统一规划的、多层次的文献保障网络，努力使全省各高校分散的电子文献资源得以集中利用与共享，为全省高校的教学科研营造一流的图书文献信息网络环境，更好地满足教师学生的教学科研需求。

（在2011年安徽省高校数字图书馆网站开通仪式上的讲话摘录）

**一、主要做法和成效**

我省提高高等教育质量的主要做法，可以概括为“四大矛盾”“六破六立”“四句话”“四大关键举措”。

所谓“四大矛盾”，就是在系统调研的基础上，明确我省高等教育质量存在的主要矛盾究竟是什么。一是人民群众对高等教育特别是优质高等教育的强烈需求与供给不足的矛盾，高水平大学、学科专业、重点实验室和人才队伍数量仍然偏少；二是经济社会发展对多样化、高层次人才的强烈需求与高等教育趋同发展的矛盾，创新型、复合型、应用型人才培养仍然滞后于产业升级和承接产业转移需要；三是增强高等教育的办学活力与体制机制约束的矛盾，高校与政府、社会的关系需进一步理清，现代大学制度需进一步建立完善；四是高等教育强劲的发展势头与资源保障乏力的矛盾，特别是经费投入历史欠账较多，办学条件不足的问题短期内难以彻底解决。

所谓“六破六立”，就是在全省范围内开展教育思想观念大讨论的主题。思想观念的改革是教学改革和体制改革的先导。我们提出，高等学校和广大师生员工要破计划经济思维立市场意识，破封闭思维立开放意识，破习惯思维立创新意识，破趋同思维立特色意识，破精英教育思维立大众化教育意识，破保守思维立争先意识。

所谓“四句话”，即“科学定位、分类指导、多元发展、特色办学”，这是我省高等教育在新的历史阶段新的发展思路。提出这“四句话”的思路，主要针对1998年以来高校规模快速增长后的办学定位趋同、盲目攀高求大、办学特色不够明显问题，需进一步加强省级政府统筹和宏观调控，指导引导督促高等学校立足地方、面向市场，以质量求生存、以服务求支持、以特色求发展。

所谓“四大关键举措”，即通过实施质量工程、谋划高教强省、构建应用性高等教育体系和开展高等教育体制改革，有效提升我省高等教育质量。其中，我省的质量工程建设体现“分层分类、上下贯通、整体实施”特色，高等教育强省建设体现“政府主导、高校主体、重在强省”思想，应用性高等教育体系构建体现“服务地方、支撑经济、引领发展”目标。高等教育体制改革体现“自主探索、抱团发展、政府统筹”机制。各项举措相关支撑文件已提供给各位委员，有兴趣的同志可进一步研究。

经过高教战线和全社会的共同努力，我省高等教育质量建设顺利推进，为安徽加速崛起作出了重要贡献。其成效体现在以下“六个历史性”上：

一是事业规模实现历史性跨越。“双百工程”全面完成，普通高校数量达到104所，比“十五”末增加17所。各级各类高等教育在校生达到155万人，其中普通高校在校生由60万人增加到98万人，增长63.3%。普通高校数量跃居全国第5位、中部第2位。普通高校招生、在校生数量均跃居全国第9位，比“十五”末大幅前移。高考录取率由51%提高到76.7%，高等教育毛入学率由17.3%提高到25%。我省高等教育大众化水平明显提高，已经跨入与人口大省、教育大省相协调的高等教育大省行列，“上大学难”渐成历史，满足了人民群众接受高等教育的迫切需求，为推进高等教育强省和人力资源强省建设奠定了坚实的基础。

二是教育质量实现历史性提升。“十一五”期间，我省2所高校新增为博士学位立项建设单位、1所高校新增为硕士学位立项建设单位，2所高校获得硕士学位授权；全省高校新增博士后流动站16个，新增博士学位一级学科授权点30个、硕士学位一级学科授权点96个、专业学位硕士点42个；2所高校更名为大学，5所高校升格为本科，高等教育层次大幅提升。中国科学技术大学“985工程”“211工程”建设，合肥工业大学、安徽大学“211工程”建设成效显著。6所大学进入一本批次招生，5所高校列入省级示范应用型本科建设，8所高校成为国家示范、12所高校成为省级示范高职院校，15所本科高校通过教育部教学评估，其中11所获得优秀等次，34所高职高专院校通过教学评估，其中18所获得优秀等次，体现分层分类的高校重点建设体系日臻完善。全省具有硕士以上学位教师比例达45.8%，增长12个百分点；具有高级职称教师数量增加5 300人，增长48%，师资队伍建设成效显著。300多项国家级、4 000多项省级、2万多项校级质量工程项目，培育了一大批优质高等教育资源，已成为全省高校人才培养、科技创新的高地和示范点。安徽高校学子屡屡在国际国内各类学科竞赛和技能大赛中摘金夺银，展示了创新精神和实践能力。去年，安徽在全国率先发布高等教育质量报告，中央领导多次批示推广安徽改革经验，教育部专门组织中央主流媒体赴皖调研宣传，安徽高等教育在全国的话语权、竞争力显著提升。

三是高教改革实现历史性突破。办学体制改革深度推进，民办普通高校达到17所，居全国第6位、中部第2位；在校生数达到15万人，是“十五”末的近4倍，高等教育主体多元、办学灵活、发展自主的办学格局基本形成。招生考试改革稳步推进，顺利完成所有课目自主命题，制定出台知分填报志愿、平行志愿、征集志愿补录和按大类招生等政策，有效维护了考生的知情权，极大提高了考生志愿满足率和报到率，困扰多年的“高分撞车”现象已成为历史。5年来，高校紧紧围绕全省重大发展战略培养紧缺人才，628个社会需求量小、就业率低的专业停止招生，新增与我省振兴发展产业相关专业1 598个，占现招生专业点的54%，应用型专业招生计划所占比重达到70%，学科专业结构调整成效显著。管理体制、人事分配制度等各项改革协同推进，为安徽高等教育强省建设提供了强大动力。

四是校园面貌实现历史性变化。大学之大，贵在大师，但优美的校园环境、优良的办学条件，是“蕴大师、育英才、上水平”不可或缺的物质基础。“十一五”期间，在坚持政府不断加大投入的同时，学费收入、建设性贷款和引进民间资金，成为支撑我省高等教育跨越发展的重要力量。全省高校新增土地1.6万亩，新增校舍846万平方米，新增教学仪器设备32亿元，高校多渠道筹措来的真金白银，内化为跨越发展的优质资源，大幅改善了高校的办学条件。最近我省高校校庆不少，校友再聚首，惊叹母校变化之巨大，纷纷表示“过去想都不敢想，如今想认却不敢认”。大学校园已经成为靓丽的风景线，成为各地经济建设、文化建设、生态文明建设的城市名片。

五是服务能力实现历史性飞跃。“十一五”期间，全省高校累计获得国家自然基金、社科基金项目2 079项、经费7.47亿元，承担高校由“十五”末的14所增加到27所；累计获得教育部项目410多项、经费3 700多万元，承担高校由“十五”末的9所增加到32所。2010年，全省高校获得项目和经费数量位居全国第10，科研竞争能力显著提高。五年来，高校累计建成185个省部级以上创新平台，其中重点实验室86个、工程研究中心51个、省级实验室25个、人文社科重点研究基地23个，科技创新基础能力显著增强。高等教育还主动面向经济建设主战场，大力推进产学研用结合。主办大规模产学研合作活动11次，签约项目2 500余项、研发经费近6亿多元，全省各高校5年累计获得社会、企业合作科研经费23亿多元；与优势企业联合组建产业技术创新联盟20多个，累计向企业派出高校科技特派员652名，推动大批项目取得实质性进展，取得了良好的经济和社会效益。5年来，高校毕业生就业率始终保持全国先进水平，累计输送毕业生近100万人，极大地缓解了我省支柱产业和战略新兴产业的人才需求。高校还面向社区、农村和企事业单位，主动提供培训服务，累计培训学员200多万人次，为我省劳动力素质提高和学习型社会建设作出了重要贡献。

六是发展方式实现历史性转变。过去的5年是我省高等教育发展理念、发展方式变化最大的5年。5年来，我省提出了“科学定位、分类指导、多元发展、特色办学”的指导思想，高校立足地方、面向市场，推倒高围墙、走出象牙塔，在校企、校地、校际、中外开放合作等方面，重拳出击、战果累累。我们率先改革人才培养体制，与优秀企业、科研院所联合培养研究生和本专科生，探索“合作办学、合作育人、合作发展、合作就业”的应用型人才培养社会资源保障新机制。我们率先成立应用型本科高校、示范性高职院校、医学院校、教师教育院校等高校联盟，共建学科专业和实验实训基地，共享优质办学资源和先进办学理念。我们借鉴创新德国应用型高等教育发展经验，扩大中外师生交流、项目合作，在全国率先推出一批应用型高等教育的理论成果、人才成果、改革成果，率先培育出一批优秀的应用型高校和应用型学科专业。我们还在人才柔性引进、振兴皖北高等教育、发展民办高等教育、建立健全家庭经济困难学生资助体系等方面，创新思路、敢为人先，加快发展方式的转变，取得了一个又一个令人振奋的发展成果。

**二、发展目标和思路**

综合判断，未来5年是安徽发展黄金机遇期，以科学发展为主题，全面转型、加速崛起、兴皖富民为主线，必将对安徽高等教育事业发展提出新的更高要求。这种要求，体现为高等教育要努力成为“转型发展的动力源、开放发展的先行者、创新发展的智慧库、和谐发展的幸福场”。据此，我们确定了高等教育的发展目标和提高高等教育质量的基本思路。

（一）发展目标

可以概括为“一个目标”“两个赶超”“三个提高”的高等教育发展目标。“一个目标”，即全面推进高等教育强省建设，初步建成能够服务党委和政府决策、支撑经济发展和产业升级、引领文化繁荣和社会进步的具有安徽特色的现代应用性高等教育体系，高等教育对经济社会发展的贡献度、对人力资源强省建设的支撑度和人民群众的满意度有明显提升。“两个赶超”，即高等教育主要发展指标赶超全国平均水平，赶超中部地区高等教育领先省份，为到2020年实现全国先进、中部领先奠定坚实基础。这里的主要发展指标，包括高等教育毛入学率、高考录取率、毕业生就业率、科技成果转化率和生均预算内教育事业费等。“三个提高”，即提高高等教育的综合实力、办学活力和服务能力，改善高等教育的基本办学条件、师资队伍力量和人才培养质量，实现以质量求生存、以改革求发展、以服务求支持。

（二）基本思路

一是做好优化结构这篇大文章。这既是做强高等教育的必然选择，也是高等教育服务经济社会发展的必然要求。一方面要主动围绕经济社会发展需求，建立动态调整机制，不断优化学科专业、类型、层次和区域布局结构，扩大应用型、复合型、技能型人才培养规模。另一方面，要实行分类管理，发挥政策指导和资源配置的作用，引导高校合理定位，克服同质化倾向，形成各自的办学理念和风格，在不同层次、不同领域办出特色，争创一流。

二是汇聚和培育更多优质资源。优质资源既是提高质量的物质基础，也是质量优良的现实表征。优质资源包括先进的教育理念和良好的办学条件，其载体是名校、名师、优势学科、特色专业和高水平实验实训基地。要坚持高校自我建设和培育是主渠道，但另外有三个方面不容忽视：一是面向省外、境外、国外的学习借鉴和引进；二是面向行业、企业和社会的开放合作；三是高校之间的深度合作与资源共享。

三是抓好师资这个最关键要素。一方面必须加强师德建设，把关爱学生、严谨笃学、淡泊名利、自尊自律、以人格魅力和学识威望教育感染学生，做学生健康成长的指导者和引路人镌刻在每一位教师的灵魂深处。另一方面要提升学术水平，大力培养造就一批在国内外有较高知名度的专家学者、一批具有较高学术水平的中青年学者和一批优秀年轻骨干教师，为提升我省高等教育整体水平奠定坚实基础。要改革教师队伍建设机制。加快学科带头人和团队建设，以人才聚集资源、以人才承接项目、以人才培育成果、以人才彰显贡献。

四是坚持示范与薄弱建设相结合。示范建设的目标是分类建设一批在全国同类高校中有特色和竞争力的高等学校、学科专业、创新平台、人文社科基地和人才团队，力争使其达到国内同类院校先进水平，引领各类高校和学科专业的建设标准和发展模式。同时，推进高等学校统筹发展，对皖北地区高校、新建高校、民办高校予以重点支持，对新办专业、新进教师等予以重点关注。通过示范建设和薄弱建设的有机结合，发挥项目引领和评估督导的综合效应，提升我省高等教育的整体实力。

五是落实保障发展的政策措施。当前最重要的是做好提标化债工作。去年11月底，财政部、教育部下发通知，要求各省加大对高等教育经费的投入力度，提高本科高校生均拨款标准，将高校贷款规模降至合理空间。省政府对此高度重视，王三运同志主持召开省政府常务会议和专题会议，专题研究高校提标化债工作。目前已原则通过提标和化债工作方案，决定我省本科高校2011年生均拨款水平达到8 000元、2012年达到12 000元，2011—2012年，通过统筹本科高校省级提标资金、中央和省财政化债转项资金、高校事业收入等，到2012年化解公办高校截至2009年年底约72%的债务。9月下旬，我厅会同省财政厅下达了省财政供给高校2011年提标和化债专项资金24.05亿元。

（在2011年省政协委员视察高等教育质量座谈会上的报告摘录）

**一、抢抓机遇，大力推进市属高校创新发展**

改革开放，特别是建立社会主义市场经济体制以来，经济高速发展和科技水平迅猛提高，产生众多需要高技能应用性人才工作的职业岗位，催生了高等职业教育。1997年以来，我省高职教育迅猛发展，在发展的过程中，高职教育逐渐形成了既不同于普通本科高校又不同于专科学校的特色。我们耳熟能详的，诸如工学结合、校企合作、厂中校校中厂、培养高素质技能型人才等等。作为市属高职院校，在高职教育这支队伍里，与其他高职院校有没有区别，我们的市属性在哪里？在我看来，差别不大。当前在全国高校不断提升高等教育质量的大前提下，安徽市属高职院校有发展的需求，也有很好的政策导向，我们要创新发展，闯出自己的一片天地来。

1. 有基础。我省目前普通高校106所，高等教育在校生达到161万人。普通高校数量跃居全国第5位、中部第2位；普通高校招生、在校生数量均跃居全国第9位。我省已经跨入与人口大省、教育大省相协调的高等教育大省行列。高等职业教育已成为我省高等教育的重要组成部分。目前，我省高职院校数量达到73所，占全省高校2/3强，市属高职院校24所，占全省高职院校1/3。高职高专在校生近50万人，占普通高校在校生总数的一半。我省现有8所国家示范高等职业院校建设单位，其中市属高职院校2所，占25%；12所省级示范高等职业院校建设单位，其中市属高职院校6所，占50%。中央财政支持57所高职院校专业服务产业能力提升项目105个，其中市属高职院校41个，占38%。今年的国家和省级职业院校技能大赛中，市属高职院校都取得了较好的成绩。市属高职院校经过十年的积聚，为进一步发展打下了良好的基础。

2. 有需求。近年来，随着地区经济和高等教育的快速发展，已形成对高等教育巨大的需求，从安徽情况看主要表现在三个方面：一是经济社会发展对高等教育的强烈需求。随着国家经济建设发展，产业结构调整、产业升级转型，对高等教育的需求日益强烈。安徽紧靠沿海地区，经济发展对高等教育需求旺盛，这是历史上从未有过的。我省在“十二五”期间，提出要大力培育战略新兴产业，改造传统产业，重点发展制造业、大力发展现代服务业和现代农业，大力加强交通、水利和新农村建设。区域经济的发展，离不开人才、科研服务支撑，安徽省委省政府高度重视教育事业，高瞻远瞩地提出优先发展教育、加快高等教育强省建设。二是人民群众对高等教育的强烈需求。中华民族有良好的重视教育的文化传统，特别是随着国家和区域经济社会快速发展，人民生活水平的不断提高，广大人民群众对接受不同层次高等教育的需求和愿望也越来越强烈。而地方高校的兴起不仅丰富了我国高等教育的类型，拓展了我国高等教育的层次，在满足人民群众接受不同层次类型高等教育的愿望过程中作出了积极的贡献。就安徽而言，作为拥有 6 800 万人口和各级各类在校学生达 1 188 万的教育大省，安徽人民有着更加强烈接受高等教育的迫切愿望。三是建设美好安徽的需要。中国共产党安徽省第九次代表大会指出，今后 5 年既是大有可为的黄金发展期，也是错综复杂的矛盾凸显期。要坚持以科学发展观为指导，推动经济社会全面转型，更加突出改革开放，走出中部地区科学承接、跨越崛起的新路子；更加突出创新驱动，走出资源性产业大省结构优化、转型升级的新路子；更加突出统筹发展，走出农业大省城乡一体、区域联动的新路子；更加突出生态文明，走出后发地区低碳环保、持续发展的新路子；更加突出人才优先，走出人口大省素质提升、科教兴皖的新路子；更加突出富民导向，走出发展中省份普惠民生、和谐发展的新路子，努力打造加速崛起的经济强省、充满活力的文化强省、宜居宜业的生态强省，全面完成“十二五”规划目标任务，加快建设美好安徽。服务美好安徽建设，市属高职院校大有可为。

3. 有政策。近年来，国家高度重视高职院校发展和技能型人才培养，提出一系列新政策新要求。“教育规划纲要”提出，到 2020 年形成适应经济发展方式转变和产业结构调整要求、体现终身教育理念、中等和高等职业教育协调发展的现代职业教育体系，满足人民群众接受职业教育的需求，满足经济社会对高素质劳动者和技能型人才的需要。“人才规划纲要”提出，为推动人才结构战略性调整，促进人才结构与经济社会发展相协调，国家整体部署了 6 类人才队伍发展目标：高素质党政人才队伍，高水平企业经营管理人才队伍，高素质专业技术人才队伍，高技能人才队伍，农村实用人才队伍，社会工作人才队伍。高职教育应有所作为，推动人才强国建设。“科技规划纲要”指出，到2020年，在我国科学技术的若干重要方面实现8项目标：提出装备制造业和信息产业、农业、能源、循环经济、疾病治疗、国防科技、研究团队、研究所和大学等方面迈入世界先进行列。高等职业教育要密切关注上述领域的发展，适应由“中国制造”向“中国创造”的历史性转变，深化教学改革，为科学技术发展培养急需的高端技能型人才。此外，教育部出台“高教30条”，我省出台“高教33条”，以及开展的省级质量工程建设、地方高校应用型人才培养模式改革试点、地方高校分类管理改革试点、央财支持专业服务产业能力项目建设等项目，都为市属高职院校发展提供了难得的政策支持和宝贵的发展机遇。

**二、破解难题，全力推进市属高校协调发展**

市属高职院校，顾名思义，就是由高校所在市级政府举办和管辖的高校。市属高校要时刻想着市里为什么要办这所高职院校？市属高校能为地方做什么样的贡献？市属高校的市属性如果不强，与其他类高职院校区别不大，那么就要认真考虑了。要突出市属性，解决好这个难题，关键就是市级统筹。

一是构建市级统筹领导体制。从我省现行管理体制来看，市级教育行政部门对高职院校无管理职责，市级政府只是管理高职院校人、财、物、组织关系和经费，从理论上说没有业务管理权，业务管理权限在省里；而中职学校归市、县教育局管理。高职院校与中职学校在管理体制上是脱节的。加强市级政府统筹，市政府要以大职教系统管理思想为指导，统筹规划职业教育事业发展战略、统筹职业教育发展政策、统筹职业教育发展经费、统筹加强职业院校建设、统筹推进专业和课程建设、统筹开展职教教研工作、统筹优化职业教育结构、统筹服务地方产业发展。再细化点，纵向统筹包括中等职业教育、高等职业教育、应用性本科教育，横向统筹包括学历教育、技师技工教育、职业资格教育、各类培训和继续教育等。在市域这个舞台上，市属高职院校有责任发挥龙头作用，横向联合、纵向贯通，在专业建设、人才培养、实验实训、校企产学研建设等方面，加强统筹、推进合作，共同推动市域内职业教育的发展，为本市人力资源建设和经济社会发展作出更大贡献。

二是构建市级统筹职教体系。从学校办学体制来看，中高职无法连通，分属不同的管理主体，构不成体系，互相脱节。建立市属高职院校牵头，中职学校和其他职业教育机构参加的中高职人才培养联合体或联盟，是目前比较可行、比较有效的一种探索，它体现了资源的整合和统筹利用，体现了高职院校的龙头作用和中等职业教育的基础地位，也体现了以联合体整体服务区域经济社会发展的效能。高职自主招生改革，市属高职院校可进行试点，探索中高职人才培养联合体的办学模式，省教育厅将积极支持。

三是构建中高职内涵衔接体系。从中高职内涵上看，中高职教学内容重复、实习实训重复、课程重复、高端技能型人才培养体系和技能型人才培养体系没有衔接上。推动中高职衔接和协调发展，是现代职业教育体系的重要内容。中高职系统内部要实现“十个衔接”，即培养目标、专业设置、课程体系与教材、教学资源、教学过程、招生制度、评价机制、教师培养、行业指导、集团化办学等十个方面的衔接，它是建设现代职业教育体系的基础性工程，是“三步走”战略的第一步。我理解衔接有三个重要节点：一是中高职衔接，二是高职与应用型本科的衔接，三是应用型本科与专业学位研究生教育的衔接。三个节点中，中高职衔接是基础，也是关键。

通过建立市级统筹，实现中高职协调发展，实现普职高协调发展，实现高职教育与经济社会协调发展。中高职协调发展是指，按照建设现代职业教育体系的要求，推动市域内中等和高等职业教育协调发展，系统培养适应经济社会发展需要的技能型特别是高端技能型人才。实现普职高协调发展是指，实现市域内普通教育与职业教育协调发展、职业教育与高等教育协调发展。实现高职教育与经济社会协调发展是指，高职教育服务地方发展战略、培养适应地方产业发展要求的技术应用型和高端技能型人才，经济社会的发展反过来促进高职教育的发展，从而形成良性互动。

**三、自主探索，强力推进市属高校特色发展**

近年来，我省主动谋划，率先在全国提出“科学定位、分类指导、多元发展、特色办学”的总体思路，并通过实施质量工程、推进高教强省、构建现代应用性高等教育体系和开展高等教育体制改革等四大关键举措，引导高校立足地方、面向市场，以质量求生存、以服务求支持、以特色求发展，初步走出了一条“地方性、应用型、合作式、一体化”的应用性地方高等教育发展道路。这条道路也同样适用于市属高校，可以概括为：地方性、技能型、合作式、一体化。地方性，指的是市属高校的服务面向，服务当地经济社会的发展。淮南的职业院校面向淮南，淮南有煤炭，要服务煤炭行业。黄山的高校，服务面向徽文化、旅游。总之，地方特色产业发展，就是市属高校的服务面向。技能型，指的是市属高职院校培养的人才主要是面向生产、建设、服务和管理第一线的高技能人才。合作式，包括校企合作，合作办学、合作育人、合作就业、合作发展。校际合作，市域内中职学校与高职院校合作，市属高职院校之间合作，共同发展。校地合作，市属院校坚持立足地方、服务区域，坚持本土化战略，坚定不移地在培养当地发展所急需的人才，加快科技向地方转化、优化当地资源配置和形成当地特色优势产业等方面做出应有的贡献。国际合作，要主动融入国际大环境，提高开放水平，积极开展国际合作。一体化，指的是中高职一体化培养，构建中高职人才培养联合体，综合考虑职业教育人才培养。

特色立校，这是高职院校生存之道。各校要自己探索特色，自主招生是一个重要机遇，也是重要抓手，自主招生不是简单的招生问题，市属高校要从更高的角度来看待这个事情。这里我简单介绍下2012年自主招生情况。2012年，我省遴选24所高职院校的145个专业（类），单列了11 080个计划进行高职院校自主招生改革试点工作。通过省考试院报名系统受理报名考生17 322人报考比达156%，其中报考率达到100%以上的为15所院校、最低的报考率为51%；录取新生9 168名，完成招生计划数的82.7%；其中计划完成率达到95%以上的为11所院校、最低的计划完成率为40%；报到新生8 627人，报到率为94%。通过自主招生改革，进一步彰显了高校的办学定位和办学特色，也为高职院校的办学定位和特色发展奠定了基础；增强了教育行政部门、企业与学校的沟通、协调，促进了职业教育市级统筹，推进现代大职教体系建设。前几天经过专家评审，我省拟新增18所高职院校参加2013年的自主招生，从而使全省参加自主招生的高职院校达到42所。2013年的自主招生，除了院校数量进一步扩大外，在招生计划安排等方面将更加灵活自主。

准确把握我省自主招生改革的要点。第一是招什么人。国家示范（骨干）高职院校侧重招学有所长或是技能特长的考生。市属高等职业院校侧重通过市级统筹，建立中高职衔接的人才培养通道，招收市（含下辖县、市、区）所属中职学生。行业、企业和民办高等职业院校侧重面向行业、企业和特殊岗位需要，开展“订单式”人才培养，实行招生、培养、就业联动。第二是怎么考和考什么。要结合招生对象和招生专业，合理确定考试标准、考试（测试）内容、考试（测试）方法。对中职学生可实行知识加技能的考试（测试）办法；对普通高中毕业生可实行以学业水平测试成绩为基础的考试（测试）办法；对其他各类报考人员，可结合其自身实际和学校办学特点，合理确定考试（测试）方法。第三是如何培养。要根据招生对象的不同和专业不同，单独编班培养，分别制定人才培养方案，分别进行培养。公共课、专业课、实践课等各类课程学时，理论教学与实践教学学时结构安排合理，体现不同生源的不同需求，有利于人才培养。培养方案的制定和人才培养过程要体现校企合作，合作办学、合作育人、合作就业、合作发展。第四是就业情况。制定招生方案时就要考虑确定哪些专业，这些专业应是紧贴产业发展需求、校企深度融合、社会认可度高、就业好的专业；在人才培养过程中注重学生的知识和技能培养，为将来就业做好准备。第五是科学制定招生方案和人才培养方案。制定方案的指导思想要明确，符合教育厅自主招生文件精神。方案的制定过程要体现多方面参与，广泛征求意见，凡是涉及利益相关方都要参加，尤其注意校企合作的程度。方案本身的内容要相对简单、易行和可操作。方案操作程序清楚明了，要便于实施。

加强自律，规范自主招生行为。自主招生是我省招生考试制度的重大改革，关系到考生的切身利益，关系到学校长远发展，社会高度关注，各高校一定要高度重视，准确领会政策精神，结合学校实际，研究制定可行性方案。要加大自主招生宣传力度，要让社会、学生、家长能正确理解自主招生。在自主招生工作中，要切实完善自我约束和自我监督机制，严格招生程序，严肃招生纪律，严查招生违纪问题。按照“阳光工程”的要求，加强信息公开工作，全面客观地宣传招生章程和招生方案，杜绝招生违纪现象的发生，这里一是确保招生的公平，二是拒绝有偿招生。

（在2012年市属高职院校改革发展研讨会上的讲话摘录）

今年是贯彻落实国家和安徽省教育规划纲要的重要一年，也是贯彻教育部全面提高高等教育质量工作会议精神关键年，我们要进一步研究、探索、实践地方特色的高等教育发展道路。随着高等教育体制和机制改革的深化，我们在进一步加大改革创新力度的同时，要把地方特色高等教育道路坚持好、实现好。

一是一以贯之，坚持走地方特色的高等教育发展道路。为破解我省高等教育在大众化深度发展过程中出现的类型繁多、体系混乱、结构复杂，求大求全、重叠发展、学科专业设置趋同化和人才培养模式单一等问题，特别是经济社会发展对高等教育高层次、多样化需求与高等教育趋同发展的矛盾，我们提出了“科学定位、分类指导、多元发展，特色办学”的地方高等教育发展方针，率先在全国提出建设应用性高等教育体系，不仅在理论上做了一系列的探讨，出了一批理论成果，也在实践上做了大量的探索，形成了一批实践成果。安徽的高等教育已经成为全国高等教育改革的辐射源、示范区。

现在我省高等教育发展已经步入深水区，安徽省作为国务院批准的中部地区唯一一个省级政府教育统筹综合改革试点省，在国家教育改革发展布局中具有极其重要的战略地位。在全国的位次上升了，名声好了，影响力强了，有一定话语权了。这与我们一以贯之，坚持走地方特色的高等教育道路是密不可分的。有人说，安徽省是只出经验不出成果，起个大早、赶个晚集。我们绝不允许这样的现象在高等教育领域再次出现。目前，安徽省具有地方特色的高等教育发展道路顶层设计已经完成，今后改革的重点是高等学校内部，具体的路怎么走、改革的重点和难点在哪，这需要高校主动深入研究、探索和实践。

二是促进改革，着力突破制约质量提升的各类障碍。我们要以更大的决心和气力推进教育教学改革，着力破解制约质量提升的各类障碍，处理好现有政策和政策突破的关系，在人才培养体制、人才培养模式、管理方式、实践教学、质量评价与监控、教学方法与手段等方面大胆改革、先行先试。要紧密结合实际，充分发挥师生的主动性、积极性、创造性，有计划、有步骤地扎实推进改革。要通过机制创新，建立“体系开放、机制灵活、渠道互通、选择多样”的人才培养新体制。要注重学思结合，知行统一，因材施教，探索多元化的人才培养模式。教学管理制度必须灵活，积极推行以学分制为基础的“弹性学习”制度，允许跨专业选课，联盟类高校跨校选课，互认学分，条件成熟的可以互发毕业证书，互授学位。鼓励教师突出启发性、灵活性、探究性和创造性，探索新的教学方法，注重师生互动，并充分运用信息技术等现代化教学手段。

三是突出卓越，深化高等学校应用型人才培养模式改革试点。以应用型学科专业建设、实践教学体系建设、“双能型”师资队伍建设和教学管理制度建设为保障，通过改革试点，强力推进专业学位研究生教育、应用型本科教育和高等职业教育人才培养模式改革，实施卓越应用型人才培养计划，提高大学生创新能力、实践能力和社会适应能力。加强应用型人才培养，构建中职、高职、本科和硕士专业学位融会贯通的“立交桥”。

四是分类指导，开展高等学校分类管理改革试点。我省100多所高校情况差别很大，用一个模式、一种方法、一项标准来管理，不符合实际，也很难取得理想的效果。建设高等教育强省，不仅需要有一流的大学，更需要一批特色鲜明、竞争力强的普通高校。因此，实现管理的重心下移，采取切实措施实行分类管理，引导高校合理定位，办出特色、办出水平。逐步建立和完善高校分类体系，科学制定分类管理办法，引导每所高校各安其位、各展所长。实行分类管理也是克服办学同质化现象的有效途径。

要积极推进校际合作，进一步加强高校联盟建设，完善校际联盟工作机制，进一步探索专业对口合作、教师和学生交流、跨校选课、互认学分、优质办学资源共享等“抱团发展、集约办学”的人才培养新体制。探索建立大学联盟合作开展研究生等高端人才培养。

当前，高等教育战线要紧紧围绕新形势下党和国家对高等教育的新要求，紧紧围绕教育部《关于全面提高高等教育质量的若干意见》、程艺同志的报告以及提交会议的《关于深化高等教育教学改革　全面提高人才培养质量的若干意见》等系列文件开展工作。

第一，深入贯彻落实国家关于提高高等教育质量的各项政策。自胡锦涛同志在庆祝清华大学建校100周年发表重要讲话以来，国家相关部门为落实其讲话精神，出台了一系列政策措施，提高高等教育质量的各项重点工作已有序展开。各高校要密切关注，抓紧研究，吃透精神，狠抓落实。要集中校内外各种优质资源，积极开展已经启动的国家振兴中西部高等教育计划、国家级骨干高职院校建设计划、专业综合改革试点、卓越人才培养计划、实验教学示范中心、大学生校外实践教育基地、大学生创新创业训练计划、“2011计划”等项目申报工作，以及即将开始的精品课程资源共享课程等项目的申报。积极争取国家政策和资金支持，把机遇变成机会，把机会变成项目，力争我省更多所学校纳入国家项目计划。

第二，扎实做好2012年省级“质量工程”申报工作。2012年度高等学校省级质量工程项目申报工作即将开始，今年是省级质量工程申报的大年，项目种类多、数量大，共有省级专业综合改革试点、校企合作实践教育基地、精品开放课程、省级规划教材、数字图书馆、卓越人才教育培养计划、教师教学能力发展中心、教学研究项目、教学成果奖等9大类项目。尽管文件还没有正式下发，各高校回去后可以根据会议文件要求，整合校内外各种资源，提前布置。

第三，认真做好一期省级质量工程项目检查验收工作。自2008年启动省级质量工程建设以来，我省质量工程建设已实施5年，为全面了解和总结我省一期质量工程项目建设情况，进一步推进质量工程项目建设，保证建设实效，教育厅将对所有在建和完成建设周期的项目实施检查验收。检查内容主要包括项目的执行情况，建设过程中开展的主要活动和特色做法，项目建设取得的标志性成果、经验、成效及示范带动作用，项目建设存在的问题、原因与对策，以及项目经费的配套与使用情况，等等。此次检查采取高校自查和教育厅抽查相结合的方式进行。省教育厅将在高校自查的基础上进行抽查。所有结题验收项目必须提交建设的标志性成果，并在全校进行公开展示。

质量工程建设是深化教育教学改革、提高教学质量的重要抓手，各高校要充分认识质量工程建设的重要性，科学统筹校内外各种资源开展项目的申报和建设工作，加强过程管理，保证建设取得应有的实效，发挥质量工程项目在教学建设与改革中的推动和示范作用。

第四，积极开展教学评估工作。教育厅《关于普通高等学校本科教学评估工作的实施意见》已经印发，全面部署了本科教学合格评估、审核评估和专业认证评估等工作。今年下半年，合肥师范学院等3所本科高校迎接教育部合格评估。省教育厅将对安徽科技学院、皖西学院开展审核性评估试点工作。指导有关高校开展专业评估认证工作。继续开展高等职业院校人才培养工作评估。根据2009年出台的《关于做好安徽省高等职业院校人才培养工作评估的通知》，对今年下半年高职院校继续开展人才培养工作评估，对于省级评估“暂缓通过”或推迟评估的院校，明年将减少其招生计划，至暂缓安排招生，促进其尽快达到人才培养基本要求。

第五，进一步严格教学管理工作。本次会议提交了关于严格教学管理和加强实践教学两份文件，背景是去年下半年教育厅组织对部分高校开展的教学调研，从调研情况看形势不容乐观，有些学校推迟开学、提前放假，大量压缩正常的教学时间，学生毕业综合实践及顶岗实习中存在大量的松散、放羊现象。为了扭转这类情况，进一步稳定教学秩序，严格教学纪律，规范教学管理，加强实践教学管理和指导，提高教学质量，请各校务必严格按照文件要求贯彻执行，教育厅将在全省高校教学工作会议之后组织专家组深入学校开展督查工作，对教学管理工作落实不到位的将予以通报。

第六，加大教学投入，强化内涵建设。通过统筹本科高校省级提标资金、中央和省财政化债专项资金、高校事业收入等，2012 年我省本科高校生均拨款水平已达到 12 000 元，化解公办高校约 72% 以上的债务，同时积极采取措施提高高职院校生均拨款水平。随着政府对高校办学投入的大幅增加，高校将进入负债后时代，有钱了高校怎么办学，如何用好钱、管好钱？要切实转变惯性思维，不能总是把钱与钢筋混凝土画等号，要坚定走内涵发展道路，落实教学建设的优先地位。基础设施建设是显性的，路宽了，灯亮了，标志性建筑有了，这些是“硬”政绩。而教学建设多数是隐性的，看不见摸不着的，是“软”政绩。高校一定要树立正确的政绩观，不搞形式主义，不搞面子工程，要舍得在教学上投入。要优化经费支出结构，压缩行政管理开支，大力加强专业、课程、教材、师资队伍、实验实训实践基地、图书资料等方面投入。新增生均拨款优先投入实践育人工作，新增教学经费优先用于实践教学，要重视校企联合，建立校企合作等实践教育基地建设。

第七，切实做好学科学位建设和研究生教育等工作。一是要认真做好重点学科的中期检查评估工作；二是要全力完成两个博士学位授权单位和一所硕士学位授权单位的国家立项验收工作；三是积极支持相关院校的转型升格工作；四是认真落实研究生教育工作座谈会的精神，加强研究生教育的管理和改革，提高研究生教育的质量，另外我们还要做好高校人才工作和外事工作，用高水平人才支持高水平的教学工作，用开放的胸怀和先进的教育资源支持高质量的人才培养工作。

（在 2012 年全省高校教学工作会议上的讲话摘录）

安徽省高等医学教育合作委员会的成立，旨在贯彻落实国家中长期教育改革与发展规划和医药卫生体制改革精神，着眼我省推进高等教育强省的新形势，适应医药卫生人才培养模式战略转变，满足人民群众对高等医学教育的新要求，加快高等医学院校间的合作与交流，做大做强安徽高等医学教育。2 年来，各成员单位积极探索、大胆开拓高校内部交流与合作的新路径，积极开展深化医学人才培养模式改革研讨、整合优质医学教育资源、联合申报和建设质量工程项目、举办第一届全省大学生临床技能竞赛等一系列富有成效的建设性活动。这些工作的开展对探索联盟合作化发展机制，创新医学教育人才培养模式，提高我省医学人才培养质量起到良好的促进作用。

当前，我国教育事业和卫生事业的发展进入到一个新的历史阶段，医学教育站在了一个新的历史起点上。医学高等教育合作委员会需要进一步主动适应新形势提出的新要求，进一步改革医学教育体制，深化合作，全面提高医学教育人才培养质量。借此机会，我讲 4 点意见，供大家参考。

**一、充分认识医学教育改革面临的新形势**

教育是民族振兴的基石，健康是人全面发展的基础。医学教育是国家教育体系的重要组成部分，也是医药卫生事业发展的重要基础。当前，随着经济社会、科技文化的不断发展，医学卫生体制改革的不断深入，医学高等教育需进一步发展转变方式，培养更多高质量的医学人才，努力实现人民群众对健康的全面、个性与多样化需求，办好人民满意的医学教育事业。

1. 全面提高高等教育质量，努力办好人民满意教育为包括医学教育在内的高等教育改革发展指明了方向。去年，教育部召开了全面提高高等教育质量工作会议，颁布了《高等教育专题规划》和《高等学校“十二五”科学和技术发展规划》，下发了《全面提高高等教育质量的若干意见》（即“三十条”）和《关于实施高等学校创新能力提升计划的意见》（即“2011 计划”），系统全面地描绘了高等教育改革发展的基本思路、重要举措和宏伟蓝图。未来 10 年，我国高等教育战略重点将放在提高质量上，所有工作都要统一到提高质量、内涵发展上来。在去年我省召开的全省高教工作会议上，出台了安徽省《关于深化高等教育学改革　全面提高人才培养质量的若干意见》等系列文件。党的十八大报告更是把教育放在改善民生和加强社会建设之首，强调“把立德树人作为教育的根本任务”，“培养学生社会责任感、创新精神、实践能力”，“深化教育领域综合改革”，“推动高等教育内涵式发展”，强调要“努力办好人民满意的教育”，为包括医学教育在内的我国高等教育在新的历史时期进一步深化改革、科学发展进一步指明了方向，提出了更高要求。我们应该时刻牢记“努力办好人民满意的教育”这一目标，紧紧围绕提高高等教育质量问题，做好高等教育改革和发展的顶层设计，实现高等教育发展从以规模扩张为重点的外延式发展向以提升质量为核心的内涵式发展转变。

2. 医学卫生体制改革的不断深入对医学教育改革发展提出了新的要求。随着我国医药卫生体制改革的不断深入，需要进一步建立健全可持续发展的医药卫生科技创新机制和人才保障机制，加强医药卫生人才队伍建设，加强高层次科研、医疗、卫生管理等人才队伍建设。我国医学卫生体制改革对医学教育更好地服务医药卫生事业发展提出了新的更高要求，也为医学教育改革提供了强大的推动力。医学教育责任重大、使命光荣，需要我们抓住机遇，既为推进国家医药卫生体制改革做贡献，又要在推进医改事业中实现自身的新发展。

3. 医学发展新趋势对医学教育提出了新挑战。随着经济社会、科技文化的不断发展，世界医学领域正在发生着深刻变化。一是医学的社会性更加突出。医学与国家卫生事业发展和人民健康联系更加紧密，直接关系人民生活水平的提高，直接影响国家经济社会发展，医学的社会责任更加重大。二是健康需求的广泛性更加凸显。随着经济社会发展和生活水平的日益提高，人民群众对健康的需求更趋全面、个性与多样。医学任务正从以防病治病为主逐步向以维护和增进健康、提高人类生命质量为主转变。三是医学公平性更加重要。“人人享有基本医疗卫生服务”成为每一个人的基本权利，也是世界医学界共同的奋斗目标。四是医学整合性更趋明显。适应医学发展需求，医学内部各学科之间、医学与人文社会学科之间、医学与其他自然学科之间交叉与整合加速进行，医学正在突破传统的局限，向更加广阔的学科领域发展。

医学发展新趋势对医学教育提出了新挑战，医学教育规模、结构有待优化，尤其是服务基层的全科医生培养工作亟待加强；医学教育人才培养质量有待提高，尤其是医学生职业素质及实践能力亟须提高；医学教育管理体制和机制有待完善，尤其是综合性、多科性大学办好医学教育的体制机制亟须创新和完善；医学教育与医药卫生事业发展的紧密结合有待强化，尤其是医学教育服务医药卫生体制改革的主动性亟须增强。因此，医学教育必须与时俱进、改革创新。

我们要充分发挥医学教育联盟的学科优势，加强政策研究，为全省医学教育发展提供更多理论支持、政策支持和实践支持。各高校更要积极关注，主动对接，充分领会相关政策的精神实质，有针对性的全面贯彻落实。

**二、科学确定医学教育改革的新任务**

要明确医学教育发展的新目标，就一定要用联系的、发展的眼光来分析当前医学教育的新形势，科学确定医学教育改革的新任务。我认为，当前医学教育的新任务重点包括以下4个方面：

1. 要更加主动地服务国家医改和医药卫生事业发展。适应医改需求，满足医改需要，是历史赋予医学教育的新任务、新使命。我们必须从医改大局出发，牢固树立医学教育为医改服务的观念。只要是医改需要的，医学教育就要努力做好；只要是有利于医改的，医学教育就要积极探索实践，努力发挥医学院校人才资源优势，形成医学教育积极主动适应医药卫生事业发展的新格局。

2. 要更加突出医学人才培养质量的提高。提高质量是医学教育改革发展最核心、最紧迫的任务。提高医学教育质量，最根本的是提高医学人才培养质量。为此，要坚持走以质量提高为核心的内涵式发展道路，着力培养具有高尚的医德、精湛的医术、丰富的人文素养、强烈的社会责任感、较强的创新精神的医学人才，探索形成具有中国特色的优秀医学人才成长道路，实现医学教育内涵式发展的历史性新跨越。

3. 要更加着力推进医学教育综合改革。必须着力转变思想观念，增强质量意识、改革意识、服务意识、忧患意识；必须以体制机制改革为重点，着力改革教育管理体制机制，全面推进人才培养模式、教学内容、方法手段和质量评价等教育教学改革；必须大力推动改革试点和探索；必须动员、吸引广大师生、医药卫生界乃至社会各界支持、参与、推进医学教育改革，形成良好的改革氛围。

4. 要更加注重交叉整合、协同发展。适应医学交叉整合趋势，医学教育要增强学科整合、学科交叉融合以及协同创新的主动性、积极性，推动医学基础与临床的转化与整合，推动临床医学与公共卫生的整合，推动医学人文与医学科学的整合，推动医学教育和社会医疗保健服务的整合。要加强高校与高校、高校与科研院所、高校与医院的深度合作，整合资源，联合攻关，形成协同创新、共同发展的新局面。

## 三、积极推进医学教育改革新模式

《中共中央国务院关于深化医药卫生体制改革的意见》明确要求调整高等学校医学教育结构和规模，加强全科医学教育，加大医学教育投入，提高医学教育质量。去年4月，国家发改委、卫生部、中编办、教育部、财政部、人保部六部委联合印发了《以全科医生为重点的基层卫生队伍建设规划》，提出三年内培养6万名全科医生，通过规范化培养途径培养1万名全科医生，通过转岗培训培养5万名全科医生，到2020年要培养30万名全科医生。教育部、卫生部在广泛调研和征求各方面意见的基础上，研究制订了《关于实施临床医学教育综合改革的若干意见》，启动了“卓越医生教育培养计划”，既是卓越教育计划的重要组成部分，又是临床医学教育综合改革的重要内容。通过人才培养体制机制的综合改革，解决人才培养模式单一，人文素养、职业道德和实践能力培养不足等方面的问题，旨在培养一大批卓越医学人才，既有能在胜任大医院疑难病症诊疗工作的专科型人才，也有能进社区、下农村、留得住、用得上的全科医学人才。

我们要根据国家和我省卫生人才的需求，大胆探索实践全科医生和卓越医生培养的模式和途径，全面实施“卓越计划”和“全科医生”培养等人才培养模式改革，调整招生规模和专业结构，改革课程体系和教学内容，实实在在地为推进医疗体制改革服务，为保障广大人民群众的基本医疗卫生服务需求、强化基层医疗卫生机构建设做出高等医学院校应有的贡献。

1. 树立新观念。首先，要树立以人为本的观念。医学是服务人的，医生不仅要有精湛的医疗技术，更要有人文关怀。医学生将来的服务对象是渴望得到关怀的病人，医生的一言一行、一举一动都与患者的病情息息相关，一名好的医生，不仅要有一颗善良的心，一手高超的技艺，还要把这种爱传递给患者，成为病人的知心朋友，赢得患者的信任。其次，要树立合作育人的观念。无论是卓越医生培养，还是全科医生培养，都强调合作。我省医学教育体制长期以来一直很好，但是体制上仍然有一定的封闭性，现在要突破相对封闭的人才培养模式，实现开放合作。最后，要树立质量为本的观念。提高质量是医学教育改革发展最核心、最紧迫的任务，是人才培养的核心目标。

2. 设立新目标。医学教育模式改革要坚持以需求为导向，适应医药卫生事业对医学人才的需要，科学调控教育规模，着力优化人才类型结构。全省高等医学教育要服务于医药卫生体制改革，服务全省人民健康，提高全省人民的健康幸福指数，要构建科学定位、分类指导、多元发展、特色办学的高等医学教育体系。各医学院校要在全省目标下，在现有的医学教育体系中，科学定位，特色发展，错位发展，不断调整自己，在办学水平，教育质量上不断提高。

3. 构建新体制。加强学校和医院合作，切实规范和加强临床实践教学，强化临床学习、见习、实习及医学社会实践等环节，帮助学生积累临床经验，提高临床实践能力；加强校际合作，探索与综合性大学的合作，打通人文教育通道，加强学生的人文素养培养。卓越医生更多的是指专科医生，强调培养具有良好职业道德、深厚人文底蕴、扎实专业技能和较强创新意识的“领军”人物。全科医生是执行全科医疗的卫生服务提供者，是一种建立在院校教育基础上接受全科医学专科培养的、高素质的新型社区医生。根据卓越医生教育培养计划和全科医生培养计划，医学联盟要共同研究制定新的培养方案，强调培养标准的统一性和培养模式的多样性。

4. 探索新标准。将医生执业资格标准、医疗行业标准、医药卫生技术标准引入人才培养全过程。通过引入执业资格标准，不断完善人才规格标准；引入行业标准，不断完善专业标准；引入核心技术标准，不断完善专业核心课程标准；引入资深医学专家，充实加强教学团队建设；在学院（系）教学管理、专业负责人和学生指导教师三个层面建立高校与医院合作的“双元制”。

5. 开发新课程。要按照“卓越医生教育培养计划”要求，遵循医学教育规律，以强化实践能力、职业道德与创新意识为核心，进行课程设置和课程调整，重构课程体系和教学内容。要按照全科医生培养标准，合理调整院校教育的课程设置，加强与基层卫生服务相适应的医学教育新课程开发。

6. 构建新保障。要建设一支高素质、高水平的临床教师队伍，保障高质量的医学教育水平的提高。要加强高校附属医院建设，保障医学实践教学主阵地。要加强社区和公共卫生实践教学等基层实践教学基地建设，为医学生了解国情、民情、医情，增进对人民群众感情和增强基层防病、治病能力提供的有效途径。要建立健全质量监控与保障体系，坚持以“五个度”作为重点内容，建立审核评估评价体系；积极推进国家医学教育认证工作，积极参加教育部卫生部开展的临床医学、中医学等 6 个专业 24 个专业点的认证试点工作。

四、全面加强医学教育联盟新合作

探索“政府统筹、抱团发展”的分类管理体制，是我省转变高等教育发展方式的一大特色。联盟高校分类抱团发展，共建学科专业，共享优质资源，共谋发展思路，共商办学标准，取得了阶段性成果和良好的社会影响。医学教育合作委员会成立时间相对较晚，成员单位办学层次比较多样、发展趋向不尽一致，更需要各联盟单位全面开放合作。希望医学高等教育合作委员会在全面分析我省医学教育发展现状、存在问题及形势要求的基础上，精诚合作，加强沟通，主动作为，把合作委员会自己的事情做好做实。要以科学发展观为指导，以《国家中长期教育改革和发展规划纲要（2010—2020 年》、国家医药卫生体制改革精神为基石，以培养适应社会需求的高素质医药卫生人才为宗旨，以构建我省高等医学院校合作与交流平台为基础，遵循“优势互补、合理布局、资源共享、共同发展”的原则，联合打造我省高等医药卫生院校战略合作共同体，推进我省高等医学教育科学发展，为繁荣安徽高等教育和医药卫生事业，推动高教强省建设步伐，实现奋力崛起，构建和谐安徽作出积极的贡献。

在今后的一段时间里，合作委员会充分发挥优质办学资源互补等优势，加强深层次人才培养合作与交流，探索形成资源共享、学分互认、教师互聘、学生互派、课程互选机制，实现高校间的师资力量、实验设施、图书信息、教学管理等教学资源的整合与共享，使高校相对有限的教学条件和办学资源得到最充分的开发和利用。合作委员会可考虑在以下方面进一步加强合作：

1. 要进一步加强研究，创新合作模式。要开展医药卫生领域的重点、热点问题研究，发挥思想库、智囊团作用，为政府决策提供咨询服务。要研究如何依托联盟开展高等函授教育招生和教学模式改革试点，真正以远程教育为依托，实施学分制管理模式，推行课程模块化，全面提高成人高等教育教学质量。要在平等互利、自愿协商基础上，共商人才培养运行机制，共建人才培养标准。同时，积极研究毕业后教育的培养标准，探讨其与专业学位研究生教育相结合的新模式。

2. 要着力构建开放共享的教学平台。构建开放的教学资源共享平台，构建开放的教学管理与服务平台，构建开放的教师发展平台。联盟高校探索推行以选课制为核心的学分制，建立开放的教学管理制度，在一定条件下，探索联盟高校优秀学生转专业、转学制度，联盟高校逐步实现学分校际互认。充分利用联盟高校师资和优质教学资源，开展跨学校的双学位培养。联盟高校学生可以通过暑期学校、周末课程、延长学制等形式申请和完成双学位的学习和培养。

3. 要指导、督促相关高校推进卓越医生培养计划和全科医生人才培养模式改革。“卓越医生培养计划”是我省质量工程项目的新拓展，是培养医师的有益尝试和探索，实施院校要创新人才培养机制，加强培养。委员会要指导高校边实施、边总结、边推广。要充分认识推行全科医生规范化培养模式的重要意义，大胆探索实践，试点推进，力争为我省基层医疗卫生机构输送更多高质量的临床医学人才，为群众提供全方位、方便可及的基本医疗卫生服务。

4. 要积极拓展与省内外高校特别是长三角地区高校合作。联合省内外更多的优势资源，把联盟真正打造成为一个开放、联合、合作的大平台，扩大联盟对我国高等教育改革发展的影响力。

（在2013年安徽省高等院校医学教育合作委员会第三次年会上的讲话摘录）

# 第二编
# 调查研究

# 关于安徽省高等教育人才培养质量有关问题的调研报告

（2007 年）

根据教育部高教司《关于对高等教育人才培养质量的有关问题开展调研的通知》（教高司函〔2007〕220 号）部署，安徽省教育厅由分管厅长牵头，通过实地考察、访谈、座谈等方式，对省内 30 多所高校进行了专题调研。针对调研提纲所列 5 个问题，形成如下调研报告。

## 一、关于“四个精力”投入不足问题

1998 年第一次全国高校教学工作会议上，教育部首次公开提出“四个精力”投入不足问题。其后伴随着高等教育规模的快速发展，“四个精力”投入不足又呈现出新的特点。“十五”以来，各级教育行政部门和高等学校采取多种举措落实教学工作的中心地位，“四个精力”投入不足问题得到显著改善，已基本形成各级领导重视教学，广大教师勤于教学，管理人员支持教学，思政工作紧贴教学，后勤工作服务教学，广大学生认真学习的良好局面。

调研中也发现，“四个精力”投入不足作为现阶段的局部、个别问题，在我省部分高校仍还程度不同地存在。其存在的主要原因是：

1. 学校领导。近年来，随着高校办学规模的迅速扩大，多渠道筹措办学经费、人才引进、学生就业与稳定等一系列影响高校发展的重大问题，在很大程度上分散了学校领导的精力，造成对教学管理难以全身心投入。学校主要领导大多是某一学科领域的省级、校级带头人，必须花较多的精力来从事教学和科研工作，这也牵扯了领导一部分的精力。

2. 教师。扩招后教师承担的教学工作量显著增加，客观上减少了他们教学研究、教学改革和与学生互动交流的精力投入。受职称评定政策和科研政策的引导，部分教师投入很大精力提升学历、撰写论文、争取项目，教学与科研关系处理不当，势必在一定程度上影响教学。

3. 教学管理人员。扩招后教学管理人员的工作量增大，但是在工资报酬和职务晋升等方面缺乏激励机制，管理人员往往不安心管理岗位。不少双肩挑的教学管理人员，平时的教学科研工作相对较多，对教学管理工作不能做到全身心投入。

4. 学生。学习动力不足和就业压力大是学生精力投入不足的主要原因。不少学生进入大学后，缺少了高考的竞争压力，学习目标不明确，自我约束管理能力不强，主动学习的动力不足，进入高年级后，面对严峻的就业形势，将主要的精力放在了求职上，也忽略了对学习的投入。

在上述“四个精力”投入不足的原因分析中，我们发现部分涉及了学校的激励机制和职称考评标准带来的影响。

针对解决“四个精力投入不足”，参与调研的学校提出了相应的对策建议：第一，进一步健全各级教学质量责任制和责任追究制，完善教学巡视制度、教学督导制度等教学管理制度，进一步强化责任，牢固确立教学工作的中心地位；第二，优化师资队伍结构，提高教师队伍整体素质和教学水平，同时建立科学合理的教师考核办法，建立健全教学工作规章制度，严格教学工作纪律，引导教师把主要精力投入教学；第三，提高教学管理人员素质和管理水平，规范教学管理人员的岗位职责，促使管理人员把主要精力投入管理和服务工作，保证正常教学工作秩序；第四，进一步落实政府举办高等教育的责任，为校长安心办学、教师安心从教、学生安心学习创造良好的环境和条件。

**二、关于社会、教育行政部门以及学校师生对目前高校人才培养质量的总体评价问题**

各级教育行政部门和高校自身都非常重视高等教育质量，视人才培养质量为高等学校的生命线，采取了多种手段监控人才培养质量。

1. 社会评价。毕业生的就业率和社会适应性是社会评价高校人才培养质量的重要依据。调研反映，我省各高校普遍建立了毕业生就业调查制度，每年坚持进行毕业生就业率统计及对毕业生和用人单位的跟踪调查。根据统计，近年来安徽省毕业生就业率逐年上升，其中2005年、2006年、2007年连续三年的平均就业率超过90%。用人单位对我省高校的毕业生也给予了积极评价，即高校人才培养目标定位明确，层次分明，专业结构、课程设置合理；学生理论基础扎实、专业能力强，实践能力和自我发展能力强，综合素质高。

2. 教育行政部门。1995 年以来，教育部建立了高等学校教学工作评估制度，相继实施了本科高校合格评估、随机评估、水平评估以及高职学校人才培养工作水平评估工作。同时，配合“质量工程”的实施，我省还对高校的专业、课程、实验室、实习实训基地和课堂教学、毕业设计（论文）等进行了单项评估。客观分析，高校办学理念的更新一般滞后于经济社会发展的要求，办学条件的改善一般滞后于办学规模的增长。但通过“以评促改、以评促建、以评促管”，高等学校不断修正和弥补办学差距，能够很好地满足社会、政府和学生的需求。从总体上看，我们认为高校的人才培养质量是好的，大众化背景下多元的质量观和与之相适应的培养目标、培养条件、培养体系正在建立并逐步完善。我省 19 所本科高校、12 所高职学校顺利通过教育部教学工作水平评估，是对我省高等教育人才培养质量状况的准确评价。

3. 高校师生。调研反映，各高校普遍重视教师和学生对教学工作的意见和建议，开展了一系列学生评教、教师评学和教学信息调查与反馈工作。活动结果表明，绝大多数教师认真履行岗位职责，教学效果得到学生的充分肯定；大部分学生学习目标明确，课堂纪律好，上课和晚自习出勤率较高，考风优良，违纪现象减少、违纪人数逐年减少；教师和学生对学校的教学条件满意，认为教学质量能够得到保证。

调研结果反映各界对目前高校人才培养质量的总体评价持肯定态度。同时，调研中，各界也提出了高校规模扩张带来的生均办学条件不足、教师队伍水平不高、生源质量下降、教学内容更新缓慢、学生自主学习能力和创新能力有待提高等问题。

**三、关于影响高校人才培养质量的主要因素及高校人才培养工作中存在的主要问题**

影响高校人才培养质量的因素是多方面的，教育部本科和高职高专教学工作评估指标体系比较全面、系统地诠释了这些要素的内涵和相互关系。调研反映，对目前安徽高校而言，最关键的因素有 4 个：一是办学定位和办学特色问题；二是教学经费投入和办学条件问题；三是师资队伍建设问题；四是“以人为本”的教学改革和教学管理问题。这四个方面也是我省高校人才培养工作目前存在的主要问题。

1. 办学定位和办学特色问题。高校数量增多、规模增长后，如何处理好高校人才培养与社会需求的互动关系，处理好高校与高校之间分工协作的关系，是高等学校必须首先要思考和解决的重大问题。特别是在目前国家和区域经济发展转型较快，中长期人才需求规划不明确，而高校办学模式趋同、学科专业同构的情况下，尤其需要教育行政部门和高等学校高度重视并创新思路谋划解决好这个问题。

2. 教学经费投入和办学条件问题。经费严重不足仍是制约安徽高校提高人才培养质量的瓶颈。目前相当多的地方高校教学仪器设备、图书资料等教学资源不足；日常教学经费紧张，实习经费不足。特别是部分高职和民办高校需要有足够的实习实训场所、设备，学校普遍存在较大资金缺口。经费不足的问题严重影响到学校领导对教学的精力投入，影响到人才培养质量，特别是学生实践能力、创新能力的培养。

3. 师资队伍建设问题。高校办学规模的发展导致生师比过大，教师数量严重不足。补充的青年教师数量较多，如何加强青年教师培养，尽快提高青年教师的教学能力，增强他们教书育人的责任感，是一个值得重视也是迫在眉睫的问题。适应大学生实践能力和应用型人才培养需要的“双师”师资缺乏也是高校师资队伍建设中的一个新问题。对安徽和部分经济欠发达省份，高学历、高职称师资队伍无序流失现象也十分严重，极大地影响了这些省高校学科建设水平和人才培养质量。

4. “以人为本”的教学改革和教学管理问题。基础教育改革带来的高校生源起点的新变化，新一代充满个性的大学生对学业需求的新变化，国家和社会对毕业生学习能力、创新能力、实践能力需要的新变化，作为民生工程的就业和以就业为导向的教育模式对教学工作的冲击，对现行人才培养模式、教学内容和教学管理制度提出了新要求，高校也在深化改革和创新管理上寻求新突破，但客观地说，“以人为本”的高校教学改革和教学管理任重道远。

**四、各地各高校在提高人才培养质量方面采取的举措及其成效**

1. 落实教学工作的中心地位。省教育厅和各高校紧紧围绕贯彻落实教育部文件精神，分别召开了各种形式的教学工作会议，制定出台了一系列保障和提高教学质量的政策措施，高校教学工作的中心地位得到进一步加强。

2. 多渠道增加高等教育投入。从 1999 年起，省级教育事业费占省本级财政支出的比例，每年较上年提高了 1 个百分点；省财政每年贴息 5 000 万元，首期贷款36亿元已全部落实到位。此外，地市政府通过提供资金、减免税费、无偿划拨土地等多种方式，投入高等教育的资金达20多亿元；吸纳社会力量和公民个人等社会资金近15亿元。通过多主体、多渠道投入，高教资源成倍增长，办学条件显著改善。我省的48所高校开辟了新校区，新征土地33 560亩，另有7所高校扩展土地2 486亩。省属高校累计完成基本建设投资100亿元，新增校舍1 020万平方米，是建国后50年建设总量的2倍；固定资产总值达到134亿元。

3. 深入推进学科专业结构调整。组织开展了高校学科专业建设和发展规划的制定和评议工作，逐校反馈了专家评议意见，并对修订和完善高校学科专业发展规划提出了具体要求。各校在深入调研、广泛征求意见的基础上，进一步修订和完善了本校的学科专业发展规划，并以专业规划为抓手，牵动了师资队伍建设规划、校园建设规划等其他规划的制定与落实。制定印发了《关于推进高校本科学科专业结构调整的若干意见》，明确提出了今后一段时期我省高校专业结构调整的指导思想、工作目标和工作重点，并在举办二级学院、遴选建设“省级人才培养基地”和“省级教改示范专业”等方面制定出台了一系列政策机制与保障措施。

4. 大力加强师资队伍建设。教师数量快速增加，质量明显提高。省属普通高校专任教师由17 914人增加到32 403人，增长81%。其中具有博士学位的由712人提高到1 776人，具有硕士学位的2 966人提高到8 624人，分别增长1.5倍和2倍；具有正高级职称的由1 538人提高到2 396人，具有副高级职称的由5 354人提高到9 220人，分别增长56%和123%。学术梯队建设成效显著，设立特聘教授岗位13个、讲席教授45个，面向全国已分别公开招聘了7人和10人；新增4个博士后流动站，遴选出110名高校拔尖人才、190名中青年学科带头人培养对象和312名骨干教师。高校激励机制不断完善，师德、师风建设进一步加强。

5. 全面实施教学改革与教学质量工程。从2000年起，省财政设立了“质量工程”专项经费，每年安排经费3 000万元。建立了周期为2年的省、校两级教学研究立项制度，已分6批遴选立项了1 500多个省级教学研究项目和3 000多个校级项目，引导和支持高校教师和教学管理干部研究解决影响教学质量提高的重点、热点和难点问题。根据教育部部署，开展了精品课程、规划教材、特色专业、实验示范中心、教学名师等项目的建设和表彰工作，已遴选省级精品课程400门、省级规划教材850种、省级特色专业60个、省级实验教学中心58个，表彰省级教学名师100名。“质量工程”项目的实施，有力地促进了高校优质资源建设和人才培养质量提高。

6. 加强信息技术平台和资源建设。加强了教育科研网络平台建设工作，完成了合肥、芜湖、淮南、蚌埠、安庆、马鞍山和淮北等7个教育科研网市级分节点的建设。启动了高校大型仪器设备协作网建设计划，制定印发了《高校大型仪器设备共建共享管理办法》，建立了大型仪器设备共享的机制。从2002年开始，启动实施了“安徽高校文献信息保障系统建设”项目，设立专项经费，采取共建、共享的方式，建立安徽高校现代化文献信息共享系统，整体购置安装了超星电子图书和中外文点子期刊数据库，面向全省所有高校师生免费开通使用。

7. 加强教学质量监控和评估工作。认真做好教育部本科教学评估和整改工作。加强了对高校教学工作的宏观管理和指导力度，建立了高校教学工作专家库，组织专家对部分高校学科专业发展规划和拟新增设的专业进行了咨询、论证。加大了运用现代化信息技术手段提高管理水平的力度，建立了安徽高校教学管理信息网，利用网络定期发布政策信息和质量数据。开展了实验室评估、课堂教学检查、毕业设计（论文）抽查、考风考纪巡查等活动，对高校教授讲授基础课的情况进行了调研、分析，并提出了对策和建议。

经过以上努力，我省高等教育本科质量稳中有升，高职教育以培养高技能人才为己任的质量特色正在逐步形成。

**五、关于提高高校人才培养质量的具体意见和建议**

为进一步提高我省高等教育质量，参与调研的学校结合学校自身和安徽省经济社会发展实际提出了很多有益的意见与建议，具体归纳如下：

1. 进一步落实高等教育优先发展的战略地位。按照《中华人民共和国教育法》和中央有关文件的规定切实做到对教育投入的“三个增长”，尽快实现国家财政性教育经费占GDP 4%的目标，依法落实各级政府的投入责任，从财政预算的源头上争取教育投入的合法比例和增长幅度。一方面提高生均经费额度，使高校的办学条件能尽快得到改善，为提高人才培养质量提供良好的财力、物力支持，另一方面帮助高校摆脱沉重的还息还贷压力，以便高校领导能把更多精力放到抓教学工作、抓教学质量上。

2. 进一步依法界定和落实高校办学自主权。引导和支持高校面向社会自主办学，是市场经济条件下建设现代大学制度的必然趋势。各级教育行政部门应梳理各项管理职能，降低管理重心，减少管理环节。对于高校合法、合理的行为，给予理解和支持，进一步激活高等教育的办学活力。

3. 各级政府出台政策，鼓励、引导行业企业积极参与高职教育的改革与建设。目前高职院校在与企业合作中，一部分企业出于种种考虑往往不愿意接纳高职学生实践实训和顶岗实习，对青年教师到企业一线顶岗进修的积极性也不高，需要政府部门的大力支持，协调学校和企业在推行“工学结合”培养模式过程中出现的问题，充分发挥行业在职业教育中的重要作用。

4. 建立科学合理的教学评估制度。教育主管部门要整合现有的评估内容，完善评估形式和评估方法，减少重复劳动，避免形式主义，提高评估的效率和质量。同时，进一步完善高等学校的内部质量监控和评价体系，督促高等学校建立用人单位、教师、学生共同参与的学校内部质量保障与评价机制，形成社会和企业对课程体系与教学内容的评价制度、课堂教学评估制度、实践教学评估制度、领导和教师听课制度、同行评议制度、学生定期反馈制度及教学督导制度等，加强对人才培养过程的管理。完善教师、院系、学校三级质量保障机制，逐步建立保证教学质量不断提高的长效机制。

# 深入贯彻落实科学发展观

# 着力提升高等教育发展水平

## ——安徽省普通高等教育改革发展调研报告

（2008 年）

李和平

按照省委教育工委的统一部署，在学习实践科学发展观活动期间，我同有关处室的同志们一道，对我省高等教育发展进行了专题调研。本次调研建立在年初省教育厅 5 个高等教育专项课题研究成果的基础上，以高校人才队伍、科技创新、教学质量、学科专业结构等子课题调研为支撑，与省委王明方同志高等教育调研同步进行。调研工作紧扣安徽高等教育科学发展这个主题，紧密结合当前我省高等教育的重点工作，突出用改革创新的思路解决发展面临的困难和问题，注重上下联动、多方合作和系统推进，注重实践效果。调研组深入高等学校教学科研一线，通过召开座谈会、实地考察、深度访谈和问卷调查等方式，广泛了解高校师生员工及相关部门同志们的意见，形成了《安徽高校人才队伍建设调研报告》等 6 个专题调研报告。在此基础上，进一步整合凝练，形成本调研报告。

**一、主要成就与经验**

（一）主要成就

调研中大家普遍反映，改革开放 30 年，特别是近 10 年，我省高等教育抢抓机遇，乘势快上，谱写了教育发展史上浓墨重彩的篇章，实现了由精英教育向大众教育的历史性跨越，进入高等教育大省行列，较好地满足了人民群众接受高等教育的需求，较好地满足了经济建设和社会发展的重大需求，较好地满足了建设文化大省和人力资源强省等党和政府的战略需求。主要表现在：

第一，规模实现超常规发展。1998 年以来，普通高校数量从 34 所增加到 93 所，普通高等教育招生规模从 3.5 万人增加到 27.3 万人，普通高等学校在校生从 10. 5 万人提升到 80. 8 万人，这三项指标的增长速度均居全国前列。目前，全省各类高校（含普通高校 93 所、独立学院 11 所、成人 6 所）110 所，各类高等教育在校生 137 万人。从高校数、在校生数、年招生数等规模指标看，我省已成为高等教育大省。高等教育的跨越式发展，较好地满足了人民群众接受教育特别是高等教育的需求，极大地提高了数以万计普通家庭的幸福指数。

第二，办学条件得到一定改善。与 1998 年相比，高等学校占地面积、校舍面积、固定资产总值、教学仪器设备总值、图书资料等办学资源增长了 5 倍多；专任教师总量由 1. 16 万人增加到 4. 07 万人，具有硕士及以上学位专任教师数量由 2 515 人增加到 1. 64 万人，具有高级专业技术职务教师数量由 4 310 人增加到 1. 33 万人。越来越多的重点高校、重点学科、特色专业和高水平教师进入全国先进行列。

第三，高等学校更加开放活跃。10 年来，高等学校适应市场经济体制的需求，逐渐从经济社会发展的边缘走向中心。调研表明，校园建设与城市建设互动，学科专业建设与地方经济发展互动，科学研究与企业技术需求互动，“以需求为导向、以贡献求支持、以服务求发展”已深深融入高等学校的办学理念。一是一批重大科研成果支撑了支柱产业和谐发展。中国科学技术大学在量子信息、语音技术、火灾安全技术领域，合肥工业大学在汽车等制造业领域，安徽大学在材料、电能和人文社会科学领域，安徽农业大学在农产品安全和新品种研发领域，安徽医科大学在重大传染病防治领域，安徽理工大学在矿山安全开采、安徽工业大学在冶金领域等，均为推动全省科技创新和服务企业自主创新方面做出了实质性的贡献。据统计，近 3 年我省高校争取国家等科技项目经费年均增长 15%。二是产学研合作效益显著。近 3 年来，省教育厅组织高校先后与多个市政府联合举办了 8 次大规模的产学研合作活动，100 多所省内外高校的 1 400 余名科技人员，深入各地企业和农村，开展科技攻关、成果转化和社会服务，给当地带来了巨大的经济和社会效益。三是科技产业发展迅猛。安徽高校科技企业已达 50 多家，高校控股参股上市企业 5 家，正在创业板和中小板等待上市 2 家。全省高校科技产业年销售总收入 15 亿元，利润总额近 1. 2 亿元。四是合作办学形势喜人。引进位于南京的河海大学在我省办学，近 5 年与境外合作办学项目已达 30 余项。合肥学院与德国、韩国合作办学硕果累累，不仅形成了鲜明的办学特色，也带动了合肥市的经济发展。

第四，和谐校园建设成效显著。近10年来，以办人民满意的高等教育为宗旨，在社会关注的招生、贫困生资助、毕业生就业等热点问题方面，我省高等教育改革平稳有序。高考科目设置、网上阅卷、知分填报志愿、平行志愿和阳光招生等改革举措，最大限度地维护了考生的利益。“奖、贷、勤、减、免”政策的实施，为贫困大学生接受高等教育提供了保障，“绿色通道”延伸到学生家门口，确保了不让一个贫困学生辍学的庄严承诺。我省高校毕业生就业率连续多年位居全国前列。

（二）主要经验

我省高等教育30年特别是近10年来的改革发展实践，积累了大量宝贵的历史经验。主要表现在：

第一，领导重视是前提。省委省政府高度重视，各级地方党委、政府的共同关心和支持，为高等教育改革和发展创造了良好的大背景、大环境，这是我省高等教育事业快速发展的前提条件。

第二，发展是第一要务。坚持加快发展不动摇、不争论、不偏移，始终把发展作为主题，通过发展解决前进中的困难和问题，促进办学条件的改善和办学水平的提高。

第三，抢抓机遇是关键。1997年，亚洲金融危机爆发，作为启动内需的重要举措，国家决定实施高等教育大扩招政策。省委适时提出要刻不容缓的发展高等教育并启动“双百工程”，克服了底子薄弱、投入不足等困难，抢抓了千载难逢的历史性机遇，实现了我省高等教育的跨越式发展。

第四，思想解放是先导。坚持解放思想、敢为人先，针对新情况、新问题，及时研究提出新思路，制定新办法、新措施，是我省高等教育实现跨越式发展的宝贵经验。

第五，改革开放是根本动力。办学体制、管理体制、招生就业制度、学校内部人事分配制度改革，高校向企业、社会、世界开放，加强交流与合作，成为高教发展的强大动力。

第六，统筹兼顾是根本方法。抓扩大规模的同时抓质量建设；通过扩大招生，优化资源配置，调整学科专业结构和学校类型，正确处理改革、发展、稳定的关系，保持高等学校局势稳定，是推进高教事业发展、做好一切工作的基础。

第七，经费投入是保障。80多亿元的债务，虽然是当前高校发展的重大负担，但也是过去10年我省高等教育跨越发展的强力保障。

第八，人民群众是否满意、社会是否满意、政府是否满意是检验高等教育发展水平高低的根本标准。最根本的是人民群众是否满意。

中国高等教育经过近10年的大发展，目前已进入大调整期，5年至10年以后必将进入大提高阶段。近5年至10年是安徽高等教育实现跨越式发展的又一个重要机遇期。这期间，只要我们坚持的方向准确，措施得力，多走弓弦，少走弓背，我们就有可能赶超全国平均水平乃至发达省份的高等教育发展水平。

## 二、主要问题与原因分析

### （一）主要问题

调研中，各高校和各有关部门在对安徽高等教育改革开放以来尤其是近10年来大发展的成绩给予充分肯定的同时，也十分中肯地指出了我省高等教育未来发展过程中面临的众多问题。这些问题主要可以归纳为以下几个方面：

第一，规模不大。虽然安徽高等教育“双百工程”的目标已经基本实现，但是不可否认，相对于一个拥有6 700万人口的大省来说，“100所高校、100万高校在校生”的规模还是偏小，尤其是我省普通高校在校生总数才80.8万人，还远远不足以满足经济社会发展的需要和人民群众对于接受高等教育的期待。因此省委省政府明确提出要大力发展高等教育，到2012年我省高等教育毛入学率要达到25%。但是，截至2007年年底，我省高等教育毛入学率还仅为19.7%，低于全国平均水平3.3个百分点。从高考录取率上看，2008年秋季，我省高考录取率约为51%，低于全国平均水平7个百分点。这说明我省高等教育与1998年相比虽有较大发展，但从全国平均水平与省委省政府的要求来看，我省高等教育在较长时期内还将面临着继续扩大规模的任务和压力。

第二，结构不优。一是从学校类型上看，我省高校的结构还是一种一元的、金字塔式的结构模式，主要是部属高校、省属本科高校和高职高专三大块，尚没有形成多元并存、特色发展的局面，由此造成了一些高校的盲目升格风、趋同风。二是高校的区域布局问题。我省高校布局过于集中，亳州、宣城两地尚无本科高校，不利于全省各地市的区域协调发展。三是学科专业结构问题。10年来，我省高校本科专业由121种241个专业点增加到195种1 014个专业点，高职高专专业由212种404个专业点增加到342种2 274个专业点，专业布点数虽有较大发展，但理工科和各类应用型学科专业仍然偏少，学科专业结构与我省经济社会结构的符合度不是很高。

第三，质量不高。10年来，我省高等教育在师资队伍建设、科技创新、人才培养质量等方面虽有较大提高，但对照中央和省委省政府提出的新任务、新要求，我省高等教育仍然存在着质量不高的问题。一是新建或新升格的高校亟待提高教育教学质量和管理水平，10年来，我省普通高校数从34所发展到93所，另外还有15所高校由原来的专科升格为本科，这些高校都不同程度地存在着教育教学质量和内部管理水平如何提高以适应新的发展形势的问题。二是新增专业和新设学科学位点的质量提升问题。10年来，我省高校新开设的专业超过了60%，其教学方案、人才培养模式都急需在实践中总结提高，新增的博士、硕士授权单位和授权点，在人才培养、科学研究等方面也有一个探索发展的过程。三是我省本科特别是一本招生量占高校招生比例还低于全国平均水平。高校毕业生就业质量还不高。

第四，服务能力不强。一是高校的科技创新能力不强。10年来，我省高校科研成果与科研经费在数量上都取得了较大发展，每年科研项目超过3 000项，但是获得专利的不足50项，很多高校尤其是省属高校没有产生重大的科技创新成果，对于安徽的自主创新贡献度不高。二是服务经济建设能力不强。我省高校教学科研与经济发展的现实贴近度不够，科学研究和科技成果转化为生产力的能力和水平尚待提高，很多科研成果没有实现向现实生产力的转化。每年发表的论文超过15 000篇，但被转化的成果只有500项左右，而且还多数不在安徽生根开花。三是服务决策咨询能力不强。无论是教学研究型大学还是应用型的地方院校，在为全省或所在地区政府决策提供咨询、为区域经济社会发展建言献策等方面尚没有发挥出应有的作用。四是服务学习型社会建设和终身教育体系建设的能力不强。无论是学习资源，还是远程继续教育平台建设都存在问题。

第五，保障不力。一是政府对高等教育投入不够，高校经费严重不足。我省高校生均事业费和生均公用经费近5年一直处于全国倒数前3位，2007年更是排在全国各省市的倒数第1。另外，由于近几年高校扩招，基建投资需要导致各高校债务负担沉重，加之安徽学生学费收费标准过低，严重制约了高校的发展。二是师资队伍建设面临较大压力。超过半数的高校生师比超过20：1，还有很多高校尤其是新升格高校近5年新增年轻教师数量超过教师总数的40%，很多教师从课堂直接到讲台，缺乏必要的培训和锻炼，师资队伍总体质量亟待提高。三是教学条件尤其是实验实训条件较差。少数行业主管的高职高专学校，学生实训基础较好，但是大多数高职院校实训条件不达标，本科高校毕业生的实习遇到很大困难。四是校园周边环境整治不力、校内安全稳定压力增大。不少高校周边交通、出租房屋、集贸市场、电游网吧等管理混乱，影响学校安全稳定，也严重影响了我省高等教育的改革发展。

第六，管理不到位。一是政府管理过死。如高校进人都需人事部门统一组织考试、审批，特别是市属和省直部门举办的高校，行政化倾向明显，主管单位的注意力较多的放在干部人事管理上。至今还有不少高校的中层干部是主管单位进行考核、任用的。二是社会参与过少。高校在专业设置、人才培养方案制定、科研等方面不注意开展市场调查，引入社会力量共同参与。高校与企业的合作不够广泛，也不够深入。三是高校自主管理能力不强。学生的日常管理薄弱，各项管理都较粗放，精细化程度低。学术管理、后勤管理、教师管理、学生管理趋同化严重，没有特色。四是涉及高等教育管理的各部门、各单位之间统筹协调乏力，工作效率不高。

（二）原因分析

通过调研，我们认为，以上制约和影响安徽高等教育改革发展的因素之所以产生，主要是因为以下几个方面的原因：

第一，思想观念问题。从事高等教育的一些工作者，仍然存在计划经济思维，“等、靠、要”思想突出，教育观念保守，缺乏学习性、创新性、开放性。自满思想、依赖思想、攀比心理、畏难情绪都有不同程度的体现。另外，在学校各项工作中，以人为本的思想观念没能充分体现。“学生中心观”“质量生命观”“教育国际化”等先进观念体现得不明显。

第二，体制机制问题。主要表现在独立学院举办主体不明确；高校管理体制条块分割、职能交叉、分工不明、统筹乏力；高校“党委领导、校长负责、教授治学、民主管理”的管理体制缺乏规范化的操作规定；招生就业制度缺乏灵活性；教育投入机制落后、渠道单一；人事分配制度改革亟待深化。

第三，历史遗留问题。我省是一个农业大省，而且人口较多，人均GDP在全国处于较低水平，底子薄，投入少，导致我省高等教育尤其是优质高等教育资源缺乏。我省高校原来总量偏少，盘子过小，虽然近几年实现了较大发展，但是从人均水平来看，仍然在全国处于较低的水平。安徽省是以全国最低的投入举办了全国中等水平的高等教育，但是长此以往，这种现象将难以为继，必将制约高等教育的大发展大提升。

**三、主要思路与对策**

经过近 10 年的跨越式发展，目前我省已成为高等教育大省，已经站在新的历史起点上，正处于我国高等教育大众化向深度推进，高等教育向强国迈进的关键时期。正面临应对世界经济危机，扩大内需带来的新机遇，我们必须积极应对、科学研判、抢抓机遇、再谋新发展。

科学发展观是实现我省高等教育又好又快发展的根本指导思想。当前，我们首先要准确把握贯彻落实科学发展观对高等教育改革发展的基本要求，从改革开放 30 多年，特别是近 10 年高等教育发展历史的角度，科学分析和研判我省高等教育发展的历史方位；从我省经济社会改革发展大势的角度，科学分析和研判我省高等教育在建设工业强省、人才强省、文化强省等服务安徽奋力崛起中的现实地位；从我国高等教育改革发展大趋势和我省高等教育现实差距的角度，科学分析和研判我省高等教育改革发展的未来走势；从应对世界经济危机，拉动内需的角度，科学分析和研判我省高等教育改革发展的历史性机遇，把全面提高发展水平作为高等教育的中心工作，坚持扩大规模与提高质量并重，根据学校的层次、类型和实际情况，分别确定发展的速度、目标和重点，使各种类型的学校合理分工，在各自的定位上办出特色。坚持点面结合，突出重点，切实抓好重点高校和重点学科的建设，使我省一批高等学校在教育质量、科学研究和管理方面，达到国内同类高校的先进水平。要振奋精神，抢抓机遇，努力实现新的跨越式发展。

（一）确立一个目标——推动安徽高等教育强省建设

调研中大家认为，我省高等教育在 10 年快速发展的基础上，面对新的机遇期，应提出新的奋斗目标。大家建议，为适应我省经济社会发展需求和中国高等教育发展趋势，应将推动高等教育强省建设作为下一阶段我省高等教育实现新跨越的目标和任务。理由为：一是国家已明确提出建设高等教育强国的目标；二是包括湖南、黑龙江在内的近 10 个省正在酝酿或实施高等教育强省建设计划；三是安徽加速崛起战略和自主创新实验区建设需要更高水平的高等教育支撑；四是我省有良好的基础教育基础，“双百工程”和“质量工程”又为推进安徽高等教育强省建设奠定了坚实基础。

推动安徽高等教育强省建设既是发展战略，也是工作目标，重在统一加快发展的认识，重在抢抓发展的机遇，重在抓实建设的过程。建设高等教育强省，不仅要做大做强高等教育自身，更是要强化高等教育对经济社会发展的引领和服务功能，提高高等教育对经济、社会、科技、文化建设的贡献度。通过重点学科和特色专业，服务主导产业群发展；建设高科技创新平台，支持和引领高新技术产业发展；建设高水平人文社科基地，促进文化大省建设；建设高水平教师培养培训基地，推进教育强省建设；建设高层次创新团队，促进人才强省建设；建设现代远程教育体系，服务学习型社会和新农村建设。

（二）落实两大任务——扩大规模，提高质量

省委省政府从服务安徽快速崛起的高度做出了建设人力资源强省和职教大省，大力发展高等教育，着力提高高等教育质量的战略部署，到2012年，我省高等教育毛入学率达到25%。面对省委省政府提出的新任务、新要求，实现安徽高等教育强省建设目标，必须要充分认识到我省高等教育在较长时期内将面临着继续扩大规模与大力提高质量的两大任务。扩大高等教育规模的重点在于优化高等教育结构；提高高等教育质量的重点在于提高高等教育效益。

1. 扩大高等教育规模。争取到2012年，全省普通高等院校发展到110所左右，在校生达100万人，高等教育毛入学率力争达到25%，达到全国平均水平。2020年，我省高等教育规模的主要指标超过全国平均水平，进入全国前列。

2. 提高高等教育质量。进一步加大省院和省部共建中国科学技术大学、合肥工业大学力度。积极推进安徽大学“211工程”建设，使其教学、科研整体实力达到或接近国内一流水平。重点建设10所左右综合性和多科性大学，10所左右应用型示范本科学院，以及15～20所有明显特色和优势的高职院校，使其进入国内同类院校先进水平。加强国家级和省级重点学科建设以及重点实验室、工程技术中心、产学研基地等平台建设，增强高校高端人才的培养能力和创新能力。

提高高等教育整体办学实力和对经济社会发展的支撑能力。加强高等教育资源的科学整合和统筹利用；探索建立以高职为龙头的职业教育集团或其他形式的职教集团；加大对高校学科专业结构优化力度，将以工程和技术类学科专

业以及所拥有的在校生比例提高到40%左右。

加强科技创新，努力提高高校科技竞争力。实施“重点突进、交叉集成、科教互动、人才强校和产学研合作”战略，造就一批科技创新领军人物和拔尖人才，培育约50个省级创新团队，新建30个省级重点实验室和30个省级工程技术研究中心，推广转化一批具有重大经济效益的科技成果。高校科技创新能力大幅度提高，对经济社会发展的支撑引领作用显著增强。

推进质量达标，进一步提高高等教育的发展水平。到2012年，各高校主要办学指标的生均标准达到国家规定的合格标准；所有普通本科高校和专科（高职）学校都要通过教育部教学工作水平评估。高校根据人才培养的社会分工，初步建立与人才培养规格相适应的比较先进的人才培养模式和质量保障体系，人才培养质量不断提高。高校毕业生就业服务体系进一步完善，毕业生的就业能力、创业能力和就业率稳步提高。

（三）积极推进三项改革

第一，推进高校继续并全面开放，在积极适应、服务的基础上，努力支撑、引领地方经济社会发展。高校的改革发展必须立足地方、服务地方，根据本地区的区位特点与社会需求，确立办学宗旨，发挥自身优势，提高质量，办出特色。学校发展要与区域发展互动。“区域性”是大部分高等院校生存和发展的基础。学校的发展战略要着眼于区域发展战略，着眼于区域的经济社会发展，紧紧把握区域发展的脉搏，主动服务和支撑区域社会经济的发展需要，积极探索人才培养与经济社会发展人才需求的有效对接。同时，学校要充分引导广大教师发挥智力优势，将科研工作瞄准区域发展战略，为此要深入企业、社区，寻找科研项目，积极探索产学研结合的路子；要采取开放联合的方式，主动为经济和社会发展服务，充分利用高校智力聚集的优势，切实为地方解决科技、经济、管理及社会发展中的问题。在服务区域发展的同时，学校也要充分利用区域的各种资源优势，积极寻求合作和支持。学科专业建设要与区域产业成长互动。高等教育的产生和发展源于社会需要。当今的社会需要同样是高等学校改革与发展的强大动力。学校要主动将学科专业建设纳入到区域产业和社会发展的大局之中，使学科建设、专业设置、人才培养紧贴区域产业和社会的发展重点，以形成学校专业建设群与区域产业发展链的有效对接。为此，要积极创建产学合作办学模式、校企战略联盟，构建合作平台，与企业（社区）共建特色专业。

第二，推进高等教育体制改革不断深化，激发高等教育发展新活力。大力发展民办教育，积极吸引社会资本，鼓励公民个人、企业和社会力量举办高等教育，形成公办教育与民办教育共同发展的良好格局。积极吸引民间资本，推进独立学院独立建校办学并规范管理。当前迫切需要继续推进干部人事制度、教师聘用制度、学术管理制度、基本的组织制度、人才培养制度、学校管理制度、校内人事和分配制度的改革。突出体现学术本位，积极构建现代大学制度，推进现代大学文化建设。进一步扩大高等教育的对外交流与合作，有计划、有步骤地引进国外优质教育资源，建设和实施好一批稳定的、高质量的中外合作办学机构和合作项目。

第三，推进高等教育教学改革，全面提高人才培养质量。高等教育已进入一个新的发展阶段，高等教育教学工作面临许多新情况、新问题、新要求，必须提出新任务、新思路、新办法，必定要改革和调整学科专业结构、专业人才培养目标、培养模式、课程体系、教学内容、教学方法、质量标准等。我们将以更新教育教学观念为先导，以“质量工程”为载体，以教学评估为抓手，以专业人才培养方案、课课开发、课堂教学、教师素质提升为重点，按照市场化的思路、国际化的眼光、现代化的理念，积极推进并深化教学改革，加强教学建设，实现教育教学的科学管理，全面提高人才培养质量。

（四）认真实施“四大工程”

第一，继续实施“双百工程”。2006 年年底，省委第八次党代会提出实施高等教育“双百工程”，即到“十一五”末，建设 100 所高校，大学生规模达到 100 万。“双百工程”的实施，极大地激发了我省加快发展高等教育的积极性。两年来，在省委、省政府的领导下，省委教育工委、省教育厅和全省高校振奋精神、科学谋划，创新思路、挖掘潜力，推动了“双百工程”取得实质性进展，办学层次明显提升。今后，要继续实施“双百工程”，并着力加以巩固、充实、完善、提高。为此就要做到：一要新增设一批普通高等学校，积极引入民间资本，建立母体大学与举办企业合作的长效机制，尽快将 10 所独立学院建成独立的普通高校。充分利用国家现行政策，升格一批民办本科高校和高职高专院校。二要积极争取更多的普通和成人高教的招生计划，并最大限度的将这些计划使用到位。三要大力实施“一村一名大学生计划”，通过电大系统，增加我省高中生实际接收高等教育的机会。四要选拔一批专科生直接推荐升入本科学习，延长学生在校学习时间，提高本科生比例。五要在规范基础上，有组织有计划的开展高等教育自考助学工作。同时要严厉打击各种违规乱办学行为。六要借助远程教育技术手段，打通并拓宽高等教育通向农村之路。

第二，强力推进“质量工程”。“质量工程”是继“211 工程”“985 工程”“国家示范性高等职业院校建设计划”之后，我国在高等教育领域实施的又一项重要工程，是提高高等学校教学质量的重大举措和重要抓手。我省于今年 4 月份，由教育厅、财政厅联合启动了“质量工程”。此后，省委、省政府给予了高度重视，我们努力推动由省委、省政府实施这一工程。强力推进“质量工程”，必须把握以下原则性问题：

一是必须突出工作重点，着力解决主要矛盾。提高高等教育质量是一项系统工程，牵涉面很宽，需要做的工作也很多。现阶段影响教学质量的主要矛盾是什么，“质量工程”项目建设的重点又是什么，这是实施“质量工程”首先必须回答的问题。经多方调研、反复比较、精心挑选，提出了 6 个带有基础性、全局性、战略性的项目作为“质量工程”建设的重点内容。其中，重点高校、重点学科和特色专业建设是龙头，目的就是在高水平大学、应用型本科和示范高职建设各有侧重，分类型分层次争创一流；教学团队和高水平教师队伍建设是核心，目的是培养一批理论教学、实践教学和技能训练方面的领军人物，通过团队合作的机制和示范作用，带动一大批优秀青年教师的成长和进步；实验实训实习等实践教学基地建设是基础，目的是整合各种实践教学资源，特别是综合利用社会优质的实践资源，建立共建共享共赢的管理机制，提高大学生实践动手能力的保障水平，进而提高大学生的创新能力和实践能力；精品课程和数字图书馆平台建设是关键，运用信息技术提高优质数字化资源的共享水平，符合安徽省情和安徽高等教育发展需要；人才培养模式改革和创新实验区建设是动力，没有教学研究，教学改革就失去了方向。没有教改实践，再好的研究成果不能生根开花，没有成果奖励，教学改革就失去了动力；评估和教学质量监控体系建设是手段，高校自律、政府评估、社会检阅，办好让人民满意的高等教育，是实施“质量工程”的出发点和归宿。

二是必须体现分类指导，着力培育安徽特色。我省高等教育逐渐呈现出的“五种类型、五个主体”的新特点，是社会需求和高校分工发展到一定历史阶段的必然结果。“质量工程”作为提高人才培养质量的“牛鼻子”工程，也必须顺应这种历史发展趋势，在分类指导和引导科学定位上有所作为。与国家、其他省和我省过去质量建设内容相比较，我省“质量工程”建设在分类指导、培育特色上增加了3个方面的改革举措：第一是注重面向不同层次、不同类型的高校。“质量工程”项目全面覆盖普通本科教育、研究生教育、高职高专教育和成人高等教育，全面覆盖部属高校、省属高校、市属和行业厅局所属高校和民办高校，体现了对高校评价的价值导向，体现了对项目建设的一视同仁，体现了对提高质量的整体推进。第二是注重分类指导。明确教学研究型大学以重点学科建设为核心，应用型本科高校和高职高专学校以特色专业建设为核心，成人高等教育以优质继续教育资源建设为核心，各类高校只有科学定位、安于其位、办出特色，才能在“质量工程”项目竞争中胜出，获得经费和政策资助。第三是注重高校的主体地位和项目的整体功能。提高质量的主体在高校，项目建设的主体也在高校，只有充分体现和落实高校实施“质量工程”的主体地位，高校的特色战略和教育质量才能够落到实处、取得实效。本次“质量工程”项目的组织方式有比较大的改革，改变了过去高校单项申报、省教育厅分项遴选的传统模式，强调所有高校要紧扣办学定位、围绕发展战略，整体规划“质量工程”建设内容，整体申报、整体论证、整体验收，突出项目的整体功能，更加注重项目的建设成效，支持和引导高校做到“一校一策，一校一色”。

三是必须健全三级体系，着力形成工作合力。实施“质量工程”是提高高等教育质量的重要抓手，是我省高校当前和今后一段时期的重点工作。国家和省级“质量工程”的实施，为高校提供了工作方向和工作平台。高等学校及其主管部门要高度重视、迅速行动，紧密结合本校实际，认真研究制定并积极实施加强教学改革和教学质量建设的具体方案，积极构建国家、省、高校三级质量工程体系。同时，要统筹处理好三级“质量工程”建设内容的关系，充分发挥好“质量工程”的示范带动作用和建设效益，以改革创新的精神和扎实有效的工作，全面提高安徽各级各类高等教育的教学质量和办学水平。

第三，认真实施“人才工程”。要认真实施“皖江学者计划”，在省属高校重点学科和优势学科设置特聘教授和讲席教授岗位，面向国内外吸引一批优秀杰出人才参与我省高校重点学科建设，带动这些学科赶超国内或国际先进水平；实施省学术技术带头人及后备人选培养计划，通过有计划的重点支持，培养在国内有影响的省级学术技术带头人；实施中青年学科带头人和骨干教育培养计划；实施高职高专专业带头人培养计划；实施高校优秀青年人才基金项目，专门面向全省高校35岁以下具有硕士以上学位的优秀青年教师设立的人才培养项目；实施高校教师培训计划，不断提升教师素质；实施高校博士后计划，柔性引进高层次人才。

第四，抓紧研究并适时启动“管理工程”。推进并深化高等教育管理改革，调动各方面举办高等教育的积极性，加快高校管理的科学化、民主化、制度化和精细化进程，充分挖掘和利用高教系统内外的资源并优化配置，提高办学效益，服务安徽高等教育强省建设。一是改进或创新三级办学、二级管理、学校自主、多方参与的高教管理新体制。妥善处理好政府、举办者、办学者和高校的关系，最大限度地调动各方面举办高等教育的积极性。二是建立专家研究咨询、民主渠道畅通、社会广泛参与的高等教育改革发展决策的新机制。三是建立政府各相关部门、教育厅各相关处室服务高校的分工合作与沟通协调机制。要深化高教投入体制改革，实行与高校职能发挥、事业发展直接挂钩的财政投入机制。四是构建并完善产学研合作机制，有效地促进高校主动适应、服务、支撑和引领区域经济社会发展。五是建立并完善党委领导、校长负责、教授治学、民主管理的现代大学制度。六是构建专业设置、人才培养、教育教学、学生管理、毕业生就业指导等全线贯通的工作机制。七是建立并完善以评估为主要内容的质量监督机制。八是建立同类高校及与企业的合作机制。九是要建立高水平大学对口帮扶弱校的助推机制。

**四、保障措施**

（一）进一步解放思想

深入贯彻落实科学发展观，在全省高校开展解放思想大讨论活动，通过学习和讨论，破计划经济思维，立市场意识；破精英教育思维，立大众化教育意识；破趋同思维，立特色意识；破封闭思想，立开放意识；破保守思维，立争先意识；破习惯思维，立创新意识。进一步加强高等教育研究，努力领会和把握科学的教育发展观、科学的高等教育发展观，积极探索建设中国特色的大众化高等教育理论。成立安徽省高等教育学会和各学科专业教学指导委员会。加强安徽省高等教育研究所建设，整合全省高等教育研究力量，对安徽省高等教育的重大问题进行研究，为高等教育的持续健康发展提供智力支撑。充分发挥社会机构和公众参与高教管理的积极性，建立完善社会咨询机构和专家咨询系统，形成重大高等教育决策的公众听证和专家咨询制度。

（二）加大经费投入力度，落实高等教育在教育优先发展中的龙头地位

一是履行政府对高等教育投入的责任。认真落实《中华人民共和国教育法》规定的教育经费的“三个增长”，调整、优化教育经费支出的比例结构，合理确定财政性高等教育经费占整个教育经费的比例；改革政府拨款方式，进一步完善教育部门预算管理，逐步形成以人员经费按实际、公用经费按学生定额为基础的高校生均经常性经费定额及拨款增长机制；逐步提高高校基础设施投入在省、市政府本级基本建设统筹资金中的比重。二是健全鼓励向高等教育投入的融资捐资机制。创新财政、税务、基金和奖励制度，鼓励企业、社会团体和公民个人投资高教和捐资助学；充分运用财政、金融、信贷等手段提高教育融资能力，通过利用政府债券资金、争取更多的国际金融组织和外国政府、民间的外资贷款和赠款以及合理利用国内银行贷款等措施，加快高校基本建设步伐；支持征地建设新校区的高校制订合理利用新老校区的规划，通过明确界定新老校区的功能或置换老校区等方式，盘活现有高等教育资源，有效缓解高校办学经费短缺的压力。三是制定切实可行方案，适时化解高校债务。四是完善教育收费政策，逐步优化高校学费占教育成本的比例。五是建立教育经费评价与监督机制，加强高校经费管理，提高经费使用效益。

（三）加强党对高等教育的领导

高等教育是造福全社会的公益性事业，是全党全社会的共同事业。我们要积极争取省委、省政府的高度重视和关心支持；切实加强高校党的建设和思想政治工作；加强高等教育的舆论宣传工作；坚持不懈做好校园周边环境整治和校园安全稳定工作。从而为我省高等教育又好又快发展提供坚强的组织保证。

# 有关合肥学院等地方院校人才培养模式改革调研报告

（2009 年）

高等教育司

遵照陈希同志关于对合肥学院办学模式做深入调研的指示，2009 年 4 月 14 日至 17 日，我司组织调研组到合肥学院进行了调研。鉴于合肥学院主要借鉴德国应用科技大学办学经验，改革创新地方院校办学模式的实际情况，调研组还在具有类似办学实践的浙江科技学院进行了调研，并请上海工程技术大学也提供了相关材料。

在安徽期间，安徽省教育厅组织了省属 15 所学校主管教学副校长的座谈会，会上听取了合肥学院有关地方高校应用型人才培养的经验介绍，随后又分别召开了省属 15 所学校教务处处长座谈会、合肥学院院系负责人及教师代表座谈会、学生代表座谈会，走访了相关院系；在浙江科技学院听取了学校相关情况介绍，召开了院系负责人和教师代表座谈会、学生代表座谈会，走访了教务处、学生处等相关部门。本次调研，累计听取专题介绍 2 个、召开副校长座谈会 1 个（41 人参加）、教务处处长座谈会 1 个（21 人参加）、院系负责人及教师代表座谈会 2 个（33 人参加）、学生代表座谈会 2 个（39 人参加）、走访相关部门约 10 个。

通过听取情况介绍、座谈和走访等多种形式，调研组围绕地方院校人才培养模式改革，就教学改革实践、成绩经验、问题及政策建议等方面，进行了广泛深入的调研，形成了本调研报告。

## 一、合肥学院人才培养模式改革实践

合肥学院成立于 2002 年 3 月，由原合肥联合大学、合肥教育学院、合肥师范学校三校组建而成。1980 年，中国科学技术大学、合肥工业大学、安徽大学等七所高校合作共建合肥联合大学。1985 年，安徽省人民政府和德国下萨克森州政府签署了按照“德国应用科技大学办学模式，共建一所示范性应用型本科院校”的协议，使合肥联合大学成为德方在中国重点援建的两所示范性应用科学大学之一。另一所为原杭州高等专科学校，即现在的浙江科技学院。（目前，德国有170所应用科技大学，是德国高等教育体系的重要组成部分。德国应用科技大学始发于20世纪60年代末，由于教学密切联系实际，紧跟行业发展动态，培养的毕业生除掌握必要的专业理论知识外，实践能力尤其突出，能够很快适应工作岗位需求，因此受到社会广泛赞誉。）

合肥学院组建以来，确立了“地方性、应用型、国际化”的办学定位，积极借鉴德国应用型人才培养模式，逐步走出了一条培养适应地方经济社会发展需要的高素质应用型人才之路。概括起来有以下7个方面的特点：

（一）以社会需求为导向，调整专业结构

合肥学院结合安徽省、合肥市“工业强省”、“工业立市”对人才的需求，坚持专业与地方支柱产业互动，改造传统专业，优先发展特色专业，增设机械设计制造与自动化、土木工程、生物工程、旅游管理等与地方经济发展密切相关的新专业，并应地方政府对外开放需要，开设德语、朝鲜语等专业，形成了“工、经、管为主，文、理、教育兼有”的、为地方经济建设培养急需人才的专业体系。

（二）以应用型人才培养为目标，设计培养方案

在系统的市场调研和专业分析基础上，将人才培养目标定位为：培养具有国际视野，服务于地方和区域社会经济发展，在生产、建设、管理、服务等关键岗位，直接从事解决实际问题的高素质应用型人才。根据这一目标，为了突出人才培养方案的应用型特点，学校成立了由本校教授和企业界人士组成的专业指导委员会，参与人才培养方案制定，凸显应用能力培养，强化实践教学，增加认知实习学期，调整实践教学课时比例（工科专业比例由过去的不足20%调整到30%，其余专业由10%左右调整到20%）。同时，坚持大教学观，把人才培养各项工作都纳入人才培养方案。改变以往第二课堂脱离于人才培养方案之外的现状，开展以专业为主题的、多种形式的第二课堂教学，强化学生的实践能力和创新意识。

（三）以专业建设为核心，重构课程体系

1. 实现两个转变：教学理念上，实现由“知识传授”向“能力培养”的转

变，改变了传统的“哪些内容我要讲授”（以知识输入为导向）为“哪些能力应该是经过教学后学生要获取的”（以知识输出为导向），使教学更加符合人才培养目标定位；教学内容上，实现由“学科导向”向“专业导向”转变，将传统教学过分强调知识的系统性向根据专业人才培养所需要的能力和素质来确定教学内容。

2. 开设一门课程：专业导论。为了提高学生对未来从事专业的认知感，学校开设了专业导论课程。每个专业的导论课均为20学时，在第一学期开设，由专业教授、业界知名人士授课。主要介绍专业概况、职业去向、专业培养方案、专业学习特点和方法、职业素质和职业准则、专业的发展和学科前沿动态等专业相关基本情况，使学生学习目的更明确，学习方法更得当，学习兴趣更浓厚。

3. 增设一个学期：认知实习学期。在大学二、三年级之间增加一个10～12周的认知实习学期，将现有的“8学期”改为“9学期”，让学生在与自己相近或相关的岗位上，感受专业的职业素养和职业要求，使学生对今后专业课学习有更多的思考，更加理性地选择专业方向、课程模块。同时，也使学生就业工作前置。

4. 构建一个体系：模块化课程体系。着眼于学生能力培养，引入“博洛尼亚进程”后欧洲各国正在实施的模块化教学，重新组织教学结构。根据各专业对学生知识、能力和素质的需要，打破课程之间界限，整体构建课程体系，有针对性地将一个专业内单一的教学活动组合成不同的模块，并围绕教学目标设置教学内容、授课时数、授课形式及自学方式和时间等，避免了教学内容的重复，提高了教学效率，优化了教学内容体系；由于各模块都有相应的教学目标和能力培养要求，所以教学更具有针对性。同时，各模块之间可以根据需要，自由拆分、重组，因此，更具有灵活性。

（四）以学习能力提高为主线，改革教学方法与手段

1. 强化自学能力培养。在实施模块化课程改革中，统筹第一、第二课堂，除了教师教学之外，还将练习、实验、团队学习、学术考察及研讨会和学生课前、课后的自主学习方式和时间均列入各模块的教学安排中，培养学生自主学习能力。

2. 实行“N+2”考试改革。实施“N+2”考试考核制度，变末端考试为过程监控，培养学生自主学习能力。其中，“N”是教学过程的考核次数，N≥

3，可以是小测验，也可以是课程综述、小论文等，占总成绩的50%；“2”是期末考试和读书笔记，分别占总成绩的40%和10%。

3. 开展项目驱动教学法。为了提高学生团队学习能力，合肥学院开展项目驱动教学法。结合课程特点，设置若干项目，引导和鼓励学生根据项目要求，通过团队分工协作，搜索、分析、整理资料，共同完成项目任务。

4. 试行学生“TA”（即“TEACHER ASSISTANT”）制度。在高年级遴选部分优秀学生，让他们参与辅助教学，协助教师执行教学计划，帮助辅导、答疑，承担部分作业批改，指导学生完成教师布置的学习任务、教学实践和第二课堂教学等，发挥学生助教的专业特长，同时也给学生提供了相互学习、相互交流的机会。如英语专业学生可以担任旅游英语专业助教，会计专业学生可以指导国贸学生的贸易结算小组活动，等等。

（五）以强化实践和创新能力为目的，开展实践教学改革

1. 改革实验教学内容和方法。

教学内容上，根据实验教学不仅仅是对理论课的一种验证，而更应是培养学生实践和创新手段的理念，整合单一性实验教学内容，减少验证性实验，开设综合性和设计性实验。根据专业特点和课程特点，开设与单一课程相对应的实验课、和课程群相对应的实验课以及独立开设的实验课等三类实验课程。

教学方式上，实行“少台套、大循环”模式教学，提高了实验设备使用效率，培养学生探究、综合分析和解决问题的能力。

教学管理上，改革实验室运行机制，延长开放时间，学生可以通过网上预约进行实验。

教学组织上，成立了实验技术教研室，强化实验教师队伍的建设，配备有工程背景的硕士生作为实验指导教师，具体负责实验开发和实验教学组织。

2. 开创实习教学新模式。

实习就业一体化：利用学校位于国家级经济开发区的优势，密切联系地方，和地方签署联合培养人才协议，统筹实习基地与就业基地建设，学生认知实习、生产实践、毕业论文（毕业论文以企业实际问题为选题，实行真题真做。目前，合肥学院本科生毕业论文题目60%来源于企业和用人单位）等系列实践教学环节在企业完成，使企业对毕业生有了全面的了解，便于选用到了解和认同企业的合适人才，把实习和单位用人紧密结合起来，实现实习、就业联动，深受企

业欢迎。如在德资企业博西华家电公司，相关专业学生从大二开始就在该企业参加认知实习，大三又进行生产实习，大四再进入企业进行毕业实习，同时完成毕业论文（设计），后经企业考核和遴选，毕业后成为公司的一员。企业非常支持和认可这一做法，专为合肥学院优秀实习生设立了每年 1 万元的西门子奖学金。

管理方式一体化：打破以各系和专业为建制的管理方式，建立校级综合实习基地。根据企业实际情况，将不同专业学生组成一个团队到同一单位的不同部门进行分散实习，使不同专业学生可以相互交流、取长补短；同时也有效降低了学生实习对实习单位正常生产经营活动的干扰。

产学研一体化：借助实习基地平台，校企双方积极开展技术合作，教师深入企业，开展课题研究，为企业解决技术难题，同时提高教师自身的科研水平和实践能力，实现校企双赢。

（六）以应用能力提升为重点，加强师资队伍建设

1. 重视实验师资培养。针对过去实验教学教师层次低、能力水平低，导致实验教学的研究与设计严重不适应教学需要的现象，合肥学院特别强调实验师资队伍建设，把实验教师和理论教师同等对待，在实验教师的培养、进修培训、教师资格认定、职称评审、教学竞赛中享有和理论课教师同等权利，支持和鼓励实验教师进行教学改革和创新。

2. 实施教师实训计划。针对刚进校的年轻教师从“学校”到“学校”，缺少实践经验问题，学院将青年教师派到企业，进行实践技能和职业素养培训。专业课教师和专业基础课教师每个任期内到企业实习时间不少于半年。受过实训的教师在评聘中级职称中优先考虑。

3. 整合校内外师资资源。合肥学院和 30 多家企业建立了“双挂”（教师到企业，企业高级人才到学校）、“双聘”制度（学院、系两个层面聘任企业人才）。聘请企业工程技术和管理人员，作为专业建设顾问和兼职教授，对教学以及课程设计、实习、毕业论文等方面进行指导。

（七）以提高应用型人才培养质量为根本，改革保障机制

1. 完善校内教学质量监控与评价机制。探索建立与应用型人才培养相应的质量评价和保障体系。新的质量评价体系更加注重提高学生自主学习能力。增加师生互动、交流，以及因材施教，注重学生个性发展的评价权重；更加重视

引导学生参与课堂讨论，鼓励学生质疑问难，培养学生提出问题，分析问题和解决问题的能力；鼓励教师实行启发式教学以及对学生的学习活动进行有针对性的指导。

2. 形成“校地、校企、校际”互动机制。将学校发展与地方经济结构调整、各项社会事业发展相融合，与企、事业等用人单位建立人力资源共享机制，开展产学研合作，使学校成为地方政府、企事业用人单位的人才储备库。合肥学院与安徽省有关部门、合肥市政府共建了德国中心，为引智引资，推动区域经济、文化交流搭建平台。与市经济开发区、德国大众、博西华、海尔等企业签订全面合作协议，实现共赢。

合肥学院在改革人才培养模式方面的探索，得到许多地方院校的认同，开展了广泛的学习交流工作。同时，也有许多地方院校面向区域社会经济发展的需求，在办学模式方面进行了积极探索，积累了许多好的经验，取得了明显进展。其中，也有一些院校借鉴德国应用科技大学的办学模式，着力提高应用型人才培养质量，如浙江科技学院、上海工程技术大学等。

浙江科技学院与德国合作有着 20 多年的历史，1992 年被教育部确定为中德合作培养高等应用型人才的试点院校。学院定位于“建设特色鲜明的高水平应用型大学”，提出了“优化基础、强化能力、提高素质、发展个性、鼓励创新”的应用型人才培养教学改革目标，确立了“学以致用、全面发展”的应用型人才培养教学理念。从学生能力培养要求出发，系统构建理论教学体系、实践教学体系、素质拓展体系，改革教学内容、教学方法、教学手段、考核方式、教学管理和组织方式，将能力培养贯穿于各教学环节中。

上海工程技术大学确立了“依托工业办学、工学紧密结合、主动为企业服务”的办学思想，以社会需求为导向，依托上海现代产业，构建了以产学研战略联盟为平台，学科链、专业链对接产业链的办学模式，力争建设成培养具有“勤奋、求是、创新、奉献”精神的优秀工程师的摇篮。

**二、地方院校教学改革中的几点认识**

目前，全国共有 1 079 所本科院校（含 322 所独立学院），其中地方院校 649 所。这些地方本科院校为我国高等教育实现大众化做出了重要贡献，承担着为区域经济社会建设发展提供人才支撑和智力支持的重要任务。

在调研中，我们对地方院校人才培养模式改革，形成了以下基本认识。

（一）坚持服务区域经济社会发展的办学定位

准确、清晰的办学定位是一所高校生存、发展的战略方针，也是其他一切办学行为实施的根本依据。通过调研，以培养应用型人才为目标的地方高校要办出特色，必须坚持服务区域经济社会的办学定位。地方院校要在系统分析区域社会对多元化（多类型、多层次、多规格）的人才需求的基础上，构建以能力素质培养为核心，具有鲜明特色的办学模式和人才培养模式；要强化依托地方、服务地方意识，促进专业结构与区域产业紧密结合，为自身的发展创造良好的生态环境，也为地方经济社会的发展提供有力的保障，形成校企、校地良性互动的办学模式。

（二）坚持开放合作的办学方式

地方院校由于受地域、观念、资源等的制约，要做到学校发展与经济社会发展相适应，必须进一步加大开放合作力度。

第一，观念上的开放合作。通过开放办学与合作交流，拓展地方院校的办学视野，学习先进教育理念、借鉴成功的办学经验，提高办学效益。

第二，要面向区域办学。依托地方、服务地方的办学定位要求地方院校在办学中必须坚持面向产业、面向行业、面向企事业等用人单位，开展积极的合作，构建互动、互惠、互利的双赢或多赢办学模式。

第三，构建合作平台，实现资源共享。要不断推进校企、校地、校际之间的合作，构建多渠道、多模式的办学平台，取长补短，实现资源共享。如安徽省成立了“安徽省高校（部分）联盟”，在教师、学生、课程、实践教学基地、图书资料等诸多方面实现资源共享，取得了良好的成效。

（三）加强能力培养，提高应用型人才培养质量

地方院校在应用型人才培养方面取得的一个重要收获是实现由注重知识传授向注重能力素质培养的转变，着力培养学生的创新创业能力、可持续发展能力和交流合作能力，不断提高应用型人才培养质量。主要表现在：

第一，把调整专业结构与社会需求紧密结合。以地方区域产业结构调整、经济社会发展需求为基础，加强专业结构调整，逐步建立与地方经济社会发展联动共生的特色专业结构，实现“以服务求支持、以贡献求发展”。

第二，围绕能力培养，设计人才培养模式，改革课程结构。通过系统的市场调研和专业分析，确定各专业人才培养的目标和规格，突出能力培养的主线，

加强专业建设和课程建设，针对应用型人才培养设计人才培养模式，优化课程体系，开发新课程。

第三，有针对性地改革教学内容与教学方法。通过研究社会发展对人才知识、能力、素质的要求以及行业、学科专业发展的需要，积极开发反映社会需求和学科专业发展需要的教学内容，不断将行业与产业发展形成的新知识、新成果、新科技引入教学内容，并不断加强对教学内容、教学方法、考核考试方法等方面的改革，强化对学生的能力培养。

第四，强化实践教学。以培养学生的应用能力和实践创新能力为重点，构建实验教学和实践教学体系；加强实验室建设、整合实验教学资源，建立新型的应用型人才培养实验教学平台；积极推进校企、校地、校际联合共建实习实训教学基地，拓宽实践教学渠道。

第五，加强师资队伍建设。培养人才靠教师，应用型人才的特征决定着应用型师资的特殊性。地方院校要特别强调以教师实践能力提高为重点的队伍建设。要通过选派教师到用人单位挂职锻炼、开展科研合作等方式增加实践知识、实践经验；要选聘社会各界优秀人员到学校兼职授课，努力构建“双师型”教师队伍。

**三、促进地方院校科学发展的相关建议**

近年来，许多地方院校特别是一批新建本科院校，能够结合学校实际，不断探索创新办学理念、办学模式，对推动高等教育的多样化办学、优化层次和类型结构，培养多层次、多类型、多样化专门人才起到了积极的促进作用。同时，这些院校在发展中面临着很多问题和困难，如：对发展目标不明确，思路不清晰；教育管理部门引导政策缺失；支持保障机制和措施不到位；等等。为此，特提出以下政策建议：

（一）制定分类指导意见，促进院校特色发展

从国家层面加强对地方院校发展问题的研究，制定高等学校分类发展指导意见，促进地方院校科学定位、特色发展，进一步优化高等教育区域布局结构和人才培养的层次结构，为地方经济转型升级和社会持续快速发展输送大批高素质应用型人才。

（二）实施示范性建设计划，引导地方院校教学改革

为引导和鼓励地方本科院校正确定位、突出特色，建议国家实施“示范性

地方本科院校建设计划”，遴选并重点建设一批地方本科院校，使其成为以教学工作为中心、密切与社会需求相联系、教育教学改革成效明显的典型，为地方本科院校起到示范与引领作用。

（三）研究制定应用型人才培养的有关政策

1. 在专业设置方面：地方院校的专业设置与调整需紧密围绕地方经济社会发展，要考虑地方产业结构调整需要，区域经济社会发展急需，因此，应加强对地方院校专业设置的指导。

2. 在教学指导方面：建议在各专业教学指导委员会中增加地方院校人员比例，并积极开展针对地方院校应用型人才培养的教学研究。

3. 在师资建设方面：强化教师实践能力的训练与提高，重视实验教学队伍建设，支持青年教师赴企业挂职锻炼，建立有利于强化实践教学的教师评价聘任机制。

（四）支持地方院校开展专业硕士教育

支持有条件的地方院校开展专业硕士教育，构建应用型人才的独立体系，使地方院校能够面向地方经济建设和发展需要，培养大批能够将科学知识、科技成果创造性地应用于生产管理实践，有能力探索、研究并解决生产一线问题的应用型硕士。

# 江苏、上海高等教育体制改革情况考察报告

（2012 年）

为学习借鉴发达省份高等教育体制改革先进工作经验，进一步推进我省教育体制改革试点工作。2012 年 8 月 13 日至 15 日，在李和平同志的带领下，由高教处牵头，组干处、思政处、政法处、人事处、发展规划处、财务处、科研处、职业与成人教育处、民办教育处、教育招生考试院等部门组成联合调研组，以高等教育体制综合改革为主题，重点考察学习了江苏省高等教育综合改革试点和现代职业教育新体系建设情况，以及上海市实施分类管理，引导高校合理定位、特色办学等情况。调研组在前期网上调研的基础上，实地听取了江苏省教育厅、上海市教育委员会有关情况介绍。召开座谈会，与江苏的南京信息工程大学、南京邮电大学、南京师范大学、南京工业大学、南京医科大学、三江学院等 6 所高校，上海的上海工程技术大学、上海海洋大学、上海对外贸易学院、上海大学、上海师范大学、上海海事大学、华东政法大学、上海理工大学、上海第二工业大学、上海农林职业技术学院等 10 所高校进行深入交流。现将有关情况报告如下：

## 一、基本情况与主要特点

### （一）基本情况

江苏省现有人口 7 800 万，国内生产总值 4. 8 万亿元，人均 GDP 达 6 万元。拥有普通高校 128 所，其中普通本科院校 46 所（“985”高校 2 所，“211”高校 11 所），高职高专 82 所［15 所为国家示范性（骨干）高职院校］；另有独立学院 25 所，全日制在校大学生 179. 38 万人。2011 年高考录取率达到 83. 6%。

上海市现有人口 2 300 万，2011 年全年实现国内生产总值 1. 9 万亿元，人均 GDP 8. 2 万元。拥有普通高校 65 所，其中本科 34 所（“985”高校 5 所，“211”高校 5 所），高职高专 31 所，全日制在校大学生 62 万人。2011 年高考录取率达到 89. 3%。

（二）主要特点

调研发现江苏省和上海市高等教育发展呈现出发展水平高、速度快、综合实力强、国际化水平高、敢于突破政策、财政投入大、外部环境发展宽松等特点。

（一）理念先进

两省高等教育高度重视省级统筹和顶层设计，注重分类指导和特色发展，注重整体结构优化和合理布局，强调内涵建设和质量提升；管理体制灵活开放和有宽广的国际视野，办学经费投入上注重实效，队伍建设上注重高端人才的培养和引进，人才培养上注重质量。江苏开展的现代大学制度改革探索已有10年，有效地激发了办学活力，为高等教育内涵发展注入了新的内容。

（二）工作扎实

上海市教委会同市发展和改革委、市财政局于2008年提出实施以高等学校发展定位规划和学科专业结构优化布局结构调整为主要抓手的高等教育内涵建设“085工程”。以“规划引导、资源配置、监督管理、绩效考核”为原则，以“扶需、扶特、扶强”为抓手，根据“不同的发展目标，不同的建设任务，不同的政策支持，不同的考核要求”对每一所高校办学定位、特色进行逐校审核，引导上海各高校克服同质化倾向，准确定位，形成各自的办学理念和风格，在不同层次、不同领域办出特色，争创一流。

江苏省充分利用高等教育综合改革试验区的机遇，坚持各级各类教育、教育与社会各方面、区域教育改革的三个统筹，积极强化教学质量保障，探索新的专业建设抽检评估机制，建立高校教学状态数据库，多维度、多层面构建高校人才培养质量评价机制。

（三）研究超前

江苏省教育厅和上海市一直十分重视高等教育理论研究，注重理论对实践的指导，成立了专门从事高等教育研究的专业机构，有一批专职人员开展研究。如，上海市教育科学研究院拥有高等教育研究所、职业教育与成人教育研究所、智力开发研究所、民办教育研究所、国际教育研究与咨询中心等多家专业高等教育科研机构，从事教育科学、人力资源开发和社会发展的专业研究和决策咨询，从事教育规划、教育管理、教育政策与人力资源研究，为教育部、上海市政府有关教育发展与改革的重要政策决策提供咨询服务。

江苏省高等教育学会和教育厅主办的《江苏高教》杂志，长期坚持站在高等教育学科前沿，着重从理论和实践两个方面研究、探索高等教育改革和发展的各类问题，充分发挥舆论先导、决策参谋、学术园地、信息桥梁、实践指导的作用。在实施“教育现代化工程”“长三角教育联动发展机制”之前均做了充分的课题研究，以理论研究成果为基础和支撑。

（四）敢于突破

江苏省打破常规，改革人事分配制度和经费投入机制，人才引进上大胆支持南京医科大学用7 000万元引进国外一流的科研团队；教学管理上，支持南京信息工程大学打开校门引进海外人才，实行“双院长”“双系主任”“双导师”制，支持高校试行本科院校专业自主设置调控项目，即高校可以根据市场需求，与行业企业和经济发展紧密结合，调整人才培养方案，自主设置社会急需的专业目录上没有的专业。

大胆改革招生考试制度，实行中职与应用型本科联合招生、合作培养，实行7年分段一贯办学；实行高职与应用型本科联合招生、合作培养，实行5年分段一贯办学。

上海针对不同类型的学校，按照“不同的发展目标、不同的建设任务、不同的政策支持、不同的考核指标”的管理理念，大胆突破原有的政策和现存的利益格局，采取学校自主申报、项目整体打包的形式对学校进行支持。

（五）综合实力强

江苏省普通高校专任教师达10.2万人，其中高级职称比例达38.9%，博士比例达17.8%。“十一五”以来，全省高校引进的高层次人才中，有41人入选“千人计划”，30人入选长江学者讲座教授。全省高校建有国家级特色专业233个、精品课程341门、双语课程45门、教学示范中心38个、国家级高职实训基地66个、培养模式实验区51个，国家级教学团队86个、国家级教学名师48位，22所高校入选国家卓越工程师教育培养计划，建有15所国家示范性（骨干）高职院校。全省高校现有两院院士80人、长江学者特聘教授120人。“十一五”期间，高校共有1 960项科技成果获奖，其中国家级科技成果奖123奖；总计获得科研经费投入300亿元，承担国家和省部级课程9.75万项。

“十一五”期间，上海高校通过各种渠道获得的科技总经费为252.6亿元，人文社科总经费17.5亿元，获国家自然科学基金经费累计15.95亿元；累计获国家科学技术奖最高科学技术奖 1 项，自然科学奖 13 项，技术发明奖 11 项，科技进步奖 85 项。拥有 8 个一级学科全国排名第 1。

（六）国际化水平高

江苏省通过“政府邀请、院校合作、不求回报、适当资助”的方式，着力引进具有世界一流学科和师资的大学来江苏合作办学。目前，全省已与 17 个国家和地区建立高等教育合作项目 158 个。全省有 45 所高校和科研院所共招收来自 164 个国家的留学生 1.5 万人。在海外设立孔子学院 18 所、孔子课堂 7 个。

2011 年起省财政每年拿出 5 000 万元，重点资助 300 名左右高校中青年骨干教师、5 个左右的团队赴境外进行学习深造，每年选派 50 名左右高校校级领导或厅级后备干部赴境外高水平大学进行为期半年的跟岗研修。实施高校“海外名师项目”和“学校特色项目”，省属高校聘请外国文教专家数量连续多年保持在 2 000 人左右。全省中外合作办学本科项目中，外方专业核心课程占全部课程比例高达 51%，外方专业核心课占全部专业核心课程比例高达 90%，外方选派教师讲授专业核心课学时占总学时比例达 23%，外方选派教师讲授专业核心课学时占全部专业核心课程学时比例达 79%。

上海共有中外合作办学机构和项目 209 个，其中机构 33 个、项目 176 个。2011 年，本市高校外国留学生 14 228 名。全市共有孔子学院 35 所，孔子课堂 8 所。

（七）保障有力

江苏省切实加大高校的投入，2012 年全省本科院校生均基本定额拨款标准 7 600 元，各类高校不同学科按 1 至 2 不等的系数增加。国家示范高职院校的系数为 1，省级示范高职院校的系数为 0.9，其他高职院校的系数为 0.8。2010 年起，每年投入 10 亿元用于优势学科专业建设，2011 年起财政每年投入 5 000 万元用于教师境外培训学习。

上海市 2012 年教育总投入 700 亿元，其中高等教育占 1/3 左右，全市本科院校生均公用经费达 2.4 万元。对所有部属重点高校按中央财政投入 1∶1 进行配套。上海市政府对各高校新校区建设用地采用优先无偿划拨的方式进行。每年设立 2 亿元专项资金，对民办院校分类给予财政专项支持，促进其提高人才培养质量。2010 年先期投入 10 亿元资金启动上海市教育规划纲要确定的“十大工程”项目。

（八）环境宽松

由于江苏和上海经济比较发达，国民整体文化水平素质比较高，人们对高等教育整体发展水平认可度比较高，对高等发展改革、体制机制变革、教育政策的突破更加容易接受，从而为促进高等教育全面快速发展，在经费投入、政策引导、管理体制、教育教学改革等方面提供良好的发展环境。

**二、主要做法与主要经验**

（一）主要做法

1. 江苏省高等教育综合改革主要做法。

颁布出台了《江苏省高等教育综合改革试点实施方案》和《江苏高等教育综合改革试验区建设方案》，确定江苏省高等教育综合改革试点的目标、任务和措施，将高等教育综合改革分解为若干试点项目，每个试点项目都确定了一批试点高校。把高等教育作为牵引各级各类教育改革发展的龙头，把实现教育现代化作为主要目标，把提高质量水平和增强服务经济社会发展作为主要任务，努力做好统筹协调各级各类教育关系、统筹协调政府和社会各方、统筹协调区域教育改革、统筹协调高教内部各项改革等“四个统筹”。

全面启动各项改革试点，并取得初步成效。一是进一步推动独立学院规范办学，完善全省高等教育的布局。二是大力实施高校优势学科建设工程、江苏特聘教授计划工程、本科教学质量提升和研究生创新培养工程、高校科技创新工程、国际合作交流工程等“五大工程”，不断提高办学水平。三是加强部省和省部（局）共建，加快高水平大学建设步伐，服务行业发展。四是建立大学毕业生评价公报制度，指导高等教育专业教学改革。

2. 上海高校实施分类管理主要做法。

加强市级统筹，推进综合改革。一是建立市级统筹机制。充分发挥部市共建国家教育综合改革实验区会商机制作用，建立市级教育体制改革领导小组，统筹全市资源，促进教育改革和发展，大力推进27项国家教育体制改革试点项目。二是专项经费投入重点突出。“十二五”期间增加140亿元专项资金推进教育改革和发展。投入重点由注重校园、设备等硬件建设向注重人才培养和师资队伍等内涵建设转移，由注重具体的分散性项目向注重高校自主发展能力提升的整体性项目转移。三是统筹学科专业布局。依托部属高校，建设上海数学中心、上海高级金融学院和上海转化医学研究中心，力争跻身国际一流水平；支持地方高校重点开展“现代都市工业学科专业群建设”等21项本科院校内涵建设计划，重点建设护理、食品药品监督管理等200个高职高专专业，服务地方经济社会发展。

坚持分类指导，引领特色发展。启动上海市高等教育内涵建设的五大工程，即“综合建设工程”“人才培养工程”“知识创新工程”“师资队伍建设工程”“国际交流与合作工程”，按照学校为主、政府引导、强化需求、分类指导原则组织实施，促进高校在不同层次、不同领域办出特色。

3. 江苏现代职业教育新体系建设情况

改革高职学生“专升本”招生考试制度。将专升本招生考试时间调整到3年级，保证高职人才培养目标的实现和人才培养过程的完整。对技能优异的学生实行加分政策，对全国技能大赛获奖的优异选手实行免试政策。

完善中等职业学校毕业直接升学制度。根据社会人才需求和技能型人才成长规律，不断完善“文化基础＋专业理论＋专业技能”统一考试、统一评分、统一录取的中职毕业生对口升学考试制度。2011年启动了中职毕业生注册进入高职院校学习的制度。

试点中高等职业教育贯通一体办学。实行中职、高职分段合作培养、贯通一体办学，学生在中等职业学校学习3年，经过资格考核，进入高等院校学习2年或3年。

试点中等职业教育与应用型本科贯通一体办学。实行中职与应用型本科联合招生、合作培养，实行7年分段一贯办学。学生完成中职3年学习后，由高等学校选拔进入本科专业继续学习4年。高校与中职学校联合确定招生标准，制订人才培养方案，实行课程教学的贯通衔接，培养本科层次的应用型人才。

试点高职与应用本科分段培养。实行高职与应用型本科联合招生、合作培养，实行5年分段一贯办学。学生完成高职学习3年后，由本科院校选拔进入本科专业继续学习2年。试点院校共同制定5年一贯人才培养方案，系统培养本科层次高端技能人才。安排本科指标专项用于高职毕业生专升本。而且，专升本的指标还通过学籍转换，不占本省本科指标。

试点高职与应用本科联合培养。实行高职院校与应用型本科院校合作办学、联合培养，由本科院校与高职院校联合制定专业理论知识和实践技能课程体系，培养4年制本科层次应用型人才。

（二）主要经验

1. 以改革求突破。

改革要敢于突破思想观念和体制机制障碍。深化高等教育管理体制改革，在规范高效运作上取得突破；完善现代大学制度，扩大高校的办学自主权，在自主管理自主发展上取得突破；优化高等教育结构，加强学校的内涵建设，在办学特色上取得突破；创新人才培养模式，在提升办学质量上取得突破；加强师资队伍建设，在高层次人才培养引进上取得突破；加快招生制度改革，采取多种形式、多种途径选拔人才，在优秀人才的选拔上取得突破。

2. 以开放求先进。

坚持"引进来"与"走出去"的方针，扎实推进中外合作交流，积极同国内外高校在教育思想、教育观念、学科建设、科学研究以及人才培养模式、教育方法、教育手段等方面开展合作与交流活动，学习借鉴国内外高等教育的先进理念、机制、方法和管理经验，并不断探索合作与交流的形式与途径，努力提高合作交流的层次，积极引进国际优质教育资源，提升高等教育发展整体水平。

3. 以服务求支持。

提升服务社会能力，增强高校社会服务意识，主动服务社会经济发展和产业转型升级，鼓励学生参与科技扶贫、科技下乡、科技成果转化等社会服务活动，培养学生的社会责任感，提高学生的实践能力和动手能力。建设一批企业和高校合作创新平台，开展"产学研合作基地建设"改革试点，建设一批省内产学研战略联盟。

4. 以人才求实力。

深化人事制度改革，建立利于高层次人才快速成长的选人用人机制；充分利用国家"千人计划""长江学者奖励计划"等平台，多渠道、多形式加强高端人才引进力度，采取多种措施着力培养优秀拔尖人才和学术带头人；积极选派中青年骨干教师、优秀管理队伍赴境外高水平大学研修、短期培训，拓展教师和管理干部的国际视野。完善人才激励机制、竞争机制和流动机制，建立重实际、重贡献，向高端拔尖人才倾斜的分类、分级的管理收入分配制，对一些高尖端人才实施年薪制，增强分配制度的激励功能。

5. 以统筹求合力。

坚持省级统筹协调，整合高等教育资源，优化高等教育结构与布局。注意统筹不同区域、不同层次高等教育发展。立足区域经济社会发展实际和人需求，加强资源整合，采取联合共建帮扶机制，扶持经济和教育基础薄弱地区高等教育发展。注重发挥地方和企业行业优势，积极加强学校与企业行业联系，深化产学研合作，整合利用各方面有利资源促进高校发展和人才培养质量的提高。

6. 以育人求质量。

人才培养是大学职能的核心，是高等学校的根本任务。正确处理人才培养、科学研究、社会服务、文化传承创新四者关系，切实落实教学工作中心地位、教学改革核心地位、教学建设优先地位，必须加强科学研究、社会服务、文化传承创新与人才培养的有机结合，实现在科学研究和社会服务中培养人才，实现文化育人。要不断更新观念，深化教育教学改革，创新人才培养模式。通过深化培养模式、课程体系、教学内容、教学方法和教学手段等方面的改革，强化人才培养质量意识，把提高质量放在突出的位置上。

7. 以创新求领先。

创新人才培养体制，进一步加强科学研究、社会服务、文化传承创新与人才培养的有机结合，实现在科学研究和社会服务中培养人才，实现文化育人。树立符合时代要求的教学观，创新教育教学方法，探索多样化应用型人才培养方式。创新管理方式，加强教学信息化建设。构建面向全省服务的省级教育基础信息库和优质教学资源共享网络平台。有效整合创新资源，着力在重点研究领域取得突破；积极打造创新团队，以重大科研项目为载体，凝聚创新人才，形成创新合力。

8. 以党建求持续。

高等教育改革要紧紧围绕提高人才培养质量中心工作，坚持党的领导，确保高等教育改革发展正确的方向；在高等教育管理体制改革，完善现代大学制度和内部管理体制过程中，要坚持党委领导下的校长负责制；学校的办学要始终坚持高等教育社会主义办学方向，坚持为社会主义培养合格的建设者和接班人。

## 三、比较与思考

2011年江苏、上海、浙江、安徽高等教育发展情况一览

| 省 份 | 人口数 | 普通高校数 | 录取率 | 毛入学率 | 在校生数 |
| --- | --- | --- | --- | --- | --- |
| 江苏省 | 7 800 万 | 128 | 83.60% | 45.0% | 179 万 |
| 上海市 | 2 300 万 | 65 | 89.30% | 60.0% | 51 万 |
| 浙江省 | 5 400 万 | 80 | 85.30% | 47.0% | 91 万 |
| 安徽省 | 6 800 万 | 107 | 76.70% | 26.4% | 99 万 |

### （一）主要差距

1. 理念问题。与江苏、上海相比，我省在高等教育理念上的差距主要体现在理论研究和对外开放两个方面。理论研究上，江苏和上海以从事高等教育研究的专业机构为平台，紧紧围绕区域乃至全国高等教育发展中的前沿、热点和难点问题，集中力量进行研究。我省高等教育学会在理论研究上一直没有实质性的工作进展，没有发挥高等教育理论研究的应有功能，无法为我省高等教育改革发展提供专业的决策和咨询。在对外开放方面，省内高校还比较封闭，对学校、社会、国外开放度远远不够，没有形成“引进来”与“走出去”长效机制，在人才培养、人才引进上缺乏国际化视野。

2. 人才问题。人才问题主要表现为数量不足、结构不合理和质量不高。由于地区、行业、经济发展水平之间的差距，我省专任教师数量一直长期不足，教师队伍结构不合理，年轻教师多，高级职称教师比例偏低，特别是院士、“长江学者”、“千人计划”等优秀拔尖人才、学术（学科）带头人更是严重缺乏。高校选人、用人机制还不够灵活，高校用人自主权需要进一步扩大，优秀人才引进通道还不够畅通。高校选人用人公信度评价机制还没有建立健全。

3. 体制机制问题。高等教育办学主体相对单一，政府对高校过分集权，高校办学缺乏自主权。高校内部管理行政化问题较为严重。在人才培养体制、人才培养模式、管理方式、实践教学、质量评价与监控、教学方法与手段等方面改革步伐还比较慢，不能完全适应新形势下社会经济发展对高等教育需求。

4. 投入问题。集中体现在省财政前期对高等教育投入偏低和资金使用绩效不高两个方面。由于安徽经济一直比较薄弱，我省对高等教育资金投入总量一直较低，而且对高等教育资金筹措渠道狭窄，人均、生均教育经费与发达地区

相比相差巨大。在办学经费的使用上，存在着教育经费使用效益不高、用于人才培养经费的比例不高。

（二）几点思考

为发展地方高等教育事业，安徽省不仅在理论上做了一系列的探讨，出了一批理论成果，也在实践上做了大量的探索，形成了一批实践成果。我们提出了“科学定位、分类指导、多元发展，特色办学”的地方高等教育发展方针，提出了“地方性、应用型、合作式、一体化”的地方高等教育发展道路，并率先在全国提出建设应用性高等教育体系。当前，安徽省具有地方特色的高等教育发展道路顶层设计已经完成，在高等教育发展已经步入深水区后，我们需要进一步研究、探索、实践地方特色的高等教育发展道路，把地方特色高等教育道路坚持好、实现好。

1. 敢于突破。要敢于突破现有的政策制度障碍，如改革现行的生均拨款制度，科学确定生均定额和专项经费的比例，专项经费资金根据学校自我设计、自我发展二次分配给学校。允许我省高校学费实行有限浮动，高校可根据办学成本、专业类别和生源情况等因素，在省定基准收费标准的基础上实行浮动收费。鼓励高校敢于突破现有的利益格局，统筹处理学校内部各职能部门之间的利益争夺，真正落实“三个地位”。

2. 深化体制机制改革。要通过体制机制创新，建立健全有利于高校提高质量的外部环境和制度，让大学建立自己的质量意识、质量责任、质量机制和质量环境。要以大学章程建设为抓手，探索建立现代大学制度。通过制度建设，最大限度地发挥教师和科研人员的积极性、能动性和创造性。要以服务地方经济社会发展为宗旨，以培养应用型人才为目标，学校、政府、企业三方联手，合作办学、合作育人、合作就业三位一体，资源共享，过程共育，成果共用，责任共担。建立起“体系开放、机制灵活、渠道互通、选择多样”的人才培养体制。

加强省级统筹，整合区域性或同类型高校资源，加强应用型高等教育联盟建设的力度，扩大联盟的范围，大力推进跨校选课、学分互认，最大限度地实现资源共享、优势互补、集约办学、抱团发展。在第二期质量工程项目的建设中，取消教育厅各类项目的评审，将现有的各类项目，整体纳入质量工程项目，由教育厅设置项目目录，高校根据其定位系统设计、整体规划，教育厅负责审批，并将规划评审的优劣结果与高校专项经费安排紧密挂钩。

3. 加强理论研究与指导。目前，安徽省高等教育的研究还十分薄弱。主要表现为机构不多，力量不强，队伍不壮，研究不深，成果不多，针对性不强，尤其是对国家的有关政策的解读不够，甚至出现误读。安徽省高等教育学会、安徽省高等教育研究所均没有发挥应有的作用。因此，必须整合安徽省现有的高等教育研究力量，争取成功申报教育学博士点。重组安徽省高等教育学会，重新界定安徽省高等教育研究所的职能和归属，依托安徽省高等教育学会、安徽省高等教育研究所以及学校的研究团队，进行高等教育预测、政策法规、决策等方面的研究。通过理论研究和指导，形成真正符合安徽地方高等教育格局的政策。

4. 加大开放合作力度。要想提高安徽高等教育的发展速度、发展水平和整体实力，高等教育就要全面向高校开放、向社会开放、向国际开放。通过开放合作，共享和引进优质教育资源，通过交流合作学习发达地区和国际上先进的高等教育理念，并将其本土化，指导安徽省高等教育的发展。要设立专项培训经费，选派高校干部到江苏、上海等发达地区或国外进行学习、挂职锻炼，更新他们的办学理念，实现与顶层设计的同频共振，真正实现“地方性、应用型、合作式、一体化”的办学目标。

5. 大胆改革招生制度。要敢于突破现有招生制度，打破过分强调招生计划和高考的限制，在高职院校大力提倡自主招生。委厅成立考试招生制度改革推进小组，整体规划、设计推进我省考试招生制度改革工作，采取灵活手段逐步破解当前我省考试招生制度改革面临的实际问题。如，本科超计划招生录取问题；专升本不占学校本科指标问题；试点中等职业教育与应用型本科贯通一体办学；试点高等职业教育与应用型本科贯通一体办学。

6. 加大队伍建设。要把人才强教作为推动高等教育改革发展的主战略，做到谋划发展时考虑人才保证，制定规划时考虑人才需求，研究政策时考虑人才导向，部署工作时考虑人才措施不力，大力集聚高素质人才，以人才优先发展引领教育事业的科学发展。着力建设应用型教师队伍，重点加大高端人才、学术带头人的培养和引进，加大创新团队的建设力度，深化人才工作机制改革，为高水平人才充分施展才华创造好的条件。实行我省高校校长、院长到江苏、上海等地高校挂职锻炼，更新他们的办学理念。

7. 加大教育投入。加大政府对高等教育的投入，建立长效的高等教育投入机制。切实提高高职院校的生均拨款水平，支持高职院校内涵建设；逐步改变本科高校的投入方式，完善“生均定额＋专项”的拨款方式，适当整合本科高校的项目支出，做到重点突出；切实加大师资投入，结合绩效工资制度改革，重点加大对人才引进的投入力度，实现差别化的绩效工资制度，真正做到投入向高水平师资倾斜；按照“扶优扶强”的原则加大民办高校的财政支持力度，对于真正落实法人财产权、办学规范、办学实力较强的民办高校，按照其在校生的一定比例给予财政支持，支持民办高校“做优做强”，真正引导民办高校办出水平、办出特色；适当提高高校的学费标准，建议允许我省实行学分制教学的高校按照规定的学分项目和标准收费。允许我省高校学费实行有限浮动，高校可根据办学成本、专业类别和生源情况等因素，在省定基准收费标准的基础上实行浮动收费。

# 安徽省普通高等教育改革发展调研报告

（2013 年）

按照省委李锦斌同志的要求，在深入开展群众路线教育实践活动期间，省委教育工委、省教育厅组织高教各处室组成调研组，深入高等学校教学科研一线，先后组织开展了三个层面的调研活动，分别是：陪同李锦斌同志到中国科学技术大学、合肥工业大学、安徽大学进行考察，组织召开了两次全省部分高校主要负责同志参加的座谈会；在安徽农业大学专题召开了省委教育工委、省教育厅有关领导，省教育厅有关处室和事业单位负责同志，全省本科院校、安徽广播电视大学校（院）长参加的“省委教育工委理论学习中心组高等教育专题调研会暨 2013 年度高校咨询会”；程艺同志带队到安徽师范大学调研人才工作，高开华同志带队到安徽建筑大学调研干部队伍建设、到安徽师范大学调研思政理论课教师队伍和辅导员队伍建设，江春同志带队就民办高等教育开展了专题调研，杨德林同志带队就大学毕业生就业工作和高校经费管理开展了专题调研，李和平同志带队参加了民盟安徽省委召开的高等教育研讨会，并到安徽机电职业技术学院、安徽电气工程职业技术学院、宿州学院三所院校进行现场调研，召开了全省高校图书馆、成人教育、本科教务和教师等系统的座谈会。本次调研紧扣“落实高教强省战略，办人民满意的高等教育”这个主题，紧密结合当前我省高等教育的重点工作，突出解决高校反映强烈的突出问题，注重上下联动、多方合作和系统推进。

## 一、历程与现状

### （一）发展历程

我省高等教育发展一直比较缓慢，在历史上比较薄弱。改革开放后全省高校不足 30 所。总体上是高校少、规模小、水平低、底子薄、结构不合理。1997 年省委、省政府召开全省高教工作会议，时任省委副书记的方兆祥同志提出要刻不容缓地发展高等教育。1998 年扩招以来，我省紧紧抓住全国高等教育快速发展的机遇，经过大改革、大建设、大发展，实现了历史性跨越。这一时期大致经历了四个阶段。

快速扩大规模阶段（1998—2004 年）。1998 年，我省高校开始扩招，普通高校招生规模年均增长 50%，新建高校占 53.4%，新办专业占 79.4%，广大考生“上大学难”的压力逐步缓解。但教学资源明显滞后于扩招需求，校舍与师资短缺是这一阶段的突出矛盾，学籍、文凭管理不够规范，人才培养模式单一，毕业生就业问题日渐凸显等成为这一阶段的主要问题。实现规范办学，保基本条件、基本秩序是这一阶段高等教育发展的主要任务。

逐步适应增长阶段（2004—2008 年）。以 2004 年毛入学率超过 15% 为标志，我省高等教育规模扩展节奏逐渐清晰、高校办学标准逐项明确、高教经费投入途径和投入金额不断增加，教学资源建设力度明显加大，高校固定资产增加 174 亿元，增长 186%；教学仪器设备总值增加 28.3 亿元，增长 113%。新增高校教师编制近 6 000 个。办学秩序不断规范，一些在发展过程中积累的办学不规范问题逐步得到清理和解决。结构性调整逐步实施。校舍短缺虽然逐步缓解，但实验实训设备、教育教学方式陈旧、师资数量与质量，学校教学经费特别是学生实习经费严重不足，以及就业问题是这一阶段的主要矛盾。不少学校面临着接受教育部本科教学水平评估的巨大压力。从以规模扩张为重点逐步转向以提高质量为重点是这一阶段的主要任务。

注重协调发展阶段（2008—2010 年）。以我省全面启动“高校教学改革与质量提升工程”和实施“建设 100 所高校，拥有 100 万在校大学生”的高等教育“双百工程”为标志，高等教育进入规模与质量并重的阶段。“科学定位、分类指导、多元发展、特色办学”的总体思路逐步形成，围绕经济社会发展对人才的需求，加强学科专业建设和结构调整的系统研究和统筹谋划，逐步优化专业结构。但优质高教资源仍然短缺，人才培养质量仍然不能适应经济社会快速发展。人民群众从“能上大学”到“上好大学”的愿望越来越迫切，毕业生就业及就业质量问题仍然突出。

全面提质振兴阶段（2010 年至今）。2010 年，党中央、国务院在北京召开新世纪首次全国教育工作会议。以此为契机，省委省政府出台了《关于建设高等教育强省的若干意见》和《安徽省中长期教育改革和发展规划纲要》，在“双百工程”已经完成的情况下，我省高等教育发展重心由外延转入内涵，以实施《安徽省支持本科高校发展能力提升计划》和《安徽省高等教育振兴计划》为标志，开始推进高等教育体制改革。优化人才培养结构、转变教育发展方式、改革人才培养体制、提高研究生创新能力是今后一个时期高等教育建设的主要任务。

（二）主要成就

2008年以来，我省以实施“双百工程”和“质量工程”为抓手，以大力推进高等教育强省建设，提高高等教育对经济社会发展的贡献度、对人力资源强省建设的支撑度和人民群众的满意度为目标，全省高等教育快速发展并取得阶段性进展。

1. 确立了高等教育强省战略。

2010年4月2日，中共安徽省委、安徽省人民政府在完成“双百工程”，基本建成高教大省情况下，出台了《关于建设高等教育强省的若干意见》（皖发〔2010〕9号）（以下简称《若干意见》），推动我省高等教育由大省向强省迈进。《若干意见》提出了到2020年“初步建成能够服务党委和政府决策、支撑经济发展和产业升级、引领社会进步和文化繁荣的具有安徽特色的现代应用性高等教育体系”的高等教育发展目标，明确了“高等学校在一些重点领域成为培养和造就一流科学家和科技领军人才的摇篮，成为培养应用型、复合型、技能型人才的基地，成为知识创新和推动科研成果向现实生产力转化的中心，成为推进文化大发展大繁荣的阵地”的高等教育价值追求，树立了以“对经济社会发展的支撑度、对人力资源强省建设的贡献度和人民群众的满意度”作为质量标准的高等教育价值取向，确立了“把高校的人才和科技资源优势转化为现实生产力，转化为推动经济社会又好又快发展的强大动力，转化为加速我省崛起进程、全面建设小康社会的重要支撑力”的高等教育价值功能。

2. 高等教育规模不断扩大。

从2008到2012年，全省普通高校数量由93所增加到107所，增长了15.1%，高校数量居全国第5，其中本科高校33所（含部属高校2所），高职高专院校74所，另有独立学院11所、成人高校6所；各级各类高等教育在校生由138万人增加到173万人，增长了25.4%，在校学生数居全国第9，其中全日制在校本专科生102万人；高等教育毛入学率由21.2%提高到30.6%；高考录取率由51%提高到80.8%，超过了全国平均水平。广大考生上大学难的问题已经成为历史。

3. 高等教育质量明显提高。

2008 年开始实施第一期质量工程建设以来，共立项建设各类省级质量工程项目 6 300 项，省级财政直接投入 3.5 亿多元；争取到国家级质量工程建设项目 2 700 项，吸引中央资金总额约 12 亿元；带动学校开展内涵建设资金投入 10 亿元。5 年来，共停招、停办了 1 497 个专业点，新增 1 323 个专业点，应用型专业占到 75% 以上。高等教育学科布局、专业结构日趋合理，以工科为重点、以应用型专业为主体、多学科协调发展的学科专业格局基本形成。2012 年度，安徽有 6 所高校获得中西部高校基础能力建设工程项目支持，位列全国第 2 位；第二批国家级大学生创新创业训练计划项目，我省共有 25 所地方高校 1 795 项国家级大学生创新创业训练计划项目获批，项目数占全国地方高校项目总数的 13.3%，位列全国第 1；2012 年全国职业院校技能大赛中，我省高职代表团获得 13 枚金牌，43 枚银牌和 75 枚铜牌，奖牌数居全国第 2 位、中部第 1 位。

4. 服务社会能力大幅提升。

近年来，我省积极加强创新平台建设，大力提升高校创新能力。全省高校建有 5 个国家实验室和 3 个国家重点实验室，承建和共建 5 个国家大科学工程；建有 280 多个省部级重点实验室、工程技术研究中心、重点研究基地，36 个国家级重点学科、200 个省部级重点学科。2012 年，全省高校共获得国家自然科学基金项目 776 项，获资助经费 4.95 亿元；其中，省属高校共获得国家自然科学基金项目 365 项，获资助经费 17 679 万元，比上年增加 4 160 万元，增长 30%。中国科学技术大学、安徽医科大学的两项成果分别入选“2012 年度中国十大科技进展”和“中国高等学校十大科技进展”。获国家自然科学二等奖 3 项（中国科学技术大学）、国家科技进步二等奖 1 项（安徽理工大学）；在安徽省科学技术奖励中，我省高校主持和参与完成的成果获一等奖的占 69%，二等奖占 60%，三等奖占 41%。高校与社会，与行业、企业的合作进一步密切，成果进一步显现，高等教育支撑知识创新和服务经济社会发展能力显著增强。

5. 高教改革创新取得明显成效。

我省探索的地方性、应用型地方高等教育发展模式获得教育部教育媒体教育创新特等奖。针对“改革高等学校应用型人才培养模式”和“开展高等学校分类管理改革”两个高等教育体制改革试点项目，设立专项经费以省级教学研究委托项目形式进行专题研究，形成了一批研究成果并实践推广。稳步推进招生考试制度改革，顺利完成高考所有科目自主命题，制定出台平行志愿、知分填志愿、征集志愿补录等政策；在高职院校开展自主招生改革，进一步提高了考生志愿满足率和报到率。改革高校预算拨款制度，从2012年起，对省属公办普通本科高校预算拨款制度实施改革，实行“生均定额+专项”的预算编制方法，按照不同培养成本建立不同学科专业折算系数，体现办学绩效。同时增加一般专项比重，支持和引导高校强化内涵建设。

6. 高校党建思政工作扎实推进。

一是大力实施“双培”工程。在优秀中青年教师和大学生中培养发展党员。2012年共发展学生党员44 269名，教职工420名；今年上半年发展学生党员21 087名，发展教职工党员287名。二是创新基层党组织设置方式。把支部建在了班级、年级、社团、宿舍、课题组、实验室和创新团队，实现高校基层党组织的全覆盖。三是推进基层党组织结对共建工作。2009年以来，教育工委组织了高校210个相近学科、专业的基层党组织单独或联合与城乡结对共建，共开展共建活动900余次。四是在全国率先开展高校党务公开和校务公开。最大限度地公开高校党务政务信息，保障了师生对学校工作的知情权和参与权。五是抓好党代会常任制试点。自从2009年9月首批6所高校（安徽大学、安徽师范大学、安徽农业大学、安徽理工学院、安徽中医学院、阜阳师范学院）开展党代会常任制试点工作以来，现已扩大到17所高校，工委正在总结试点经验，在全省高校推开。六是高校思政工作全面加强。制定出台大学生思想政治教育、思政理论课教师和辅导员队伍建设意见，实施“思政理论课建设工程”，加强师生安全教育和校园安全保障体系建设，非正常死亡学生数量、涉校交通事故数量、校园刑事案件数量、涉校群体事件数量和教育系统信访数量连续多年明显下降，高校连续多年保持安全稳定。

7. 校园环境安全稳定。

省委、省政府高度重视高校安全稳定工作，把全省教育系统安全稳定作为每月1次的维稳形势分析会和省政府每月1次的安全生产工作会议的重要内容。省教育厅与直属高校签订安全稳定责任书，非教育厅直属高校与其主管部门签订责任书，学校内部层层签订责任书，把安全稳定的管理责任落实到岗位、落实到人。同时，加大校园安全稳定的经费投入，将安全稳定纳入高校年度考核。

安徽高教系统安全稳定工作显现“五个明显下降”和“五个明显上升”。五个明显下降是指非正常死亡学生数量、涉校交通事故数量、校园刑事案件数量、涉校群体事件数量和教育系统信访数量明显下降。五个明显上升是指贫困生资助力度、大学生就业创业热情、大学生入党人数、专职辅导员队伍数量和学校安全防护能力明显上升。

（三）主要经验

近10年来，我省高等教育的快速发展、规模大幅提升和实力不断增强，已经跨入与人口大省、教育大省相协调的高等教育大省行列，形成了具有安徽特色的高等教育发展经验。主要表现在：

第一，群众满意是追求。办人民满意的教育是人民群众对高等教育发展的迫切期待，群众满意是教育工作的最高目标。开展更具有针对性的工作，从人民群众不满意的地方改起，坚决守住高等教育质量底线；从人民群众不满意的地方做起，通过减少群众的不满意来提升群众的满意度。

第二，理念更新是先导。在高等教育大众化深度发展过程中，更加注重理论研究对实践的指导。为破解经济社会发展对高等教育多样化需求与高等教育趋同发展的矛盾，提出了“科学定位、分类指导、多元发展、特色办学”的总体方针，指导高校立足地方、面向市场，以质量求生存、以服务求支持、以特色求发展，紧紧围绕地方性、应用型、合作式、一体化，就全面提升地方高等教育质量进行积极探索。

第三，经费投入是保障。2012年，全省普通高等学校经费投入共计197.4亿元，比2009年的89.8亿元增长119.8%；全省普通高等学校生均教育事业费支出为18 238.9元，比2009年的9 317.4元增长了95.8%；生均公共财政预算教育事业费支出为12 152.9元，比2009年的4 422.3元增长了174.8%。

第四，体制改革是关键。高等教育体制改革是一个系统工程，需要多方面共同协调、统筹推进。近年来，我省教育行政管理部门注重各级各类关系的统筹协调，包括统筹协调高等教育与基础教育、中职教育的关系，统筹协调教育部门与其他部门的关系，统筹协调不同区域高等教育的发展，统筹协调高教内部各项改革。

第五，党的领导是根本。高等教育是全党全社会的共同事业。高等教育改革发展要紧紧围绕提高人才培养质量中心工作，坚持党的领导，确保高等教育改革发展正确的方向；在高等教育管理体制改革，完善现代大学制度和内部管理体制过程中，要坚持党委领导下的校长负责制；学校的办学要始终坚持高等教育社会主义办学方向，坚持为社会主义培养合格的建设者和接班人。

**二、问题与分析**

在肯定成绩的同时，应当清醒地认识到，我省高等教育的发展质量还不能很好适应新时期人民群众对优质高等教育的需求，与办好人民满意的高等教育的要求还有较大差距，主要表现在：人才培养质量与经济社会加快发展的要求有差距；学科专业结构与促进区域协调发展和加快转型升级的要求有差距；自主创新能力与广大开放竞争的要求有差距，在师资队伍、办学投入、办学条件和对外影响上与经济发达地区相比还有较大差距。工作重心由外延扩张向内涵提升为主的转变过程中，制约内涵发展的一些因素和矛盾依然存在。

**2011 年江苏、上海、浙江、安徽高等教育发展情况一览**

| 省 份 | 人口数 | 普通高校数 | 录取率 | 毛入学率 | 在校生数 | 专任教师 |
|---|---|---|---|---|---|---|
| 江苏省 | 7 800 万 | 153 | 83.60% | 45.0% | 179 万 | 10.2 万 |
| 上海市 | 2 300 万 | 65 | 89.30% | 60.0% | 51 万 | 3.92 万 |
| 浙江省 | 5 400 万 | 104 | 85.30% | 47.0% | 91 万 | 5.42 万 |
| 安徽省 | 6 700 万 | 107 | 76.70% | 26.4% | 99 万 | 5.31 万 |

（一）主要问题

第一，基本满足了人民群众接受高等教育的愿望和需求，但人民群众对优质高等教育的强烈需求与优质资源供给不足的矛盾更加凸显。

高等教育进入大众化阶段后，伴随着入学机会的大幅增加，群众对“上好学”的期盼变得更加迫切，对教育以人为本、全面发展的要求更加突出，对高等教育改革的期待和呼声也更加强烈。近年来，我省的高等教育快速发展，老百姓上学难的问题基本得到解决，基本满足了人民群众接受高等教育的愿望和需求，但高水平大学、特色高校，国家级重点学科、重点实验室等国家级平台，以及一本招生计划和高水平人才队伍数量不足的问题依然十分突出。由高教大省向高教强省迈进的过程中，我省高等教育的发展现状距离国家的要求、省委省政府的目标特别是与人民群众要求“上好学”的期盼还有很大差距。

第二，高等学校的服务功能不断提升，但高等教育对经济发展服务、支撑、引领作用与打造“三个强省”、建设美好安徽的新要求不适应的矛盾依然存在。

一是全省高等教育结构布局不合理。目前，全省全日制普通本专科高校107所，其中本科高校33所，占31.13%，高职高专院校73所，占68.87%；本科院校中“985”院校1所，省属“211”院校1所；2000年以来新建或升格为本科高校有15所，占本科院校的45.46%。二是学科专业结构与产业结构不合理。2008年以来共停招、停办了1 497个专业点，新增1 323个专业点，其中应用型专业已达70%以上，但高校的专业点数对应第一、二、三产业的比例分别是2%、22%、76%。三是教师队伍数量不足、结构不合理和质量不高。由于地区、行业、经济发展水平之间的差距，我省专任教师数量一直长期不足，教师队伍结构不合理，年轻教师多，高级职称教师比例偏低，特别是院士、“长江学者”、“千人计划”等优秀拔尖人才、学术（学科）带头人更是严重缺乏。

第三，高等教育保障能力进一步增强，但高等教育转型发展的强大趋势与高校准备不足的矛盾充分暴露。

近年来，省委省政府进一步加大了对高等教育的投入，高等教育保障能力进一步增强，但高等教育转型发展的强大趋势与高校准备不足的矛盾充分暴露。主要表现为高等教育在由外延向内涵发展的转型过程中，高校出现了10个不适应。即由外延发展向内涵发展转型，高校在如何加强内涵建设的意识和能力上的不适应；由举债发展向财政保障发展转型，高校如何“用好钱，管好钱”方面不适应；学校由独立自主向开放合作发展转型，高校在开放的心理、心态、合作能力上不适应；由传统学术为主发展向现代应用型发展转型，高校在课程、师资、设备、管理、评价等方面不适应；由趋同发展向分类、多元、特色发展转型，高校在创新的意识和能力上不适应；由适应经济社会发展向服务、支撑、引领经济社会发展转型，高校在服务产业的能力和意识上不适应；由政府包办高校发展向自主办学转型，高校在治校、办学能力上以及社会管理上不适应；由课堂单一性模式向网络等多元的教学模式转型，高校在信息化水平上不适应；由单项改革向综合改革转型，高校在顶层设计和统筹协调上不适应；由局部、自由式的被动发展向主动科学的发展转型，高校在科学规划、主动谋划上不适应。

第四，高校办学活力不断增强，但推进省级统筹高等教育体制改革与现行体制机制约束的矛盾仍然突出。

安徽省作为国务院批准的省级政府教育统筹综合改革试点省，近年来通过健全高等教育经费增长机制，改革高考招生制度，实行知分填报平行志愿录取和高职自主招生改革，分类建设一批不同类型高校办学联盟，改革应用型人才培养模式，不断推进省级政府统筹高等教育改革的步伐。但高校与政府、社会的关系还没有进一步明确，现代大学制度建设需进一步完善；现有的高校管理体制条块分割、职能交叉、分工不明、统筹乏力；高校“党委领导、校长负责、教授治学、民主管理”的管理体制缺乏规范化的操作规定；招生就业制度缺乏灵活性，招生、就业、培养没有形成有效的联动机制；教育投入机制落后、渠道单一；教师退出机制没有建立，人事分配制度改革亟待深化；等等。这些都进一步阻碍了学校的自主办学和高等教育发展活力，影响了高校实施科学管理、精细管理、规范管理的现代大学制度建设。

这些矛盾和问题，集中反映在社会与高校对彼此要求和需求的差异性上。总体来说，社会要求高校进一步提高教育质量，提升教师教学科研水平和学生实践创新能力；进一步改进教风学风校风，加强教师职业道德和学生思想品德教育；进一步适应社会发展需要，主动、超前对接社会需求，提升社会服务水平。高校则希望社会和政府创造宽松环境和有利条件，进一步向高校“放权”，扩大学校专业设置、自主招生、人才使用等方面的自主权；进一步增加高校经费投入，减缓债务负担，扩大学校自主支配运行经费的权力；进一步支持民办高校发展，积极引导民众认知，给予更大的生存和成长空间。

（二）原因分析

通过调研，以上制约和影响安徽高等教育内涵发展的因素之所以产生，主要是以下几个方面的原因：

一是观念问题。高校还存在着一些传统的惯性思维，在政绩观上注重短期和显性效益；在人才培养质量的提高上注重硬件轻软件；在开放办学方面，还比较保守、封闭，对学校、社会、世界开放度远远不够。

二是体制机制问题。高等教育管理高度集权，学校发展所需的人、财、物过度集中于政府，高校办学缺乏自主权；高校内部管理行政化问题较为严重；科学合理的分类评价考核机制有待进一步健全；在人才培养体制、人才培养模式、管理方式、实践教学、质量评价与监控等方面改革步伐还比较慢，不能完全适应新形势下社会经济发展对高等教育的需求。

三是人才问题。专任教师的数量不足、结构不合理和质量不高，特别是学科带头人和高层次拔尖人才缺乏。人事、分配制度改革落后，高校选人用人公信度评价机制还没有建立健全；优秀人才引进通道还不够畅通，优秀人才培育、成长需要的良好工作环境还没有形成。

四是投入问题。虽然近年来高等教育办学投入大幅增加，但仍不能完全适应新阶段发展的需求，改变按事业编制拨款为生均拨款的机制尚未完全覆盖；如何科学合理调整投入结构，更好保障内涵发展的机制尚未有效建立。

**三、目标与思路**

（一）形势任务

党的十八大报告强调“深化教育领域综合改革”，“推动高等教育内涵式发展”，“高教30条”明确要求抓住提高质量这个高等教育“最核心最紧迫的任务”，国家一系列重大部署为我国高等教育在新的历史时期深化改革、科学发展进一步指明了方向，提出了更高要求。坚定不移走以质量提升为核心的内涵式发展道路，努力实现高等教育发展从以规模扩张为重点的外延式发展向以提升质量为核心的内涵式发展转变，是国家对新时期高等教育发展方向的深度调整。

近年来，安徽省委省政府一直高度重视全省高等教育事业发展工作，2010年出台了《关于建设高等教育强省的若干意见》，2011年颁布了《安徽省中长期教育改革和发展规划纲要》，2013年省政府工作报告提出实施“高等教育质量提升工程”的相关要求。经过多年的改革发展，安徽高等教育事业一些关键指标达到或超过全国平均水平，并在一些高等教育改革发展的关键领域大胆进行创新，探索出一条具有地方特色的地方应用型高等教育发展道路。我省高等教育办学规模、质量和实力得到全面提升，在全国的影响力和话语权有了较大提高。但我们应该清醒地认识到，我省高等教育发展与党的“十八大”确定的奋斗目标和总体要求还有很大差距；与省委省政府强力打造“三个强省”建设美好安徽的要求还有很大差距；与社会、学生、用人单位对高等教育质量提升的新期望还有较大差距。

未来5年，是我省深入学习贯彻党的十八大精神的5年，是全力打造“三个强省”，实现美好安徽、加速安徽崛起的5年。我省高等教育发展的总体目标就是要努力实现高等教育内涵发展，全面提高高等教育质量，办人民满意的高等教育，坚持“科学定位、分类指导、多元发展、特色办学”的发展思路，努力实现“一个目标”“两个赶超”“三个提高”。“一个目标”就是要大力推进高等教育强省建设，全面提高高等教育质量，初步建成能够服务党委和政府决策、支撑经济发展和产业升级、引领文化繁荣和社会进步的具有安徽特色的现代应用性高等教育体系，高等教育对经济社会发展的贡献度、对人力资源强省建设的支撑度和人民群众的满意度有明显提升。“两个赶超”就是要实现我省高等教育主要发展指标赶超全国平均水平；赶超中部地区高等教育领先省份。“三个提高”就是要大力提高高等教育的综合实力、服务能力和办学活力，不断改善高等教育的基本办学条件、师资队伍力量和人才培养质量。

（二）思　路

近年来，我省一直注重高等教育内涵建设和质量的提升，虽然取得了一些成绩，但没有从根本上解决内涵建设的重大问题。今后，要想实现高等教育发展方式的根本转变，坚持走以质量提升为核心的内涵式发展道路，建设有特色、高水平大学的主要思路：

一是要在“转”字上下工夫。实现高等教育的转型发展，根本在于转变发展方式，而思想转变是行动转变的先导。高等教育要调整好发展面向、重心、学科专业建设方向、服务社会建设的重点，要树立“六破六立”的思想，促进高等教育转型发展。

二是要在“合”字上求突破。要大力推进校企合作、校地合作、国际合作、校际合作，学科专业交叉合作，教学科研服务与文化传承各项功能的合作。

三是要在“特”字上做文章，走特色办学之路。科学的办学理念和定位是特色办学的前提，分类指导是特色办学的关键，学科专业是特色办学的载体。

四是要在“度”字上提高水平，提高办学定位与社会需求的符合度，高校人才培养、科学研究、社会服务、文化传承创新对办学定位的支撑度，高校人才培养目标、方案、教学运行、质量及质量监控之间的吻合度，高校现有教学资源对教学水平的保障度，学生、社会、政府、用人单位对教学质量的满意度。

**四、对策和建议**

（一）对　策

1. 坚定不移地加强内涵建设，努力提高高等教育质量。

认真贯彻落实好安徽省委省政府《关于建设高等教育强省的若干意见》战略部署，实施《安徽省高等教育振兴计划》。通过省部共建、省市共建等建成

6～8所地方高水平大学，6～8所特色鲜明的应用型本科高校和20所示范高职院校，支撑区域经济社会发展；调整优化学科专业结构，重点建设一批高水平学科专业，部分学科专业进入全国第一方阵，服务主导产业发展；建设一批高校重点实验室、人文社会科学重点研究基地和工程研究中心等创新平台，建成高校数字图书馆、改造升级教科研网，服务和推进创新型安徽建设；引进和培育一批以院士、国家教学名师、“长江学者”、“千人培养计划”等国内外有重要影响的高水平领军人才和高水平教学科研团队，大力提升高校核心竞争力，推动人才强省战略实施；推动一批高校与国外知名大学开展深度合作与交流，“留学安徽”达万人，提高安徽高等教育国际化水平。

2. 持续推进高等教育综合改革，不断增强高等教育办学活力。

以两项国家教育体制改革专项试点为抓手，进一步建立健全有利于高校提高质量的外部环境和制度，让大学建立自己的质量意识、质量责任、质量机制和质量环境。把“开门办学”作为推动应用性高等教育的重要抓手，进一步提高人才培养质量。一要加强高校与企业、行业、科研院所合作。支持企业在高校建立实训基地或联办学科专业，鼓励高校和科研院所联合成立技术研发中心，开展人才培训和培养合作。二要推进高校与各级政府合作。大力推进校地合作和省市共建，努力将地方高校建成所在城市的教育、文化和科技中心。三要深化校际之间合作。充分发挥六类高校合作联盟作用，实现共享优质资源，共商办学标准。四要大力推进与科研机构、其他高校联合培养研究生，建立产学研联合培养研究生示范基地、企业研究生工作站、研究生教育改革与创新平台，创新研究生培养模式，提高研究生创新意识、创新精神、创新能力和实践能力。大力发展专业学位，支持开展专业学位研究教育综合改革试点。五要实施中外合作办学示范项目、“留学安徽”项目，鼓励开展国际合作。引导高校积极争取与国外高层次院校建立合作关系，推进师生交互进行学术访问、交流、讲学、合作研究等，推进高校开展深度国际合作；积极引进海外优质教育资源和先进教育理念与管理经验，建设一批中外合作办学示范项目；建立来皖留学生激励机制，吸引更多外国留学生到安徽省高等学校学习和从事科学研究。

3. 深入调整优化高等教育结构，主动提升高等教育服务支撑“三个强省”建设的能力。

按照“科学定位、分类指导、多元发展，特色办学”的高等教育发展方针，重点建设一批在全国同类高校中有特色高水平地方高校，进一步加大对民办高校的支持力度，实现我省不同层次、不同类型高校各安其位，特色发展。通过实施协同创新（2011 计划）、哲学社会科学繁荣计划、高校产学研合作成果转化培育和经济社会发展“智库”项目，大力整合省内外创新资源，构建协同创新的新模式与新机制，集聚和培养一批拔尖创新人才，取得一批重大标志性成果，成为区域创新发展的引领阵地、行业产业共性技术的研发基地、具有国际重大影响的学术高地和文化传承创新的主力阵营。进一步加强高校人文社会科学建设，发挥哲学社会科学研究在决策支持和咨询服务中的作用，以研究解决重大理论和现实问题为重点，切实提高高校哲学社会科学的创新能力和服务水平，更好地服务于文化大发展大繁荣。在深入开展产学研合作的基础上，结合我省主导和战略性新兴产业发展以及解决关键技术难题的需要，集中支持高校培育转化具有自主知识产权和广阔市场前景的科研成果，并促进其产业化。

按照适应需求、优化布局的原则，健全高校依法自主设置和全省宏观调控相结合的学科专业结构优化机制和动态调整机制，科学调整学科专业结构。通过学科专业的优化调整，淘汰一批严重重复设置、招生困难、社会需求量小和就业前景较差的专业，重点建设一批特色优势重点学科群和省级优势特色重点学科，超前部署一批与我省支柱产业、新兴产业及与社会建设和民生发展相关的学科专业，促进学科交叉、融合和新兴学科的培育与成长，增强高校学科专业结构与我省产业结构、就业结构的契合度。

4. 以前所未有的魄力改革人事分配制度，切实加强高校教师人才队伍建设。

深化人事制度改革，完善教师分类管理的分类评价办法，建立利于高层次人才快速成长的选人用人机制，完善教师退出机制；要重视高层次人才队伍建设，充分利用国家“千人计划”“长江学者奖励计划”等平台，多渠道、多形式加强高端人才引进力度，采取多种措施着力培养优秀拔尖人才和学术带头人；重视教师专业发展，加强教师教学基础能力和水平的培训，积极选派中青年骨干教师、优秀管理队伍赴境外高水平大学研修、短期培训，拓展教师和管理干部的国际视野。完善人才激励机制、竞争机制和流动机制，建立重实际、重贡献，向高端拔尖人才倾斜的分类、分级的管理收入分配制，对一些高尖端人才实施年薪制，增强分配制度的激励功能。

5. 积极探索高校个性评估，系统构建“一体化”高等教育质量保障体系。

树立科学的质量观念、完善人才培养标准、加强教学资源投入、构建质量评价体系，系统构建“一体化”高等教育质量保障体系。开展更加广泛的院校检查评估，在老本科院校开展以“五个度”为主要考察内容的审核评估，在新建本科院校开展以“三基”，即办学条件基本达到国家标准、教学管理基本规范、教学质量基本得到保障的合格评估，在高职高专院校开展人才培养评估，以及部分专业开展认证评估和探索国际评估。

6. 扎实推进高校党建和思政工作，提高高等教育事业快速发展的保障能力。

我省高校党建工作要着力围绕服务大局和促进高等教育事业科学发展、围绕培养中国特色社会主义事业合格建设者和可靠接班人、围绕贯彻好党委领导下的校长负责制这一领导体制来开展工作。一是着力提高高校各级领导干部办学理校水平。加强高校干部特别是年轻后备干部的学习培训，加大民主推荐、竞争上岗、差额考察等竞争性选拔领导干部力度。二是坚持立德树人。进一步推进高校思政理论课建设，并建好管好网络信息平台，完善虚拟环境下的思政工作。加强思政理论课教师研修培训，发挥高校干部教师教书育人作用。坚持把政治标准作为发展学生党员的首要标准，更加重视学生党员发展质量。三是牢牢把握高校意识形态工作的领导权和主动权。增强政治敏锐性和政治鉴别力，加强各项管理工作，使高校始终成为宣传科学理论、传播先进文化、塑造美好心灵的坚强阵地。四是加强党风廉政建设，全面改进工作作风。坚决执行省委有关改进作风的各项要求，各级领导干部要坚决执行中央和省委的规定，多研究问题，解决困难，不搞形式主义，不走过场，把人民群众满意作为检验我省高等教育和高校工作作风的最高标准。五是实施高校思想政治教育综合改革项目。针对高校青年教师和大学生思想政治教育中带有全局性的突出问题，支持高校开展青年教师思想政治教育、大学生思想政治教育、思想政治理论课教学、辅导员队伍、网络思想政治教育、学校安全稳定管理等方面的综合改革，推进思想政治教育学科专业建设、教师队伍建设、教学资源建设、教学方法改革和保障机制建设。

（二）建　议

一是建议省委协调解决教师编制问题。省机构编制部门会同省教育、财政部门按国家有关规定，修订出台新的高等学校机构编制标准，以适应高等教育快速发展的需要。健全编制动态管理机制，建立每3年一核编和高校职称职数核定制度，并尽快启动全省高等学校编制和职称的核定工作。

二是建议解决高职院校生均拨款标准问题。目前全国已有10个省建立了高职生均经费标准，财政部、教育部今年将拿出50亿奖励此项工作。我省高职院校生均拨款机制尚为建立，影响了高职内涵建设和长远发展，希望尽快建立高职院校生均拨款标准，加大高职院校教育经费投入。

三是建议建立和完善省级统筹机制，进一步加强部门统筹协调，推进高等教育综合改革深入开展。

# 关于我省普通高等教育学历考试情况的调研报告

（2013年）

安徽省教育厅高教处

为进一步推进我省教育体制综合改革试点工作，统筹考虑我省普通高等教育学历考试，调研组在前期网上调研的基础上，实地考察了江苏省教育厅有关做法。现将有关情况报告如下：

**一、我省的基本情况**

我省除了普通高考以外，普通高等教育学历考试还有普通高校对口招收中等职业学校毕业生考试、普通高校普通专科层次升入本科教育考试、初中起点五年制高职招生考试、高等职业院校自主招生考试4种考试。

1. 普通高校对口招收中等职业学校毕业生考试（对口招生考试）。

为进一步振兴我省职业教育，积极构建中等职业教育与高等教育相互沟通、相互衔接的教育体系，考试启动于20世纪90年代；2001年以前，招生计划为5 000人左右，涉及9大类专业；2002年起，招生计划扩大至1万人左右，其中本科招生计划在5%至10%（2004年超过10%），涉及13大类专业。招生对象是全省中等职业学校（包括普通中专学校、中等师范学校、职业高中学校、成人中专学校、中等技工学校）和综合高中职高班的应历届毕业生。考试实行“3+X”形式，即语文、数学、英语三门文化课和一门专业（综合）课。本科和专科批次均实行“平行志愿”填报、投档和录取。

2. 普通高校普通专科层次升入本科教育招生考试（专升本考试）。

为加快我省高等教育的发展，进一步深化高等教育领域的各项改革，积极发展本科层次高等教育，拉动专科层次高等教育的发展，逐步构建各级各类教育的立交桥。考试自2001年开始，10所院校1 245个计划，各校招生最多7 000人，最低为2 000多人，近5年来稳定在5 000~6 000人。招生对象为省内应届全日制普通高职（专科）层次毕业生和上一年度本省具有普通高职（专科）毕业学历的退役士兵；考试科目由省考试院组织的统考科目和由招生院校组织的专业加试科目两大类构成。统考科目文史类为英语、计算机基础、综合文科；理工类为英语、计算机基础、高等数学；艺术类为英语、计算机基础、综合文科；体育类为英语、计算机基础、综合文科；招生院校自行组织加试科目为专业基础课。在合格考生中（即考生同时达专业加试科目、统考科目最低资格线和统考科目最低总分录取控制线），根据考生参加全省三门统考科目总成绩结合考生志愿从高分到低分择优录取。

3. 初中起点五年制高职招生考试。

为实现了中等职业教育与高等职业教育的有机衔接，考试从 1999 年开始，在我省几个中等师范学校试点，2000 年扩展到部分普通中专学校 5 000 个计划，2013 年增加至 30 650 个计划。招生对象是符合条件的省内初中生；根据考生中考成绩和志愿，按照从高分到低分的原则进行择优录取。

4. 高等职业院校自主招生考试。

通过开展自主招生改革试点，逐步建立符合安徽省情的分类考试、综合评价、多元录取的高等职业院校考试招生制度，加强校际、校企合作和市级统筹，构建高等职业教育招生、培养、就业联动机制和中高职协调发展的现代职教体系，推动职教大省和高教强省建设，提升职业教育服务经济社会发展能力。2009 年单独招生考试试点，1 个学校 4 个专业 230 个招生计划录取 230 人，2012 年自主招生改革试点，2013 年 42 所学校 21 800 个计划，录取 16 157 人。招生对象为应历届普通高中毕业生、应历届中职毕业生和具有高中阶段学历的农民工、复转军人、企事业单位在职职工、失业人员。高职院校自行确定考试（测试）方式、考试科目和录取方式。

**二、存在的问题**

我省的四类考试基本上是各自为战，缺乏系统设计和有效衔接，考试形式、考试内容有所交叉，重复设考，造成风险大，成本高，增加了行政成本，降低了工作效率。

初中起点五年制高职招生考试。考试打通了初中学生接受高层次教育的通道，拉动了中职招生，满足了人民群众接受教育和经济社会发展对人才的需要。但初中起点五年制高职教育每年有将近 1/3 的学生在中职向高职转段时流失，其中工科类学生流失较为严重，师范、医药卫生、文化艺术等类学生稳定性相对较好。且这个考试就是中考，包括思想品德、语文、数学、英语、历史、物理、化学课程考试。考试是选拔学生就读普通高中，对选择就读职业学校的学生来说，参考价值不大。

普通高校普通专科层次升入本科教育招生考试。考试打通高职到本科的通道，对促进高职学生升学起到一定的促进作用，高职（专科）毕业生参与普通高校专升本招生的积极性很高。但由于“专升本”的考试中，不考核学生的职业技术课和实践能力，致使部分备考学生入学不久，就将大部分精力投入“专升本”基础理论课程的学习上，而忽视了职业技术课程实践、实训环节的学习，甚至有些高职高专院校为了集中时间备考，大大缩减实践教学环节。另外，有些高职高专院校把提高升本率看作重要的形象工程，削弱了对职业技术课程的考核，放松了实践性教学环节的实施，影响了学校正常的教学秩序。而且教育类型不同，高职“专升本”学生进入本科学校主要进行的是学科教育，这与高职教育的人才培养目标存在很大的差异，这样的考试制度不利于高职人才的培养。

普通高校对口招收中等职业学校毕业生考试。考试启动前期和中期，对于带动中职发展，促进中高职衔接，打通中职到高职、本科的通道，培养技能型人才起了很好的作用。但随着时间推移，其生源面过窄，考试内容过于繁琐、机械，重文化，轻专业；重专业理论，轻专业技能。考试录取方法单一，不注重职业的特殊要求等弊端逐渐显现。考试规模逐渐在萎缩，起不到应有的作用，已不适应形势的需要。而且这样考试的风险大、成本高，很容易走上“应试教育”的老路，不利于高职院校优秀人才的选拔。

高等职业院校自主招生考试。自主招生考试面向社会生源，学校针对不同类型生源自主灵活组织测试和录取，更加适应了建设学习型社会和终身学习的需要，更加有利于培养经济社会发展所需要的技术技能型人才，更加有利于促进人的全面发展。但考试宣传力度不够、办学条件差的高职院校吸引力不够、未打通高职教育到本科教育的通道。

**三、其他省的做法**

（一）江　苏

为积极探索系统培养技能型人才制度，增强职业教育促进学生全面发展、服务经济社会发展的能力，加快形成现代职业教育体系，江苏省 2012 年启动试点工作。以下是试点内容。

1. 中高职“3+2”或“3+3”分段培养。即学生在中等职业教育学习3年，进入高等职业教育学习2年或3年。学生在5年或6年学习期间，由对口试点的中高职院校，统筹制定对口专业中高职理论知识课程和技能训练课程衔接贯通教学体系，系统化培养高级技能人才。该项目学生通过注册入学方式进入高职阶段学习。

2. 中职与普通本科“3+4”分段培养。即学生在中等职业教育学习3年，进入普通本科教育学习4年。学生在7年学习期间，由对口试点的中职校和本科院校，统筹制定对口专业理论知识课程和技能训练课程衔接贯通教学体系，系统化培养本科层次高端技能人才。该项目学生通过对口单招进入本科阶段学习。“3+4”方式考试内容以专业技能和中职教育学业水平测试为主，其标准由本科院校和对口中职校共同制定，报省教育考试院审定。

3. 高职与普通本科分段培养。即学生在高等职业教育学习3年（五年制高职学习5年），经过资格考核，进入普通本科教育学习2年。学生在学习期间，由对口试点的高职和本科院校，统筹制定对口专业理论知识课程和技能训练课程衔接贯通教学体系，系统化培养本科层次高端技能人才。该项目本科招生可纳入“专转本”渠道，“专转本”选拔方式由本科院校和对口高职院校共同制定，报省教育厅审定。

4. 高职与普通本科联合培养。高职与普通本科院校合作，以本科院校招生计划在本二批次联合招生，培养4年制本科层次高端技能人才。学习期间，由对口试点的高职和本科院校，按照本科应用型人才培养标准和高端技能人才要求，联合制定专业理论知识课程和技能训练实践课程教学体系，确定学生在高职院校和本科院校灵活多样的学习方式，培养具有高级技能的本科层次应用性人才。

（二）广　东

为进一步完善广东省高等职业教育层次，改革高级技术技能型人才培养体制，2013年启动高级技术技能型人才协同培养改革试点。以下是试点内容。

1. 国家、省级示范性高职院校（含培养单位）和应用型二本A类院校（不含跨一本招生的院校）联合培养，每校试点专业原则上控制在2个以内。

2. 培养模式分别是协同培养，试点本科院校和高职院校按照协同培养的原则，会同行业、企业共同制定人才培养方案。学生必须有一段时间在本科院校就读，一段时间在高职院校就读，半年以上时间在合作企业顶岗实习。其中本科院校学习的时间原则上不少于在高职院校学习的时间。

专升本培养，加大专升本招生制度改革力度，推动专升本招生考试内容、方式和录取方式改革，适应高职技术技能人才培养要求。

（三）浙 江

普通高考实行在全科会考基础上的分类测试、分批选拔、综合评价、全面考核、择优录取的选拔模式。

文理科考试科目分三类设置。

一类考试科目为：语文、数学（文/理）、外语、综合（文/理）、自选模块；

二类考试科目为：语文、数学（文/理）、外语、综合（文/理）；

三类考试科目为：语文、数学（文/理）、外语、技术（信息技术/通用技术）。

自选模块设语文、数学、英语、政治、历史、地理、物理、化学、生物 9 门学科的 18 个选修模块（每门课 2 个选修模块）共 18 题（每个模块 1 道试题），由考生任意选答 6 题。

技术科目（包括信息技术和通用技术）从 2013 年 9 月起与普通高中学业水平考试中的信息技术、通用技术考试二考合一，考试成绩既用于高校招生录取，又用于评定学业水平等第。2013 年 9 月和 2014 年 1 月，两科采用合科考试和分科考试两种形式，高三及往届学生继续采用合科考试，其他学生参加分科考试。

文理科录取工作分三批进行，分别对应三个考试类别科目组。

第一批为重点高校、“211”高校和经批准列入该批的本科高校专业，对应一类考试科目；

第二批为其他一般本科高校（包括独立学院、民办高校）的本科专业，对应二类考试科目；

第三批为高职（专科）院校专业，对应三类考试科目。

（四）福 建

为推动高职院校深化改革，加快发展，提升办学质量和社会服务水平，印发支持高职院校改革发展意见。

1. 提高高职来自中职的生源比例。从 2013 年起，由高职院校组织“中期选拔”，从中职学校（含技工学校）完成二年级学业的学生中选拔部分学生进入高职学习；扩大中职学校推荐优秀应届毕业生免试就读高职院校试点范围，加强制造、电子信息、交通运输、医药卫生、农林牧渔等产业发展急需紧缺人才培养。

2. 开展注册入学试点。从2013年起，支持通过人才培养工作评估的高职院校面向省内外普通高中毕业生，开展注册入学试点。

3. 改革五年制高职招生办法。从2013年起，改变五年制高职由省统一划定录取线的办法，由高职院校根据不同地区生源情况，和设区市教育局协商确定录取线，并自主确定生源计划和招生专业。支持高职院校与省内外中职学校联合举办五年制高职教育，自主确定生源计划和招生专业。

4. 拓展办学空间。支持高职院校在工业园区、开发区或大中型企业举办分校、教学点和培训中心。

5. 扩大“专升本”办学规模。争取到2015年，高职“专升本”比例提高至20%。允许获得省职业院校技能大赛一等奖、全国职业院校技能大赛三等奖及以上的高职毕业生免试入读一般本科高校。

6. 开展应用型本科人才培养试点。根据我省及各地主导产业、特色产业急需紧缺人才培养的需要，支持高职院校选择高职精品专业与本科高校开展联办应用型本科专业试点，面向本省生源，以本科二批次录取，联合培养本科层次应用型人才。支持高职院校与本科高校联办成人教育本科专业。

7. 开展联合培养专业硕士试点。在工学、医学、农林和艺术类等领域，支持校际联合开展“3+2+2”（三年制高职+两年本科+两年硕士）、“5+2+2”培养专业硕士试点（五年制高职+两年本科+两年硕士），联合开展“3+4”（三年制高职+四年本硕连读）、“5+4”（五年制高职+四年本硕连读）专科起点本硕连读试点。

8. 推进中高职一体化办学改革试点。支持艺术、体育等高职院校扩大五年制高职教育办学规模。支持高职院校在制造、电子信息、土建、水利、医药卫生、农林牧渔、轻纺食品、旅游、工艺美术、师范教育等建设一批五年制办学示范专业群。争取到2015年，高职生源的40%来自中职。

9. 推进招工招生一体化改革试点。支持高职院校与大中型企业面向具有高中学历毕业生或企业中级工及以上在职员工，开展招工招生一体化改革试点。

## 四、建 议

《国家中长期教育改革和发展规划纲要（2010—2020年）》要求探索招生与考试相对分离的办法，政府宏观管理，专业机构组织实施，学校依法自主招生，学生多次选择，逐步形成分类考试、综合评价、多元录取的考试招生制度。逐步实施高等学校分类入学考试。普通高等学校本科入学考试由全国统一组织；高等职业教育入学考试由各省、自治区、直辖市组织。成人高等教育招生办法由各省、自治区、直辖市确定。

《教育部关于全面提高高等教育质量的若干意见》（教高〔2012〕4号）规定：改革考试招生制度，逐步形成分类考试、综合评价、多元录取的高校考试招生制度。改革考试内容和形式，推进分类考试，扩大高等职业教育分类入学考试试点和高等职业教育单独招生考试。改革招生录取模式，推进多元录取，逐步扩大自主选拔录取改革试点范围，在坚持统一高考基础上，探索完善自主录取、推荐录取、定向录取、破格录取的方式，探索高等职业教育“知识＋技能”录取模式。

《教育部关于积极推进高等职业教育考试招生制度改革的指导意见》（教学〔2013〕3号）规定，高等职业教育考试逐步与普通高校本科考试分离，重点探索“知识＋技能”的考试评价办法，为学生接受高等职业教育提供多样化入学形式。逐步形成省级政府为主统筹管理，学生自主选择、学校多元录取、社会有效监督的中国特色高等职业教育考试招生制度。建立和完善多样化的高等职业教育考试招生方式，建立以高考为基础的考试招生办法，改革单独考试招生办法，探索综合评价招生办法，完善面向中职毕业生的技能考试招生办法，规范中高职贯通的招生办法，高等职业学校要进一步优化面向初中应届毕业生的三二分段制和五年一贯制招生专业结构，以艺术、体育、护理、学前教育以及技术含量高、培养周期长的专业为主，合理安排招生计划。实施技能拔尖人才免试招生办法。

基于国家和教育部要求，参照其他省份的做法，我们建议从以下方面进行改革。

一是加强顶层设计。我省普通高等教育学历考试的总体指导思想是：通过探索，落实高校考试招生自主权，打通招生、培养、就业渠道，更加凸显高校办学特色，支撑高校办学定位，逐步形成具有安徽特色的分类考试、综合评价、多元录取的考试招生制度，到2020年，基本实现中高职衔接，积极构建应用型高等教育体系和现代职教体系。

二是2014年怎么改。在保持现行普通高考政策不变的基础上，对以上4种考试进行调整。

高等职业院校自主招生考试。面向所有高职院校，国家示范（骨干）、省示范及办学质量较高的高职院校实行自愿申报，进行自主招生改革试点，必须进行考试（测试）；招生困难高职院校自愿申报，试点免试录取入学。

普通高校对口招收中等职业学校毕业生考试。2014年继续实行现行政策，2015年后并入高职院校自主招生考试。

普通高校普通专科层次升入本科教育招生考试。2014年保持现行政策不变；增加两个试点，一是单列部分专升本招生计划给3所国家示范高职院校，开展本科高校与高职院校联合培养本科高级技术技能型人才试点；二是单列部分专升本计划给行知联盟内应用型本科高校实行自愿申报，开展面向高职院校毕业生的自主招生改革试点，本科高校自主命题、自主录取。

初中起点五年制高职招生考试。2014年压缩现有招生专业，以艺术、体育、护理、学前教育以及技术含量高、培养周期长的专业为主，并充分考虑到行业资格准入。

三是2015年以后怎么改。在保持现行普通高考政策不变的基础上，实行普通高考、高校自主招生考试、初中起点五年制高职教育招生考试并行的方式。

普通高考主要面向普通高中毕业生，考入高校学习。

高校自主招生考试分为两方面，一方面是本科高校自主招收高职院校毕业生和中职毕业生；另一方面是高职院校自主招收普通高中毕业生、中职毕业生，其中部分招生困难的高职院校实行免试录取。

初中起点五年制高职教育招生考试，按照中考成绩，以艺术、体育、护理、学前教育以及技术含量高、培养周期长的专业为主，充分考虑到行业资格准入。

四是怎么推动。

1. 成立由厅领导担任组长，办公室、发展规划处、基教处、高教处、职成处、考试院、教科院等处室负责同志担任组员的普通高等教育学历考试领导小组。领导小组负责推进此项工作。

2. 2013年9月份公布2014年和2015年以后考试改革方案。

# 加快学科专业结构调整　增强人才培养的社会适应性

程　艺　方　明　黄泽秋　张庚家

学科专业是人才培养的基础和载体。是高等学校与社会结合的桥梁和纽带。培养适应经济社会发展需要的高素质专门人才，在很大程度上取决于高校学科专业的结构合理与否。学科专业结构调整是各级各类学校基础性、长远性、根本性的工作。特别是面对国家产业结构调整和“十一五”规划的实施，面对高等教育大众化带来的教育结构和教育质量标准的多元化、教育内容和人才培养模式的多样化等形势，进一步调整高等学校学科专业结构已经成为高等教育科学发展的迫切任务，成为实施质量工程、提高高等教育人才培养质量的核心内容。

## 一、建立学科专业结构调整研究制度和研究体系，用理论研究成果丰富思想、指导实践

学科专业结构调整是协调高等教育人才培养与经济社会发展需求的系统工程。只有紧紧扣住经济社会发展的脉搏，准确把握学科专业发展的趋势，才能保证学科专业结构调整的针对性、科学性和前瞻性。安徽是农业大省、人口大省和教育大省。同时又是经济欠发达的省份，受经济发展水平的限制，高等教育的原有基础比较薄弱。其中，在学科专业结构方面主要表现为：一是学科专业总量偏少。1998 年，全省本、专科专业种类为 248 个，本、专科专业点为 472 个，全省高校平均每校只有 13 个专业点。二是学科专业结构不尽合理。1998 年以前，全省高校师、医、农类专业点占专业总数的 70% 以上。工学类、经济类、法学类和管理类专业比例偏低，新兴、交叉、边缘学科专业发展不够。三是学科专业办学条件薄弱，特色不明显。投入严重不足，师资力量薄弱，实验实习条件比较落后；学科专业改革力度不大，一些学校重申报、轻建设，重外延发展、轻内涵改造，新建高职学校基本按本科模式在办专科专业；专业的整体水平不高，全省高校没有一个省级重点专业，品牌、特色专业没有形成。

四是与本省经济社会发展的贴近度不够。适应性不强。经济社会发展急需的高新技术类专业人才、高层次经营管理人才和面向地方经济建设的应用性人才供给不足；一些学校发展思路不清、定位不准，专业设置的盲目性、随意性较大；主动适应经济社会变革需要的自我发展、自我约束的学科专业管理机制有待形成。因此，在实践中，安徽省首先围绕学科专业结构调整建立了点面结合的研究制度和研究体系。

省政府是学科专业结构调整的引导者、推动者，作为第一层次进行面上研究，主要研究本省经济社会发展对高等教育的要求、各级各类人才需求状况、高等教育和学科专业发展规划、区域布局等。2002 年，“加快安徽高等教育发展”项目被省委政策研究室列为年度省委重点调研项目。由省委、省政府领导牵头，会同省直有关部门开展了为期 8 个月的高教调研活动，形成了《加快安徽省高等教育发展》的调研报告，确定了高等教育总体发展目标和政策保障措施。2002 年，“安徽省经济、科技、教育发展与高等学校学科专业设置研究”项目被列为安徽省软科学研究重点项目。2003 年完成了该项目的研究报告，进一步明确了全省学科专业结构调整的基本思路。2007 年，学科专业结构调整再次被省委政策研究室和省政府参事室列为年度重点调研项目。

省教育厅作为第二层次也进行面上研究。主要研究学科专业结构调整的具体目标、原则和实施方案，提出各学科专业设置的基本条件、建设标准和每年从严控制、鼓励增设的专业名单，为高校学科专业结构调整提供信息服务。省教育厅省级教学改革研究项目每年均设立学科专业结构调整专题。2000 年以来，总计投入研究经费 340 多万元，立项资助 150 多个学科专业结构调整方面的项目。全省 80 多所普通高校的 1 200 多人参与项目研究，取得了一系列研究成果，为本省高校学科专业调整提供了重要的智力支撑。

学校作为第三层次进行点上研究。主要任务是研究制订学校学科专业发展规划，并对每个拟新设的专业进行必要性和可行性研究。高校将专业设置作为研究项目对待。由专业筹建人牵头，校内外专家和企业、社区、机关及其他用人单位人员参加，对该专业及相关专业的社会需求、其它高校已设置情况等进行调研和分析，提交研究报告和研究结论。同时，也对该专业的培养规格、培养方案和建设计划提出建议。

通过点面结合的系统研究，从省政府到各高校基本摸清了本省经济社会和高等教育的发展现状，明确了学科专业结构调整的目标和思路，为全省高校学科专业建设和结构调整工作奠定了良好的理论基础。

**二、制订学科专业建设与结构调整规划，用系统设计指导高校科学定位、有序发展**

高等教育的快速发展，在加速实现大众化的同时，也带来了一系列的无序性：高等院校数量激增，层次类型增加，办学体制多元，投资主体复杂；学科专业贪大求全，盲目增加；师资队伍年轻化趋势凸显；教学条件捉襟见肘，难以维系；院校同构，失去特色；学科专业同质，适应性不强；学生同型，培养模式单一。这些现象都反映了一个根本问题：省、地区、各高校没有用系统的观念，从总体出发来谋划高等教育的发展。

安徽省在高等教育快速发展的初期，从学科专业发展规划入手，统筹考虑高等教育的整体目标与各高校人才培养的相对分工，用系统的设计来指导高校科学定位，有效避免了高等教育快速发展可能带来的一系列无序后果，使省内高校在稳步发展中实现了结构的优化。2002 年 11 月，省教育厅制定出台了《关于推进高等学校学科专业结构调整工作的若干意见》，对安徽省学科专业发展的总体目标、层次结构、科类结构进行了系统规划，并提出了与学科专业结构调整配套的政策措施。在招生计划安排、经费分配、新专业审批、专业就业率公示、专业检查和评估制度等方面建立了激励和约束机制。充分利用招生计划的调节手段，加强人才培养学科结构和层次结构的宏观调控，优化科类结构，调整专业招生规模。根据就业反馈的信息，调减社会需求量明显不足的长线专业招生数量，计划的增量部分主要用于扩大与本省经济建设和社会发展直接相关、就业预期较好的学科专业的培养规模。同时，把专业的调整改革与新专业设置挂钩，对专业调整改革动作快、力度大、成效显著的，在专业申报备案和审批时优先考虑，对于专业调整改革进展缓慢的，将严格控制设置新专业；把专业调整改革与经费投入挂钩，对调整改革成效显著的学校，在重点学科、重点专业、重点实验室建设、仪器设备和图书资料等经费方面优先安排，对于没有进行专业调整改革或改革成效不明显的，将减少投入；把专业调整改革与评估、评优挂钩，将专业调整改革的成效作为评选优秀学校、优秀教务处的重要条件。

在做好省级规划的基础上，省教育厅重点对高校的学科专业发展规划进行了审定。为指导学校做好学科专业发展规划工作，省教育厅印发了《关于做好高校专业建设与发展规划制定、修订工作的意见》。明确规定，各学校必须对自己的办学指导思想、层次定位、类型定位、服务面向定位、学科专业定位有清晰的表述，并经过专家论证。在规划编报的过程中，教育厅还组织专家深入学校，尤其是新升本学校和高职院校，帮助学校理清办学思路，明晰办学定位，找准优势与特色。在规划上报后，教育厅组织专家围绕规划制订中程序的科学性、参与程度的广泛性、思路的清晰性、目标的明确性、定位的准确性、保障的有力性六个方面，逐条进行评议，并将评议意见反馈给学校。高校依据教育厅审定的学科专业发展规划，制定和修订本校的事业发展规划、师资队伍建设规划、实验室建设规划等，科学合理地配置了学校资源，减少了发展的盲目性，保障了规模快速发展过程中规模、质量、结构、效益的协调发展。

**三、构建高校自主设置和政府宏观调控相结合的专业管理机制，以项目建设推动高校深化改革、优化资源配置**

如何处理好专业设置中高校的自主权和政府的调控权，一直是专家学者探讨的热点问题。安徽省依据《中华人民共和国高等教育法》和《教育部专业设置管理规定》，坚持在专业设置中政府和高校各司其职、各行其责、各有作为。构建了高校自主设置和政府宏观调控的专业管理机制，有效地引导和促进了学科专业结构调整工作。在实际工作中，省教育厅始终坚持“三个结合”：一是坚持高校自主设置和全省宏观调控相结合。高校依据省教育厅审定的学科专业发展规划，自主设置、调整目录内的本科专业。省教育厅依据社会需求和毕业生就业率状况、专业结构和布局状况、高校的办学条件状况等，提出每年从严控制增设的专业范围。高校增设从严控制专业和目录外专业，须经省高校专业设置评议委员会论证通过后，报教育部备案或审批。二是坚持享受权利和履行义务相结合。高校享受自主设置学科专业的权限后，必须逐步放宽对学生转专业的限制，大幅度提高学生选择专业、选择课程、选择教师等方面的自主性。自主选择专业是人的全面发展、经济社会发展和高等教育发展的客观趋势和必然要求，高校可以找到一千种理由反对，但任何高校不得不认同，总有一天也不得不去做。三是坚持规范管理和改革创新相结合。鼓励高校之间、高校与社会资源之间建立教学联合体，共享师资、课程、学分、设备、图书等，共建新兴、交叉学科专业；鼓励本科高校按大的学科门类招生和培养；鼓励采取学分制、辅修制、双学位制等模式培养个性化、复合型人才；鼓励高校对现有学科专业进行系统改造，增设本省经济社会发展紧缺的工程技术类学科专业，停办部分社会需求量小、毕业生就业率低的学科专业。高校学科专业调整方案经省教育厅论证通过后，省教育厅将对学校的学科专业建设提供必要的经费和政策支持。

同时，由于学科专业建设是结构调整的前提和归宿，学科专业建设水平的高低，决定了人才培养的条件和质量，直接影响学科专业结构调整的最终效果。因此，安徽省级财政设立了学科专业结构调整专项经费，以教学基本建设项目为载体，贯穿于学科、专业、课程、实验中心、实习基地、教师队伍、教学研究、图书文献信息保障系统等方面。通过重点扶持、示范带动和政策引导，全面系统地提高了高校的学科专业建设水平，使高校优质教学资源建设得到加强，带动了高校整体教学条件的明显改善。“十五”期间，安徽省重点建设了122个省级重点学科、67个省级重点专业、138门省级重点课程、58个省级实验教学示范中心、75个省级教改示范专业、475门省级精品课程、100个省级实习基地，并整体购买安装了电子图书和电子期刊数据库，建立了全省高校数字图书馆，供高校师生免费使用。通过实施学科专业结构经费投入和重点建设计划，高校优质教学资源建设得到加强，带动了高校整体教学条件的明显改善。

**四、坚持结构调整优先原则，推进新一轮学科专业结构调整**

以学科专业结构调整为主线的内涵发展之路，保障了安徽省高等教育在比较快速发展中，人才培养质量的稳步提高和毕业生的充分就业。截至2007年5月，本省高校设置本科专业195种、高职高专专业317种，本科专业点1 014个、专科专业点1 999个。与1998年相比，专业种类增加264种，专业点增加2 541个。1998年以来，全省共有20所本科高校顺利通过了教育部本科教学工作水平评估，7所高职学校通过了教育部委托本省组织的高职人才培养工作水平评估。从总体上看，全省高等教育本科质量稳中有升。高职教育以培养高技能人才为己任的质量特色正在逐步形成，高校毕业生就业率逐年提高。

当然，在高等教育的发展进程中，学科专业结构调整只有起点、没有终点。面对新形势、新要求，必须要有新思路、新举措。当前和今后一个时期，要以学科专业结构调整为主线，全面提高高等教育质量，还需把握好以下3个方面的内容：

首先，树立新的结构观。以科学的结构观指导学科专业结构调整。就高等教育的规模、质量、结构、效益而言，结构是原因，而规模、质量、效益是结果。高等教育的质量实际上寓于高等教育的结构之中。高等教育的结构本身已包含有高等教育质量、社会效益和经济效益的一定要素。优化高等教育结构或以最小投入获取最大产出，是提高高等教育的质量、获得社会效益和经济效益最大化的真正内涵之所在。所以，在高等教育的发展中，应当坚持高等教育各种结构优先调整的原则，将高校各种结构调整与优化作为一项长期的战略目标来看待。在处理高等教育的结构、质量、效益及规模、速度关系时，要坚持以提高质量、效益为中心的原则。但更重要的是解决好质量、效益得以提高的前提，即坚持结构调整优先的原则。

其次，在招生计划安排中坚决贯彻学科专业结构调整的要求。招生计划安排是人才培养结构调整的重要环节，也是最后一道防线。高校设置了一个专业，不管是研究生、本科还是专科，都只是取得了某一类人才的培养资格，相当于拿到了驾驶执照，而是否安排招生，招多少学生，还要取决于该专业的市场需求数量。市场需求是动态的、发展变化的，因此各个专业的招生数量也应当与时俱进，该增就增、该减就减、该停就停。高校招生计划安排应进一步突出重点，坚持向优质资源倾斜、向结构调整倾斜、向就业率和就业质量高的高校和专业倾斜，绝不能搞因人设庙、因庙养人的平均主义。

最后，建立品牌与特色专业建设机制。品牌专业是指专业条件、改革成果、建设水平、人才培养质量整体上达到一流水平的专业；特色专业是指专业改革成果和建设水平在一个方面或几个方面达到较高水平，人才培养具有明显特色的专业。在高等学校大规模扩大招生而招生专业种类又进一步调整减少以后，一个突出的情况是同一个专业同时有很多学校办，专业招生和在校生平均规模比较大。在这样的情况下，把所有专业都建成高水平的是不现实的，而实行重点突破战略，大力建设一批品牌专业和特色专业，加快形成各专业种类、各高等学校专业建设和改革的“亮点”，再通过这些品牌专业和特色专业的示范带头作用，带动学科专业结构的整体优化和建设水平的整体提高，则是极为重要，也是完全可能的。

（原载于《中国高等教育》2007 年第 13、14 期）

# 大力发展应用性高等教育　服务引领安徽奋力崛起

程　艺　储常连　方　明

改革开放以来，特别是1998年以来，安徽省和全国一样，高等教育经过大发展、大改革、大提升、大建设，实现了历史性跨越式发展，取得了辉煌成就。当前，安徽高等教育已站在新的历史起点上，正处于精英教育向大众化高等教育深度发展、以扩大规模为主向全面提高质量转变、努力建设高等教育强省的关键时期。面对新形势，地方高等教育和地方高校如何实现又好又快发展成为我们必须回答的现实问题。应用性高等教育概念的提出为我们提供了解决问题的答案。我们认为，大力发展应用性高等教育，努力建设具有地方特色的应用性高等教育体系，实现高等教育强省建设目标，服务、支撑和引领地方经济社会发展，促进安徽奋力崛起，成为安徽高校的共同责任。

## 一、应用性高等教育的内涵

应用性高等教育在国际上特别是经济发达国家和地区，早已有之，但作为一个教育学概念提出来，还是近几年的事：20世纪中叶，美国的（EE）四年制工程教育，二年制社区学院；20世纪60年代，德国的高等专科学校和英国的多科性技术学院；20世纪70年代，日本的“专升本”的技术科学大学以及我国台湾地区的台湾工业技术学院等，都是应用性高等教育的实例。但目前对应用性高等教育的内涵界定还没有一个统一的说法。

综合有关研究文献，我们认为，应用性高等教育是相对学术性高等教育而言的一种对高等教育性质的描述，它以培养应用型人才为主，主要指以职业为背景、以服务地方经济社会发展战略需求和显示需要为目标，充分利用学科知识和科学技术开展应用人才培养、应用科学研究和社会服务的高等教育系统。必须注意的是，应用性高等教育不是应用型高等教育，它不是一种高等教育的类型，而是一个高等教育的性质的描述；它不是一个高等教育的层次，而是贯穿高等教育不同层次的体系；它不是特指某几所高校，而是指向所有高校；它不是指某所高校的所有学科专业，而是指那些培养应用型人才的学科专业。应用性高等教育具有以下特征：

应用性与现实性。这是相对学术性、长远性而言的。应用性高等教育有“两个追求”：在基本理论知识学习的基础上，追求知识、理论、科学、技术的实际应用，侧重于对学生应用专业理论知识指导实践工作能力的培养；面向生产、生活、服务、管理一线，追求实用、实效，关注人才培养、科学研究、社会服务的实际价值和现实意义，侧重于适应能力、实践能力、创新能力和创业能力的培养。

地方性与开放性。应用性高等教育与地方经济社会紧密联系，服务于区域经济的发展。就其专业而言，是在相对稳定的学科基础上针对工程技术、应用技术、职业岗位（群）来设置专业或专业方向的，具有行业、职业或技术的定向性和地方性。同时，应用性高等教育也与社会用人部门紧密联系，其师生与实际劳动者紧密联系，要求高校全面开放办学过程，融于地方经济社会发展之中。

多样性与系统性。经济社会发展对多样化人才的需求、对解决现实生产与管理问题的需求等决定了应用性高等教育必须多元发展、培养多样性人才。应用性高等教育既包括纵向的专科教育、本科教育、研究生教育等不同层次，又包括横向的人才培养、科学研究、社会服务等不同的职能以及行业特性，而且培养人才和技术研发的多样性是有内在分工与合作的，行业间、职业间的联系越来越紧密，相互交叉。这些都决定了应用性高等教育是一个由多层次、多功能、多行业以及多专业构成的教育系统。

**二、应用性高等教育与学术性高等教育的区别**

应用性高等教育是一个相对独立的教育系统，是在高等教育大众化过程中针对高校类型多样化而提出来的，是在产业结构调整、升级过程中对人才多样化需求时提出来的，是在劳动力市场上出现结构性失业的背景下提出来的，也是在人民群众对高等教育的多样化需求中提出来的。从其产生的背景我们可以知道，它是不同于传统的学术性高等教育的，至少有以下的区别：

服务对象不同。学术性高等教育服务于国家战略和长远发展目标，以精英教育为主，重点培养社会需要的高尖端科技人才，其发展以提高学术质量为核心内容；应用性高等教育服务于现实的经济社会发展需要，往往与地方经济社会的发展融为一体。

任务主体和发展责任不同。学术性高等教育的任务主体是“985 工程”“211 工程”等一些国家重点建设高校，发展的主要责任是中央政府。应用性高等教育的任务主体是地方高校，尤其是近几年来的新建本科院校、改制高校、独立学院以及一些民办高校，发展的主要责任在地方政府。

学历标准要求不同。学术性高等教育对人才培养的基本学历要求是博士研究生，最低是硕士研究生。应用性高等教育人才培养根据社会需求和专业特点的不同，学历可以分别是专科（技能型、操作）、本科（知识、技术应用，工程）、研究生（高级技术、高级管理等）。

人才培养模式不同。体现在人才培养的目标、内容、过程、方法等方面。培养目标方面，学术性高等教育培养的是理论性、学术型人才，理论基础比较宽厚，并在宽的基础上有所专，成为拔尖创新人才，致力于提高科技水平和生产力水平（包括管理水平）；应用性高等教育的培养目标主要指向技术师、工程师、经济师、经理等，培养的是应用型和职业型技术人才，着重学好知识和技能，主要从事将高新科技转化为生产力（包括管理能力、服务能力）。教学内容方面，学术性高等教育不仅要向学生传授已经有定论的科学知识和专业知识，而且还要向学生介绍最新的科学成就，各种学术流派和学术观点以及学科需要进一步研究和探讨的问题，培养学生创新和探索精神；应用性高等教育教学内容以职业岗位或工程技术领域的需要为出发点，在满足某一专业的学科理论的基本要求上，以生产现场正在使用和近期有可能推广使用的技术为主要业务范围，具有应用性、针对性和实用性。教学过程与方法方面，学术性高等教育关注是什么、为什么，强调全面、系统、科学的传授与理论基础研究，是知识本位的；应用性高等教育关注怎么做，强调实践、技能训练，是能力本位的，以提高学生的学习能力、就业能力、轮岗能力和创业能力为重点。

研究的方向、内容不同。学术性高等教育致力于基础研究，探索自然和人类的新知识，针对性不明确。应用性高等教育致力于应用研究和技术研发，解决现实问题，针对性强。

评价的标准不同。学术性高等教育追求学术高层人才培养、储备及科研成果的理论价值和原创性发现。应用性高等教育追求多样化的应用人才培养，科研成果的产业化、商品化及其经济价值、社会价值和现实作用。

### 三、大力发展应用性高等教育的必要性

应用性高等教育是随着经济社会发展，随着高等教育由“精英教育”向“大众化教育”转变应运而生的。它作为一个概念一经提出就很快地付诸实践，近几年，一批应用性本科院校强势涌现，已成为我国高等教育的一支重要力量。这说明大力发展应用性高等教育是追赶国际高等教育发展潮流的一种需要，是经济发展和社会进步的要求，更是努力建设高等教育强省的必然选择。

大力发展应用性高等教育是经济社会发展的必然要求。1998 年以来，高等教育在快速发展中积累了不少问题和矛盾。其中，经济社会发展对多样化人才的需求、对解决多种多样生产、管理现实问题的需求与高校发展求大、求全、求高的趋同现象之间的矛盾，已成为高等教育发展的重大障碍，必须解决。解决办法就是打破高校发展的趋同思维，树立特色意识，实现分类指导，特色发展，构建与经济社会发展良性互动，能服务、支撑、引领经济社会发展的应用性高等教育体系。就安徽省而言，应用性高等教育由省市地方政府举办，立足安徽，服务地方。它首先能为安徽地方经济建设与社会发展需要培养量大面广的大批高级应用型人才，尤其是为生产、建设、管理、服务第一线培养下得去、留得住、用得上的大量高级应用型人才，为地方经济社会的发展提供智力支撑、人才保障和技术服务；其次能为安徽地方经济建设与社会发展解决难题，推广高新实用技术，为提升地方企业的科技含量，提高产品的附加值和市场占有率服务；最后能为安徽地方各类专业技术人才继续教育、终身教育提供教育培训基地。

大力发展应用性高等教育是高等教育大众化深度发展的必然趋势。高等教育大众化绝不仅仅是高等教育毛入学率的指标问题。其与精英教育阶段相比，在教育理念、办学模式、人才培养、功能定位等多方面会发生质的变化。目前，安徽省高校的办学模式、教学模式和管理模式单一性与大众化高等教育多样性的矛盾，已成为高教发展的瓶颈。高等教育大众化深度发展要求各高校必须坚持以应用性为宗旨实现多元发展，分类发展，只有这样才可能实现协调、可持续发展。同时，安徽省高等教育大众化的水平还不高，还处于初级阶段。应用性高等教育的发展，办学规模的扩大，将大大提高安徽省地市、县市和广大农村人口接受高等教育比例，既有利于促进高等教育的大众化进程，也有利于缩小城乡高等教育的差别。

大力发展应用性高等教育是高等教育体制改革的必然结果。随着高等教育的快速发展，高等教育以中央为主的办学体制实行了改革。现行的体制是三级办学、二级管理、省级统筹为主、社会参与。改革的重点是对中央和地方发展高等教育的责任、定位进行分工。省级政府负责本辖区内高校的统筹规划和协调。建立具有地方特色并能支撑、引领本地区经济社会发展的应用性高教体系成为省里的责任。就安徽省而言，如何统筹规划和协调本辖区内高等教育的发展，重要的方面是调整布局结构。安徽省高等学校地域分布不尽合理、布局结构失衡的问题由来已久，表现为高等教育资源和普通高校过于集中在大城市，本科院校主要分布在省会城市和地级城市，有2个地市还没有本科院校。统筹规划高等教育的发展，必然会发展一批应用性本科院校，促进经济社会的协调发展。

大力发展应用性高等教育是高等教育本身发展的必然趋势。随着我国进入全面建设小康社会、加快实施社会主义现代化建设第三步战略阶段，对高等教育在量的发展和质的提高方面提出了历史性的要求，需要培养和造就数以千万计的专门人才和大批拔尖创新人才。应用性高等教育发展，有利于优化人才培养的层次结构，有利于人才培养模式的创新和多样化，有利于保持高等教育系统的生态平衡，促进高等教育的科学发展。

**四、大力发展应用性高等教育的基本思路**

在发展应用性高等教育的过程中，不能简单地将“应用性”“实践性”与“学术性”“理论性”对立起来，非此即彼；也不能盲目追求技术为先，坚持能力本位却忽视了学习主体“人”的因素。我们认为，发展应用性高等教育，应坚持的基本思路是：以科学发展观为指导，解放思想，全面开放；合理分类，科学定位；加强合作，凸显特色。

必须坚持以科学发展观为指导。就安徽省而言，应从改革开放30多年，特别是近10年高等教育发展历史的角度，科学分析和研判应用性高等教育发展的历史方位；从安徽经济社会改革发展大势的角度，科学分析和研判应用性高等教育在建设工业强省、人才强省、文化强省等服务安徽奋力崛起中的现实地位；从安徽省高等教育与国家高等教育发展的现实差距角度，科学分析和研判应用性高等教育改革发展的未来走势；从应对世界金融危机，拉动内需的角度，科学分析和研判应用性高等教育改革发展的历史性机遇，根据应用性高等教育的层次、类型和实际情况，确定发展的速度、目标和重点，使其健康、持续、协调发展。

必须坚持以全面开放为前提。生产社会化、经济全球化、社会信息化要求应用性高等教育的发展必须具备很强的开放意识与开阔的胸襟。一要破除封闭思维，树立开放意识，汲取别人之所长，促进自己大力发展；二要坚持面向世界、面向未来、面向现代化，要能走出去，请进来；三要坚持向社区、向社会、向企业、向政府、向世界开放。任何因循守旧、抱残守缺、固步自封都只能束缚发展。

必须坚持以合理分类为基础。分类不是目的，分类是帮助应用性高等学校在整个高等教育系统中科学定位、彰显个性、办出特色。就安徽省而言，分类指导尤为重要。安徽省高等教育已经呈现出“五种类型、五个主体”的新特点，即研究型大学（学科任务型）、教学研究型大学（学科导向型）、应用性大学（就业导向型）、高等职业院校（就业任务型）和继续教育院校（资源建设型）。这是社会需求和高校分工发展到一定历史阶段的必然结果。对应用性高等教育而言，应结合安徽产业结构的特点和“861”发展规划，妥善处理好培养目标与办学层次的关系、学科建设与专业建设的关系、理论学习与实践训练的关系、全面发展与一专多能的关系、培养“专才”与培养“通才”的关系，重要的是以就业为导向。只有这样才能做到科学发展。

必须坚持以科学定位为根本。定位有确定空间、角色、地位的含义。科学定位就是寻找并确定能最大限度发挥自身职能作用的角色；就是探寻矛盾的特殊性，彰显个性；就是要选择空位、坚持正位、合理错位、独占其位和适时易位；就是要填补空白点、减少重复点、凸显闪光点、占领制高点。只有定位准确，才有可能办出特色，才能在激烈的竞争中立于不败之地。科学定位必须考虑这样几个问题：一是应用性高等教育在整个社会大系统中的定位，解决应用性高校的办学方向和目标定位；二是每一所院校在整个高等教育系统的定位，解决办学类型、办学层次和办学特色定位；三是内部各要素在学校发展中的定位，确定自己的办学规模、学科布局、服务方向和管理模式等。

必须坚持以合作共赢为关键。应用性高等教育在发展过程中，必须与外部环境通力合作，搭建合作平台，建立战略联盟，创新合作模式，实现双赢或多赢。就安徽省而言，应用性高等教育的发展要在“三个互动合作”上做文章：

学校发展与地方发展互动合作，发展战略要着眼于地方发展战略，着眼于地方的经济社会发展需要；学科专业建设与地方产业成长互动合作，将学科专业建设纳入到地方产业和社会发展的大局之中，形成学科专业建设群与地方产业发展链的有效对接；教育教学与企业（社区）互动合作，把专业设置、课程安排、实践环节等都纳入企业（社区）的需求之中。

必须坚持特色办学的发展方向。办学特色是指一所大学在发展历程中形成的比较持久稳定的发展方式和被社会公认的、独特的、优良的办学特征，也就是人无我有，人有我优，人优我新，就是唯一。应用性高等教育在培育特色的过程中，应该注意这样几个方面：一是制订特色教学计划。中外教育改革的历史证明，是否制订特色教学计划是学校特色能否形成的关键。二是开设特色校本课程。校本课程能充分尊重和满足学校师生以及学校教育环境的独特性和差异性，是最能体现校本特色的课程。三是搞好特色软件建设。

必须坚持支撑引领的发展目标。高等教育已经从社会的边缘走向社会的中心，其历史使命是走在时代的前面，引领社会的发展。因此，高校不能长期习惯于做经济社会的积极适应者和对政府社会的埋怨者，只有肩负起引领社会发展的神圣使命，才能体现高等教育的独特价值，才能保持其生机和活力。就应用性高等教育而言，作为当地知识集中、智慧集中、人才集中、投入集中的地方，是当地的文化科学中心，在科学技术、卫生保健、文化体育等方面大多居于领先地位，扮演着科学知识创新者、创新人才培养者、知识成果转化者和社会价值维护者的角色，理应成为当地经济社会发展的重要引擎。

**五、大力发展应用性高等教育的政策举措**

作为高等教育的一种新形式，安徽省的应用性高等教育虽然在规模上有了迅速的发展，但在内涵建设上基本还处于探索阶段。而这种内涵建设的相对滞后，已经在不同程度上影响了这些高校的人才培养质量和未来发展后劲。因此，必须采取超常规措施，推进其向前发展。

大力发展专业学位研究生教育，办学能级有突破。学术性高等教育以培养科学研究型的学术性人才为主，应用性高等教育以培养工程师型的技术人才为主，而专业学位研究生的定位又是为经济社会各行业培养从事基层专业技术工作的研究人员，专业学位是工程型学位、技术型学位、应用型学位。而国家规定，只有那些已经有硕士学校授予权、有培养学术性研究生经验的学校才可以招收培养专业学位研究生。让学术性高等教育的培养学术性、理论性、精英型人才的模式，去培养工程型、应用型、大众型的专业学位研究生，这是很不合适的，不仅是培养模式的不匹配，更是对人才目标规格的误解和优质办学资源的浪费。所以，国家有关部门应该调整学位授予权单位和学科审批政策，允许应用性高等教育的一些优势学科优先成为专业学位硕士授予权学科。就安徽省而言，将以招收专业学位研究生为突破口，加大投入，大力加强专业学位学科或应用性学科建设，创造条件，争取试点，增列专业学位研究生培养单位，增加专业学位研究生培养种类和培养领域，扩大专业学位研究生招生规模，充分发挥专业学位研究生教育在应用性高等教育体系中的龙头作用。

加强应用性本科高校建设，办学水平有提升。以“质量工程”为抓手，立项进行示范性应用性本科高校建设。通过建设，引导学校科学定位，以提高应用型人才培养质量为宗旨，以教学为中心，以教师为本，发展先进的建设应用性大学的理念，探索应用型人才的培养模式（标准），建设适合应用型教育的师资队伍，构建比较齐全的办学层次，改善基本办学条件和环境，更好地为安徽经济建设和社会发展服务。在建设过程中，将以成立的“安徽省应用本科高校（合作）联盟”（即“行知联盟”）为组织依托，以《行知章程》为行动准则，定期研讨和举办中外应用性高等教育论坛，推动校际合作和校地、校企合作，加强国际合作，打造应用性本科院校战略合作联盟共同体，共享优质办学资源，提升应用性本科院校的竞争力。

加强示范性高职院校建设，教学改革有突破。以国家示范高职建设为契机，继续立项进行省级示范高职院校建设。通过建设，形成一批产业覆盖广、办学条件好、产学结合紧密、人才培养质量高的特色专业群，培养和引进一批高素质“双师型”专业带头人和骨干教师队伍，建成一批优质专业核心课程、特色教材和教学课件等优质教学资源，运用现代信息手段，搭建公共服务平台，为共享优质教学资源提供技术支撑，使安徽省高等职业教育的办学条件有较大的改善，办学实力、教学质量、管理水平、办学效益等有较大提升，使教育教学改革有实质性突破。在建设过程中，将成立省级示范高职院校合作委员会，实行示范院校对口支援薄弱学校，协调发展。并将通过人才培养工作评估来推动高等职业院校提升办学水平。通过评估工作的开展，促进高职院校加强内涵建设，建立校企合作、工学结合的人才培养模式；逐步形成以学校为核心、教育行政部门为引导、社会参与的教学质量保障体系；优化高职院校的发展环境，促进招生、培养、就业的和谐和提高师资水平、保障经费来源稳定；建立以评估为基础的高职院校办学的评价机制。

加强高素质的应用型师资队伍建设，人力资源有保障。师资队伍的结构和水平，一直都是应用性高等教育学科专业发展的瓶颈。因此，应用性高等教育应从事业发展的整体战略出发，以学科专业建设为基点，建设一支既有深厚扎实的理论知识功底，又具有精通实践，有很强的动手操作能力和解决生产实际问题能力的“双师型”教师队伍。建设应用型师资队伍，提高“双师”素质，既要提升理论水平，又要提高实践能力：加强继续教育，把专业课教师定期到企业锻炼形成制度，并作为职称晋升的主要依据；支持并鼓励教师和企业联合开发新产品、新技术，从而使教师增强解决工业技术问题的实践能力；通过产学合作，从产业部门和企业中聘任一批学有专长、实践经验丰富的专家学者和工程技术人员作为兼职教师，以形成一支具有较高教学水平、相对稳定的兼职教师队伍。同时，还必须引进和培育领军人物，主要是学科带头人和专业带头人，并为他们配置一个结构合理的教学科研群体，形成专兼结合的教学团队。专兼教师发挥各自优势，分工协作，形成公共基础课程及教学设计主要由专任教师完成、实践技能课程主要由具有相应高技能水平的兼职教师负责的机制。要最大程度发挥现有师资队伍的作用，要利用激励机制，通过各种途径转变他们的教育思想和教学观念，提高他们的业务素质和教学水平，特别应注意选拔中青年骨干教师，通过攻读学位或到一线参加锻炼等提高学历层次和实践能力。

加强资源共享的基地建设，“三实”教学有保证。作为教学实体，学校的经济实力有限，无法提供课堂教学以外更多的“三实”（实验、实习、实训）教学资源，但作为应用型人才培养的一个重要环节，“三实”教学又是必不可少的。作为市场主体，社会、企业或其他研究机构，因其自身的经济利益方面的原因，也不可能为广大学生提供充足的“三实”教学资源。因此，学校必须加大投入，重视校内实训中心和校外实训基地的建设以及分专业、按区域的专、本、研共享的实践教学基地体系的建设，要重视校企联合，使校内外资源成为承担学生“三实”教学的基地，成为学校应用科技研究和实践技术开发与技术成果转化的平台，成为进行产学研合作教育培养高技能应用型人才的基地，成为教育模式与人才培养方式改革试验的示范性基地。同时，要努力探索校内

“三实”教学的新形式、新方法、新途径，诸如开展“模拟实习”“模拟实践”等活动，缓解实习实践资源紧张局面。

加强理论与政策研究，顶层设计有创新。虽然应用性高等教育已逐渐成为安徽高等教育体系中的新生力量，不少本科院校也相继明确了培养应用型本科人才的目标定位，但是由于受传统的“学术型”“研究型”人才培养模式的影响以及客观环境的约束，目前，在应用性高等教育的发展中还存在不少急需解决的问题，如价值取向未体现行业性，培养目标未体现应用性，课程设置未体现复合性，培养过程未体现实践性，人才评价未体现多样性等，必须对这些问题进行理论上的探讨并进而在政策层面上提出解决方案。为此，安徽省将成立由专科、本科、研究生教育专家和企业家共同参加的课题组，立项研究应用性高等教育理论问题和相关政策，在理论上要搞清楚是什么、为什么，在政策上要搞清楚该怎么办。在操作层面上，将成立应用型人才培养专家指导委员会，按学科专业类成立若干个由校企共同参与的教学指导专家组织，以此推进教学改革，创新培养方式，开发核心课程，评估人才培养水平，为教育行政部门提供决策咨询。同时，引导和支持应用性高校教师及教学管理工作者针对教育教学改革的热点、难点问题，在人才培养模式、教学内容和课程体系、教学方法和手段、教学管理等方面开展研究，以科学研究指导改革实践，以研究成果推进教育创新。

（原载于《中国高等教育》2009 年第 22 期）

# 转型提升　科学构建地方应用性高等教育体系

李和平　储常连　方　明

应用性高等教育是相对学术性高等教育而言的一种对高等教育性质的描述，主要指以职业为背景、以服务地方经济社会发展战略需求和现实需要为目标，充分利用学科知识和科学技术开展应用人才培养、应用科学研究和社会服务的高等教育系统。它是一个完整的、相对独立的教育体系，包括了培养高素质技能型人才的高职高专教育、培养应用型高级专门人才的本科教育、培养高端技术研发人才的专业学位研究生教育以及服务人的职业发展的继续教育。2010年，中共安徽省委、省政府联合出台了《关于建设高等教育强省的若干意见》，明确指出，到2020年，要“初步建成能够服务党委和政府决策、支撑经济发展和产业升级，引领社会进步和文化繁荣的具有安徽特色的应用性高等教育体系”。可以这样说，安徽率先在全国以省委、省政府文件的形式提出了建立“应用性高等教育体系”的发展目标。

**一、转型、提升，发展地方应用性高等教育的历史选择**

总结安徽省多年来建设应用性高等教育体系在认识论和方法论上的成果，可以用四个字概括，就是“转型”和“提升”。

所谓“转型”，就是转变教育思想，更新教育观念，实现从精英教育向大众化教育、从培养学术型人才为主向培养应用型人才为主、从基础研究向应用基础研究和应用科学技术研究、从学科学术本位向专业职业本位、从重知识传授向重能力培养转变。所谓“提升”，就是提升办学层次，包括学校升格和学校间联合、合作及项目形式培养高一层次人才的发展形式，优化学科专业结构和人才培养结构，积极适应经济社会发展和人民群众需求。

在这方面，安徽省明确提出了应用性高等教育体系的建设目标和发展理念。建设目标，就是要提高高等教育服务经济社会发展的能力，把高校的人才和科技资源优势转化为现实生产力、转换为推动经济社会又好又快发展的强大动力、转化为加速安徽崛起和全面建设小康社会的重要支撑力。发展理念，就是“科学定位、分类指导、多元发展，特色办学”。科学定位是前提，分类指导是手段，多元发展是保障，特色办学是方向。通过科学合理的高校分类，将高校定位于自己所处的“生态位”上，各安其位，各司其职，不越位，不缺位，形成良好的高等教育生态链，从而让高校在各自的“生态位”上争创一流。

关于提高高等教育质量，安徽省提出了建设“五个一批”，即建设一批高水平大学，支撑区域经济社会发展；建设一批高水平学科专业，服务主导产业发展；建设一批高水平创新平台，推动创新型安徽建设；建设一批高水平人文社科基地，促进文化强省建设；建设一批以高水平领军人物为核心的创新团队，落实人才强省战略。在高等教育体制改革方面，重点在人才培养体制改革、招生考试体制改革、管理体制改革、建设现代学校制度、扩大教育开放诸方面提出了明确要求。同时提出以高等教育对经济社会发展的支撑度、对人力资源强省建设的贡献度和人民群众的满意度作为建设高等教育强省、发展应用性高等教育体系的核心价值取向。

经过多年的建设，安徽省应用性高等教育体系已初具形态并已取得良好的效益。但如何深化应用性高等教育体系建设，服务安徽省委省政府提出的“科学发展、全面转型、加速崛起、兴皖富民”的十二五发展战略和“科教兴皖、人才强省”战略，仍有很多问题值得探讨。我们认为，在新的历史时期，应用性高等教育体系建设，最主要的仍然是“转型”和“提升”。

经济社会发展的需求和高等教育自身发展的需求决定了“转型”和“提升”的迫切性。经济发展方式的转变，要求经济增长由主要依靠增加物质资源消耗向依靠科技进步、劳动者素质提高和鼓励创新转变，同时高等教育的大众化、社会化、多元化、终身化、国际化的趋势，等等，也对高等教育提出了新的更高的要求。安徽省的高等教育已经站在一个新的历史起点上，但与安徽省加速崛起的新要求、人民群众的新期待、兄弟省市高教事业的新步伐相比，仍然存在不少差距。主要表现在三个方面：一是从服务经济社会发展的视角看，高等教育的贡献度还偏低。无论是高等教育对人力资源建设的贡献率、对科技创新的贡献率还是对经济社会发展的支撑度都偏低。二是从综合办学实力的视角看，高等教育的整体水平还不够高。无论是教育投入、师资数量和质量，还是办学条件都较弱。三是从自身发展潜力的视角看，高等教育的可持续发展能力还不够强。无论是校均规模、专业结构、人才培养结构还是学校发展、历史积淀都不够。这些都迫切要求高等教育“转型”发展，进一步转变思想观念，转变发展方式。同时，这些也要求高等教育“提升”发展，提高办学层次和水平，提高人才培养质量，提高核心竞争力和核心发展力，从而实现高等教育又好又快发展。

人力资源建设和从业人员的职业素质需求决定了“转型”和“提升”的必要性。随着市场经济的深入发展特别是社会分工的日益细致和深入，对人才的专业性、特殊性、细致性要求越来越高。特别是近几年来，安徽省合芜蚌自主创新实验区、皖江城市带承接产业转移示范区、科技创新试点省、合肥经济圈、加快皖北发展、皖南国际旅游文化示范区建设等战略的深入实施，对人力资源供给和从业人员素质提出了新的更高的要求。但反思安徽高等教育，还存在多元化的服务面向和趋同的学校定位的矛盾、多样化的人才需求和同质的人才培养的矛盾，无论是人才培养模式、人才培养结构还是学科专业结构、院校能级结构都存在相当严重的趋同化现象。这些要求高等教育要“转型”发展，不断改革人才培养体制和人才培养模式，拓宽人才培养视野，创新人才培养理念，深化教育教学改革。同时，这些也要求高等教育“提升”发展，进一步加大投入，改善办学条件；建设双师型、双能型教师队伍。

选择适合自身特点的发展之路决定了“转型”和“提升”的现实性。在高等教育大众化的进程中，多样性、多元化已成必然。在众多的发展模式之中，高等学校如何选择适合自身特点的发展道路，只有通过比较才能完成。但不同类型、不同层次的高校是没有可比性的。高职高专类学校就无法与本科类学校比较，因为它们的办学理念、办学定位、服务面向、人才素质要求都完全不一样。目前，安徽省初步形成的应用性高等教育体系，本科及以上办学形式是由传统的学术教育转型而来。只有通过适度“提升”，少数高职院校探索培养应用型本科人才，少数尚无硕士学位授权的应用型本科高校探索培养专业学位研究生，让它们在同一个层次上才可以比较。在同类学校的不同发展方式中，通过比较、甄别，才能避免单一模式、趋同发展，才能形成自己的发展道路，真正做到科学定位、错位发展、特色发展。同时，提升以后，要契合新的办学层次的要求，真正融入新的办学层次，实现“转型”发展。

## 二、转型、提升，构建地方应用性高等教育体系任重道远

新的历史时期，如何实现高等教育的“转型”与“提升”，构建应用性高等教育体系呢？

高职高专教育，“提升”的任务已经完成，“转型”的任务有待深化。安徽省的高职高专学校，大多由原中等职业学校升格而来，基本完成了“提升”的任务。但它们大都还没有真正实现由中等职业教育向高职高专教育的转型，还没有完成从培养技术工人向培养高素质技能型人才的转变，办学指导思想、办学定位、人才培养模式、管理模式等，“转型”的任务都还很艰巨。少数示范性高等职业院校，已较好地完成了高等职业教育的转型定位任务，应充分挖掘潜力，调动办学资源，提升办学水平，可以考虑选择部分重点建设专业，通过联合、合作，培养应用型本科人才；对中等职业学校而言，可以通过和其他高校与企业的合作，以“3 +2”等形式，联合培养专科层次的技能型人才。

本科教育，“转型”正全面进行，“提升”亟待启动。本科院校是应用性高等教育体系的主体部分，其“转型”就是要转变观念，科学定位。本科院校中，新建本科院校占了很大一部分，大都由原来的师专类学校或民办高职院校升格而来，必须实现从培养学术人才向培养应用型人才的转变，即通过“转型”，将学校定位于应用型本科院校，将专业建设、课程建设、双能型教师队伍建设作为工作的重点，千万不可盲目攀比，贪大求全，去争取硕士点、博士点，否则会顾此失彼，得不偿失。其“提升”要有的放矢，分类指导。对那些在应用型办学定位准确、特色鲜明、实力较强，但没有硕士学位授予权，其更重要的任务则是“提升”。要积极创造条件，以项目合作等形式培养专业学位研究生。

研究生教育，“转型”有序推进，“提升”刻不容缓。对那些具有硕士、博士学位授予权的高校而言，其“转型”主要体现在从过去单纯培养学术型人才向培养应用型、复合型人才转型，从单纯培养学术型研究生向培养专业学位研究生为主转型。目前，安徽省专业学位研究生只占研究生总数的18%，要力争到2020年，这个比例达到50%。要积极改革研究生培养模式，通过一定的体制机制创新，加强校外指导教师队伍建设，落实双导师制、双挂制和互聘制，实现研究生培养模式的多元化。其“提升”主要是要大胆探索，创造条件，在部分高校开展博士层次的专业学位研究生教育。在“转型”与“提升”的过程

中，应该注意形成风格，特色发展。这些高校要结合自身的办学条件和历史传统，坚持特色化，不搞趋同化；坚持有所为有所不为，不搞大而全；坚持服务地方的发展战略，结合地方发展需求，加强应用科学研究。

继续教育，“转型”步履维艰，“提升”任重道远。继续教育不应再以学历补偿教育为主体，要坚持以服务学习型社会建设和人的终身学习为宗旨，突出建设社会继续教育急需的专业，要从过去单纯的学历教育向服务于人的职业发展的终身教育转型。要依托高校的资源优势，开发和建设服务各类人员职业发展的学习资源中心；依托电大等远程教育系统建设省级开发大学。主动为新农村建设、农村劳动力转移、城市职工创业、就业和再就业承担培训任务，以满足国民全面发展的需要或职业岗位迁移对再学习的需要，真正将继续教育建设成为大学后教育。其“提升”方面的任务，主要是开放办学，依托现代信息技术和远程教育平台，面向全社会，提升办学层次，创办虚拟大学，建设没有围墙的大学，打破普通教育和继续教育的壁垒，构建普通教育和继续教育的立交桥，提升办学水平。

**三、改革、创新，保障地方高等教育发展的不竭动力**

1. 发展要有新理念。

地方高等教育的发展，必须树立大众化高等教育观念，实现精英教育向大众化教育的转变；必须树立应用性高等教育观念，实现学术性教育向应用性教育的转变；必须树立国际化高等教育观念，实现封闭办学向开放合作教育转变；必须树立以适应经济社会发展和人的全面发展为根本标准的高等教育质量观，实现适应经济社会的发展向服务、支撑、引领经济社会发展转变。

2. 人才培养要有新体制。

要大胆创新，改革人才培养体制。按照国家教育规划纲要的要求，通过改革创新，建立“体系开放、机制灵活、渠道互通、选择多样”的人才培养体制。这一体制，要以服务地方经济社会发展为宗旨，以培养应用型人才为目标，学校、政府、企业三方联手，合作办学、合作育人、合作就业三位一体，资源共享，过程共育，成果共用，责任共担。要大胆实践，实行开放办学。生产社会化、经济全球化、社会信息化，要求高校必须具有开阔的胸襟，破除封闭思维，树立开放意识，实行开放办学，向社会开放，向企业开放，向政府开放，向世界开放。加强校际之间的开放，探索学生跨校选课和选修辅修专业、授予学位的办法，开展基于网络的高校远程教育，支持校际之间联合培养研究生和开展科研合作。针对地方实际，积极与国外高水平大学开展多种形式的国际交流与合作，提高应用性高等教育的国际化水平。要改革培养体制。坚持以市场为导向，积极构建招生、就业、培养相互联动机制；改革高职招生制度，建立中高职联合培养制度；深化应用型人才培养模式改革试点工作，创新校企合作育人新体制；推进高等教育分类管理改革试点，努力形成高校抱团取暖，共同发展的新格局。

3. 教育教学改革要有新思路。

要从传授知识为主向培养能力为主转变，以教为主向以学为主转变，以讲授为主向以实践训练为主转变，以课堂教学为主向现场教学为主转变，以学年制为主向学分制为主转变，积极推进主辅修制和双学位制，放开专业选择，以灵活的办学方式、有效的教学手段、先进的教学内容、激发学生学习动力，积极探索“2+1”小学期制，强力推进“各类应用型人才培养卓越计划”。要围绕解决人才培养目标同质化、方式趋同化等问题，注重学思结合，知行统一，因材施教，探索各类应用型人才培养模式。学科专业设置上，要符合安徽产业结构的调整、产业转移和升级的需要，跟得上战略性新兴产业发展的步伐；人才培养结构上，要符合各级各类人才的现实需求，科学确定招生规模，妥善处理规模、结构、质量、效益的关系；课程体系和教学内容上，要符合应用型人才和个人职业发展需要；人才培养过程上，要强化实践技能的训练，除建立校内实验实训基地外，还要分专业、按区域构建专科、本科、研究生共享的实践教学基地体系，推进校企合作和产学研结合；人才培养制度上，要灵活多样，既适应经济社会发展的需要，又适应个体全面发展的需要。大力倡导启发式、探究式、讨论式、参与式教学，注重激发学生好奇心，发挥学生主动精神，鼓励学生进行创造性思维，改变单纯灌输式的教学方法。要坚持能力本位和实践本位，重点考察实践动手能力，将行业标准引入专业规范和建设标准，将技术标准引入课程目标和课程标准，将执业资格标准引入人才规格和人才标准，以此来研究制定各类应用型人才培养标准、应用型专业标准、应用型课程标准、应用型教师队伍建设和应用型人才培养质量评价标准。

4. 省级统筹要有新突破。

加强省级统筹和宏观调控，统一筹划，综合协调，通盘考虑，全面安排，科学制定高等教育发展规划，明确高校的定位，整合区域性或同类型高校资源，加强应用型高等教育联盟建设的力度，扩大联盟的范围，大力推进跨校选课、学分互认，最大限度地实现资源共享、优势互补、集约办学、抱团发展。就安徽而言，作为省级统筹综合改革试点省，应赋予省政府必要的学位授予权、专业设置权、院校设置权、人财物统筹权以保证其试点的顺利实施。必须简政放权，加强省级政府对区域内高等教育的领导与管理，使其真正成为区域高等教育体系的宏观调控和指挥的中心，成为本区域的高等教育的政策引导、战略规划、立法执法、资源配置、结构调整、组织协调、信息服务、检查评估等方面的主导者。

5. 资源保障机制建设要有新举措。

加大政府对高等教育的投入。建立长效的高等教育投入机制，采取措施，化解高校沉重的债务负担；结合高校人事制度改革，进一步完善高校预算制度，保证生均预算内教育事业费足额到位并逐年增长。设立专项教育改革引领资金；完善高等教育分类收费管理办法，允许实行学分制教学的高校按照规定的学分项目和标准收费，允许高校根据不同地区和专业办学成本浮动收费。坚持多渠道筹措办学经费，落实免征建设规费和税收的优惠政策。着力建设应用型教师队伍，深化人才工作机制改革，深怀爱才之心、识才之智、容才之量、用才之艺，为高水平人才充分施展才华创造好的条件。高职院校建设双师型教师；本科院校建设双能型教师，即教师必须具有培养应用型人才的能力和产学研合作的能力。研究生教育要加强校外指导教师队伍建设，落实双导师制、双挂制和互聘制。

（原载于《中国高等教育》2009 年第 1 期）

# 支持地方新建本科院校科学发展

李和平

推进地方新建本科院校的科学发展，是提升我国大众化高等教育水平、建设人力资源强国和高等教育强国的重要内容。但是目前地方新建本科院校在发展中还面临着很多困难和问题，如办学定位和发展目标还不够明确、办学经费和自我发展能力比较薄弱、社会资源保障机制还不够健全等。

面对新的形势，如何支持和引导新建本科院校，特别是中西部地区的高校，由数量扩张向内涵建设转变，是摆在我们面前的一个十分紧迫的现实问题。为此，提出以下建议：

1. 制定分类指导政策，促进院校特色发展。建议教育部从国家层面加强对新建本科院校发展问题的研究，把地方新建高校与其他类型的高校纳入同样的视野范围，尽快制定出高等学校分类发展指导意见，实施分类管理政策和办法，促进地方新建本科院校科学定位、特色发展，进一步优化高等教育区域布局结构和人才培养的层次结构。

2. 实施示范性建设计划，引导地方院校加强改革和建设。建议有关部门在高等教育重点建设体系中，设立“国家示范性新建本科院校建设计划”，或在“中西部高等教育振兴计划”中，拿出一定比例，遴选并重点建设一批具有显著应用型特点的示范性院校，使其成为与地方经济社会发展互动、教育教学改革成效明显的典型，以此带动、示范和引领新建本科院校的发展。

3. 实施示范省区建设计划，鼓励示范省区上下联动改革。选择部分省区实施国家示范省区建设计划。国家审定省区建设方案，下达建设经费，提供建设项目等政策支持，同时明确地方政府和院校的责任和要求，充分发挥国家、省区和院校三个方面的积极性，围绕国家和地方发展目标实施省区内新建本科高校的系统全面的改革与建设。建设过程实行严格的管理，确保取得成效。

（原载于《教育与职业》2010 年第 25 期）

# 社会资源应优先用于发展高等教育

李和平

高等教育是整个教育事业的龙头，担负着培养高级专门人才、发展科学技术文化和促进现代化建设的重大任务，是社会主义现代化建设的重要支柱和战略重点。近10年来，我国高等教育经历了波澜壮阔的跨越式发展历程，高等教育的规模、结构、质量、效益都迈上了一个台阶，较好地满足了经济社会发展的需求。

但是，由于原有基础薄弱、规模增长较快、经费投入不足等，高等教育资源特别是优质资源还比较缺乏，这在一定程度上影响了高等教育质量和科技创新能力的提高，另外，目前我国社会资源配置到高等教育上还处于比较无序的初级阶段。

若想做到社会资源配置优先用于高等教育，就要加大政府对社会资源配置的统筹力度。政府要站在“科教兴国、人才强国”战略的全局高度，切实发挥主导、引领和管理职能，制定出台相关政策措施，大力营造有利于企业参与高等教育的制度环境。特别是要增强服务意识，主动为社会资源配置到高等教育牵线搭桥，破除一切不利于资源优化配置的政策障碍，鼓励企业与高校开展合作，鼓励高等学校有效使用外部资源。

大力支持企业参与举办高等教育，也是社会资源优先用于发展高等教育的有效举措。国家要鼓励并组织企业积极参与高校董事会、校企合作委员会或者顾问委员会，真正建立政府与企业共建高等学校的办学体制。企业界人士应当对高等教育的专业设置、人才培养目标与模式、人才素质与能力结构、实践与实习环节、科研方向与重点甚至师资队伍建设与学科建设等提出建议和要求，提供咨询与全程指导，使企业成为影响高等工程教育的关键力量。国家应对参与高等教育决策与咨询的企业给予政策上的支持，明确企业与高校在共建过程中各自的权利、义务与责任，形成互利双赢的运行机制，调动企业参与高等教育的积极性。同时，采取税收优惠的经济杠杆，鼓励企业对高校捐赠，鼓励企业富余资金投入高等教育。

当然，还应建立稳定规范的高校学生实践实习基地，建立校企人员双向交流制度。一名合格的工程师的培养，必须使其经历工程科学知识的学习、工程师实践的训练和工作实际的体验三个环节，三个环节离不开高等学校和企业共同培养。将工科学校学生的专业学习同企业的实际训练结合起来，建立高校与企业共同培养工程专业人才的机制，从根本上提高工程教育人才的培养质量。因此，应将接受大学生实习实践作为企业的重要责任，并予以明确。学生在企业进行专业实习时，实习期间的费用可按年度从学费中划拨给企业，以补偿企业承担的教育成本。如学生在实习期间为企业生产创造了效益，则由企业酌情减免学生的实习费用，或者给学生支付半薪；如企业完全不收取实习费用，则相关费用由高校通过其他合作形式予以补偿，或由政府予以政策优惠。

企业应定期选派和鼓励支持富有实践经验的工程技术人员到高校作报告、开设学术讲座、开展专题研究，或兼任工科院校的教师，并在政策和经费上予以大力支持；企业应着眼于长远发展，主动打破与学校之间的壁垒，为高校教师走进企业进行工程训练与科学研究创造条件，使教师可以经常地、有计划地到企业去更新知识，以提高自身的工程技术素养。同时，允许部分优秀的企业工程技术人员充实到高校教师队伍中，进一步提高具有“双师素质”教师的比例。

（原载于《教育与职业》2008 年第 25 期）

# 地方高校人才培养的问题、思路与举措

安徽省教育厅高教处

安徽的高等教育正处于精英教育向大众化高等教育深度发展、以扩大规模为主向全面提高质量转变、建设高等教育强省的关键时期。面对新形势，正确分析、认识现阶段高等教育人才培养的矛盾和问题，并有针对性地提出破解思路和举措，已成为包括我们在内的各省级高教主管部门必须研究的重要课题。

**一、地方高校人才培养面临的主要矛盾**

1. 人才培养适应人的全面发展需要与适应经济社会需要的矛盾。“纲要”中明确指出，要树立全面发展观念，鼓励德智体美全面发展，而经济社会发展需要各种各样高层次高素质专门人才，需要在非常具体的学科专业中进行人才培养。在这样的矛盾中，就要求我们树立科学的质量观，明确“培养什么人，怎样培养人”这两个根本问题。

2. 开放、灵活、多方合作的应用型创新人才培养的体制要求与高等教育体制机制约束的矛盾。应用型创新人才的培养需要体系开放、机制灵活、渠道互通、选择多样的人才培养体制，但我们现在的高等教育体制机制约束较多，活力不强。

3. 应用型创新人才培养的条件要求（师资、设备、图书等）与资源保障乏力的矛盾。应用型创新人才的培养需要应用性师资力量、实验实训设备、图书等多方面的条件保障，但是我省的生均经费在全国倒数，虽然说我们以全国最低的教育投入，举办了一个全国中等水平的高等教育，但是师资、设备等不足将是制约应用型创新人才的培养的重要瓶颈。

**二、地方高校人才培养的思路**

以学习贯彻全国、全省教育工作会议精神为主线，以构建高等教育教学质量保障体系为核心，以人才培养的体制机制创新为突破口，以质量工程和检查评估为抓手，以提高高等教育对人力资源强省建设的贡献度、对经济社会发展的支撑度和人民群众的满意度为核心价值取向，继续坚持“科学定位、分类指导、多元发展、特色办学”的高等教育改革发展总体思路，强力推进高等教育强省建设。

1. 坚持走适度负债、内涵发展的道路。不可否认，负债筹资使高校实现了跨越式发展，现在，在国家的大力支持下，化解高校债务已经成为现实的可能，但同时我们也应该清醒地认识到，现在正是高等教育深化改革、加速发展的重要机遇期，更是转型发展的关键期；既是高等教育改革发展的重要拐点，又是实施超越的重要弯道。如果在现阶段将资金全部用于化债，而不是主要用于发展，势必会影响高校的发展势头。负重者行远，高校还是应该适度负债，保持压力感和紧迫感，并将主要的资金、资源用于提高高等教育质量，加强内涵建设。

2. 坚持以提高质量为核心。质量是高等教育的生命线，提高质量是高等教育发展的核心任务，为此，必须建立以提高教育质量为导向的管理制度和工作机制。

3. 坚持教学工作的中心地位。牢固确立人才培养在高校的中心地位，正确处理教学、科研与社会服务的关系，确保教学工作的中心地位，把教育资源配置和学校工作重点集中到强化教学环节、提高教育质量上来。

4. 坚持“两个适应”的有机统一。人才培养适应人的全面发展和适应经济社会需要这两者是对立统一的，大学不仅要传授知识，更应该激发学生的好奇心，培养学生的兴趣爱好，鼓励独立思考、自由探索、勇于创新的精神，同时，也要适应国家和社会发展需要，深化教育教学改革，创新教育教学方法，探索多种培养方式，形成各类人才辈出、拔尖创新人才不断涌现的局面。

5. 坚持改革创新，特色发展。改革创新是教育发展的强大动力。教育要发展，根本靠改革。特色是高等学校立校、兴校的关键，要凝练和培育自身特色，必须不断改革人才培养体制、教育管理体制，改革教学内容、方法、手段，实现特色发展。

6. 坚持产学研合作的人才培养道路。全面深化产学研合作，拓宽产学研联合培养人才的渠道，支持高校主动融入区域经济发展，提升对区域经济社会发展的支撑度和贡献度。

## 三、地方高等教育人才培养的举措

2011 年，安徽省教育厅将组织全省高校认真学习 2010 年全国全省教育工作会议及全国全省教育规划纲要精神，统一思想，提高认识，不断提高高等教育质量，办人民满意的高等教育。

1. 启动高等教育分类管理改革试点，构建具有安徽特色的应用性高等教育体系。依据国家教育体制改革试点有关要求，结合我省高等教育实际情况，制定省级统筹高等教育体制改革试点方案。统筹规划、遴选改革试点单位，全面启动高等教育体制改革试点工作。

2. 启动应用型人才培养模式改革试点，提高人才培养质量。开展应用型人才培养模式改革研究，制定完善试点方案及各类应用型人才培养标准、专业标准、应用型课程标准、应用型教师队伍建设和应用型人才培养质量评价标准，推动应用型人才培养模式改革。

3. 坚持以社会需求和人民满意为导向，建立质量预警机制。研制发布 2010 年安徽省高等教育年度教学质量报告，系统总结 2010 年我省高等教育改革发展成就，分析存在的主要矛盾、问题，提出对策和思路。公布学科专业结构（三类）及社会需求分析报告，健全高校依法自主设置和全省宏观调控相结合的学科专业结构优化机制，引导高校科学设置学科专业，为我省经济社会发展培养紧缺人才。

4. 高水平实施质量工程，完善三级质量工程体系。做好国家级质量工程项目的培育、遴选工作；根据国家新一轮质量工程和建设高教强省的要求，调整省级质量工程项目并组织实施；加强对示范本科、示范高职等省级质量工程项目的指导和管理；引导高校加强校级质量工程建设和管理。

5. 关注教师专业发展，建设双能、双师型教师队伍。进一步加强高校师资队伍建设，指导高校成立以提高教师专业素质为目标的教师专业发展中心，引导高校强化教师的实践意识，与行业、企业密切合作，加强双能、双师型教师队伍建设。

6. 推进产学研合作，共建实践教学体系。通过加强调研、组织产学研对接会、鼓励和支持联合培养等方式，进一步扩大产学研合作的范围和深度，建立“资源共享、合作共赢”的校企合作平台和机制，提升高校的实践教学环境与科研水平，将高等教育延伸到企业，融入社会。

7. 坚持以提高大学生创新、实践能力为重点，积极组织开展大学生文化科技竞赛活动。建立健全各类竞赛的组织机构，建立相关激励措施，积极组织开展全省大学生英语竞赛、智能汽车竞赛、电子设计竞赛、数学建模竞赛、国家和省级职业院校技能大赛等文化科技竞赛活动，提升大学生创新能力和实践能力。

8. 坚持以检查评估为抓手，进一步改进完善高等教育教学质量三级监控体系。加强高校教学评估和督查工作，完善日常与定期相结合的校级教学质量监控制度，建立健全教学检查评估信息反馈系统，进一步推进高等教育教学质量三级监控体系建设。

9. 规范办学，创新发展，大力发展高校继续教育。进一步规范成人高等教育管理，适时开展教学检查，严格学籍管理和学历电子注册工作，加大规范办学力度。创新继续教育发展模式，积极发展现代远程教育和非学历继续教育，推进惠民学习工程。鼓励高校广泛开展在职培训、转岗培训和下岗再就业培训工作。

（原载于《中国大学教学》2011 年第 3 期）

# 对高校创业教育的思考

储常连

自1989年“面向21世纪教育国际研讨会”上首次提出创业教育概念以来，人们对创业教育进行了诸多研究与实践，取得了很多的成果。即便如此，在当前金融危机、大学生就业不容乐观的形势下，重新审视创业教育，仍然有着重要的理论与现实意义。

**一、概念释义**

国际组织对创业教育的界定。1989年的“面向21世纪教育国际研讨会”，将创业教育的界定为“事业心和开拓教育”；1995年联合国教科文组织的《关于高等教育的变革与发展的政策性文件》，将创业教育界定为“不仅是求职者，而且也是成功的企业家和工作岗位的创造者”的教育；《21世纪的高等教育：展望与行动世界宣言》将创业教育界定为“不再仅仅是求职者，而首先将成为工作岗位的创造者”的教育。

学者的观点。南希·厄普顿认为：“创业就是一切。创业存在于政府部门、非营利机构、大学等单位。……任何工作都需要创业。”马克·赖斯（美国仁斯里尔理工学院创业中心主任）认为：创业作为一种通用技能和态度……是一种知识基础，也是适应今天世界的一种重要准备，它是一种捷径，是关于不稳定性和变化的一整套思维方式。国内学者主要从两个方面来理解创业教育：狭义的创业教育——教会学生经商，创办企业，自我创业；广义的创业教育——开发创业素质，培养创业意识，提升创业能力。

不论如何理解创业教育都必须明确，创业教育的基础是系统的专业教育，通过一系列教育教学改革，把专业知识和创业知识有机结合，从而综合培养学生的开创性和创业能力。创业教育就是培养学生创业意识、创业精神和创业能力的教育。

## 二、特点表征

创业教育是相对就业教育而言的一种教育理念，一种教育模式，有着与传统学业教育不同的特点。

### （一）创业教育是一种创新教育

创业教育是专业教育的拓展与延伸，它不能超脱专业教育，遵循教育科学规律，又必须采用具有自身特点的教育理念、方法与手段，教给学生创业技法、创业技能与产业技巧，避免和克服创业的盲目性和风险性。但创业教育又是一种不同于专业教育的新的教育模式，需要探索与研究的内容很多，如创业教育的内容体系、手段方法等，创业教育作为一种新的教育模式，为高校人才培养模式的改革开拓了新视野，提出了新课题，增添了新内容。只有思想观念创新、内容体系创新、方式方法创新、体制机制创新才能对其进行有效地探索与实践。

### （二）创业教育是一种人格教育

创业教育强调培养学生的创造性人格。心理学认为，创造性人格是由动机、兴趣、信念、性格、气质、能力等多种因素构成的有机整体。创业教育首先考虑的是怎样培养学生的创造动机、创造意识，在此基础上再培养学生的创造性思维，训练思维的灵活性、独创性，摆脱惯性，改变定势。

### （三）创业教育是一种实践教育

创业是实践性很强的社会活动，创业教育不能仅仅停留在传授创业的理论知识，还必须与创业实践活动相结合，着重培养和提高学生实际运作能力，使学生逐步积累实践经验，在实践中更加直接地接触社会，更加深入地认识社会，更加全面地了解实际，从而更加具体、全面、深刻地认识自己，这样反过来又会提高创业能力。

### （四）创业教育是一种全民教育

创业教育不仅仅是大学校园内进行的教学活动与实践活动，与教学过程的诸多因素相联系，还与校园之外的诸多社会因素密切相关，受社会环境的影响。比如，政府的有关法律法规、政策，社会经济、文化、科技发展水平和产业结构调整等；另外，社会的一切发展变化，都会为创业提供机遇和信息。因此，在进行创业教育时，应该有全民意识，既要动员全社会的力量参与，又要培养学生对社会发展的责任感、使命感。

三、现状与问题

清华大学创业中心的一项调查报告显示，我国创业教育平均水平低于全球创业观察（GEM）统计的平均水平，我国大学生创业比例不到毕业生总数的1%，而发达国家有的高达20% ~30%。

梁鸿飞认为，我国的创业教育还处于启动或萌芽状态，还存在这样几个问题。第一，创业教育观念落后，对大学生创业教育的重要性和必要性认识不足。第二，缺乏相应的创业教育师资力量。第三，没有形成权威的教学内容与课程教材体系。第四，创业活动形式化倾向严重。我们认为，梁鸿飞实事求是地分析了我国高校创业教育存在的问题。

四、几点思考

基于以上认识和现状，笔者认为，发展我国高校创业教育必须从以下几个方面着手：

（一）合理吸收国外高校创业教育的经验

创业教育在国外已经很发达，已成了西方发达国家一项扩大就业渠道、提高国民素质、激发青年创业热情的系统工程，已成为国家经济发展的内驱力。文献分析研究表明，国外高校的创业教育在以下几个方面是值得我们借鉴的：第一，把创业教育纳入国家整个国民教育体系的一部分。如美国的创业已经涵盖了从中学直到研究生的正规教育。第二，创业教育得到全社会的广泛支持。如美国的创业教育取得了社会机构的资金支持，如Kauffman创业流动基金中心、国家独立企业联合会（NFIB，the National Federation of Independent Business）、新墨西哥企业发展中心均对创业教育提供过资金赞助。第三，有高素质的创业教育师资队伍支撑。高校鼓励和选派教师从事创业实践，提高创业教育水平；吸收社会上那些既有创业经验又有学术背景的人士，尤其是成功的企业，到学校从事兼职教学和研究，学生普遍表示欢迎，效果良好。第四，提供丰富多彩的创业实践活动。如组织教师和学生寻找商店地点、设计商店店面、设计商店店名等，组织学生进行营销策略筹划，如判断销售目标，进行开发广告、讨论预算等。

（二）立足市场经济，转变教育思想

苏联教育学家凯洛夫认为：“学生并不负有发现真理的任务，而仅仅领会科学上稳固可靠的财富就够了。”受其影响，我国传统的教育模式在市场经济的模式下，以封闭、灌输、应试为主要特征，以知识的传承为主要任务，认定学生的学习就是收获知识，教师的教学就是传授知识，学生毕业后的工作就是应用知识。整个社会和家庭缺乏对学生创新精神与创业意识的培养教育。所有这些，都与创业教育的理念背道而驰，也与市场经济的发展要求不相适应。我们必须明确地认识到，创业教育是素质教育的一种形式，是以提高学生的创业素质和创业能力为核心内容的教育。

（三）构建创业教育课程体系和教学内容

应从提高国民素质的高度出发，构建创业教育的课程体系与教学内容，打破原有的以专业为中心、以行业为目标，以课堂教学为重点的体系结构，重视隐性知识的教育，包括信念、价值观、判断力、激情、责任心等，把创业型人才培养与研究型人才、应用型人才的培养放在同等重要的地位，使创业型人才培养逐步成为我国高等教育人才培养体系的一个重要组成部分，规划创业教育的内容，使得创业教育的内容成为学校教学内容的主要组成部分。

课程体系与教学内容的基本要求是提高创业素质。素质是个心理学概念，指的是个体解剖特征和神经系统的一些活动特点，用于教育，则指的是个体由于遗传和环境相互作用下形成和发展的、在实践活动中表现出来的比较稳定的个性特征，创业素质是素质的组成部分，由创业意识、创业品质、创业能力和创业知识结构等四部分组成。

课程体系与教学内容的中心内容是创业知识，包括自然科学、社会科学、人文科学等方面的通识类知识，也包括机会评估、企业策划、创业融资、商务计划、市场营销、创业学、公司法这些创业的基本知识、基本理论和基本方法等方面的专业知识。通过创业知识的承受，给学生提供从事创业活动的理论基础和指导理念，让学生懂得如何正确认识创业的规律。正确理解创业的过程，如何科学思维、有效分析问题，如何把握机遇，选择目标，采取行动等。赋予创业活动科学的理性，减少创业的盲目性、风险性，提高创业的成功率。实践是理论知识应用的过程，也是对理论知识加以检验的过程，实践教学是大学教学的重要环节。创业实践是学生把所学的创业知识应用于创业活动的过程，既是一种模拟，也是一种演习，在一定程度上也是一种真实的创业活动。

创业教育课程结构是一个体系，教学内容是一个整体。素质是前提，知识是指导，实践是媒介。三者相互联系、相互作用、相互补充，不可偏颇。

（四）努力创新创业教育模式

目前，我国创业教育已经形成了五种模式。第一种是以中国人民大学为代表的“三元模式”，该模式以专业为依托，以培养创业意识、构建知识结构、完善综合素质为目标，以项目和社团为组织，以创业教育讲座、种种竞赛为载体；第二种是以北京航空航天大学为代表的“双元模式”，该模式以提高学生的创业知识、创业技能为目标，以商业化运作为主要形式，建立大学生创业园，教授学生创业方法与技能，为学生创业提供资金和咨询服务；第三种是以上海交通大学为代表的“综合模式”，该模式创新创业并举，将创新作为创业的基础，注重基本素质的培养，为学生提供创业所需资金和必要的技术咨询；第四种是以复旦大学为代表的“全程模式”，该模式是一种在校生创新精神、实践能力和团队精神培养—毕业生创业指导—“创业团队创业过程扶植”的模式；第五种是以湖南科技学院为代表的“实践模式”，该模式注重以丰富多彩的社会实践教学方式来提高创业教育实效，有基地、学校＋公司＋农户、教学＋科研型三种形式。

由于校情不同，学校可以选择具有自身特色与优势的创业教育模式，但在构建创业教育模式时必须注意，第一，不仅要让学生学会“是什么”的知识，而且要学会“为什么”的知识，更要学会“如何做”和“谁来做”的知识。第二，必须让学生树立起主动学习的理念，培养主动学习的需要与动机，主动探索，构建自己有较强适应力的、开放性的知识结构，拓展知识技能范畴。第三，重视人文知识的学习。人文知识的价值在于完善人格、提高素质，起到使人全面发展而最大限度克服片面性的作用，因而其价值是不可低估的。第四，创业教育的课程设置，必须重在培养学生的完整经验。过于专门的教育训练，会使学生无法拓展自己的经验，容易接受片面而缺乏真正意义的理解。第五，创业教育的教学模式，应具有开放性和灵活性，让师生共同参与。

（五）着力培养创业教育师资

培养学生的创业能力，具备创业意识和创业教育能力的师资队伍是关键。高校可以聘请相关专业教师、有丰富创业经验且创业成功的企业家和创业者、具有创业经历的校友、政府有关部门的专业人员等作为创业教育的师资；吸纳技术创新专家到创业基地任教，扩大创业教育的师资队伍；加强对校内创业骨干教师的专业培训，积极鼓励现职教师到创业一线兼职或有计划地选派有潜质的青年教师直接参与创业实践。

（六）大力加强创业教育实践

加强校企联合，让大学生有创业的实际环境，高校可在企业建立学生创业实践基地，也可充分利用自身的优势创办实体，为学生提供创业实战演习场所；根据学校专业设置情况，制定周密的创业培养计划，开设创业教育课程；成立大学生创业社团，举办创业竞赛；举办创业教育讲座，定期邀请创业成功者现身说法，鼓励大学生创业的积极性，举办创业培训班，培养学生的动手能力和创新思维，并尽可能地为学生提供多方面的帮助。

（原载于《安徽农业大学学报》2009 年第 3 期）

# 关于发展专业学位教育的认识与思考

储常连

随着经济社会快速发展和社会分工的进一步细化，愈来愈多的职业对其从业人员素质提出了更高要求。因此，专业学位教育越来越显示出其必要性和重要性，大力发展专业学位研究生教育也就成为地方高校发展的重大机遇和重要选择。

## 一、对专业学位的认识和理解

### （一）厘清相关的几组概念

1. 专业与职业。

专业与职业都是人类社会发展到一定阶段的产物，是社会分工的结果。

专业是职业的特定部分，是社会职业进一步分化的结果，是知识和技术含量更高并要求从业人员必须接受一定的专业教育才能获得的特殊职业。所以，科学技术进步、职业知识和技术含量提高是专业形成和发展的机制和基础。

职业是社会的初级分工，是普遍的，其种类和数量多种多样，并随着社会分工的细化而增加。所以，社会分工是职业形成的机制和基础。

2. 职业专业与教育专业。

职业专业是特殊的社会职业。随着科技进步和工业发展，社会职业加快分化，很多职业的社会知识和技术含量不断提高，有了专业的特征，从业者需要接受特定的教育才能胜任工作。于是，一些高校根据社会职业分类，针对特殊职业的需要，开展了相应的专业教育。所以，高等教育逐步走上了专业化教育道路，高等教育专业与职业专业存在内在有机联系，但这两者之间又不能绝对地画等号。因为学校开设的专业并非都是与社会职业一一对应的，如数学、历史、文学等。社会职业也是不需要高校设置专业进行专业培养从业者的。职业专业的存在和变化遵循社会分工的规律，而高校教育专业的设置和变化不仅要遵循社会分工的规律，还要遵循高等教育的自身规律。

3. 职业教育与专业教育。

先有职业，后有教育；先有职业教育，再有专业教育。职业教育经历了观摩体验、师徒传授和学校教育三个阶段，但学校教育则先有专业教育，后有职业教育。职业教育学校制度化是近代以来的事，而专业教育在西方中世纪大学便开始了医学、法学、神学教育，我国唐代便有了律学，明代又有了武学、医学等。

专业教育发展呈现横向拓展专业类型，纵向以本科为基础向上下延伸，并与职业技术教育交叉且逐步扩大的趋势。但两者的区别也是明显的。职业教育主要围绕职业技能及相关素养而开展的教育，而专业教育的内涵比职业教育更丰富，在人、文化科学技术和社会职业技能三维关系中，专业教育的目的除了坚持一定的职业导向外，更多的还要着眼于人的全面发展和文化科学技术的创新与进步，包括专业本身的发展。

4. 专业学位与职业资格证书。

专业学位是专业教育的标记，是教育机构向受教育者颁发的一种标志教育程度和水平的证书。职业资格证书是有关认证机构向达到职业任职条件要求的人所颁发的资质证明。两者是不同性质的证书，作用各异，但也存在内在的联系。即专业学位应该成为职业资格认证的前提条件或重要依据，如建筑学位已成为建筑师职业资格认证的前置条件。但由于种种原因，部分专业学位与职业资格之间尚没有建立起相互衔接的关系，严重影响专业学位教育的发展。

5. 专业学位与学术学位。

专业学位和学术学位都是高等教育程度和水平的证明文书，都是现代高等教育学位体系的重要组成部分。两者都是建立在共同的学科基础之上的。攻读两类学位者都需要接受共同的学科基础教育，都需要掌握学科基本理论和基础知识与技术。在不同的教育阶段，两类学位获得者进一步深造可以交叉发展。

两类学位的教育基础是相同的，但教育目的不同，学术学位教育更加注重基础教育与理论教育，在较高层次学位教育中，更注重理论及创新性研究，重在满足社会基础研究人才的需要；而专业学位则是现代高等教育发展的产物，更加注重应用和实践教育，在较高层次学位教育中，更加注重应用性、开发性研究与设计，主要是为了满足特定社会职业的专业人才需求。

6. 专业学位学科与学术学位学科。

美国高等教育学科分类目录（CIP2000）将学科专业主要划分为学术型、应用型两类。在其所列的1 265个专业中，共有学术型专业416个，应用型专业565个，此外还有284个新兴专业，尚不成熟或者处于两者之间。专业学位学科与学术学位学科基本对应了以上说的学术型、应用型两类学科专业。学术学位学科往往取决于知识的分类，而专业学位学科往往与职业分类相联系。

（二）专业学位的特征

1. 职业性。即特定的职业指向性。专业学位的设立主要是为了培养能够解决经济生产和社会发展现实问题的特殊职业需要的高级应用型人才。

2. 实践性。专业学位教育的目的是培养能够解决经济生产、管理一线和社会发展现实问题的高级专业人才。其教育活动必须以有关职业实践为基础，将职业实践经验与专业知识学习结合起来，才能达到专业学位教育的要求。

3. 应用性。专业学位教育并非排斥对知识和科学理论的学习，其着眼点不在于对科学理论的理解、掌握，而是在理解、掌握的基础上，结合职业实践经验应用科学理论解决生产、管理和社会建设中的实际问题。

4. 复合性。专业学位教育是以专业知识为基础的教育。专业知识往往是多学科知识的交叉并与专业技术和规范的有机结合，可用于解决人类生产和生活问题的具有一定学术地位的理论系统，是学术知识和经验知识的统一，具有明显的复合性。

（三）专业学位教育与学术学位教育的区别

专业学位也称职业学位，是以特定职业为背景，并与其任职资格相联系的学位。它与学术学位处于同一层次，但各有侧重。两者的本质区别在于人才的培养目标、知识结构、培养过程及人才质量标准不同。

一是培养目标不同。学术学位教育旨在培养在特定知识和专业领域内基于知识传承和创新目的，从事科学研究的高层次专门人才。专业学位教育则重在培养能将知识应用到特定职业领域的高层次专门人才，突出实践性和应用性。社会生产力水平越高，对这种人才的需求量也就越大。

二是知识结构不同。学术学位教育偏重于陈述性知识，关注“是什么”和“为什么”。专业学位教育则偏重于程序性知识，关注“怎么做”。

三是研究的方向（重点）不同。学术研究致力于基础研究，其任务是进行创造性的探索以获取关于世界、自然和人类的新知识、新理解，不一定指向实践的目标和应用，有时候甚至并没有明确的实践意义和价值追求。专业学位教育致力于应用和应用基础研究，其任务往往受解决现实生产、建设实际的驱动进行创新型的探索以获取新的技术、设计和组合，最终服务于实践目的。

四是培养过程与方法不同。学术学位教育的课程中在基本理论的讲授和科研方法的训练。专业学位教育的课程往往是综合了大量的实践性活动，实践训练非常重要。

五是人才质量的评价标准不同。学术学位教育强调理论价值和对未知的原创性发现或理解。专业学位教育则强调实践价值和现实意义，重在探究职业领域的现实技术或管理问题。

（四）专业学位教育与学术学位教育的区别

专业学位教育是国家教育体系特别是研究生教育体系的重要组成部分。专业学位教育的目标是培养具有现实的政治方向和献身事业的职业精神，具有高尚的职业道德，掌握相关学科的基础理论、系统的专门知识和较丰富的实践经验，具备分析和解决工作实际问题的综合能力和调查研究能力和复合型、应用性、高层次人才。专业学位分为学士、硕士、博士三级，一般只设硕士一级。专业学位培养方式分为全日制和非全日制两种，基本学习年限为2~3年。

**二、专业学位教育发展历程、现状与趋势**

（一）专业学位教育是社会进步和社会分工的产物

高等教育呈现自精英向大众普及，自学术性向专业、职业的发展趋势。历史上，接受教育长期以来都是统治阶级的特权。教育民主是到了近代的事。随着教育民主进程的推进，一般劳动者开始有资格进入学校或高校学习。为满足人民群众不断增长的教育需求，高等教育不断扩大规模，逐步实现精英高等教育面向大众化，甚至普及化高等教育的跨越式发展。伴随着高等教育的大众化、普及化，高等教育的培养目标、培养对象、培养方式、教育理念、体制和机制也将发生质的变化。单一的学术性高等教育已不能满足需要，高等专业教育、高等职业教育的产生成为必然。

以上高等教育发展趋势的深层次原因不仅仅是教育民主的推动，更重要的是生产力水平的提高。社会进步、社会发展分工细化和科学技术的发展赋予更多的职业需要知识和高技术含量，对从业人员的专门教育提出了要求。高等教育专业化、职业化成为经济社会发展的现实需求。发展高等专业教育、高等职业教育以及专业学位教育成为高等教育的历史使命。

（二）以美国为代表的国外专业学位教育发展历程与现状

美国专业学位教育发展较早，体系已趋于成熟。其发展历程大致分为形成、发展和稳定三个阶段。1876 年约翰·霍普金斯大学成立，标志着美国研究生教育制度的确立和完善，1908 年，哈佛大学授予全美第一个工商管理硕士（MBA）专业学位，标志着美国专业学位教育的开始，至 1945 年二战结束，为美国专业学位教育的形成阶段。

二战后，美国颁布了《国防教育法》、《国防教育法修正案》、《经济机会法》、《高等教育法案》等一系列法案，促进了美国高等教育的快速发展，同时也极大地促进了专业学位研究生教育，专业学位教育逐渐成为研究生教育的支柱，占据主导地位。据统计，1971 年至 1981 年，美国增加 1 560 种专业硕士学位。

进入 20 世纪 90 年代，美国授予的专业学位已占绝大多数，进入稳定发展阶段。1987 年全美硕士学位种类超过 660 种，其中专业学位占 85%。至 20 世纪 90 年代，美国专业学位获得者的比例已占总数的 55% 以上。

美国高等教育学科专业分成学术型、应用型两类，为专业学位教育提供了发展空间。其专业学位的课程体系具有课程层次化、结构模块化、类型多样化和内容综合化等特征。其培养模式表现为明确的培养目标，灵活的招生机制，多样的招生对象，实用的教学方式，突出的实践训练和严格的学习要求等特征。

英国的学位层次只有硕士、博士两种，均包括研究型（哲学）学位和专业学位。英国的 20 个学科门类中有 12 个学科门类授予专业硕士学位，8 个学科门类授予专业博士学位。

德国高等教育除培养学术人才，尤为重视培养应用型高级人才，对医学、法律、食品行业等特殊学历文凭还设置了“国家考试”程序。但没有正式的专业学位教育类别。

法国的高等教育始于 12 世纪，是全世界高等教育最发达的国家之一。其学位和文凭由中央政府统一规定，学校教育机构分为授予传统学术学位的综合性大学和授予职业化文凭的“大学校”（如工程师学校、工商管理学校、高级行政管理学校等）。在学校层面即对学术性教育和应用性教育进行了分离。

（三）中国专业学位教育的发展历程与现状

1980 年颁布的《中华人民共和国学位条例》基本是以学术型为导向的。1984 年，清华大学等 11 所高校提出《关于培养工程类型硕士生的建议》，经教育主管部门同意后开始在学术学位框架下试点培养专业硕士。后来，临床医学博士、金融硕士、法律硕士等进入试点行列。

1988 年国务院学位委员会第 8 次会议开始研究并多次讨论职业（后改为专业）学位制度建设问题，1991 年开始开展专业学位教育。1992 年，国务院学位委员会第 11 次会议同意在确定设置的专业学位中，按专业学位本身而不是学科门类授予学位。这是对上述学位条例中授予学位方式的重大转变。1996 年，国务院学位委员会第 14 次会议审议通过了《专业学位设置审批暂行办法》，对专业学位的设置目的、特点、层次、审批、培养、管理等作了制度化的规定。

1997 年开始，开始招收在职攻读专业学位研究生，开辟了新的招生类型和渠道，我国专业学位教育进入快速发展阶段。到 2008 年，专业学位类型总数达到 19 个，各专业授权点达到 1 055 个，专业学位教育年招生规模由 1997 年的 4 551人增加到 157 422 人，年均增长 38. 01%。参与专业学位教育的学校有 425 所，占本科高校（含独立学院）的 26. 58%。专业学位招生人数占研究生招生总数的 25% 左右，其中在职攻读的占 75% 左右。目前，专业学位已经覆盖除哲学、历史、理学以外的 9 个学科门类。

我国专业学位教育从无到有，从小到大，在转变研究生教育观念、完善学位教育体系、探索高端应用人才培养方式、服务终身教育体系建设等方面做出了重要贡献，取得了一系列重要成就，开辟了我国高层次应用人才培养的新局面。同时，专业学位教育还面临很多问题：如专业学位的法律地位尚未解决，缺乏组织人事部门认可的同级学历证明，还没有规范的专业学科专业目录，专业学位与职业任职资格还没有有机衔接，专业学位教育管理体制、招生制度、导师队伍、实践条件等方面还不能很好地适应专业学位教育的发展等等。

（四）目前，我国专业学位教育的发展趋势

其一，国内外专业学位教育经验表明，发展和设置专业学位必须坚持以下标准：第一，专业学位对应的职业必须是专门化的职业。在我国，就是指职业分类中明确描述为专业技术人员且已经实行从业资格证书制度的那些职业领域。第二，有大量的社会需求。第三，专业的社会和经济地位相对较高。第四，考虑政府对研究生教育的投入。同时，还要处理和把握三个关系：一要注意专业学位与学术学位之间的关系；二要注意专业学位与职业资格证书之间的关系；三要注意专业学位培养单位与企业、行业产业界之间的关系。此外，还有培养机构之间的分工合作与竞争之间的关系；专业学位的规模、类型与层次之间的关系；地区之间的关系；短期、中期长期发展规划之间的关系也要予以关注。

总之，我国专业学位教育发展，其一要坚持政府主导，省级地方政府尤其要高度重视，发挥更大作用。

其二，要坚持服务和支撑经济社会发展需求。地方经济社会发展中亟待解决的重要问题是专业学位教育的主攻方向。

其三，要坚持开放办专业学位教育的模式，促进专业学位教育的区域合作、行业合作和校际合作。培养单位的主体地位，扩大培养单位办学自主权，提高举办专业学位教育的积极性、主动性、创造性。

目前，我国专业学位教育发展趋势，一是坚持外延式扩大规模，以地方高校为主增设专业学位点和培养单位，控制学术学位点的设立。二是坚持大力发展硕士专业学位，适当发展学士专业学位，稳步发展博士专业学位。三是坚持全面探索专业学位教育，除理学外，均可试办专业学位教育。四是坚持紧密围绕地区或区域经济社会发展需要开展专业学位教育，突出地方特色。

**三、大力发展我省专业学位教育的若干政策建议**

（一）充分认识发展专业学位研究生教育的重要意义

专业学位（或称职业学位）是为培养具有扎实理论基础，并适应特定行业或职业实际工作需要的应用型高层次专门人才设置的，是学位与研究生教育的重要组成部分，是应用型高等教育的龙头。我国自 1991 年开始实行专业学位教育制度以来，专业学位教育迅速发展，已基本形成以硕士学位为主，博士、硕士、学士三个层次并存的专业学位教育体系，培养了大量专业学位人才，为经济发展和社会进步发挥了重要作用。

近年来，在省委、省政府的正确领导下，我省认真贯彻落实科学发展观，不断调整和优化学位与研究生教育结构，招生和报考规模不断扩大，专业学位研究生教育事业取得较快发展。目前，我省已有 12 个高校获得 23 个专业学位授权点，涉及 10 种不同类型的专业学位，已为经济社会发展培养和输送了一批高层次、应用型、复合型人才。

但是，我们也应当看到，我省专业学位研究生教育发展过程中还存在一些问题，主要是社会对专业学位教育的重要性认识不足、重视不够；培养单位和专业领域偏少，招生规模偏小；培养模式有待改进，培养质量有待进一步提升；等等。我们要从全面建设小康社会、认真贯彻落实科学发展观、适应安徽经济社会发展需求的高度，充分认识发展专业学位研究生教育的重要意义，坚持改革创新，加大工作力度，积极推动专业学位研究生教育的发展。

（二）积极抢抓机遇，大力促进发展

专业学位教育，是今后一段时期我国研究生教育的重点发展方向。要抓住当前国家积极发展具有中国特色的专业学位教育与我省经济社会发展的机遇，着力调整人才培养结构，深化专业学位培养机制改革，加强教学条件建设，健全专业学位类型，拓展培养领域，调整和优化学科专业结构，扩大招生规模，增加优质生源。

目前我省专业学位数量只约占研究生总数的18%，且在专业学位内部，在职攻读比例过大，全日制攻读比例偏小。到2020年，我省力争专业学位占研究生总数的50%，在专业学位内部，全日制攻读与在职攻读的比例为3∶1。为实现以上增长目标，我们走外延发展的模式，主要依赖新增培养单位和新增专业学位点来拉动规模发展。在努力扩大招生规模的同时，还要深化招生制度改革，科学确定录取标准，改革考试科目，探索多元化测评，加大复试成绩在选拔中的比重，提高生源质量。

（三）创新培养模式，提高培养质量

要根据专业学位研究生的特点和高层次、应用型、复合型人才的培养目标，以提高专业学位研究生培养质量为根本，积极探索和建立适合专业学位研究生教育的培养模式。实施专业学位优秀品牌建设工程，突出培养特色，实行全日制和非全日制两种培养方式、弹性学制。要根据社会需求和专业学位的职业背景，优化培养方案和课程体系，不断更新教学内容，加强课程案例建设和教学应用，着重培养专业学位研究生的思维能力、逻辑推理能力、实际工作能力以及观察分析问题、创造性解决问题的能力。实施专业学位优秀品牌建设工程，树立质量第一的意识，突出办学特色，通过专业学位研究生教育品牌树立高校形象，提高学校知名度。

要认真遴选和打造硕士研究生联合培养单位，力争通过若干年的建设和发展，使之尽早成为专业学位硕士研究生招生单位。积极支持和参与国家的专业学位改革，力争成为专业学位授权审批制度改革的试点省市，大胆尝试在有条件的学士学位授予单位开展硕士层次的专业学位研究生教育，以及在部分硕士学位授予单位开展博士层次的专业学位研究生教育试点工作。

（四）加强专业学位的支撑平台建设

根据我省经济社会发展需求，加强对专业学位人才需求的研究和预测，准确把握专业学位学科的特点，加强对专业学位学科建设的探索和研究，充分发挥和挖掘现有学科优势和潜力，积极建设经济社会发展急需的专业学位学科；创造条件，增列专业学位研究生培养单位，增加专业学位研究生培养种类和培养领域，搭建专业学位研究生教育的平台，实现专业学位和学术学位教育协调发展。

（五）加强导师队伍建设

建立和完善任课教师、指导教师的遴选、聘用、培训、评价和激励制度，逐步建立起一支以开展专业学位研究生教育为主的专业学位研究生导师队伍。强调专业学位的研究生指导教师要有丰富的实践经验。重视和加强校外指导教师队伍建设，认真落实双导师制、双挂制、互聘制，积极吸收相关行业有丰富实践经验和较高理论水平的人员参与培养活动。加强任课教师、指导教师培训，科学把握专业学位研究生与学术学位研究生教育的区别，积极探索专业学位研究生教育规律，创造性地开展工作。

（六）扩大开放，加强合作

广泛吸收和整合社会资源参与研究生教育培养，各级政府、高等学校、科研院所、企事业单位要密切协作，充分发挥各自的优势与特色，联合培养专业学位研究生，形成产学研密切合作的专业学位研究生培养模式与机制，建设一批专业学位研究生创新和实践基地，做到合作各方优势互补、资源共享、共同发展，不断提高应用型高层次专门人才的培养质量和水平，大力促进专业学位研究生教育与生产部门科研部门的合作，积极开展多种形式的专业学位研究生培养。

（七）加强国际交流与合作

积极开展多种形式的国际交流与合作，认真借鉴国际上培养高层次、应用型、复合型人才的成功经验和有益做法，针对我省经济发展和社会需求的实际，探索互聘教师、交换学生、共建实习基地等合作途径，加强教学和管理交流。支持高等院校和国外高水平大学开展中外合作办学，提高专业学位研究生教育的国际化程度。

（八）加强领导，整合资源，加大投入

各级政府、各有关部门要充分认识专业学位研究生教育在经济社会发展中的地位，将各级各类人才参加专业学位研究生培养纳入当地人才建设和继续教育的总体规划。加强对专业学位研究生教育工作的组织领导，教育、财政、人事、经贸、科技等部门要建立协调机制，统筹协调专业学位研究生教育工作，推动专业学位研究生教育又好又快发展。

充分调动社会、行业和有关用人单位的积极性，发挥学校、院系和导师的作用，积极争取各方面资源，拓宽就业渠道。

充分调动社会各方面的积极性，多渠道筹措资金，加大专业学位研究生教育投入力度，加强教学基础设施、案例库以及教学实践基地的建设。探索建立学生、学校、社会和政府合理分担培养成本的机制，加强经费使用管理。在教学基础设施建设、教学科研项目申报、教育捐赠资金使用、学生奖励等方面，向专业学位研究生教育倾斜。对专业学位研究生教育招生规模大、培养质量高的培养单位，要在学科建设、优秀学位论文评审等方面给予倾斜，加大支持力度。

（九）建立和完善质量保障体系

建立专业学位研究生教育专门的质量标准、评价体系和评估制度，遵循高层次应用型人才培养规律，针对专业学位教育的特点，科学评价专业学位教育质量，逐步建立内部评估、机构评估、社会评价相结合的专业学位教育评估体系。

各培养单位要把专业学位研究生教育放在与学术学位研究生教育同等重要的位置切实抓紧抓好，及时研究、解决专业学位研究生教育工作中的困难和问题，把专业学位作为学校的重要品牌建设好、发展好。要明确校、院、系各个方面的责、权、利关系，理顺管理体制，充分调动各方面的积极性。要认真贯彻国家和省关于专业学位研究生教育工作的有关规定，定期开展专业学位研究生教育工作评估。要加强专业学位研究生教育管理机构建设，配齐管理人员，添置必要的设备，落实机构、人员和经费。

要充分发挥行业、企业、社会团体在发展专业学位研究生教育中的作用，积极引导各类单位建立健全继续教育制度，鼓励和支持在职人员立足省内参加专业学位研究生教育。对专业学位研究生的使用、专业技术职务资格评审、工资津贴等方面要与同级别学术学位研究生同等待遇。按照国家统一部署要求，探索专业学位与职业或岗位任职资格相互衔接的制度。要大力宣传专业学位研究生教育在经济文化强省建设中的重要作用，在全社会弘扬接受更高层次教育、提高服务经济社会发展本领的良好风尚，创造有利于专业学位研究生教育发展的社会氛围。

# 应用型人才培养的思考与实践

## ——以合肥学院为例

蔡敬民 魏朱宝

近年来，我国高等教育界开始关注和研究应用型人才的培养，开始注意到借鉴德国应用科技大学的成功培养模式，但总体感觉无论是在理论认识上还是在教育实践方面都比较模糊。而探索、创新高校应用型人才培养体系，充分利用社会各方面的资源建立促进应用型本科人才培养的机制，以更好地适应当今社会对人才的需要和应对来自国际竞争的挑战，是高等教育人才培养工作面临的一个重要课题。近年来，合肥学院对此进行了有益的探索。

**一、围绕应用型人才类型定位，科学制订人才培养方案**

1. 树立一个观念——人才培养的大教学观。人才培养方案是人才培养的设计阶段，关系到教学过程的组织和教学资源的配置。从教学计划变为人才培养方案，不是简单的一个名称的改变，而是反映了教育理念的升华。将过去以教师为主体、课堂教学为载体的狭隘的教学观，转变为以学生为主体、以人才培养为轴心大教学观。在人才培养方案的制订上，围绕社会对应用型人才知识、能力和素质的要求，将学校所有的工作纳入人才培养方案中。

2. 成立一个组织——专业人才培养方案制订专门委员会。为了使人才培养方案更具有效率，更具有针对性，学院要求各教学单位每一个专业成立专门委员会，研究制订人才培养方案，专门委员会要吸收社会和企业人士来参与人才培养方案的制订工作，使制订的方案更符合实际。

3. 改革一种学制——实行学年学分制。为了配合实行模块化教学，加强能力和素质培养，突出学生个性化发展，尊重学生的教育选择权，从 2007 年开始，学院结合实际情况，积极稳妥地推进学年学分制。

4. 突出一个重点——实践教学。根据德国对高等教育的分类标准，应用型人才区别于学术型人才培养的关键点是应用型人才强调的是知识的串联和解决实际问题的综合能力，实践教学成为人才培养方案的重点。我们根据不同专业的属性，明确实践教学的比重。

5. 增加一个学期——认知实习学期。我们引进德国应用科技大学的“认知实践学期”，实行九学期制改革，即在大学二年级设置了一个 10 ~ 12 周的小学期——认知实践学期，这样加起来就是九个学期。学生在此之前还没学习多少专业知识，那么他们到底到企业去干什么呢？要达到一个什么样的目标呢？我们的设计目标是让学生在与自己相近或相关的岗位上经过认知实习，了解本专业需要什么样的专业知识、能力、素质，它并不是一种具体的岗位实习。学生经过这样一个过程以后，他们会对今后的专业课学习会有更多的思考。这样有利于他们结合自己的兴趣，规划未来发展，在专业方向的选择上、在课程模块的选择上会更加理性。2006 年我院在旅游专业进行试点，率先开始了认知实践，2007 年 60% 的本科专业进行认知实习。

6. 增设一门课程——专业导论课。为了增加学生对专业的认知度和认同度，培养其专业兴趣，掌握专业学习方法，更好地规划 4 年的学习生涯，我们在人才培养方案中，要求每个专业在第一学期必须开设专业导论课，由专业教授讲述，并聘请业界知名人士开展部分内容的讲授工作。

**二、紧扣应用型人才属性，探索改革人才培养过程**

1. 强化过程学习，积极实施“N + 2”考试制度改革。

针对学生中普遍存在重成绩、轻能力、轻实践的现象，学院从 2006 年开始，对考试制度进行改革，改变过去在课程结束时“一考定成绩”的做法，变末端考核为过程考核，实施“N + 2”考试制度。“N”是教学过程的考核次数，针对每门课程，N≥3，占总成绩的 50%，N 可以是小测验，可以是小综述，由主讲教师确定；“2”中的“1”是期末考试，占总成绩的 40%，另一个“1”是读书笔记，占总成绩的 10%。考试制度的改革带来了教学方法和学习方法的变化，教师和学生的精力投入更多。

2. 强化专业技能，有效开展大学生第二课堂活动。

第二课堂是培养学生的能力和素质重要组成部分。学院非常重视第二课堂效果，学院教学部门积极参与，围绕专业有针对性地开展大学生技能竞赛活动和大学生科技创新活动，并主动纳入人才培养方案中。活动的开展有助于学生专业技能的提高。不求轰轰烈烈，但求能见实效。几年来我院第二课堂成果显著，在大学生挑战杯竞赛和电子科技竞赛等活动屡创佳绩。

3. 强化应用能力，强调毕业论文（设计）的针对性。

我国大学生直接从学校到学校，没有社会经验，没有专业的认知，这无疑加大了应用型人才培养的难度，这就要求在我们人才方案实施过程中进行补缺和矫正。毕业论文（设计）是实践教学的最后一环，也是检验和锻炼学生应用能力的重要一环。为此我们加强毕业论文（设计）的针对性，根据实习基地提供的实际课题，要求真题真做。2007 年学院本科生的论文题目 60% 来源于企业和用人单位。

4. 加强应用型教师队伍的建设。

教师队伍是应用型人才教育的主导者，也是应用型人才教育的实践者。要培养学生的应用能力，就必须有具有工程背景和工程意识的教师，具有高水平的实验室教师队伍。德国应用科技大学教授必须在取得博士学位后去企业工作 3 ~5 年。按照这一思路，作为培养应用型人才学校，必须要强化教师的实践能力，把高学位、高职称的教师派到企业去锻炼半年到一年，也可以从企业聘请 3 ~4名高级工程师担任专业教授，参与专业人才培养方案的制订和修订。

**三、突出应用型人才特征，重点强化实践教学**

1. 以新的理念构建实践教学体系。

学院以明确办学定位为主题，以探讨应用型人才培养模式为切入点，在全院范围内进行一次对实践教学地位和作用的研讨。通过研讨，全院上下提高了对实践教学的认识，澄清了过去认识上的一些误区。传统的本科人才培养体系偏重于基础知识教学和理论体系的完整，忽视应用能力的构建，而应用型人才培养体系应以能力培养为中心，做到理论与实践并重。要改变那种把实践教学依附于理论教学，把实验当作是理论验证的错误认识，实践教学不仅是理论教学的一个延续，而且与理论教学是密切相关、相辅相成的。围绕社会对应用型人才知识、能力和素质的要求，必须构建融理论教学和实践教学为一体的课程体系。其中实践教学体系要求包括课内系统的、综合性的实践课程，以及课外自主开放实验、贯穿学习全过程的专业素质拓展训练和校外实习。

2. 以新的举措建立实验教学运行模式。

实践教学内容是实践教学目标任务的具体化。具体来说，是将各个实践教学环节［实验、实习、实训、课程设计、毕业论文（设计）、创新制作、社会实践等］通过合理配置，以能力培养为主线，按照素质教育、专业理论认知、专业操作技能和技术适应能力四个层次，由简单到复杂，由验证到应用，由单一到综合，由一般到创新，循序渐进地安排实践教学内容。为此，我们借鉴德国应用科技大学的人才培养模式，进行了一系列的改革和探索。

（1）整合实验教学内容。实验课不仅是作为理论课的一种验证，而应该是自成一种体系。我们在实验课程安排上，尽量减少一般性的验证实验内容，对原来单一的实验内容进行整合，开设综合性实验，同时增加设计性实验。

（2）成立实验技术教研室。目前学院各工科教学单位均成立了实验技术教研室，这不仅是名称和内涵的改变，更重要的是教育理念的转变。实践教学与理论教学一样都是人才培养重要环节，这些实验室教师和理论课教师一样都可以获得教师资格证。

（3）少台套大循环。长期以来，由于认识上误区和观念上的陈旧，长期固守单人单套，全班学生可以一次性地做同一个实验，但是一台仪器一年用不到几个小时的低效实验模式，造成一方面在经费上很紧张，另一方面又存在浪费的现象，特别是计算机这样一些更新较快的设备。为此我们探讨少台套大循环的实验模式，取得了较好的效果。相对独立的实验教学体系不仅有利于学生自主学习能力和综合分析解决问题能力的培养，还可以大大降低实验室的投入。

（4）开放实验室。为了充分利用现有教学资源，我们改革实验室运行机制，延长开放时间，对一些利用率较高的实验室要求每天要开放 12 个小时以上，学生还可以通过网上预约做实验。

3. 以新的思路加强实习基地建设

实习基地建设可以说是高校教学建设的薄弱环节，因为它取决于校企两个方面。从大多数实习基地反馈的信息来看，对学生实习并不欢迎，原因有很多，其中重要的一点是实习单位反映学生到单位干扰企业的正常经营。为此，学校改变思路，尝试新的做法。

（1）坚持与企业互动共赢。我们将实习单位与学校的合作提升到更高的层次，在人力资源支撑、产学研结合等方面进行合作，并具体落实到人才培养方案的制订、教师的实践、学生的毕业论文（设计）等多个环节，真正要使学校成为企业未来的保险。德国大众、博西等外资企业纷纷与我院洽谈签约。这种模式不仅受到在中国的德资企业欢迎，合肥的地方企业也对此有浓厚的兴趣，

2008年3月14日，合肥经济开发区与我院签订全面合作协议，园区内20多家企业参加签字仪式，并表示支持与学院一道共同关注应用型人才培养。

（2）打破单一以各系为主建立专业实习基地的分割局面，建立院级综合实习基地。根据不同企业的实际情况，把不同专业的学生组成一个团队到同一个单位分散在不同部门实习，这样使实习单位受到的干扰最小化，便于实习单位安排和指导，而且不同专业学生在一起可以互相交流。

学院应用型人才改革理念和实践得到了社会各界的广泛关注，教育部主管领导对学院的做法给予充分肯定和赞赏，德国世界500强企业对我院的培养模式给予积极的回应，如德国大陆轮胎投资公司落户合肥，看中的不仅仅是合肥市的投资政策环境，更为看重的是合肥学院能够按照德国应用科技大学的办学模式为其提供优质的应用型人力资源。

（本文为安徽省教育厅重点立项项目“应用型人才培养与社会资源保障机制研究”阶段性成果。）

（原载于《中国大学教学》2008年第6期）

# 失范与重构：应用型本科院校质量监控问题探析

蔡敬民　余国江

1998年以来，我国高等教育持续数年超常规发展，2007年高等教育毛入学率达到22%，根据美国著名教育社会学家马丁·特罗的高等教育大众化理论，我国高等教育已进入到大众教育阶段。这一方面最大限度地满足了国民接受高等教育的强烈愿望，大大缩短了我国高等教育大众化的历史进程，提高了劳动者的职业素养；另一方面，因超规模扩张所带来的质量问题也引起了社会的广泛关注。教育部于2001年、2005年和2007年先后发文，提出要提高高等教育质量，胡锦涛同志在十七大报告中也明确提出："优先发展教育，提高高等教育的质量。"

应用型本科院校大都是由专科层次的院校升格或合并而来，他们建校时间短、经费不足、特色不明显、社会声誉比较低，因此，加强应用型本科院校质量建设应该是整个高等教育质量工程中的重点工作。应用型本科院校本身也认识到教学质量对其自身发展的重要性，试图通过加强教学质量监控来提高教学质量。但由于管理水平低、办学经验少等，他们在教学质量监控方面还存在着诸多问题。

## 一、应用型本科院校质量监控存在的问题

### （一）模仿沿袭，不符合应用型高校的办学定位

探求高等教育类型的多样化、合理化是世界高等教育改革和发展的共同趋势。发达国家高等学校设置和分布呈金字塔式的分类发展体系：研究型和研究教学型高校属于少数部分，它们处于高等学校结构的最上层，承担着社会所需要的创新型、理论型人才的培养和基础性、原创性科学研究任务；而处于整个高等教育体系基座的则是为数众多的教学性、应用型普通高等学校，它们承担着社会需求的各种各样人才，尤其是适应经济发展需要的应用型人才的培养任务。随着高等教育从精英教育阶段步入大众教育阶段以及高等教育体制改革的

不断深入，我国高等教育的发展也已初现分层发展和分类建设的雏形，多样化、多规格、多层次的发展格局是我国高等教育发展的必然选择。

教学质量标准与办学定位密切相关，有什么样的人才培养目标就应该有什么样的质量标准。定位不同，培养目标不同，对学生的知识、能力、素质要求也就不同。应用型本科院校的培养目标是，面对现代社会的高新技术，培养出在生产、建设、管理、服务等一线岗位，直接从事解决实际问题、维持工作正常进行的人才。它强调学用结合、学做结合、学创结合，重视学生的动手能力、运用知识解决实际问题的能力，不过分追求知识的深、难以及知识体系的完整，培养的人才和生产实际紧密相连。

目前，我国新建应用型本科院校质量监控并不符合自身的办学定位，各校采用的评价标准基本上是模仿或沿袭研究型院校的内涵，将研究型大学的指标体系移植过来，过分注重内容的深度、难度，过分注重知识的系统性、完整性，过分注重教师上课的信息量、知识传授的技巧。从知识传授的角度来看，这些指标对于应用型本科院校不是说不重要，但如果过分强调就会偏离应用型院校的办学目标，混淆了研究性和应用型院校的本质差别，教学质量监控就不会达到预期的效果。

（二）理论教学质量监控相对完整，实践教学监控环节广泛缺失

实践教学是与理论教学紧密联系又相对独立的一个教学环节，它强调学生亲身参与、经历和实践操作，旨在培养学生理论联系实际的专业实践能力、创新能力和综合素质，在培养学生的动手能力、独立分析和解决问题的能力以及培养创新思维方面都具有其他环节无法取代的作用。对于应用型人才来说实践教学尤为重要，因为他们是现代技术的应用者、实施者和实现者，他们最大的特点是具有较强的技术思维能力，擅长技术的应用，能够解决生产实际中的具体技术问题。应用型本科院校要提高实践教学环节，首先就要做好实践教学环节质量的保障监控工作。但从新建本科院校运行的实际来看，各高校都十分重视理论课的监控，忽视和缺少实践教学监控环节，从而使培养出来的人才不符合社会需求，也使整个质量监控体系显得不完整。

造成这种情况的原因是多方面的。首先，受重理论轻实践的传统教育观念的影响。在传统教学中，实践教学大都是验证理论教学，成为理论课的“附属品”，实践教学得不到应有的重视，实践教学的质量监控缺乏管理，因而也就会

出现实践教学质量监控与评价不到位的情况。其次，实践教学环节具有多样性，其内容也具有复杂性，实践教学在时间、场地和内容等方面的特殊性以及实践教学在信息收集、管理和反馈等方面的困难也决定了对其进行质量监控的难度，这也是教学质量监控体系不能得以很好建立的一个重要因素。

（三）评教组织职责不明，监控效力有待加强

成立三级评教组织即校级督导以及行政领导、系级督导以及同行专家、学生评教是各校在教学质量监控方面的普遍做法，但目前三级评教组织存在着职责不清、任务不明等问题，影响着评教工作的正常开展。

校级督导处于全校教学质量监控的最高层次，理应是教学质量监控体系中的决策层、指挥层，其主要职责应该是对学校办学指导思想、办学定位、人才培养方案的制订以及学院（系）的督导工作给予宏观指导，并根据学校的各项管理制度对学校的教学常规和教学管理工作进行总体督促检查，同时进行专题调查研究，及时、如实地反映重要情况和突出问题，为学院的教学改革和重大决策提供咨询建议。但从目前实际情况来看，学校层面的督导主要工作是深入课堂听课。由于全校教师人数众多，督导人数又有限，再加上受专业、听课时间等因素的限制，很难对被听课者有个公正客观的评价。

学院（系）层面的督导组织大都是由相同或相近专业的专家组成，他们是教学质量监控的主体和主要组织实施者，其职责应该是加强专业研究，参与人才方案制订，深入课堂听课，从专业层面给被听者以指导。这些工作都是以教研室为单位进行组织实施的，应用型本科院校教研室活动开展不充分，所以学院（系）层面督导并没有发挥出其应有的作用。

与此同时，学生评价指标也存在着不合理的现象。学生评教的内容一般从仪表庄重，认真备课，内容充实，采用启发式教学，课堂组织，对学生思维方法、创新精神和创新能力的培养训练，前沿学科介绍，语言表达、普通话、板书等方面对教师进行评价。这些内容有的是学生容易评价的，如语言表达、普通话教学、板书等，有的却是学生难以做出判断的，如内容充实，采用启发式教学，课堂组织，对学生思维方法、创新精神和创新能力的培养，对学科前沿介绍等。这样的评价难以概括教学活动的全过程，使评价的结果容易出现偏差。

## 二、应用型本科院校质量监控策略分析

加强应用型人才特点研究，构建和完善应用型本科院校教学质量监控体系，

不断优化和提高教学效果，已成为新建应用型本科院校教学管理面临的新课题。因此，我们必须从以下方面开展工作。

（一）优化人才培养模式，明确教学质量要求

人才培养方案是整个教学活动的龙头，是教学质量的基石。人才培养方案制订的正确与否，关系到整个质量工程建设，人才培养方案是由人才培养目标决定的。应用型人才培养方案的培养目标是培养拥护党的基本路线，适应地方经济发展需要的，具有良好的职业道德和素养的德、智、体、美全面发展的高素质应用型人才。要实现这一目标，就要从以下诸方面对过去的人才培养方案进行改革：强化专业基础和综合素质；注重课程的综合化和学科的渗透性、交互性；加强实践和训练环节，注重能力培养。优化精简课程，优化通识教育与学科基础课程平台，构建专业主干课程平台，通过课程平台建设灵活设置专业选修课。夯实实践教学环节，增设学生自主学习学分、增加选修课学分比例、部分课程实行分层次教学，为学生提供更大的学习选择权和自主学习空间。同时压缩理论授课学时，要以课程基本要求为依据，在保证课程体系优化的前提下，具体规定学生必须掌握的知识和技能等实质性内容，将学生的能力培养和素质提高作为重点来抓。

（二）加大教学改革力度，架构课堂教学质量监控新体系

应用型人才的特点决定在教学过程中要着重培养学生解决问题的能力，因此，在教学中应加强教学改革，以适应社会、市场对人才的需要。一是增加“导论课”监控。应用型本科院校是培养将高新技术转化为生产力（包括管理能力和服务能力）的人才，因此，专业的认同感十分重要。高考时学生选择专业，基本上是听从父母和老师的意见，所选的专业将来是干什么的？自己喜不喜欢？大多数学生并不清楚，具有较大的盲目性，因此，在新生进校开设专业导论课时，增强学生专业认同感就显得非常重要。专业导论课质量高低将直接影响学生将来的学习和发展，因此，必须开展专业导论课的监控。二是开展认知实习监控。为了加强学生的感性认识，可以改革现有的学期制，将“8 学期”改革为“9 学期”，在大学二年级和三年级间，增加一个认知实践学期，学生通过 3 ~4 个月的认知实习，解决了理论和实践相脱节的矛盾，也促使学生认识到自己知识和能力的不足，端正他们的学习态度，激发他们的学习热情。但认知实习的组织、管理和教学难度较大，在做好此项工作之前就要从组织管理、实

习的计划和内容等方面进行监控。三是调整教学内容、方法手段指标体系。创新应用型本科教学监控体系的基础是教学改革，在开展常规性的监控外，还要增加和加大“生成性”监控内容及权重，鼓励教师开展模块化教学、基于问题研究教学、CDIO 工程教育模式等研究，支持教师开展教学内容、方法改革研究，不仅要强调对知识的传授，更要强调对知识技能的应用。教师在教学目标的设计中，不仅要重视知识技能目标，还要重视过程和方法、情感态度、价值观目标。四是加强对学生自主学习环节的监控。学生是教学活动的主体，学生的学习质量直接反映了教育质量的高低，教学监控既要监控教师的“教”，也要监控学生的“学”。和国外同类型高校相比，我国应用型高校理论课时学时数和国外的差不多，都是 2 500 课时左右，但我们缺少重要的一块，即 2 500 左右的课外自主学习时间，而这一点在培养学生能力方面极其重要。所以，对学生学习质量的监控不仅要包括学风情况（听课、作业、自习、参加课外科技活动、借阅图书、参听学术讲座等）、能力（分析问题和解决问题的能力、团队合作精神、创新精神等）、素质（思想道德、业务、文化、身心素质）等，还包括对学生自主学习进行监控。

（三）改革考核方式，注重对学生学习过程的监控

课程考核是检验学生学业完成的重要手段，传统的考核方式主要是以终结性考核为主，这只能让学生死记知识，成为考试的机器。要彻底改变“会考试”而“不会做事”的“高分低能”和“有分无能”的现象，就要以转变观念为先导，树立以就业为导向、以能力和素质考核为中心的理念，突出能力本位，积极探索建立新型的课程考试考核评价体系，充分发挥考核评价的引导和激励作用，促进教学内容和教学方法改革，强化学生创新精神和实践能力的培养。将以往以测试记忆为主的知识型考核转变为以实践为主的能力和素质考核，积极采取过程考核和末端考核相结合的方式，既重视终结性评价，也重视过程性评价和在过程中的评价，重视学生在学习过程中的自我表现评价，鼓励学生的新想法和创意，关注学生参与教和学的过程。除闭卷笔试外，提交一篇研究论文、一份调查报告、一本研究笔记、一份活动设计方案都可以作为学生的考试要求。

（四）树立全面教学质量观，建立实践教学评价标准

应用型本科院校要在高校中占据一定的位置，得到社会的认可，就必须树

立“全面”的质量观。不仅包括理论教学环节的监控，也应该包括实践环节的监控，尤其是对应用型本科院校而言，实践教学质量监控更为重要，而实践教学质量监控的着力点是实践教学改革。实验教学改革应精简传统的演示性和验证性实验，增加设计性和综合性实验。应围绕学科专业特点和学生认知规律，构建层次分明、结构合理的实验教学体系，规定必做、选做或开放性实验，加强实验教学学分制的建设。学生实习应根据专业技能规范要求训练学生的专业技能，使学生的各项技能达到专业培养计划规定。毕业论文（设计）选题上要强调和具体生产实践相结合，强调一人一题，真题真做。创新活动既是为学生的实践技能特别是科研能力的提高和创新意识的养成创造条件，也是培养和考查学生综合实践能力的一大实践教学环节，学生创新活动的数量和质量直接反映一个学校实验、实习和实训等实践教学活动的水平乃至人才培养的整体质量。因此，要格外关注学生创新活动的开展，鼓励学生投身第二课堂，支持学生参加科技创新、电了设计、数学建模等大赛。几大实践教学环节应紧密联系、相互影响，共同促进学生基本操作、基本技能及专业技能的提高，最终实现培养学生创新精神和创新能力的目的。

合理的实践教学管理与评价制度对规范教师和学生在实践教学活动中的行为，保证实践教学有序地进行、提高实践教学质量起着至关重要的作用。实践教学监控分为两大体系：一是实践教学管理体系，一是实践教学质量评价指标体系。实践教学管理监控包括实践教学管理与评价制度体系、管理制度监控评价制度和文件、加强实践教学的实施意见、实验室建制管理办法、重点实验室管理办法、实验教学管理规定、实验室开放管理办法等。实践教学评价指标由“一轴四翼”既相互独立又相互联系的五个模块组成。“一轴”是指实践教学计划评价指标，“四翼”则由实践教学大纲评价指标、实习实训评价指标、实验评价指标、毕业论文（设计）评价指标组成。应用型本科院校实践教学体系监控就是要加强这两方面的建设和管理。

（五）健全质量管理体制，明确监控实施主体

为了保证体系构建工作的顺利进行，在管理体制上要实行校、院（系）二级管理体制和质量责任制，逐级负责。在整个体制中，校级监控主要由教务处、校督导室行使职能，可以专门成立教学质量管理科，负责全校的教学质量管理与监控工作，全面了解学校各教学环节的实施情况和运行状态，及时反馈教学

过程中的各种信息，为学校改进教学工作提出意见和建议。院（系）主要承担组织、实施教学过程的职能，主要了解本院（系）各教学环节的实施情况和运行状态，检查本院（系）教师教案的准确性、科学性、思想性和逻辑性以及理论联系实际的情况。

学生参与评教是学生在教学活动中主体地位的体现。学生评教必须以学生为主体，以学生组织为依托，健全校、院（系）、班级（或专业）三级学生评教组织。校级学生评教中心依托校学生会学习部，院（系）学生评教分中心依托院（系）学生会组织，班级（或专业）学生评教小组依托班级（或专业）学生教学信息员。对每一级评教组织也要明确各自职责，制定具体的评教任务和指标体系，使学生评教工作真正能做到有的放矢，保质保量。

高等学校实施教学质量监控，其终极目的是不断提高教学质量并最终实现高等教育的可持续发展。要实现高等教育的可持续发展，必须注重规模、质量的协调发展，树立发展的、多样化的、适宜性的高等教育质量观，促进学生身心全面、和谐地发展，塑造出符合社会需要的可持续发展的人才，这在高等教育超常规发展的今天尤其重要。

（原载于《高校教育管理》2008 年第 6 期）

# 借鉴德国经验，实施应用型本科教学改革

蔡敬民 陈 啸 余国江

1985年，安徽省人民政府和德国下萨克森州签署了共建合肥学院（原合肥联合大学）协议，自此，合肥学院与德国应用科学大学建立了合作关系。在长期合作过程中，我们真切地感受到德国应用型人才培养的先进性，开始研究德国应用型人才培养的特征、属性、路径和模式，并结合中国国情和学生特点，进行本土化移植，形成了独具特色的人才培养体系。

## 一、以先进理念为指导，创新人才培养模式

从2005年开始，我们在多年研究德国应用型人才培养的基础上，从以下几个方面着手，探索创建具有自身特点的应用型人才培养体系。

1. 以社会需求为导向调整专业结构。坚持专业与地方支柱产业互动，优化调整专业结构，改造传统专业，优先发展特色专业，增设与地方经济发展密切相关的新专业，形成了“工、经、管为主，文、理、教育兼有”的、为地方经济建设培养急需人才的专业体系。

2. 以应用型培养为目标设计人才方案。按照“大教学观”的理念，通过系统的市场调研，我们分析各个岗位（群）对人才知识、能力、素质的需求，以此来确定人才培养目标，以强化学生实践能力为重点，从学期设置、课程、实践教学、质量保障与评价体系以及资源保障机制等方面，做好人才培养的顶层设计。

3. 以专业建设为核心重构课程体系。为了增加学生对专业的认知度和认同度，各专业在第一学期开设一门20学时的专业导论课，由专业教授、业界知名人士担任讲授任务；为了让学生在与自己相近或相关的岗位上感受专业的职业素养和职业要求，我们开展学期制改革，将原来的“8”学期改革为“9”学期，在大学二、三学年之间增设一个认知实习学期。

4. 以培养学生能力为目的深入开展实践教学改革。首先，学院调整实践教

学课时比例，工科专业比例由过去的不足20%调整到30%～40%，其余专业由10%左右调整到20%～25%；其次，改革实践教学方式，根据课程特点设置实验教学的顺序，包括理论课前后的实验；再次，改革实践教学内容，整合单一性实验教学内容，减少验证性实验，开设综合性和设计性实验，通过“实践—理论—再实践”的过程，培养学生的探究精神和创新意识。

**二、广泛开展调研，设计人才培养方案**

在系统的市场调研和专业分析基础上，我们将人才培养目标定位为：培养具有国际视野，服务于地方和区域社会经济发展，在生产、建设、管理、服务等关键岗位，直接从事解决实际问题的高素质应用型人才。根据这一目标，为了突出人才培养方案的应用型特点，成立了由学校专家、企业界人士共同组成的专业指导委员会，共同制定出“1234”为核心的人才培养方案。“1”是指“一个目标”，即我们的培养目标是面向生产一线，在生产和管理关键岗位上解决实际问题的应用型人才。“2”是指“两种能力”，即培养学生解决实际问题能力和自我发展能力。“3”是指“三个原则”，一为学生为中心原则，围绕学生实际需要，提升学生知识学习，强化能力，提高素质；二为系统性原则，即按照整体优化的思想开展教学改革，对教学内容实行强干削支、集约整合；三为渐进性原则，即按照学生认知规律和所学知识系统性来安排教学体系和教学内容。所谓“4”是指“四个结合”，即知识、能力、素质教育结合，第一、二课堂结合，校内外结合，产学研结合。

**三、以模块化为核心，重构课程体系**

大众化高等教育体系应该是分类指导下的高等教育，应用型本科人才应该是大众化高等教育背景下一个重要的类型。从本质上说，应用型本科教育是一种以专业为导向的教育，其课程设置要突出学生能力培养，要以技术逻辑为核心，但我国开展几十年的高等教育基本上是以精英教育为主，课程体系以学科逻辑为主，不适合应用型人才培养。美国教育家马丁·特罗认为，大众教育阶段的高等教育课程趋向模块化，欧洲各国在“博洛尼亚进程”以后，课程纷纷实行了模块化，德国也是如此，尤其是应用科技大学。

“模块”一词最初是在计算机、建筑等行业应用。它或指大型系统的一个部分；或指在程序设计过程中，为了完成某功能所需要的一段程序（或子程序）；或指由编译程序等处理的独立单位。在系统结构中，模块可以进行组合、更换和分解，后来这一理念被引入教育领域，就有了模块化课程的概念。所谓模块化课程就是围绕一定的培养目标，打破原有的学科课程体系，尤其是理论知识和实践知识的界限，以能力培养为核心，有针对性地将原有课程内容组合成一个个不同的教学单位——模块。不同的模块之间既相互独立，又相互联系，层层递进，相互支撑，它们之间的组合构成了完整的模块化课程体系。

模块化课程最大的特点是突出能力培养，课程模块化对原有课程体系进行优化，将原课程内容进行整合，增加了行业最新的前沿知识，使教学更具有针对性。同时，在教学组织方面，各模块之间可以根据教学需要，自由地进行拆分和重组，更具有灵活性。

**四、改革教学方法，培养自主学习能力**

教学方法和课程体系有着必然关联，改革教学方法是课程目标实现和激励学生学习积极性的重要措施，应用型课程体系改革要求教学方法必须做出相应改革。应用型本科教育重视学生应用能力的培养，强调让学生在学习和实践过程中掌握理论，在实际工作中运用知识创新地解决具体问题，使其具有较强的社会竞争力。因此，在教学方法方面，我们改变满堂灌的教学方式，实施讨论式教学、基于问题的学习（PBL）、做中学（CDIO）、团队式学习等教学方法。

目前，国外大学本科教学阶段的课内学习时间与我国差不多，大约都是2 400课时（即 work load 学习负担），但相当重视课外学习，课内和课外 work load 的比例是1∶1，相比较而言，我国大学生几乎没有课外学习任务。为了让学生在课外也能将时间和精力投入到学习上来，我们增加学生课外学习时间，在实施模块化课程教学过程中，统筹第一、第二课堂，将第二课堂纳入人才培养方案，课外学习占 6 个学分，学生必须修满，才可以毕业。

**五、以强化实践能力为目的，开展实践教学改革**

实践教学不仅仅是对理论课的一种验证，而更应是培养学生实践和创新手段。根据专业特点和课程特点，开设与单一课程相对应的实验课、和课程群相对应的实验课以及独立开设的实验课等 3 类实验课程；教学方式实行“少台套、大循环”模式教学，提高了实验设备的使用效率；教学管理上改革实验室运行机制，延长开放时间，学生可以网上预约实验室；教学组织上成立了实验技术教研室，强化实验教师队伍的建设，配备有工程背景的硕士生作为实验指导教师，具体负责实验开发和实验教学组织。

在学生实习方面，我们创设了如下 3 个“一体化”的新模式：

1. 实习就业一体化。利用学校位于国家级经济开发区的优势，密切联系地方，和地方签署联合培养人才协议，统筹实习基地与就业基地建设，学生认知实习、生产实践、毕业论文（毕业论文以企业实际问题为选题，实行真题真做。目前，我校本科生毕业论文题目 70% 来源于企业和用人单位。）等系列实践教学环节在企业完成，把实习和单位用人紧密结合在起来，实现实习、就业联动，使企业全面了解毕业生，便于选聘到了解和认同企业的合适人才，深受企业欢迎。

2. 管理方式一体化。整合校内实习基地资源，改变过去各教学单位各自为政、独立建制的管理方式，建立校级统一的一体化的实习基地，将不同专业学生进行统一组织和管理，把他们分散到同一实习单位的不同部门进行实习。这样，既能使不同专业学生相互交流、取长补短；也有效降低了对实习单位正常生产经营活动的干扰。

3. 产学研一体化。在校内建立嵌入式实验室，引进企业资金、技术和仪器设备，校企双方共同开展合作，开展课题研究，既解决了企业的难题，又提高了教师的科研水平和实践能力；同时学生参与其中，感受真实的生产环境，培养自身的动手能力。

**六、以学习能力提高为主线，改革评价和考试制度**

长期以来，我国高等教育对学生的考核和评价形式单一，主要以卷面考试为主。考试前，教师圈定一些重点，学生在复习时，将老师圈定的重点“背一背”，背熟了就能考到高分，这对应用型人才能力培养的作用微乎其微。为了配合学校人才培养模式的整体改革，培养学生自主学习能力，我们改变应试教育以卷面考试为主的考核方式，变末端考试为过程监控，实施“N+2”考试考核制度。“N+2”中的“N”是考核的次数，也可以说是“自选动作”。学校规定“N”必须大于 3 次，小于 5 次，要根据专业特点制定出不同的考核形式，可以是小论文、小测验，也可以是调查报告，课程综合报告，还可以是报告、演讲等活动；“2”则是“规定动作”，每个学生必须完成，包括学生课堂笔记和期末考试。“N”的分值比例占 50%，课堂笔记和期末考试分别占 10% 和 40%。

**七、以能力提升为重点，加强师资队伍建设**

应用型人才培养需要应用型的师资。德国应用科技大学十分重视应用型师资队伍建设，其准入制较为苛刻，一般要求博士毕业，且要有3~5年相关的从业经历。而我们的教师大都是从校门到校门，没有实践经验，教学只能是照本宣科。针对此情况，我们采取“双聘双挂”，即从企业聘请专业人员担任学校指导教师，从学校聘请教师担任企业技术顾问；派教师去企业挂职，派管理人员到地方行政部门去挂职。通过这种挂职锻炼来强化教师和管理人员的实践经历和经验。

实验教师也是应用型师资的重要组成部分。德国应用科学大学十分重视实验教师建设，实验教师不仅数量充足（实验教师和理论教师比例为理工科0.9∶1，文科0.5∶1），而且素质高。而我国高校对实验教师重视不够，很多高校把不能上课的教师分配去当实验教师，在进修、培养、职称评审、绩效分配等方面，实验教师也没有得到应有的重视，极大地影响了实验教师的工作积极性，也使实验课的质量难以保障。合肥学院高度重视实验教师队伍建设，认为实验教学是培养高素质应用型人才必不可少的环节。学院不仅充实了大量的高素质青年教师到实验教学队中，而且重视对他们的培养，在进修、评优、绩效考核、职称评定等方面让他们和理论课教师享受同等待遇，甚至在某些方面还向他们倾斜，使他们安于其位，安心工作。

**八、结 语**

应用型人才培养是时下高等教育改革的热点之一。国家教育中长期规划首次提出要加强应用型人才培养，教育部正在开展“应用科技大学改革试点战略研究”，积极探讨职业教育升级等工作。包括德国在内的发达国家应用人才培养经验值得我们学习和借鉴，对此深入研究，对我们目前正在开展的改革大有裨益。

（原载于《计算机教育》2013年第21期）

# 应用型本科院校实践教学的思考和探索

赵良庆　蔡敬民　魏朱宝

## 一、以人才培养方案为载体，初步构建实践教学体系

人才培养方案是人才培养的设计阶段，是关系教学过程的组织和教学资源的配置。围绕社会对应用型人才知识、能力和素质的要求，必须构建融理论教学和实践教学于一体的课程体系，而实践教学体系中包括从课内系统的、综合性的实践课程，到课外的自助开放实验、贯穿学习全过程的专业素质拓展训练和校外实习相结合的培养体系。在具体构建过程中，我们坚持“一个目标、两种能力、三个原则、四个结合”。

一个目标：在整个实践教学体系中，目标体系是核心，我们把人才培养目标确定为培养紧密服务于地方经济和社会发展的需要，培养生产和管理一线的高级应用型专门人才，不同的专业根据专业人才培养目标和规格的要求，结合专业特点，分析本专业岗位群对学生知识、能力、素质的总体要求提出具体的实践教学总体目标，并分成素质教育、专业理论认知、专业操作技能、专业技术适应能力等子目标。

两种能力：依据培养应用型人才实践教学总体目标，我们提出在实践教学上要增强学生两个方面能力：实践应用能力和实践创新能力。

三个原则：以学生为本原则，即以学生为中心，根据学生需要，围绕学生能力拓展和知识结构开展实践教学；系统性原则，即按照整体优化的思想来构建实践教学体系和教学内容，强干削支、整合集约；渐进性原则，即按照知识的系统性与认知的循序渐进的思想来安排实践教学体系和教学内容，分成公共基础课实践教学、专业基础课实践教学、专业认知性实践教学、专业课实践教学、毕业实习依次递进，确保4年不断线。

四个结合：能力培养与素质教育相结合、第一课堂与第二课堂相结合、校内与校外相结合、产学研相结合。

## 二、以培养学生能力为重点，积极探索实践教学内容和方法的改革

实践教学的内容是实践教学目标任务的具体化，具体来说，是将各个实践教学环节：实验、实习、实训、课程设计、毕业论文（设计）、创新制作、社会实践等，通过合理配置，构建以能力培养为主线，按照素质教育、专业理论认知、专业操作技能和技术适应能力4个层次，由简单到复杂，由验证到应用，由单一到综合，由一般到创新，循序渐进地安排实践教学内容。为此，我们借鉴德国的应用科技大学的人才培养模式，进行了一系列的改革和探索。

1. 增加认知实习，实行九学期制。

我们把Fachhochschule（应用科技大学）的认知实践学期引进来，实行九学期制改革，即在大学二年级设置了一个3个月的小学期——认知性实践学期，这样加起来就是九个学期。学生在此之前还没学习多少专业知识，那么他们到底到企业去干什么呢？要达到一个什么样的目标呢？我们的设计目标是让学生在与自己相近或相关的岗位上经过认知实习，了解本专业需要什么样专业知识、能力、素质，它并不是一种具体的岗位实习。学生经过这样一个过程以后，他们会对今后的专业课学习会有更多的思考，这样有利于他们结合自己的兴趣，规划未来发展，在专业方向的选择上、在课程模块的选择上会更加理性。2006年我院在旅游专业进行试点，率先开始了认知实践，今年60%的本科专业即将进行认知实习。

2. 改革实践教学内容和方法，提高教学设备的利用率。

一是整合实验教学内容：实验课不仅是作为理论课的一种验证，而应该是自成一种体系，我们在实验课程安排上，尽量减少一般性的验证性的实验内容，对原来单一性的实验内容进行整合，开设综合性实验，同时增加设计性的实验。目前学院各工科教学单位均成立了实验技术教研室，这不仅是名称和内涵的改变，更重要的是教育理念的转变。实践教学与理论教学一样都是人才培养重要环节，这些实验室教师和理论课教师一样都可以获得教师资格证。

二是少台套大循环：教学经费对于一般高校来说应该都不很宽裕，尤其对于地方性的新建本科院校来说更是捉襟见肘，长期以来，由于认识上误区和观念上的陈旧，长期固守单人单套，全班学生可以一次性地做同一个实验，但是一台仪器一年用不到几个小时的低效实验模式，造成在经费上既紧张又浪费的现象，特别是像计算机这样一些更新较快的设备。为此我们探讨少台套大循环

的实验模式，取得了较好的效果。相对独立的实验教学体系不仅有利于学生自主学习能力和综合分析问题和解决问题能力的培养，还可以大大降低实验室的投入。

三是开放实验室：为了充分利用现有教学资源，我们改革实验室运行机制，延长开放时间，对一些利用率较高的实验室要求每天要开放12个小时以上，学生还可以通过网上预约做实验。

3. 第一课堂与第二课堂相结合，着力培养学生创新能力。

为了达到实验课培养学生应用所学知识解决问题的更高目标，我们以培养学生实践创新能力为出发点，以学生个性化能力培养为重点，每个专业安排100学时，有专门实验教师采用多种形式地对学生实践能力进行拓展训练。同时，学院结合全国性的科技竞赛活动，成立了各种实验项目和实验兴趣小组，将第一课堂与第二课堂结合起来，收到明显的效果。近年来，我院学生在各种全国性竞赛中取得了一系列好成绩。2006年全国大学生挑战杯创业计划大赛中获得了银奖，安徽仅有合肥学院和安徽农业大学两所高校获得银奖；在2006年全国大学生电子设计大赛中也获得了二等奖；在全国第一届大学生艺术展演中也获得了二等奖；特别是2006年，学院艺术设计系一位同学参加全国华帝热水器工业设计大赛，获得了铜奖，这个铜奖非常珍贵，因为一共有8人获奖，其中5人是专业设计师，在校大学生只有3人获奖（均为铜奖）。

**三、以教学评建为契机，强化实践教学保障体系**

1. 加强实践教学教师队伍建设，增强实践教学指导能力。

教师队伍是实践教学体系的主导者，也是实践教学体系的实践者。要培养学生的创新能力，要在教学中进行实验研究和开发，就必须要有高水平的实验室教师队伍。按照这一思路，我院为所有的实验室配备了具有硕士学位的专职实验教师，同时为了增强教师的实践能力，我们把高学位、高职称的教师派到企业去锻炼半年到一年。例如我们和合肥热力公司合作，这个公司是利用生活垃圾焚烧产热、发电，它为我们的老师提供专门的办公室，并且提供一些优惠的条件，教师可在那儿通过学习工作半年到一年，教师要在那里获得岗位资格证。同时我们还逐步给每个专业聘请3~4名高级工程师担任专业教授，参与专业人才培养方案的制定和修订，并且开设一门15~20课时的课程。

2. 整合院内实验教学资源，构建实践教学公共平台。

建好校内外实践场所是培养高等应用型人才的必备条件。几年来，我院一方面按照教育部本科教学水平评估指标的要求，逐年加大教学投入，加强教学条件建设，同时进行教学资源的整合，成立了两个全院性基础实验平台：基础实验和实训中心，文科公共基础实验中心，改变过去系部割裂，自成一体的重复浪费的低效率实验管理模式。

3. 充分利用区位优势，加强实习基地建设，实现产学研结合。

我院地处合肥市经济开发区，和开发区有着非常良好的关系。为了满足培养应用型人才实践教学条件的需要，弥补校内实践条件的不足，我们本着“双赢”的互惠互利的原则，充分发挥学科专业优势服务社会，在实习基地建设这一块强调产学研相结合，目前，学院与合肥经济开发区签订了一个全面的合作协议，也就是说经济开发区的企业和开发区的社区与合肥学院进行全面的合作，建立了相对稳定的综合性、专业性、产学研合作的学生实习建设保障。此外，我们还在企业、事业单位建立了一批稳定的实习基地，保证了实践教学的需要。

（原载于《中国大学教学》2007 年第 11 期）

# 新建本科院校建设发展应处理好四个关系

陈　啸

新建本科院校如何加快建设发展步伐，早日建成合格的本科院校？笔者根据合肥学院建院以来建设与发展的实践，认为在纷繁复杂的诸多矛盾关系中，应正确处理好以下四个关系，使新建本科院校沿着正确方向健康发展。

**一、处理好学科建设与专业建设的关系**

新建本科院校大都是从专科向本科的提升，首先应处理好学科建设与专业建设的关系。

1. 正确认识本科与专科是两种不同类型的高等教育，准确把握学科与专业的不同内涵。

专科教育与本科教育同属于高等学历教育范畴，但其内涵却有质的区别。简单说，专科是以专业建设为主，以培养技术应用性人才为目标的学校；本科是以学科建设为主，并以学科建设带动专业建设，以培养有较强创新精神和实践能力的人才为目标的学校。

所以我们还必须准确把握学科与专业的不同内涵。厦门大学潘懋元教授认为，专业是一种课程的组织形式；教育部在1998年颁布本科专业目录时也指出，“专业设置是人才培养规格的重要标志”。由此看出，专业具有3个基本特征：职业性、学科性和组织建构性。而学科是在科学发展中不断分化、整合而形成并发展起来的。当科学发展到某一阶段，人们会把某些具有内在联系的、相关的事物或现象归结在一起，形成一个信息群，构成一个统一的领域，把这一特定的领域作为科学研究对象，就形成了学科。因此，学科是按科学分类得出的具有相对独立的知识体系。学科也具有3个基本特征：学术性、系统性和内在逻辑性。

依上所述，专业是一种人才培养模式，是根据社会人才需求而设置的课程组合；专业可以由一个学科组成，也可以跨几个学科。而学科是专业建设的基础和平台，学科建设支撑了专业建设；学科研究的不断深入，使专业建设不断向纵深发展；学科的交叉与发展或新兴学科的涌现又不断托起新的专业，甚至产生新的行业和新的产业（例如有人已把信息科学所带动的信息业称为第四产业）。由此可见，专科学校强化专业建设，其本质是架构建设，其内涵是课程建设（理论课和实践课）；而本科学校表面上淡化专业强化学科，实质则是在更深的层面上推动专业建设。

2. 转变立足点，尽快实现由以专业建设为主向以学科建设为主的提升。

为实现以学科建设带动专业建设的根本性转变，合肥学院主要采取了以下措施：全员培训，实现思想观念的转型、提升，强化学科意识；根据学校实际，选择由专业到学科的渐进式学科建设发展思路，在原有学校重点专业基础上，逐步发展出优势学科；集中有限资源，针对地方经济社会发展需求，优先发展应用学科；重视学科的交叉、综合与渗透，努力形成新的学科生长点。

**二、处理好规范教学与办出特色的关系**

新建本科院校必须严格按照本科教育的基本规律，规范办学。但规范办学并不意味着千校一面，没有特色。任何一所高校，如果不能办出自己的特色，必将失去活力和优势。为此，合肥学院重点抓了以下两项工作。

1. 规范师资队伍建设。

本科院校以学科建设为基础，因此本科的规范化建设也应当围绕学科建设，从“学科建设要素、人才培养模式、师资队伍建设”三个方面展开。而其中最核心的，是建设好一支与本科教育相适应的师资队伍。

本科与专科在师资队伍建设上的最大区别，在于有无学科研究方向。如前所述，对于专科院校来说，主要侧重于专业建设，而专业是课程的组织形式，因此，专科学校要求每个教师都应精通一门课程。本科学院则不同，它的基础是学科，是以学科研究带动专业建设。因此，合肥学院在改造师资队伍过程中积极采取以下措施：按学科类别成立教研室，并要求每个教师都在相应的教研室确定自己的学科研究方向，开展学术研究；采取请进来与走出去相结合等方法，着力培养自己的学科带头人，逐步形成合理的学术梯队；积极开展在职培养。合肥学院建校以来，曾先后送出 70 余名中青年教师赴德国、美国、韩国等国高校进修，目前，学校还有百余名教师在职或脱产攻读硕士、博士学位。另外，为改变师资结构、增强动手能力，学校还专门从社会企事业单位引进“双师型”教师20余名，较好地起到以点带面的作用。

2. 走产学研结合的人才培养道路。

教育部2002年在湖南常德召开的新建本科院校教学工作研讨会上，首次明确提出新建本科院校人才培养的目标定位为应用型本科。应当说教育部确定的这一目标定位，与大多数新建本科院校的办学历史相吻合。合肥学院在20多年的办学实践中，正是学习借鉴德国应用科学大学“3+1”人才培养模式（理论教学3年，实践教学1年），积极开展产学研合作教育，在应用科学研究方面，积累了一定办学经验，形成一定办学优势。实践证明培养应用型人才，走产学研结合的人才培养道路是有效途径。近年来，为进一步加强产学研合作教育，学校下决心采取了多项措施。一是积极对外开拓，共挂牌建立了32个校外实习基地，充实建立了5个校内实习基地和98个实验室，使学生2个学期的企业实习落在实处；并逐步开放实验室，增加设计类实验项目。二是开展优秀毕业论文（设计）评选，鼓励学生通过参与教师的研究课题、参加课外科技活动等开展研究性学习，多出高质量的毕业论文（设计），对论文（设计）获奖学生还颁发证书、奖金。三是实行主辅修和“学历+证书”制培养模式，鼓励学生一专多能，培养复合型人才。四是鼓励各专业进行教学方法改革，进一步加强实践教学环节（比如旅游系开展的旅行教学试点；建筑系、艺术系开展的现场教学等）。几年来，学校产学研结合培养人才取得一定成果：生物工程、化学工程等专业的学生在参加教师的课题研究中，写出高质量毕业论文在国家级学术期刊上发表；电子信息工程、机械设计制造及自动化等专业学生在大学生数学建模竞赛中获得二等奖的较好成绩；旅游系导游专业学生在国家导游资格证考试中，连续5年获得考证通过率近70%的好成绩，居全省导游资格考证通过率第1位；艺术设计系学生在多项比赛中获奖中标；等等。

**三、处理好教学与科研的关系**

新建本科院校毫无疑问应以教学为中心，把规范本科教育、提高教学质量放在首位。但是，作为一所本科院校，如果没有学科与学术研究作支撑，其学校建设的内涵就不可能得到整体提升，也很难产生优势学科和专业，更不能造就学科带头人、形成学术梯队，建成合格的本科院校并形成一定办学特色也将成为一句空话。另外，高校的学科建设和科研学术活动往往交织一起，互相促进、相辅相成。学科建设会拓展学术研究领域，科研学术活动也会有力地充实教学内涵，提升教学档次。因此，既不能在科研学术活动之外孤立地谈学科建设，也不能独立于学科建设搞科研开发。

基于以上考虑，合肥学院重点采取了以下措施：一是针对本校实际，结合地方经济建设需要，选定生物、化工、电子信息技术为本校重点建设学科，制定好学科建设与科研发展规划；二是学校统筹规划，合理配置人才资源，集中优势队伍，按照学科建设的要求，确定重点建设学科和科研项目的学术带头人、科研骨干及研究队伍，形成一个学术研究或科技攻关的实体；三是搞好重点实验室建设，确保资金投入；四是加强对外交流合作，充分利用与德国应用科技大学合作共建契机，学习借鉴其学科建设的成功经验和科研成果，瞄准学科建设的前沿，以实现高起点助跑。

上述措施产生了积极效果，仅近几年来，学校在国家级及国家核心期刊上发表论文 140 余篇；并有 5 篇论文被 SCI、EI、LSTP 等国际论文检索刊物检索；取得国家专利成果 4 项；获得安徽省自然科学奖、科技进步奖和社会科学奖 7 项。学术研究培养了一批学科带头人和教学骨干，有力地促进了教学。比如与德国威廉港应用科学大学合作共建的生物工程本科专业，其中“从海洋生物筛选酶制备低分子量岩藻多糖的研究”，2000 年入选中国科学院实验海洋生物学开放研究室第 7 批开放研究课题，成功地实现了合肥学院学科建设的跨越式、超常规发展。

**四、处理好运转与发展的关系**

新建本科院校都面临急需加快建设与资金严重短缺的突出矛盾。为了合理调配使用好有限的资金，正确处理好维持正常教学运转与突出重点学科专业建设资金投入的关系，在充分保证正常教学经费投入，确保正常的教学秩序、必要的教学条件和基本的教学质量的前提下，为了实现学校快速发展，在短期内形成一定办学优势，彻底摒弃教育资源均分的思维模式。学校根据地方社会需求来决定学校的学科专业设置和办学规模，由专业设置和规模决定学校投资流向和资源配置。对于社会需求量大，学校看好的专业，往往要突破资源的约束，创造条件也要上。比如，为适应国际化竞争需要，合肥学院与德国汉诺威应用科学大学合作，针对市场需求，积极投入资金改造传统的化工与建筑材料专业，在原有两个专业的基础上，嫁接组合成化学建材新专业，并与德国汉诺威应用科学大学达成联合培养协议，在每年招收的 30 名学生中，有 10 人经中期选拔赴德攻读硕士学位，其余20人也由双方联合制定教学计划共同培养。对于学校选定的重点发展学科和科研项目，学校采取集中投入手段，把有限的资金用在刀刃上，促其在短期内得以快速发展，在这一学科领域迅速形成强劲优势和品牌效应，并期望以点带面，最终实现新建本科院校整体综合实力的提高，为建成合格本科院校奠定坚实基础。

（原载于《合肥联合大学学报》2002年第2期）

# 科学构建高等教育体系的思考

陈 啸 储常连

在我国，受到广泛关注和认同的高等教育分类有两种。一是三分法，我国著名教育家潘懋元教授在对我国高等教育进行分类的研究中指出，依据《国际教育标准分类法》，我国高等教育可分为三类，分别是综合性研究型（按学科分类）、专业性应用型（按专业分类）、职业性技能型（按职业分类）。二是四分法，即将我国高校分为研究型、教学研究型、教学型和高等职业院校四类，以上分类法是以学科专业特点和高等教育的功能定位为依据进行的，在我国高等教育从精英化转向大众化的背景下，这些分类往往容易引导高校过分追求人才培养层次、学校的研究层次、学课门类和专业多少等指标，如只强调研究型大学和教学研究型大学每年应分别授予多少个博士学位、硕士学位，科研经费应分别达到多少年收入，SCI、EI 和 CSSCI 的论文达到多少或每年在国外及全国性学术刊物上发表多少学术论文，等等，并使得学术标准成为我国所有高校的唯一评价标准。

这种分类进一步演化为以学历或学位层次为标准划分高等教育体系，把以博士培养为主的高校定为研究型，硕士培养为主兼有博士培养的高校定为教学研究型，学士培养为主的高校定为教学型，而高职院校定为专科，等等。这种体系划分的弊端在于忽视了高等教育的本质和人才培养的学科专业特点，以人才培养的层级标准掩盖了人才的学术性和应用性区别。比如就博士学位而言，实际上它仅表示学历培养的最高层级，至于说拥有博士学位是否一定是学术性的研究型人才，关键要看人才培养需求和该学科专业本身的属性，可能是，也可能不是。比如临床医学博士，强调的是对于高级医学知识的临床应用，其人才培养目标是医学应用领域的高级专家。再比如法律博士，其人才培养目标强调的是对于法律的实际应用。诸如此类，实际上大量的工学、管理学、教育学、心理学等专业博士培养，因其研究领域面向社会的实际职业岗位，都是典型的高级应用型人才。

高等教育的本质是培养符合社会需要的高层次人才；高等教育的价值是服务经济社会发展和人的全面发展；高等教育的任务是人才培养、科学研究和社会服务。因此，对高等教育体系的划分，归根结底还是要以高等教育的本质，同时兼顾高等教育的价值和功能为分类依据。笔者正是从这一基本点出发，提出将高等教育体系划分为学术性高等教育、应用性高等教育、成人继续教育三个子系统。

（一）学术性高等教育

学术性高等教育属于普通教育范畴，其人才培养的服务面向是国家中长期发展战略，尤其强调前瞻性，而不是服务于生产生活一线，更不是当前的现实生活性。学术性高等教育以基础学科专业设置为主，开展基础科学研究，实行学术优先的发展战略，其人才培养目标是为国家培养各基础学科和交叉学科前沿的创新拔尖人才，而非一般的应用型人才，这种拔尖创新人才的培养以博士为基本学历，以学术创新为基本要求，学术性高等教育的人才培养模式以"项目载体、导师引领"为主，学术型高校的建设主体以"985"高校为主、"211"高校为辅发展，学术性高等教育的责任主要是国家，地方政府为辅，学术型高校应大量设置国家奖学金，以有利于吸引和选拔特殊人才。

（二）应用性高等教育

应用性高等教育属于泛职业教育范畴，其人才培养的服务面向是经济社会发展的一线，是为推动现实经济社会发展的需要培养应用型人才，应用性高等教育注重的是社会当前的现实需求，而非国家长远战略，其人才培养目标是面向社会具体的职业或职业岗位，按照职业（岗位）实际需求的不同，学历以本、专科为主，并向研究生延伸，注重实用性和层次性，其中，强调以岗位操作技能为主的以专科学历为支撑；强调生产技术、管理和服务一线为主的以本科学历为支撑；强调专业性，培养面向一线服务领域的高级专家的以硕士或博士学历为支撑，应用性高等教育根据学科专业的性质科学设置培养层级，有些专业仅为专科（比如现在高职高专专业大类的划分），有些专业仅为本科，有些专业则必须设置硕士、博士，应用性高等教育不宜设置文学、理学、哲学等基础学科门类中的相关专业。总之，应用性高等教育开展应用科学研究，强调知识应用和技术创新，主要是解决现实生产中遇到的具体问题，应用性高等教育的人才培养模式以“产学研结合”为基本特征，应用型高校的主体以地方高等院校为主，发展能与地方经济社会发展良性互动的应用性高等教育是地方政府的责任，建设经费以地方财政投入为主，国家投入与其他渠道为辅，学生一般实行收费上学。

（三）成人继续教育

除了学术性和应用性高等教育之外，成人继续教育也是新的高等教育体系必不可少的组成部分，成人继续教育不以学历教育为主，而是以职业岗位培训为主体，开展职前或职后的各种职业培训，满足国民全面发展的需求或职业岗位迁移对再学习的需要，服务于国家构建学习型社会的发展战略，成人继续教育的实施主体可以是普通高校，也可以是其他专门的教育机构，发展成人继续教育，构建终身教育体系是中央、地方和基层的共同责任。

怎样构建新的高等教育体系？

（一）科学发展，观念先行

从宏观层面，当前对高等教育的科学分类和高等教育体系的合理构建，必须以科学发展观为指导，彻底打破以往以学历为主要划分标准的高校分类模式，转而以高等教育的本质，同时兼顾高等教育的价值、功能和强化省级政府发展应用性高等教育的责任为依据来构建新的高等教育体系，实现由精英教育到大众教育、计划体制向市场体制、封闭办学到开放办学的转变，以满足经济社会发展对高等教育多样性的要求。要进一步完善高等教育立法，扩大省级政府对高校的自主管理权和高校办学的自主权，真正实现对高校的分类指导，特色发展。

（二）顶层设计，统筹兼顾

在中观层面，在新的高等教育体系的构建过程中，各省级政府要切实根据本省政治、经济、文化等各方面的发展需要，科学规划省级高校的发展和人才培养层次分类，做到顶层设计，统筹兼顾，加大投入，分类管理。一般来说，省属高校都是应用型高校，因此，应积极促进高校与企业的合作，走产学研结合的办学道路，使高校的发展切实融入地方经济社会发展服务之中，在为地方经济社会发展作贡献的进程中，不断发展壮大应用性高等教育体系。

（三）找准定位，特色发展

在微观层面，高校要结合自身的办学条件和历史传统，找准自己的办学定位。前面已经论述了只有“985”高校和部分“211”高校是学术型高校，其余高校都是应用型高校。因此，对绝大多数高校来说，就是要坚持特色性，不搞趋同化；坚持有所为有所不为，不搞综合性大而全；坚持服务地方的发展战略，加强应用学科研究，不搞脱离生产实际的基础科学研究。紧密联系社会生产、生活一线所需，联系地方发展所需，走出一条产学研结合的办学道路。

（四）加强研究，深化实践

在构建新的高等教育体系的过程中，将面临许多新的问题，因此应整合多方力量，加强理论研究，深化实践探索，尤其应加强对于应用性高等教育体系的研究。因为在新的高教体系架构中，学术性高等教育为国家培养高精尖人才，只是很小的一部分；而应用性高等教育以院校数量、学科专业设置、学历（学位）教育层次、在校学生数量等的绝对优势，成为未来我国高等教育建设的生力军。要想建设好这只生力军，就必须回答在应用性高等教育中，如何科学设置学科专业和与之相对应的学历（学位）层级？如何进行专业和课程改革？如何进行师资队伍建设？如何在应用型人才培养中建立产学研合作的良性机制？特别是要重点回答并准确把握好应用性高等教育从专科、本科到硕士和博士不同层级之间人才的培养目标、培养内涵、培养方法途径等一系列问题。只有从理论的高度对上述问题作出回答，并积极进行实践探索，我国建设高等教育强国的宏伟目标才能实现。

（原载于《合肥学院学报》2010年第1期）

# 关于高等教育分类研究若干问题的思考

## ——兼论科学构建应用性高等教育体系

陈 啸 储常连 吕 静

### 一、问题提出

1973年，美国高等教育社会学家马丁·特罗根据欧美等发达工业化国家高等教育发展现状，第一次提出了高等教育大众化这一新现象，并以高等教育毛入学率达到一定比例（15%~50%）作为进入高等教育大众化的标志。高等教育大众化在外表现为高等教育规模的扩大，在内表现为高等教育系统结构的多元发展。马丁·特罗认为，在高等教育大众化发展过程中一个最重要的变化倾向，就是高等教育的多样化发展，精英高等教育评价标准根本不能再诠释新出现的高等教育现象。为了有效解决高等教育大众化阶段出现的新问题，自20世纪70年代开始，“高等教育分类”研究应运而生，而研究的根本目的，就在于依据不同的分类，构建与之相适应的高等教育体系，以此引导高等院校科学定位，特色发展。

自2002年起，我国高等教育历史性地跨入了大众化发展阶段。一方面，高等教育的规模大幅增长，从1999年的不到700万人增加到2009年的2 979万人；毛入学率也从原来的不到10%增加到24.2%。但另一方面，原有精英高等教育结构单一的格局并未根本改变，特别是我国的高等教育仍旧沿用精英教育的质量标准（这一点在本科院校教学评估中表现的尤为突出），不能对自己的教育类型进行科学定位，更不能满足当前经济社会发展对高层次专门人才具有规格多样性和区域差异性的需求。多数高等学校仍旧朝着“学术型”大学“一边倒”。很显然，大众化高等教育的迅猛发展，一举打破原有的精英教育格局，而适应大众化高等教育发展阶段的新的高等教育体系尚未建立起来，这必然制约大众化高等教育进一步健康发展，最新出台的《国家中长期教育改革和发展规划纲要（2010—2020年）》（以下简称《纲要》）对加快建立高校分类体系提出要求：第一，指导高校合理定位，实行分类管理，促进各高校在不同层次、不同领域办出特色，形成各自的办学理念和风格，争创一流。第二，优化学科专业结构，重点扩大应用型、复合型、技能型人才培养规模，概括来说，就是让高校既能在学科专业建设方面苦练内功，又能面向现代化建设需求办出特色。因此，积极开展高等教育的分类研究，科学构建适合我国国情的高等教育体系，进而指导高校科学定位、提高质量、办出特色，不仅成为迫切需要解决的问题，也是落实“纲要”的一个重要举措。

**二、国外高等教育分类研究及发展趋势**

高等教育分类是指人们为了更好地认识、研究和引导高等教育发展而将高等教育系统划分成不同的类型和层次，从而确定高等教育系统中各子系统及各要素之间的相互关系（种属关系、并列关系、层次关系）的过程。

（一）国外高等教育代表性分类法

国外有关高等教育分类问题的研究，始于20世纪70年代，以1973年美国卡内基高校分类法的问世为先行，代表性分类法主要有以下四种。

一是美国卡内基教学促进基金会（CFAT）的“高等教育机构分类”，美国卡内基教学促进基金会（CFAT）的“高等教育机构分类”，是目前世界上有关高等院校分类方案中最早也是最为著名的分类法，该分类法根据高等教育机构的不同任务，将美国各类大学和学院予以分类，并建立起明确的划分标准，迄今已推出了1973年、1976年、1987年、1994年、2000年、2005年等6个版本。其中，2005版共有6种分类模式，即基本分类和新增的5种独立（平行）分类；基本分类与卡内基以前5个版本的分类类似，按照所授学位的层次及数量，将高等院校分为副学士学位授予学院（Associate’s Colleges）、硕士学位授予学/大学（Master’s Colleges and Universities）、博士学位授予大学（Doctorate Granting Universities）及专业主导机构（Special Focus Institutions）、部落学院（Tribal Colleges）5种基本类型。后5种独立（平行）分类为新增的模式，分别是从本科生培养计划、研究生培养计划、学生类型、学制、规模等5个角度进行分类。

二是联合国教科文组织的“国际教育标准分类法”。联合国教科文组织制定并颁布了1975年、1997年2个版本的“国际教育标准分类法”（ISCED）。这2个版本的区别是：前者注重层次，后者注重类型。1997年的“国际教育标准分类法”是根据教学计划将第三级教育（高等教育）做了两个维度的划分：纵向上，将高等教育从低到高分为序号5（专科、本科和硕士研究生教育阶段）和序号6（博士研究生教育阶段）两个等级（层次）；横向上，与1975年不同的是，先是将高等教育第一阶段（序号5）分为理论型（5A）和实用性、技术型（5B）两个一级类别，然后再将理论型（5A）分为学术型（5A1）和专业型（5A2）两个二级类别。

三是美国加州的“高等教育总体规划”。《加利福尼亚高等教育总体规划》根据任务对加州高等院校进行了明确的分工：横向上形成了公立院校与私立院校两个系统，其中公立院校系统在纵向上由高到低又分为加州大学、州立学院及社区学院/初级学院三个层次，其中加州大学系统专注于涵盖学士学位、硕士学位和博士学位层次的高等教育；州立学院系统注重学士学位、硕士学位阶段的高等教育；社区学院则负责提供学士学位及以下的课程，这三个层次之间具有上下位的连续性；私立学院和大学（Association of Independent College and University，简称AICU），则另成系统，主要是通过相互之间在学术市场上的竞争来实现的，加州公立高等教育系统的杰出之处主要是有计划地实行了公立高等院校的相互分工，各类学校不超出比例招生，也不能跨类别培养人才，从而保证了有序竞争。

四是英国“研究评估分类法”，1992年英国多科技术学院融入大学系统后，英国政府通过“高等教育拨款委员会”（Higher Education Funding Councils，简称HEFC）对所有高等教育机构一视同仁地提供教学经费。但在研究经费方面的拨款则是选择性的，“高等教育拨款委员会”根据“研究评估作业”（Research Assessment Exercise，简称RAE）的结果来确定高等院校的研究经费数额。通过研究经费的竞争性拨款来促进高等院校分层，由于英国政府采取以评估的方式来衡量各大学的研究绩效，并以学科领域而非高等院校的评估成绩来决定研究补助经费的多少，研究成绩评估起到了引导大学通过投入更多的精力提高研究绩效以争取政府有限资源的积极作用。

（二）国外高等教育分类的发展趋势

高等教育分类逐渐演变成一个开放的体系，它在一定时期内保持相对稳定的同时，及时根据高等院校自身和外部环境的变化进行不断修改和完善，呈现出从清晰的纵向分层向纵向分层与横向分类相结合的综合分类发展趋势，其分类指标体系和分类标准日趋多元化，也充分展现了它保持并促进高等教育多样化、特色发展的独特功能。

**三、我国高等教育分类研究及存在的问题**

我国高等教育分类研究起步较晚，始于20世纪90年代中期，2003年前后开始形成热潮，研究的重点在于高校分类，特别是高校的层次分类，笔者按分类主体的不同将中国大陆对高等教育的分类分成两类：一是政府高等教育分类制度；二是学者分类法。

（一）政府高等教育分类制度

自新中国成立以来，我国政府在高校类型、专业设置、学制等方面先后实施过若干分类标准。

一是纵向分层：根据隶属关系或管理权限将高等学校划分为教育部所属、中央各专业部委所属和地方政府所属三类；根据重点学科（国家级、省部级等）、博士点和硕士点等情况将高等学校划分为“985工程”建设大学、“211工程”建设大学，或分为全国重点大学、地方重点大学、地方一般高校。

二是横向分类：根据学科设置数量将高等学校分为综合性、多科性、单科性；按学科设置类别分为综合类、理工类、文科类、医药类、农林类、师范类；根据建校时间分为“老校”“新建院校”；根据主要投资渠道将高等学校分为公立、私立、民办。

（二）学者高等教育代表性分类法

国内最有代表性的关于学者对高校的分类法主要有四个。

一是潘懋元的“培养类型和层次分类法”。厦门大学潘懋元先生在其论文《高等学校的分类与定位问题》、《建立高等职业教育独立体系刍议》、《21世纪国家的核心竞争力——“教育—人才”的合理结构》中，根据高级专门人才的培养类型和层次，提出了由综合性研究型大学、多科性或单科性专业型大学或学院、多科性（单科性）职业技术型或技能型专科学校（学院）三种基本类型及其体系的构想。

二是陈厚丰的“高校综合分类法”。2004年，湖南大学陈厚丰在《中国高等学校分类与定位问题研究》一书中，以教育的内外部关系规律、特罗（Martin Trow）理论和高校社会职能理论为基础，以学科和专业覆盖面作为分类依据，将高校从横向上分为单科类、多科类和综合类三类；以履行社会职能的产出比重为依据，将高校分为研究型、教学科研型、教学型、应用型 4 型，并从理论上组合成 12 种中国高校的基本类型，构建起了一个纵横交错的综合性分类框架。

三是马陆亭的“范围集中度分类法”。2004 年，国家教育发展研究中心马陆亭在《高等学校的分层与管理》一书中，将劳动力市场分割理论和学校能级理论作为分类的理论基础，以学术水平作为层次分类标准，即根据学术性指标值的集中度进行聚类分层，其中主变量包括博士学位授予数集中度、科研经费获取数集中度两个指标。辅变量包括硕士学位授予数集中度、在国外及全国性刊物发表学术论文数集中度两个指标。在此基础上，提出了 21 世纪前期中国普通高校的层次结构，确定了研究型大学、教学科研大学两类高校的边界条件。2005 年，他又在《我国高等学校分类的结构设计》论文中，对其分类法进行了修正，提出了按两个维度划分高校类型的新方案。这种分类法的分类指标应用了“在国内高校中的排名位置”“建校历史”等明显属于大学排名的指标，并将高校投入与产出指标并用，此外，分类指标过多，数据计算量过大，一定程度上影响了该分类法的可操作性。

四是武书连的“大学分类法”。2002 年，广东管理科学研究院武书连提出将我国大学分为研究型、教学研究型、教学型、专业型四种类型的设想。随后，他又对这一分类框架进行了完善，并分别在《科学与科学技术管理》和《中国高等教育评估》上发表了《再探大学分类》的论文，提出了按学科比例和科研规模两部分组成的新的大学分类法及其标准。其基本内容是：按学科门类及其比例将现有大学划分为综合类、文理类、理科类、文科类、理学类、工学类、农学类、医学类、法学类、文学类、管理类、体育类、艺术类 13 类；按科研规模大小将现有大学划分为研究型、研究教学型、教学研究型、教学型 4 型。每个大学的类型由上述类和型两部分组成，类在前，型在后。这种方法的优点是反映了教学与科研在高校中的比重与关系，体现了高校的科研水平层次。但也犯了和“范围集中度分类法”相同的错误：它以科研得分、每年授予的学位数量等输出（产出）指标为主，同时又采用了诸如在校生人数、理科生（文科生）在校生人数等输入（投入）指标，使得分类标准与指标体系比较复杂。另外，这种以教学和科研在高校中的比重与关系为分类评价标准容易导致各校间片面追求办学层次、趋向学术型大学的弊端。

（三）我国高等教育分类存在的问题

第一，我国政府高等教育分类制度中存在的问题表现为三个方面。首先，这些分类标准没有从高等教育系统自身的发展规律出发，过于强调现实分类主体的实际利益而忽视了高校自主发展的价值，一些分类标准已不符合当前高校的实际发展状况。其次，政府在高等教育分类中仍居于绝对的主体地位。由于我国缺乏大学自治的传统，在中央集权行政的影响下，学者的研究对决策的影响有限。再次，高等教育分类重纵向分层，轻横向分类。长期以来，我国根据对高校的纵向分层配套相应的管理制度，在资源分配、经费安排等方面区别对待，这使得高校长期陷入层层攀高、办学模式趋同、人才培养单一的“怪圈”。

第二，学者分类法中存在的问题集中表现为两点，一是绕过高等教育系统而直接对高等学校分类，这明显违反了系统论的基本原则：忽视整体而只看局部，很难准确反映系统整体的性质和规律（国外的高等教育分类研究，除联合国教科文组织的“国际教育标准分类法”之外，大都也存在同样问题）。高等教育分类的对象是高等教育的完整系统，这个系统至少应该包括高等教育及其实施机构——高等学校，如果没有对高等教育进行分类就直接对高等学校进行分类，那么后者的分类就可能出现随意性，在分类框架及分类标准上也很难达成共识，导致高等学校定位的混乱。因此，目前急需我们从理论与应用两个方面将有关研究引向深入，并将分类研究从高校层面提升到高等教育层面。笔者认为，正因为高等教育本身是分类分层的，所以才需要高等教育的实施机构——高校以相应的类型和层次来实施。所以，只有先对高等教育进行分类，才能更加清晰地对高校进行分类。二是以学历、学位层次、科学研究等为标准划分高等教育体系（比如把以博士培养为主的高校定为研究型；硕士培养为主兼有博士的高校定为教学研究型；学士培养为主的高校定为教学型；高职院校定为专科；等等）。这种体系划分的弊端在于忽视了高等教育的本质和人才培养的学科专业特点，以人才培养的层级标准掩盖了人才的学术性和应用性区别。比如就博士学位而言，实际上它仅表示学历培养的最高层级，至于说拥有博士学位是否一定是学术性的研究型人才，关键要看人才培养需求和该学科专业本身的属性，可能是，也可能不是。比如对于临床医学博士而言，强调的是对于高级医学知识的临床应用，其人才培养目标是医学应用领域的高级专家。再比如对于法律博士，其人才培养目标强调的是对于法律的实际应用，等等。诸如此类，实际上大量的专业硕士、博士培养，因其研究领域面向社会的实际职业岗位，都是典型的高级应用型人才。另外，用研究型、教学型等对高校分类，也容易造成后者培养的人才缺少研究能力的误解，这显然不符合高等院校培养高级专门人才的基本定位。

综上所述，高等教育的本质是培养符合社会需要的高层次人才；高等教育的价值是服务经济社会发展和人的全面发展；高等教育的任务是人才培养、科学研究和社会服务。既然高等教育的存在归根结底以社会需要为前提，高等教育分类也应从社会的人才需求出发。换言之，应立足于教育系统外部，跳出教育看教育，而不应仅就教育自身孤立作出判断。笔者正是以此为依据，将高等教育系统划分为学术性和应用性两大体系。

**四、科学构建应用性高等教育体系**

大众化高等教育使精英教育阶段学术性高等教育的单一模式分化成学术性和应用性高等教育两大体系。对于学术性高等教育体系我们并不陌生，它主导精英教育数百年，而应用性高等教育体系则是大众化高等教育阶段的新事物。什么是应用性高等教育？应用性高等教育与学术性高等教育比较有哪些显著特征？如何建设应用性高等教育体系？等等。为了建设好应用性高等教育体系，促进大众化高等教育健康持续发展，上述问题亟待我们深入研究并作出回答。

（一）什么是应用性高等教育

纵观人类社会发展的历史不难发现，人类社会总是沿着两条基本途径向前发展：第一条是在基础科学研究中探索与发现，不断揭示自然的奥秘与规律；第二条是在应用科学研究中创造与发明，不断解决社会生产中的实际问题。正是有基础科学研究不断探索未知领域，发现新规律、新事物，建立、丰富和完善新理论，才推动人类文明产生质的飞跃。而应用科学研究一方面将基础科学研究在新探索、新发现中产生的重大成果，通过方法创新应用到实际的生产、生活领域；另一方面在解决社会生产实际问题中不断发明新工艺，创造新方法，进行技术改造，推动社会精神物质文明向前发展。上述两类科学研究对人才的不同要求，必然要求高等教育分成两个不同的人才培养体系：学术性高等教育体系和应用性高等教育体系。学术性高等教育体系培养从事基础科学研究的学术精英；应用性高等教育体系培养从事应用科学研究和技术研发的高级专门人才。学术型人才的“图谱”相对较窄，在本科、硕士阶段应开展通识教育和相关专业学习，打下坚实和广泛的基础，博士以后才能进入研究领域。应用型人才的“图谱”是一个宽泛的系列。因为解决生产实际问题需要不同层次人才的相互配合，形象地说，解决任何工程建设或生产、管理、服务一线的实际问题，都既需要总设计师，也需要现场工程师，既需要技术员，也需要装配工，等等。

因此，高等教育从精英过渡到大众阶段，必然划分为学术性与应用性两大体系。相对于学术性高等教育而言，应用性高等教育是在完成各种类型的中等教育后，以职业为背景，主要培养从事应用科学研究和技术研发的高级专门人才的教育系统。它应当包括一个相对庞大的院校群，就我国而言，除“985”高校以及“211”中少量以文理等基础学科为主的高校外，全国95%以上的高校都属于应用性高等教育的范畴。

必须强调的是，应用性高等教育体系不是对高等院校类型的简单划分，而是对不同高等教育性质的描述；它是以人类社会发展对人才的需求模式和学科知识本身的属性为依据，从横向上将高等教育划分的相对独立的系统。因此，它不是低于学术性高等教育体系一个高等教育层次，而是贯穿高等教育不同层次的完整体系；它不是指某所高校的所有学科专业，而是指那些培养应用型人才的学科专业。换言之，相对于基础学科专业而言，所有应用学科专业都属于应用性高等教育体系的范畴。

（二）应用性高等教育的特征

作为高等教育范畴，应用性与学术性高等教育体系具有一些共性特征，比如着眼于人的全面发展的现代办学理念，履行人才培养、科学研究和社会服务的三大职能等。但作为两个相对独立的教育系统，应用性高等教育与学术性高等教育相比又有以下显著区别。

一是建设主体、客体与建设对象不同。应用性高等教育体系的建设主体是地方政府，主要依靠地方投入；建设客体是符合应用性高等教育体系发展规律的体制机制，创建良好的制度环境；建设对象是地方所属所有的高等院校，立足于为地方培养应用型高级专门人才，服务与满足地方现实经济社会发展需要。学术性高等教育的建设主体是中央政府；建设客体是符合学术性高等教育体系发展规律的体制机制，服务与满足于国家战略和长远发展目标；建设对象是“985”高校和“211”高校中部分服务于国家战略的重点基础学科专业，立足于为国家培养学术精英。

二是学科专业建设和科学研究方向、内容不同。应用性高等教育开展应用学科专业建设，紧密联系与依托地方支柱产业和相关行业领域，致力于应用科学研究和技术研发，解决现实问题，针对性强。学术性高等教育开展基础学科建设，致力于基础科学研究，探索自然和人类的新知识，着眼于长远，不强调近期的目标针对性。

三是师资队伍建设与人才培养模式不同。应用性高等教育的师资队伍强调“双能型”“双师型”，即教师除具有较强动手能力，能胜任应用型人才培养的教学任务，还要求具有技术研发和成果转化的能力，其培养途径为校企共建。学术性高等教育的师资队伍强调“科学精神”与“学术素养”，这需要在长期的科学研究过程中逐步形成。两大体系的人才培养模式不同具体体现在人才培养的目标、内容、方法、途径等方面。培养目标方面，应用性高等教育的培养目标主要指向技术师、工程师、经济师、经理等等。强调理论知识的实际应用，并具有将高新科技转化为生产力的能力。学术性高等教育培养的是学术型人才，并在宽厚的理论基础上有所专攻，成为拔尖创新人才，为人类文明进步作出贡献。教学内容方面，应用性高等教育教学内容以职业岗位或工程技术领域的需要为出发点，在满足某一专业的学科理论的基本要求上，以生产现场理论知识与技术为主要教学范围，具有针对性和实用性。学术性高等教育不仅要向学生传授已有定论的科学知识和专业知识，而且还要向学生介绍最新的科学成就，各种学术流派和学术观点以及学科需要进一步研究和探讨的问题，培养学生创新和探索精神。教学方法、途径方面，应用性高等教育关注做什么、怎么做，强调知识的实际应用和生产技能的实际操作，是能力本位的，以提高学生的学习、就业、轮岗和创业能力为重点，产学研合作、项目载体是其基本的培养途径。学术性高等教育关注是什么、为什么，强调全面、系统、科学的知识传授与基础理论研究，是学科知识本位的，导师引领、科研载体是其基本的培养途径。

四是学历要求和评价标准不同。应用性高等教育人才培养根据社会需求和专业特点的不同，学历可以分别是专科（生产技能型）、本科（知识应用型）、研究生（应用型、复合型等）。学术性高等教育对人才培养的基本学历要求是博士研究生。关于人才的评价标准，学术性高等教育追求学术高层人才的培养、储备及科研成果的理论价值和原创性发现，其评价周期较长。应用性高等教育追求多样化的应用人才培养，强调科研成果的产业化、商品化，注重经济价值、社会价值和现实作用，其评价周期较短，甚至可以逐年评价。

（三）如何建设应用性高等教育体系

1. 科学设置学科专业。应用性高等教育最本质的特征之一，是紧密围绕地方社会经济发展的需要开展应用学科专业建设，为地方区域经济发展培养人才。因此，必须根据地方经济发展的需求设置专业，再根据设置的专业确定相应的专业培养要求，最后按照专业培养要求，在一系列的学科门类中选择作为专业理论基础的主干学科，来搭建所培养人才的知识体系。可以说，应用性本科教育是以专业为主导，学科为支撑，其核心是以专业建设为中心整合教育资源，以发展专业群的思路开展学科重组和调整，实现理工结合、文理渗透。

2. 合理定位人才培养目标。人才培养定位是整个人才培养的出发点，也是制定人才培养方案的前提。它反映培养主体对人才内涵的界定，具体表现为培养主体对人才培养目标的设定，包括培养人才的素质设定、能力设定等。

应用性高等教育的培养目标不是单一性的，而应该是一个综合的、分层次的目标体系。笔者认为，应用性高等教育的培养目标体系大致可以划分为三个基本层次。

在第一层次上，以“应用性”限定“高等教育”，对高等教育的性质进行定位。这一层次的定位不仅体现高等教育承担为社会培养高层次人才的一般职能或使命，而且还要突出高层次应用型人才培养的特殊职能。通过这一层次的目标定位，不仅使应用性高等教育同学术性高等教育相区别开来，还通过“高等教育”这一主词所定格的目标内涵，同普通中、初等基础职业教育相区别开来。

在第二层次上，以特定历史阶段的经济发展需求为坐标定位高层次应用性人才的培养规格和质量。从社会经济发展和用人单位对应用性人才的需求、高等教育培养人才的教育方针和当前我国高等教育改革中人们所共识的培养目标——“知识、能力、素质”三要素的要求三方面考虑。应用性高等教育人才培养的基本规格和质量标准应有如下特点：第一，重构知识要素——素质性知识和专业性知识。素质性知识指学生必须了解和掌握的人类、社会、自然发展及其规律的基本知识和基本理论；专业性知识指学生所学专业需要掌握的学科理论知识、经验性知识、工作过程性知识。素质性知识着眼于人的全面发展，其要求与学术性高等教育的要求基本是一致的。专业知识要素主要是确定应用性人才的知识结构，在专业性知识中，专业基础知识和专业知识以及部分经验知识是显性的，主要从课堂或书本上获得，我们称其为理论知识；部分经验性知识和工作过程知识是隐性的，必须通过实践获得，我们称其为实践知识。与学术性高等教育重视理论知识并强调知识学科系统化不同，应用性本科教育强调理论知识和实践知识并重，并且理论知识更强调"广、实、新、用"和为培养学生的应用能力打基础。第二，强调能力要素——关键能力和拓展能力。关键能力主要是相关专业的核心技术能力，这也是应用型人才核心竞争力的体现，关键能力培养除需要学科平台课程的支撑外，更重要的是在培养过程中，应使学生得到更多的经验性知识和工作过程性知识，这与实践环节紧密相连。因此，在课程体系改革中，加强实践教学环节，强调实习和实训等成为关键点。拓展能力主要是指学习能力、创新思维和创新能力等。第三，重视职业素质要素——身心素质和职业道德。身心素质指心理、身体健康；职业道德指具有良好的公民道德和职业道德。应用型人才是面向一线解决实际问题的人才，更要强调敬业、守纪和团队合作。因此，在专科层面，要培养学生对于所从事职业的认同，能够较快地适应企业环境、融入企业文化；在本科层面，要培养学生有较强的团队合作意识，以及在工作中高度的协同能力。显然，对于应用型人才而言，良好的职业道德是从业的重要素质。

在第三层次上，是以大学所服务面向的特定地域或区域，设定每所大学自己的培养目标，确定自己的具体任务。应用型大学总是以特定的地域为服务面向的，且任何一所大学即使在自己所服务的地域，也不可能为当地培养经济社会多样化发展所需要的所有的专门化人才。因此，每一所大学必须参与同区域内其他高等教育机构之间的分工，办出自己的专业特色。在这一层次上进行目标定位，其意义在于通过集中自己的优势，形成自己的专业或学科特色，树立自己的旗帜，使各具特色的应用型大学之间相互区别开来。

综上所述，应用性高等教育培养的人才能够较好地适应地区经济发展的需要，能够直接为生产、生活、工作服务，就应重点关注两个方面：一方面是知识、技术和职业三者的结合，另一方面是学生社会适应能力和工作能力的提高。

3. 创新人才培养模式。应用性高等教育人才培养的根本途径是走产学研合作的人才培养道路。不仅仅要简单加大社会实践部分的学分量和学时数，以及如何更加有效开展实践课程，更要探索高校与企业深度融合共同培养人才的制度。毫无疑问，把企业纳入应用性高等教育体系的有机组成部分，不仅需要突破目前传统观念，更需要体制机制创新。但无论如何可以预见，没有企业的实质性参与，单靠学校培养，真正满足社会需求的应用型人才很难实现。另外，专业硕士、博士层次的培养模式较多。比如同实际部门联合培养模式，这种人才培养方式直接与社会需求挂钩，不仅更加贴近实际，而且有针对性地满足实际部门对相应专业人才知识结构的需求。又比如中外合作培养模式，通过加强与国外大学学科专业的交流合作，建立中外合作培养的平台，使高层次专门人才的培养与国际接轨，具有真正的国际水平。

4. 加强双能型师资队伍建设。目前，我国师资队伍现状与培养应用型人才对教师的要求存在差距。比如：教师的技术能力和实践能力有待提高；由于缺少符合应用性高等教育要求高水平的技术教育专家，教师梯队的互助作用难以发挥；教师的课程开发能力和教育教学能力尚显不足；等等。师资队伍与培养应用性人才要求不适应的现状已成为制约应用型大学发展的瓶颈。

应用性高等教育体系要求着力加强“双师型”和“双能型”师资队伍的建设。“双师型”教师，是指具有教师和工程师“双师”素质的教师。“双能型”教师不仅具有较强动手能力，能胜任应用型人才培养的教学任务，还要求具有技术研发和成果转化的能力。“双能型”教师由“双师型”教师发展而来，整体职业素质更高。加强“双能型”教师的师资队伍建设成为应用性高等教育师资队伍建设的趋势。为此，应着重从以下 3 个方面加大改革。

一是建立师资“准入制”，从源头上把好“双能型”教师的进口关，取得专业学位研究生学历又在企业工作 3 年 ~5 年的高层次应用型专门人才，才能具备应用性高等教育的教师任职资格。

二是坚持教师“双挂制”，促进教师的专业化发展。学校应有计划地安排专业教师到企业进行专业实践或挂职锻炼，提高教师的实践能力和技术开发能力，以满足专业实践教学和实训、生产的需要。同时，积极引进相关企业、科研单位中有丰富实践经验的技术人员担任兼职教师，建立一支高素质的兼职教师队伍。通过这些教师可以给学校带来生产、科研第一线的新技术、新工艺、新信息，在与学校其他教师共同进行教学活动和相互交流中共同提高，促进学校教师向双能型教师转化。

三是探索职称评审“单列制”，建立“双能型”教师职称评价体制，保证教师队伍建设的正确导向。应用性高等教育强调理论教学与实践教学并重，突出学生职业能力培养，强调教师技术实践能力。因此，用以往学术型高校的职称评审标准来衡量应用型高校的教师是有失偏颇的，甚至对“双能型”教师队伍的建设是不利的。应当从应用性高等教育的实际出发，采取应用型高校教师职称单独评审制度，即“单列制”，把教师的学术性与实践性有机结合起来，凸显理论和技术实践的结合能力，不仅把“双证”和企业轮训、技术服务、访问工程师等技术实践经历作为教师职称评审的前提条件，还要看教师最终形成的实践能力，不重形式重内容，从而建成一支教师来源多样、职务结构合理、实践能力较强的教师队伍。

5. 深入开展模块化课程改革。学术型课程已经不适应应用性高等教育体系，应用型大学需要对课程进行重新整合。其思路是以专业知识领域为主题结合学生生活领域进行整合，每一类课程都与某一类知识相对应，具有相似的研究方法和视角；同时这一类课程又恰好可以与学生的某些生活经验或需要学生获取的经验联系起来，使学生为未来的职业生涯做好准备。

按照上述课程整合的思想，应用型大学课程改革向模块化方向发展。模块化课程的特点是由知识输入为导向，向知识输出（哪些能力应该是经过教学后学生要获取的）转变，以培养学生能力为目标，具体来说，就是将传统的以学科为背景的课程教学逐渐改变为以培养专业能力为核心的模块化教学。整个课程体系分为公共课程和专业课程等模块。专业课程模块包括核心专业课程和模块专业课程，核心专业课程是本专业生存和发展的基础，反映的是本专业的关键能力，是区别于其他专业的标志，也是本专业评估的依据。因此核心专业课程的设置应该从构成本专业教育和教学的核心内容的知识体系考虑。而模块专业课程则针对不同兴趣和方向的学生开设，根据专业开设的不同培养方向分别为学生开设不同的模块专业课程。

6. 着力建设产学研合作的良性机制。应用性高等教育人才培养的根本途径是走产学研合作的人才培养道路。目前着力建设产学研合作的良性机制是关键，即由企业、高等院校和科研机构组成联合体，共同从事科学研究、产品开发和人才培养等活动。这种合作机制不同于一般的由单一组织来完成的人才培养或科学研究，它的最大特点是校企共建，共同承担人才培养任务。笔者提出以下建设产学研合作良性机制的思路。

第一，以立法形式奠定产学研合作的制度基础。制度建设是产学研合作创新的首要前提，为推进产学研结合人才培养的健康稳定发展，发达国家普遍重视相关的立法工作，使产学研结合人才培养有法律依据和法律保障。只有立法先行，才能保障产学研合作的顺利进行。

第二，以减税让利形成产学研合作互惠共赢机制。互惠共赢是产学研合作持续健康发展的保证，应出台政策，一方面要求企业接收学生实习、实训，并为积极参与高校人才培养的企业适当减税，一方面要求高校为企业开展技术研发，并鼓励高校的科技成果优先转让给企业。

第三，以政府投入力促校企建立研发共同体，协同攻关。政府应该设立专项资金，并建立稳定支持的机制，吸引高校把企业纳入自身的研发项目管理系统之中，与相关企业建立起长期联系机制，鼓励企业与高校联合申报科技攻关项目，联合建设高新企业及科技创新共同体，等等。同时，积极支持大学的自由探索性研究、国家需求的高技术前沿领域的原始创新性研究，进一步提升应用型大学的知识贡献能力和社会服务水平。

第四，以大学科技园建设带动产学研合作良性发展。高校要将大学科技园的建设与发展纳入学校整体建设与发展规划，向大学科技园开放学校的各种资源，鼓励师生到园区创业，并在园区内构建学生实习和实践基地；发挥大学科技园创新源头的优势和人才的优势，使国家大学科技园成为高校科技成果转化与产业化的重要基地。通过大学科技园建设，吸引、培育创新型企业，为高新技术企业输送各类创业人才、科技企业家及其他复合型管理人才。

## 五、结　语

综上所述，科学设置学科专业、合理定位人才培养目标、创新人才培养模式、加强双能型师资队伍建设、深入开展模块化课程改革、着力建设产学研合作的良性机制是科学构建应用性高等教育体系的有效措施，它们构成了应用性高等教育体系的骨架，而如何依据这个架构完善、细化应用性高等教育体系，还有待于我们进一步思考。总之，应用性高等教育体系是一个庞大的系统，在其内部，又分为从高职高专、应用型本科到专业硕士、博士等不同层次和与之相应的教育机构，每一层次和机构的人才培养除具有相关共性之外，必然具有自己鲜明的个性。只有准确把握应用性高等教育系统中各子系统及各要素之间的相互关系，才能真正实现“纲要”中提出的对我国高等教育实行分类指导、科学定位、办出特色的要求。

（原载于《合肥学院学报》2010 年第 4 期）

# 特需项目：专业硕士培养路径新探索

余国江　杨冰玉

2009年，教育部下发了《关于做好全日制硕士专业学位研究生培养工作的若干意见》，有关高校开始了全日制专业学位硕士研究生培养工作。2011年8月，国务院学位委员会召开第28次会议，审议通过了《关于开展“服务国家特殊需求人才培养项目”试点工作的意见》，决定根据我国现阶段有关行业、领域特殊需求，安排少数在本科办学方面水平较高、特色较为鲜明的学士学位授予高校，招收培养硕士专业学位研究生，以此来探索我国专业硕士培养的新途径。

## 一、特需项目的特点

从人才类型来看，“服务国家特殊需求人才培养项目”（以下简称“特需项目”）培养的人才属于专业硕士范畴，它与专业硕士人才具有较多共性，但国家决定开展此项目试点的目的是“服务需求、创新模式、突出特色”，因此，它和一般意义上的专业硕士项目相比，还具有以下几个鲜明特点。

1. 培养目标特殊：满足国家特殊需求。

刘延东同志、袁贵仁同志多次强调，要根据国家战略需求，积极发展符合我国特点的专业学位，大力发展专业学位研究生教育，以适应产业结构调整和经济发展方式转变的要求，适应新科技革命和发展战略性新兴产业的要求。特需项目遵照此要求，着眼于国家需求，紧扣择需、择优、择急、择重来开展试点工作。首批特需项目开设了17个专业，其中，工程硕士专业领域数目所占比例接近一半，位列第1，这与我国现阶段国民经济发展需要相一致。我国已从一个农业大国转变为工业经济大国，整体进入工业化中期后半阶段，下一阶段的目标是从工业大国向工业强国迈进，这就急需大量高层次应用型人才，工程硕士专业数量位列第1实属必然。其次是教育硕士项目数量。教育是国家发展的根基，重视高素质师资队伍培养是我国一项基本国策，因此，教育硕士项目数量名列第2也实至名归。其他诸如农业推广、临床医学、护理、审计、金融等都关乎国计民生，这些方面的人才既是国家急需，又十分匮乏。

2. 试点单位资格特殊：硕士学位授予权非必要条件。

1996年颁布的《专业学位设置审批暂行办法》规定：高等学校新增专业学位必须要有相应的学位授予权。我国具有硕士学位授予权的高校一般都集中在研究型大学或教学研究型大学。一方面，这些大学重学术、轻职业观念根深蒂固，培养专业硕士不是学校的重点工作；另一方面，这些大学的研究生教育规模较大，教学科研任务过于繁重，课堂教学质量难以得到保障。与此形成鲜明对比的是，为了适应高等教育大众化的需要，我国在世纪之交新建了一大批本科院校，这些院校办学定位很明确：办高水平的应用型大学。在国家开展的新一轮合格评估的推动下，在地方政府的重视和支持下，已经形成了一批办学水平较高、特色较鲜明的院校，如果将专业硕士培养任务“下放”到这些学校，这些学校会受到莫大的鼓舞，定举全校之力，将全部精力花在专业硕士培养上。虽然没有培养硕士生的经历，但这些学校在应用型本科人才培养方面积累了大量的经验，在专业硕士培养中完全可以发挥自己的特色和优势，成为研究生教育改革与发展的重要实践基地。

3. 管理方式特殊：创新申报和验收手段。

特需项目在管理方式上也进行了创新，在审核申报条件方面实现了6个转变：由过去学术学位审核转变为专业学位审核，由综合实力审核转变为突出强项审核，由考察3个以上学科转变为考察1个突出学科，由强调科研审核转变为强调需求导向，由终身授权转变为有限授权，由重视内部因素审核转变为强调外部因素审核。申报时不再比拼学科点数目，教授、博士数量，不再规定获多少奖，有多少实验室，论文发表级别及科研经费，等等，而把考察重点放在学校有没有特色，产学研合作做得怎么样，是否重视学生的动手能力和实践能力等等方面。申报答辩时，不仅学校要参与，合作企业、行业负责人也要到现场，参与同场答辩。在后期管理中，也由过去终身制变为动态管理，以5年为一个周期，由国家教育主管部门组织人员定期进行中期检查和项目验收，验收合格的可以继续扩大招生规模，不能达到预期目标或国家需求已经发生变化的，则不再安排招生。这对主管部门来说，可以做到收放自如，对于试点学校来说，也可以放开手脚，大胆地试，大胆地闯。

4. 服务面向特殊：立足地方，服务地方。

随着社会主义市场经济体制改革的不断发展，经济结构战略性调整的不断深入，我国地方经济规模大幅增长，工业化水平不断提升，地方、中小企业经济地位逐步凸显，接受先进技术、先进经验步伐日益加快，产业升级过程中技术含量也逐渐增加。要做强地方、做强中小企业就迫切需要大量能够为地方服务，也愿意为地方服务的高层次应用型人才。特需项目培养的人才正是为满足这一需求而准备的。试点院校一般都是地方主办，与地方政府、行业、企业有密切联系，在实践基地、双师型教师培养方面具有天然优势。他们围绕区域经济发展开设专业、开展科学研究，解决企业生产中遇到的实际问题，为地方培养人才。服务地方经济社会发展是其义不容辞的责任，也是其生命力之所在。

**二、特需项目人才培养策略**

特需项目的特殊性决定了其人才不能按照传统的方法培养，要针对其特点采取特殊的策略，只有这样才能创出特色，提高质量，满足国家、地方经济社会发展对特殊人才的需求。

1. 创新模式：突出学生能力培养。

研究欧美应用型人才培养历史和发展轨迹，我们不难发现，它正从知识本位向能力本位转变。这种转变不是偶然的，它既是高等教育适应经济社会发展的需要，也是高等教育回归教育本质的需要。能力本位教育思想和实践起源于美国，20 世纪 80 年代以前，主要体现在中等职业教育阶段。20 世纪 90 年代以来，随着经济全球化和欧洲高等教育一体化的到来，社会对学生具备较强本领、适应社会快速变化的需要提出了较高的要求，能力本位教育被引入高等教育，且越来越受到重视，成为人们关注的焦点。

长期以来，我国硕士生培养主要以知识传授为主，以抽象的理论知识为教学重点，强调学科中心，重视学科理论的系统性、连贯性和完整性，轻视实践，忽视学生能力培养。特需项目人才培养必须改革传统的硕士生培养形式，创新模式，以能力培养的突出性取代原有的知识教育的系统性，改学科逻辑体系为技术逻辑体系，重视和强化学生能力尤其是运用知识解决实际问题能力的培养。试点学校在此理念指导下，探索出多种多样的人才培养模式。如南京工程学院发挥学校优势，探索专业硕士培养的新措施：实现“三个对接”（培养方向与产业发展对接、课程体系与职业能力对接、培养目标与资质认证对接）；实施

“四项改革”（打破学科导向的三段式传统课程体系束缚，围绕核心课程，依据知识技术逻辑关系，推行一体化课程改革；消除传统实践教学对理论课程的依附和体系的凌乱，构建“统筹规划、贯穿全程、项目载体、内外交替”的实践教学体系；制定“双向流动，柔性聘用”等政策，强化教师实践能力培养，优化双师型师资结构；发挥学习评价对教与学的导向作用，改革评价方式）；注重学生“五方面培养”（职业道德、现代工程能力、专业核心能力、创新能力、实践能力培养）。

2. 课程设置：实施模块化课程体系。

“博洛尼亚进程”实施以后，欧洲很多国家开始课程改革，推行模块化课程体系。所谓模块化课程是指打破传统的学科课程体系逻辑结构，围绕一个特定的教学主题，将一个或几个在内容和时间上自成一体的教学单位组合在一起，形成以培养学生能力为核心的课程体系。与传统的课程相比，模块化课程体系最大的特点是不再强调学科知识的基础性、系统性和完整性，而是更加强调课程的实践性、应用性、复合性，重视学生能力培养，这十分适合专业硕士培养。在实施特需项目人才培养过程中，我们可以学习和借鉴欧洲课程改革理念，进行课程改革。首先要根据人才培养目标进行调研，了解专业对应的相关岗位或岗位群对培养的人才在知识、能力、素质方面的要求，将其具体化为各个能力要素，然后对能力要素进行优化组合，形成微观知识、能力单元，再由若干个微观知识、能力单元构建成模块课程体系。如合肥学院环境工程专业固体废弃物处理方向的专业硕士是培养从事固体废物处理领域技术创新、研究设计、污染防治与综合利用的高层次工程技术和项目管理人才。他们根据人才培养目标和要求，制定出模块化课程体系。整个体系由五大模块组成。模块一：主要是工程哲学、工程心理学、外语和计算机及信息技术应用等基础性知识，主要包括工程思维与人文思想、工程计算、外语及跨文化交际等子模块。模块二：主要是系统的环境工程理论知识和固体废物处理专业知识以及工程管理学、企业管理学等方面知识，主要包括环境工程经济学、现代分析技术、环境标准与工程设计技术规范、环境规划与管理、环境工程学等子模块。模块三：开设固体废物的热处理技术、城市生活垃圾管理、可再生能源应用与能源技术等 13 个选修模块，要求学生从中任选 5 个模块，学生也可以根据实际需要适时组建新的选修模块。模块四：包括专业认知实习、专业岗位实践、5 个项目学习（项目学习有固体废弃物的综合管理、污染源分析与成分检测、处理工程的设计实训、规划管理与评价、技术研究等）实践模块。模块五：毕业综合能力培养模块，要求毕业论文（设计）真题真做。在制定模块课程体系过程中，减少或删除不必要的理论课程，强化环境工程处理技术，增设环保设备设计与制造内容，增加实践教学时间。通过由易到难、由简单到复杂的一系列实践实习活动，提高学生解决生产中实际问题能力、协作能力与综合素质。

3. 培养方式：深度校企合作培养。

在特需项目人才培养过程中，作为育人主体的高校，要和企业、行业联合，以市场需求为导向，全面合作，共同育人。①共同制定培养方案。成立由教授和企业界人士组成的专业指导委员会，邀请行业部门知名专家召开论证会，参与人才培养方案制定，通过校企专家多次论证、修改和完善，使课程体系设置更加科学，教学内容、实习实践、研究环节安排更加合理，培养要求更加统一。②共同实施教学活动。学校和企业合作，针对企业、行业实际，共同制定教学内容，共同实施教学活动。如：浙江万里学院将学生的学习分为“企业见习—理论学习—项目实践—实际应用”四阶段。学生入学后学习的地点不是课堂，而是企业，在双导师的指导下，学生了解和熟知企业生产流程和模式，在学习过程中发现企业实际问题，以此来确定今后学习和研究的目标和方向。随后，学生带着所发现的问题回到学校，系统地学习理论知识和解决问题的方法。理论课程学习结束后，学生再次进入企业，结合所学的知识和企业存在的问题，正式确定研究的项目选题，并运用自己所学的知识和方法分析问题，形成项目解决方案，完成毕业论文初稿。接着，学生在企业导师指导下，对项目进行修改、完善，并将研究成果应用到企业实际生产中，同时完成毕业论文。学校组织由教授、企业行业专家组成的考核组，对学生的项目进行考核，考核的主要依据是项目实际效果和产生的效益，考核组评定的结果就是学生毕业论文的成绩。③共同参与技术研发。专业硕士必须要具备一定的科学研究和技术开发能力。校企合作，共同开展科研，让专业硕士生们参与企业技术研发，既可以解决企业技术难题，也可以让高校的老师、学生了解市场，了解社会，了解最前沿的学科专业知识，实现双赢。④共同集聚教学资源。校企可以联合建立实习与就业、集中与分散相结合的一体化实习基地，有效解决学生实习实训的师资和场地不足问题以及就业不对口问题；还可以共同规划、开展实验室建设，校企双方分别承担不同的角色，通过实验室运行和开放，达到互惠互利目的。

4. 毕业综合能力鉴定：强调真题真做。

毕业综合能力鉴定是指对学生综合运用所学知识，独立分析、解决实际问题的考查，它是对学生学习成果的综合总结，对培养学生基础科研能力，综合运用知识分析、解决问题能力有着十分重要的意义。对于学术型硕士来说，毕业论文是唯一的评价方式，而专业硕士毕业综合能力鉴定形式可以多样：既可以是调研报告、产品开发，也可以是应用基础研究、项目管理、文学艺术作品，甚至还可以是案例分析、规划设计等。无论哪种形式，学生在完成毕业综合能力鉴定时，都要强调真题真做。

真题真做要求选题必须是来自生产或生活一线的实际问题，学生带着鲜活的实际问题完成此项工作。学生进入实习单位后，深入行业或企业，结合岗位和专业，了解实习单位在生产、管理等方面的实际情况，以解决他们存在的实际问题或未来亟须发展的目标为研究主线，通过自己的观察，运用所学知识和科学规范的研究方法，提炼出行业、企业研发、设计、生产、管理等方面的新课题，然后亲自动手实践，在双导师的指导下，独自完成学习任务，体现出"企业出题，学校接题，师生答题"。如沈阳工程学院要求学生选择工程设计作为学位论文，选题来自本领域的实际需求，可以是一个完整的工程设计项目，也可以是一个大型工程设计项目中的子项目，还可以是设备或工艺流程。学生通过现场实践，掌握了国家、行业相关标准和规范，了解有关技术经济、环保、法律要求，综合运用基础理论和专业知识对设计对象进行分析，最后完成设计报告。

毕业综合能力鉴定强调真题真做，避免了论文撰写"走过场"、"空对空"，闭门造车和纸上谈兵。既可以解决行业、企业生产和管理中的实际问题，让学生发现知识的作用和自身的价值，提高学生学习、研究的兴趣，变被动研究为主动研究，也能提升学生信息获取和分析、调查研究、人际交往和沟通合作、独立思考、综合分析、发现问题、解决问题、团队合作等能力。对于实习单位来说，有些学生的研究成果十分有价值，可以直接拿来为己所用；同时，这也是行业、企业考察、选择人才的好时机，可以通过这一环节，留用满意的人才，既缩短了毕业生就业适应期，也节约了招聘、培训成本。

## 三、特需项目实施过程中应注意的问题

目前，承担硕士特需项目的高校有63所，这些高校都是地方本科院校，其中不少是新建本科院校，没有培养硕士研究生的经历和经验，因此，在项目实施过程中要处理好以下几种关系。

1. 处理好规范性和特色化之间的关系。

国务院学位委员会、教育部即将下发专业学位的“博士、硕士学位基本要求”，将从学科前沿动态、经济社会需求、学生要达到的知识结构、能力、素养和基本规范等方面，提出获得专业博、硕士学位者必须达到的要求。特需项目培养的人才是专业博士、硕士，应该达到国家标准，做到规范。但也不能走极端，将国家标准视为“尚方宝剑”，唯标准马首是瞻，亦步亦趋，使得国家标准变成探索专业硕士研究生教育的制约和束缚。试点学校应该充分利用国家标准出台的契机，在遵循专业硕士教育规律的同时，发挥自己学校的特色，积极思考，认真研究，为探索具有中国特色的专业硕士教育闯出一条新路。

2. 处理好硕士生教育和本科生教育之间的关系。

应用型本科生和专业硕士生同属于应用型人才体系，但分属不同层次。对于应用型本科生而言，只要求掌握基本的基础知识，具有从事科研的初步能力就可以了，但对于专业硕士研究生来说，他们需要掌握坚实的基础理论知识，较为系统的专业知识，具备解决生产中关键技术难题、独立从事应用科研的能力。试点学校可以借鉴应用型本科教育的经验，但不能将专业硕士生教育看作应用型本科生教育的延续或时间的延长，要在充分认识硕士生教育和本科生教育区别的基础上，加快学校学科内涵建设和双师型队伍建设，规范内部管理，向兄弟院校学习、取经，寻求他们的帮助和指导，尽快提升内涵，以保证该项目的质量和水平。

3. 处理好质量评价的“内适性”和“外适性”之间的关系。

特需项目试点成功与否，关键是看培养的人才的质量。质量标准依据考核主体、对象、内涵的不同，可分为两类：一是内适性质量，它是以高等教育系统内部制定的质量标准为依据，对教育质量进行的评价和判断；另一个是外适性质量，它是指高等教育培养的人才适合国家、社会的需要程度。二者之间，相辅相成、相互促进。特需项目在关注质量内适性的同时，更要关注外适性，其评价主体应该更加多元，除了学校本身外，更多的是社会评价和市场评价。

其评价形式和方法可以多样，如研究、制定职业资格证书和特需项目教育相衔接的制度，引进社会机构对人才培养进行评价，用社会和市场对人才的评价指标代替过去的学术指标，提高就业率、社会、企业对毕业生满意度等指标的权重等，只有这样，才能真正提升特需项目的人才培养质量。

（原载于《学位与研究生教育》2014 年第 8 期）

# 第三编

# 政策举措

# 中共安徽省委 安徽省人民政府
# 关于建设高等教育强省的若干意见

皖发〔2010〕9号

高等教育是国民教育体系的重要组成部分，担负着培养各类高层次人才、创造高水平科研成果、引领文化发展的重任，在现代化建设中具有重要的战略地位。改革开放以来特别是近10年来，我省高等教育事业快速发展，取得了历史性成就。全省普通高校从10年前的34所增加到95所，在校学生规模由10.5万人增加到91.2万人，高等教育毛入学率由5.2%上升到22.3%。高等教育整体结构进一步优化，重点学校、重点学科、重点实验室和高层次人才培养引进工作取得重大进展，高等教育服务经济社会发展的能力进一步增强。但我省高等教育与全面建设小康社会的新形势还不相适应，在规模、结构和质量等方面与现代化建设的需要和人民群众的需求还有一定差距。为充分发挥安徽教育资源优势，加快建设高等教育强省，现提出如下意见：

**一、建设高等教育强省的指导思想和目标任务**

1. 指导思想。以邓小平理论和“三个代表”重要思想为指导，深入贯彻落实科学发展观，全面贯彻党的教育方针，进一步解放思想、改革创新，加强统筹、分类指导，优化结构、提高质量，以扎实推进“双百工程”和“质量工程”为重点，努力实现高等教育规模、结构、质量和效益协调发展。以提高高等教育服务经济社会发展能力为出发点和落脚点，努力把高校的人才和科技资源优势转化为现实生产力，转化为推动经济社会又好又快发展的强大动力，转化为加速我省崛起进程、全面建设小康社会的重要支撑力。

2. 总体目标和主要任务。到2012年，高等教育规模、结构、质量和效益进一步适应经济社会发展和人民群众需求，全省高等教育毛入学率超过25%，高校毕业生就业率保持在全国平均水平以上，高等教育为经济社会发展服务能力和科技成果转化率显著提高。分类建设一批在全国同类高校中有特色和竞争力的高等学校、学科专业，力争使其达到国内同类院校和专业先进水平。到2020年，使我省高等学校在一些重点领域成为培养和造就一流科学家和科技领军人才的摇篮，成为培养应用型、复合型、技能型人才的基地，成为知识创新和推动科研成果向现实生产力转化的中心，成为推进文化大发展大繁荣的阵地，初步建成能够服务党委和政府决策、支撑经济发展和产业升级、引领社会进步和文化繁荣的具有安徽特色的应用性高等教育体系，全省高等教育毛入学率超过全国平均水平，招生、就业和人才培养的联动机制基本形成，高校毕业生就业率进入全国先进行列，高校科技成果转化率、服务经济社会发展能力进一步提升，高等教育综合实力处于中部省份领先水平。

**二、创新发展模式，积极推进高等教育“双百工程”**

3. 全方位扩大高校开放，激活高等教育资源增量。坚持政府主导、社会参与，建立“资源共享、合作共赢”的校企合作平台和机制，广泛吸纳企业、科研院所作为产学研合作基地、本专科生实训基地和研究生联合培养单位，鼓励高校和企业合作建设实验室和研发中心，将高等教育延伸到企业，融入社会。积极推进高等教育国际交流与合作，不断提升高等教育对外开放水平。

4. 深层次优化布局结构，盘活高等教育资源存量。按照我省经济社会发展需求和大众化高等教育规律，加强统筹和宏观调控，科学制定高校事业发展规划，明确高校的服务方向、办学层次和发展规模，促进各种类型高校科学定位、错位发展。整合区域性或同类型高等学校，实行资源共享、优势互补、合作办学，实现资源效益和服务效率的最大化。加强对皖北地区高校的支持力度，采取政策倾斜和对口支援的办法，促进皖北高等教育加速崛起，实现全省高等教育协调发展。

5. 加大政策支持力度，鼓励规范民办高等教育发展。鼓励社会力量举办高等教育。在办学经费筹措、管理人员选聘、教师队伍建设、规范办学行为等方面，帮助民办高校解决发展中的难题，促进民办高校做大规模，做强实力。积极推动省属独立学院转型定位，吸引办学资金，逐步发展成普通本科高校。

6. 构建教育“立交桥”，引领职业教育大省建设。加快发展工程硕士、工商管理硕士等专业学位的研究生教育，大力推进应用型本科高等教育改革发展，加快发展高等职业教育，培养高技能人才。完善普通高校专升本模式和高等职业教育的“3+2”模式，构建灵活的教育“立交桥”，努力形成满足各级各类人才培养需求的应用性高等教育体系。发挥高校自身资源优势，主动为新农村建设、农村劳动力转移、城市职工下岗再就业承担培训任务，使高等教育在我省“大职教”的格局中充分发挥龙头作用。

7. 创新继续教育模式，服务学习型社会和终身教育体系建设。利用我省高校资源，积极吸引省外优质资源，整合社会资源，充分发挥广播电视大学的网络平台作用，大力开展网络远程教育和开放教育。创新普通高校继续教育模式，积极开展自学考试教育，满足不同群体接受教育的需求。

**三、服务崛起大业，扎实推进高等教育“质量工程”**

8. 建设一批高水平大学，支撑区域经济社会发展。继续推进中国科学院、教育部、安徽省三方支持中国科技大学建设世界一流研究型大学，积极推动合肥工业大学省部共建；深入实施安徽大学“211 工程”建设，使其教学、科研整体实力达到国内先进水平。重点建设 10 所左右综合性和多科性大学，5 所左右示范应用型本科高校，以及 15 所左右有明显特色和优势的示范高职院校，使其达到国内同类院校先进水平。通过重点高校建设，引导各类高校科学定位、特色发展，提高我省高校的整体竞争力。

9. 建设一批高水平学科专业，服务主导产业发展。根据高等学校学科特点和专业优势，结合我省经济社会发展需要，集中力量建设与我省主导产业群直接相关的 200 个重点学科和 400 个特色专业，努力形成布局合理、优势突出的省级重点学科体系，建成我省高素质创新型人才培养基地、高水平科学研究和科技成果转化基地；努力形成与我省经济社会发展需求相适应、结构优化的特色专业体系，建成我省高技能应用型人才培养基地、“双师型”教师培训和企业员工继续教育基地。

10. 建设一批高水平创新平台，推动创新型安徽建设。集中力量加强高校现有省级重点实验室、工程研究中心等科技创新平台建设，在工作机制和运行模式上取得突破，建成一批支撑“核心区域、核心企业、核心项目”的技术创新基地。大力发展与技术创新产业相关的专业学位研究生教育，改革研究生培养机制，实施研究生教育服务皖江城市带承接产业转移示范区和国家技术创新工程试点省计划，提升高校科技创新基础能力。

11. 建设一批高水平人文社科基地，促进文化强省建设。完善高等学校人文社会科学重点研究基地、省哲学社会科学重点基地和教育部重点基地的功能，努力发挥对外辐射作用，繁荣人文社会科学研究事业。利用高等学校人文社会科学优势，构建文化服务平台。鼓励大学参与和支持社区文化和农村文化建设，挖掘、总结、保护我省的非物质文化遗产。加强艺术院校建设，支持综合性大学开展多样化的教育与培训，建设本科层次的综合性多学科艺术院校，大力培养文化人才，不断提高高等学校文化服务的能力，为建设文化强省提供人才保证和智力支持。

12. 培育一批以高水平领军人才为核心的创新团队，落实人才强省战略。实施“皖江学者”计划，今后5年内，为省属高校从海外引进100名左右高层次创新型领军人才。组织实施高校博士后工程，今后5年内在省属高校设置500个博士后流动岗位，面向海内外引进一批优秀博士毕业生。畅通优秀人才引进通道，鼓励和支持高校引进紧缺人才。支持高校设置自主创新岗位，促进专门人才集中精力开展技术成果转化、科技攻关和各类咨询。鼓励高校科技人员深入基层、深入一线服务企业技术创新。鼓励企业设立博士后工作站。充分利用重大科研项目、重点科研基地聚集和培养人才，选派优秀教师出国培训，加快培养骨干教师和学科专业带头人，造就一批具有国内领先学术水平并符合我省自主创新需求的学科带头人。

**四、深化改革，激发高等教育发展活力**

13. 深化高校管理体制改革。完善中央、省两级政府管理，以省统筹为主的管理体制。强化市和省直单位、国有大型企业对所属高校的举办责任。加强、规范对新建本科高校、高职高专和民办高校的管理，落实支持民办高校发展的政策措施，将民办高校纳入省级“质量工程”项目建设申报和资助范围。积极培植教育评估、信息服务等中介组织，建立与重大教育政策相关的调查研究、咨询论证、社会公示及监督问责制度，推进教育决策的科学化与民主化。推动高校内部管理机制改革，引导高校全面实施科学管理、规范管理和精细管理，彰显高校管理育人特色。依法落实和保障高等学校办学自主权，允许学校在专业设置和办学方向上有更大的自主权。制定并逐步完善党委领导、校长负责、教授治学、民主管理的实施办法，建立自我发展、自我约束、面向社会依法自主办学的现代大学制度。

14. 大力推进产学研合作。整合高校与科研院所、企业的科技资源，打破高校与社会间的壁垒，加快人财物的流动和共享，加速科研要素的集聚，加快科技成果转化。围绕洁净煤、高性能材料、装备制造、信息家电等优势产业的改造提升和新能源汽车、新型显示、节能环保、公共安全、生物技术、文化创意等新兴产业的发展壮大，加大创新人才培养、学科建设和科学研究力度，深入推进产学研合作。改进高校科研成果评价制度，建立以科研成果转化和产业化为主导的激励机制，建立以政府为主导的产学研合作交流平台，促进高等学校在自主创新和科技服务中发挥更大作用。

15. 深化高校人事分配制度改革。高校根据办学实际需要，本着精简、高效的原则，在核定的编制总量、领导职数和进入计划的范围内，按照国家、省有关事业单位人事管理中的岗位设置和人员聘用等规定，自主选聘和辞退人员，按照有关规定评聘教师和其他专业技术人员职称，根据所聘岗位确定工资及福利待遇。改进高校人才评价机制，及时调整高校专业技术职务评审标准，充分调动教师紧紧围绕学校定位和发展目标开展教育教学、服务经济社会发展的积极性、创造性。积极推进分配制度改革，采取灵活多样的分配形式和分配办法，坚持多劳多得、优劳优酬、规范有序，向关键岗位、优秀拔尖人才和优秀创新团队倾斜的原则，适当拉开分配差距，充分发挥绩效工资的激励导向作用。

16. 深化教育教学和招生就业制度改革，完善贫困生资助工作机制。坚持以生源为基础，以就业为导向，以学校定位为目标，以创新能力和实践能力培养为重点，深化教育教学改革，优化人才培养模式，强化实践教学环节，不断提高人才培养质量。加快招生制度改革，探索高校自主招生、自我约束、政府统筹、依法监督的招生机制，采取多种形式、多种途径选拔人才。坚持以人为本，完善高校家庭经济困难学生资助工作机制，做好国家奖助学金、国家助学贷款（生源地助学贷款）、勤工助学、困难补助、学费减免等各项资助工作，为家庭经济困难学生创造良好的学习和生活环境，确保每一位大学生不因家庭经济困难而终止学业。加强就业指导和职业技能、创业技能培训，转变毕业生就业观念，提升就业能力，鼓励高校毕业生到基层、到农村就业，到国家最需要的地方去建功立业、自主创业，努力促进高校毕业生充分就业。

17. 加强高校节约型校园建设。大力弘扬艰苦奋斗的优良传统，厉行节约，勤俭办学。优化经费支出结构，压缩行政管理开支，把经费向教学科研倾斜。建立预算管理和资产管理相结合的制度，统筹配置教育资源，推进资源共享共用，防止重复建设和浪费。积极探索建立节约型校园的长效机制，对在节约型校园建设中做出突出贡献的高校给予奖励支持。

**五、加大支持力度，完善高等教育强省建设的政策措施**

18. 加大政府对高等教育的投入。保障高校生均预算内教育事业费逐年增长，到2012年不低于中部省份平均水平。进一步改进预算拨款方式，充分发挥高校预算制度对高校内部管理改革、提高办学效益的促进作用。在省统筹资金中加大对高等教育的投入，改善基础设施条件。在整合现有高校质量工程、高校科研、重点实验室等专项资金的基础上，设立高等教育强省专项经费，不断丰富内涵，加大投入力度，支持高校发展。同时，积极做好与国家有关高等教育重大工程和项目的对接。各市、行业和国有企业举办的高等学校也要参照建立相应的高等教育经费稳定增长机制。

19. 完善高等教育分类收费管理办法。适时调整公办高校收费标准，根据不同专业办学成本差异等因素，在省定基准收费标准的基础上逐步实行分专业收费。允许实行学分制教学的高校按照规定的学分项目和标准收费。民办高等学校的学历教育学费标准，按照补偿教育培养成本原则并适当考虑合理回报的因素，由学校申请，报有关部门批准并公示。

20. 坚持多渠道筹措教育经费。按照谁办学谁投资的原则，实现投资主体多元化。积极鼓励社会资金注入高等教育。积极稳妥地利用国内外贷款，改善办学条件。采取债务重组、校区置换和政府支持等多种措施，缓解高校债务压力。

**六、加强领导，为高等教育强省建设提供组织和思想保障**

21. 加强对高等教育的领导。省委、省政府进一步加强对高等教育改革与发展工作的领导和统筹，及时研究高等教育发展战略，制定保障和促进高等教育发展的政策措施，协调解决有关重大问题。与省政府目标管理考核制度等衔接，探索建立高等学校为地方经济社会发展服务评价制度，把高等学校服务地方经济社会发展的工作效果，作为考核高等学校的重要内容。

22. 将建设高等教育强省纳入各级政府经济社会发展规划，统筹考虑，重点支持。省政府将建设高等教育强省列入“861”计划予以支持。高校所在市政府要主动研究支持高等学校发展和服务地方经济社会发展问题，谋划大学校区、科技园区与公共社区的发展规划对接、重大项目对接、人才使用对接等，努力形成以地方政府为主导，区校联动的发展格局。

23. 加强高校党建和思想政治工作。坚持党对高校的领导，完善党委领导下的校长负责制。着力提高领导班子和领导干部思想政治素质，提高领导班子办学治校能力。继续深化高校干部人事制度改革，认真实施高校领导干部任期制、试用期制，拓宽识人渠道和用人视野，加大竞争性选拔高校领导干部力度和干部交流力度，选优配强高校领导班子。积极探索加强和改进高校基层党组织建设，把党的政治优势、组织优势转化为高校科学发展优势。加强党风廉政和学风建设，有效遏制学术不端行为。加强和改进思想政治工作，深入开展爱国主义、集体主义、社会主义教育。建立完善的高等学校维护稳定工作机制，各级党委、政府要加强与高等学校经常性的联系，及时沟通信息，合力解决问题。

# 关于深化高等教育教学改革 全面提高人才培养质量的若干意见

皖教高〔2012〕7号

**各高等学校：**

质量是高等教育发展的生命线和永恒主题，加强内涵建设，提高高等教育质量是当前和今后很长时期内我省高等教育改革发展的核心任务。

提高高等教育质量，必须以加快转变高等教育发展方式为主线，把人才培养作为提高质量的首要工作，把内涵发展作为提高质量的核心要求，把教学工作作为提高质量中心任务，把体制机制改革作为提高质量的根本出路。

为深入贯彻学习胡锦涛同志在庆祝清华大学建校100周年大会上的讲话精神，切实落实教育部全面提高高等教育质量工作会议精神以及《教育部关于全面提高高等教育质量的若干意见》要求，现结合我省高等教育实际，提出如下意见。

**一、以科学定位为前提，提高人才培养对社会需求的符合度**

1. 明确学校定位，确立人才培养目标。以“科学定位，分类指导，多元发展，特色办学”为指针，鼓励在不同层次、不同领域办出特色，争创一流。克服同质化倾向，彰显异质性特征。支持高校根据办学历史、学科专业优势、地域特征、资源条件和服务面向，确定学校的办学定位，培育学校的办学特色。根据经济社会发展需求，合理确立学校人才培养目标。

2. 优化学科专业和人才培养结构。紧密结合我省经济社会发展要求和高等教育发展实际，扩大直接面向经济建设第一线的专业比例，着力构建与经济社会发展互动的学科专业体系以及招生、培养、就业联动的学科专业动态调整机制，增强人才培养的适应性和针对性，建立专业准入、预警和退出机制。连续3年报考率低于60%或连续2年就业率低于60%的专业，减少招生计划直至停招。支持高等学校根据科技进步和经济社会发展需要发展新兴学科、交叉学科和应用学科，进一步强化学科的综合交叉集成，形成以一流高校和一流学科领域为龙头，以专业性、行业性、综合性强的高校或学科为骨干，以主要培养应用型、技能型人才的高校或学科为基础的高等教育结构。开展本科和高职高专专业综合改革试点，支持优势特色专业、战略性新兴产业相关专业和农林、水利、地矿等行业相关专业以及师范类专业建设。充分发挥高等职业教育在职业教育中的龙头作用。

加大应用型、复合型、技能型人才培养力度，大力发展专业学位研究生教育。

**二、以人才培养为核心，提高高校其他职能对人才培养的贡献度**

3. 创新人才培养体制。进一步加强科学研究、社会服务、文化传承创新与人才培养的有机结合，实现在科学研究和社会服务中培养人才，实现文化育人。

要以服务安徽和地方经济社会发展为宗旨，以培养应用型人才为目标，学校、政府、企业三方联手，合作办学、合作育人、合作就业三位一体，充分发挥行业、企业、科研院所在人才培养中的作用，彻底打破学校与社会间的壁垒，形成高校与科研院所、行业企业联合培养人才的新局面。建立若干以市场为导向、企业为主体、学校为主要技术依托的产学研合作战略联盟。

4. 改革招生考试制度。加快招生制度改革，继续探索高校自主招生、自我约束、政府统筹、依法监督的招生机制，采取多种形式、多种途径选拔人才。扩大高等职业教育分类入学考试试点和高等职业教育自主招生考试。改革考试评价方式，推进综合评价，探索形成高考与高校考核、高中学业水平考试和综合素质评价相结合的多样化评价体系。改革招生录取模式，推进多元录取，逐步扩大自主选拔录取改革试点范围，在坚持统一高考基础上，探索完善自主录取、推荐录取、定向录取、破格录取的方式，探索高等职业教育“知识 + 技能”录取模式。改革对口招生、专升本招生、录取制度，拓展人才培养的立体渠道，提高学生对学校和专业的认同感、归属感。

5. 创新人才培养模式。提升高职院校服务产业发展、转移、升级的能力，积极探索高端技能型人才培养模式。以提高实践能力为重点，探索与相关部门、相关行业、企事业单位合作，探索联合培养、深度合作的应用型人才培养模式，实施卓越工程师、卓越中小学教师、卓越医师、卓越农艺师、卓越法律人才等应用型人才培养“卓越计划”。以重点科学、重点实验室等为依托，探索拔尖创新人才培养模式。积极推行学分制、主辅修制、小学期制、订单培养等项改革。实施“省级专业综合改革试点”项目和“人才培养模式创新实验区”项目。

6. 提高科学研究水平，服务人才培养。健全寓教于研的拔尖创新人才培养模式，以科学研究和实践创新为主导，通过学科交叉与融合、产学研紧密合作等途径，推动人才培养机制改革，以高水平科学研究服务高质量人才培养。最大限度将科研优势转化为教学优势，促进科研团队与教学团队的融合、促进科研基地与教学基地的融合，促成工程研究中心、试验站的职能转变，增加人才培养的职能，促成学生参与科研活动，让学生早进课题，早进团队，早进实验室，在科学研究中培养人才。

改进高校科学研究评价体系，把科研成果对人才培养的贡献作为主要的评价因素。

7. 提升服务社会能力，引领人才培养。增强高校社会服务意识，主动服务我省社会经济发展和产业转型升级，鼓励学生参与科技扶贫、科技下乡、科技成果转化等社会服务活动，培养学生的社会责任感，提高学生的实践能力和动手能力。

建设一批企业和高校合作创新平台，开展“产学研合作基地建设”改革试点，建设一批省内产学研战略联盟。

8. 推进文化传承创新，支撑人才培养。着眼于文化强省战略目标，加快培养更多高层次文化领军人物和大批高素质文化人才，为社会主义文化大发展大繁荣提供有力的人才支撑。大力推进文化传承创新，积极推动徽州文化“走出去”战略。传承弘扬中华优秀传统文化，吸收借鉴世界优秀文明成果。发挥文化育人作用，把社会主义核心价值体系融入人才培养全过程，建设体现社会主义特点、时代特征和学校特色的大学文化。秉承办学传统，凝练办学理念，确定校训、校歌，形成优良校风、教风和学风，培育大学精神。加强图书馆、校史馆、博物馆等场馆建设。面向社会开设高校名师大讲堂，开展高校理论名家社会行等活动。

**三、以教学工作为中心，提高人才培养各环节与定位的吻合度**

9. 巩固本专科教学基础地位。把本专科教学作为高校最基础、最根本的工作，领导精力、师资力量、资源配置和绩效评价要优先保障教学，体现育人中心。每年召开教学工作会议，研讨教学改革和管理创新，及时解决人才培养质量的重点、难点问题。制订具体办法，把教授为本专科生上课作为基本制度，将承担本专科教学任务作为教授聘用的基本条件，安排优秀教师为本专科低年级新生上课。定期开展教授为本专科生授课情况的专项检查。鼓励高校开展专业核心课程教授负责制试点。倡导知名教授开设新生研讨课，激发学生专业兴趣和学习动力。完善教学名师评选表彰制度和教师评价制度，形成向教学一线倾斜的风气和风尚。

10. 优化人才培养方案。充分发挥教学专家组织、教学委员会、行业企业专家的作用，大力开展人才培养市场调研。以安徽经济社会发展需求为导向，以课程建设为核心，整合课程资源，优化课程体系，明确人才培养目标和规格，着力打造具有创新精神和实践能力的高素质人才。高等职业教育着力培养服务经济社会发展的高端技能型人才。

11. 提高课堂教学水平。健全课堂教学制度，将教师的主要精力投入课堂教学。倡导集体备课，完备教材、教学大纲、教案、教学进度表等基本教学资料，做到课前准备充分，教案撰写完整，课堂讲授生动，理论联系实际，教学方法多元，加强师生互动，强化课后辅导。成立学生教学信息组，了解课堂教学现状，及时改进课堂教学状况。教学管理部门定期编制和发布课堂教学动态信息，确保课堂教学效果。

12. 推进教学方法与手段改革。树立符合时代要求的教学观，创新教育教学方法，探索多样化应用型人才培养方式。注重学思结合，彻底改变一言堂、满堂灌的传统教学方法，倡导启发式、探究式、讨论式、参与式教学方法，从改变教师的教学方法入手，转变学生的学习方式，帮助学生学会学习。根据专业课程特点，开展研究型学习活动，培养学生自主研究问题和解决问题的能力。注重知行统一，坚持教育教学与生产劳动、社会实践相结合。注重因材施教，关注学生不同特点和个性差异，激发学生的优势潜能。注重形成性评价和终结性评价相结合。注重现代教育信息技术的使用，充分利用网络平台、教学资源共享平台等开展教学。实施“教学研究项目”，开展教学成果奖评选。

13. 强化实践育人环节。实践教学要严格按专业教学计划及教学大纲要求组织实施；加强实践教学的过程管理，科学合理地制定实践教学方案、实践教学标准和实践成绩考核办法，保障各实践环节的有效时间和效果；深化实践教学内容和方法的改革，增开综合性、设计性、应用性强的实践项目，加强真实或现场模拟教学的组织和设计，训练学生基本技能和应用能力；学生毕业设计（论文）、毕业综合实践及顶岗实习等应有学校或院系部统一安排，严格规范管理，确保教学效果，保证教学质量。

加强实验室、实习实训基地、实践教学共享平台建设，实施“校企合作人才培养基地建设计划”。鼓励大学生广泛开展社会调查、生产劳动、志愿服务、公益活动、科技发明、勤工助学和挂职锻炼等实践活动。新增生均拨款、新增教学经费优先用于实践教学。

14. 加强和改进思想政治教育。充分发挥课堂教育教学的主导作用和思想政治理论课的主渠道作用，全面加强思想政治理论课的学科建设、课程建设、教材建设和教师队伍建设，切实改革教学内容、改进教学方法、改善教学手段，努力增强思想政治理论课的吸引力和感染力。坚持政治理论教育与社会实践相结合，既搞好课堂教育，又注重引导大学生深入社会、了解社会、服务社会。坚持用马克思主义中国化的最新理论成果武装学生，用社会主义现代化建设的生动实践教育学生，使正确的世界观、人生观、是非观进教材、进课堂、进学生头脑。充分发挥其他专业课程的育人功能，深入发掘其思想政治教育资源，把思想政治教育融入大学生学习的各个环节。要大力建设体现社会主义特点、时代特征和学校特色的校园文化，广泛开展丰富多彩、积极向上的学术、科技、体育、艺术和娱乐活动，把德育与智育、体育、美育有机结合起来，寓教育于文化活动之中。制定思想政治理论课教师队伍建设规划，加大全员培训、骨干研修、攻读博士学位、国内外考察等工作力度。

15. 提高研究生培养质量。改革研究生招生制度和培养模式，在博士学位授权高校扩大硕博连读规模，提高博士研究生创新能力和研究水平。大力发展专业学位硕士研究生教育，促进专业学位和学术学位的协调发展，支持部分高校以项目形式开展专业学位研究生培养，实行“双导师制”。广泛开展学校之间以及学校与企业、科研院所联合培养研究生制度。大幅度增设经济社会发展急需的紧缺应用专业硕士研究生培养规模。进一步优化博士硕士研究生、各类专业学位研究生、本专科规模结构，形成符合经济社会发展需要的人才培养结构。健全研究生考核、申诉、转学等机制，完善在课程教学、中期考核、开题报告、预答辩、学位评定等各环节的研究生分流、淘汰制度。

建立健全研究生教育收费与奖学助学制度，依托导师科学研究或技术创新经费，增加研究生的研究资助额度，完善研究生资助体系。

16. 重视国际化人才培养。努力构建全方位、多层次、宽领域的教育国际交流与合作平台，借鉴国际先进的教育理念和教育经验，着力培养一大批具有国际视野、通晓国际规则、能够参与国际事务和国际竞争的国际化人才。完善公派出国留学管理机制，注重高层次创新人才的培养。加强国际国内创新力量的开放共享和深度融合。大力支持高等院校招收外国留学生，扩大外国留学生规模，提高留学生教育质量和层次。探索多种方式利用国外优质教育资源。办好一批示范性中外合作办学项目。建设一批国际化的学科专业和特色课程。充分利用安徽丰富的历史文化资源，加强汉语国际推广工作。建立健全汉语国际推广教师和志愿者队伍服务机制。提高孔子学院办学质量和水平。

**四、以教学建设为基础，提高教学资源对人才培养的保障度**

17. 加强师德师风建设。加强职业理想和职业道德教育，增强广大教师学为人师、行为示范的责任感和使命感。引导教师关爱学生，潜心教书育人。坚持师德为先，健全师德考评制度，将师德表现作为教师绩效考核、聘用和奖惩的首要内容，实行师德一票否决制。坚持正确导向，采取综合措施，建立长效机制，形成良好学术道德和学术风气，克服学术浮躁之风，查处学术不端行为，将师德建设作为评估学校办学质量的重要指标。

18. 提升教师教学能力。完善教师培训制度，提高教师培训质量。完善教研室、教学团队、课程组等基层教学组织，坚持集体备课，深化教学重点难点问题研究。健全老中青教师传帮带机制，实行新开课、开新课试讲制度。完善助教制度，加强助教、助研、助管工作。探索科学评价教学能力的办法。加强教师教学能力培训，提升教师教学水平。

19. 建立教师分类管理制度。严格实施高校教师资格制度，坚持实行新进人员公开招聘制度。完善教师分类管理和分类评价办法，明确不同类型教师的岗位职责和任职条件，制定聘用、考核、晋升、奖惩办法。本科院校“双能型”教师重点考核教学能力、应用型人才的培养能力及产学研结合的能力，高职院校“双师型”教师重点考核教学能力和动手实践能力；实验实训教师重点考核指导学生实验实习、教学设备研发、实验项目开发能力。兼职教师要根据聘任合同进行考核，重点考核教学能力和指导学生实践的能力。鼓励和支持兼职教师申请教学系列专业技术职务。基础课教师重点考核教学任务、教学质量、教研成果和学术水平等。督促民办高校依法落实教师与公办高校教师平等法律地位。

20. 提高教师的“双能”“双师”素质。实施“教师能力发展中心建设计划”，探索高校引进、培养和使用应用型教师的体制和机制，建立本科院校“双能型”教师和高职院校“双师型”教师队伍的建设标准、教学能力的评价体系和激励机制，引领和带动全省高校应用型教师队伍建设。鼓励高校依托大中型企业，共建“双能型”“双师型”教师培养培训基地，提升教师的实践动手能力。完善教师到企业和基层一线实践制度，并将其作为职称评聘的重要依据。实施应用型本科院校中青年骨干教师和创新团队建设计划；实施高职高专专业带头人培养计划。鼓励高校聘用具有实践经验的专业技术人员担任专兼职教师，改善教学团队结构，形成双师、双能型结构的教学团队。

21. 加强实验实训师资队伍建设。各校应根据应用型人才培养要求，增加在职教师实验实训岗位教师设置数量，建立一支相对稳定的实验实训师资队伍。加大对实验实训岗位教师的培养培训力度，提升实验实训水平。

加强兼职教师教学质量和任教能力的指导和考核，切实发挥兼职教师在实践性教学环节中的作用。

22. 加强教学管理队伍建设。着力选拔和培养德才兼备的优秀人才进入各级教学管理岗位，逐步改善教学管理队伍的学历、职称和年龄结构，提高整体素质和管理水平，建立一支满足教学管理需求的结构合理、素质优良、服务意识强、管理效率高的教学管理队伍。加强教学管理人员的培训，创造条件，开展与国内外高等学校教学管理人员的相互考察、交流和研修，以适应管理科学化、现代化的要求。鼓励教学管理人员开展教学管理及其改革的研究并及时将研究成果应用于教学管理工作的实践中。不断改善和提高教学管理队伍级别待遇。

23. 大力推进课程建设。大力促进应用型课程开发和建设力度，更新课程教学内容，提高教学水平，建立符合应用型人才培养目标和教学要求的教学大纲。抓好公共基础课课程群、主干课课程群、实验课课程群建设，抓好名牌课程和重点课程建设，聘请校内外、国内外名师和企业人员担任课程主讲。出台新课程建设的若干意见，鼓励高校建立大学联盟，共同开发体现新理论、新知识和新方法的新课程，鼓励高校与科研院所合作，共同开发体现科技进步、文化繁荣的新课程，鼓励高校与企业（行业）合作，共同开发体现社会生产与职业需求的新课程。实施“精品开放课程建设计划”，开展“十二五”省级规划教材建设项目。

24. 加强教学信息化建设。建设以第二代安徽省教育和科研网为核心的教育专网。“十二五”期间基本建成高等学校“数字化校园”。构建较完备的省级教育基础信息库以及教育质量、学生流动、资源配置和毕业生就业状况等监测分析系统。完善全省教育视频会议系统建设，建立省级考务管理与服务平台。把教育信息化纳入全省信息化建设整体规划。到2020年，基本建成覆盖城乡各级各类学校的教育信息化体系，促进教育内容、教学手段和方法现代化。实施“高等教育信息化试点学校建设计划”。

25. 强化教学资源共享。整合区域性或同类型高等学校相关教学资源，实行资源共享、优势互补、合作办学，实现资源效益和服务效率的最大化。建立数字图书馆、虚拟实验室、精品课程库、优秀教师教案等优质教学资源库，充分发挥其在课堂教学中的作用，构建开放、互动、共享的网络教育教学模式。建立公共服务平台，实现共建共享。

开展高校合作联盟建设和分类管理改革试点，支持其探索“抱团发展、集约办学”的新思路，积极推行以学分制为基础的“弹性学习”制度，允许联盟内高校跨校、跨专业选课，互认学分，条件成熟的可以互发毕业证书，互授学位。

26. 实施二期教学改革与质量提升工程。积极做好与国家有关高等教育重大工程和项目的对接，启动二期教学改革与质量提升工程建设，发挥建设项目在推进教学改革、加强教学建设、提高教学质量上的引领、示范、辐射作用。做好这一期间省级质量工程的检查和验收工作。继续实施高等学校思想政治理论课建设工程、研究生教育创新计划和皖北地区高等教育振兴计划。设立紧缺人才培养基地、大学生学科竞赛项目和一批高等教育体制改革研究项目。

27. 加强人才培养经费保障。完善以政府投入为主、多渠道筹措教育经费、保障教育投入稳定增长的机制。依法加大政府投入，优先保障教学投入。调整优化各级政府预算内基建投资结构，加大对教学设施的投入。完善捐赠教育激励机制，积极引导社会投入，鼓励和引导社会力量捐资、改善教学基本条件，设立大学生创新创业教育基金。完善教育投入机制，提高教育保障水平。完善非义务教育培养成本分担机制，适时调整学费和住宿费标准，保障高校生均预算内教育事业费逐年增长。新增生均拨款、新增教学经费优先用于人才培养。

**五、以质量监控为手段，提高学生、社会对人才培养质量的满意度**

28. 建立人才培养质量的标准体系。全面落实素质教育，把促进人的全面发展和适应社会需要作为衡量人才培养质量的根本标准，努力协调好教育发展和人的全面发展、教育发展和社会发展的关系。

坚持能力本位和实践本位，重点考察实践动手能力，将行业标准引入专业规范和专业标准，将技术标准引入课程目标和课程标准，将执业资格标准引入人才规格和人才标准，据此研究制定人才培养标准、专业标准、课程标准、师资队伍建设和人才培养质量评价标准。

在办学定位与特色培育、质量目标、教学资源、教学过程、质量管理等方面制定基本要求。

29. 建立和完善教学质量保障机制。健全组织机制，确定教学质量一把手负责制，成立教学指导委员等专家组织；建立运行机制，完善校、院两级教学管理制度、教学质量保障制度、教学质量监控工作制度和教学质量的“预警机制”；创新激励机制，加强对教师的教学考核，并把考核结果与教师的职称晋升、工资晋级等相挂钩，加大教育教学成果的奖励力度，教学成果奖与科技成果奖同等对待。

30. 完善教学质量监控体系。重视和发挥专家组织的评价功能，重视和发挥现代教育评价方法与技术的作用，健全专业设置和教学计划制定过程的质量管理，健全课程建设、实践性教学环节实施过程的质量管理，完善考试和考查、评估和督导、教学检查、教学信息收集和毕业生跟踪调查等检测与反馈过程的质量管理，完善专业及专业结构的改造与调整、教学计划的修订、教学内容与教学方法的改革、教学管理制度的建立与健全等调节过程的质量管理，逐步建立起完善的校内质量保障体系。

31. 健全教育教学评估制度。建立以高校自我评估为基础，以教学基本状态数据常态监测、院校评估、专业认证及评估、国际评估为主要内容，政府、学校、专门机构和社会多元评价相结合的教学评估制度。制定安徽省“十二五”期间普通高校本科教学评估工作实施方案，建立高等学校教学基本状态数据库并及时更新；对所有符合合格评估的新建本科院校，进行合格评估，对尚未达到三届毕业生的新建本科院校开展自我评估，对已接受上一轮评估并获得通过的地方高校进行审核评估；对医学、师范、工程、建筑类专业开展专业认证和评估；积极探索国际评估。对具有三届毕业生的高职学校开展人才培养工作评估。

32. 建立人才培养质量第三方评价体系。改革人才培养质量评价方式，开展由政府、学校、家长及行业、企业等多方参与的人才培养质量第三方评价活动，形成开放的高等教育第三方评价体系。

建立本科教学质量年度报告和高等职业教育人才培养质量年度报告发布制度，建立本科教学基本状态数据库和高职院校人才培养工作状态数据采集平台，并在学校网站显著位置发布，接受社会监督，督促高校自觉提高人才培养质量。加强对研究生培养质量监控和学位点建设单位的检查指导，建立相应的信息化平台。

33. 加强创新创业教育和就业指导服务。把创新创业教育贯穿人才培养全过程。实施“安徽省普通高校大学生创新创业教育示范校”计划，制订高校创新创业教育教学基本要求，开发创新创业类课程，纳入学分管理。实施“安徽省大学生创新实验计划”，鼓励学生参加各类学科竞赛。大力开展创新创业师资培养培训，支持学生开展创新创业训练，完善国家、地方、高校三级项目资助体系。依托高新技术产业开发区、工业园区和大学科技园等，重点建设一批大学生创业园区。加强就业指导服务，加快就业指导服务机构建设，完善职业发展和就业指导课程体系。建立健全高校毕业生就业信息服务平台，加强困难群体毕业生就业援助与帮扶。

二〇一二年六月二十六日

# 关于进一步优化本科学科专业结构提高高等学校本科教学质量的通知

教高〔2007〕2号

**各高等学校：**

根据《教育部财政部关于实施高等学校本科教学质量与教学改革工程的意见》（教高〔2007〕1号）和《教育部关于进一步深化本科教学改革全面提高教学质量的若干意见》（教高〔2007〕2号）精神，现就进一步优化本科学科专业结构，提高我省高校本科教学质量通知如下：

**一、优化本科学科专业结构，促进高校人才培养与经济社会发展的深度融合**

1. 健全高校依法自主设置和全省宏观调控相结合的学科专业结构调整机制。加强学科专业建设和结构调整的系统研究和统筹谋划，建立高校学科专业发展规划论证和备案制度，高校依据省教育厅审定的学科专业发展规划，自主设置、调整目录内的本科专业。省教育厅依据社会需求和毕业生就业率状况、专业结构和布局状况、高校的办学条件状况等，每年上半年公布全省拟从严控制增设的专业范围。高校增设专业发展规划外专业、从严控制专业和目录外专业，须经省高校专业设置评议委员会论证通过后，报教育部备案或审批。

2. 引导高校为我省经济社会发展培养紧缺人才。鼓励高校主动适应全国、全省经济结构战略性调整和人才市场的需要，对现有学科专业进行系统改造，主动停办部分社会需求量小、毕业生就业率低的学科专业，积极增设我省经济社会发展紧缺的工程技术类等学科专业。省教育厅将依据我省经济社会发展重点领域和支柱产业的人才需求状况等，于每年上半年公布全省拟鼓励增设的专业范围，并对部分设置这些培养紧缺人才专业的高校，提供必要的专业建设经费和政策支持。

3. 进一步加强招生计划管理。招生计划安排是学科专业结构调整的关键环节。高校设置专业只是取得该专业的培养资格，而是否招生和招生的数量，应取决于该专业的市场需求状况。各高校在招生计划安排过程中，应进行充分的社会需求论证，坚持向优质资源倾斜、向结构调整倾斜、向就业率和就业质量高的学科专业倾斜。从今年起，省教育厅将严格审核高校的分专业招生计划，坚决调减或停止社会需求不足、毕业生就业困难专业的招生，调减出来的招生计划不再安排给原高校。

4. 创新人才培养模式。提高学生在校期间学习的自主性和应对社会需求变化的灵活程度，是优化学科专业结构的重要途径。高校要创造条件，大力推进按大的学科门类招生培养、学分制、主辅修和双学位制等人才培养模式改革，大幅度提高学生选择专业、选择课程、选择教师的自主性和灵活性。同时，鼓励同区域高校、同类高校之间以及高校与企业之间，创新合作模式，共享师资、设备、图书等教学资源，共建学科专业，共同培养适应社会需求的高质量人才。

**二、实施教学质量与教学改革工程，推进高校优质教学资源共建共享**

1. 建设目标。通过质量工程的实施，使高等学校教学质量得到提高，高等教育规模、结构、质量、效益协调发展和可持续发展的机制基本形成；人才培养模式改革取得突破，学生的实践能力和创新精神显著增强；教师队伍整体素质进一步提高，科技创新和人才培养的结合更加紧密；高等学校管理制度更加健全；高等学校在落实科教兴皖和人才强省战略，建设创新型安徽和小康社会、构建社会主义和谐社会中的作用得到更好的发挥，基本适应我省经济社会发展的需要。

2. 建设内容。包括 6 大项 12 个小项。2007—2010 年，专业建设方面，重点建设 10 个左右人才培养模式创新实验区和 100 个左右省级本科特色专业；课程建设方面，重点建设 300 门省级本科精品课程、1 000 门省级规划教材和全省共享的电子期刊、电子图书数据库；实践教学建设方面，重点建设 50 个省级实验教学示范中心、100 个省级大学生实践、实训基地，资助 1 000 个左右大学生研究性学习和创新性实验；高水平教师队伍建设方面，重点建设 50 个左右省级教学团队，评选表彰 200 名左右省级教学名师；教学改革研究和教学成果奖励方面，重点遴选资助 1 000 个左右省级教学研究项目，评选表彰 300 个左右省级优秀教学成果。

3. 实施办法。质量工程重点建设项目由省教育厅统筹规划，分年度实施。

省教育厅成立质量工程领导小组，研究决定质量工程的重大方针政策问题和总体规划，制订经费管理办法。领导小组下设办公室，具体负责质量工程的日常工作。项目承担学校的教务处作为专门机构，统筹负责本校质量工程项目的规划和实施。

每年上半年，质量工程领导小组根据质量工程建设目标和任务，制定和发布项目指南，确定项目遴选标准和基本条件，聘任评审专家，组织评审立项。项目采用学校先行立项建设、择优推荐、领导小组组织评审立项、后补助建设经费的方式进行。项目承担学校按照统一部署，根据质量工程的总体目标和任务，依据所承担项目的要求，结合学校的特色和办学定位，确定项目建设实施方案，组织项目实施，并保证项目建设达到预期成效。

省财政设立质量工程建设专项经费，用于全省普通高校省级立项项目建设。项目建设经费按照统一规划、单独核算、专款专用的原则，实行专款专户管理。项目承担学校根据经费管理办法，负责经费的使用和管理。质量工程领导小组将加强对质量工程建设项目的检查、审计和绩效评估，并根据检查、审计、评估的结果，对有关高等学校的项目和资金进行调整。建设项目完成后，组织专家会同相关部门组织验收和推广。

**三、合理安排高等学校的寒、暑假时间**

高等学校在保证教学周数满足教学计划要求的前提下，可根据当年交通、天气等现实情况自主确定本校寒、暑假的放假和开学时间。高校应科学制订并严格执行教学计划，切实保证学校教学秩序的稳定，不得随意推迟开学、提前放假和变更教学计划。高校普通本、专科秋季学期老生开学时间一般安排在9月1日前后，新生开学时间可适当推迟，但不得超过9月15日。高校推迟开学、提前放假和大幅度变更教学计划必须事先向省教育厅报告，经省教育厅研究同意后才能实施。

二〇〇七年五月十七日

# 关于实施高等学校教学质量与教学改革工程的意见

教高〔2008〕1号

各高等学校：

为全面贯彻落实科学发展观，切实提高高等教育质量，加快高素质创新型人才和高技能应用型人才的培养步伐，促进我省高等教育持续、健康发展，根据《教育部财政部关于实施高等学校本科教学质量与教学改革工程的意见》（教高〔2007〕1号）和《教育部关于全面提高高等职业教育教学质量的若干意见》（教高〔2006〕16号）精神，结合安徽省高等教育发展实际，省教育厅、财政厅决定实施“安徽省高等学校教学质量与教学改革工程”（以下简称“质量工程”），现就该工程的实施提出如下意见。

**一、指导思想**

坚持以中国特色社会主义理论为指导，落实科学发展观，全面贯彻党的教育方针，推进素质教育；坚持“巩固、深化、提高、发展”的方针，遵循高等教育基本规律，强化高等教育的质量意识，牢固树立人才培养是高校的根本任务、质量是高校的生命线、教学是高校的中心工作的理念；坚持分类指导、重点建设、注重特色、突出效益的原则，加大教学投入，深化教学改革，强化教学管理，提高人才培养质量。

**二、建设目标**

从2008年起，面向全省各层次和类型的高等教育，以普通本科教育和高等职业教育为重点，经过5年时间的建设和改革，打造一批优质教学资源，使我省高等学校的教学条件得到明显改善；教师的积极性得到充分发挥，整体素质进一步提高；人才培养模式改革取得实质性进展，大学生的实践能力和创新精神显著增强；大众化阶段高等教育的质量标准和保障体系更趋完善。通过质量工程的实施，促进我省高等教育协调、可持续发展机制的确立，高等教育质量进一步提高。

三、建设内容

1. 推进重点高校、重点学科和特色专业建设，引导高等学校科学定位、办出特色。全力支持中国科学技术大学“985 工程”建设、中国科学技术大学和合肥工业大学“211 工程”建设，推进安徽大学“211 工程”三期建设和芜湖职业技术学院、安徽水利水电职业技术学院、安徽职业技术学院国家示范高等职业学校建设。推进省部共建高校建设，推进省属重点大学建设和部分优势专业进入本科第一批次招生。遴选建设 5 所左右省级示范应用型本科高校和 10 所左右省级示范高等职业学校，扶持一批高校跻身全国同类高校先进行列，带动全省高等教育整体水平的提高，并使不同类型、不同层次的高校科学定位，在人才培养、科学研究和社会服务等方面培育特色和优势，逐步形成结构合理、功能完善、质量优良的高等教育体系。

以具有博士学位授予权高校和部分办学历史较长的具有硕士学位授予权高校为重点，遴选建设 200 个左右省级重点学科，努力形成布局合理、优势突出的省级重点学科体系，建成我省高素质创新型人才培养基地、高水平科学研究和科技成果转化基地。

以应用型本科高校和高职高专学校为重点，积极支持民办高等学校和新建高等学校，遴选建设 400 个左右省级特色专业，努力形成与我省经济社会发展需求相适应、结构优化的特色专业体系，建成我省高技能应用型人才培养基地、“双师型”教师和面向社会的技能培训基地。

2. 推进教学团队和高素质教师队伍建设，着力提升广大教师教书育人的水平。深入推进“皖江学者计划”“省学术技术带头人培养计划”“高校优秀人才计划”。启动实施“高校博士后工程”，每年在高校设置博士后岗位 100 个，面向国内外公开招聘一批优秀博士毕业生到高校工作。启动实施“高职高专院校高技能教师培养工程”，每年选拔 100 名高职高专院校专业带头人进行重点培养。实施高校优秀中青年教师出国进修培训计划和高校教师参加国际学术会议、出版学术专著资助制度，每年组织 100 名高校优秀中青年教师出国研修。

加强教学团队建设，遴选建设 100 个左右省级教学团队，建立有效的团队合作机制，盘活、整合社会、企业优质人才资源，积极吸纳社会、企业优质人才资源为高校质量工程建设服务，建立高校与企业、科研院所之间专家学者互派、互访机制，积极鼓励支持高校从企业、社会直接或柔性引进高层次“双师型”人才。

深化高校职称评审政策改革，科学制定高校人才评价机制。提高教学业绩在教师专业技术职务评审与聘任中的权重，建立教学业绩与科研业绩等效评价机制。设立“教学名师奖”和“教坛新秀奖”，鼓励教授、名师上讲台、进课堂，大力培养优秀青年教师，评选表彰200名省级教学名师，400名省级教坛新秀。

3. 推进精品课程和数字图书馆建设，运用信息技术提高优质教学资源的共享水平。遴选建设500门省级本科、高职高专和成人高等教育精品课程，到2012年省级精品课程总数达1 000门，建成以校级精品课程为基础、省级精品课程为骨干、国家精品课程为龙头，涵盖不同层次、不同门类、开放共享的三级精品课程体系，使之成为我省高等学校重要的优质公共教育资源。加强精品课程的内涵建设，实现精品课程的教案、大纲、习题、实验、参考资料、教学录像等教学资源上网开放。加大精品课程的宣传力度，充分发挥精品课程在提高教学质量中的示范、引领、辐射作用。

加快图书情报信息服务体系和技术支撑环境建设，建设全省高校的数字图书馆。采用整体采购、联合采购等形式，建成高校理学、工学、人文社会科学、医学、经济学、农学等现代文献信息中心，并以此为基干，使全省各高校分散的文献资源得以集中利用与共享。通过购买服务的方式，建成与国内外优质电子文献信息资源中心畅通的双向信息系统。力争在最少的经费投入下，使全省高校教学、科研、科技开发所需文献得到最大程度的保证。加强各高校图书馆的基础建设、数字化信息资源建设和特色建设，积极创造条件逐步实行全省高校文献的联采、统编，加强整体化建设，避免重复购置，降低采购成本，利用我省高校的整体优势，逐步形成文献信息资源的合理布局和共建、共知、共享的运行机制。

4. 推进实验实训实习基地建设，培养大学生的创新能力和实践能力。重点建设100个左右省级本科实验教学示范中心，推进高校实验教学内容、方法、手段、队伍、管理及实验教学模式的改革与创新。重点建设100个左右区域共享的省级示范实训基地，并同步发展为经劳动部门批准的技能等级鉴定中心，推进大学生的基本技能、专业应用能力和创新能力培养。依托企业、学校、医院、社区等校外社会优质资源，建立500个规模较大、技术水平高、行业认可度高、接纳能力强的校外实践实习基地，其中100个建成省级示范性实习基地。

依托实验教学示范中心、校内实训基地、校外实习基地等实践和创新平台，重点组织实施大学生数学建模、电子设计、多媒体设计、结构设计、机械设计、程序设计、电子商务、会计信息化、英语演讲、师范生教学技能等10大类学科竞赛，数控技术、模具设计、汽车维修、计算机工程、艺术设计、多媒体技术、服装制作技术、动漫设计、物流控制、旅游服务等10大类技能竞赛。逐步扩大科技竞赛的学科范围，引导学生自主学习、探索学习，培养和增强学生的动手能力、创新能力。

5. 推进人才培养模式创新实验区建设，营造鼓励探索、支持改革的良好环境氛围。继续开展每两年一度的省、校两级教学改革研究项目立项制度，每次资助省级教学研究项目300项左右，引导和支持高校教师及教学管理工作者针对高等教育教学改革的热点、难点问题，在人才培养模式、教学内容和课程体系、教学方法和手段、教学管理等方面开展研究，以科学研究指导改革实践，以研究成果推进教育创新。

遴选建设100个左右省级人才培养模式创新实验区，重点在以学科为导向的创新型人才、以社会需求为导向的应用型人才、以就业为导向的技能型人才培养和以知识与技能更新为导向的继续教育领域中，选择有较好研究成果和初步实践基础的专业或专业大类，进行人才培养模式综合改革实验；在同类型或同区域的国内外高校、科研院所、企业之间，选择有较好合作基础和合作机制的共同体，组建教育集团或教育联盟，进行办学体制、管理体制和人才培养模式综合改革实验。省级人才培养模式创新实验区根据改革需要，享有经费投入、人才队伍建设等方面的特殊倾斜政策。

建立每两年一度的省级教学成果奖励制度，设立特等奖、一等奖、二等奖和三等奖四个奖励等次，每次奖励高校优秀教学改革成果300项左右，对获奖集体和个人颁发证书和奖金。

6. 推进教学评估与教学质量监控体系建设，提高社会对高等教育人才培养质量的满意程度。坚持和改进高等学校教学评估工作，科学制定高等学校教学评估规划，促进评估工作的制度化、规范化。根据不同类型和不同层次的高校特点，改进和完善高校评估体系、评估办法和标准，引入国际公认的社会评价机制，强化用人单位、学生、家长在评估中的主体地位，增加评估工作的针对性和有效性，引领高等学校合理定位，发挥优势，办出水平，办出特色。建设一支高素质的评估专家队伍，提高评估工作的专业化水平。

建立高等学校教学基本状态数据检测体系，定期采集各类高等学校教学基本状态信息和数据，统计和分析高等学校教学基本状态和变化趋势，并逐步将教学质量和教学改革的数据向社会公布，加强学生、家长、社会和用人单位对高等教育质量的监督。积极推进以科学定位为导向的新建高校办学特色评议，引导新建高等学校科学定位、安于其位、办出特色。积极引进部分需求量较大的行业职业资格标准，开展部分本科和高等职业教育专业人才培养质量检测，促进高校专业人才培养与社会需求真正实现无缝对接，提高社会对高等教育人才培养质量的满意程度。

**四、建设资金与组织管理**

1. 质量工程建设所需经费由省财政厅、教育厅在年度预算中统筹安排。专项资金按照统一规划、单独核算、专款专用的原则，实行项目管理。省财政厅、教育厅将联合制订《高等学校教学质量和教学改革工程专项资金管理办法》。项目承担学校根据专项资金管理办法，具体负责经费的使用和管理。鼓励各高校发挥自身特点，在省级重点支持项目的基础上，积极筹措资金支持质量工程项目的实施。

2. 省教育厅、财政厅成立质量工程领导小组，研究决定质量工程的重大方针政策和总体规划。领导小组下设办公室，具体负责质量工程的日常工作。项目承担学校应指定相关部门作为专门机构，统筹负责本校质量工程项目的规划和实施。

3. 质量工程项目的申报与审批，按照“统一规划、健全体系，突出特色、整体申报”的原则进行，突出高等学校的主体地位和质量工程的整体功能。质量工程领导小组办公室根据质量工程建设目标和任务，制订项目建设规划和年度执行计划，确定项目遴选标准和基本条件。各高等学校依据质量工程建设规划，紧扣本校的办学定位、办学特色、教学改革和教学质量建设需要，统筹确定项目种类和建设内容，作为一个有机整体进行申报。省质量工程领导小组办公室组织专家对申报项目进行评审后，报领导小组审批。

4. 省级质量工程项目在校级质量工程建设的基础上，学校先行立项建设，经学校申报和评审通过后，由省财政采取以奖代补的方式资助建设经费。质量工程领导小组办公室将加强对质量工程建设项目的检查、审计和绩效评估，并根据检查、审计、评估的结果，对有关高等学校的项目和资金进行调整。建设项目完成后，组织专家会同相关部门组织验收。

实施质量工程是提高高等教育质量的重要抓手，是我省高校当前和今后一段时期的重点工作。各高等学校及其主管部门要高度重视、迅速行动，认真研究制定并积极实施本校加强教学改革和教学质量建设的实施方案，积极构建国家、省、高校三级质量工程体系，充分发挥质量工程的示范和带动作用，以改革创新的精神和扎实有效的工作，全面提高高等教育质量，为加速奋力崛起、构建和谐安徽提供人才保障和智力支撑。

二〇〇八年五月二十三日

# 安徽省教育厅　安徽省财政厅
# 关于印发《安徽省支持本科高校发展能力提升计划》和《安徽省高等教育振兴计划》的通知

皖教办〔2013〕8号

**省属各高等学校：**

为了贯彻落实《国家中长期教育改革和发展规划纲要（2010—2020年）》和省委、省政府《关于建设高等教育强省的若干意见》，打牢高校发展基础，振兴安徽高等教育，全面提高我省高等教育对经济社会发展的贡献度、对人力资源强省的支撑度和对人民群众对高等教育的满意度，省教育厅、省财政厅制定了《安徽省支持本科高校发展能力提升计划》和《安徽省高等教育振兴计划》，现印发给你们，请按有关要求认真贯彻执行。

实施安徽省支持本科高校发展能力提升计划，是着力加强我省高校的基础办学能力的重要保障；实施安徽省高等教育振兴计划，是着力提升我省高等教育的办学水平和综合实力的重要举措。有关高校要高度重视安徽省支持本科高校发展能力提升计划和安徽省高等教育振兴计划项目实施，按照统一领导、统一组织、统一管理的要求，做好本校项目规划和实施方案。有关高校主要领导要亲自抓好项目的实施，把握好总体方向和原则，建立工作协调机制，统筹推进项目实施，确保取得明显成效。

附件：1.《安徽省支持本科高校发展能力提升计划》

2.《安徽省高等教育振兴计划》

安徽省教育厅　安徽省财政厅

二〇一三年五月六日

# 附件 1

## 安徽省支持本科高校发展能力提升计划

为贯彻落实《国家中长期教育改革和发展规划纲要（2010—2020 年）》和省委、省政府《关于建设高等教育强省的若干意见》，大力推进“高等教育质量提升工程”，省教育厅、省财政厅决定组织实施以“六项能力提升计划”为主要内容的《安徽省支持本科高校发展能力提升计划》（以下简称《计划》），着力提升我省公办普通本科高校（以下简称“本科高校”）的综合实力、办学活力和服务能力，全面提高我省高等教育对经济社会发展的贡献度、对人力资源强省建设的支撑度和人民群众对高等教育的满意度。

**一、实施目标**

经过 5 ~ 8 年的努力，实现“三个明显、三个显著”，即本科高校基础教学实验条件明显改善，师资队伍力量明显优化，人才培养质量明显提高，科技创新能力显著提升，办学特色显著彰显，服务经济社会发展能力显著增强。

**二、实施原则**

1. 坚持人才培养中心地位。紧密围绕提高人才培养质量核心任务，改革培养模式，提高师资水平，提升高等教育培养具有社会责任感、创新才能和实践能力的各类人才的能力。

2. 坚持内涵提升发展道路。改善本科高校基础办学条件，促进人才培养、科学研究、社会服务、文化传承与创新的有机融合，实现由规模扩张向内涵发展的根本转变，加速提升我省高等教育的整体水平和综合实力。

3. 坚持扶优扶特扶强思路。突出学科专业结构、课程设置、培养方式与经济社会发展相适应，支持一批高校和学科跻身全国同类高校和学科先进行列，支持一批高校在行业、专业领域做强做大，支持一批高校转型发展，培养符合社会管理、市场开拓的实际实用人才，使不同类型、不同层次的高校在各自的定位上办出水平，彰显特色，争创一流。

4. 坚持服务经济社会发展。充分发挥高等教育对区域经济社会发展的人才保障和智力支撑作用，面向区域内传统产业转型升级、发展战略性新兴产业需要，重点改善人才培养和学科专业设置与经济社会发展的吻合度，促进高等教育更好服务于区域经济社会发展。

5. 坚持强化项目绩效管理。本科高校根据事业发展规划、办学定位和发展目标，统筹考虑学校发展中的关键领域和薄弱环节，结合学校财务保障能力，紧紧抓住加大高等教育投入、建设高等教育强省的机遇，增强项目前瞻性，提高政策预见性，科学规划，总体设计，在《计划》支持重点框架内自主设计符合学校发展实际的建设项目，按照轻重缓急建立《计划》项目库。进一步提升本科高校资金安排使用的统筹调度能力，提高科学理财能力，强化资金保障和使用绩效评价，把有限的经费投入管好、用好，争取发挥最大效益。

**三、支持重点**

《安徽省支持本科高校发展能力提升计划》主要包括基础教学条件保障能力提升计划、学科专业特色发展能力提升计划、教师综合能力提升计划、科研创新成果转化能力提升计划、交流合作服务经济社会发展能力提升计划、公共服务体系能力提升计划等六项子计划。

（一）基础教学条件保障能力提升计划

主要支持本科高校达到必备的办学条件和办学标准，完善基本办学功能，加强基础教学实验室、专业教学实验室、综合实验训练中心、校内外实验实习实训基地、校企合作实验教育基地等基础办学设施建设项目，以及教学实验用房建设、教辅设施建设及配置必要设备。

（二）学科专业特色发展能力提升计划

主要围绕主导产业、高新技术产业和新兴产业，支持专业结构调整优化、特色专业、支撑地方战略性新兴产业或重大支柱产业特色学科专业、专业服务产业能力提升、专业综合改革、优秀教材和精品课程以及重点学科、重点实验室、重点研究基地建设等项目。对涉及落实国家重大战略决策、区域经济社会发展急需的专业建设予以优先支持。

（三）教师综合能力提升计划

主要围绕人才强省战略，加强学术品德好、专业素质高、创新能力强、团队结构优的新型教师队伍建设，支持教师教学能力提升、教学质量提升、师资队伍培训和交流、领军人才引进和培养、紧缺人才引进和培养、创新人才引进和培养、创新团队建设等项目。

（四）科研创新成果转化能力提升计划

主要支持科研平台、协同创新中心、工程技术研究中心、工程训练中心、科学构建科研和实践教学体系、创新基地和实训实践基地、研究生培养创新、研究生教育质量保障体系、教学科研成果转化、产学研合作战略联盟、产学研合作与科技服务能力提升、社会科学繁荣与文化传承创新、校企合作共建研发中心等建设项目。

（五）交流合作服务经济社会发展能力提升计划

主要支持大学生创新创业实践基地、大学生出国留学与回国创业发展、经济社会发展人才与智力支撑能力提升、经济社会发展政策研究与决策咨询能力提升、中外合作研究基地、留学安徽、海外名师、中外合作办学等建设项目。

（六）公共服务体系能力提升计划

主要支持校园水、电、气、暖等主要基础设施更新和节能改造，校园网络基础建设，数字化信息资源和共享平台建设、信息化公共服务平台建设等项目。支持本科高校化解债务。

**四、组织实施**

（一）组织领导

省教育厅、省财政厅共同研究协调解决《计划》实施过程中出现的问题，负责组织项目申报、审核立项、监督检查和绩效评价等工作。

（二）实施程序

1. 省教育厅、省财政厅根据国家和省中长期教育改革和发展规划纲要及财力状况，结合《计划》总体目标、实施原则和支持重点，组织各本科高校申报建设项目规划。

2. 各本科高校根据学校发展规划、办学定位、发展目标、财务状况等因素，自主设计建设项目规划，向省教育厅、省财政厅提交书面申请报告。申请报告的内容应包括申请文件、支持本科高校发展能力提升计划申报书、支持本科高校发展能力提升计划申报表、支持本科高校发展能力提升计划建设项目规划汇总表。

3. 省教育厅、省财政厅组织对各本科高校提交的申请报告开展审核立项，根据审核结果下达项目预算。

4. 各本科高校项目由学校负责组织实施、全程管理和绩效评价。《计划》

实施过程中，省教育厅、省财政厅适时组织专家或委托第三方对资金使用管理情况和项目建设管理情况开展专项检查和绩效评价。

5. 为与国家有关项目和《安徽省高等教育振兴计划》相衔接，省教育厅、省财政厅将在各校申报的项目规划中选择一批项目作为省级项目，作为国家项目和我省振兴计划的支撑项目，重点建设，形成合力，提高效益。

（三）实施要求

1. 强化责任，精心设计。各本科高校要高度重视《计划》申报实施管理工作，切实强化主体责任，主要领导要亲自抓，把握好总体方向和原则，财务、人事、教学、科研等部门要密切配合，整体谋划，精心设计，充分考虑已有项目与新增项目之间的关系；充分把握好项目的启动时机和建设规模；充分考虑财政拨款和非税收入有效衔接；充分考虑预算执行问题，确保下达项目预算在预算年度内执行完毕，切实提高预算执行效率和资金使用效益。

2. 围绕目标，远近结合。各本科高校设计建设的项目应围绕教育改革发展目标，处理好长远与眼前的关系、整体与局部的关系、连贯与变化的关系、重点与一般的关系、吃饭与发展的关系，做好顶层设计，既要着眼未来，又要立足当前；既要考虑与国家和省里的重大项目相衔接，又要统筹设计校内的项目；既要组织实施学校重点项目，也要兼顾一般基础性项目。

3. 量力而行，合理安排。各本科高校组织实施的项目要着力解决制约学校发展的突出问题，要有很强的针对性和可操作性，确保每年都有看得见的成果。同时要妥善处理财力可能和发展需求之间的关系，既积极而为，又量力而行。每个项目都要明确安排的可行性和必要性、项目概况和具体内容、项目资金来源、项目执行计划、项目绩效目标以及详细的资金测算过程等，保证可操作、可监测、可评估。

4. 严格管理，保证质量。各本科高校要根据本实施方案，结合本校实际研究制定各项目的具体管理办法。要严格执行实施程序，切实加强项目资金管理和质量管理，推动项目的科学化、精细化管理。要加强基层管理和基础管理，建立经费使用管理的绩效评价机制，加强对经费使用的考评和监管。要建立项目监督检查机制，项目的实施、评估、验收要严格按照程序执行。

## 附件 2

### 安徽省高等教育振兴计划

为进一步贯彻落实国家和省教育规划纲要，切实加强高等教育内涵建设，加速提升安徽高等教育整体水平和综合实力，全面提高高等教育服务区域经济社会发展水平，根据教育部、国家发改委、财政部《关于印发〈中西部高等教育振兴计划（2012—2020）〉的通知》（教高〔2013〕2 号），《教育部关于全面提高高等教育质量的若干意见》（教高〔2012〕4 号），教育部、财政部《关于实施高等学校创新能力提升计划的意见》（教技〔2012〕6 号）和安徽省委、省政府《关于建设高等教育强省的若干意见》（皖发〔2010〕9 号），特制订本计划。

**一、建设目标**

到 2020 年，基本建成能够服务党委和政府决策、支撑经济发展和产业升级、引领社会进步和文化繁荣的具有安徽特色的现代高等教育体系。高等教育主要发展指标赶超全国平均水平和中部发达省份。高校办学实力、办学活力和服务能力显著增强。

——通过省部共建、省市共建等建成 6 ~ 8 所地方高水平大学，6 ~ 8 所特色鲜明的应用型本科高校和 20 所示范高职院校，支持若干高校转型发展，支撑区域经济社会发展。

——调整优化学科专业结构，重点建设一批高水平学科专业，部分学科专业进入全国第一方阵，服务安徽支柱产业和战略新兴产业发展能力显著增强。

——建设一批高校重点实验室、人文社科重点研究基地和工程研究中心等创新平台，建成高校数字图书馆、改造升级教科研网，服务和推进创新型安徽建设。

——引进和培育一批以院士、国家教学名师、长江学者、千人计划等国内外有重要影响的高水平领军人才和高水平教学科研团队，大力提升高校核心竞争力，推动人才强省战略实施。

——50 所以上高校与国外知名大学开展深度合作与交流，留学安徽达万人，提高安徽高等教育国际化水平。

二、实施原则

1. 坚持内涵发展。加速提升高校综合实力和核心竞争力，激励高校在不同的办学层次、办学类型上办出水平，彰显特色，争创一流。

2. 突出改革创新。推动高校改革思想观念、人才培养体制和教育教学模式，创新用人和分配制度，建立和完善现代大学制度。

3. 支持区域急需。着重支持与区域经济社会发展契合度高的学科专业建设，着重支持应用型、复合型、技能型和支撑区域支柱产业、特色领域等急需紧缺人才培养。

4. 强调高端引领。以引领高等教育未来发展，支撑经济转型发展，服务社会和谐发展的重大全局性、牵引性、综合性项目为设置标准，体现竞争、提高水平。

5. 分期稳步推进。在系统设计项目总体实施方案的基础上，根据我省高等教育改革发展工作重点和轻重缓急，有选择、分步骤实施项目建设，持续稳步推进项目建设工作。

三、建设内容

《安徽省高等教育振兴计划》主要包括有特色高水平高校建设、专业结构调整服务地方发展、教学改革与质量提升、学科建设与研究生教育创新、领军骨干人才引进与培育、高校思想政治教育综合改革、高校创新能力提升与科研成果转化、创新与公共服务平台建设、国际合作与开放办学等9类计划。

（一）有特色高水平高校建设提升计划

实施有特色高水平高校建设项目、高等教育分类管理与校际合作联盟建设项目。按照“科学定位、分类指导、多元发展、特色办学”的高等教育发展方针，重点支持建设一批高水平大学、具有鲜明办学特色的应用型本科高校和示范高职院校，推动应用科技大学转型发展，推动行业高校和民办院校全面提高教育教学质量，在不同层次、不同类型高校中建成一批国内一流的地方高水平高校。探索高等学校分类指导、分类管理规律，引导各类高校科学定位、特色发展。按照“抱团发展、集约办学”的思路，支持建设若干个不同类型高校办学联盟，引导高校联盟以项目为载体，深化校企、校地、校际和国际合作，探索共建共赢新模式。

（二）专业结构调整服务地方发展计划

实施专业结构优化调整与专业改造项目。主要围绕地方经济社会发展对人才培养的需求，加快专业结构调整，支持高校停招、停办一批不能适应经济社会发展需要、就业率低的专业，改造传统专业，设置并重点建设一批经济社会发展急需的专业，积极优化调整专业结构，主动服务和支撑我省重大支柱产业或战略性新兴产业发展对高素质人才的需求。

（三）教学改革与质量提升计划

实施重大本科教学改革资助项目、高职服务产业能力提升项目。全面对接国家本科教学改革与质量提升工程，以提高本科生培养质量为核心，开展专业综合改革、校企合作实践教育基地、精品开放课程、卓越人才教育培养、实践教育基地、大学生创新性实验计划等项目建设，对实施重大教改项目等取得重大进展的予以重点资助和奖励。深化高职专业教学和人才培养模式改革，全面加强内涵建设，加强学生实践能力训练，进一步提高教育教学和人才培养质量，全面提升高职服务产业的能力。

（四）学科建设与研究生教育创新计划

实施学科建设与研究生教育创新项目，支持A类重点学科建设，支持若干新增博士、硕士学位授予单位的培育，调整优化我省学位授权体系，支持学位授予单位自主调整和优化学科结构，推动新增学位点的学科建设，支持调整后的学科转型发展，提高研究生教育质量和水平。大力推进与科研机构、其他高校联合培养研究生，建立产学研联合培养研究生示范基地、企业研究生工作站、研究生教育改革与创新平台，创新研究生培养模式，提高研究生创新意识、创新精神、创新能力和实践能力。大力发展专业学位，支持开展专业学位研究教育综合改革试点。

（五）领军骨干人才引进与培育计划

实施高校领军人才引进和培育资助项目、高校优秀青年骨干人才基金项目。坚持“服务发展、人才先行、引育并举、以用为本、质量并重、创新推进”的人才工作方针，重点支持、鼓励高校引进和培养150名左右在国内外有重要影响的领军人才，集聚和造就10个左右高水平创新团队，特别重视培育优秀青年骨干人才，积极营造人才成长的制度环境和文化氛围，努力建设一支师德高尚、数量充足、业务精湛、结构合理、充满活力的高素质专业化教师队伍，大力提升高校核心竞争力，促进我省高等教育科学发展，为高教强省和美好安徽建设提供人才支撑。

（六）高校思想政治教育综合改革计划

实施高校思想政治教育综合改革项目。主要针对高校青年教师和大学生思想政治教育中带有全局性的突出问题，支持高校开展青年教师思想政治教育、大学生思想政治教育、思想政治理论课教学、辅导员队伍、网络思想政治教育、学校安全稳定管理等方面的综合改革，推进思想政治教育学科专业建设、教师队伍建设、教学资源建设、教学方法改革和保障机制建设，全面提升高校思想政治理论教育的吸引力、感染力，为实现立德树人、培养社会主义建设者和接班人提供坚强保障。

（七）高校创新能力提升与科研成果转化计划

实施协同创新（省级2011计划）和哲学社会科学繁荣计划项目、高校产学研合作成果转化培育重大项目和经济社会发展“智库”项目。通过省级重点学科建设和重大科研项目的开展，以人才、学科和科研三位一体创新能力提升为目标，有效整合省内外创新资源，构建协同创新的新模式与新机制，着力解决国家和我省重大现实需求和可持续发展的难题。在深入开展产学研合作的基础上，结合我省主导和战略性新兴产业发展以及解决关键技术难题的需要，集中支持高校培育转化具有自主知识产权和广阔市场前景的科研成果，并促进其产业化。加大哲学社会科学繁荣计划的实施力度，建设一批经济社会发展急需的“智库”，为我省经济社会发展服务。

（八）创新与公共服务平台建设计划

实施数字图书馆及优质数字化资源共建共享项目、教育科研网信息化平台建设项目、成人高等教育远程化教学模式改革与信息化建设项目、产业共性技术研发平台高校支持项目、示范性实验实践教学基地建设项目。重点支持数字图书馆、远程教育、公共服务平台信息化及重大实践教学基地建设，为安徽省高校教学、科研、重点学科建设及实践教学提供高效率、高质量、全方位的信息资源保障与服务。支持高校与地方、企业共同建立联合研究院、工业技术研究室、新农村发展研究院、软科学研究基地、技术应用研究中心等合作平台，瞄准产业共性技术需要深入研究，解决关键技术问题，提升企业、高校的科研创新能力和服务产业发展水平。推动高校与有关部门、地方政府、科研院所和行业企业加强重点实验室、工程研究中心、人文社科重点研究基地、示范性实验实践教学基地建设。

（九）国际合作与开放办学计划

实施中外合作办学示范项目、“留学安徽”项目。积极拓展国际交流渠道，加强对外交流与合作，提升高校国际化水平。鼓励高校管理干部、教师和学生加强与国外高校间的学术交流和人文交流，推进高校开展深度国际合作。积极引进海外优质教育资源和先进教育理念与管理经验，建设一批中外合作办学示范项目。建立来皖留学生激励机制，吸引更多外国留学生到安徽省高等学校学习和从事科学研究。扩大我省外国留学生教育规模，提升我省留学生管理水平和教学质量，扩大安徽教育的国际影响。

**四、组织实施**

1.《安徽省高等教育振兴计划》属于省级统筹项目，其规划、立项、建设、检查验收等均由省教育厅、省财政厅统筹管理。建设所需经费由省财政厅、教育厅在年度预算中统筹安排，按照统一规划、分项核算、专款专用的原则，实行项目管理。

2. 省教育厅、财政厅成立领导小组，研究决定《安徽省高等教育振兴计划》的重大方针政策和总体规划。领导小组下设办公室，具体负责《安徽省高等教育振兴计划》的组织协调工作。相关处室具体负责项目的组织实施和验收工作。

3.《安徽省高等教育振兴计划》项目的申报与审批，按照“部门负责、分类申报、统一遴选”的方式进行。省教育厅根据建设目标和任务，制订项目建设规划和年度执行计划，确定项目遴选标准和基本条件。各项目实施部门负责编制项目立项指南，组织项目申报遴选工作。高等学校依据项目建设规划，紧扣本校办学定位、办学特色、教学改革和教学质量建设需要组织项目申报工作。相关处室组织专家对申报项目进行评审后，报领导小组审批。

# 关于印发安徽省两项高等教育体制改革试点实施方案的通知

皖教秘高［2011］76号

**各高等学校：**

根据《国务院办公厅关于开展国家教育体制改革试点的通知》（国办发〔2010〕48号）精神，我省承担了“改革高等学校应用型人才培养模式”和“开展高等学校分类管理改革两项高等教育体制改革”试点任务，现将两项任务的实施方案和年度工作计划印发给你们，请认真抓好落实。

开展高等教育体制改革试点，是贯彻实施中长期教育规划纲要、推进新时期教育改革发展的重大举措，也是提升我省高等教育质量的宝贵机遇。各高校要深刻认识改革试点的重要意义，精心组织，周密安排，认真传达体制改革精神；抢抓机遇，制定措施，深入贯彻体制改革内容；加强领导，完善机制，全面实施高教体制改革，不断提高高等教育对经济社会发展的支撑度、对人才强省建设的贡献度和人民群众的满意度，为安徽全面转型、加速崛起、兴皖富民提供强有力的智力支持和人才保证。

在2011年省级质量工程建设中，我厅已将两项体制改革试点的有关任务作为项目嵌入其中，各高校可结合校情踊跃申报，省教育厅将在政策、项目和经费等方面，力所能及地为各高校的改革试点提供支持。

各校学习贯彻和改革试点情况请及时报告省教育厅高教处。

附件：改革高等学校应用型人才培养模式实施方案

二〇一一年十月十日

# 附件

## “改革高等学校应用型人才培养模式”实施方案

### 一、总体目标

深入贯彻落实《国家中长期教育改革和发展规划纲要（2010—2020 年）》和中共安徽省委、安徽省人民政府《关于建设高等教育强省的若干意见》（皖发〔2010〕9 号〕精神，以提高高等教育对经济社会发展的支撑度、对人力资源强省建设的贡献度和人民群众的满意度为核心价值取向，以落实高校办学自主权和推进产学研合作为手段，以应用型学科专业建设、实践教学体系建设、“双能型”师资队伍建设和教学管理制度建设为保障，通过改革试点，强力推进专业学位研究生教育、应用型本科教育和高等职业教育人才培养模式改革，提高大学生创新能力、实践能力和社会适应能力，提升高等教育人才培养质量。

### 二、阶段目标

到 2012 年，在应用型人才培养模式改革研究方面取得一批理论成果，在校地、校企、校际和中外合作办学方面培育一批成功案例。全省高校应用型学科专业比例超过 70%。到 2015 年，遴选建设 3 个左右应用型高校联盟、15 所左右人才培养模式改革示范高校和 50 个左右人才培养模式创新实验区，率先开展应用型人才培养模式改革。全面总结推广示范高校和实验区改革成果，全省各类应用型人才培养模式基本建立，各类应用型人才培养能力明显提高，高等教育对经济社会发展的支撑能力显著提升。

### 三、改革措施

1. 加强应用型学科专业建设。科学制定安徽高教事业发展规划，引导各类高校科学定位、错位发展。大力优化高校区域布局和类型结构，着力加强工程类、应用型高校建设，采取省市共建、对口支援和支持部属高校举办分校、升格等办法，壮大高等教育力量。大力推进学科专业结构调整，加强教育主管部门与企事业单位、人才市场的沟通联系，建立完善学科专业结构调整预警机制。适应我省支柱产业与新兴产业发展需求，支持高校设置目录外本专科专业或专业方向，大力发展应用型学科和新兴学科，加快建立与我省经济社会发展相匹配的学科专业结构。遴选建设一批省级应用型特色学科专业，支持其率先改革人才培养方案，建设应用型课程体系、师资队伍和实践教学基地。

2. 改革应用型人才培养体制。调动政府、企业、社会等多方参与人才培养的积极性，改变仅仅依靠高校单一主体进行人才培养的格局。积极推进校地合作和省市共建，努力将地方高校建成所在城市的教育、文化和科技中心。积极推进校企合作，建立产学研合作平台和长效机制，统筹校内外教育资源配置，建设一批校企合作人才培养基地，提升应用型人才培养的资源保障能力。积极推进校际合作，加强应用本科高校联盟、示范高职学校合作委员会、医学教育合作委员建设，组建成立教师教育联盟，探索专业对口合作、教师和学生交流、跨校选课、互认学分、优质办学资源共享等“抱团发展、集约办学”的人才培养新体制。

3. 创新应用型人才培养模式。选择2所左右高校开展研究生专业学位人才培养模式改革试点，5所左右高校开展应用型本科人才培养模式改革试点，10所左右高校开展高等职业教育人才培养模式改革试点，研究制定各类应用人才培养标准、应用型专业标准、应用型课程标准、应用型教师队伍建设和应用型人才培养质量评价标准。探索和完善科研院、大型企业与高等学校联合培养博士生、硕士生的体制机制。遴选建设50个左右省级应用型人才培养模式改革实验区，支持高校在教学内容、课程体系、实践环节、教学运行和管理机制、教学组织形式等多方面进行人才培养模式的综合改革，形成一批应用型人才培养示范基地。启动实施卓越工程师、卓越医师、卓越教师和杰出技能型人才教育培养计划，推进工程教育、医学教育、教师教育和高等职业教育改革。

4. 建设应用型师资队伍。支持高校引进和培养既有教师职务、又有工程实践背景的教师，建设“具有应用型人才培养能力和产学研合作能力”的“双能型”高素质应用型师资队伍，并保证应用型教师的比例逐年上升。省教育厅和高校加强教师的继续教育和培训，特别是到企业等生产、管理、服务一线的实践锻炼，培养教师形成应用型人才的教育观，增进其培养应用型人才的能力。省教育厅遴选建设一批“双能型”教学名师、教坛新秀和教学团队，带动全省高校应用型教师队伍建设。

5. 建设开放实习实训基地。以培养学生实践能力、创新能力为宗旨，以实习实训教学改革为核心，以实习实训资源开放共享为基础，以高素质教学队伍和完备的条件为保障，遴选建设一批省级开放的校内实训中心和校外实训基地，使其成为学生工程实践训练的重要场所，成为学校科学研究与成果转化的重要平台，成为人才培养模式改革试验的示范基地，成为高校服务社会的培训中心。紧密依托行业与企业，创新实习实训基地管理机制，畅通社会资源支持高校的渠道，扩大实验实训基地的开放范围，提高实习实训基地的使用效益。

**四、配套政策**

1. 安徽省政府制定出台高等教育体制改革的指导意见，系统谋划安徽高等教育发展的指导思想、目标任务、重点工作、改革举措和保障政策。

2. 省教育厅会同省直有关部门，制定出台高校与企业合作举办应用型学科专业的指导意见，落实社会资源优先支持高校发展的政策措施，支持高校为安徽经济社会发展培养应用型人才。

3. 省教育厅修订高校教师专业技术职务评聘办法，引导教师提高应用型人才培养能力和产学研合作能力。

4. 教育部支持安徽省统筹高等学校和学科专业布局，面向社会重大需求，依法自主审批设置专科层次的高等学校，依法自主审批设置学位点和学科专业，依法自主安排和调整各类高等教育应用型人才培养规模。安徽省在专业设置、教师职称评聘、招生计划安排等方面，依法落实高校办学自主权，支持高校面向社会依法自主办学。

5. 省教育厅修订完善省级质量工程建设方案，设立“应用型人才培养质量提升工程”类别，并加大经费支持力度，遴选建设好一批省级示范应用型高校和实验区，率先进行应用型人才培养模式改革试点。

**五、保障条件**

1. 组织保障。安徽省委、省政府成立省级统筹高等教育体制改革试点工作领导小组，加强对高等教育改革与发展工作的领导和统筹，及时研究高等教育发展战略，制定保障和促进高等教育发展的政策措施，协调相关部门解决有关重大问题。将高等教育发展纳入各级政府经济社会发展规划，统筹考虑，重点支持。

2. 经费保障。安徽省保障高校生均预算内教育事业费逐年增长，到2012年不低于中部省份平均水平。同时，在省统筹资金中加大对高等教育的投入，改善基础设施条件。设立高等教育强省建设和体制改革专项经费，不断丰富内涵，加大投入力度，支持高校发展。采取债务重组、校区置换和政府支持等多种措施，缓解高校债务压力。

3. 政策保障。制定落实省委、省政府《关于建设高等教育强省若干意见》的实施细则，分解相关任务，确保高教强省意见的各项政策落到实处。继续实施教学质量与教学改革工程，针对教学领域的重大改革和重大建设问题，予以专项重点支持。

**六、进度安排**

2010 年 11 月至 2011 年 12 月，制定完善安徽高等学校人才培养模式改革试点方案和实施办法，遴选省级示范应用型本科高校和高职院校。

2012 年 1 月至 2013 年 12 月，遴选建设一批应用型人才培养模式创新实验区，进行应用型人才培养模式改革试点。

2014 年 1 月至 12 月，召开应用型人才培养模式改革研讨会、交流会，对试点项目进行中期检查，在此基础上继续推进改革试点。

2015 年 1 月至 12 月，全面总结人才培养模式改革试点工作。

2. 制定完善安徽省高校分类管理改革试点方案和实施办法，明确改革目标、改革举措、保障政策、工作任务和年度计划等。

3. 修订安徽省质量工程建设方案，分类建设一批高等学校和学科专业等，引导高校科学定位、安于其位、办出特色。指导试点高校制定重点建设方案并组织实施。

4. 筹建商贸类高校办学联盟，完善已有高校办学联盟合作章程和合作协议，指导高校联盟分类审核各校办学定位、发展规划和办学特色，并针对各类高校实际，开展校际交流合作，提升高等教育质量。

5. 研究高校分类管理办法，指导高校修订发展定位、办学特色规划。

# 关于应用型共享课程开发和建设的若干意见

皖教高〔2012〕6号

**各高等学校：**

为落实《教育部关于全面提高高等教育质量的若干意见》（教高〔2012〕4号），推进我省应用性高等教育体系建设，利用现代信息技术手段，加强应用型教育资源开发和普及共享，进一步提高人才培养质量，决定开展应用型共享课程开发和建设工作。现就应用型共享课程开发和建设提出以下意见：

**一、课程建设内容**

1. 应用型共享课程是以培养应用型人才为目标，高校与科研院所、行业（企业）等合作开发，以培养学生应用能力、实践能力和操作技能，以及创新能力和职业素质的综合性课程，并服务学习者自主学习、通过网络传播的开放课程。

2. 应用型共享课程合作双方根据学科专业发展的需要、社会的需要和学生的需要，以培养应用型人才为目标，在课程目标、课程内容、课程资源、教学方法等方面密切合作，全面提升学生的实践能力和动手能力。

3. 应用型共享课程建设以高等学校为主体，行业、企业、科研院所等社会力量广泛参与建设模式，以选题、内容、效果及社会认可度为课程遴选依据，着力体现课程的实用性、新颖性和综合性。

4. 应用型共享课程建设旨在推动高等学校应用型课程教学资源共建共享，着力促进教育教学观念转变、教学内容更新和教学方法改革，提高人才培养质量，服务经济社会发展需求。

5. 应用型省级精品共享课程建设着重加强统筹规划，优化结构，制定标准。优先选择能满足应用型人才培养需要的课程，予以重点建设。

6. 学校应结合本校办学特色，有计划、有步骤地实施应用型课程建设。充分发挥有行业企业经历的教育专家和来自行业企业一线专家对应用型课程建设的指导作用，组建应用型共享课程建设专家组，负责相关政策研究、课程遴选、内容审查和运行评价。

7. 应用型共享课程应在课程标准、课程大纲、教学方案、问题设计、能力训练、案例选用、现代教学技术与手段的应用、信息化资源共享平台等方面加强建设，创新课程内容和组织架构，方便课程资源共享。

8. 应用型共享课程建设应坚持校校、校研、校企（行业）合作的原则，系统设计、择优遴选，分批建设、同步上网，多级联动、共建共享。

省教育厅负责应用型共享课程开发、建设系统设计，组织研究制订建设标准。高等学校结合本校特色自主建设，严格审查，并组织师生对课程进行评价，择优申报。省教育厅组织有关专家对申报课程进行遴选。对遴选出的课程，采用“建设一批、推出一批、应用一批”的方式，在省教育厅公共门户网站同步推出。

鼓励高校按照应用型课程的建设定位，加强省、校两级合作建设，通过逐级遴选，形成省、校两级，本科、高职和网络教育多层次、多类型的优质课程教学资源共建共享体系，探索引入市场机制，保障应用型课程共享和持续发展。

“十二五”期间，我省将建设200门应用型省级精品共享课程。

**二、使用与管理**

9. 高等学校作为课程建设的主体，应充分认识开展应用型共享课程建设工作的重要意义，实行主管校长负责制，在政策、经费和人力等方面予以保证，多部门协调，精心组织课程建设和应用，把好课程政治关和质量关。

10. 严格课程管理。加强动态监测与监管机制，保证课程内容质量、建设成效及课程共享的开放性、安全性，保护开发者知识产权。

11. 建立应用型共享课程内容审查制度，明确高等学校和校企（行业）建设课程的社会责任，充分发挥校企合作组织的作用，保证课程质量。建立健全动态监测与监管机制，保证课程内容更新质量及课程共享的开放性、安全性，并及时反馈高校师生和社会学习者的使用情况。

12. 通过多种媒体和相关活动加强应用型共享课程的宣传推广，促进课程广泛应用。加强对高校教师、学生以及社会公众的培训和引导，提高教师信息技术应用水平，鼓励学生利用信息技术手段主动学习、自主学习，引导社会公众关注、使用和评价。

三、政策支持和保障

13. 应用型共享课程建设纳入我省“二期教学改革与质量提升工程”。对完成建设、符合建设标准、开放共享效果良好的课程，给予荣誉称号和经费补贴。

14. 调动高校各类人才开发应用型共享课程的主动性、积极性与创造性，将创建应用型共享课程作为一项业绩考核与评估的内容；设立专项资金，为应用型共享课程教材的编纂、出版提供充分的经费资助；在高校教学研究项目的立项、成果评审和评奖等方面给予必要的支持。

15. 学校的教学管理部门是应用型共享课程开发的组织、管理机构，负有开发应用型共享课程的规划、计划、检查等管理职责；在政策、经费和人力等方面予以保证；学校的各级教学及其科研机构，负有具体开发应用型共享课程的职责。

二〇一二年六月二十八日

# 关于加强高等学校实践教学工作的若干意见

皖教高〔2012〕5号

各高等学校：

为贯彻落实教育部等部门《关于进一步加强高校实践育人工作的若干意见》(教思政〔2012〕1号)、《教育部关于全面提高高等教育质量的若干意见》(教高〔2012〕4号）等文件精神，结合我省实际，现就加强新形势下高等学校实践教学工作提出如下意见。

**一、提高认识，进一步明确实践教学在人才培养中的重要地位和作用**

1. 实践教学是高校人才培养过程中贯穿始终、不可缺少的重要组成部分，是提高人才培养质量的重要环节，是培养学生实践能力和创新能力的主要方法和手段，是巩固学科知识、训练科研素养、培养理论联系实际作风的重要途径。

2. 加强实践教学工作，是经济社会发展对人才培养提出的客观要求，是我国高等教育更深层次改革与发展的内在要求，是实现多样化人才培养目标的迫切需要。

**二、深化实践教学体系改革**

3. 遵循认知规律、教育教学和人的成长规律，打破实践教学附属于理论教学的传统习惯，构建与理论教学体系既密切联系又相互独立、内容循序渐进、层次分明、特点突出、开放式的实践教学体系，创建富有主动性、创新性的实践教学独立运行的新机制。

4. 以增强学生实践能力和创新精神为目标，以未来社会和经济发展对人才实践能力需求为依据，系统梳理全学程实践教学内容，强化专业实践能力内核，构建与经济社会发展相适应的，更加科学、合理、系统的专业实践教学方案。实践教学方案要坚持理论联系实际，提高实践教学针对性和吸引力；坚持课内课外相结合，确保实践教学贯穿人才培养全过程；坚持整合实践教学资源，形成全社会支持实践教学的良好局面。

5. 加强现代信息技术在实践教学中的应用，逐步提高开设设计性、综合性、研究性和创新性实验的比例。鼓励教师将科研成果应用于实践教学，促进实践教学理论与方法的不断提高与更新。组织学生参加各级各类科技创新实践活动和教师的科研工作，培养和提高学生的研究能力、创新能力。重视实践教学改革的研究立项工作，支持开发实验项目和自行研制实验教学设备。

6. 重视实验课教材、实践教学指导书、任务书等教材建设，将教材建设规划、编写和选用统一纳入学校教材建设与管理，确保教材质量。要根据学科专业发展动态和特点，不断锤炼教材内容，编写内容新颖、体系科学、特色鲜明的实践教学教材。在优秀教材评审、规划教材建设等方面，向实践教学倾斜。

7. 各高校要分类制定实践教学标准，增加实践教学比重；要加强实践教学管理，提高实验、实习、实训、实践和毕业设计（论文）质量；要支持高等职业学校学生参加企业技改、工艺创新等实践活动；要加强思想政治理论课的实践环节；要把加强实践教学方法和人才培养模式改革作为专业建设的重要内容。加强实践教学研究，培育实践教学研究与教学改革成果，不断推广应用成功经验与成果。

8. 进一步加大对“大学生创新创业训练计划”项目的支持力度，保证本科生有更好的条件参与科学研究实践活动；积极申报和组织实施国家及省级大学生创新实验项目，充分发挥此类项目的示范和带动作用；对学校现有的各类大学生课外科技创新和实践项目资源进行整合和优化设计，加大创业实践、社会实践等综合技能拓展训练类项目的数量和比重，形成针对性更强、层次更加分明，以项目为依托的大学生课外实践创新体系，为学生的差异化发展以及应用型、研究型、复合型人才的培养提供更好的条件；引导学生将课外创新实践活动与专业技能训练、毕业实习（设计）和教师的科研紧密结合起来，鼓励开展以学生自主选题、自主设计、自主研发为主体的创新实践活动；进一步组织好本科生课外学术交流和相关竞赛活动，为学生展示实践创新成果搭建平台。

9. 积极推进校企合作，发挥行业优势，在企业建立稳定的实践教学基地。支持学生参与科学研究、生产劳动和社会实践，探索高校与科研院所、行业、企业联合培养人才新机制。

**三、加强实践教学队伍建设**

10. 将实践教学师资队伍建设作为学校师资队伍建设的重要组成部分，统筹规划，加强建设。采取积极有效的措施，吸引鼓励高水平教师从事实验教学和管理工作，探索建立实验教学与理论教学队伍互通的有效机制，重视实验人员的培养和提高，建立健全业务进修与学习制度，努力建设一支专兼职结合、结构合理、数量充足、业务精湛、勇于创新、相对稳定的高素质的师资队伍。

11. 建立有效的鼓励和约束机制，充分调动和发挥实验人员的工作积极性。按需设岗，公开招聘，竞争上岗。鼓励和支持实验技术人员开展实践教学改革研究和申报成果奖励。加强对实验人员的考核，并把考核结果作为实验人员职称晋升、岗位评聘等的重要依据。

12. 鼓励和支持教师，特别是中青年教师定期到企业行业单位挂职或培训，丰富教师的实践经验，提升教师的实践教学能力，培养教师的“双师型”“双能型”素质。注重内外交流，主动引进具有丰富实践经验和教学热情的业界能人进入学校，吸引全社会之力强化实践教学，建设一支热爱实践教学，具有丰富实践经验、教学科研能力强的实践教学队伍。

**四、加强实践教学条件建设**

13. 重点建设一批面向多学科、多专业的实验教学中心、工程训练中心等，增加实验仪器设备，保证实验开出率和设备台套数满足教学要求。主动适应实验室开放管理和学生自主实验的需要，建立实验室信息网络平台，逐步实现实验教学与管理的信息化、网络化、智能化。加强基础课实验教学示范中心建设，创建一批以培养学生实践能力、创新能力为宗旨，以实验教学改革为核心，以资源开放共享为基础，以高素质实验教学队伍、创新的管理机制和完备的实验条件为保障的省、校基础课实验教学示范中心。

14. 切实加强校内实习实训基地建设，大力改善实习实训教学条件，重点建设一批高水平的综合性、开放式的实习实训基地。重视校外实习实训基地建设，充分利用社会资源，广泛深入推进产学研结合，切实解决学生实习难与实习效果差的问题。校内外实习实训基地要成为实施素质教育，提高大学生实践技能和科技创新能力的重要基地。加强校际实习实训基地的共建共享，推动高校、企业和社会联合共建实习基地。

**五、加强实践教学的保障与监控**

15. 加强领导，形成合力。要把实践教学建设与改革工作列入学校重要议事日程，统一领导，统筹规划；各高校要在学习和专题调研的基础上，在人事、经费投入、教学质量评价与保障制度等方面进行有益探索，不断完善实践教学的各项规章制度。学校要加大实践教学改革的经费投入，分批组织实施校级实践教学改革研究及试点项目，重点支持实验教学体系重组、实验课程结构优化及实验教学内容更新、实践教学方法和手段改革、实践教学管理机制创新等方面的研究和试点工作，做到实践教学领导投入、教师投入、学生投入和经费投入到位，形成全校上下高度重视实践教学、积极投身实践教学的良好氛围。

16. 高校要优化经费支出结构，对于实验教学、毕业实习，学校要在教学经费中做出具体安排，确保实践教学经费落实到位，确保人人参加；逐步加大实践教学经费在学校经费支出中所占比例；鼓励和引导社会力量支持实践教学，多渠道增加实践教学经费投入；科学统筹安排实验教学运行经费、实习经费等各项实践教学经费，加强实践教学经费使用的绩效评估。切实加大对实验室与实习基地建设和实践教学运行经费的投入，使各实践教学环节有良好的环境和条件。

17. 建立健全质量监控体系。进一步完善实验、实训、实习、社会实践、课程设计、毕业论文（设计）等实践教学环节的质量监控体系及质量标准；进一步充实实践教学督导力量，实行实验实习教学的听课指导及抽查制度，加强对实践教学质量的监控和对指导教师教学质量的考评，完善评价信息反馈机制；进一步完善学生实践成绩的考核评定办法，激发学生转变学习方式，形成自主学习、主动实践的良好氛围，促进实践教学质量的全面提高。

二〇一二年六月五日

# 安徽省教育厅 关于印发安徽省职业院校升学考试改革试点方案（试行）的通知

皖教办〔2014〕2 号

**各市、县（区）教育局，各高等学校：**

为贯彻落实《中共中央关于全面深化改革若干重大问题的决定》和《国家中长期教育改革和发展规划纲要（2010—2020 年）》精神，积极推进考试招生制度改革，探索招生和考试相对分离、学生考试多次选择、职业院校与应用型本科高校立交互通、高校依法自主招生、专业机构组织实施、政府宏观管理、社会参与监督的运行机制，从而建立分类考试、综合评价、多元录取的高校考试招生制度。经广泛调研，决定在保持现行普通高考和初中毕业学业考试政策相对稳定的基础上，对我省高职院校自主招生改革试点、对口升学考试、专升本考试和初中起点五年制招生考试等进行统筹和改革，从 2014 年起开展职业院校升学考试改革试点工作。

现将《安徽省职业院校升学考试改革试点方案（试行）》印发给你们。请各校按照要求，做好相关准备工作，积极申报试点。各市、县（区）教育局将本通知及时转发至所辖学校，并积极支持试点学校做好宣传、组织、实施工作，确保此项改革试点工作顺利进行。今后，本方案（试行）将依据国家高考改革方案，做相应调整。

安徽省教育厅

二〇一四年一月二十二日

## 安徽省职业院校升学考试改革试点方案（试行）

根据《中共中央关于全面深化改革若干重大问题的决定》、《国家中长期教育改革和发展规划纲要（2010—2020年）》《教育部关于全面提高高等教育质量的若干意见》（教高〔2012〕4号）和《教育部关于积极推进高等职业教育考试招生制度改革的指导意见》（教学〔2013〕3号）等文件精神，在保持现行普通高考和初中毕业学业考试政策相对稳定的基础上，统筹并改革我省高职院校自主招生改革试点、对口升学考试、专升本考试和初中起点五年制招生等，制定本方案。

### 一、指导思想

贯彻落实党的十八届三中全会精神，按照有利于构建应用型高等教育体系和现代职业教育体系；有利于落实高校办学自主权，构建招生、培养、就业联动机制，支撑高校办学定位、培育高校办学特色；有利于选拔、培养、造就卓越应用型人才，推进教育教学改革，深化体制机制改革的原则，积极推进考试招生制度改革。探索招生和考试相对分离、学生考试多次选择、职业院校与应用型本科高校立交互通、高校依法自主招生、专业机构组织实施、发挥市场对生源配置作用、政府宏观管理、社会参与监督的运行机制，逐步建立符合安徽省情的分类考试、综合评价、多元录取的考试招生制度，促进学生全面而有个性的发展。

### 二、改革内容

在保持我省现行普通高考和初中毕业学业考试政策相对稳定的前提下，对我省现有的高职院校自主招生改革试点、对口升学考试、专升本考试和初中起点五年制招生考试等4种考试模式进行改革整合和系统设计，建立职业院校升学考试制度。职业院校升学考试改革试点逐步推进，统一指导，统一录取，统一监督。参加试点高校须签订自主考试招生责任承诺书。

（一）初中起点考试招生办法

初中起点考试招生分两类。

一类是高职院校与中职学校合作，面向初中应届毕业生，通过初中毕业学业考试和高职院校考试或测试招生。实行“3+2”分段培养模式。

另一类是高职院校面向初中应届毕业生，通过初中毕业学业考试和高职院校考试或测试招生。实行五年一贯制培养模式。

招生专业以艺术、体育、护理、学前教育以及技术含量高、培养周期长的专业为主。具体考试招生办法按照原政策执行。

（二）高中阶段起点考试招生办法

高中阶段起点考试招生分两类。

一类是高职院校面向应历届普通高中毕业生、应历届中职毕业生和具有高中阶段学历的退役士兵、农民工、在职职工、失业人员等社会群体考试招生。从2014年开始，对口升学考试中职升高职部分也采取高职院校自主招生模式。高职院校可根据不同招生对象，研究制定考试或测试办法，报省教育厅备案后实施。具体实施方案见附件1。

另一类是应用型本科高校面向中职应历届毕业生开展对口考试招生。由本科高校自主或联合考试择优录取。考试办法报省教育厅备案后实施。具体实施方案见附件2。

（三）专科起点考试招生办法

专科起点考试招生分两类。

一类是本科高校面向全省应届高职高专毕业生进行考试招生。

另一类是有关高职院校与本科高校合作面向应届高职高专毕业生招生。由本科高校负责研究制定考试办法，报省教育厅备案后实施。具体实施方案见附件3。

**三、改革试点范围**

改革试点实行自愿申报、专家评审和行政备案相结合原则，逐步扩大范围，稳步推进改革试点。

（一）试点院校

初中起点考试招生改革试点院校为现行初中起点五年制高职教育招生院校，并逐步调整到艺术、体育等院校和专业。

全省高职院校均可申请参加自主招生改革试点。鼓励省属本科高校申请参加面向中职招收本科学生的改革试点。

省属普通本科院校（含独立学院）均可申请参加专科起点自主招生改革试点。

（二）申报程序和材料

申报初中起点考试招生试点院校，高职院校须向省教育厅报送招生章程、招生方案和五年的人才培养方案。实行高职院校与中职学校合作招生的，合作院校还须报送合作协议。

申报高中起点考试招生试点院校，高职院校须向省教育厅报送高职院校招生方案、招生章程，首次申请参加高职自主招生改革试点的高职院校还须报送人才培养方案。本科高校须报送招生方案、招生章程和人才培养方案。

申报专科起点考试招生试点院校，本科高校须向省教育厅报送招生方案、招生章程和人才培养方案，联合培养高校还须报送联合培养协议。

**四、保障措施**

一是加强组织领导。省教育厅程艺同志任组长，相关分管厅领导和安徽省教育招生考试院长任副组长，有关处室、单位参加的安徽省职业院校升学考试改革试点工作领导小组，下设领导小组办公室，统筹研究、部署、协调改革试点工作有关事宜。各市教育局、各高校要高度重视，加强领导，切实做好试点的组织、宣传、实施工作。

二是科学制定方案。省教育厅负责制定各类招生考试具体办法。各市教育局、各试点高校要在充分调研、多方论证，广泛征求意见的基础上，突出重点，抓住关键环节，精心制定实施方案。

三是广泛宣传。努力创造良好的舆论环境，认真做好舆论宣传引导工作。要通过多种途径加强宣传引导，使广大群众能够充分了解改革的意图、内容、主要变化及相关政策，营造良好的舆论氛围，保证改革的平稳推进。

四是精心组织实施。升学考试改革试点工作，是普通高校招生改革的重要组成部分，关系着广大考生的切身利益。各校要按照公平、公正、公开的原则，精心组织，周密安排，精细管理，特别要加强试题保密和考场考务管理，严格考试招生程序，严格执行各项规定，自觉履行承诺。

五是严格考试招生纪律。各地、各高校要切实完善自我约束机制和监督机制，严肃考试招生纪律。试点高校纪检监察部门要加大监管力度，对招生录取工作进行全程监督，及时发现和查处违反考试招生纪律的行为。要按照“阳光工程”的要求，加强信息公开，及时公布招生章程和人才培养方案，主动接受社会监督，确保改革顺利推进。

六是及时准确上报录取数据。各地、各高校在完成各类招生工作后，应按省教育厅有关规定，及时准确上报录取数据，严格按照教育部注册时限完成新生注册和复查工作，对冒名顶替、重名重号、弄虚作假的，一经查实，予以严肃处理，确保广大考生的合法权益，确保高考阳光工程的实施。

附件：1. 2014 年安徽省高等职业院校自主招生改革试点工作实施方案

2. 2014 年安徽省应用型本科高校面向中职毕业生对口招生改革试点工作实施方案

3. 2014 年安徽省普通高校专升本考试改革试点工作实施方案

安徽省教育厅办公室

二〇一四年一月二十九日

## 附件 1

### 2014 年安徽省高等职业院校自主招生改革试点工作实施方案

根据《安徽省职业院校升学考试改革试点方案（试行）》，制定本实施方案。

**一、试点目标**

通过开展高职院校自主招生改革试点，扩大试点范围，进一步探索建立符合安徽省情的分类考试、综合评价、多元录取的高等职业院校考试招生制度，加强校际、校企合作和市级统筹，构建高等职业教育招生、培养、就业联动机制和中高职协调发展的现代职教体系，推动职教大省和高教强省建设，提升职业教育服务经济社会发展能力。

**二、试点内容**

1. 分类招生。高等职业院校自主招生改革试点对象为应历届普通高中毕业生、应历届中职（含技工学校、职业高中）毕业生，包括具有高中阶段学历的农民工、退役士兵、企事业单位在职职工、失业人员等。参加试点的高等职业院校可以结合考生意愿和学校自身情况，采取多种招生形式，招收各类生源。国家示范（骨干）高等职业院校、市属高等职业院校、行业企业和民办高等职业院校根据办学特色和定位，可分别侧重招收学有所长或有技能特长的考生、中职学生、在职职工和退役士兵等。

2. 多元评价。省教育厅指导各试点院校根据不同招生对象，研究制定招生政策和考试（测试）办法。对中职学生可参考《2013 年安徽省高等学校对口招收中等职业学校毕业生考试纲要》，实行知识加技能的考试（测试）办法；对普通高中毕业生可实行以学业水平测试成绩为基础的考试（测试）办法；对其他各类报考人员，可结合其自身实际和学校办学特点，合理确定考试（测试）方法。参加自主招生改革试点的各类考生须进行高考（含对口招生考试）报名。考生凭考生号选择一所试点高校参加招生考试（测试），具体时间另行公布。试点高校于 2014 年 5 月 15 日前将拟录取考生名单报省教育招生考试院并办理相关录取手续。被录取考生不再参加普通高校招生全国统一考试及录取。

3. 联合培养。实施校企联合培养，试点院校与企业紧密合作，合作办学、合作育人、合作就业、合作发展；鼓励试点院校与企业联合开设“订单式”培养班。推进中高职衔接，对中职学校完成二年级学业的学生实行预报名，预报名后的中职三年级学生由中高职联合培养。中职三年级学生毕业后，通过考试（测试）进入高等职业院校学习。加强市级统筹，市属高等职业院校牵头、中职学校参与，共同制定人才培养方案，共同实施人才培养。

**三、试点范围**

（一）试点院校

今年我省高等职业院校自主招生改革试点实行申报制。国家、省示范高职院校必须参加试点工作申报，全省其他高等职业院校均可自愿申请参加高等职业院校自主招生改革试点，试点院校由省教育厅严格按有关标准和规定审核确定。

（二）招生计划

2014 年度全省高等职业院校自主招生改革试点招生总计划数控制在当年全省高职招生计划总数的 20% 左右。面向中职招生计划单列并确保完成，未完成的单列计划不得转入普通高考招生。

试点院校可根据报考人数等适当调剂分专业计划。院校对报考学生较多且计划已经完成的专业，经考生同意，可调剂到相近专业。鼓励高校间建立学生报考信息互通和调剂机制。

（三）招生专业

申报自主招生的高职院校面向中职招生专业尽可能覆盖中等职业教育 18 个专业大类。

（四）申报程序和申报材料

已参加试点的 42 所高等职业院校可直接向省教育厅申报招生章程、招生专业和计划。试点院校要科学制定招生方案和人才培养方案。

其他高等职业院校根据办学实际和侧重招生对象，经主管厅局或举办者同意，向省教育厅申报。申报材料包括招生章程、招生方案、人才培养方案。市属高等职业院校须有所在市政府意见，行业企业和民办高等职业院校须有主管厅局或举办者意见，开展“订单式”人才培养的试点高等职业院校须有订单培养协议。

以上申报材料一式三份，同时报送电子版 1 份（包含以上所有材料）。报送截止日期为 2014 年 2 月 10 日。报送地点：省教育厅高教处（合肥市金寨路 321

号省教育厅教科大楼906室）。联系电话：0551－62831868。

**四、试点工作要求**

一是提高认识。高等职业院校自主招生改革试点工作对促进中高职教育协调发展，系统培养技能型人才，提升服务经济社会发展能力具有重要意义。各地、各高等职业院校要提高认识、统筹安排，先易后难、突出重点，积极稳妥地做好改革试点工作。

二是科学制定方案。各试点高等职业院校要在充分调研、多方论证，广泛征求意见的基础上，突出重点，抓住关键环节，精心制定方案。各试点高等职业院校要根据办学定位，选择本校有特色的专业，合理确定招生计划数，科学制定招生方案、人才培养方案和招生章程。省教育厅经过遴选确定后，向社会公布试点院校及其招生专业、招生计划。

三是积极宣传引导。各地要加强对广大人民群众的宣传工作，加强政策解读，合理引导社会预期，使全社会理解和支持改革。要大力开展对师生和其他招生对象的宣传动员工作，让其了解试点的重要意义、主要任务和政策措施，调动广大师生和其他招生对象参与试点的积极性、主动性，为试点营造良好的环境。

四是严格考试招生纪律。高等职业院校自主招生改革试点工作，是普通高校招生改革的重要组成部分，关系着广大考生的切身利益。各试点院校要按照公开、公正、公平的原则，切实完善自我约束机制和监督机制，严肃考试招生纪律，特别要加强试题保密和考场考务管理，切实履行承诺。试点院校纪检监察部门要加大监管力度，对招生录取工作进行全程监督，及时发现和查处违反考试招生纪律的行为。要按照“阳光工程”的要求，加强信息公开，及时公布招生章程、招生计划和人才培养方案，主动接受社会监督，确保改革顺利推进。

# 附件 2

## 2014 年安徽省应用型本科高校面向中职毕业生对口招生改革试点工作实施方案

根据《安徽省职业院校升学考试改革试点方案（试行）》，制定本实施方案。

**一、指导思想**

贯彻落实党的十八届三中全会提出的关于加快现代职业教育体系建设的战略要求，遵循职业教育人才选拔和培养规律，构建合理的技术技能人才发展通道，促进中等职业学校实施以技能为中心的素质教育，优化教育结构和提高教育质量；进一步落实本科高校办学自主权，支撑应用型本科高校办学定位，培育办学特色和品牌；加快我省现代职业教育体系建设，为全面建成小康社会提供有力人才支撑。

**二、实施内容**

（一）招生对象

全省中等职业学校（包括普通中专、职业高中、成人中专、中等技工学校）和综合高中职高班（具有中等职业学校学生学籍）的应历届毕业生，包括具有中职学历的农民工、退役士兵、企事业单位在职职工、失业人员等。

（二）考试与录取

采取考生自愿报名、高校联合自主考试招生的方式。

考试内容包括知识和技能。知识部分考试内容依据教育部 2009 年新颁布的教学大纲，可参考《2013 年安徽省普通高校对口招收中等职业学校毕业生考试纲要》。为保证改革平稳过渡，2014 自主招生考试，文化课及专业理论考试实行对口招生院校联考；特殊专业可参照 2013 年的考试内容和方式，其他专业若组织技能测试，其成绩只作为录取参考，不计入录取总分。

各院校拟录取学生名单须在本校网站公示一周后，方可报省考试院并办理相关录取手续。有关工作于 4 月 10 日前完成。

（三）申报程序和申报材料

各招生院校根据就业状况、生源情况以及学校办学条件和培养能力等，确定报考资格条件，并制定自主招生方案、招生章程和人才培养方案，报省教育厅审核备案后正式公布。

以上申报材料一式三份，同时报送电子版1份（包含以上所有材料）。报送截止日期为2014年2月10日。报送地点：省教育厅职成处（金寨路321号省教育厅教科大楼809室）。联系电话：0551－62837839。

（四）管理与就业

2014起，高校对口招收的本科新生，不再实行一年预科制。

在校学习期间的收费标准按普通高校相同专业收费标准执行；师范类专业的学生在校期间享受相同专业学生的同等待遇；在校学生的管理按《普通高校学生管理规定》执行。

对口招生班的毕业生按照我省当年的就业政策，享受普通高校同类毕业生的同等待遇。

（五）有关鼓励政策

1. 获教育部主办或联办的全国职业院校技能大赛三等奖以上奖项的考生、获安徽省教育厅联合主办的未纳入国赛的省级职业院校技能大赛前3名且为一等奖的考生，报考相应专业，经本科院校面试通过，可直接录取。

2. 获得由省市级教育行政部门主办或联合主办的职业院校技能大赛等级奖的、或获得县级及以上劳动模范先进个人称号在职在岗的、或具有中级工以上（含中级工）技能等级证书的考生，报考相应专业，可适当加分，具体分值由招生院校自主确定。

**三、组织领导**

应用型本科高校对口招收中职毕业生工作在省教育厅统一领导下进行。省教育厅职成处、高教处、发展规划处、考试院共同负责对口招生的政策制定及对口招生工作的规划、管理与指导工作，确定对口自主招生院校，审定各自主招生院校的自主招生方案、招生章程和人才培养方案；发展规划处负责对口招生计划的管理；省教育招生考试院负责录取工作和对自主招生院校的考务指导工作；省教育科学研究院负责对自主招生院校考试内容的指导工作，协助审定自主招生人才培养方案。

各市教育局（含省直管县）负责当地对口招生的宣传、组织工作，并指导属地中职学校组织学生参加自主招生考试工作。各中职学校指导学生理性选择报考院校，组织学生安全、有序参加自主招生考试。

各自主招生本科院校，成立由院校主要负责人为组长的领导小组，按照命题、考试、阅卷评分、录取等程序，组织好自主招生考试工作。

# 附件3

## 2014年安徽省普通高校专升本考试改革试点工作实施方案

根据《安徽省职业院校升学考试改革试点方案（试行）》，制定本实施方案。

**一、指导思想**

深入贯彻落实《中共中央关于全面深化改革若干重大问题的决定》，改革现行普通专升本教育中存在的薄弱环节和突出问题，完善专升本培养模式和选拔机制，努力做到更加有利于构建职业教育立交桥，更加有利于满足学生多样化学习需求，更加有利于服务我省经济社会发展。

**二、实施内容**

（一）招生院校

实行申报制。各省属普通本科院校（含独立学院）经批准均可开展普通专升本招生，其中重点支持应用型本科高校。试点院校由省教育厅严格按照有关标准遴选确定。

（二）招生对象

1. 安徽省各级各类高等学校（包括在皖部属高等学校、省属普通高校以及经过批准举办普通高等职业教育的成人高等院校）的应届全日制普通高职（专科）层次毕业生；

2. 安徽省具有普通高职（专科）毕业学历的退役士兵。

（三）招生专业及计划安排

1. 根据教育部有关文件精神，按照当年高职（专科）毕业生总数的5%确定招生计划。根据就业状况、生源情况以及本科院校的办学条件和培养能力确定招生专业和分专业招生数量。专升本招生计划列入各校当年总体招生计划，如遇合格生源不足，可将剩余计划转入普通高考招生计划。

2. 普通专升本招生专业实行学校申报、省教育厅统一审核规划、合理布点。各招生院校开展普通专升本招生的专业，必须是已经教育部门批准设立且当年度有3年级以上在校生的本科专业。各专业的招生对象应是与本科专业大类相同或相近的专科专业毕业生。

(四) 考试及录取

实行招生院校自主组织考试录取。鼓励应用型本科高校联盟内院校联合开展招生工作,鼓励校校联合开展招生工作。具体报名、考试和录取等工作均由学校严格按照事先公布的自主招生章程执行。各院校拟录取学生名单须在本校网站公示一周后,于2014年5月10日前向省教育招生考试院上报拟录取考生名单并办理相关录取手续。

(五) 本科高校与高职院校联合培养事项

1. 落实皖北发展战略,服务皖北经济社会发展。2014年试点安徽中医药大学和亳州职业技术学院联合培养中药学专业专升本学生,面向全省中药相关科类高职高专应届毕业生招生,学生毕业后定向亳州地区就业。安徽中医药大学根据人才培养的有关要求,确定报名资格条件,制定考试方案并组织选拔考试。培养地点设在亳州职业技术学院。符合报名条件的考生自愿填报定向就业招生志愿,一旦被录取为定向生,须在入学注册前与学校及定向就业单位签订有关定向就业协议。

2. 服务文化强省建设,培养安徽省留得住、用得上的艺术人才。2014年起试点在安徽大学,面向省内有关科类专业高职高专应届毕业生,培养广播电视学、音乐表演、戏剧影视导演专业专升本学生。安徽大学根据人才培养的有关要求,确定报名资格条件,制定考试方案并组织选拔考试。培养地点设在安徽大学艺术与传媒学院。

(六) 申报材料和申报程序

各招生院校根据就业状况、生源情况以及学校办学条件和培养能力等,确定报考资格条件,并制定自主招生方案、招生章程和人才培养方案,联合培养的高校还须制定联合培养协议,报省教育厅审核备案后正式公布。

以上申报材料一式三份,同时报送电子版1份(包含以上所有材料)。报送截止日期为2014年2月10日。报送地点:省教育厅发展规划处(金寨路321号省教育厅教科大楼704室)。联系电话:0551-62849086。

(七) 有关鼓励政策

积极构建职业教育立交桥,打通技能型人才培养渠道,制定职业院校技能大赛获奖选手奖励政策。获得省职业院校技能大赛一等奖或全国职业院校技能大赛三等奖及以上的高职(专科)应届毕业生,报考相应专业,经本科院校面试通过，可直接录取。

（八）学籍学历管理及待遇

1. 普通专升本学生在校学习期间，学籍管理按照《普通高等学校学生管理规定》执行。

2. 普通专升本学生按教学计划修完规定课程，成绩合格，由学校颁发普通高等教育本科毕业证书。按照《教育部关于当前加强高等学校学历证书规范管理的通知》（教学〔2002〕15 号）精神，专升本学生毕业证书的内容须填写“在本校××专业专科起点本科学习”，学习时间按进入本科阶段学习的实际时间填写。符合学士学位授予条件的授予相应学士学位。

3. 普通专升本学生的学费标准与普通本科相应专业学费标准相同。

4. 普通专升本学生毕业时，执行国家本科毕业生的有关就业政策。

**三、工作要求**

1. 普通专升本招生考试工作是我省普通高校招生考试工作的重要组成部分，也是社会关注的热点。省教育厅成立改革工作领导小组，统筹研究、部署、协调招生改革试点工作有关事宜。各有关高等院校要切实加强领导，成立由院校领导任组长，分管招生工作和纪检监察工作的领导任副组长，招生、教务、纪检监察等有关部门共同参加的普通专升本自主招生工作领导小组，负责实施各项具体工作。各校的普通专升本选拔工作要严格按照公平、公正、公开的原则，精心组织，周密安排，严格执行各项规定，自觉接受社会监督，杜绝招生考试中徇私舞弊和腐败行为的发生。对在招生考试工作中徇私舞弊、违反规定的学校和个人，一经查实，将按照国家、我省有关规定对责任人进行严肃处理。

2. 有应届毕业生的高职（专科）院校要广泛宣传普通专升本招生考试的有关规定和办法，认真做好本校考生报名组织和考生报名资格的审核工作，严禁弄虚作假。

关于我省普通专升本招生工作的其他未尽事宜，仍按教计〔2001〕30 号文件有关规定执行。

安徽省教育厅办公室

二〇一四年一月二十三日

# 安徽省应用型本科高校联盟实践教学小学期制管理办法（暂行）

**第一条** 为统筹安徽省应用型本科高校联盟优质实践教学资源配置，改革应用型人才培养模式，提高应用型人才培养质量，提升应用型本科院校办学水平，培养满足安徽地方经济社会发展需要的高素质应用型人才，从 2011 年起，安徽省应用型本科高校联盟各高校实行“实践教学小学期”制度。

**第二条** 实践教学小学期安排在每年暑期期间，以培养大学生职业素养、提升实践能力为重点，以专业实习实训、学科竞赛培训、产学研合作和辅修专业、双学位教育实践性教学环节学习等为主要内容。

**第三条** 实践教学小学期教学内容列入联盟各高校人才培养方案。根据教学需要和学生意愿，学生可在实践教学小学期跨校修读，共享联盟内高校优质实践教学资源。学生跨校修读获得的学分，联盟高校之间互相承认，计入学生主修、辅修专业或双学位教育成绩档案。修读技能培训合格者，授予安徽省应用型本科高校联盟统一印制的写实性证书。

**第四条** 组织成立应用型本科高校联盟“实践教学小学期制工作组”，成员由联盟高校推荐组成。工作组由联盟轮值主席单位负责召集，定期召开会议，协商制定教学内容、学分标准和教学质量评价办法，交流各校教学动态，协调学生跨校修读事宜。各高校指定专门机构和人员，负责实践教学小学期管理工作。

**第五条** 遵循“资源共享、优势互补、互惠互利”的原则，联盟高校之间互相开放实验室及实习实训基地，作为实践教学小学期实践教学资源共享平台。由联盟申请，省教育厅资助，建设一批安徽省应用型本科高校联盟开放共享的实践教学基地。

**第六条** 联盟高校学生均可参加实践教学小学期活动。每年 4 月下旬，联盟各高校公布本校实践教学小学期初步安排，由学生提出申请，经学生所在系审核后，报所在高校统筹安排执行。需跨校修读的，报联盟实践教学小学期制工作组，协调联盟相关高校执行。

**第七条** 实践教学小学期间修读学生的教学、生活安排，由各高校统筹安排。跨校修读学生的住宿、就餐问题，由承办高校帮助解决。联盟各高校要加强安全教育和生活管理，确保学生的人身和财产安全。

**第八条** 实践教学小学期列入学生主修专业人才培养方案的教学内容，不向修读学生收取任何费用。辅修专业、双学位教育和其他技能培训收费办法，按物价局批复的标准执行。跨校修读学分的收费办法，由联盟高校协商确定，经费来源为校际之间相互划拨或共同出资设立联盟实践教学小学期公共教学经费，用于教师酬劳、仪器设备维护和升级更新、实验耗材等。

**第九条** 本办法由安徽省应用型本科高校联盟负责解释。未尽事宜，由联盟高校协商解决。

安徽省应用型本科高校联盟

二〇一一年四月二十六日

# 关于加快我省船舶专业人才培养的意见

教高〔2010〕29号

**各高等学校，各市船舶行业管理部门：**

根据《安徽省人民政府关于印发安徽省船舶工业调整和振兴规划的通知》（皖政〔2010〕78号）、《国家中长期教育改革和发展规划纲要（2010—2020年）》和《中共安徽省委安徽省人民政府关于建设高等教育强省的若干意见》（皖发〔2010〕9号）精神，为进一步加快我省船舶工业相关专业人才培养，现提出如下意见：

**一、鼓励支持高等学校开设船舶学科专业**

截至2009年年底，我省共有船舶修造企业111家，从业人员4万余人，船舶工业实现工业总产值100.33亿元，全年造船完工量176.4万载重吨。船舶工业的快速发展对船舶专业人才培养提出了迫切要求。经调研，我省目前船舶行业紧缺人才的范围是船舶与海洋工程、海运驾驶、轮机、港口机械、船舶检验等相关学科专业，每年本专科毕业生人才需求总量在1 000人以上。

加快船舶学科专业建设既是高校服务经济发展的重要职责，也是高校调整学科专业结构、培育优势和特色的难得机遇。各有关高校要紧紧围绕我省振兴船舶工业需求，主动调整服务面向和学科专业建设规划，在师资队伍、实验实训条件建设等方面集聚优质办学资源，积极设置与船舶行业紧缺人才相关的学科专业，确保能够及时为振兴我省船舶工业提供数量适中、质量优良的人才支撑。

尚不具备开设船舶学科专业的高校，应充分利用本校学科专业、师资队伍、实验实训、科技创新和社会影响力等方面的综合优势，在机械、材料、仪器仪表、电气信息、交通运输等类专业中，开设船舶航行信息系统、航海信息检测与处理技术、海上安全与环境管理、船舶操纵与通航环境分析等专业方向，培养船舶研发、设计、生产、维修保障等方面的复合型人才。

**二、鼓励支持高等学校与船舶企业合作培养人才**

校企合作是加快培养船舶紧缺人才的重要途径。鼓励支持高校与船舶企业创新人才培养体制，共享师资、实验实训条件等优质教学资源，共同申报和举办船舶学科专业。鼓励支持高校与船舶企业创新人才培养模式，实施“订单式”教育，为企业定向培养紧缺人才。鼓励支持高校从船舶企业聘任业务知识强、综合素质高的专业技术人员到高校担任专业顾问和兼职教师。鼓励支持企业选派专家到高校担任客座教授，在高校船舶专业设立奖学金，为高校船舶专业学生提供实训基地和就业平台，为高校的科研提供实践案例和科技成果的转化基地。

**三、建立高校与船舶企业产学研合作机制**

省教育厅、省国防科工办建立高校与船舶企业产学研对接会制度，每年定期召开会议，沟通船舶企业发展信息和人才需求状况，研究船舶学科专业建设和人才培养工作，推进高校与船舶企业合作办学、合作育人、合作研究。

省教育厅、省国防科工办建立船舶学科专业和实验实训基地评估制度。设立船舶学科专业，由高校或高校与企业联合申请，经省国防科学技术办公室组织行业专家论证，报省教育厅按程序审批或备案。省教育厅、省国防科工办不定期组织专家，对高校船舶学科专业建设情况、教学质量和企业支持高校学生实习、实训等情况进行抽查，督促帮助高校和企业共同加强船舶学科专业建设，提高船舶专业人才培养质量。

**四、建立加快船舶人才培养的政策保障体系**

省教育厅在年度增设学科专业工作中，优先支持高校开办船舶学科专业；在年度招生计划安排中，优先扩大船舶学科专业招生规模；在省级质量工程建设中，优先向船舶学科专业倾斜。

省国防科工办支持船舶企业兴建和完善就业实习基地，接受船舶学科专业教师到企业挂职锻炼，接受船舶学科专业学生到企业见习和顶岗实习；定期发布船舶企业人才需求信息，对毕业生进入船舶企业工作给予优惠政策；支持高水平船舶技术人员和管理人员参与高校学科专业建设和人才培养。

省教育厅、省国防科工办共同设立“安徽省船舶人才培养基地”建设项目，在经费和政策上对船舶人才培养提供支持。该项目 2011 年启动，到 2015 年，计划遴选 10 个左右人才培养基地进行重点建设。项目由高校与船舶企业共同申请、共同建设、共同接受验收。项目具体申请办法另行通知。

二〇一〇年十一月八日

# 关于加快我省旅游专业人才培养的意见

皖教高〔2011〕3号

**各市旅游局（委），广德、宿松县旅游局，各高等学校：**

根据《国家中长期教育改革和发展规划纲要（2010—2020年）》、《中共安徽省委安徽省人民政府关于建设高等教育强省的若干意见》（皖发〔2010〕9号）和《安徽省人民政府关于进一步加快发展旅游业的实施意见》（皖政〔2011〕33号）精神，为进一步加快我省旅游相关专业人才培养工作，现提出如下意见：

**一、鼓励支持高等学校开设旅游学科专业**

全省旅游业“十二五”发展规划提出：到2015年，旅游总收入力争达到3 000亿元，旅游直接就业人数100万人；实现旅游人才总量比“十一五”翻一翻。旅游业的快速发展对旅游专业人才培养提出了迫切要求。加快旅游学科专业建设既是高校服务经济发展的重要职责，也是高校调整学科专业结构、培育优势和特色的难得机遇。各有关高校要紧紧围绕我省建设高教强省和旅游强省，主动调整服务面向和学科专业建设规划。

各高校要结合安徽旅游发展的实际，尤其要针对旅游新业态中策划、建设、管理人才匮乏的现状，增加项目规划、旅游市场营销、旅游信息应用与管理等新专业；依托电子信息工程技术、广告与会展、规划等现有专业，新增旅游方向，培养复合型的旅游专业人才。在师资队伍、实验实训条件建设等方面集聚优质办学资源，积极设置与旅游专业紧缺人才相关的学科专业，积极配合旅游局不定期接受旅游企业到高校进行短期培训，以适应蓬勃发展的旅游新业态的需要，确保实现“人才兴旅”的目标。

**二、鼓励支持高等学校与旅游企业合作培养人才**

校企合作是加快培养旅游专业人才的重要途径。鼓励支持高校与旅游行业、企业合作，创新人才培养体制，共享师资、实验实训条件等优质教学资源，共同申报和举办旅游学科专业。指导高校成立旅游类专业院校合作组织，搭建平台，共同促进专业建设；鼓励支持高校与旅游企业利用校企合作，共建二级学院、共建专业、共建实习实训基地；通过“订单式培养”等方式，深化学校与企业合作办学、合作育人、合作就业、合作发展，不断提高旅游类专业人才培养质量。鼓励支持高校从旅游行业、企业聘任业务能力强、综合素质高的专业技术人员到高校担任专业顾问和兼职教师。

**三、建立高校与旅游企业产学研合作机制**

省教育厅、省旅游局联合成立旅游类专业教学指导委员会，该教指委为专家组织，由高校旅游类专业知名学者和大中型旅游企业高级管理人员等组成，负责指导高校旅游类专业建设和人才培养工作，并接受政府委托，进行专业评估、项目研究等。高校与旅游企业建立产学研对接会制度，每年定期召开会议，沟通旅游企业发展信息和人才需求状况，研究旅游学科专业建设和人才培养工作，推进高校与旅游企业合作办学、合作育人、合作研究。

省教育厅、省旅游局建立旅游学科专业和实验实训基地评估制度。设立旅游学科专业，由高校或高校与企业联合申请，经省旅游局组织行业专家论证，报省教育厅按程序审批或备案。省教育厅、省旅游局不定期组织专家，对高校开设的旅游类专业进行指导与评估，通过评估促进专业建设，提高旅游类专业人才培养质量。对未能达到基本办学要求的旅游类专业，限期整改；整改后仍未达到要求的，撤销该专业。

**四、建立加快旅游人才培养的政策保障体系**

省教育厅在年度增设学科专业工作中，优先支持高校开办旅游学科专业；在年度招生计划安排中，优先扩大旅游学科专业招生规模；在省级质量工程建设中，优先向旅游学科专业倾斜。

省教育厅、省旅游局加强对旅游院校（系）负责人的培养、培训，不定期组织短期培训，学习、借鉴境内外先进的教学方式和管理理念，共同推动安徽省旅游产业又好又快发展。

省旅游局支持旅游企业兴建和完善就业实习基地，接受旅游学科专业教师到企业挂职锻炼，接受旅游学科专业学生到企业见习、实习或顶岗实习；定期发布旅游企业人才需求信息，鼓励旅游企业优先吸纳高校旅游专业毕业生就业，并用优惠制度留人、用人；支持高水平旅游技术人员和管理人员参与高校学科专业建设和人才培养。

省教育厅、省旅游局共同设立“安徽省旅游人才培养基地”建设项目，在经费和政策上对旅游人才培养提供支持。该项目2011年启动，到2015年，计划建设20个旅游类省级特色专业、5个左右人才培养基地进行重点建设。项目由高校与旅游企业共同申请、共同建设、共同接受验收。项目具体申请办法另行通知。

二〇一一年七月十八日

# 安徽省教育厅
# 关于做好大学生创新创业训练计划实施工作
# 加强学科和技能竞赛项目管理的意见

皖教秘高〔2014〕1号

**各高等学校：**

为深入贯彻落实《教育部关于全面提高高等教育质量的若干意见》（教高〔2012〕4号）、安徽省教育厅《关于深化高等教育教学改革　全面提高人才培养质量的若干意见》（皖教高〔2012〕7号）文件精神，全面构建应用型高等教育体系，推进高等学校创新人才培养模式改革，充分发挥创新创业训练及学科和技能竞赛在创新人才培养中的作用，做好大学生创新创业训练计划实施工作及进一步加强学科和技能竞赛项目的管理，提升大学生实践和创新创业能力，现提出如下意见：

**一、高度重视创新创业训练及学科和技能竞赛在人才培养中的作用**

创新创业训练及学科和技能竞赛是实践教学环节的重要组成部分，对大学生创新思维训练、创新能力培养和综合素质提升有着十分显著的作用，是高校推动教育教学改革、培养创新型人才、增强就业竞争力、增进产学研合作的有效途径，是建设高等教育强省的重要举措。各高校要以创新创业训练及学科和技能竞赛为抓手，加强对学生创新能力和实践培养，使之规范化、科学化、制度化、常态化。

**二、科学构建创新创业训练及学科和技能竞赛三级实施体系**

各高校要围绕办学目标，结合人才培养特色，以相关学科为依托，针对不同项目级别，确定不同实施目标，积极探索构建科学的创新创业训练及学科和技能竞赛项目国家级、省级、校级三级实施体系。积极完善学科和技能竞赛项目开展模式，建立教研结合、项目驱动、多部门协同的学科和技能竞赛实施格局。要根据竞赛的具体内容，针对不同专业课程教学要求和不同年级课程开设情况，分类分层组织引导大学生开展竞赛工作，切实提高学科和技能竞赛效果，充分发挥竞赛育人作用。

**三、着力倡导创新创业训练与学科和技能竞赛相互融合协同促进机制**

各高校要坚持以创新创业训练及学科和技能竞赛为载体，在紧密结合课堂教学的基础上，激发学生理论联系实际、提升创新能力。通过创新创业训练进一步提升学科和技能竞赛水平，通过学科和技能竞赛进一步促进创新创业训练。积极建立“教学改革—课程建设—创新训练—学科竞赛”良性互动的发展模式，树立“比创新、促提升、谋发展”和“以赛促学、以赛促练、以赛促教、以赛促改”的教学活动观，把创新创业训练及学科和技能竞赛与常规教学环节相结合，深化课程体系和教学内容改革，提高创新性、应用型人才培养质量。

**四、大力营造创新创业训练及学科和技能竞赛的学习氛围**

各高校应加大动员力度，组织校内各部门分工协调，齐抓共管，大力营造创新创业训练及学科和技能竞赛的良好氛围，积极搭建平台，充分发挥第二课堂对第一课堂的延伸和补充作用，激发学生的创新潜能。应将创新创业及学科和技能竞赛列入教学计划，设立创新创业学分，鼓励引导大学生主动开展、踊跃参加创新创业训练及学科和技能竞赛。通过广泛参与、层层选拔的方式，扩大惠及面。各高校要切实加大实验室开放力度，加强训练，保障效果，为学生课余时间开展创新训练提供良好的条件与环境。

高校应根据具体情况，坚持有所为，有所不为，有选择地组织学生参加各种创新创业训练及学科和技能竞赛，不得强行组织各种收费的考试项目和竞赛活动，鼓励大学生自主参加各种职业资格培训和考试。

**五、积极建立创新创业训练及学科和技能竞赛的激励机制**

各高校要采取切实措施，鼓励广大教师积极参与创新创业训练及学科和技能竞赛活动的指导工作。要把教师指导纳入学校业绩评价体系，在工作量计算、年度评优、职称评审等方面加以体现。要完善对参与学生的奖励办法，充分调动学生参与的积极性，将精神奖励与物质奖励有效结合，在班级综合测评、就业、推荐免试研究生或专升本、选调生的评选等方面加以体现。教育厅将定期对各高校创新创业训练计划项目实施情况及学科和技能竞赛获奖情况进行统计并公布，排名靠前的学校，在振兴计划和质量工程项目申报指标上给予适度倾斜。

**六、切实加强创新创业训练计划项目及学科和技能竞赛项目质量监控**

各高校应加强创新创业训练计划项目及学科和技能竞赛项目实施过程监督检查和结题验收工作。要采取切实措施改变重申报、轻实施的现状。要遴选覆盖面广、影响面大、层次高的竞赛项目，避免片面追求多而全。要切实维护参赛学生的利益，确保公平公正参赛。要做好创新创业训练计划项目结题工作，评选优秀项目，并做好优秀项目的宣传推广。

**七、建立健全创新创业训练及学科和技能竞赛项目的管理机制**

省教育厅将进一步加强对全省大学生创新创业训练及学科和技能竞赛项目的管理，对重大赛项加强组织协调。设立省大学生学科和技能竞赛专家委员会，负责创新创业训练计划省级项目评审、国家级项目推荐和学科和技能竞赛项目评审遴选及级别认定等工作。各高校要成立相应的管理机构，协调有关部门积极开展工作，制定完善相关规章制度，建立科学化、规范化管理长效机制。

**八、多措并举完善创新创业训练及学科和技能竞赛的保障机制**

省教育厅支持举办的学科和技能竞赛项目，将在高等教育振兴计划中进行立项并给予相应的经费资助。由各省级赛事牵头承办单位根据振兴计划指南的要求向教育厅申报。参赛高校应对创新创业训练及学科和技能竞赛的顺利开展给予必要的经费支持，要明确经费来源和支出。有条件的高校要将创新创业训练及学科和技能竞赛经费列入《安徽省支持本科高校发展能力提升计划》项目资金预算。鼓励学校采取多种举措，通过与校外企、事业单位合作举办竞赛、冠名等方式，积极协助创新创业成果转化，引进创业投资机构和风险投资机构，拓宽经费渠道。

安徽省教育厅

二〇一四年一月三日

# 关于印发《安徽省普通本科高等学校教师专业技术资格条件》（试行）的通知

教人〔2009〕1号

**各市教育局、人事局，各普通本科高等学校：**

为客观、公正、科学地评价普通本科高等学校教师的教学科研水平，培养造就一支高素质高校教师队伍，促进高等教育事业的发展，根据国家法律法规和我省职称制度改革的有关规定，结合我省普通本科高校教师队伍实际，特制定《安徽省普通本科高等学校教师专业技术资格条件》（试行）。现印发给你们，请遵照执行。试行过程中有何问题，请及时与我们联系。

开展以聘代评试点的高校，可在本通知基础上，结合本校实际，制定学校聘任条件，报省教育厅、人事厅同意后执行。

二〇〇九年三月十八日

## 安徽省普通本科高等学校教师专业技术资格条件（试行）

### 第一章 总 则

**第一条** 为客观、公正、科学地评价我省本科院校教师的业务能力和水平，培养造就一支高素质的高等学校教师队伍，促进高等教育事业的发展，根据《中华人民共和国教师法》、《高等学校教师职务试行条例》以及国家和我省职称制度改革的有关规定，结合我省普通本科高等学校教师队伍实际，特制定本资格条件。

**第二条** 坚持以师德、能力、业绩、贡献为依据，坚持公开、公平、竞争、择优的原则，引导教师积极从事人才培养、科学研究和社会服务。在教学科研岗位上做出突出贡献者，可破格或优先申报相应的专业技术资格。

**第三条** 对符合本规定申报条件的人员，通过评审或其他与评审相结合的方式进行评价。取得相应专业技术资格人员，表明其具备承担相应岗位工作的理论水平和业务能力。

**第四条** 本资格条件适用于全省本科高等学校（含安徽广播电视大学本部）的教师申报讲师、副教授、教授资格。

### 第二章 基本条件

**第五条** 基本素质要求：

（一）具有良好的思想政治素质，贯彻党的教育方针，忠诚于人民的教育事业，遵守国家的法律法规和学校的规章制度。

（二）具有良好的职业道德，严谨治学，爱岗敬业；以学生为本，教书育人；学风端正，为人师表。

（三）具有良好的业务能力和身体素质，较好地履行现任职务岗位职责，任期内年度考核均为合格以上等次。

（四）具有高等学校教师资格。

（五）出现下列情形之一的，在规定的任职年限基础上延迟申报：

1. 任期内受警告处分者，延迟 1 年申报；任期内受记过以上处分者，延迟 2 年申报。

2. 任期内有教学事故者，延迟1年申报；任期内有重大教学事故者，延迟2年申报。

3. 谎报学历、资历、业绩，剽窃他人成果等弄虚作假行为者，除取消当年申报资格外，延迟2年申报。

4. 任期内年度考核不合格、未定等次者，顺延申报。

**第六条** 外语水平要求：

熟练掌握一门外语，取得职称外语考试合格证书或符合规定的免试条件。

**第七条** 计算机应用能力要求：

具有开展教学科研工作所需的计算机应用能力，取得职称计算机应用能力考核合格证书或符合规定的免试条件。

**第八条** 继续教育要求：

结合从事的教学与科研工作需要，完成规定的继续教育任务。

## 第三章 讲师资格条件

**第九条** 直接认定讲师资格条件：

（一）获得博士学位后，经考察，能胜任和履行讲师职责。

（二）获得硕士学位后，从事高校教学满3年；或获得大学本科学历，工作后取得硕士学位从事高校教学满1年，累计从事本专业工作满3年。

其他人员申报，应符合以下十至十二条具体要求。

**第十条** 学历和资历符合下列条件之一：

（一）研究生毕业或获得第二学士学位后，受聘助教职务满3年。

（二）获得学士学位后，取得同等学力申请硕士学位进修班省部级结业证书，受聘助教职务满4年。

**第十一条** 教育教学工作符合下列要求：

（一）熟练掌握高等教育理论的基础知识，较系统地掌握本专业的基础理论和专业理论知识，有1篇以上具有独立见解的教学总结。

（二）认真履行岗位职责，完成学校规定的教育教学任务。其中，公共课、基础课的教师独立、系统担任过1门以上课程的讲授工作；专业课教师担任过专业课部分或全部讲授工作，承担过1门以上课程的辅导答疑、毕业论文或毕业设计指导等教学工作。

（三）教学效果良好，历年教学质量考核合格；或获得校级教学奖。

（四）担任班主任、辅导员，从事实习管理或其他教育教学管理工作1年以上，或按学校的安排，到企业、农村等生产一线实习、工作3个月以上或参与产学研合作研究1项以上。

**第十二条** 教学科研成果须具备下列条件第（一）项和第（二）至（八）项中的一项：

（一）在四类以上期刊发表本学科教学或科研论文1篇以上。

（二）在三类以上期刊发表本学科教学或科研论文1篇以上；体育、艺术类教师或公共课教师在四类以上期刊发表本学科教学或科研论文1篇以上；或正式出版本专业2万字以上学术著作（含教材）1部。

（三）参加五类以上科研课题1项以上，并取得阶段性成果。

（四）获三类以上科研奖励1项以上；或获专利1项以上。

（五）参加三类以上成果推广1项以上。

（六）参加校级以上教育教学研究项目1项以上。

（七）获校级以上教学成果奖1项以上。

（八）取得四类以上教学效果1项以上。

## 第四章 副教授资格条件

**第十三条** 学历和资历符合下列条件之一：

（一）获得博士学位后，受聘讲师职务满2年。

（二）获得硕士学位，受聘讲师职务满5年。

（三）研究生毕业或获得第二学士学位，受聘讲师职务满6年。

（四）1993年前获得本科学历或学士学位，取得同等学力申请硕士学位进修班省部级结业证书，受聘讲师职务满8年。

**第十四条** 教育教学工作符合下列要求：

（一）对本学科具有系统而坚实的理论基础，在本学科领域一个方面有较高深的造诣，能及时掌握本学科及相关学科国内外发展动态，发表过1篇以上教学研究论文。

（二）认真履行岗位职责，完成学校规定的教育教学任务。公共课教师须系统担任过1门以上公共课、公共基础课的讲授工作，且年平均承担教学的课堂讲授时间满200教时，或专职从事学生思想政治工作；专业课教师须系统担任过2门以上课程的讲授工作（1门为专业基础课或主干课程）。同时，按照教学计划要求，指导过学生进行科学技术活动、社会调查、毕业论文、毕业设计等，是研究生或青年教师的导师组成员。

（三）教学观点正确，教学态度认真，教学方法得当，运用现代教育技术，注意对学生创新能力的培养，把育人渗透到教学过程中，关心学生全面成长，教学效果良好，历年教学质量考核合格。

（四）作为一个固定的教学、科研团队成员，为该团队做出一定的贡献，并参加学校的学科建设、专业建设、课程建设、教材建设、实验室建设、队伍建设，对提高教学质量有促进作用。

**第十五条**　教学科研成果须具备下列条件第（一）项和第（二）至（八）项中的一项：

（一）在三类以上期刊发表本学科论文2篇以上，其中在二类以上期刊发表1篇以上。

（二）在二类以上期刊发表本学科论文1篇以上；或正式出版本专业6万字以上学术著作1部以上；或参加编写国家级规划教材，撰写6万字以上；或主编、副主编省级规划教材；或参加编写的教材获省级以上教材奖，撰写6万字以上。

（三）参加三类以上科研课题（前3名）或主持四类科研课题1项以上，并取得阶段性成果。

（四）获二类以上科研奖励1项以上或三类科研奖励2项以上；或获国家发明专利（前5名）1项以上；或获实用新型专利2项以上。

（五）积极参加产学研合作，主持二类以上成果推广1项以上。

（六）主持或参加国家级教育教学研究项目（前3名）；主持或参加省级教育教学研究项目（前2名）。

（七）获国家级教学成果奖；或获省级教学成果特等奖；或获省级教学成果一等奖（前5名）、二等奖（前3名）。

（八）取得三类以上教学效果1项以上。

**第十六条**　公共课类教师教学科研成果须具备下列条件第（一）项和第（二）至（八）项中的一项：

（一）在三类以上期刊发表本学科论文2篇以上，其中在二类以上期刊发表1篇以上。

（二）在二类以上期刊发表本学科论文1篇以上；或正式出版本专业4万字以上学术著作1部以上；或参加编写国家级规划教材，撰写6万字以上；或主编、副主编省级规划教材；或参加编写的教材获省级以上教材奖，撰写6万字以上。

（三）参加四类以上科研课题（前3名），并取得阶段性成果。

（四）获三类二等奖以上科研奖励1项以上；或获国家发明专利（前5名）1项以上；或获实用新型专利2项以上。

（五）积极参加产学研合作，取得二类以上成果推广1项（前3名）。

（六）主持或参加国家级教育教学研究项目（前3名）；主持或参加省级教育教学研究项目（前2名）。

（七）获国家级教学成果奖；或获省级教学成果特等奖；或获省级教学成果一等奖（前5名）、二等奖（前3名）。

（八）取得三类以上教学效果1项以上。

**第十七条** 体育、艺术类教师教学科研成果须具备下列条件第（一）项和第（二）至（八）项中的一项：

（一）在三类以上期刊发表本学科论文2篇以上。

（二）在二类以上期刊发表本学科论文1篇以上；或正式出版本专业4万字以上学术著作1部以上；或参加编写国家级规划教材，撰写6万字以上；或主编、副主编省级规划教材；或参加编写的教材获省级以上教材奖，撰写6万字以上。

（三）参加四类以上科研课题1项以上（前5名），并取得阶段性成果。

（四）获三类二等奖科研奖励1项以上。

（五）取得二类以上专业实践业绩1项以上。

（六）主持或参加国家级教育教学研究类课题（前3名）；主持或参加省级教育教学研究类课题（前2名）。

（七）获国家级教学成果奖；或获省级教学成果特等奖；或获省级教学成果一等奖（前5名）、二等奖（前3名）。

（八）取得三类以上教学效果1项以上。

**第十八条** 破格申报副教授条件：

（一）获得本科以上学历，受聘讲师职务满规定任期的一半以上者，破格申报副教授任职资格，除符合正常申报基本条件、教育教学、教学科研成果要求外，必须主持四类以上科研课题，且符合下列条件之一：

1. 在一类期刊上发表本学科论文 4 篇以上。

2. 主持三类以上科研课题 1 项以上。

3. 获一类科研奖励；或获二类科研奖励一等奖（前 8 名）、二等奖（前 5 名）、三等奖（前 2 名）。

4. 获国家级教学成果奖（前 5 名）；或获省级教学成果特等奖（前 5 名）、一等奖（前 3 名）、二等奖（前 2 名）。

5. 取得二类以上教学效果 1 项以上。

（二）符合正常申报基本条件、教育教学工作条件，并符合下列条件之一的，可不受学历、资历、职称等条件限制，破格申报副教授资格：

1. 在影响因子一区的期刊上发表论文 1 篇以上。

2. 主持二类科研课题项以上。

3. 获一类科研奖励；或获二类科研奖励一等奖（前 3 名）。

4. 获国家级教学成果奖（前 3 名）或获省级教学成果特等奖（前 3 名）、一等奖（第 1 名）。

## 第五章 教授资格条件

**第十九条** 学历和资历符合下列条件之一：

（一）获得硕士及以上学位，受聘副教授职务满 5 年。

（二）研究生毕业或获得第二学士学位，受聘副教授职务满 6 年。

（三）45 周岁以上且 1993 年前获得本科学历或学士学位，取得同等学力申请硕士学位进修班省部级结业证书，受聘副教授职务满 8 年。

**第二十条** 教育教学工作符合下列要求：

（一）对本学科具有广博、坚实的理论基础和专业知识，在本学科领域一个方面有较高深的造诣，及时掌握本学科及相关学科国内外发展动态，对学科领域的发展产生较大影响，发表过 1 篇以上教学研究论文。

（二）认真履行岗位职责，完成学校规定的教育教学任务。其中公共课教师须系统担任过1门以上公共课、公共基础课的讲授工作，且年平均承担教学的课堂讲授时间满200教时，或专职从事学生思想政治工作；专业课教师须系统担任过2门以上课程的讲授工作（1门为专业基础课或主干课程）。教学效果良好，历年教学质量考核合格。

（三）具有指导高级研修人员的能力，能站在本学科的前沿，积极进行本学科教学改革，举办高水平的学术讲座，指导研究生或青年教师取得较好成绩。

（四）作为一个固定的教学、科研团队成员，为该团队做出较大的贡献，并积极进行学科建设、专业建设、课程建设、教材建设、实验室建设、队伍建设、教学研究和教学改革，对提高教学质量和科研水平有带动作用。

**第二十一条** 教学科研成果须具备下列条件第（一）项和第（二）至（八）项中的一项：

（一）在二类以上期刊发表本学科论文4篇以上，其中在一类期刊上发表1篇以上；或在二类以上期刊发表本学科论文6篇以上。并且主持三类科研课题1项以上，或参加二类以上科研课题（前3名）并主持四类科研课题1项以上，并取得阶段性成果。

（二）在一类期刊上发表本学科论文1篇以上；或正式出版与本人研究方向一致的10万字以上学术著作1部以上；或主编、副主编国家级规划教材；或主编省级规划教材；或主编、副主编的教材获省级以上教材奖。

（三）主持三类以上科研课题1项以上。

（四）获一类科研奖励；或获二类科研奖励一等奖（前5名）、二等奖（前3名）；或获国家发明专利2项以上（前3名）；或获国家发明专利1项以上（第1名）。

（五）积极参加产学研合作，主持一类成果推广1项以上。

（六）主持或参加国家级教育教学研究项目（前2名）；或主持省级教育教学研究项目。

（七）获国家级教学成果奖；或获省级教学成果特等奖（前5名）、一等奖（前3名）、二等奖（第1名）。

（八）取得二类以上教学效果1项以上。

**第二十二条** 公共课类教师教学科研成果须具备下列条件第（一）项和第（二）至（八）项中的一项：

（一）在二类以上期刊发表本学科论文3篇以上，其中在一类期刊上发表1篇以上；或在二类以上期刊发表本学科论文5篇以上。并且参加三类以上科研课题（前3名）或主持四类科研课题1项以上，并取得阶段性成果。

（二）在一类期刊上发表本学科论文1篇以上；或正式出版与本人研究方向一致的6万字以上学术著作1部以上；或主编、副主编国家级规划教材；或主编省级规划教材；或主编、副主编的教材获省级以上教材奖。

（三）主持三类以上科研课题1项以上。

（四）获二类以上科研奖励1项以上；或获三类科研奖励2项以上（第1名）。

（五）积极参加产学研合作，取得一类成果推广1项以上（前3名）。

（六）主持或参加国家级教育教学研究项目（前2名）；或主持省级教育教学研究项目。

（七）获国家级教学成果奖；或获省级教学成果特等奖（前5名）、一等奖（前3名）、二等奖（第1名）。

（八）取得二类以上教学效果1项以上。

**第二十三条** 体育、艺术类教师教学科研成果须具备下列条件第（一）项和第（二）至（八）项中的一项：

（一）在二类以上期刊上发表本学科论文4篇以上，其中在一类期刊上发表1篇以上；或在二类以上期刊发表本学科论文6篇以上。并且参加三类以上科研课题（前3名）或主持四类科研课题，并取得阶段性成果。

（二）在一类期刊上发表本学科论文1篇以上；或正式出版与本人研究方向一致的6万字以上学术著作1部以上；或主编、副主编国家级规划教材；或主编省级规划教材；或主编、副主编的教材获省级以上教材奖。

（三）主持三类以上科研课题1项以上。

（四）获三类科研奖励1项以上（第1名）。

（五）取得一类专业实践业绩1项以上。

（六）主持或参加国家级教育教学研究项目（前2名）；或主持省级教育教学研究项目。

（七）获国家级教学成果奖；或获省级教学成果特等奖（前5名）、一等奖（前3名）、二等奖（第1名）。

（八）取得二类以上教学效果1项以上。

**第二十四条** 破格申报教授条件：

（一）获得本科以上学历，受聘副教授职务满规定任期的一半以上者，破格申报教授任职资格，除符合正常申报基本条件、教育教学、教学科研成果要求外，必须主持三类以上科研课题，且符合下列条件之一：

1. 在一类期刊上发表本学科论文5篇以上。

2. 主持二类以上科研课题1项以上。

3. 获一类科研奖励（前5名）；或获二类科研奖励一等奖（前3名）、二等奖（前2名）。

4. 获国家级教学成果奖（前3名）；或获省级教学成果特等奖（前3名）、一等奖（前2名）、二等奖（第1名）。

5. 取得一类教学效果1项以上。

（二）符合正常申报基本条件、教育教学工作条件，并符合下列条件之一的，可不受学历、资历、职称等条件限制，破格申报教授资格：

1. 在影响因子一区的期刊上发表论文3篇以上。

2. 主持一类科研课题1项以上；或二类科研课题2项以上。

3. 获一类科研奖励二等以上奖励（前3名）。

4. 获国家教学成果特等奖（前5名）、一等奖（前3名）、二等奖（第1名）。

## 第六章 附 则

**第二十五条** 对几类人员的特殊规定：

（一）经认定从国（境）外引进的高层次人才，回国后在高校教学、科研岗位工作1年以上，根据其资历和实际水平，3年内可直接申报相应专业技术资格。3年后按正常程序、条件申报。

（二）由国家机关调入高等学校从事专业技术工作的人员，在调入高校工作3年内，可以根据本人的学历、资历条件和业绩成果比照同类人员申报相应的专业技术资格。在国家机关工作的时间和现从事专业技术工作时间可以合并计算。3年后按正常程序、条件申报。

（三）从企业、科研院所等其他专业技术工作岗位转至教学岗位的人员，按转岗规定评聘相应专业技术职务。申报教师高一级职务时，须任满一个任职年限，其中从事高校教学工作满 3 年。转岗前后任职年限可以合并计算。业绩成果以从教后业绩、成果为主，原从事专业技术工作的论文、研究成果可适当参考，不超过总要求的 1/3。

（四）出站博士后人员，经学校考核能够胜任高校教学科研工作，并符合本资格条件规定的，可以直接申报副教授资格。

（五）先参加工作后取得规定学历的人员，取得规定学历后，须任满一个任职年限，方可申报高一级专业技术资格。

（六）兼任管理工作的教师，教学工作量要求不低于同学科专任教师的 1/2。

（七）经高校同意参加培训进修或在职攻读学位的教师，任现职期间年均教学工作量不得少于规定教学工作量的 70%。

（八）仍被聘从事教学的离退休人员以及申报当年达到退休年龄的人员，可以申报高一级专业技术资格。但不予聘任，不兑现相关待遇。

**第二十六条** 本资格条件有关词语或概念的解释：

（一）本资格条件中所有的业绩均为任现职以来所取得的成果（所有成果的截止日期为教育厅规定的报送材料日期前 1 个月）。

（二）本资格条件中规定的学历（学位），是指国民教育序列中与申报学科专业相同或相近专业学历（学位）。持有专业与申报专业不同的，必须参加过同专业 1 年以上进修并取得结业证书。

（三）本资格条件规定的直接认定对象是指全日制高校毕业生，不含“五大”毕业生。

（四）教学质量考核：指学校组织的学年度常规教学质量考核。考核采取学生测评、专家听课、督导评教、随机抽查教案等方式进行，考核结果向省教育厅备案。

专业技术资格评审实行教学质量考核一票否决制，教学质量考核不合格者不得申报专业技术资格。

（五）本资格条件所要求的论文必须是独立或以第一作者或以外文刊物通讯作者完成，并公开发表在具有“CN”、“ISSN”刊号的学术刊物上；专著或教材必须是有“ISBN”书号的正式出版物。在学术期刊的“增刊、特刊、专刊、专辑”上发表的论文以及论文集上收录的论文均不计入规定的数量。按要求数量提交的论文，须有1/2以上在非本单位主办的期刊上发表。

（六）申报副教授的人员应提交2篇（部）代表作，申报教授的人员应提交3篇（部）代表作，由学校组织校外3名同行专家鉴定，鉴定结果作为学校推荐和省教育厅专家评审的重要参考。

（七）所有获奖均以颁奖文件或完成人的获奖证书为准。

同一项目多次获奖的，取其中一项最高奖项。

（八）本资格条件中规定的学历、年限、数量、等级等均含本级。如本科以上含本科，5年以上含5年，1项以上含1项，三等奖以上奖励含三等奖。

（九）本资格条件中的体育、艺术类教师是指体育、艺术类专业（以招生目录为准）的教师。公共课的体育、艺术教师可以根据自身条件选择按公共课教师或体育、艺术类教师进行申报。

**第二十七条** 若申报人员在教学科研成果方面不符合某一条款要求，但综合条件特别突出，经学校专题报告推荐、教育厅批准也可申报。

**第二十八条** 本资格条件所提到的教学科研成果的分类见附表1到附表8。

**第二十九条** 本资格条件由安徽省人事厅、教育厅按照各自职责分工负责解释。

**第三十条** 本资格条件自公布之日起试行。原《安徽省高等学校教师系列专业技术资格条件》（教人〔2005〕4号）同时废止。

# 关于印发《安徽省高职高专院校教师专业技术资格条件》（试行）的通知

教人〔2009〕2号

**各市教育局、人事局，省直有关厅（局），各高职高专院校和成人高校：**

为客观、公正、科学地评价我省高职高专院校教师的教学科研水平，培养造就一支高素质的高职高专院校教师队伍，促进高职高专院校教育事业的发展，根据国家法律法规和我省职称制度改革的有关规定，结合我省高职高专院校教师队伍实际，特制定《安徽省高职高专院校教师专业技术资格条件》（试行）。现印发给你们，请遵照执行。试行过程中有何问题，请及时与我们联系。

二○○九年三月十八日

## 安徽省高职高专院校教师专业技术资格条件（试行）

### 第一章　总　则

**第一条**　为客观、公正、科学地评价我省高职高专院校教师的业务能力和水平，培养造就一支高素质的高职高专院校教师队伍，促进高职高专院校教育事业的发展，根据《中华人民共和国教师法》《高等学校教师职务试行条例》以及国家和我省职称制度改革的有关政策规定，结合高职高专院校教育特点和人才培养要求，特制定本资格条件。

**第二条**　坚持以师德、能力、业绩、贡献为依据，注重教师从事教学、教研、教改、指导实践等教育教学工作的水平和进行专业、课程、教材、实训基地等教学基本建设的业绩。引导教师积极参加校企合作、工学结合的职业教育教学实践，努力为高素质技能型专业人才培养和经济社会发展服务。在教学科研岗位上做出突出贡献者，可破格或优先申报相应的专业技术资格。

**第三条**　对符合本规定申报条件的人员，通过评审或其他与评审相结合的方式进行评价。取得相应专业技术资格人员，表明其具备承担相应岗位工作的理论水平和业务能力。

**第四条**　本资格条件适用于全省高职高专院校、成人高校以及安徽广播电视大学分校的教师申报讲师、副教授、教授资格。

### 第二章　基本条件

**第五条**　基本素质要求：

（一）具有良好的思想政治素质，贯彻党的教育方针，忠诚于人民的教育事业，遵守国家的法律法规和学校的规章制度。

（二）具有良好的职业道德，严谨治学，爱岗敬业；以学生为本，教书育人；学风端正，为人师表。

（三）具有良好的业务能力和身体素质，较好地履行现任职务岗位职责，任期内年度考核均为合格以上等次。

（四）具有高等学校教师资格。

（五）出现下列情形之一的，在规定的任职年限基础上延迟申报：

1. 任期内受警告处分者，延迟 1 年申报；任期内受记过以上处分者，延迟 2 年申报。

2. 任期内有教学事故者，延迟 1 年申报；任期内有重大教学事故者，延迟 2 年申报。

3. 谎报学历、资历、业绩，剽窃他人成果等弄虚作假行为者，除取消当年申报资格外，延迟 2 年申报。

4. 任期内年度考核不合格、未定等次者，顺延申报。

**第六条** 外语水平要求：

熟练掌握一门外语，取得职称外语考试合格证书或符合规定的免试条件。

**第七条** 计算机应用能力要求：

具有开展教学科研工作所需的计算机应用能力，取得职称计算机应用能力考核合格证书或符合规定的免试条件。

**第八条** 继续教育要求：

结合从事的教学与科研工作需要，完成规定的继续教育任务。

## 第三章 讲师资格条件

**第九条** 直接认定讲师资格条件：

（一）获得博士学位后，经考察，能胜任和履行讲师职责。

（二）获得硕士学位后，从事高校教学满 3 年；或获得大学本科学历，工作后取得硕士学位从事高校教学满 1 年，累计从事本专业工作满 3 年。

其他人员申报，应符合以下第十条至第十三条具体要求。

**第十条** 学历和资历符合下列条件之一：

（一）研究生毕业或获得第二学士学位后，受聘助教职务满 3 年。

（二）获得学士学位后，取得同等学力申请硕士学位进修班省部级结业证书，受聘助教职务满 4 年。

**第十一条** 教育教学工作符合下列要求：

（一）掌握高等教育理论的基础知识以及本专业的基本理论和实践技能，有 1 篇以上具有独立见解的教学总结。

（二）认真履行岗位职责，完成学校规定的教学任务。其中，公共课和基础课教师，独立系统担任过 1 门以上课程的讲授工作；专业课教师担任过 1 门以上专业理论课或专业实践课教学工作。

（三）教学态度端正，教学方法得当，教学效果较好，任现职以来学校学年度教学质量考核均在合格以上。

（四）担任班主任、辅导员、实习管理、实训室建设与管理或其他教育教学管理工作1年以上。

**第十二条** 专业实践工作要求：

任现职以来，专业课教师到企业或生产服务一线实践累计6个月以上，系统掌握本专业工作过程或业务技术流程。专业教师取得国家已开考相应专业的职业资格证书或技能等级证书。公共课教师指导社团活动1年以上；或参与社会实践活动1学期以上。

**第十三条** 工作业绩具备下列第（一）项和第（二）至（九）项中的一项：

（一）在四类以上期刊发表本专业教学或科研论文1篇以上。

（二）编写出版符合高职教育工学结合要求的特色教材2万字以上。

（三）参加五类以上科研课题1项以上，并取得阶段性成果。

（四）获得与本专业相关的实用新型专利1项以上。

（五）通过处理和解决疑难技术问题而撰写有一定价值的专项技术分析报告或项目可行性研究报告1篇以上。

（六）积极参加产学研合作，承担行业企业技术研究和技术服务项目，参加成果转化、技术改进和推广服务项目1项以上；或为企事业单位完成专业调查1项以上，形成有一定价值的调查报告。

（七）积极参与教育教学改革以及教学基本建设和教学质量工程建设，获得校级以上教学奖励1项以上。

（八）注重培养学生的专业实践技能和创新能力，直接指导的学生个人或团队在校级以上专业竞赛评比中获得过二等奖以上奖励。

（九）有一定的专业素养和技能水平，本人在相关专业竞赛和作品评比中获得市厅级二等奖以上奖励。

## 第四章 副教授资格条件

**第十四条** 学历和资历符合下列条件之一：

（一）获得博士学位后，受聘讲师职务满2年。

（二）获得硕士学位（研究生毕业或获得第二学士学位），受聘讲师职务满5年。

（三）1993年前获得本科学历或学士学位，取得同等学力申请硕士学位进修班省部级结业证书，受聘讲师职务满6年。

**第十五条** 教育教学工作符合下列要求：

（一）系统担任2门以上课程的教学工作（公共课教师为1门以上），完成学校规定的教学工作量，能按教学计划进行理论讲授或系统指导实验、实训、实习、社会调查、毕业设计（论文）等实践教学环节。

（二）教学态度端正，教学方法得当，教学效果好，任现职以来学年度教学质量考核均在合格以上。

（三）积极参与专业教学团队建设，作为团队骨干系统指导过1名以上青年教师，不断提高教书育人水平。

（四）积极参与管理工作，任期内担任班主任、辅导员，从事实习管理、专业实训基地建设或其他教育教学管理工作1年以上。

**第十六条** 专业实践工作要求：

任现职以来，专业课教师通过兼职、交流、挂职等形式，到企业或生产服务一线实践锻炼累计6个月以上，协助企业开展技术研发，或承担生产性实习实训基地建设与管理。专业教师取得国家已开考相应专业的职业资格证书或技能考评员证书或技师证书。公共课教师应有参与专业建设或指导社团活动的经历1年以上；或参与社会实践活动1学期以上。

**第十七条** 教学业绩符合下列要求之一：

（一）积极参与学校教学基本建设和教学质量工程建设，担任校级重点（改革）专业、精品课程、特色教材、实训中心、实训基地等建设项目主要成员（前5名）；或参加过省部级以上上述建设项目。

（二）教学工作成绩突出，任期内在学校学年度教学质量考核中有3年以上为优秀。

（三）注重培养学生的专业实践技能和创新能力，直接指导的学生个人或团队在专业竞赛或作品评比中获得市厅级奖励1项以上。

（四）有较高的专业素质和技能水平，本人在相关专业竞赛、评比中获得省部级奖励 1 项以上。

（五）获得校级以上专业带头人、教学名师等称号 1 项以上。

**第十八条** 教研、科研业绩具备下列第（一）项和第（二）至（九）项中的一项：

（一）在四类以上期刊发表本专业科研或教研论文 3 篇以上，其中在三类以上期刊发表论文 1 篇以上。

（二）编写省部级以上高职教育规划教材 4 万字以上；或正式出版本专业学术与技术专著 4 万字以上。

（三）承担三类以上科研课题（前 5 名）或四类科研课题（前 3 名）1 项以上，取得阶段性成果；或科研工作成绩突出，获得三类以上科研奖励 1 项以上。

（四）承担省级以上教育教学研究项目（前 5 名）1 项以上，取得阶段性成果；或教育研究与教学改革成果突出，获省级教学成果奖（前 5 名）1 项以上。

（五）获国家发明专利（前 5 名）1 项以上；或获得与本专业相关的实用新型专利（前 3 名）2 项以上。

（六）积极参加产学研合作，为校企合作单位服务，参与完成企业、事业单位技术开发、咨询、服务以及科技成果转化、推广、应用等项目（前 3 名）1 项以上，取得了一定的社会经济效益，且项目到校经费 10 万元以上。

（七）为行业、区域服务，参与完成较大规模的专业调研咨询项目（前 3 名），其成果被相关单位采用并产生良好的社会经济效益，且项目到校经费 5 万元以上。

（八）在专业技术开发应用和专业知识应用普及方面成绩突出，其成果（普及性出版物、工具性实物、应用性软件等）经专家鉴定，在行业和区域具有较大的影响和实用价值。

（九）体育、艺术类教师取得二类以上专业实践业绩 1 项以上。

**第十九条** 破格申报副教授条件：

获得本科以上学历，受聘讲师职务 3 年以上；或获得博士学位后，受聘讲师职务 1 年以上，可以破格申报副教授资格。

破格申报副教授资格，除具备第十五至十八条外，另须具备下列条件中的两项：

（一）在三类以上期刊发表高水平的本专业科研论文3篇以上。

（二）在科学研究和技术开发应用等方面成绩显著，获得二类以上科研奖励（前3名）1项以上。

（三）教学业绩突出，教改成果显著，获得省级教学成果一等奖（前5名）或二等奖（前3名）1项以上。

（四）培养学生的专业实践技能和创新能力实绩突出，直接指导的学生个人或团队在专业比赛或作品评比中获得市厅级一等奖或省部级二等奖1项以上；或本人在专业竞赛中获省部级一等奖1项以上。

（五）体育、艺术类教师取得一类专业实践业绩1项以上。

（六）获得市厅级以上专业带头人、教学名师、高技能人才等称号1项以上。

## 第五章　教授资格条件

**第二十条**　学历、资历符合下列条件之一：

（一）获得硕士以上学位（研究生毕业或获得第二学士学位），受聘副教授职务满5年。

（二）1993年前获得本科学历或学士学位，取得同等学力申请硕士学位进修班省部级结业证书，受聘副教授职务满6年。

**第二十一条**　教育教学工作符合下列要求：

（一）系统担任2门以上主要课程的全部教学工作（公共课教师为1门以上），完成学校规定的教学工作量，能按教学计划进行理论讲授或主持实习实训、社会调查、毕业设计（论文）等实践教学环节。

（二）不断完善工学结合行动导向的教学方法，教学水平高，教学效果好，任现职以来学年度教学质量考核均为合格以上。

（三）主持学校本专业教学团队建设，系统指导过3名以上中青年骨干教师不断提高教书育人水平。在培养专业带头人或专业建设中发挥过重要作用。

（四）坚持理论联系实际，不断创新教学模式，注重培养学生的主体意识和自主学习能力，促进学生创新思维和开发学生潜在能力。任现职以来平均每学年举行1次以上“示范教学”或学术讲座活动。

**第二十二条**　专业实践工作要求：

任现职以来，积极参与产学研合作，与行业企业建立稳定的科技合作关系，在行业、企业的技术领域具有一定的影响力。主持或作为主要负责人承担过企事业单位技术研发和技术服务项目；或主持本专业重点校内外生产性实训基地建设；或在指导学生顶岗实习和生产实践方面做出突出成绩，受到实习单位和实习学生的高度评价。公共课教师指导社团或社会实践活动1学年以上或每学年主讲1次以上全校范围的讲座或报告会。

**第二十三条** 教学业绩符合下列要求之一：

（一）积极承担学校教学基本建设和教学质量工程建设，担任省部级示范院校、重点（改革）专业、精品课程、特色教材、实训中心、实训基地等建设项目主要成员（前5名）；或参与国家级上述建设项目。

（二）教学工作成绩特别突出，主讲课程在全省本专业领域内有一定的影响，任期内学年度教学质量考核中有4年以上为优秀。

（三）培养学生的实践技能和创新能力成果显著，直接指导的学生个人或团队在专业比赛或作品评比中获省部级二等奖或市厅级一等奖1项以上；或指导的学生毕业设计（论文）获省部级二等奖以上奖励。

（四）专业素质和技能水平高，本人在专业竞赛、评比中获省部级一等奖或市厅级特等奖1项以上。

（五）获得市厅级以上专业带头人、教学名师、有突出贡献的中青年专家、高技能人才等称号1项以上。

**第二十四条** 教研、科研业绩符合下列第（一）项和第（二）至（九）项中的一项：

（一）有较强的研究能力，教科研业绩同时具备以下2条基本要求：

1. 在三类以上期刊发表高水平的本专业学术论文或技术创新型论文或教学研究论文3篇以上，其中在二类以上期刊发表1篇以上；或编写国家级高职教育规划教材6万字以上，并在二类以上期刊发表论文1篇以上。

2. 承担二类以上科研课题（前5名）或三类科研课题（前3名）或四类科研课题（主持）1项以上；或承担国家级教研项目（前5名）或省级教研项目（前3名）1项以上，并取得阶段性成果。

（二）正式出版本专业学术与技术专著6万字以上。

（三）科研工作成绩显著，获二类以上科研奖励（前5名）1项以上。

（四）教育研究与教学改革成果显著，获得省级教学成果二等奖以上奖励（前3名）1项以上。

（五）获国家发明专利（前3名）1项以上；或作为第一发明人获得与本专业相关的实用新型专利2项以上。

（六）为校企合作单位服务成效显著，主持完成企业、事业单位技术开发、咨询、服务以及科技成果转化、推广、应用等项目2项以上，取得了较好的社会经济效益，且项目到校经费20万元以上。

（七）为行业、区域服务成效显著，主持完成大规模的专业调研咨询项目，其成果被相关单位采用并产生很好的社会经济效益，且项目到校经费10万元以上。

（八）在专业技术开发应用和专业知识应用普及方面成绩显著，其成果（普及性出版物、工具性实物、应用性软件等）经专家鉴定，在行业和区域具有很大的影响和很强的实用价值。

（九）体育、艺术类教师取得一类专业实践业绩1项以上。

**第二十五条** 破格申报教授条件：

获得本科以上学历，受聘副教授职务3年以上，可以破格申报教授资格。

破格申报教授资格，除具备第二十一至二十四条外，另须具备下列条件中的两项：

（一）在一类期刊发表高水平的本专业论文2篇以上。

（二）主持三类以上科研课题1项以上，课题通过鉴定；或获得二类以上科研奖励二等奖（前3名）1项以上。

（三）教学业绩突出，教改成果显著，获得国家级教学成果奖或省级教学成果一等奖（前3名）1项以上。

（四）培养学生的实践技能和创新能力成果显著，直接指导的学生个人或团队在国家级专业比赛或作品评比中获得一等奖。

（五）体育、艺术类教师取得一类专业实践业绩2项以上。

（六）获得省部级以上专业带头人、教学名师、高技能人才等称号1项以上。

## 第六章 附 则

**第二十六条** 对几类人员的特殊规定：

（一）经认定从国（境）外引进的高层次人才，回国后在高校教学、科研岗位工作1年以上，根据其资历和实际水平，3年内可直接申报相应专业技术资格。3年后按正常程序、条件申报。

（二）由国家机关调入高等学校从事专业技术工作的人员，在调入高校工作3年内，可以根据本人的学历、资历条件和业绩成果比照同类人员申报相应的专业技术资格。在国家机关工作的时间和现从事专业技术工作时间可以合并计算。3年后按正常程序、条件申报。

（三）从其他专业技术工作岗位转至教学岗位的人员，按转岗规定评聘相应专业技术职务。申报教师高一级职务时，须任满1个任职年限，其中从事高校教学工作满3年。转岗前后任职年限可以合并计算。业绩成果以从教后业绩、成果为主，原从事专业技术工作的论文、研究成果可适当参考，不超过总要求的三分之一。

（四）先参加工作后取得规定学历的人员，取得规定学历后，任满1个任职年限，方可申报高一级专业技术资格。

（五）兼任管理工作的教师，教学工作量和专业实践要求不低于同学科专任教师的1/2，管理工作成果不超过总要求的1/3。

（六）参加培训进修或在职攻读学位的教师，任现职期间年均教学工作量不得少于规定教学工作量的70%。

（七）仍被聘从事教学的离退休人员以及申报当年达到退休年龄的人员，可以申报高一级专业技术资格。但不予聘任，不兑现相关待遇。

（八）从企业聘用的行业内有较高知名度的兼职教师，可以根据本人的学历、资历条件和工作业绩直接申报相应的专业技术资格，由学校根据专业教学工作需要自行聘任相应职务。

**第二十七条**　本资格条件有关词语或概念的解释：

（一）本资格条件中所有的业绩均为任现职以来所取得的成果（所有成果的截止日期为教育厅规定的报送材料日期前1个月）。

（二）本资格条件中规定的学历（学位），是指国民教育序列中与申报学科专业相同或相近专业学历（学位）。持有专业与申报专业不同的，必须参加过同专业1年以上进修并取得结业证书。

（三）本资格条件规定的直接认定对象是指全日制高校毕业生，不含“五大”毕业生。

（四）教学质量考核：指学校组织的学年度常规教学质量考核。考核采取学生测评、专家听课、督导评教、随机抽查教案、实践教学效果考评等方式进行，考核结果向省教育厅备案。

专业技术资格评审实行教学质量考核一票否决制，教学质量考核不合格者不得申报专业技术资格。

（五）本资格条件所要求的论文必须是独立或以第一作者或以外文刊物通讯作者完成，并公开发表在具有“CN”、“ISSN”刊号的学术刊物上；专著或教材必须是有“ISBN”书号的正式出版物。在学术期刊的“增刊、特刊、专刊、专辑”上发表的论文以及论文集上收录的论文均不计入规定的数量。按要求数量提交的论文，须有1/2以上在非本单位主办的期刊上发表。

（六）申报副教授的人员应提交2篇（部）代表作，申报教授的人员应提交3篇（部）代表作，由省教育厅评审时组织专家鉴定，实行鉴定评审合一。

对研究成果的专家鉴定和对项目效益的专家评价应由省部级教育、科技等相关主管部门组织或委托，并提供权威的鉴定材料。

（七）所有获奖均以颁奖文件或完成人的获奖证书为准。同一项目多次获奖的，取其中一项最高奖项。

（八）专业技能奖励是指各级政府行政主管部门和行业协会联合举办的各类专业技能竞赛活动评比、颁发的奖项。

（九）本资格条件中规定的学历、年限、数量、等级等均含本级。如本科以上含本科，5年以上含5年，1项以上含1项，三等奖以上奖励含三等奖。

**第二十八条** 若申报人员在教学科研成果方面不符合某一条款要求，但综合条件特别突出，经学校专题报告推荐、教育厅批准也可申报。

**第二十九条** 本资格条件所提到的教学科研成果的分类见附表1到附表6。

**第三十条** 本资格条件由安徽省人事厅、教育厅按照各自职责分工负责解释。

**第三十一条** 本资格条件自公布之日起试行。原《安徽省高等职业学校教师专业技术资格标准条件》（教人〔2005〕3号）同时废止。

# 关于在公益二类事业单位中开展编制备案制管理试点的通知

皖编办〔2014〕44号

各试点单位：

根据中共中央、国务院《关于分类推进事业单位改革的指导意见》（中发〔2011〕5号）、国务院办公厅《关于印发分类推进事业单位改革配套文件的通知》（国办发〔2011〕37号）和省委、省政府《关于分类推进事业单位改革的实施意见》（皖发〔2013〕14号），经省编委领导同意，决定在公益二类事业单位中开展编制备案制管理试点工作。现将有关事项通知如下。

**一、总体要求**

坚持把提高事业单位公益服务水平、满足人民群众需求作为出发点和落脚点，改革和完善事业单位机构编制管理制度，探索不同类型事业单位实行差别化管理的办法，严格控制机构编制总量，严格控制财政经费补助，转换事业单位用人机制，搞活用人制度，激发人才活力，促进公益事业健康发展。

**二、试点范围**

编制备案管理是事业单位分类后探索公益二类事业单位管理创新的重要举措。经研究，在省属本科院校和公立医院中开展试点，首批选择3～5家单位。

**三、改革试点内容**

1. 试点单位根据国家和省有关编制标准，结合本单位实际情况，研究提出备案编制需求方案，按程序上报。省编办按照严格控制、逐步到位的原则，综合各方面因素（医院批准床位数、高校在校标准生数、现行编制标准和核编系数等）确定备案编制数，实行动态管理。试点单位原核定的编制和在编在岗人员现行管理方式暂保持不变。通过试点，待条件成熟后，试点单位要全部实行编制备案制管理。

2. 备案编制纳入单位岗位设置的基数，岗位设置方案经主管部门审核后，报省人社厅核准。

3. 备案编制与原核定编制要区别对待，试点单位要建立明晰的管理台账。实行老人老办法，新人新制度，试点单位新进人员按照公开招聘相关规定，制定招聘方案，经主管部门、人社部门审核、备案后实施。自本通知下发之日起，试点单位在空余岗位内新进人员由用人单位组织参加基本养老保险，在职称评聘、工资福利、进修培训、考核奖励等方面与原核定编制的在编在岗人员享有同等待遇；试点单位原核定编制有空缺的，根据工作需要和个人表现，按程序经有关部门审核，人社部门备案后，可纳入原核定的编制管理。

**四、积极稳妥推进改革试点**

开展公益二类事业单位编制备案制管理试点，是一项新的工作，是探索创新事业单位机构编制管理的重要举措，对于促进公益事业发展具有重要意义。试点单位要高度重视，切实加强领导，深入细致地做好政策宣传解释工作，妥善处理好改革发展稳定的关系，及时总结试点工作情况，为面上推开编制备案制管理提供鲜活的经验。

本通知按照职责分工，由有关部门负责解释。

省编办　省人力资源社会保障厅　省财政厅

二〇一四年二月二十八日

# 第四编

# 推广应用

# 产教融合 转型提升

**尊敬的鲁部长，各位来宾：**

大家好！

先给各位简单介绍一下安徽。安徽的“徽”字可戏说为“山、水、人、文”。安徽山川秀美，人文荟萃。山有五岳归来不看山的黄山、佛教圣地九华山、集雄、奇、灵、秀于一体的天柱山，水有长江、淮河、新安江。文化上，徽文化、淮河文化、皖江文化、中原文化、吴越文化等多元文化混合其间，与粤商、徽商、晋商、浙商、苏商一道，在历史上被合称为“五大商帮”。从历史人物来看，古代有老子、庄子、管仲、包拯、朱熹等；近代有李鸿章、陈独秀、胡适；当代有胡锦涛、李克强、吴邦国。安徽现在有 7 000 万人口，2013 年 GDP 全国排名第 14 位。

**一、安徽高等教育转型发展的必要性**

安徽高等教育转型发展有其必然性：

一是经济转型发展的需要。安徽经济、社会以及高等教育存在着诸多不平衡性。从地貌特征来看，地貌特征很不平衡，皖南、皖北差异很大，皖东、皖西大为不同；从区域来看，合肥经济一市独大，其他地区较弱，尤其是皖北；从经济结构来看，第一、二、三产业发展不均，工业化、城镇化步伐滞后。2008 以来，安徽省委、省政府围绕科学发展主题和全面转型、加速崛起、兴皖富民主线，积极抢抓国家扩大内需和促进中部崛起战略机遇，开创了建设美好安徽的新局面。经济持续快速发展，财政收入翻了一番多，科技创新能力不断增强，工业主导作用凸显，综合发展水平大幅提升，随着经济社会发展速度的进一步加快，亟需高等教育提升对其的支撑。

二是高等教育自身发展的需要。高等教育整体水平偏低，1998 年以前，安徽高等教育“规模小、数量少、层次低、底子薄、结构不合理”，随后的 10 年，高等教育大发展，进入大众化阶段，情况虽有所改变，但对社会经济发展贡献度不高，高等教育结构不合理，可持续发展能力不强。而新组建的本科院校存在办学定位不准，简单重复和模仿办学的思路，趋同化严重等问题，亟需转型发展。

**二、转型总体情况**

从2008年起我省启动和谋划地方本科院校转型发展。

省政府出台了《关于建设高等教育强省的若干意见》，明确提出："初步建成能够服务党委和政府决策、支撑经济发展和产业升级、引领文化繁荣和社会进步的具有安徽特色的现代应用性高等教育体系。"

2008年12月26日，14所安徽地方本科高校（后又扩展到18所）在全国率先成立了"安徽省应用型本科高校联盟"（又称"行知联盟"，以下简称"联盟"），发出共同宣言："我们正在探索一条符合我们自身发展的路子，那就是坚定不移地走应用型本科高校的发展道路。"

我省高等教育转型发展主要有四个特点：

一是系统性。在转型发展之初，我们从总体上进行系统设计，提出了16字发展思路、12字发展路径和16字具体措施。

二是整体性。2008年初成立了应用型本科联盟，实现抱团发展，整体转型。

三是转型时间早。早在2003年，我省部分高校就根据自己的特点和优势，探索转型发展之路。如合肥学院、皖西学院等。

四是转型程度深。转型发展思路确定下来之后，我们就开始进行深入的改革，在人才培养模式、专业结构调整、课程建设、双能型师资队伍结构优化，强化校企合作、协同创新、资源保障等方面实行深度的转型。

**三、具体做法**

一是进行了系统设计，整体谋划转型发展。

在转型思路上，制定了"科学定位、分类指导、多元发展，特色办学"的"十六字"发展方针。省教育厅要求高校根据社会经济发展需要确定自己的定位，克服盲目攀高求大和脱离实际倾向，并针对不同类型、不同层次的高校给予不同的指导，避免评价标准和价值导向的单一；支持各种办学模式和培养模式协调发展，鼓励各高校利用自身优势和特点，办出特色。

在发展路径上，制定了“地方性、应用型、合作式、一体化”的“十二字”实施路径。

服务面向，要求地方高校坚持“地方性”，把为地方经济社会发展服务作为地方高等教育的最高价值追求；办学类型上，坚持“应用型”，大力发展应用特色鲜明的专业学位研究生教育、应用型本科教育以及高等职业教育，培养大量的高素质的应用型人才；发展方式上，坚持“合作式”，以校际、校地、校企、国际合作为重要抓手，成立高校合作联盟，实施校企联合“千人研究生培养计划”，推动高校与各级政府合作；保障上，坚持“一体化”，制定各类应用型人才培养标准；实施覆盖各类高等教育的质量工程；加大投入，确保高校生均拨款水平和公办高校债务化解计划落实到位。

在具体措施上，制定了“政府引导、学校主体、联盟平台、项目载体”的“十六字”措施。即由省政府负责牵头制定改革实施方案和年度工作计划，并根据改革需要研究制定配套政策并提供经费支持；各高校根据改革试点方案整体部署，自愿选择试点项目，经省教育厅批准后组织实施；组织成立合作联盟，以联盟为平台开展分类指导，制定分类管理的办法和标准。此外，在具体实施过程中，省教育厅在质量工程等项目的设计和建设中，嵌入转型发展改革项目，以项目为抓手推进改革试点工作。

二是实施高等教育布局转型。

每年定期发布学科专业结构及社会需求分析报告，从“高校办学定位与服务面向调整、学科专业设置与专业方向调整、招生计划安排调整、人才培养模式和教学内容体系调整”四个层面实施布局调整，建立健高校依法自主设置和全省宏观调控相结合专业设置机制，推动学科交叉融合，更好地为我省转变经济发展方式服务。

从2008到2012年，全省普通高校数量由93所增加到107所，增长了15.1%，高校数量居全国第5，其中本科高校33所（含部属高校2所），高职高专院校74所，另有独立学院11所、成人高校6所；各级各类高等教育在校生由138万人增加到173万人，增长了25.4%，在校学生数居全国第9，其中全日制在校本专科生102万人。通过转变高等教育结构，使高校区域布局日趋合理，多元化的办学格局基本形成，分类指导特色发展的办学思路深入人心。初步实现我省不同层次、不同类型高校各安其位，特色发展，多元化的办学格局。

超前部署战略新兴产业相关学科专业，对社会需求量小、就业率低的专业坚决予以停招甚至停办。5年来共停招、停办了1 497个专业点，新增1 323个专业点，应用型专业占到75%以上。2013年，在高等教育振兴计划中又投入1亿元财政资金，实施专业结构优化调整与专业改造。高等教育学科专业结构单一的状况得到彻底改造，高等教育学科布局、专业结构日趋合理，以应用型为主、多学科协调发展的学科专业格局全面形成。

三是实施高等教育体系转型。

2010年以来，我省共增加硕士专业学位类型44个，新增工程硕士领域26个。目前，我省硕士专业学位的培养共覆盖了32种专业学位类型，博士专业学位2种。2012年专业学位研究生招生已占研究生招生总数的33.8%。2011年我省三所地方高校获准实施“服务国家特殊需求人才培养”项目，分别开展农业推广硕士、工程硕士和教育硕士专业学位研究生的培养。

大力培养应用型本科人才，积极实施教学改革，切实提高人才培养质量。在课程体系改革方面，体现专业导向，注重学生知识的综合应用的培养，并根据工程技术或职业岗位（群）设置专业方向，使课程体系具有应用性和针对性，体现了学历教育与职业素质养成的科学统一。在教学方法和手段改革方面，改变教师主要通过课堂教学向学生灌输理论知识的状况，课堂教学由传授知识为主向传授知识与培养能力并举转变；教师既注重理论知识传授，更注重加强学生实践能力和动手能力训练，教学方法由讲授为主向讲授与训练并举转变，教学主体实现由教师中心向学生中心转变；在实践教学方面，强化实践教学，培养学生实践能力，构建密切跟踪行业技术发展的实践教学环境，确保学生通过现场实习、项目伴随切实提高学生的动手能力及知识应用能力，缩短学生从毕业生转变为工程技术人员或实际管理者的过渡时间。在学生创新能力培养方面，实施大学生创新创业训练计划，出台了我省《关于做好大学生创新创业训练计划实施工作 加强学科和技能竞赛项目管理的意见》，大力支持国家级创新创业训练计划项目建设，项目数在2012年和2013年位列全国第1。在资源保障方面，全面整合高校数字图书馆网络资源，将精品资源共享课、精品视频公开课等优质网络课程资源引入课堂，教学资源实现由有形课堂为主向有形课堂、无形课堂并举转变。在双能型教师培养方面，引导和鼓励教师深入企业进行生产、管理和技术研发，提高实践能力，努力建设一支具有行业背景、职业资格和企业工作经历的高水平的“双能型”教师队伍。

2011 年，率先在全国开展高职院校自主招生改革试点，确定 24 所国家和省级示范高职院校、145 个专业（类）、1 万多人计划进行分类招生、多元录取、联合培养试点。2013 年，加大招生制度改革力度，决定从 2014 年起开展职业院校升学考试改革试点工作，对职业院校自主招生改革试点、对口升学考试、专升本考试和初中起点五年制招生考试等进行统筹和改革，构建职业教育和高等教育的全立交，建立上下贯通、左右互通、相互衔接、开放灵活的人才培养机制，构建有区域特色的地方性应用型高等教育体系。

四是通过开放合作办学，实现培养理念和模式转型。

一方面，通过国际合作办学，借鉴先进理念和办学经验。如合肥学院 2003 年开始，发挥与德国 20 多年合作的有利条件，借鉴德国应用科学大学经验，探索应用型发展之路，确定了“地方性、应用型、国际化”办学定位。取得成效。

2007 年 4 月，吴启迪同志在视察合肥学院时说：“这个学校的情况值得总结一下，这是很好的经验”，“你们的办学思路、办学定位很有特色，很有创意，非常好！”

2009 年 3 月 8 日，刘延东同志对新华社《国内动态清样》报道的合肥学院教学改革情况批示：“各地高校（合肥学院等）采取多种形式创新办学模式，一些做法很好，有的可以在省里试点推广。”

2009 年 12 月 16 日，温家宝同志对《中国教育报》刊登的《合肥学院创新教学模式培养应用型人才》一文作出批示：高等教育经过改革开放后的发展，在办学模式上需要进行更深层次的探索，应积极鼓励不同形式的尝试。

本月 16 日，《中国教育报》在头版头条，以《一所地方高校的转型突围——合肥学院十年建设应用型大学之路》为题对此进行了详尽的报道。

截至目前，全国 270 批次，约占全国新建本科院校 80% 的高校、2 800 多人次组团来校专题学习考察应用型办学经验。

另一方面，通过校企合作，探索应用型人才培养模式改革。

如：实施“五个引入”。引入职业资格标准，修订完善专业人才培养规格标准；引入行业标准，修订完善专业建设标准，开展专业资格认证；引入企业核心技术标准，修订完善专业核心课程标准；引入行业企业专家，组建专业教学团队；引入行业企业，积极参与人才培养工作，实现校企深度合作，在学院（系）教学管理、专业负责人和学生指导教师三个层面建立校企合作“双元制”取得了初步效果。

如：实施卓越计划。开展了卓越工程师、卓越农艺师、卓越中小学教师、卓越医生、卓越技师等卓越应用性人才培养计划，强力推进应用型人才培养模式改革。通过试点，各高校应用型学科专业建设、实践教学体系建设、“双能型”师资队伍建设和教学管理制度建设不断加强，大学生创新能力、实践能力和社会适应能力不断提高。

如：实施高职服务创业能力项目，深化高职院校人才培养模式改革，培养适应我省重大支柱产业和战略性新兴产业发展对高素质技能人才的需要。

如：联合培养专业硕士生。主动服务合芜蚌自主创新试验区和皖江城市带承接产业转移示范区建设，启动了高校和企业、科研院所联合培养研究生的“千人培养计划”。组织安徽大学等 10 所具有博士或硕士学位授予权的省属高校，与奇瑞汽车股份有限公司等试验区内 105 个企业或科研机构，签订了合作培养硕士研究生框架协议，并制定了相应的联合培养方案，共联合培养硕士研究生 641 人。

如：通过校际合作，实施地方本科院校整体转型。在教育厅的指导下，在创立全国第 1 个以新建本科高校为主的“安徽省应用型本科高校联盟”后，又成立了示范高职院校联盟、商科联盟、医学联盟、高师联盟、高校教师教学发展联盟等七大高校联盟。联盟内部高校开放共享，合作共赢。我省应用型本科高校联盟采取小学期制实现学生异地跨校选课和学分互认，教师教育联盟联合承担了全省中小学教师的“国家培训计划”，医学院校联盟联合开展了全科医生的培养，“国家示范性高等职业院校合作委员会”联合开展了单独招生的试点。高校教师教学发展联盟主要任务是推进应用型的师资队伍建设，提高教师教学能力。

五是评价方式方法转型。

改变用一张试卷评价学生课程学习效果、用一篇论文对学生进行毕业鉴定、放松对实践教学环节评定等传统的课程、实践环节考核和毕业鉴定方式，全面转变学生评价机制。课程考核更加注重对学生学习过程的考核；实践环节评价更加注重对学生实践能力提升的考核；毕业鉴定根据专业培养目标，多形式检测学生综合应用能力和设计能力，实行毕业论文（设计）真题真做。

改变以教师发表论文、承担项目多少对教师进行评价的方式，全面转变教师评价机制。注重提高教师的应用能力和文化素养，支持并鼓励教师和企业联合开发新产品、新技术，增强解决工业技术问题的实践能力，在科研项目立项中增设了产学研合作项目，支持教师以完成企业技术难题和科技成果推广、转化为主要目标的项目研究；改革教师评价制度，把专业课教师定期到企业锻炼作为一项长期的制度，并作为职称晋升、年度考核、评选优秀的主要依据，把服务社会、开展技术攻关，解决企业难题作为重要指标；鼓励企业和社会专业技术人员进入高校从教，通过产学合作，从产业部门和企业中聘任一批学有专长、实践经验丰富的专家学者和工程技术人员作为兼职教师，提高教师应用型人才的培养能力和产学研结合的能力；制定教师离岗进入企业开展技术攻关的优惠政策和股权激励机制。

改变以教育评价为主，以科研实力为主进行大学排名的学校评价机制，大胆引入高校对地方经济社会发展的贡献度等社会评价指标作为高校评价标准，全面转变高校评价机制。我省在探索高校个性评估中，在全国率先提出：看学校办学定位与社会需求的符合度；看学校的四大职能对办学定位的支撑度；看人才培养目标和各教学主要环节之间的吻合度；看教学资源对教学水平的保障度；看学生、社会、用人单位、政府对人才培养质量的满意度，用“五个度”来评价高校办学情况。

六是推动高等学校科研工作转型。

建立了20个协同创新中心、12个产业共性技术研究院，推进校企、校地深度合作，集中各方优势资源，开展联合攻关，着力解决产业发展过程中的技术升级优化、产业链延伸等环节中的问题，实现关键共性技术的突破。据教育部统计，安徽高校签订技术转让合同数及技术转让实际收入连续多年居中部地区第1，在全国位居前列。

如：素有软黄金之称的霍山石斛，具有极高的科学研究价值、独特的药用和养生价值及巨大的开发利用前景。皖西学院围绕石斛产业化开发，与相关高校、科研机构及企业共建了安徽省霍山石斛研究院，加强对石斛研究，研究成果引来了企业5亿元投资，建立了现代石斛产业园。

2012 年 6 月 21 日，吴邦国同志莅临圣农公司，详细了解霍山石斛产业化模式，并给予了充分肯定。

七是推行管理方式转型。

先后出台了《中共安徽省委安徽省人民政府关于建设高等教育强省的若干意见》，《关于应用型课程开发和建设的若干意见》等一系列政策文件，为安徽省应用型高等教育改革与发展指明了方向。

将高校分为地方特色化高水平大学、地方应用型本科高校和地方技能型高职高专 3 类进行分类管理，分类建设：重点建设 6 ~ 8 所综合性和多科性大学，6 ~ 8 所示范应用型本科高校，20 所有明显特色和优势的示范高职院校。

实施《安徽省本科高校基础能力提升计划》和《安徽省高等教育振兴计划》，按照“生均加专项”改革的思路，根据不同培养成本建立不同学科专业折算系数，体现办学绩效。同时，考虑要突出强化“保基本、促发展、上水平”的要求，增加一般专项比重，切实加大高校办学自主权，支持高校内涵建设。截至 2012 年年底，省属 27 所公办普通本科高校省级财政高等教育科目生均拨款达到 12 000 元，顺利实现国家确定的生均拨款水平目标要求。2013 年，省级财政共投入 30 多亿用于两项计划。

**四、几点思考与建议**

要切实推动高校转型发展，改革创新是根本，观念转变是先导，人才培养体制改革是核心，发展方式转变是关键。在具体实施上，要做到几个结合：顶层设计与摸着石头过河相结合。做好总体方案，积极尝试，容许失败，鼓励探索；整体推进与典型示范相结合。例如质量工程的实施是在各类高校整体推进，同时遴选示范校，树立榜样，传播先进经验；转型与提升相结合。发展应用型高等教育的同时，不能放弃了高等教育的学术属性，高校区别与其他社会组织的最重要属性就是人才培养和科学研究，我们以服务和支撑区域经济社会发展为己任，培养适应社会需要的高素质人才，将社会需求融进科学研究，只有结合社会需求，才能真正深化内涵发展，实现转型提升。

（李和平同志在首届产教融合发展战略国际论坛上的发言）

# 突出地方特点 认真谋划安徽高等教育改革与发展

1998年以来，我国高等教育实现历史性跨越式发展的同时，实行了中央、省、市三级办学、社会参与，中央和省两级管理、以省统筹为主的体制，地方高等教育发展异军突起，已成为高等教育大众化的主体力量。如何突出地方特点，谋划地方高等教育改革发展，已成为各省级高教主管部门必须研究的重要课题。

**一、安徽地方特点和高等教育面临的主要矛盾**

1. 安徽经济欠发达。2008年底，安徽总面积13.96万平方公里，居全国第22位；户籍人口6 410万人，居全国第8位。全省生产总值8 874.2亿元，居全国第14位；人均生产总值11 780元，居全国第27位。财政收入1 326亿元，居全国第14位；城镇居民人均可支配收入12 066元，居全国26位。2009年我省高校生均预算内教育事业费4 079元，居全国第29位。

2. 安徽人文荟萃、崇文重教。安徽是中原文化、吴越文化和荆楚文化交汇之地，于1867年即康熙六年建省，取安庆府和徽州府的首字而得名，因其境内有古皖国和皖山、皖河而简称皖。安徽地灵人杰，名家荟萃，作为老庄故里，黄梅之乡，曾孕育出老子、曹操、包拯、朱元璋，方苞、姚鼐、胡雪岩、李鸿章、程长庚、陈独秀、胡适、杨振宁等一大批在中国历史上占有重要地位的杰出人物。在中国历史上享誉盛名的道教、建安文学、程朱理学、桐城派文学、徽文化和徽班进京以及新文化运动都是安徽人所为。安徽民间流行的“穷不丢书、富不丢猪”民谚，说明老百姓非常重视子女教育。目前，皖籍院士总数达到108人，占院士总数的1/7。

3. 安徽高教有了较好基础。目前，全省共有普通高等学校95所（本科31所，高职高专64所），成人高校4所，军事院校4所，独立学院11所；普通本专科在校生87.8万人，研究生3.5万人，成人高等教育在校生15.6万人；高等教育毛入学率22%左右。部委、省、市共进，公办、民办并重，企业、行业并举，高等教育主体多元、办学灵活、发展自主的办学格局基本形成。“以需求为导向、以贡献求支持、以服务求发展”深深融入高校办学理念，校园建设与城市建设互动，学科专业与地方经济发展互动，科学研究与企业需求互动。高校本身具有的文化软实力和科学精神、人文精神，也对经济社会发展发挥了潜移默化的重要影响。

4. 安徽高教改革发展的主要矛盾。一是人民群众接受高等教育特别是优质高等教育的强烈需求与高等教育资源特别是优质资源供给不足的矛盾，这是当前和今后相当长一段时期客观存在的主要矛盾；二是经济社会发展对高等教育多样化需求与高等教育趋同发展的矛盾，高校在快速扩张过程中，盲目求大、求高、求全，追求综合性、研究型，与经济社会发展多元需求极不适应，高等教育对经济建设、科技进步、社会发展、文化繁荣的贡献度和支撑引领功能亟待提高；三是高等教育旺盛发展需求与经济支撑乏力的矛盾，高等教育投入亟待增加，高校办学条件亟待改善。

**二、我省高等教育改革发展的总体思路和主要举措**

1. 确立科学定位、分类指导、特色发展的总体思路。高校办学定位趋同、盲目攀高求大、办学特色不够明显的问题日益严重，迫切需要省级政府加强统筹和宏观调控。我省多次开展教育思想观念大讨论，通过“六破六立”（即破计划经济思维，立市场意识；破精英教育思维，立大众化教育意识；破趋同思维，立特色意识；破封闭思维，立开放意识；破保守思维，立争先意识；破习惯思维，立创新意识），进一步解放思想。在此基础上，确立了“科学定位、分类指导、特色发展”的总体思路，并通过一系列的政策措施，指导引导督导高等学校立足地方、面向市场，以质量求生存、以服务求支持、以特色求发展。

2. 启动分层分类、上下贯通、整体实施的质量工程。伴随着高等教育大众化进程，安徽高等教育已经呈现出“五种类型、五个主体”的新特点，即研究型大学（学科任务型）、教学研究型大学（学科导向型）、应用性大学（就业导向型）、高等职业院校（就业任务型）和继续教育院校（资源建设型）。省教育厅会同省财政厅启动实施了2008—2012年省级质量工程，对高校分层分类进行建设。2008年、2009年省财政累计投入经费1.4亿元，重点建设了示范高校、重点学科、特色专业、实验实训中心、精品课程、人才培养模式创新实验区、教学团队、教学名师、教坛新秀等13大类1 980个省级质量工程项目。同时，我们规定，各高校申报国家级和省级质量工程项目必须先获得校级质量工程资助。目前，国家、省、校上下贯通的三级质量工程体系已基本形成。通过省级质量工程的重点投入和建设，我省高校获得2009年中央财政资助的国家级质量工程项目138项、建设经费1.16亿元，带动高校投入省级质量工程配套建设经费和校级质量工程建设经费约2亿元。

我省质量工程建设在贯彻“分类指导、培育特色”上，进行了三个方面的改革：一是注重全覆盖。“质量工程”项目全面覆盖普通本科教育、研究生教育、高职高专教育和成人高等教育，全面覆盖部属高校、省属高校、市属和行业厅局所属高校和民办高校。二是注重分类指导。明确教学研究型大学以重点学科建设为核心，应用型本科高校和高职高专学校以示范高校和特色专业建设为核心，成人高等教育以优质继续教育资源建设为核心，各类高校只有科学定位、安于其位、办出特色，才能在“质量工程”项目竞争中胜出，获得经费和政策资助。三是注重整体性。改变过去高校单项申报、省教育厅分项遴选的传统模式，强调所有高校要紧扣办学定位、围绕发展战略，整体规划“质量工程”建设内容，整体申报、整体论证、整体验收，突出项目的整体功能，强调项目的建设成效，支持和引导高校做到“一校一策，一校一色”。

3. 推动政府主导、高校主体、重在强省的高教强省计划。2008年底，在学习实践科学发展观活动中，省委在对高等教育进行重点调研后，《2009年省委常委会工作要点》明确提出“坚持扩大规模和提高质量并举，强力推进双百工程和质量工程，努力建设高等教育强省”。省教育厅根据省委省政府要求，起草了《关于扎实推进双百工程和质量工程，努力建设高等教育强省的若干意见》，目前该文件已上报省政府，拟于年底印发。

我们认为，安徽高等教育在10年快速发展的基础上，面对新的机遇期，应提出新的奋斗目标。推动安徽高等教育强省建设既是发展战略，也是工作动力，重在统一加快发展的认识，重在抢抓发展的机遇，重在抓实建设的过程。建设高等教育强省，就是要以扎实推进“双百工程”和“质量工程”为重点，继续扩大高等教育规模，优化学科专业结构，深入推进教育教学改革，努力提高高等学校的办学水平和高等教育的整体实力。在此基础上，大幅提高高等教育对经济社会发展的服务能力，对人口大省向人力资源强省转变的贡献能力，将高等学校的人才和智力优势转化为现实生产力。坚持以高等教育对经济社会发展的支撑力度、对人力资源强省建设的贡献度和人民群众的满意度为评价标准，而不是单纯追求某些高校、学科、专业在全国的排名。

4. 构建服务地方、支撑经济、引领发展的应用性高等教育体系。应用性高等教育伴随高等教育由“精英教育”向“大众化教育”转变应运而生。它作为一个概念一经提出就很快地付之实践，一批应用性本科院校强势涌现，已成为我国高等教育的一支重要力量。我省在构建与地方经济社会发展良性互动，能较好发挥服务、支撑、引领地方经济社会发展作用的应用型高等教育体系方面，主要做了以下 6 项工作：

一是积极引导地方高校科学定位。从 2002 年起建立了新建高校党政主要负责人联席会议制度，每年确定一个主题，专题研讨地方高校如何转型定位问题。同时，省教育厅逐校审定了这些高校的事业发展规划和学科专业建设规划，明确要求坚持地方性、应用型的办学定位，以质量求生存，以服务求支持，以贡献求发展。

二是大力推动高校国际合作。以合肥学院与德国应用科技大学合作为龙头，我省地方高校与德国、澳大利亚、韩国、日本、美国等多个国家的应用型高校合作。近 3 年，我省先后举办中德应用型高等教育论坛、“中国安徽—美国马里兰州”高等教育论坛、中韩高等教育论坛，多渠道学习借鉴国外应用型高等教育先进的办学理念和办学模式。几乎每所高校都安排教师和管理干部到国外高校培训或考察学习，特别是 2007 年，省教育厅首次邀请德国应用科技大学的一位教授在合肥学院担任了 3 个月的副校长。通过研讨与交流，我省高校对应用型人才培养的科学内涵、核心要素、关键环节和培养路径有了比较深刻的认识。

三是大力推进高校与地方政府和企业合作。建立互动互助、合作共赢的体制和机制，及时准确了解社会需求，有效整合利用社会资源，开放的办学模式对应用型人才培养的针对性和符合度起到了良好的保障作用。图书馆、体育馆等一批资源实现了高校与地方共建共享。高校主动承担地方政府决策咨询、课题研究和经济建设、企业合作等任务，已成为一种风气。

四是成立地方应用型高校联盟，促进地方高校间合作。2008 年 12 月，省教育厅召开全省应用型本科高校研讨会。参会高校遵循“优势互补、资源共享、互惠互利、共同发展”的原则，成立了“安徽应用型本科高校联盟”，命名为

“行知联盟”，制定联盟章程，发表了联盟宣言。联盟在联合培养学生、共建学科专业、实行资源共享、共享国际合作项目等方面，签订了校际合作办学协议。今年5月成立示范高职学校合作委员会（A联盟），11月成立市政府举办的地方高职学校合作组织。地方高校联盟对于争取地方支持、共享优质资源、传播先进理念发挥了重要的平台作用。

五是启动省级示范应用型本科高校建设。我省将“211工程”、A类省级重点学科、省级示范应用型本科高校和示范高职学校建设，作为引导和支持全身高校科学定位、特色发展的重要举措。今年全省已完成5所省级示范应用型本科高校的遴选工作。示范建设重点针对应用型人才培养的核心要素和关键环节，产生一批具有示范辐射作用的标志性成果。同时，我省的示范高校建设采取“1+1”方式，由示范高校同步对口扶持一所薄弱高校，带动全省应用型本科高校的改革与发展。

六是大力发展专业学位研究生教育。2009年，我省共有8所高校获批9种专业学位授予类型、12个专业学位授权点。

**三、体会和建议**

1. 领导重视是前提。教学工作的中心地位、教学改革的核心地位、教学建设的优先地位，需要由制度和政策来保障，需要由各级政府和主管领导来落实。领导不重视，再好的思想和措施也只能束之高阁，再小的矛盾也会累积成问题；只要领导重视，就能整合各方力量，聚集多方资源，解决各色问题，包括老大难问题。领导重视是破解高教发展难题、提升高等教育地位、深化高等教育改革的前提，争取领导重视应当成为高等教育管理的首要目标和工作方法。

2. 高校支持是基础。发展高等教育，提高高等教育质量，主体在高校，基础也在高校。各级教育行政部门与高等学校的工作目标是一致的，如果有区别也只是分工不同、职能不同。当前，提高高等教育管理水平的关键要素，是增强教育行政部门决策的执行力，也就是高校对决策的理解程度、支持程度和执行程度。客观地说，目前高校对教育行政部门的抱怨多于支持，应付多于执行。改变这一尴尬现状，主要责任在教育行政部门，主要方法在于改变管理者的角色定位，要把学习、服务和与高校领导、师生广泛交心、交朋友作为高教管理者的必备素质。

3. 教育部关心是关键。教育部是高教战线的指挥部，是教育之家。地方教育行政部门争取领导重视、争取高校支持，关键看作为，有为才有位。教育部在时间、精力和经费许可的范围内，多到地方走一走，指导工作，烘托氛围，非常有利于营造高等教育和谐发展的良好氛围；若能给予适度的经费和政策支持，更能起到四两拨千斤的杠杆作用。

国家正在实施中部崛起战略，中部省份的经济社会发展对国家战略目标的实现至关重要；中部地区高等教育的发展，对高等教育强国和人力资源强国目标的实现，同样也承担着重要的历史使命。建议教育部高度关注中部地区高等教育的改革发展，并制定相应的政策支持。

（储常连同志在全国高教处长会议上的交流发言）

# 建设应用型大学要在“转”字上下工夫

**尊敬的会议主席、杨总领事、市长先生、州国务秘书、玛丽副校长，女士们、先生们：**

大家好！

一年一度的中德应用型高等教育合作论坛在德国和中国高等教育战线同志们的共同努力下，今天又顺利召开了。我受安徽省教育厅厅长程艺委托，与中国17所大学的33位同仁应邀参加本次论坛，非常高兴。在此首先对论坛的成功召开表示热烈祝贺。今年是第六届合作论坛，而我到安徽省教育厅高教处工作也是6年，恰好见证了论坛的发展历程，也见证了该论坛助推中国特别是安徽省应用型高等教育发展的历程。我省应用型高等教育发展的每一个关键阶段和重点领域，该论坛都进行了积极讨论和建议，为我们提供了很好的经验和借鉴。今天，我主要以安徽为例，报告应用型大学建设围绕“转”字上下功夫的做法和思考。

**一、转变发展方式**

学校区别于社会其他单位的本质特征是知识传承和人才培养。大学区别于其他学校的本质特征是知识传承与创新和创新型人才培养。所以，学术性和应用性是每一所大学的内在本质特征，就像人体内的雄性激素和雌性激素一样，缺一不可，至于是什么型，则完全取决于是什么性起决定作用。精英教育阶段的高校主要是学术型的。随着高等教育大众化，我们转变发展方式，主要是推动大学由学术型为主向应用型为主转变。这是高等教育大众化的必然选择。学术型高等教育强调基础性、全局性、战略性，服务于知识创新和国家战略；应用型高等教育强调应用性、地方性、现实性，服务于区域经济社会发展和地方战略。安徽省率先提出建立现代应用性高等教育体系，并于2008年成立了应用型本科高校联盟，开展省级示范性应用型本科高校建设，探索实践应用型高等教育发展方式转变。并以此推进高校由以扩大规模为主的外延式发展向以提高质量为核心内容的内涵发展转变；由建设高教大省向建设高教强省转变；由封闭自主发展为主向开放合作发展转变，打破各种体制机制限制，实现校际、校地、校企和国际合作；由趋同向分类、多元、特色发展转变，坚持科学定位、分类指导、多元发展、特色办学的总思路，打造高校特色和相对优势，发展高校个性；由适应向服务、支撑、引领地方经济社会发展转变，为地方做些实实在在的贡献。

**二、转变思想观念**

心动决定行动，观念转变是所有改革的先导。建设应用型大学的首要工作就是要解决认识误区，转变思想观念。目前社会各界对应用型高等教育仍存在认识上的误区，如部分学校领导认为选择应用型人才培养定位是自降身价，部分学生家长认为培养应用型人才是教育质量滑坡的表现。随着我国改革开放全面深入推进，经济社会发展对应用型人才的需求大幅增加，发展应用型高等教育教育、办好应用型大学已是社会发展的客观需要。这就要求高校遵循比较优势原则，坚持特色立校、特色兴校、特色强校，通过广泛深入持久的学习和讨论，让老师们自觉转变思想观念。高校应改变过去形成的惯性思维，坚持“六破六立”，即破计划经济思维，立市场意识；破封闭思维，立开放意识；破习惯思维，立创新意识；破趋同思维，立特色意识；破精英教育思维，立大众化教育意识；破保守思维，立争先意识。

**三、转变教学行为**

转变教学行为，主要是实现由传统的理论教学为主向理论教学与实践教学并重转变。第一，在课堂教学上要由传授知识为主向培养能力为主转变。要改变主要通过课堂教学向学生灌输理论知识的状况，教师需根据应用型人才培养需要，实现以课堂教学为主向课堂教学与现场教学并举转变。第二，在教学方法上要由讲授为主向指导与训练为主转变。讲授主要是向学生传授全面系统的科学知识，训练则是通过实际操作实现某种能力、技术或技巧的实践，教师既要注重理论知识传授，更要加强学生实践能力和动手能力训练。第三，要从教师中心向学生中心转变。学生作为鲜活的个体，其性格特征、学习禀赋、志趣爱好各不相同，尊重人的成长规律，实现个性化人才培养将是应用型人才培养的必然之路。学校和教师必须根据学生具体学习需要，满足其个性化学习要求。

第四，要从有形课堂为主向有形课堂、无形课堂并举转变。在我国，随着高等教育全面实现大众化，教师资源不足成为制约教学质量提高的关键因素。我省正在通过高校数字图书馆全面整合网络资源，并将逐步引入高校，实现无形课堂与有形课堂有效结合，在部分缓解教师资源不足压力的同时，提高教学效果。

**四、转变培养体制**

培养应用型人才最核心的问题就是改革培养体制。转变培养体制，就是要实现由学校封闭单一培养人才向校企合作培养人才转变。在这方面，德国做得非常好，较早地实施“双元制”人才培养体制，已经走在世界前列，也为我国特别是我省应用型人才培养提供了很好的经验。但受条件限制，我们无法直接照搬德国的“双元制”模式。建立学校与用人单位合作培养人才新体制，强化校企合作，是我省应用型人才培养体制改革的核心内容。为此，我们的高校大胆引入职业资格标准，来修订完善专业人才培养规格标准；大胆引入行业标准，来修订完善专业建设标准，开展专业资格认证；大胆引入企业核心技术标准，来修订完善专业核心课程标准；大胆引入行业企业专家，来组建专业教学团队；大胆引入行业企业，积极参与人才培养工作，实现校企深度合作，在学院（系）教学管理、专业负责人和学生指导教师三个层面建立校企合作“双元制”取得了初步效果。

**五、转变评价机制**

转变评价机制，就是要实现由以传统的学术型成果评价向应用型成效评价转变。第一，要改变用一张试卷评价学生课程学习效果、用一篇论文对学生进行毕业鉴定、放松对实践教学环节评定等传统的课程考试、实践环节考核和毕业鉴定方式，全面转变学生评价机制。课程考核要更加注重对学生学习过程的考核；实践环节评价要更加注重对学生实践能力提升的考核；毕业鉴定要根据专业培养目标，多形式的检测学生综合应用能力和设计能力。第二，要改变以教师发表论文、承担项目多少对教师进行单一评价的方式，全面转变教师评价机制。注重提高教师的应用能力和文化素养，支持并鼓励教师和企业联合开发新产品、新技术，增强解决工业技术问题的实践能力；通过产学合作，从产业部门和企业中聘任一批学有专长、实践经验丰富的专家学者和工程技术人员作为兼职教师，提高教师应用型人才的培养能力和产学研结合的能力。第三，要改变高校多以开设系统理论知识为主的课程，全面转变课程评价机制。鼓励高校加强应用性课程开发和建设。鼓励行业企业、科研院所等社会力量参与应用性课程建设，着力体现课程的实用性。第四，要改变以教育评价为主，以科研实力为主进行大学排名的学校评价机制，大胆引入高校对地方经济社会发展的贡献度等社会评价指标作为高校评价标准，全面转变高校评价机制。我省正在探索用“五个度”来评价高校办学情况。就是看学校办学定位与社会需求的符合度；看学校的四大职能对办学定位的支撑度；看人才培养目标和各教学主要环节之间的吻合度；看教学资源对教学水平的保障度；看学生、社会、用人单位、政府对人才培养质量的满意度。

目前，我国应用型大学建设尚处在初级阶段，很多问题需要在实践中进一步探索。德国已经在应用型大学建设方面积累了丰富的经验。我们真诚欢迎德国有关高校进一步加强与安徽高校的深度交流合作。希望通过合作，进一步加强应用型师资队伍建设，提高应用型教师的实践能力；进一步加强应用型课程的合作开发，建设一批应用型专业核心课程；进一步探索应用型人才培养的教学模式与方法，全面推行模块化课程教学。我相信，经过两国教育主管部门、大学、企业以及社会各界的共同努力，中德两国应用型大学建设必将取得更大成就。

谢谢大家！

（储常连同志在第六届中德应用型高等教育合作论坛上的讲话）

# 合肥学院创新办学模式
# 就业率连年攀升至全省最前列

1980 年建校、2002 年因为合并重组才升至为本科院校的安徽省合肥学院，近年来借鉴德国应用科学大学办学模式，大力推进“九学期制改革”、“N+2”考试改革、应用型师资培养等一系列教学改革，探索应用型人才培养方案，取得了显著成效。来自安徽省教育厅的统计显示，这所学校自 2004 年以来，就业率在全省本科院校排名连年上升，已连续 3 年位列全省前 3 名，2008 年就业率达到 96.94%，超过了一些国家重点投入的“211”院校。金融危机影响下的今年，截至 3 月初，全校已就业和已达成就业意向的人数超过一半，高于全国平均水平。在当前大学生就业日益严峻的形势下，其办学经验值得借鉴。

“市场需要的是包子，高校送出的却是面包。”“大学生找不到满意的工作，企业却招不到满意的人才。”合肥学院蔡敬民认为，长期以来，我国高等教育分类并不十分清楚，不少高等院校一方面提出培养应用型人才，另一方面却还是遵循理论型大学“以学科建设为龙头”的办学思想，高等教育办学趋同化问题没有得到根本解决。而目前，我国社会经济发展需要大量高级应用型人才，一批新建本科院校破解就业难题必须走应用型之路。

在我国的应试教育条件下，相当部分大学生学习某个专业的目的并不明确。合肥学院做了个调查，发现农村来的学生一般都是由班主任帮他们选择专业，城里学生则很多由父母帮助选择专业。不少学生根本搞不清这个专业将来要干什么，学习目的不明确，学习兴趣提不起来，所以学习动力也不足。

合肥学院教学改革中第一步就是开设专业导论课。20 个学时，学校安排各个系知名教授主讲，并聘请业界知名人士客串讲解这个专业将来主要学什么，要用什么方法来学，增加学生对专业的认知度和认同度，更好地规划 4 年的学习生涯。

第二步，将德国应用科学大学的认知实践学期引进来，实行九学期制改革，即在大学二年级暑期前后增加了10~12周的小学期——认知性实践学期，这样加起来就是九个学期。

学生在这个时候还没学习多少专业知识，那么他们到底能到企业干什么呢？这样的实习有什么作用呢？蔡敬民解释说，合肥学院的设计目标就是让学生在专业岗位上经过认知实习，感受职业素养和职业要求，对今后的专业课学习有更多思考、在课程选修结构上更加贴近实际。学校也可以根据学生实践中的不足，对今后课程设置做出调整和补充。企业也能较早地跟踪观察这批学生，有利于挑选到认同企业、忠诚企业的优秀人才。

2005级旅游系学生韩俊说，经过在上海一家酒店的认识实习，深刻认识到英语对于本专业的重要性，接下来的两年时间需要"恶补"。合肥学院的一项统计显示，2005年，全校报考英语六级的学生只有1 809人，经过连年攀升，到2008年，这项考试的报考人数已经达到7 056人。

生物与环境工程系2005级学生张秋菊经过认知实习后坦言，眼高手低是大学生客观存在的事实，"很庆幸，提早进行的实习让我认识到这是一个大浪淘沙的年代，沉下心做事，抱着扎实学习的态度，树立客观的目标，才能使你最终实现理想"。

"没什么比学生自己认识到应该学什么、怎么学习更切实际还重要。"蔡敬民说。

推进"N+2"考试改革，让学生摆脱为了考试而学习我国的大学生目前普遍比较注重考试结果，不注重过程学习，相当部分学生是为了考试而学习，只会死记硬背，只懂理论，不会延展思维加以应用。而欧美大学虽然与中国大学本科4年一样都是2 500个课时，但学生还要加上与课时相等的自主学习时间。那么如何学习欧美高校把末端的监控转变为过程监控，如何让学生从网吧里走出来，增加自主学习的时间呢？

合肥学院从2006年开始，对考试制度进行改革，改变过去在课程结束时"一考定成绩"的做法，实施"N+2考试制度。"N"是教学过程的考核次数，针对每门课程，N大于等于3，占总成绩的50%，N可以是小论文、小测验，可以是小综述，也可以是团队调研报告，由主讲教师确定。"2"中的"1"是期末考试占总成绩的40%，另一个"1"是读书笔记，占总成绩的10%。

蔡敬民介绍，这项改革的目的就是让学生在思考过程中，学会延伸思考及运用知识点；在团队调研中学会与人沟通和合作。让学生学会学习比一纸成绩重要得多。

加强实习基地建设教师队伍是应用型人才教育的主导者，也是应用型人才教育的实践者。德国应用科技大学教授必须在取得博士学位后去企业工作3～5年。合肥学院校方坚持认为要培养学生的应用能力就必须要有具有工程背景和工程意识的教师。

这所学校把高学位、高职称的老师派到企业去锻炼半年到一年，同时从企业聘请3到4名高级工程师担任专业教授，完成15个课时左右的知识讲授，并参与专业人才培养方案的制定与修订。比如利用生活垃圾焚烧产热、产电的合肥热力公司专门为合肥学院的教师提供专门办公室，教师工资和生活补贴由学校发放，教师要在企业获得岗位资格证。

实习基地建设可以说是高校教学建设的薄弱环节。从大多数实习基地反馈的信息，企事业单位对学生实习并不欢迎，原因有很多，其中重要的一点是缘于学生到单位干扰企业正常经营。为此合肥学院改变思路，首先坚持与企业互动共赢，提升学校与企业的合作层次，在人力资源支撑、产学研结合等方面进行合作，真正使学校成为企业研发、营销、人力资源的后盾。这种模式不仅受到在中国的德资企业欢迎，合肥地方企业也对此兴趣浓厚。2008年，合肥经济技术开发区与合肥学院签订全面合作协议，园区内20多家企业参加签字仪式，合作共建应用型人才培养基地兼校企研发基地。

其次，合肥学院打破单一以各系为主建立专业实习基地的分割局面，建立院级综合实习基地。根据不同企业的实际情况，把不同专业学生组成一个团队到同一个单位分散在不同部门实习，对实习单位的干扰最小化。

改革实验教学运行模式用“第二课堂”培养学生创新能力长期以来，我国很多高校往往把实验课作为理论课的一种验证，按照教科书来做实验。同时长期固守单人单套，全班学生一次性地做同一个实验。一台仪器一年用不上几个小时，造成经费很紧张，浪费又严重。

曾经留学德国的蔡敬民教授介绍，德国的应用型大学实验室数量并不是很多，实验仪器台套数也较少，而是实行少台套大循环的实验管理模式，增加应用性、综合性、设计性的实验。

合肥学院把各个系的机房和实验设备全部集中到学校管理，成立实验技术教研室，这些老师重点抓学生的“第二课堂”，抓学生的创新能力培养。他们探讨了少台套，学生分组大循环的实验模式，一个实验室可以同时做不同的实验，实验内容交由实验教研室统筹设计安排，以促进学生自主学习能力和综合分析解决问题能力为目的，由此还大大降低了实验室投入。

蔡敬民说，很多高校都把实验室当成了安排人的地方，某人不行了，就往实验室扔。这些人往往自己都不会做实验，怎么带学生呢？而高素质的实验室教师队伍恰恰是让学生在学校时期就开始实践创新的重要因素。

安徽省骨干化工企业四方集团有27名合肥学院毕业生，分布在企业的各个领域，其中中层干部8人。企业负责人评价说，合肥学院的大学生能够吃苦，动手能力强，勇于发现问题和开拓创新，这些都是企业用人时最为看重的。

（原载于《新华教育观察》2009年4月7日）

# 安徽向市民开放高校公共资源

安徽省教育厅近日下发《关于推进高等学校教育科研资源有序开放的意见》，要求安徽全省各高等学校充分利用现有各类教育、文化、科研、体育等资源，最大限度向社区居民开放。高校的图书馆、体育场馆、博物馆等也应纳入开放范围。

该意见指出，高校作为优质教育科研资源的集中地和公共教育机构，应向社会有序开放教育科研资源，图书馆、教学和科研实验室、体育场馆、实习实训中心、标本馆、展览馆、重点研究基地等都应纳入开放范围。同时，安徽将成立高校资源开放领导小组，对高校教育科研资源有序开放方案编制和实施工作进行评估，并把此项工作纳入高水平大学建设考核指标。此外，安徽还鼓励高校积极探索把部分公共资源推向市场，经物价部门审批，可根据材料和劳动的消耗或服务成果的实际成本收取适当费用。

（原载于《人民日报》2014年8月15日第8版）

# 服务支撑产业　促进就业创业
# 安徽省积极构建地方应用性高等教育新模式

近几年来，为破解高等教育大众化背景下高等学校趋同发展与经济社会发展多样化需求之间的矛盾，安徽省加强统筹，大力推进高等教育综合改革，初步构建了地方应用性高等教育发展新模式。

围绕地方产业发展需求，调整优化高等教育结构。一是优化地方高校类型结构。师范类院校由全省高校数的2/3调整到不足10%，服务地方经济社会发展的高等职业院校数超过2/3。二是优化学科专业结构。围绕汽车、钢铁等支柱产业和电子信息、节能环保等战略新兴产业，加强专业结构优化改造力度，共停招停办1 292个专业点，增设适应地方产业发展、社会建设和民生需求的专业点1 795个，占现有招生专业点的40%，应用型专业占75%以上。对停招停办不适应经济社会发展需求的专业进行奖励，每个专业奖励20万元。三是优化人才培养结构。应用型、复合型、技能型人才培养规模占培养总数的80%以上。四是优化师资结构。通过聘用行业、企业一线兼职教师，选派教师到行业、企业挂职锻炼等多种渠道，提升应用型高校教师的“双师”水平和“双能”（培养应用型人才能力和产学研合作能力）素养。五是优化专业教学资源配置。遴选资助128个服务支撑地方支柱产业和战略新兴产业的新专业，省财政连续3年共投入3.4亿元。

坚持就业创业导向，创新人才培养体制机制。一是深化校企合作。鼓励高校实施“五个引入”，即引入职业资格标准、引入行业标准、引入企业核心技术标准、引入行业企业专家、引入行业企业参与人才培养工作。二是开展省级卓越人才培养计划。会同省委宣传部，实施“卓越新闻人才培养计划”；会同省农委、省林业局，实施卓越农林人才教育培养计划。立项182项省级卓越人才培养计划，省级投入专项资金约2 200万元。三是推动建立招生、培养、就业联动机制。定期发布专业分析报告，建立专业预警机制；适应就业、创业需求，建立人才培养机制；依据报考率、报到率和录取分数线，建立专业竞争和退出机制；遵循人才培养规律，探索高校自主招生机制。四是实施大学生创新创业训练计划。出台专门意见，支持国家级创新创业训练计划项目建设，获批项目数2012年和2013年连续2年位列全国第1。五是建立开放的人才培养体制。资助建设479个省级实习实训基地，省财政共投入1.2亿元。通过教产结合和校企合作，实现培养单位和用人单位的无缝对接。六是健全促进毕业生就业创业体制机制。近两年全省普通高校毕业生初次就业率分别为89.63%、88.71%，均超过全国平均水平11个百分点。

推动高校分类发展，彰显办学特色。一是制定高校分类发展意见。开展省级高职、本科示范校和专业硕士试点校建设。通过省部、省市共建等立项建设8所地方特色高水平大学和6所地方应用型高水平大学，省财政连续5年资助每校1亿元建设资金。通过示范高职院校建设建成20所左右地方技能型高水平大学，促进各高校在各自定位上争创一流。二是推进高校联盟建设。先后成立应用型本科高校联盟等7个高校合作联盟，引导联盟高校按照“抱团发展、集约办学”思路共建学科专业，共享优质资源，共商办学标准。

坚持内涵式发展，构建质量保障体系。一是实施覆盖各类高等教育的“提升计划”和“振兴计划”，推行学分制、主辅修制、小学期制等改革。二是大力推进课程改革。打造大规模网络课程慕课，实现优质课程资源共享。突出应用能力培养，构建模块化课程体系。三是推进高校拨款制度和编制管理改革，实行“生均加专项”拨款机制。四是改革评价机制。改变以论文、试卷成绩为标准的学生学习考核方式，改变以论文、项目数量为标准的教师评价考核方式。五是探索高校个性化评估机制。将学校的办学定位、培养目标作为评价标准，整体评价办学定位与社会需求的符合度，人才培养、科学研究、社会服务、文化传承创新对办学定位的支撑度，人才培养环节之间的吻合度，教学资源对人才培养的保障度，学生、社会、政府对人才培养质量的满意度。将报考率、报到率、就业率、成果转化率等纳入评估指标，形成与应用性高等教育保障体系相适应的评估体系。

（原载于《教育部简报》2014年第46期）

## 安徽 29 所应用型高校“结盟”

日前，安徽省 29 所应用型高校签署了联盟协议，这些学校将进一步加强校际交流与合作，构建全省应用型本科院校合作平台，探讨应用型本科高校建设的举措，提升应用型本科院校的办学效益与竞争力。

据悉，安徽省目前共有高校 93 所，其中应用型高校占有相当大的比例，有不少高校都是近年来刚刚兴建起来的，在办学理念、教学设备和师资上都还存在缺陷，需要找到适合自身发展的路子，应用型本科院校联盟的建立，为加强应用型本科院校间的交流与合作搭建了平台。

根据签署的协议，今后联盟内高校联合培养学生，实行学生交流学习，互认学分。学生可以根据有关规定相互转学转专业，攻读双学位。在建立学科队伍方面，提倡联盟内高校共建、互访、学术交流，鼓励组建跨校的学术梯队，共同培育并开放重点学科和特色专业，共建国家级和省级精品课程并共享建设成果，联合编写教材，申报、承接科研项目。联盟内高校还可以互聘教师，相互开放实验室、实践实习基地、图书馆等教学资源。

（原载于《中国教育报》，http：//paper. jyb. cn/zgjyb/html/2009 - 03/06/content_ 5874. htm）

# 设置“认知性实践学期” 实施“N+2”考试改革 合肥学院创新教学模式 培养应用型人才

前不久，世界500强的德国大众轮胎公司宣布在安徽合肥落户，投资折合人民币达数十亿元。这也成为合肥有史以来最大的一个外企投资。合肥何以能在众多候选城市中胜出？德方人员一语道破天机：合肥学院有我们需要的毕业生。

据安徽省教育厅统计，截至8月30日，合肥学院2008届毕业生初次就业率达96.17%，实现连续3年毕业生就业率超过90%，在全省高校中名列前茅。这对于一所办学仅有20年、升本才7年的地方高校来说，不能不说是个“奇迹”。

“市场需要的是包子，我们送出的就不能是面包。”合肥学院院长蔡敬民解释说，目前，我国社会经济发展需要大量高级应用型人才，新建本科院校想破解就业难题必须走应用型之路。

合肥学院曾经作过一次调查发现，农村来的学生一般都是由班主任帮他们选择专业，城里学生则很多由父母帮助选择专业。不少学生根本搞不清这个专业将来要干什么，学习目的不明确，学习兴趣提不起来，所以学习动力不足。为此，合肥学院首先开设了20个学时的专业导论课，安排各系知名教授主讲，并聘请业界知名人士客串讲解这个专业将来主要学什么，要用什么方法来学，增加学生对专业的认知度和认同度，更好地规划4年的学习生涯。在此基础上，实行九学期制改革，即在大学二年级暑期前后增加10至12周的小学期——认知性实践学期。在这个小学期里，让学生在专业岗位上经过认知实习，感受职业要求，在课程选修结构上更加贴近实际。学校也可以根据学生实践中的不足，对今后课程设置作出调整和补充。企业也能较早地跟踪观察这批学生，有利于挑选到认同、忠诚企业的优秀人才。

该校旅游系2005级学生韩俊说：“经过在上海一家五星级酒店的认知实习，我深刻认识到英语对于本专业的重要性，接下来的两年时间需要‘恶补’。”该校的一项统计显示，2005 年，全校报考英语六级的学生只有 1 809 人，经过连年攀升，到 2008 年，报考六级英语的学生达 7 056 人。

该校生物与环境工程系 2005 级学生张秋菊经过认知实习后坦言，眼高手低是大学生客观存在的事实，“很庆幸，提早进行的实习让我认识到这是一个大浪淘沙的年代，沉下心做事，抱着扎实学习的态度，树立客观的目标，才能使自己最终实现理想”。

在考试制度上，合肥学院进行了大胆改革，把末端监控转变为过程监控，改变过去在课程结束时“一考定成绩”的做法，实施“N+2”考试制度。“N”是教学过程的考核次数，针对每门课程，N 大于等于 3，占总成绩的 50%，N 可以是小论文、小测验，可以是小综述，也可以是团队调研报告，由主讲教师确定。“2”中的“1”是期末考试占总成绩的 40%，另一个“1”是读书笔记，占总成绩的 10%。通过这项改革，促进了学生在思考过程中，学会延伸思考及运用知识点，在团队调研中学会与人沟通和合作。

（原载于《中国教育报》，http：//paper. jyb. cn/zgjyb/html/2009 - 12/16/content_ 22505. htm）

# 把论文写在田野山林

在宁静悠远的音乐里，泡一壶好茶，慢慢品味茶香。这是安徽农业大学茶艺社同学们的一种生活方式，与其他高校类似学生社团不同的是，这里对茶的研究“很专业”，产地、品种、级别……

“茶学是国家级特色专业建设点，茶叶生物化学是国家级精品课程，茶叶学科教学团队是国家级教学团队。”在安徽农业大学，提起茶学专业，几乎每个老师、同学都能如数家珍。2006 年，安徽农业大学及时启动“安徽农业大学教学质量与教学改革工程”，将办学目标确定为把学校建设成为安徽省高级农业科技和管理人才培养基地、农业科技创新和成果转化基地、农业和农村经济社会发展战略研究和规划基地。目前，该校已经建立起院、校、省、国家四级质量工程管理体系。近些年，安徽农业大学办学规模从在校生 5 000 多人扩张到 21 000 人，人均教学资源非常紧张。“教育部实施质量工程，对学校发展提供了很大支持，令我们受益匪浅。”安徽农业大学党委书记赵良庆说。

坚持把论文写在田野山林，是安徽农业大学利用质量建设的契机提高人才培养质量，提升学校核心竞争力的办学理念。而茶学正是安徽农业大学谱写在江淮大地的一篇优质论文。

安徽农业大学校长宛晓春介绍，目前安徽农业大学有国家级质量工程项目 7 项，省级 72 项。质量工程项目的建设过程，既培育出教改成果、扩大了优质教育资源，也锻炼了教师队伍，推广了教学成果，并且形成蝴蝶效应，加速了开放、交流、竞争与合作，如同一个引擎，驱动提高教学质量的车轮不断向前。

“科学定位，特色办学”是安徽农业大学的理念，也是安徽省实施质量工程的思路。安徽共有高校近百所，绝大多数是地方高校，安徽崛起对高校人才和智力支持需求迫切。省级质量工程启动实施以来，设置了针对不同类型高校的建设项目，支持和引导高校准确定位，建立起以服务和支持安徽经济社会发展为主要特征的应用型高等教育体系。从2008年起，全省每年新增7 000万元专门用于高等教育质量工程项目建设。

安徽省教育厅厅长程艺介绍，安徽省属本科院校中，有一半是2000年之后升格的。这些新建本科院校如何推进质量建设是一个突出问题。2008年，合肥学院、铜陵学院等省属13所新晋本科院校组成了旨在推进应用型本科合作办学的“高校联盟”，联盟院校追求实现学生互派、学分互认、教师互聘、实验室开放、学生修读双专业和双学位、跨校联合科研以及图书文献共享。此外，还有示范校高职院校合作委员会、医学教育合作委员会等高校联合体，这些联合体的建设打破校际壁垒，共建共享优质教育资源，整合优势，成为创新质量工程建设体制的一大亮点。

安徽高校联盟目前的执行主席单位是合肥学院，质量工程建设正在使这所年轻的大学展翅腾飞，该校目前有国家级质量工程项目5个，省级项目43个。通过这些重点建设，学校人才培养与社会需求的结合度更高了，学生的竞争能力也更强了。2009年大学生挑战杯赛中，该校成绩居全国第28位。合肥学院院长蔡敬民介绍，学院刚刚被确定为教育部“卓越工程师教育培养计划”首批61所试点高校之一。目前正在与德国汉诺威应用科学大学共建“合肥德国应用科学学院”，引入以培养高素质应用型人才为宗旨的办学模式，利用德国优质的教育资源，结合我国实际，培养符合地方社会经济发展需要的人才。

（原载于《光明日报》2010年7月14日）

# 从单兵作战到抱团发展

安徽省教育厅高教处处长储常连告诉记者，联盟今年确定的 10 个对口交流特色专业，都制定了详细的专业对口交流计划，对核心课程的确认、学生互派、学分互认，教师支援，实验室相互开放，以及实验室建设及考察、实践教学观摩等系列活动内容都作了详细安排。

特色发展必须超越“先天不足”。

“专科的想升本，本科的想成为‘211’，‘211’的想成为‘985’，最后大家都想成为北大、清华。”这是目前社会上流传甚广的批评高校缺少特色的一个说法。

造成高校这种“千校一面”的状况，其原因不仅仅是“大家都想成为北大清华”那么简单。安徽省教育厅副厅长李和平认为，其中一个很重要的原因，是地方院校和部属重点高校相比，本身就在人力、物力、财力等方面存在着“先天不足”，在创新的条件和能力相对不足的情况下，简单模仿也就成了一条“捷径”。

模仿毕竟不是创新。安徽行知联盟 14 所高校中，有 11 所都是由原来的师范专科学校升格而来，教师教育是其“老牌专业”。以数学专业为例，过去这 11 所高校采用的大都是同济大学等重点大学编写的教材，但无论是教材内容的选择，还是知识的难度，并不完全适合新建本科院校的学生。因此，从 2009 年 8 月开始，联盟 14 所高校的数学骨干教师坐在一起，共同商讨如何编写一本适用于地方高校人才培养类型的教材。这一行动也得到了潘懋元先生的肯定。

联盟本科院校之间，既有合作又有竞争，因此，推进优质资源共享、实现共赢是关键。以黄山学院为例，其旅游管理专业是国家特色专业。在“共建、共享、共赢”的理念指导下，黄山学院丰富的旅游教育教学实践资源，要对联盟其他院校的旅游专业开放；同时，黄山学院的生物科学、食品科学与工程、化学工程与工艺、应用化学、国际经济与贸易、电子信息科学技术、教师教育专业群等7个专业，也可以共享安徽科技学院、合肥学院、宿州学院、铜陵学院、皖西学院等相关国家级或省级特色专业的相关资源。

联盟专业抱团发展更得到了省教育厅相关政策的支持。2010年，安徽省教学质量工程项目申报对联盟实行倾斜政策，鼓励联盟作为独立单位联合申报，联盟申报计划不占用各成员单位申报计划。目前，联盟已推荐安徽科技学院食品工程实训示范中心、合肥学院机械工程实验实训中心、皖西学院应用文科实训示范中心申报省级示范实验实训中心，合肥学院工程管理专业、铜陵学院市场营销专业、宿州学院电子信息工程专业申报省级特色专业建设点。

安徽14所新建本科院校联盟成立以来，得到了社会各界的广泛关注。教育部高教司有关负责人认为，联盟高校的对口专业交流工作是一项重要的体制机制创新，可以有效解决高等教育大众化阶段教育资源相对不足的问题。

（原载于《中国教育报》，http：//paper. jyb. cn/zgjyb/html/2010 -10/12/content_ 35967. htm）

# 把一流工艺设备搬进课堂

## ——记安徽铜陵学院的应用型本科院校建设之路

有人说：要了解一所大学，就先去看学校的报告栏。留心一下铜陵学院的报告栏，便会发现这里学术报告一场接一场，报告人除了本校老师，还有来自国内知名高校和科研机构的长江学者、知名专家；这里双休日校外“拜师学艺”活动一个接一个，大到世界500强企业的见习、实训，小到社区的观摩、学习。

“这都是我们建设应用型本科院校的实践。”党委书记储国定告诉记者，作为新建本科院校，铜陵学院一直在凝练特色上下功夫，铸造自己的核心竞争力。

1. 找准定位为特色发展奠基。

办什么样的大学？培养什么样的学生？是每一所高校改革发展的必答题。“我们做了许多‘功课’，才找到属于自己的正确答案。”铜陵学院院长丁家云介绍。

2009年年初，一条《安徽建立应用型本科院校合作联盟》的消息通过本报传遍全国，当时，“优势互补、资源共享、互惠互利、共同发展”联盟《行知宣言》，引起教育部以及整个高等教育界的共同关注。而铜陵学院，就是这个创新型合作联盟的主要发起单位。丁家云说，基础薄弱、资源相对匮乏，是新建本科院校普遍面临的问题。因此，铜陵学院在冷静、科学定位的同时，还谋求在同层次同类型高校之间的优势互补和资源共享上着手“破题”。

找准办学定位之后，凝练特色便成为发展的头等大事。围绕学院和社会需求实际，把人才培养目标定位在培养和造就综合素质高、理论基础实、实践能力强，有一定创新创业能力的高级应用型人才。把服务定位在“立足皖江地区，面向安徽，辐射全国”。

2. 涵养文化凸显应用特色。

青铜文化历史文献、技术资料、青铜产业的企业与产品、古代与当今的能工巧匠……一键进入“青铜文数据库”，关于青铜的内容几乎是一网打尽——开发这个囊括古今中外数据库的，就是铜陵学院。

“服务当地的教学科研载体，只是我们凸显运用特色的一部分。”丁家云介绍，铜陵学院在推进应用型高校建设中，把涵养符合办学定位的文化当作重要抓手，寻求点石成金的辐射效应。

“基层的业务更具体，这可是书本上学不来的。”刘珺是铜陵学院公共管理系教授，说起自己在铜陵市民政局基层政权社区管理科挂职的感受，十分感慨。作为涵养文化的主体，学院注重应用型“双能”师资队伍建设，通过挂职打通专业知识与专业实际的“梗阻”，成为应用型人才培养的重要前提。

3. 校地互动面向产业办学。

2012 年 7 月，铜陵学院电气系“蓝盾班”首届学生顺利毕业，与一般大学生不同，这些毕业生拿到手的不仅有毕业证、学位证，还有工作证——这是学院与企业共同制定授课计划培养的第一批学生，像这样培养模式的班级，还有“莱德班”“华为班”“淮钢班”“沙钢班”……

学院与国家铜铅锌及制品质量监督检验中心、铜陵有色、马钢等 200 多家地方政府、企事业单位，共建教学、实习实训、就业、科研校外实践基地，既为大批学生提供了实践场所和就业岗位，提高就业率和就业质量，又推进了学校应用型人才培养模式改革。

“这里都是一流的设备，最新的工艺。”说起自动化系统实训中心，铜陵学院师生都透着一种骄傲。这个项目，是校企合作校企双赢的成果——学校得到的是最新的实训载体，企业得到的是毕业就可以上岗、上岗就能熟练工作的员工。

特色，才是核心竞争力。致力于应用型高校建设的铜陵学院，新生第一志愿录取率连续三年达到 100%，文理科最低录取线分别超出省二本控制线 15 分以上。与之相对应，连续三届毕业生初次就业率超过 95%，成为安徽省普通高校毕业生就业工作标兵单位。

（原载于《光明日报》2012 年 12 月 13 日，http：//epaper. gmw. cn/gmrb/html/2012 - 12/13/nw. D110000gmrb_ 20121213 - 3 - 05. htm？ div = - 1）

# 安徽省走地方应用型高等教育发展新路

近年来，安徽省按照“科学定位、分类指导、多元发展、特色办学”的发展方针，坚持内涵发展，牢固把握“地方性”高等教育发展定位，确立现代应用型高等教育发展目标和应用型高等教育质量评判标准，积极构建“一体化”地方高等教育质量保障体系，逐步走出一条地方应用型高等教育发展新路。

**一、牢固把握“地方性”高等教育发展定位**

一是确立了建成现代应用型高等教育发展目标。省委、省政府明确将“初步建成能够服务党委和政府决策、支撑经济发展和产业升级、引领文化繁荣和社会进步的具有安徽特色的现代应用型高等教育体系”作为高等教育事业的发展目标。

二是确立了应用型高等教育质量评判根本标准。把“对经济社会发展的支撑度、对人力资源强省建设的贡献度和人民群众的满意度”作为高等教育质量的根本评判标准。高等教育始终坚持为地方经济社会发展服务，为人民群众服务，努力成为转型发展的动力源、开放发展的先行者、创新发展的智慧库、和谐发展的幸福场。

三是建立了高等学校为地方经济社会发展服务考核制度。将评价制度与省政府目标管理考核制度等衔接，把高等学校服务地方经济社会发展的工作效果，作为考核高等学校的重要内容，作为考核高校领导干部的重要依据。建立新建本科高校党政主要负责人联席会议制度，专题研讨地方高校如何转型定位问题。

**二、强力打造“应用型”地方高等教育特色**

一是加大学科专业结构调整力度。按照适应需求、优化布局的原则，从“高校办学定位与服务面向调整、学科专业设置与专业方向调整、招生计划安排调整、人才培养模式和教学内容体系调整”四个层面，健全高校依法自主设置和全省宏观调控相结合的学科专业结构优化机制和动态调整机制，科学调整学科专业结构。每年定期发布学科专业结构及社会需求分析报告，对社会需求量小、就业率低的专业坚决予以停招甚至停办，强力改造传统师范等学科专业，超前部署战略新兴产业相关学科专业，推动学科交叉融合，更好地为转变经济发展方式服务。近几年来，开展了省级高职、本科示范校建设和专业硕士试点校建设；停招了628个社会需求量小、就业率低的专业，新增与振兴发展产业相关专业1 598个，占现招生专业点的54%，应用型专业招生计划所占比重达到70%。通过不断优化学科专业结构，全面形成了以工科为主、多学科协调发展的学科专业格局。

二是大力发展应用特色鲜明的专业学位研究生教育。将专业学位研究生教育作为研究生教育的重点发展方向，培养面基本覆盖专业学位研究生教育专业或领域。2010年以来，专业学位类别共增加44个，工程硕士领域共增加26个。

三是大力实施卓越应用型人才培养计划。开展了卓越工程师、卓越农艺师、卓越中小学教师、卓越医生、卓越技师等卓越应用型人才培养计划，强力推进应用型人才培养模式改革。通过试点，各高校应用型学科专业建设、实践教学体系建设、“双能型”师资队伍建设和教学管理制度建设不断加强，大学生创新能力、实践能力和社会适应能力不断提高。

四是强化高等职业教育的“高等”与“职业”属性。充分发挥高等职业教育在职业教育中的引领带动作用，逐步拓宽高职院校招生面，通过实行高职院校自主招生改革试点范围，满足人力资源开发的多样化需求，推动校际、校企合作和市级统筹，努力建立适合安徽省情的分类考试、综合评价、多元录取的高等职业院校自主考试招生制度，进一步扩大高校办学自主权，构建高职教育招生、培养、就业联动机制。

五是提升高校应用科学研究和创新能力。大力支持省内少数高校和学科围绕国家重大战略需求，提升学术水平、科技创新和文化传承与创新能力，发挥牵引和带动作用。几年来，省属高校获得的国家级奖项、科研项目以及专利授权都有较大幅度的增加，科技竞争力明显增强。

**三、合力推进“合作式”地方高等教育发展模式**

一是推进高校合作联盟建设。应用型本科高校、示范性高职院校、医学教育院校、教师教育院校、市属高职院校和商科类高职院校等六类高校合作联盟相继成立。依托联盟实施分类指导，引导联盟高校分类抱团发展，共建学科专业，共享优质资源，共商办学标准。其中，应用型本科高校联盟通过采取小学期制实现了学生异地跨校选课和学分互认，教师教育联盟联合承担了全省中小学教师的“国家培训计划”，国家示范性高等职业院校联盟联合开展了单独招生的试点，医学院校联盟联合开展了全科医生的培养。

二是推动高校与地方政府合作。积极推动高校与地方建立互动互助、合作共赢的体制机制，努力推进与市政府共建高等学校工作，及时准确地了解社会需求，有效整合利用社会资源，不断引导各市政府多渠道加大对地方高校的支持。如池州市图书馆与池州学院图书馆实行共建共享，蚌埠学院与蚌埠市共建体育馆，合肥市将全国体育大会部分体育场馆建在合肥学院，等。同时，鼓励高校主动承担地方政府决策咨询、课题研究和经济建设、企业合作等任务，使高校成为属地的开放性教育文化和科技研发中心。

三是推动高校与行业、企业合作。根据全省战略性新兴产业发展规划，省教育厅会同文化厅、旅游局、国防科工办等部门联合出台意见，建立紧缺人才培养基地和培养体制，加快动漫、旅游、船舶工业、农业等相关专业人才培养。开展高校与科研院所、企业联合培养研究生的“千人培养计划”，组织安徽大学等 10 所具有博士或硕士学位授予权的省属高校，与奇瑞汽车股份有限公司等试验区内 105 个企业或科研机构，签订了合作培养硕士研究生框架协议，并制定了相应的联合培养方案，三年来培养总量已达千人。组建了 20 多个产学研用合作联盟，协同科技创新，推出了量子通信、语音识别、汽车、煤矿安全、现代农业等一批高质量的科技成果。

四是推动中外合作办学。借鉴境外应用型高等教育发展经验，通过与德国下萨克森州举办应用型高等教育发展论坛、引进国外专家担任高校副院长、联合举办“校中院”和开设应用型专业等方式，引导地方高校与德国、澳大利亚、韩国、日本、美国等多个国家的应用型高校合作，扩大和加深对外开放的广度和深度，多渠道学习借鉴国外应用型高等教育先进的办学理念和办学模式。

**四、积极构建“一体化”地方高等教育质量保障体系**

一是立项研究具有安徽特色的各类应用型人才培养标准。全面实施素质教育，把促进人的全面发展和适应社会需要作为衡量人才培养水平的根本标准。省教育厅会同文化厅、旅游局、国防科工办等相关部门以及高等学校、科研院所、行业企业，根据国家制定的本科、高职教学质量标准，借鉴国际标准、职业资格标准、行业技术标准等，逐步建立符合安徽省情的应用型高等教育各类专业、课程、实验（实训、实习）等建设标准和人才培养标准。

二是大力实施覆盖各类高等教育的质量工程。省级质量工程建设方案明确提出“科学定位、分类指导、特色发展”的要求，覆盖重点大学、应用型本科、高职教育和继续教育四种类型，每种类型分别设计了有针对性的质量工程项目，项目竞争也是在同类高校间进行。在管理上实行高校整体申报、整体遴选、整体建设、整体验收的管理方式，高校只有准确定位、安于其位、办出特色，才能获得质量工程的项目和经费支持。强调项目的建设成效，支持和引导高校做到“一校一策，一校一色”。

三是大力加强应用型教师队伍建设。修订高校教师专业技术职务评聘办法，完善教师分类管理和分类评价办法，鼓励高等职业院校建设“双师型”师资队伍，引导本科高校教师提高应用型人才培养能力和产学研合作能力。支持高校引进和培养既有教师职务、又有工程实践背景的教师，建设“具有应用型人才培养能力和产学研合作能力”的“双能型”高素质应用型师资队伍，并保证应用型教师的比例逐年上升。

四是建立应用型高等教育质量评价体系。建立应用型高等教育质量审核评估体系，将社会需求、办学定位、培养目标、资源保障、质量状况及社会评价之间符合度作为高校评估的主要内容，将报考率、就业率、成果转化率等纳入评估指标。

（原载于《教育体制改革简报》，http：//www. moe. gov. cn/publicfiles/business/htmlfiles/moe/s6635/201301/146614. html）

# 一所地方高校的转型突围

## ——合肥学院十年建设应用型大学之路

德国马格德堡应用科学大学教授辛里希迈耶来合肥学院指导工业设计专业学生做项目设计。

从2003年提出“地方性、应用型、国际化”办学定位，合肥学院砥砺十年，在建设应用型大学的道路上，成功转型突围。

曾经，安徽省一些大企业的董事会做出过决议，合肥联合大学（合肥学院的前身）的学生一概不要，这是合肥学院人心中永远的痛。如今，国家级骨干软件企业科大讯飞，点名要合肥学院的学生，近几年累计录用了100多名毕业生。学校的学生还没毕业，就被全国著名建筑装饰企业录用。

曾经，合肥学院的学生参加各类学科竞赛，能拿个省级奖项已属不易。如今，与一流大学的学生同台竞技，他们照样摘金夺银：全国大学生机械设计大赛一等奖、电子创新设计大赛一等奖、化工设计大赛一等奖、工业设计大赛一等奖、全国计算机仿真大赛一等奖、全国信息技术应用水平大赛特等奖……近3年，该校学生获国家级奖项239项，其中国家级一等奖以上奖项就有40项。

是什么让合肥学院这样一所地方本科院校发生如此巨大的变化？从2003年提出“地方性、应用型、国际化”办学定位，合肥学院砥砺十年，在建设应用型大学的道路上，成功转型突围。

**一、瞄准德国经验找准办学定位，应用型大学建设必须系统设计**

在合肥学院的发展道路上，一直有一个模仿、学习乃至追赶的目标——德国的应用科技大学。

早在1985年，中德两国决定开展政府间合作，按德国应用科技大学办学模式在中国开展应用型大学建设。或许是因为白纸上更容易作画，合肥联合大学这所1980年才由中国放射化学奠基人杨承宗先生创建的学校，居然被德国人选中，成为安徽省和德国下萨克森州协议共建的对象，与德国5所应用科技大学开展合作。一穷二白的合肥学院，就此踏上了应用技术型大学办学之旅。

共建的好处是显而易见的。德国下萨克森州无偿援助学校400万马克，帮学校建立了10个工程类专业实验室。更重要的是，学校先后派出近百位教师赴德国学习进修，近距离感受德式教育。他们成为后来学院人才培养模式改革的中坚力量。

但是，影响远不止于此。

2002年，以合肥联合大学为主体，合肥教育学院、合肥师范学校与合肥联合大学合并组建合肥学院。新学校、新起点，如何才能走出一条属于自己的发展之路？这成为学校上下思考的一个重大问题。

“那个时候，大多数新建本科院校都面临办学趋同化的问题。人才培养目标、培养方案都向重点大学看齐，抓重点学科建设，办研究生教育。我们就想，与德国应用科技大学合作这么多年，能不能借鉴他们的办学经验，办出自己的特色？我们开始思考、总结。”合肥学院蔡敬民说。思考的结果，2003年学校提出了“地方性、应用型、国际化”的办学定位。

“我们发现，德国应用科技大学主要服务周边200公里以内的企业和地方经济发展，这和我们的理念显然不同。我们把它叫作地方性。德国应用科技大学人才培养目标、定位、路径显著区别于普通院校，强调理论与实用维度，有系统和完善的实践教学体系，强调真题真做，到一线就能干，我们把它叫作应用型。至于国际化，不仅仅指交流规模，更重要的是研究、提炼国际上一些人才培养的成功经验、关键要素为我所用。”蔡敬民如此解释。

新的办学定位在学校内外引起不小争议。有人讲，大家都放眼全国，你为什么要把自己给包起来？有人讲，一所地方本科院校，哪儿来的条件国际化？直到2009年12月，学校接受教育部专家组调研时，一位重点大学的校长还问蔡敬民："研究型大学提国际化，你们怎么也提国际化？"

于是，蔡敬民不得不在不同的场合多次阐释他自己的理解："地方性、国际化，强调的都是一种开放性，都服务于应用型人才培养、应用型大学建设这个目标。开放办学，就是要在服务地方中谋求发展，在国际比较中找到适合自己发展的路径。"

搁置争议，埋头做事，看准了的路，就坚定地走下去。这是合肥学院的处理方式。

很多人认为，应用人才的培养，就是要加强实践教学环节，提高动手操作能力，这样的理解其实是不全面的。"真正的应用型大学建设，一定要围绕学生这个核心，进行一体化的设计与改革。要建立一个体系，这个体系不仅包括人才培养方案、专业建设、课程改革、师资队伍建设，还要调动学生学习的积极性，建立完善的实践教学体系和质量监控体系。"蔡敬民说。

一场艰难却大刀阔斧的改革，就这样拉开了帷幕。

**二、模块化教学突出应用能力培养，把"教师要讲什么"变成"学生能干什么"**

万事开头难！应用型大学建设，从哪里破题？

德国应用科技大学的人才培养强调理论应用与实用的维度，要求学生到一线就能干。"我们的目标，就是要培养应用型人才。"蔡敬民说。

服务于这一目标，应用型人才培养模式必须发生根本性的变化，由"知识传授为主"转向"能力培养为主"，重在培养学生的知识应用能力、实践能力和创新能力。基于此，从2005年开始，合肥学院开始研究制定体现应用型特点的人才培养方案，做好人才培养的"顶层设计"。

各个院系纷纷行动起来。针对不同专业学生的就业去向，到行业企业调研，分析岗位能力要素，确定能力培养目标，然后根据培养目标进行具体的能力培养方案设计，把每一项能力转化成一个个的教学模块。每个模块都是围绕特定主题的教学单元，可能是一门课或一门实验，也可能是几门课或几门实验的整合。这就成了合肥学院围绕学生核心能力培养而大规模开展的模块化教学改革。

计算机系主任袁暋和她的团队针对软件工程专业原课程体系的不足，走访了大量IT企业用人单位，了解企业需要合肥学院的学生去做什么，确定企业对学生能力和素质的要求，最后概括出软件工程专业的7项核心能力及39项子能力，在此基础上重新编排构建软件工程专业教学模块，把企业工程能力和工程素质培养融合到专业基础模块和专业模块中去，一个或若干个模块可培养学生必需的一项能力，并且4年的模块教学过程中都是与企业工程师共同完成的。学生通过对这些规定模块和选修模块的学习，走上工作岗位就能很快上手。

生物工程专业原来的基础微生物学基础性强，缺乏专业针对性，与其他基础课部分内容重复，应用性薄弱。生物系葛春梅教授介绍，改革后的“微生物学”弱化了微生物遗传、微生物基因工程、微生物生态、传染与免疫等内容，强化了微生物生理，增加了工业微生物应用，强化实验操作训练，突出了学生应用能力的培养。

实践教学与理论教学相结合是模块化教学的一大特色。过去，学校的电子信息工程专业，学生分别学完模拟电子技术、数字电子技术两门课程后，还达不到应具备的设计电子线路的能力。但把两门课整合成现代电子技术模块后，担任该模块教学的谭敏教授，在理论教学的同时，指导学生基于每个理论知识点进行实验模块设计，形成小产品。随着理论学习的深入，设计的小产品越来越多，最后形成一个完整的大电子产品，这样，学生的电子线路设计能力就培养出来了。已经从该校电子信息工程专业毕业的张悦龙，在校期间带领团队设计的“宽带直流放大器”，参加全国大学生电子设计大赛获得一等奖。“模块化学习让我在校就掌握了设计电子产品的能力，到工作岗位后很快就进入了角色。”张悦龙说。

模块化教学还给学生的个性化选择和自主学习留下空间。各专业在设计课程模块时，在每个大模块下还设计了若干个子模块，学生可以自主选择其中的1个子模块。电子信息专业就把过去的电子信号处理、电子测量、DSP技术3门课程的相关内容整合成信息处理、检测、现代电子技术设计3个子模块，学生只要选择1个模块完成学习量即可，既突出兴趣和爱好，也容易学精、学透。计算机科学与技术专业中的软件工程模块共84个学时，自主学习时间为32个学时，学生可以制作模型、设计课题，自主学习的任务大大增加。

“模块化教学改革打破了长期以来各门学科自成体系、各自为政的格局，在内容上突出应用能力培养，把‘教师要讲什么’变成了‘学生能干什么’。”合肥学院院长张文兵说。

**三、把学科导向变成专业导向，一切围绕学生的培养配置资源**

在合肥学院的产学研合作大楼，有一家合大环境监测有限公司，公司看上去不起眼，却拥有80多项国家标准的环境检测权。这个由学校出场地、社会投资建设的企业，既面向社会经营，同时也是一个“嵌入式”实验室。环境工程专业的学生在这里做实验，所用的标本都是真实的送检样品，实验环节就是真实的检测环节，实验结果也是最终的检测结果。

据合肥学院服务地方办公室主任董强介绍，当初成立这家企业，不少人不理解。现在看来，不仅学校省下了一笔购买实验设备的资金，更重要的是学生能够得到老师和企业技术人员的双重指导。经过“真刀实枪”的实践，学生可以“零适应期”走上工作岗位。

不管是校内资源还是校外资源，不管是政府资源还是社会资源，一定要服务于学生的培养，一定要满足专业发展的需要，这是合肥学院统筹各种资源配置的准则。

这些年，许多新建本科院校都跟着综合性大学狠抓学科建设，合肥学院却提出了以专业建设为龙头，为什么？合肥学院副院长陈啸说，应用型高校应当以专业统筹人力资源、物质资源以及所有条件。“抓住专业建设这个龙头，就抓住了人才调配、资源调配和人才培养规格、质量的控制这个核心。”

如何抓住专业建设这个龙头？合肥学院立足“地方性”的办学定位，根据合肥市“大湖名城、创新高地”的重大发展战略布局，及时瞄准合肥市的支柱产业和新兴产业，动态调整专业结构，与合肥市的产业布局深度互动，培养地方经济发展急需的人才。

在合肥学院的校园周边，就是全国最大家用电器生产基地，全国每三台家用电器，就有一台产自这里。利用这得天独厚的优势，学校开设了电子信息工程、自动化和动画等专业。2010年，合肥市启动轨道交通建设，学校立即引进人才，组织教学资源，成功申报交通工程专业并顺利招生。随着合肥市国际会展蓬勃发展和国际机场的落成，学校又设置了会展艺术与技术专业，并拟设空乘服务与管理等专业。这些年，合肥市国际化进程日益加快，与德、日、韩的企业合作不断扩大，针对这一需求，学校及时开设德语、日语等专业，培养了大量地方急需的高水平、实用型人才。据统计，合肥学院毕业生每年60%左右在合肥就业，80%左右在安徽就业。2013年毕业生，有1 620人在合肥市就业，占毕业生总人数的56.92%，在合肥市经济技术开发区就业的人数就达1 050人。

借助企业资源，通过校企深度合作培养人才，是合肥学院的又一探索。计算机科学与技术系2010年首批获得教育部卓越工程师项目以后，实行了校企联合组建专业指导委员会，共同制定“企业阶段培养方案”，并建立了一个集软件需求分析、软件设计、软件实现、软件测试、项目管理、系统集成、认证考试为一体的软件工程能力实训平台。企业从大一至大三进入课堂，与学校教师共同培养学生工程能力和工程素质，学生大四进入企业，校企共同培养，在真正的企业工程环境下，培养作为未来工程师应该具备的工程应用能力。

已经被科大讯飞录取的计科系2009级毕业班的庄纪军说：“通过这样的学习方式，让我有机会到企业边实践边学习，在企业、学校老师的双重指导下，让我在真实工作中收获，让我有机会把学校的理论结合到实践中，让我更能提前适应工作。”

如果说地方性的定位让合肥学院站得更稳，那么国际化的定位则让合肥学院走得更远。正因为拥有了“国际化”的“基因”，合肥学院得以站在巨人肩膀上跨越发展。

合肥经济的发展催生了现代物流业兴起，学校充分利用中德合作的优势，成功申报安徽省第一个教育部审批中外合作办学项目——物流管理专业，该专业同时获得德意志学术交流中心（简称DAAD）资助。合肥学院采取和德国国际交流学术委员会联办的方式，并得到德国物流协会支持，使德国物流协会合肥分会顺利落户学院。同时引进德国奥斯纳布吕克应用科学大学物流管理专业的培养方案与课程，根据国情加以改造。去年，德国DAAD组织专家对这一专业进行了国际评估并给予很高评价，并给予25名学生40多万元的资助。

德国汉诺威应用科学大学在工业设计方面实力很强，曾主办第四届世界工业设计大会。为办好工业设计专业，合肥学院和汉诺威师生连续13年每年做一次联合工业设计，吸引了三星、LG的首席设计师等参与，成为人才培养的优质平台。去年联合设计中，合肥学院学生设计的老人助力车，赞助企业拿到欧洲市场，几个月赚了500万欧元。2009届工业设计专业学生王红丽获国际知名的创意设计大奖“红点奖”。这些合作极大提升了合肥学院工业设计专业的实力。

正是看中这一点，荣事达电子集团总经理夏俊生主动找上门来，把小家电设计中心设在合肥学院。

多年来与德国应用科技大学的深层次合作，让合肥学院受益匪浅。学校现有的5个国家级特色专业和1个省级重点学科，均是在国际合作基础上孵育发展而来的。2010年，学校与德国高校共建的“合肥德国应用科学学院”正式成立并对外招生。学校还先后与国外12所高校合作承担了欧盟亚洲链、德国联邦教育与研究部、德国学术交流中心等9个项目。

**四、改到难处是教师队伍建设，强化教师应用能力培养是关键**

改到深处是教学，改到难处是教师。

应用型大学建设，教师队伍是关键。一方面，他们要具备宽厚的专业基础知识、扎实的行业实践知识；另一方面，要具备较强的专业应用能力、实践教学能力、应用研究能力和社会服务能力。

“德国应用科技大学要求教师有很强的实践背景，博士毕业后必须在企业工作5年以上才能任教。我们做不到这点。青年教师比例过高、教学能力不足，专业课教师缺乏实践背景，产学研合作能力不足，这是众多新建本科院校面临的普遍性问题。所以我们就想出各种办法，提高教师实践教学能力。”蔡敬民说。

化工系胡科研老师，有10多年企业工作经历，积累了丰富的工程设计、生产管理和技术研发经验。来到合肥学院后，胡科研把企业化管理和培训模式带进化工工程师之家。在这里，胡科研培训学生1 000多人，组队参加国家级、省级竞赛并获得省级以上奖20多项，去年还捧得全国大学生化工设计竞赛一等奖。

胡科研是学校为了改善教师队伍结构引进的人才。这些年，合肥学院实施“人才引进计划”，重点引进像胡科研这样具有企业经历和工程经验的教师，目前已引进高层次人才75名，他们成为学校教学、科研的中坚力量。

校企深度合作是加强教师队伍建设的又一条重要路径。学校实施“应用能力培养计划”，要求专业教师每个任期内必须有半年以上的企业工作经历。通过“双进双培”让学校实践就业基地进企业，企业研发中心进校园，校企共同打造应用型师资。目前，合肥学院与企业共建的实践基地有191个，“嵌入式”实验室3个，工程中心5个。合肥学院通过实施校企双方“双聘双挂”的举措，把企业工程师请到学校聘为教授，让学校教师走进企业担任兼职工程师；让教师到企业挂职，企业高级人才到学校挂职，以此打造“双能型”师资，培养实践教学能力。目前学校专任教师中，有企业工作经历、行业背景、工程背景和经过行业培训的将近六成。

在合肥学院主教学楼9层，全国最大的建筑装饰公司之一——深圳市建筑装饰（集团）有限公司的设计研发中心就在这里。这里有企业投资的最先进的设备，专业教学的很多实践环节都在这里完成，学生只要有需要，随时可以来做设计训练，而且还有老师和企业技术人员的指导。走进设计室，记者看到老师和一批学生正专心致志地为公司新接的项目做局部设计。“在这里教师既教学也担任企业工程师，企业工程师同时也是学生的导师，公司最多的员工是学生。”艺术设计系主任谢海涛说。据深装合大公司总经理胡北南介绍，去年公司投资了100万元分批培训师生。

利用国际合作优势，提升师资队伍水平，是合肥学院的又 利器。除了多年来大量选派教师赴国外学习，合肥学院还积极引进国外智力资源。霍恩教授是德国汉诺威应用科学大学汉诺威学院工业设计系教授，2007年曾被安徽省教育厅聘任为合肥学院副院长，成为安徽省高等教育史上的第一位“洋院长”。他积极推动德国汉诺威应用科学大学等高校与合肥学院的合作，2009年11月，在中德双方的共同努力下，成立了“合肥德国应用科学学院”。霍恩教授兼任合肥德国应用科学学院德方副院长及德方总协调人、工业设计专业协调人。近年来，合肥学院聘请了类似霍恩这样的外国专家70多人次，他们积极参与专业人才培养方案的制定，促进了学校人才培养模式的改革，也带动了一大批教师的成长。

应用型大学建设是个系统工程，十年探索，合肥学院做的远不止这些。

为了调动学生学习的内驱力，学校开设了专业导论课，增加了认知学习小学期，实行N+2（N指过程考核成绩，2指期末考试和课堂笔记）学业考核制度改革，还以学科竞赛为抓手大规模改造第二课堂。

为了建设完善的实践教学体系，学校创新实验室管理“少台套、大循环”的模式；坚持学生毕业论文“真题真做”；邀请一批实力企业在校内建立“嵌入式”实验室或研发中心；建立了近200个产学研合作育人基地。

为了构建完善的质量监控和评价体系，学校制定涵盖课程、教学、实验、实践、毕业论文等方面的一系列质量评价标准，强化对培养方案制定、课程建设、课堂教学、课外活动等教学主要环节的全程监控。

经过十年发展，合肥学院已成为国家首批“服务国家特殊需求人才培养项目”——学士学位授予单位开展培养硕士专业学位研究生 53 所试点学校之一，国家首批承担“卓越工程师教育培养计划”的 61 所大学之一，中德共建示范性应用型本科院校，全国应用型本科高校专门委员会副主席单位，安徽省应用型本科高校联盟常任主席单位。

十年改革，十年探索。合肥学院用闪亮的“成绩单”证明，应用型大学之路越走越宽广！

## 抓住应用型人才培养的根本

评论员

大众化背景下的高等教育应该是多样化的教育。一方面，随着经济的转型升级，我国高层次技术技能人才的数量和结构远不能满足市场需求；另一方面，众多地方高校同质化发展，不利于办出特色，提高质量。因而，调整高等教育结构，推动高等教育多样化发展，促进人才培养结构与市场需求的匹配度，已成为当务之急。教育部 2014 年度工作要点明确提出，要引导一批本科高校向应用技术类高校转型。如何转型？本报今日刊发的合肥学院十年转型突围的经验，给我们三点启示。

启示之一，坚守应用型大学的定位。很多地方本科院校都是由专科层次高校和中等专科学校合并组建而成，本身带有十分明显的应用型印记。但是，在发展过程中，很多地方高校总是觉得应用型的办学定位束缚了自身的发展，一心以“综合性、研究型”为目标，以硕士点、博士点建设为龙头，这就不可避免地造成千校一面办学趋同化的困境，学生就业也成了难题。合肥学院的成功，恰恰是在于其对应用型办学定位的坚守。在十年前提出“地方性、应用型、国际化”的办学定位已属不易，更为难得的是，即便引起校内外争议，面临种种困难，也坚持不改初衷。十年探索，十年砥砺，才成就了学校今天的转型与突围。

启示之二，围绕能力培养改进教学。许多地方高校都意识到，只有培养出地方经济社会发展需要的人才，才能求得自身的发展。但是在具体办学过程中，

“培养什么样的应用人才”、“怎样培养应用人才”，还是一个有待探索的空间。合肥学院抓住“能力培养”这个核心，在对学生就业岗位充分调研的基础上，分析岗位能力要素，确定能力培养目标，设计能力培养方案，最终把学生需要的每一项能力具体化为一个个教学模块。这种专业课程的模块化教学改革，突出了理论教学与实践教学相结合，打破了各学科自成体系、各自为政的格局，变“教师要讲什么”为“学生能干什么”，最终实现了学生能力与产业需求的“零适应期”。这是应用型人才能力培养的关键所在。

启示之三，紧紧围绕专业配置资源。办学资源相对不足，是我国高校发展过程中的共同难题。特别是对地方高校而言，如何用好有限的资源，关系到学校发展的全局。围绕专业配置资源，是应用型大学建设和应用型人才培养的必然要求。因为应用技术类学生是否符合社会需要，主要是由其专业决定的。教育部明确提出，应用技术类高校要“淡化学科，强化专业”。合肥学院抓住学生培养这个核心，抓住专业建设这个龙头，集中了政府、企业、社会乃至国际等各种资源，为专业的建设服务，为学生的能力培养服务。这是建设应用型大学的坚强保证。

（原载于《中国教育报》2014 年 4 月 16 日，http：//paper. jyb. cn/zgjyb/html/2014 －04/16/content_ 415501. htm？ div = －1）

# 一场悄然兴起的教育变革

## ——地方高校转型发展的改革创新实践（五）

**安徽科技学院：深化人才培养体制改革**

安徽科技学院作为一所自20世纪80年代初就开始举办本科教育的老本科高校，新世纪以来，针对高校人才培养日益趋同化、同质化，与经济社会发展需求脱节的实际，及时确立了服务地方经济、培养应用型人才、努力提升办学定位与社会需求符合度的办学方向，着力推动学校转型发展，始终坚持以转型谋发展、以改革促转型，在转型发展道路上进行了一系列的探索与实践。

加强学校顶层设计，明晰转型发展方向。学校确立了“一优三强”（“知识结构优、实践能力强、敬业精神强、创新创业意识强”）的高素质应用型人才培养规格和“四能”人才（“能下去、能留住、能用上、能干好”）培养特色。

优化学科专业结构，扭住转型发展龙头。学校紧密对接皖江城市带承接产业转移示范区、合芜蚌自主创新综合试验区建设需求，积极申报符合地方支柱产业、新兴产业发展需要的无机非金属材料、信息显示与光电技术等新专业，利用高新技术对传统农科专业进行升级改造，通过文科专业间的交叉融合形成新的专业增长点。2007年以来，先后增设了机械电子工程、电气工程及其自动化等18个专业，改造了应用化学、农产品加工等9个专业，停招和减招了农村区域发展、市场营销教育等4个专业。形成了以传统农科和新兴工科为主，相互支撑、协调发展，有效对接地方支柱产业、新兴产业群的应用性学科专业体系。

改革人才培养方案，把握转型发展关键。为加强学校应用型创新创业人才培养，推进安徽省本科应用型示范校建设，2010年，学校统一实行“平台+模块”的课程架构，即构建了两个平台（通识教育课程平台、专业教育课程平台）和三个模块（专业方向课程模块、创新创业教育课程模块、个性化拓展课程模块）。

创新人才培养模式，抓实转型发展核心。学校近年来围绕转型发展，在创新人才培养模式上作了多方面探索。如“校企联合办班”培养模式。学校与相关企业联合举办了“隆平班”“德力班”等38个特色冠名班。“多证书制度”培养模式。学校设有29个职业技能鉴定站，面向46个专业开展培训和考核认证工作。

完善实践教学体系，夯实转型发展基础。根据人才培养方案目标要求，结合学科专业特点，统筹安排校内外和课程内外实验、课程实习实训、毕业实习、科研训练等实践教学环节，构建了以培养学生实践能力为目标，与理论教学体系密切联系而又相对独立，教学内容前后衔接、循序渐进、层次分明的实践教学体系。

加强师资队伍建设，集聚转型发展力量。学校大力推行“两进、一培、一参与”制度（进企业、进基地，进行专项技能培训，参与产学研合作），积极探索双能型教师等级考核认定办法。

深化创新创业教育，增强转型发展后劲。学校加强创新理论教育与指导，设立大学生创新课题专项基金，制定“关于大学生创新学分的暂行规定”，多渠道开展科技创新活动；设立大学生创业基金，开设创业教育课程，形成了“创业教育、创业管理、创业实践”三位一体的创业人才培养新模式。

学校从2009年开始大力实施国（境）外合作办学工程，先后与美国、德国、澳大利亚等国外的高校建立合作关系，并与美国、韩国等国家和地区的8所大学正式签订合作办学协议。

2013年，学校作为全国首批本科教学审核评估试点单位接受教育部专家进校实地考察，专家对学校围绕应用型创新创业人才培养所采取的多种措施给予了高度评价和充分肯定，进一步坚定了学校走地方性、应用型的转型发展之路。

（原载于《中国教育报》2014年6月24日，http：//paper. jyb. cn/zgjyb/html/2014－06/24/content_ 419511. htm? div＝－1）

# 安徽首创政府主导“网络成教园区”

这个暑假，安徽电大成教在线服务中心的技术人员很忙：刚刚给安徽大学的老师上完课，又接着要准备给安徽师范大学、安徽农业大学、安徽工业大学、安徽财经大学和安徽中医药大学的老师做培训。电大之所以能成为这些高校教师的老师，是因为承担了全国首个由政府主导的“网络成教园区”项目。

安徽省教育厅高教处处长储常连介绍，成人高等教育远程化教学模式改革与信息化建设项目，针对的是高校所办函授教育过程管理难以到位、学习时间和培养质量难以保障等现实问题。更深层次的意义则在于，通过“园区”建设实践，把握网络时代教育形态变化规律，为构建未来开放教学新模式探路。

点击进入该平台门户网站，用户就可以自选已经入驻园区的高校，自助登录申请为学员，选择上线的课程，随时可以开始互动学习和预约考试。“现在学习变得自由了。”在一家餐饮企业工作的王薇薇，一直苦于没有整段的时间进修，年初在线报名学习会计专业后，半年时间已登录学习 200 多次，提交了 8 次作业。

“网络时代，高校要与时俱进转型提升。”郑汉华是安徽电大的校长，对承担的这个园区管理服务任务颇有感慨。作为国家级专业技术人才继续教育基地和国家人才知识更新工程中标单位，安徽电大对远程教育可以说是驾轻就熟，但通过园区的运行，郑汉华感到了转型的压力。他告诉记者，在这个“园区”里，电大的角色是服务提供商，而随着未来开放教育的发展，随着学生随时随处可学、课程资源共建共享局面的最终形成，电大必须具备服务的过硬本领。

据悉，可支持 50 万用户注册、12 万人同时在线的安徽网络成教园区项目实施 1 年多来，在首批 6 家高校入驻试点的基础上，第二批入驻的 10 所高校已经产生并在积极进行技术筹备。明年，安徽的 33 所普通本科高校将全部进入，学分银行等功能将完全具备。

（原载于《光明日报》2014 年 8 月 13 日第 6 版）

# 构建 地方应用性高等教育 新模式（上）

主　编　程　艺　李和平
副主编　储常连　方　明

安徽师范大学出版社
·芜湖·

责任编辑：李　玲　潘　安　王一澜　谢晓博　禹晓雪　　装帧设计：桑国磊
责任校对：吴毛顺　胡志恒　　　　　　　　　　　　　　责任印制：郭行洲

**图书在版编目（CIP）数据**

构建地方应用性高等教育新模式：全3册/程艺，李和平主编. —芜湖：安徽师范大学出版社，2014.11

ISBN 978-7-5676-1618-9

Ⅰ.①构…　Ⅱ.①程…　②李…　Ⅲ.①地方教育—高等教育—教育模式—研究—安徽省　Ⅳ.①G649.285.4

中国版本图书馆CIP数据核字（2014）第251419号

# 构建地方应用性高等教育新模式
## （全三册）

程　艺　李和平　主编

---

出版发行：安徽师范大学出版社
　　　　　芜湖市九华南路189号安徽师范大学花津校区　　邮政编码：241002
网　　址：http：//www. ahnupress. com/
发 行 部：0553-3883578 5910327 5910310（传真）E-mail：asdcbsfxb@126. com
印　　刷：安徽芜湖新华印务有限责任公司
版　　次：2014年11月第1版
印　　次：2014年11月第1次印刷
规　　格：710×1000　1/16
印　　张：57. 25
字　　数：996千
书　　号：ISBN 978-7-5676-1618-9
定　　价：115. 00元

---

# 出版说明

《构建地方应用性高等教育新模式》是安徽省教育厅组织编写的一部关于安徽省深化教育体制改革、探索构建应用性高等教育体系的著作。

为保留原作的本来面貌，除对个别文字、标点符号作必要的技术处理外，对原文不作实质性改动。由于时间仓促，水平所限，在编辑过程中难免疏漏，在此敬请读者海涵。

安徽师范大学出版社

2014年11月

# 前　言

安徽省高等教育的底子并不好，到20世纪90年代初，全省高校仅20余所，其中2/3是专科，2/3是师范类。1997年，省委、省政府提出了“刻不容缓地发展高等教育”要求，安徽省高等教育开始进入发展的快车道。随后，高校招生规模开始扩大。1998年，召开了第一次全省普通高校教学工作会议，贯彻落实教学工作的中心地位、教学改革的核心地位、教学建设的优先地位。2001年，召开了第二次全省普通高校教学工作会议，重点解决高等教育跨越式、超常规发展后的质量问题。2004年毛入学率首次超过15%，全省高等教育进入大众化阶段。

在实现了高等教育大众化之后，与其他省份一样，安徽省高等教育面临着一系列的矛盾急需解决。如优质高等教育规模不能很好地满足人民群众的迫切需求，高等教育结构对经济增长方式转变的支撑能力不足，又如生均办学条件离国家规定的合格办学标准尚有差距，高等教育体制机制的各项改革有待继续深化，等等。为此，安徽省教育厅在省委、省政府的正确领导下，牢牢把握正确的办学方向，大力实施科教兴皖战略，正确处理高等教育与经济社会发展的关系，规模、结构、质量、效益的关系，学术性与应用性的关系，高校间竞争与合作的关系，共性与个性的关系，高校自主办学与政府统筹的关系；组织力量分析了当时高等教育存在的问题，确立了研究先行、以理论成果为依据形成政策措施、以政策措施为抓手推动实践、以实践结果检验理论成果的改革思路；明确了“高等学校在一些重点领域成为培养和造就一流科学家和科技领军人才的摇篮，成为培养应用型、复合型、技能型人才的基地，成为知识创新和推动科研成果向现实生产力转化的中心，成为推进文化大发展大繁荣的阵地”的价值追求；树立了以“对经济社会发展的支撑度、对人力资源强省建设的贡献度和人民群众的满意度”为核心的价值标准；确立了“把高校的人才和科技资源优势转化为现实生产力，转化为推动经济社会又好又快发展的强大动力，转化为加速我省崛起进程、全面建设小康社会的重要支撑力”的价值功能；破解了高等教育趋同发展与经济社会多样化需求不相适应的难题，突出地方性、应用性、服务性。在实践探索中，着力推进“高校分类发展、内涵建设、整体提升、各具特色、争创一流”的行动计划，主动适应，全面支撑了安徽省经济社会发展需求，强力推进高等教育由“大省”向“强省”转变，规模扩张向质量提升转变，单一的学术性为导向向多样化、现代应用性为导向转变，封闭自主向开放合作发展转变，趋同发展向多元、特色发展转变，借贷发展为主向财政保障科学发展转变，不断提高高等教育对经济社会发展的支撑度、对人力资源强省建设的贡献度和人民群众的满意度，形成了一系列的理论与实践成果。如制定了“科学定位、分类指导、多元发展、特色办学”的应用性高等教育发展方针；实施了“地方性、应用型、合作式、一体化”实施路径；确立了“政府指导、学校主体、联盟平台、项目载体”的执行措施；建立了动态调整机制、优化高等教育布局、调整学科专业结构、大力发展专业学位研究生教育、大力培养应用型人才；高度重视创新创业教育在人才培养中的作用，大力营造创新创业教育及学科和技能竞赛的学习氛围，积极开展职业院校招生制度改革，探索招生—培养—就业一体化的机制；在国际合作中，借鉴先进理念和办学经验，在校企合作中，探索应用型人才培养模式改革，在校际合作中，实施地方本科院校整体转型；广泛开展学生评价方法改革、教师评价方法改革和学校评价方法改革；构建了以“五个度”为核心的应用性高等教育质量保障体系，即学校办学定位与社会需求的符合度，学校的四大职能对办学定位的支撑度，人才培养目标和各教学主要环节之间的吻合度，教学资源对教学水平的保障度，学生、社会、用人单位、政府对教学质量的满意度。安徽省是承担本科高校审核评估的试点省份。2013年，以这“五个度”为核心内容的安徽省审核评估指标体系在皖西学院和安徽科技学院试点运行，效果很好，达到了审核评估的目的。通过近十年的努力，高校投入进一步提高，学科专业机构进一步优化，基本办学条件有较大改善，毕业生就业率保持稳定。

总结安徽省构建应用性高等教育的实践，我们可以得出如下经验：

一是党的领导是根本。安徽省委、省政府长期关心和支持安徽省高等教育事业的发展，2010年出台了《关于建设高等教育强省的若干意见》，2011年制定了《安徽省中长期教育改革和发展规划纲要（2010—2020年）》。高等教育是全党全社会的共同事业，高等教育改革发展要紧紧围绕提高人才培养质量中心工作，坚持党的领导，确保高等教育改革发展正确的方向。学校的办学要始终坚持高等教育社会主义办学方向，坚持为社会主义培养合格的建设者和接班人。

二是坚持把办人民群众满意的高等教育作为最高目标追求，坚持把“全面、协调、可持续发展”作为高等教育的指导思想，坚持把加大经费投入作为发展高等教育的有力保障，坚持把改革作为发展的动力，推进体制机制和制度等方面的全面改革。

三是体制改革是关键，思想观念是先导。多年来，我省高等教育战线不断开展教育思想观念大讨论，解放思想，转变观念。紧紧围绕高等教育发展的重点环节、主要领域、关键能力和核心要素，紧紧抓住办学体制、管理体制、人才培养体制、教育教学改革重要内容，开展广泛深入持久的教育思想观念大讨论，不断与时俱进，解放思想，转变观念，明确思路，增强提高高等教育质量的危机感和紧迫感，树立科学的发展观、科学的质量观、科学的人才观。

在构建应用性高等教育体系的过程中，安徽省进行了大胆的探索与实践：率先在全国建立高等教育发展联盟，目前全省已经建立了七个联盟；率先在全国提出“五个引入”（即大胆引入职业资格标准，来修订完善专业人才培养规格标准；大胆引入行业标准，来修订完善专业建设标准，开展专业资格认证；大胆引入企业核心技术标准，来修订完善专业核心课程标准；大胆引入行业企业专家，来组建专业教学团队；大胆引入行业企业，积极参与人才培养工作，实现校企深度合作，在学院（系）教学管理、专业负责人和学生指导教师三个层面建立校企合作“双元制”）；率先在全国提出“双能型”师资即应用型本科高校的教师应具有应用型人才的培养能力和产学研合作的能力这一概念；率先在全国提出“高等教育基础能力提升计划”和“高等教育振兴计划”；等等。

总体来看，安徽省构建地方应用性高等教育体系具有四个特点：一是系统性。发展思路、发展路径和具体措施构成了一个系统。二是整体性。全省高校分门别类，抱团发展，整体推进。三是时间早。早在2007年左右，安徽省部分高校就根据自己的特点和优势，探索应用性高等教育发展之路。四是程度深。目前已在人才培养模式、专业结构调整、课程建设、“双能型”师资队伍结构优化、校企深度合作、协同创新等方面向改革的深水区发展。

当前，高等教育改革已进入深水区、攻坚期，全面深化高等教育综合改革，是大势所趋、形势所迫，是高等教育领域贯彻落实党的十八大、十八届三中全会和习近平总书记系列重要讲话精神的一个切实举措，也是一项紧迫而重要的政治任务。面对新形势、新要求，我们一定要增强使命感、紧迫感，居安思危，勇担重任，牢固树立大局意识、责任意识和忧患意识，自我革命，主动作为，聚焦聚神聚力抓好高等教育综合改革，推动整体办学水平和国际竞争力的大幅跃升，建设高等教育强国，为民族振兴、人类社会进步作出应有贡献。

编　者

2014年10月

# 目　录

**出版说明**……1

**前　言**……1

**第一章　安徽省高等教育的历史轨迹**……1

第一节　21世纪之前的安徽省高等教育……1

第二节　21世纪之后的安徽省高等教育……4

第三节　构建应用性高等教育体系的探索……7

**第二章　应用性高等教育的理论探索**……14

第一节　高等教育生态位理论……14

第二节　高等教育属性理论……18

第三节　高等教育分类理论……22

第四节　高等教育大众化理论……28

第五节　高等教育市场竞争理论……34

第六节　高等教育评估理论……38

第七节　应用性高等教育理论的认识与理解……43

**第三章　构建地方应用性高等教育体系的政策举措**……50

第一节　科学谋划　系统进行顶层设计……50

第二节　精心组织　扎实推进质量工程……54

第三节　适应引领　大力调整高教结构……66

第四节　协同创新　深入改革人才培养体制机制……70

第五节　多管齐下　着力建设应用性高等教育资源……78

第六节　扶持激励　组织引导大学生创新创业与学科竞赛……88

第七节　系统设计　努力构建应用性高等教育质量保障体系……92

**第四章　实践探索篇**……100

第一节 科学定位……100
第二节 特色发展……104
第三节 优化高等教育专业结构……121
第四节 人才培养模式改革……131
第五节 课程改革……141
第六节 实践教学改革……146
第七节 产学研合作……152
第八节 “双能型”师资队伍建设……158
第九节 质量监控体系建设……162
第十节 开放、合作办学……166
第十一节 专业硕士培养……177
第十二节 高等职业教育改革……191
**第五章 安徽省高等教育未来展望……213**
第一节 安徽省高等教育的形势与任务……213
第二节 深入推进高等教育综合改革……217
第三节 实施高等教育分类管理与特色发展……226
第四节 积极构建一体化高等教育保障体系……233
第五节 高等教育信息化……240
第六节 高等教育治理体系和治理能力现代化……256

# 第一章　安徽省高等教育的历史轨迹

安徽于清康熙六年（1667年）建省，其名取自境内具有深厚文化底蕴和科教传统的“安庆”和“徽州”。东周时期安庆是古皖国所在地，“皖”为“美好”之意，“皖山皖水”意为“锦绣河山”，安徽省简称“皖”即由此而来。

安徽省的教育源远流长，早在一万多年前，生活在安徽省的原始人部落就出现了教育的萌芽；进入奴隶社会后，教育得到进一步发展；进入封建社会后，安徽省的教育进一步发展，但在不同时期，有不同的特点。经济发展、时局安定的情况下发展得快些，相反，国家分裂、时局动荡时就发展得慢些。从地区教育发展的水平看，两汉时期教育的中心在淮北和江淮地区；从唐后期开始，由于战乱等原因，教育和文化的中心和重点开始向南转移；南宋时期这种转移进一步加速，皖南地区也由此成为安徽省乃至全国文化教育的发达之地，这种状况一直持续到清末。从教育的形式看，则是官办和私办并行不悖，互为补充。两宋时期安徽省教育最大的两个特点是书院的兴起和新安理学的盛行。元代安徽省的书院有较大的发展，有44所。明清两代，由于社会安定、经济繁荣和文化教育长期的积淀，安徽省教育得到空前的发展。清朝晚期，安徽省教育的发展达到前所未有的程度，但由于政治制度和教育制度的腐败以及教育本身的诸多弊端，实际上已是危机四伏，暴露出我国封建主义的落后与薄弱。

## 第一节　21世纪之前的安徽省高等教育

### 一、新中国成立前的安徽省高等教育

安徽省近代高等教育肇始于清朝末年。1897年安徽省城安庆的敬敷书院改为求是学堂，这是安徽近代高等教育的开端。1906年，在安庆建立了省立政法

学堂和优级师范学堂，1910年又创办了高等农业学堂，这是安徽省早期的一批高等学校。五四运动之后，安徽省高等教育一度处于停顿状态。在国民党统治时期，安徽省先后创办了3所高等学校，即安徽大学、安徽学院、淮南工业专科学校。这3所学校规模都不大，且很不稳定。1947年是新中国成立前安徽省高等教育事业发展最高的年份，3所学校共有在校学生2 024人。到1949年解放时，减少到1 052人，教职员工428人。1949年春，安徽省全境解放。当时的军管会先后接管了国民党遗留下来的3所学校，着手进行恢复和整顿工作。从1952年下半年开始，根据国家的整体部署，进行了院系结构调整。

## 二、新中国成立至“文革”前的安徽省高等教育

在三年经济恢复和第一个五年计划时期，安徽省高等教育稳步发展，到1957年底，安徽省高校已由解放时的3所增至5所，在校学生8 632人。到1960年底，全省高校发展到44所，在校学生达23 048人。

1961—1963年，安徽省对高等学校进行了全面的调整和压缩，到1965年，全省高校裁并为15所。与此同时，各高校根据当时教育部制定的《教育部直属高等学校暂行工作条例（草案）》（简称“六十条”），恢复了正常的教学秩序，基本走上了正常的发展道路。

总体来说，“文革”前的17年，安徽省高等教育事业发展是快的，质量也是好的，共为国家培养了39 814名毕业生；此外，还有大量的函授、夜大和短训班的毕业生，以及进修生和研究生。

“文革”中，安徽省高等教育事业遭到了严重的破坏，到1970年初，安徽省的高校大部分被裁并，有的下迁，最后只剩下6所。

## 三、改革开放至21世纪之前的安徽省高等教育

1976年10月，“四人帮”粉碎了，安徽省高校开始拨乱反正，纠正了“左”的错误，进入全面发展的时期。1977年，国家开始恢复高考。当年，全国有570万青年报考，高等学校共招收27.3万人（包括1978年第一季度增招的6.2万人）。同时，着手开展留学生工作，开始了教育领域的改革，这也是教育领域的破冰之旅。从1977年开始，采取由省属重点高校设立教学点或分校的办法，以老带新，稳步发展。1978年，中央召开全国教育工作会议，

同年6月，安徽省也召开了相应的会议。

十一届三中全会以后，安徽省教育行政部门以“调整、改革、整顿、提高”为指导方针，对各教学点或分校进行了整顿。从1978年下半年开始，又陆续新建了一批高校，同时对老校加强管理，提高质量，适当扩大规模，增加新的专业。

1983年3月，安徽省委召开全省教育工作会议。这是改革开放以来安徽省委召开的第一次全省教育工作会议，会议主题就是改革。会议总结交流了安徽省教育改革方面的经验，对省委、省政府《关于加强和改革普通教育的决定（初稿）》进行了讨论。会议闭幕后，中共安徽省委在短短的数月时间内，连续发布《关于加强高等教育工作的决定》等一系列重要文件，为安徽省高等教育事业的发展，规划出一个新的蓝图。

1985年5月，党中央召开了第一次全国教育工作会议，制定并发布了《中共中央关于教育体制改革的决定》，为新时期教育体制改革指明了方向。同年8月，安徽省委、省政府召开全省教育工作会议，推动全省教育的改革和发展。1988年6月，中共安徽省委、省政府首次召开全省高等教育工作会议，对20世纪80年代末至90年代初全省高等教育的改革和发展起到了重要的指导和规划作用。

总体来说，20世纪80年代是新时期安徽省高等教育改革的起步阶段。虽然改革的步伐不大，但毕竟是在计划经济体制下的一次重要探索，为90年代改革的深化奠定了坚实的基础，进一步加快了安徽省高等教育事业的改革和发展步伐。

1993年10月，中共安徽省委、省政府召开改革开放以来全省第二次高等教育工作会议。会议的主要任务是贯彻落实1993年全国高校党建工作会议精神，贯彻落实《中国教育改革和发展纲要》。同年11月，中共安徽省委、省政府发布《关于高等教育改革和发展若干问题的决定》（以下简称《决定》）。《决定》指出，“九十年代，我省高等教育要加快改革的步伐，积极探索发展的新路子，使规模有适度发展，结构更加合理，质量和效益明显提高。20世纪末，基本建立适应全省经济建设和社会发展需要的，科类、层次、形式协调发展的，充满活力的高等教育体系”“要把全面提高质量作为高等教育的工作重点，正确处理数量和质量的关系。要在保证质量的前提下逐步扩大规模，并根据学校的层次、科类和实际情况，分别确定发展的速度、目标和重点，使各种类型的学校合理分工，在各自的层次上办出特色”。《决定》的内容涉及全省高校改革和发展的方方面面，是在建立社会主义市场经济体制时期作出的关于安徽省高等教育改革和发展的纲领性文献。

1998年，在岳西石关召开了第一次全省普通高校教学工作会议，主要是贯彻落实第一次全国普通高校本科教学工作会议精神，落实教学工作的中心地位、教学改革的核心地位、教学建设的优先发展地位。

1999年，安徽省在全国率先开展本科教学评议工作，重点考察对第一次全国普通高等学校教学工作会议的落实情况，解剖了各普通高校的办学指导思想、办学定位、办学条件等，保证了教学工作的中心地位、教学改革的核心地位和教学建设的优先发展地位。同时，根据当时的国家教育委员会的部署，组织完成了8所本科院校的合格评估。

## 第二节　21世纪之后的安徽省高等教育

20世纪90年代初，安徽省原省委书记回良玉同志将安徽省高等教育现状概括为“规模小、数量少、层次低、底子薄、结构不合理”。到2000年，全省高校数量才20余所，其中2/3是专科，2/3是师范类，高等教育发展状况落后。

首先是事业发展不够，总体规模仍然偏小。到2001年底，安徽省人口占全国总人口的1/20，而普通高校和成人高校的在校生，都只占全国总数的1/30；普通高校校均规模仅为4 326人，只占全国平均水平5 870人的74%；每十万人口高校在校生数仅为671人，只占全国平均水平931人的72%，在华东地区约相当于上海的1/6、江苏的1/2、福建的2/3和江西的3/4；高等教育毛人学率只有10.5%，比全国平均水平13.3%约低3%。

其次是总体层次依然偏低，办学实力不强。2000年，61所省属普通高校中，本科院校22所，仅占36%；本科、专科在校生比例为1∶0.83，高于全国1∶0.69的平均水平；研究生规模过小，全省在校研究生7 669人（省属高校2 465人），仅占全国总数39.3万人的2%（省属高校占0.62%）；省属高校仅有8个博士点；国家级重点学科、重点实验室数量少，在全国有影响力的更少。

根据有关学校排行榜的参考资料，2000年，只有中国科学技术大学位列第

10名左右，一份材料将安徽大学排在第67位。2001年中国大学按学科排名，中国科学技术大学理科排名第3，工学排名第9；安徽农业大学按学科排名第11；安徽师范大学哲学排名第23；安徽财贸学院经济学排名第24。

1998年资料显示，按高级职称教师排序取前30名，安徽大学按综合大学排名第29，理工院校中国科学技术大学排名第7，合肥工业大学排名第30，医科院校安徽医科大学排名第30，师范院校安徽师范大学排名第22，财经院校安徽财贸学院排名第19。综合大学按研究生学历教师排名前30位，安徽高校榜上无名，理工院校中国科技大学排名第24，医科院校榜上无名，师范院校安徽师范大学排名第24，财经院校合肥经济技术学院排名第28。

从学校类别看，综合大学只有一所，缺语言、政治、体育、艺术、林业等类院校，主要专业类别为理、工、农、医、师。全省学科专业数为152个，各类专业点1 597个，其中本科专业点595个，专科专业点1 002个，专科占的比例为63%。虽然覆盖本科专业目录全部11大学科门类，但只覆盖58个二级门类。高校主要学科专业类别为农、医、师，占学科专业总数的70%以上。财经类专业12个，占0.75%；法学类专业16个，占1%；管理类专业39个，占2.4%。新兴、交叉、边缘学科发展不够；部分专业设点偏多，低水平重复设置；经济社会发展急需的高新技术类专业人才、高层次经营管理类人才和面向地方经济建设的应用型人才供给不足。

1997年，省委、省政府提出了“刻不容缓地发展高等教育，认真负责地提高教育质量”要求。1998年，安徽省高等教育随着全国大规模扩招进入高速发展的快车道。

“九五”以来，尤其是1998年开始扩招以来，按照省委、省政府“刻不容缓地发展高等教育，认真负责地提高教育质量”的要求，安徽省坚持走以改革促发展、以内涵为主发展和多形式发展高等教育的路子，全省高等教育事业取得了辉煌的成绩，是历史上发展最快、最好的时期之一。从宏观上看，这几年安徽省高等教育改革和发展的形势可概括为“大改革、大调整、大建设、大发展、大变化”，在发展速度、结构调整的力度、资源增量、学位研究生教育的发展速度、办学效益等方面，均位居全国前列；在采取一系列切实有效措施保障扩招后的教学质量方面，得到了教育部的充分肯定。安徽省高等教育规模不断扩大，高校校园建设、办学层次、学校面貌发生了巨大变化，迈入了高等教育大省行列。

2001年，安徽省教育厅在巢湖召开了第二次全省普通高校教学工作会议，主要是贯彻落实“4号文件”，重点解决高等教育跨越式、超常规发展后的质量问题。

2002年，“加快安徽高等教育发展”项目被省委政策研究室列为年度省委重点调研项目，由省委、省政府领导牵头，会同省直有关部门开展了为期8个月的高教调研活动，形成了“加快安徽省高等教育发展”的调研报告。报告指出，从总体上看，安徽省高等教育发展水平仍然落后于全国平均水平和周边地区，有些方面的差距还有进一步扩大的趋势，表现为总量不大、结构不优、实力不强、后劲不足等方面；面对日益激烈的经济竞争、科技竞争和人才竞争，安徽省高等教育发展的压力进一步增大；适应人民群众日益高涨的接受高等教育的需求，加快安徽省高等教育发展更为紧迫。报告强调，加快安徽省高等教育发展，是实施科教兴皖战略、加快富民强省步伐的迫切需要，也是满足人民群众日益增长的高层次教育需求、实现经济社会全面发展的必然要求，必须增强紧迫感和责任感，真正把高等教育作为先导性、全局性、基础性的知识产业和重要的基础设施，摆到优先的战略重点地位，不失时机地加快发展。调研报告带来的直接效果是，2004年安徽省高等教育的毛入学率达到15%以上，标志着高等教育从精英教育向大众教育转变。2005年底，全省高校在校研究生、本科生、高职高专生的人数分别为21 505人、286 655人、302 420人，比例为1∶13∶14，学校规模偏小、学科结构单一的局面有了很大改观；高等教育毛入学率达到17.3%，实现了高等教育的大众化。

2006年，在安徽省“十一五”规划中，提出了“建设一百来所高校，拥有一百来万在校大学生”的高等教育“双百工程”。这是针对安徽实际，规模与质量并重的高等教育方针。

实施“双百工程”的根本目的，就是以社会和人民群众的需求为导向，以发展必要的规模为基础，提高质量、优化结构、培育特色、提高竞争力并举，基本建立比较完善的高等教育体系；形成以政府办学为主体、社会各界积极参与的多元化办学格局；高等教育结构明显优化，学校布局科学合理，教育质量和效益显著提高，高等教育服务经济社会发展的能力大幅度增强；人民群众接受高等教育的权利得到有效保障。“双百工程”统筹了“十一五”安徽省高等教育规模、质量、结构、效益协调发展的要求，是贯彻落实科学发展观的行动计划，是安徽省高等教育崛起的系统工程。

## 第三节　构建应用性高等教育体系的探索

### 一、构建应用性高等教育体系的理论准备

2008年，省教育厅以“安徽省高等教育发展难点热点问题研究”的形式，对如何实施质量工程进行了研究。“‘质量工程’建设方案和实施方案研究”作为重点项目立项，与之配套的项目还有“安徽高等教育发展现状和未来发展策略研究”“学科建设、专业结构调整和实施方案研究”“高校高层次人才队伍建设与职称评审改革政策研究”“应用型人才培养与社会资源保障机制研究”等项目。省教育厅领导和项目主持人签订了项目责任书，明确了项目主持人和课题组、项目所在高校、教育厅三方的责任与义务，保证了项目的顺利进行。同时，省教育厅制定了各个质量工程项目的评审指标体系，建立了“安徽省质量工程信息管理系统”。通过上述课题的深入研究，摸清了安徽省经济社会和高等教育的发展现状，明确了质量工程实施的目标和思路，为项目设计、申报、评审、管理，以及后来的验收奠定了坚实的基础。

2008年下半年，教育厅主管高等教育的副厅长李和平带领课题组，对安徽省高等教育进行了一次全面的调研，形成了“深入贯彻落实科学发展观，着力提升高等教育发展水平”的调研报告。调研建立在年初省教育厅5个高等教育专项课题研究成果的基础上，以高校人才队伍、科技创新、教学质量、学科专业结构等子课题调研为支撑。调研工作紧扣安徽省高等教育科学发展这个主题，紧密结合当前安徽省高等教育的重点工作，突出用改革创新的思路解决发展面临的困难和问题。

报告认为，改革开放30年，特别是近10年，安徽省高等教育抢抓机遇，乘势快上，谱写了安徽省教育发展史上浓墨重彩的篇章，实现了由精英教育向大众教育的历史性跨越，进入高等教育大省行列，较好地满足了人民群众接受高等教育的需求，较好地满足了经济建设和社会发展的重大需求，较好地满足了建设文化大省和人力资源强省等党和政府的战略需求。主要表现在：

第一，规模实现超常规发展。1998年以来，普通高校数量从34所增加到93所，普通高等教育招生规模从3.5万人增加到27.3万人，普通高等学校在校生从10.5万人增加到80.8万人，这三项指标的增长速度均居全国前列。目前，全省各类高校（含普通高校93所、独立学院11所、成教学院6所）110所，各类高校在校生137万人。从高校数、在校生数、年招生数等规模指标看，安徽省已成为高等教育大省。高等教育的跨越式发展，较好地满足了人民群众接受教育特别是高等教育的需求，极大地提高了数以万计普通家庭的幸福指数。

第二，办学条件得到一定改善。与1998年相比，高等学校占地面积、校舍面积、固定资产总值、教学仪器设备总值、图书资料等办学资源增长了5倍多；专任教师总量由1.16万人增加到4.07万人，具有硕士及以上学位专任教师数量由2 515人增加到1.64万人，具有高级专业技术职务教师数量由4 310人增加到1.33万人。越来越多的重点高校、重点学科、特色专业和高水平教师进入全国先进行列。

第三，高等学校更加开放活跃。10年来，高等学校适应市场经济体制的需求，逐渐从经济社会发展的边缘走向中心。调研表明，校园建设与城市建设互动，学科专业建设与地方经济发展互动，科学研究与企业技术需求互动，“以需求为导向、以贡献求支持、以服务求发展”已深深融入高等学校的办学理念。

第四，和谐校园建设成效显著。近10年来，以办人民满意的高等教育为宗旨，在社会关注的招生、贫困生资助、毕业生就业等热点问题方面，安徽省高等教育改革平稳有序。高考科目设置、网上阅卷、知分填报志愿、平行志愿和阳光招生等改革举措，最大限度地维护了考生的利益。“奖、贷、勤、减、免”政策的实施，为贫困大学生接受高等教育提供了保障，“绿色通道”延伸到学生家门口，兑现了不让一个贫困学生辍学的庄严承诺。安徽省高校毕业生就业率连续多年位居全国前列。

报告也十分中肯地指出了安徽省高等教育发展过程中面临的众多问题。

第一，规模不大。虽然安徽高等教育“双百工程”的目标已经基本实现，但是不可否认，相对于一个拥有6 700万人口的大省来说，100所高校、100万高校在校生的规模还是偏小，尤其是安徽省普通高校在校生总数才80.8万人，还远远不足以满足经济社会发展的需要和人民群众对于接受高等教育的期待。因此，省委、省政府明确提出要大力发展高等教育，到2012年安徽省高等教育毛入学率要达到25%。但是，截至2007年底，安徽省高等教育毛入学率还仅为19.7%，比全国平均水平低3.3%。从高考录取率上看，2008年秋季，安徽省高考录取率约为51%，比全国平均水平低7%。这说明安徽省高等教育与1998年相比虽有较大发展，但从全国平均水平与省委、省政府的要求来看，安徽省高等教育在较长时期内还将面临着继续扩大规模的任务和压力。

第二，结构不优。一是从学校类型上看，安徽省高校的结构还是一种一元的、金字塔式的结构模式，主要是部属高校、省属本科高校和高职高专三大块，尚没有形成多元并存、特色发展的局面，由此造成了一些高校的盲目升格风、趋同风。二是高校的区域布局问题。安徽省高校布局过于集中，亳州、宣城两地尚无本科高校，不利于全省各地市的区域协调发展。三是学科专业结构问题。10年来，安徽省高校本科专业由121种241个专业点增加到195种1 014个专业点，高职高专专业由212种404个专业点增加到342种2 274个专业点，专业布点数虽有较大发展，但理工科和各类应用型学科专业仍然偏少，学科专业结构与安徽省经济社会结构的符合度不是很高。

第三，质量不高。10年来，安徽省高等教育在师资队伍建设、科技创新、人才培养质量等方面虽有较大提高，但对照中央和省委、省政府提出的新任务、新要求，安徽省高等教育仍然存在着质量不高的问题。一是新建或新升格的高校亟待提高教育教学质量和管理水平。10年来，安徽省普通高校数从34所发展到93所，另外还有15所高校由原来的专科升格为本科，这些高校都不同程度地存在着教育教学质量和内部管理水平如何提高以适应新的发展形势的问题。二是新增专业和新设学科学位点的质量提升问题。10年来，安徽省高校新开设的专业超过了60%，其教学方案、人才培养模式都急需在实践中总结提高，新增的博士、硕士授权单位和授权点，在人才培养、科学研究等方面也有一个探索发展的过程。三是安徽省本科特别是一本招生量占高校招生比例还低于全国平均水平，高校毕业生就业质量还不高。

第四，服务能力不强。一是高校的科技创新能力不强。10年来，安徽省高校科研成果与科研经费在数量上都取得了较大发展，每年科研项目超过3 000项，但是获得专利的不足50项，很多高校尤其是省属高校没有产生重大的科技创新成果，对于安徽的自主创新贡献度不高。二是服务经济建设能力不强。安徽省高校教学科研与经济发展的现实贴近度不够，科学研究和科技成果转化为生产力的能力和水平尚待提高，很多科研成果没有实现向现实生产力的转化。每年发表的论文超过15 000篇，但被转化的成果只有500项左右，而且还多数不在安徽省生根开花。三是服务决策咨询能力不强。无论是教学研究型大学还是应用型地方院校，在为全省或所在地区政府决策提供咨询、为区域经济社会发展建言献策等方面尚没有发挥出应有的作用。四是服务学习型社会建设和终身教育体系建设的能力不强。无论是学习资源，还是远程继续教育平台建设都存在问题。

第五，保障不力。一是政府对高等教育投入不够，高校经费严重不足。安徽省高校生均事业费和生均公用经费近5年一直处于全国倒数前三位，2007年更是排在全国各省市倒数第一。另一方面，由于近几年高校扩招，基建投资需要导致各高校债务负担沉重，加之安徽学生学费收费标准过低，严重制约了高校的发展。二是师资队伍建设面临较大压力。超过半数的高校生师比超过20∶1，还有很多高校尤其是新升格高校近5年新增年轻教师数量超过教师总数的40%，很多教师从课堂直接到讲台，缺乏必要的培训和锻炼，师资队伍总体质量亟待提高。三是教学条件尤其是实验实训条件较差。少数行业主管的高职高专学校，学生实训基础较好，但是大多数高职高专院校实训条件不达标，本科高校毕业生的实习遇到很大困难。四是校园周边环境整治不力、校内安全稳定压力增大。不少高校周边交通、出租房屋、集贸市场、电游网吧等管理混乱，影响学校安全稳定，也严重影响了安徽省高等教育的改革发展。

第六，管理不到位。一是政府管理过死。如高校进人都需人事部门统一组织考试、审批，特别是市属和省直部门举办的高校，行政化倾向明显，主管单位的注意力较多地放在干部人事管理上。至今还有不少高校的中层干部是主管单位进行考核、任用的。二是社会参与过少。高校在专业设置、人才培养方案制定、科研等方面不注意开展市场调查，没有引入社会力量共同参与。高校与企业的合作不够广泛，也不够深入。三是高校自主管理能力不强。学生的日常管理薄弱，各项管理都较粗放，精细化程度低。学术管理、后勤管理、教师管理、学生管理趋同化严重，没有特色。四是涉及高等教育管理的各部门、各单位之间统筹协调乏力，工作效率不高。

报告认为，以上制约和影响安徽省高等教育改革发展的因素之所以产生，主要是因为以下几个方面的原因：

一是思想观念问题。从事高等教育的一些工作者，仍然存在计划经济思维，“等、靠、要”思想突出，教育观念保守，缺乏学习性、创新性、开放性。自满思想、依赖思想、攀比心理、畏难情绪都有不同程度的体现。另外，在学校各项工作中，以人为本的思想观念没能充分体现。“学生中心观”“质量生命观”“教育国际化”等先进观念体现得不明显。

二是体制机制问题。主要表现为独立学院举办主体不明确；高校管理体制条块分割、职能交叉、分工不明、统筹乏力；高校“党委领导、校长负责、教授治学、民主管理”的管理体制缺乏规范化的操作规定；招生就业制度缺乏灵活性；教育投入机制落后、渠道单一；人事分配制度改革亟待深化。

三是历史遗留问题。安徽省是一个农业大省，而且人口较多，人均GDP在全国处于较低水平，底子薄，投入少，导致安徽省高等教育尤其是优质高等教育资源缺乏。安徽省高校原来总量偏少，盘子过小，虽然近几年实现了较大发展，但是从人均水平来看，在全国仍然处于较低的水平。安徽省是以全国最低的投入举办了全国中等水平的高等教育，但是长此以往，这种现象将难以为继，必将制约高等教育的大发展、大提升。

报告指出，经过近10年的跨越式发展，安徽省已成为高等教育大省，已经站在新的历史起点上，正处于我国高等教育大众化向深度推进、高等教育向强国迈进的关键时期；正面临应对世界经济危机、扩大内需带来的新机遇。各高校要准确把握贯彻落实科学发展观对高等教育改革发展的基本要求，从改革开放30年，特别是近10年高等教育发展历史的角度，科学分析和研判安徽省高等教育发展的历史方位；从安徽省经济社会改革发展大势的角度，科学分析和研判安徽省高等教育在建设工业强省、人才强省、文化强省等服务安徽省奋力崛起中的现实地位；从我国高等教育改革发展大趋势和安徽省高等教育现实差距的角度，科学分析和研判安徽省高等教育改革发展的未来走势；从应对世界经济危机、拉动内需的角度，科学分析和研判安徽省高等教育改革发展的历史性机遇，把全面提高发展水平作为高等教育的中心工作，坚持扩大规模与提高质量并重，根据学校的层次、类型和实际情况，分别确定发展的速度、目标和重点，使各种类型的学校合理分工，在各自的定位上办出特色。坚持点面结合，突出重点，切实抓好重点高校和重点学科的建设，使安徽省一批高等学校在教育质量、科学研究和管理方面，达到国内同类高校的先进水平。要振奋精神，抢抓机遇，努力实现新的跨越式发展。

2009年，安徽省教育厅组织发表了《大力发展应用性高等教育服务引领安徽奋力崛起》（程艺、储常连、方明撰，载《中国高等教育》2009年第22期）、《转型提升科学构建地方应用性高等教育体系》（李和平、储常连、方明撰，载《中国高等教育》2012年第1期）等理论文章，并在全国率先成立了应用型本科高校联盟，对构建应用性高等教育体系做了深入的理论探讨。

## 二、构建应用性高等教育体系的历程

2008年，省教育厅在安庆召开了全省高校教学工作研讨会，标志着安徽省高等教育站在新的历史起点上，开始了新的征程。会上，李和平副厅长作了《站在新的历史起点上开创我省高校教学工作新局面》的报告，报告全面回顾了1998—2008年安徽省高校的教学工作，深刻分析了1998—2001年教学被动应对扩招的规范时期、2001—2004年教学稳定适应扩招的建设时期、2004—2008年教学主动引领扩招的改革时期等三个历史时期工作的特点，剖析了高校教学工作面临的新形势、新任务。

会上，启动了“高校教学改革与质量提升工程”。“质量工程”以建设应用性高等教育为导向，设置了针对不同类型高校的建设项目，对于支持和引导高校准确定位、安于其位发挥了重要的杠杆作用。重点大学以“211工程”和A类重点学科建设为抓手，建设目标是培养高层次创新型人才，支撑区域经济社会发展；其他本科高校以示范应用型本科高校和特色专业建设为抓手，建设目标是培养高素质应用型人才，服务地方主导产业发展；高职高专学校以示范高职学校、特色专业和实训基地建设为抓手，建设目标是培养高素质技能型人才，推进人口大省向人力资源强省转变；继续教育以优质高教资源建设为抓手，建设目标是形成共享的资源平台和便捷的学习方式，服务学习型社会和终身教育体系的建设需求。上述以服务和支撑安徽经济社会发展为主要特征的应用性高等教育体系，得到了全省高校的认同和实践。

2009年省委常委会工作要点明确提出，“坚持扩大规模和提高质量并举，强力推进双百工程和质量工程，努力建设高等教育强省”。政府工作报告也明确要求“扎实推进高等教育质量工程，全面提升各类高校办学水平”。2010年，省委、省政府出台了《关于建设高等教育强省的若干意见》(皖发〔2010〕9号，以下简称《若干意见》)，标志着建设应用性高等教育体系已成为省委、省政府的决策。

《若干意见》提出了，到2020年“初步建成能够服务党委和政府决策、支撑经济发展和产业升级、引领社会进步和文化繁荣的具有安徽特色的应用性高等教育体系”的高等教育发展目标，明确了“高等学校在一些重点领域成为培养和造就一流科学家和科技领军人才的摇篮，成为培养应用型、复合型、技能型人才的基地，成为知识创新和推动科研成果向现实生产力转化的中心，成为推进文化大发展大繁荣的阵地”的高等教育价值追求。建设高等教育强省，既是目标，又是过程；既是战略，又是措施；既有明确的任务要求，又有有力的保障措施，为安徽省高等教育的发展做好了顶层设计。

2011年，安徽省出台了《中长期教育改革和发展规划纲要（2010—2020年）》，明确提出优化高等教育结构，建设一批高水平大学，重点推进应用型本科高校和示范高职院校建设，形成以国际国内一流高校和一流学科领域为龙头，以专业性、行业性、综合性强的高校、学科或专业为骨干，以主要培养应用型、技能型人才的高校或学科为基础的高等教育结构。承担了教育部“高等学校应用型人才培养模式改革”和“开展高等学校分类管理改革”两项高等教育体制改革试点任务，加强了应用型学科专业建设，改革应用型人才培养体制，创新应用型人才培养模式，建设应用型师资队伍。

2012年，教育部召开全面提高高等教育质量大会，程艺厅长作大会交流发言。安徽的地方应用性高等教育发展模式得到了教育部的充分认可，在全国也引起重大反响，从而掀起了应用性高等教育转型发展的热潮，标志着安徽省的应用性高等教育体系建设完成了攻坚阶段的任务。

2013年，安徽省出台《支持本科高校发展能力提升计划》和《高等教育振兴计划》，全面推进地方特色高水平大学建设，紧紧围绕地方性、特色化、高水平三个关键，突出各自建设重点，分类建设一批省属重点大学、应用型本科高校和高职院校；同时在全国率先开展了以“五个度”为核心内容的审核评估试点工作，探索应用型本科高校评价体系，得到教育部的高度认可。在全国大学教学论坛、中德教育合作论坛上的交流得到广泛认可，标志着安徽省应用性高等教育体系建设的成果在普遍推广应用。

# 第二章　应用性高等教育的理论探索

应用性高等教育体系，是前所未有的事物，没有现成的经验可资借鉴，只能摸着石头过河。在这样的情况下，如何规划、设计、实施这场改革，如何在每项工作中，减少盲目性，增强科学性，在很大程度上依赖多方面、多角度的理论探索。没有理论探索，构建应用性高等教育体系就无章可循，无法可依。后来的事实也证明，构建应用性高等教育体系进程中的每一项重大政策举措的出台，都离不开前期的理论研究成果的指导。

## 第一节　高等教育生态位理论

### 一、生态位理论

生态位是传统生态学中一个基本的概念，指一个物种所处的环境以及其本身生活习性的总称，包括该物种觅食的地点、食物的种类和大小，还有其每日的和季节性的生物节律等，又称格乌司原理。俄罗斯人格乌司，通过双小核草履虫和大草履虫的实验指出，在生物群落或生态系统中，每一个物种都拥有自己的角色和地位，即占据一定的空间，发挥一定的功能，在食物依赖上也完全不同，这就是一种生态位现象。凡存在者就有自己的生态位，没有两种物种的生态位是完全相同的。亲缘关系接近的，具有同样生活习性的物种，不会在同一地方竞争同一生存空间。若同时在一个区域必有空间分割，即使弱者与强者共处于同一生存空间，但弱者仍然能够容易地生存。生态位现象对所有生命现象都具有普适性，不仅适用于生物界（包括动物、植物、微生物），也适用于人（包括由人组成的集团、社会、国家）。

## 二、高等教育中的生态位

在高等教育领域，同样存在这样的生态位现象，各高校所处的生态位是不同的。国家和学校主管部门对学校的要求不同，经济社会对人才的需求是分层次、分专业的，高等院校也必须分层次、分专业。各高校有一个合理的分工，才能组成地区和国家完整的高等教育生态体系。高校要从自身条件出发，不仅要做纵向比较，更要在全省、全国范围内做横向比较。同时，经济社会发展对高校形成的生态环境是不同的。高校要围绕经济社会发展规划，找准自己在为国家和地方发展服务中的优势与特色。

例如，有的大学以科学研究为主，注重知识的创新，培养拔尖创新型人才；有的大学以传播知识为主，注重社会服务，培养应用型、复合型人才；等等。不同类型和层次的大学应找到最适合自己的发展空间，并做到“各安其位，各司其职”，尽可能避免不同层次和类型的高校产生不必要的竞争。

通过科学合理的定位，将高校定位于自己所处的生态位上，不越位，不缺位，才能形成良好的高等教育生态链，才能保证整个高等教育系统能够满足社会与大众的不同需求，实现高等教育的协调发展，从而让高校在各自的生态位上争创一流。

## 三、安徽省高等教育的科学定位

定位有空间、角色、地位的含义。高校定位是指高校根据国家、社会、学生等需求以及自身条件，经过纵向、横向比较和分析，在分析自身基础、优势、特点和发展潜力的基础上，明确自身在整个高等教育系统及同行中的位置，准确把握自身角色，确定学校在一定时期内的总体目标、服务面向而进行的一系列的前瞻性战略思考和规划活动。因此，办学定位是制定长远发展规划的逻辑起点，是区别于其他高校的标志性特征，是学校发展的历史与现实结合的能动反映，是其办学理念、人才培养质量、管理水平、社会声誉与地位的最直观的反映。

高等学校的定位必须科学。科学定位就是寻找并确定能最大限度发挥自身职能作用的角色；就是探寻矛盾的特殊性，彰显个性；就是要选择空位、坚持正位、合理错位、独占其位和适时易位；就是要填补空白点、减少重复点、凸显闪光点、占领制高点。有了明确的学校定位，就有了人才培养的目标定位。

在2005年度全省高教工作会议上，当时的教育厅领导就指出，“各高校科学定位、分层分类争创一流是明智之举，也是必由之路。”在2006年度全省高教工作会议上，教育厅程艺厅长指出，坚持分类指导，突出以科学定位、培育办学特色和竞争力为重点。《若干意见》指出，“按照我省经济社会发展需求和大众化高等教育规律，加强统筹和宏观调控，科学制定高校事业发展规划，明确高校的服务方向、办学层次和发展规模，促进各种类型高校科学定位、错位发展。”2011年，在安徽省两项高等教育体制改革试点实施方案中，明确要求科学制定安徽高校事业发展规划，引导各类高校科学定位、错位发展。安徽省最终确定了“地方性”的高等教育定位。

地方性是地方高校的生存根基。地方性就是立足地方、融入地方、依靠地方、面向地方、服务地方，把为地方经济社会发展服务作为地方高等教育的最高价值追求，把能够服务党委和政府决策、支撑经济发展和产业升级、引领文化繁荣和社会进步的，具有地方特色的现代应用性高等教育作为高等教育事业的发展目标；把对经济社会发展的支撑度、对人力资源强省建设的贡献度和人民群众的满意度，作为高等教育质量的根本评判标准。要为地方经济建设与社会发展需要培养量大面广的大批高级应用型人才，尤其是为生产、建设、管理、服务第一线培养下得去、留得住、用得上的大量高级应用型人才，为地方经济、社会的发展提供智力支撑、人才保障和技术服务；为地方经济建设与社会发展解决难题，推广高新实用技术，能为地方各类专业技术人才继续教育、终身教育提供教育培训基地。

2010年，安徽省对各高校的办学定位进行了汇总，并做了专家评议。

**安徽农业大学的定位**

努力把学校建设成为安徽省高级农业科技和管理人才培养基地、农业科技创新和成果转化基地、农业和农村经济社会发展战略研究和规划基地，努力把学校建设成为在全国同类院校有较大影响、若干优势学科有重要地位、特色鲜明的先进水平农业大学。

### 黄山学院的定位

学校类型定位：特色鲜明、综合实力较强的应用型本科院校。

办学层次定位：以本科教育为基础，争取突破硕士学位点或实现与有关院校联合培养硕士研究生，积极开展留学生教育，适度发展继续教育。

人才培养目标定位：培养基础扎实、知识面宽、实践能力强、综合素质高的应用型人才。

学科专业定位：以旅游、生态、徽文化、机械电子等为特色，建设工学、经济学、管理学、文学、理学、农学、教育学等协调发展的多学科专业体系。

服务面向定位：立足皖南，面向全省，辐射全国，为地方经济社会发展和社会主义建设提供人才、科技支撑。

### 合肥学院的定位

坚持“地方性、应用型、国际化”的办学定位。

办学类型定位：以工、经、管为主，文、理、教育、艺术等多学科协调发展的应用型本科大学。

办学层次定位：以本科教育为主，积极发展研究生教育。

人才培养目标定位：培养信念执着、品德优良、勇于创新、服务生产一线关键技术与管理岗位的高素质应用型人才。

服务面向定位：立足合肥，面向安徽，延伸全国，贴近行业，服务地方经济社会发展。

### 安徽科技学院的定位

在办学目标上，坚持为区域经济发展培养应用型人才，开展应用性科研和社会服务，努力建设成为高水平应用型大学。

在办学层次上，坚持以应用型本科教育为主，积极发展应用型研究生（专业硕士学位）教育。

在学科专业上，坚持以农科、工科为主，大力发展面向地方支柱产业和新兴产业的学科专业，以具有地方特色的优势专业带动其他专业发展。

在服务面向上，坚持以服务区域现代化生产、建设、管理、服务的实际需要，立足安徽，辐射全国，面向三农、面向基层、面向中等职教。

在人才培养上，坚持“一优三强”（知识结构优、实践能力强、敬业精神强、创新创业意识强）的人才培养规格，努力培养“四能”型（能下去、能留住、能用上、能干好）应用型人才。

在发展战略上，坚持质量立校、人才强校、特色兴校和文化名校。

**芜湖职业技术学院的定位**

立足芜湖，面向安徽和长三角，坚持“地方性、市场化、技能型、开放式”的办学思路；坚持举办以工科类专业为主，文、管、经、艺、农多专业协调发展的全日制专科层次三年制高职为主的高等职业教育，培养适应生产、建设、服务、管理第一线岗位需求，具有创新精神和职业能力的高素质技能型专门人才。同时积极发展成人学历教育，着力探索高职教育办学新途径，加速拓展职业技能培训教育功能，形成形式多样、灵活开放的办学格局。

**安徽职业技术学院的定位**

立足合肥，面向安徽，辐射全国，围绕安徽优先发展机械加工、汽车零部件、旅游、水泥建材、化工、纺织服装、电子等产业链发展需要，以专业链对接产业链，重点发展纺织服装类、建筑材料类、化工类、汽车类、旅游服务类、机电类、电子信息类专业，形成以工程类专业为主线，财经、人文类专业为两翼的专业布局和结构。

## 第二节　高等教育属性理论

### 一、高等教育的属性

属性是对于一个对象的抽象描述。一个具体事物，总是有许许多多的性质与关系，我们把一个事物的性质与关系，都叫作事物的属性。一个事物与另一个事物相同或相异，也就是一个事物的属性与另一事物的属性相同或相异。由于事物属性相同或相异，客观世界中就形成了许多不同的事物类。具有相同属性的事物形成一类，具有不同属性的事物分别形成不同的类。

属性有本质属性和非本质属性。本质属性是决定一事物之所以成为该事物而区别于其他事物的属性。如能思维、会说话、能制造和使用生产工具进行劳动是“人”的本质属性，而无毛、两足、直立行走等则是非本质属性，它仅有区别性而无质的规定性。

纵观人类社会发展的历史不难发现，人类社会总是沿着两条基本途径向前发展：第一条是在基础科学研究中探索与发现，不断揭示自然的奥秘与规律；第二条是在应用科学研究中创造发明，不断解决社会生产中的实际问题。正是有基础科学研究不断探索未知领域，发现新规律、新事物，建立、丰富和完善新理论，才推动人类文明产生质的飞跃。应用科学研究一方面将基础科学研究在新探索、新发现中产生的重大成果，通过方法创新应用到实际的生产、生活领域；另一方面在解决社会生产实际问题中不断发明新工艺，创造新方法，进行技术改造，推动社会精神文明和物质文明向前发展。上述两类科学研究对人才的不同要求，必然要求高等教育分成两个不同的人才培养体系：学术性高等教育体系和应用性高等教育体系。

## 二、应用性高等教育的本质属性

对于学术性高等教育我们并不陌生，它主导精英教育数百年，而应用性高等教育体系则是大众化高等教育阶段的新事物。应用性高等教育是相对于学术性高等教育而言的一种对高等教育形式的描述，其依据是高等教育的本质和价值，主要指以职业为背景，以就业、创业为导向的培养高级职业和专业人才的教育系统。它具有三大特征：

### 1.应用性与现实性

这是相对学术性、长远性而言的。应用性高等教育有“两个追求”：在基本理论知识学习的基础上，追求知识、理论、科学、技术的实际应用，侧重于对学生应用专业理论知识指导实践工作能力的培养；面向生产、生活、服务、管理一线，追求实用、实效，关注人才培养、科学研究、社会服务的实际价值和现实意义，侧重于适应能力、实践能力、创新能力和创业能力的培养。

**2.地方性与开放性**

应用性高等教育与地方经济社会紧密联系，服务于区域经济的发展。就其专业而言，是在相对稳定的学科基础上针对工程技术、应用技术、职业岗位（群）来设置专业或专业方向的，具有行业、职业或技术的定向性和地方性。同时，应用性高等教育也与社会用人部门紧密联系，其师生与实际劳动者紧密联系，全面开放办学过程，融入地方经济社会发展之中。

**3.多样性与系统性**

经济社会发展对多样化人才的需求、对解决现实生产与管理问题的需求等，决定了应用性高等教育必须多元化发展、多样性发展。同时，应用性高等教育不是一个教育的层次，而是一种教育的类型，既包括纵向的专科教育、本科教育、研究生教育等不同层次，又包括横向的人才培养、科学研究、社会服务等不同的职能以及行业特性。培养人才和技术研发的多样性是有内在分工与合作的，行业间、职业间的联系越来越紧密，相互交叉，这些都决定了应用性高等教育是一个由多层次、多功能、多行业以及多专业构成的教育系统。

## 三、应用性高等教育与学术性高等教育的区别

应用性高等教育与学术性高等教育有以下不同点：

**1.服务对象不同**

学术性高等教育服务于国家战略和长远发展目标，以精英教育为主，重点培养社会需要的尖端型科技人才，其发展以提高学术质量为核心内容；应用性高等教育服务于地方现实的经济社会发展需要，与地方经济社会的发展融为一体，并作为上层建筑和第一生产力引领地方的各项发展。

**2.任务主体和责任主体不同**

学术性高等教育的任务主体是“985工程”“211工程”等一些国家重点建设高校，发展的主要责任主体是中央政府。应用性高等教育的任务主体是地方高校，尤其是近几年来新建的本科院校、改制高校、独立学院以及一些民办高校，发展的主要责任主体是地主政府。

**3.学历标准要求不同**

学术性高等教育对人才培养的基本学历要求是博士研究生，最低是硕士研

究生。应用性高等教育人才培养根据社会需求和专业特点的不同，学历可以分别是专科（技能型、操作）、本科（知识、技术应用、工程）、研究生（高级技术、高级管理等）。

**4.人才培养模式不同**

体现在人才培养目标，教学内容、过程与方法等方面。

（1）培养目标方面。学术性高等教育培养的是理论型、学术型人才，理论基础比较宽厚，并在宽的基础上有所专，成为拔尖创新人才，致力于提高科技水平和生产力水平（包括管理水平）；应用性高等教育的培养目标主要指向技术师、工程师、经济师、经理等，培养的是应用型和职业型技术人才，着重学好知识和技能，主要从事将高新科技转化为生产力（包括管理能力、服务能力）。

（2）教学内容方面。学术性高等教育不仅要向学生传授已经有定论的科学知识和专业知识，而且还要向学生介绍最新的科学成就、各种学术流派和学术观点以及学科需要进一步研究和探讨的问题，培养学生创新和探索精神；应用性高等教育教学内容以职业岗位或工程技术领域的需要为出发点，在满足某一专业的学科理论的基本要求上，以生产现场正在使用和近期有可能推广使用的技术为主要业务范围，具有应用性、针对性和实用性。

（3）教学过程与方法方面。学术性高等教育关注是什么、为什么，强调全面、系统、科学的传授与理论基础研究，是知识本位的；应用性高等教育关注怎么做，强调实践、技能训练，是能力本位的，以提高学生的学习能力、就业能力、轮岗能力和创业能力为重点。

（4）研究的方向、内容不同。学术性高等教育致力于基础研究，探索自然和人类的新知识，针对性不明确；应用性高等教育致力于应用研究和技术研发，解决现实问题，针对性强。

（5）评价的标准不同。学术性高等教育追求学术高层人才培养、储备及科研成果的理论价值和原创性发现；应用性高等教育追求多样化的应用型人才培养，科研成果的产业化、商品化及其经济价值、社会价值和现实作用。

应用性高等教育体系不是对高等院校类型的简单划分，而是对不同高等教育性质的描述。它是以人类社会发展对人才的需求模式和学科知识本身的属性为依据，从横向上将高等教育划分为相对独立的系统。因此，它不是低于学术性高等教育体系的一个高等教育层次，而是贯穿高等教育不同层次的完整体系；它不是指某所高校的所有学科专业，而是指那些培养应用型人才的学科专业。换言之，相对于基础学科专业而言，所有应用型学科专业都属于应用性高等教育体系的范畴。

应用性高等教育是相对学术性高等教育而言的一种对高等教育形式的描述，其依据是高等教育的本质和价值，主要指以职业为背景，以就业、创业为导向的培养高级职业和专业人才的教育系统。

应用性高等教育以培养应用型人才为主，这类人才不同于研究型和学术型人才，也不同于技能技工。他们在本科教育结束后，能够在某一领域内将有关的专业理论知识具体地运用到经济建设实践中去，成为理论指导实践、改造客观世界的高级技术工作者。

应用性高等教育具有鲜明的技术应用型特征，是另一类型的高等教育；但“应用性”与“学术性”并不是非此即彼的，而是有机的对立统一体，存在于高等教育宏观体系之中。就像一个人一样，既具有男性的一面，又具有女性的一面，如果女性性征占主导地位，是矛盾的主要方面，就是女性；如果男性性征占主导地位，是矛盾的主要方面，就是男性。

## 第三节　高等教育分类理论

### 一、高等教育分类理论

分类就是把无规律的事物分为有规律的，按照不同的特点、类型等分类事物，使事物更有规律。

高等教育分类是指人们为了更好地认识、研究和引导高等教育发展而将高等教育系统划分为不同的类型和层次，从而确定高等教育系统中各子系统及各要素之间的相互关系（种属关系、并列关系、层次关系）的过程。其目的在于依据不同的分类，构建与之相适应的高等教育结构体系，以此引导高等院校科学定位，特色发展。就安徽省高等教育而言，经过多年持续发展，呈现出“五种类型、五个主体”的新特点，即研究型大学（学科任务型）、教学研究型大学（学科导向型）、应用型大学（就业导向型）、高等职业院校（就业任务型）和继续教育院校（资源建设型）。但是否就将安徽省高等教育划分为5种类型呢？我们来看看国内外有关高等教育分类的理论。

国外有关高等教育分类问题的研究，始于20世纪70年代。以1973年美国卡耐基高校分类法的问世为先行，代表性的分类法主要有以下4种：

（1）美国卡耐基教学促进基金会的“高等教育机构分类法”。它是目前世界上有关高等院校分类方案中最早也是最著名的分类法。该分类法根据高等教育机构的不同任务，将美国各类大学和学院予以分类，并建立起明确的划分标准，迄今已推出了1973、1976、1987、1994、2000、2005年6个版本。其中，2005版共有6种分类模式，即基本分类和新增的5种独立（平行）分类。基本分类与卡耐基以前5个版本的分类类似，按照所授学位的层次及数量，将高等院校分为副学士学位授予学院、学士学位授予学院、硕士学位授予学院/大学、博士学位授予大学及专业主导机构、部落学院6种基本类型。后5种独立（平行）分类为新增的模式，分别是从本科生培养计划、研究生培养计划、学生类型、学制、规模5个角度进行分类。

（2）联合国教科文组织的“国际教育标准分类法”。联合国教科文组织制定并颁布了1975、1997年两个版本的“国际教育标准分类法”。这两个版本的区别是：前者注重层次，后者注重类型。1997年的“国际教育标准分类法”是根据教学计划将第三级教育（高等教育）做了两个维度的划分。纵向上将高等教育从低到高分为序号5（专科、本科和硕士研究生教育阶段）和序号6（博士研究生教育阶段）两个等级（层次）；横向上，与1975年不同的是，先是将高等教育第一阶段（序号5）分为理论型（5A），实用型、技术型（5B）两个一级类别，然后再将理论型（5A）分为学术型（5A1）和专业型（5A2）两个二级类别。

（3）美国加利福尼亚州的“高等教育总体规划”。《加利福尼亚高等教育总体规划》根据任务对加利福尼亚州高等院校进行了明确的分工：横向上形成了公立院校与私立院校两个系统，其中公立院校系统在纵向上由高到低又分为加州大学、州立学院及社区学院和初级学院几个层次。其中加州大学系统专注于涵盖学士学位、硕士学位和博士学位层次的高等教育；州立学院系统注重学士学位、硕士学位阶段的高等教育；社区学院则负责提供学士学位及以下的课程。这几个层次之间具有上下位的连续性。私立学院和大学则另成系统，主要是通过相互之间在学术市场上的竞争来实现的。加州公立高等教育系统的杰出之处主要是有计划地实行了公立高等院校的相互分工，各类学校不超出比例招生，也不能跨类别培养人才，从而保证了有序竞争。

（4）英国的“研究评估分类法”。1992年，英国多科技术学院融入大学系统后，英国政府通过“高等教育拨款委员会”对所有高等教育机构一视同仁地提供教学经费。但在研究经费方面的拨款则是选择性的，“高等教育拨款委员会”根据“研究评估作业”的结果来确定高等院校的研究经费，通过研究经费的竞争性拨款来促进高等院校分层。由于英国政府采取以评估的方式来衡量各大学的研究绩效，并以学科领域而非高等院校的评估成绩来决定研究补助经费的多少，因此研究成绩评估起到了引导大学通过投入更多的精力提高研究绩效以争取政府有限资源的积极作用。

自新中国成立以来，我国政府在高校类型、专业设置、学制等方面先后实施过若干分类标准。

（1）纵向分层。根据隶属关系或管理权限将高等学校划分为教育部所属、中央各专业部委所属和地方政府所属3类；根据重点学科（国家级、省部级等）、博士点和硕士点等情况将高等学校划分为“985工程”建设大学、“211工程”建设大学，或分为全国重点大学、地方重点大学、地方一般高校。

（2）横向分类。根据学科设置数量将高等学校分为综合性、多科性、单科性；按学科设置类别分为综合类、理工类、文科类、医药类、农林类、师范类；根据建校时间分为“老校”“新建院校”；根据主要投资渠道将高等学校分为公立、私立、民办等。这4种分类由于与高校的切身利益不直接相关，在社会和高校中影响较弱。

国内学者最有代表性的对高校的分类法主要有4个：

（1）潘懋元的“培养类型和层次分类法”。厦门大学潘懋元先生在其论文《高等学校的分类与定位问题》《建立高等职业教育独立体系刍议》《21世纪国家的核心竞争力——‘教育—人才’的合理结构》中，根据高级专门人才的培养类型和层次，提出了综合性研究型大学、多科性或单科性专业型大学或学院、多科性（单科性）职业技术型或技能型专科学校（学院）3种基本类型及其体系的构想。

（2）陈厚丰的“高校综合分类法”。2004年，湖南大学陈厚丰在《中国高等学校分类与定位问题研究》一书中，以教育的内外部关系规律、特罗理论和高校社会职能理论为基础，以学科和专业覆盖面作为分类依据，将高校从横向上分为单科类、多科类和综合类3类；以履行社会职能的产出比重为依据，将高校分为研究型、教学科研型、教学型、应用型4种类型，并从理论上组合成12种中国高校的基本类型，构建了一个纵横交错的综合性分类框架。

（3）马陆亭的“范围集中度分类法”。2004年，国家教育发展研究中心马陆亭在《高等学校的分层与管理》一书中，将劳动力市场分割理论和学校能级理论作为分类的理论基础，以学术水平作为层次分类标准，即根据学术性指标值的集中度进行聚类分层。其中，主变量包括博士学位授予数集中度、科研经费获取数集中度两个指标；辅变量包括硕士学位授予数集中度、在国外及全国性刊物发表学术论文数集中度两个指标。在此基础上，提出了21世纪前期中国普通高校的层次结构，确定了研究型大学、教学科研型大学两类高校的边界条件。2005年，他又在题为《我国高等学校分类的结构设计》的论文中，对其分类法进行了修正，提出了按两个维度划分高校类型的新方案。这种分类法的分类指标应用了“在国内高校中的排名位置”“建校历史”等明显属于大学排名的指标，并将高校投入与产出指标并用。但是，分类指标过多，数据计算量过大，一定程度上影响了该分类法的可操作性。

（4）武书连的“大学分类法”。2002年，广东管理科学研究院武书连提出将我国大学分为研究型、教学研究型、教学型、专业型4种类型的设想。随后，他又对这一分类框架进行了完善，并分别在《科学学与科学技术管理》和《中国高等教育评估》上发表了题为《再探大学分类》的论文，提出了按学科比例和科研规模两部分组成新的大学分类法及其标准。其基本内容是：按学科门类及其比例将现有大学划分为综合类、文理类、理科类、文科类、理学类、工学类、农学类、医学类、法学类、文学类、管理类、体育类、艺术类13类；按科研规模大小将现有大学划分为研究型、研究教学型、教学研究型、教学型4型。每个大学的类型由上述类和型两部分组成，类在前、型在后。

## 二、高等教育分类存在的问题

### 1.我国政府高等教育分类制度中存在的问题

首先，这些分类标准没有从高等教育系统自身的发展规律出发，过于强调现实分类主体的实际利益而忽视了高校自主发展的价值，一些分类标准已不符合当前高校的实际发展状况。其次，政府在高等教育分类中仍居于绝对的主体地位。由于我国缺乏大学自治的传统，在中央集权行政的影响下，学者的研究对决策的影响有限。再次，高等教育分类重纵向分层，轻横向分类。长期以来，我国根据对高校的纵向分层配套相应的管理制度，在资源分配、经费安排等方面区别对待，这使得高校长期陷入层层攀高、办学模式趋同、人才培养单一的“怪圈”。

**2.学者分类法中存在的问题的集中表现**

一是绕过高等教育系统而直接对高等学校分类，这明显违反了系统论的基本原则：忽视整体而只看局部，很难准确反映系统整体的性质和规律（国外的高等教育分类研究，除联合国教科文组织的“国际教育标准分类法”之外，大都也存在同样问题）。高等教育分类的对象是高等教育的完整系统，这个系统至少应该包括高等教育及其实施机构——高等学校，如果没有对高等教育进行分类就直接对高等学校进行分类，那么后者的分类就可能出现随意性，在分类框架及分类标准上也很难达成共识，导致高等学校定位的混乱。二是以学历、学位层次、科学研究等为标准划分高等教育体系（例如，把以博士培养为主的高校定为研究型；硕士培养为主兼有博士的高校定为教学研究型；学士培养为主的高校定为教学型；高职院校定为专科等）。这种划分体系的弊端在于忽视了高等教育的本质和人才培养的学科专业特点，以人才培养的层级标准掩盖了人才的学术性和应用性区别。另外，用研究型、教学型等对高校分类，也容易造成后者培养的人才缺少研究能力的误解，这显然不符合高等院校培养高级专门人才的基本定位。

高等教育的本质是培养符合社会需要的高层次人才，高等教育的价值是服务经济社会发展和人的全面发展，高等教育的任务是人才培养、科学研究和社会服务。既然高等教育的存在归根结底以社会需要为前提，高等教育分类也应从社会的人才需求出发。换言之，应立足于教育系统外部，跳出教育看教育，而不应仅就教育自身孤立地做出判断。正是以此为依据，安徽省选择了一条应用性高等教育之路。

## 三、安徽省高等教育的分类指导

一段时期以来，一些高校热衷于追求升格，盲目设置热门专业，高校发展同质化现象严重，办学特色不明显。高校同质化的发展模式，与社会需求是不相符的。同时，安徽省有100多所高校，类型与层次各不相同，用一个模式、一种方法、一项标准来管理，不符合实际，也很难取得理想的效果。

实行分类管理是克服办学同质化现象的有效途径。经济社会的发展对人才需求的多样性，要求高校培养不同层次、不同类型和不同规格的专门人才，形成有特色的人才培养模式、培养目标和质量标准。重点大学担负着为国家培养拔尖创新人才的任务，建设一流本科教育，必须着力培养学生的创新意识和创造能力。对于一般地方院校，强调要认真抓好某一学科专业领域内的品牌专业建设，形成专业特色和优势，加强实践教学环节和产学研相结合，着力培养应用型本科人才。对于新建本科院校和独立学院，则重点强调以教学基本建设和规范教学管理为重点，创建良好的教学条件，不断提高教学质量。

以安徽省“质量工程”为例，在重点学科和特色专业项目设计上，要求以具有博士学位授予权高校和部分办学历史较长的具有硕士学位授予权高校为重点，遴选建设省级重点学科，努力形成布局合理、优势突出的省级重点学科体系，建成安徽省高素质创新型人才培养基地、高水平科学研究和科技成果转化基地。以应用型本科高校和高职高专学校为重点，积极支持民办高等学校和新建高等学校，遴选建设省级特色专业，努力形成与安徽省经济社会发展需求相适应、结构优化的特色专业体系，建成安徽省高技能应用型人才培养基地、“双师型”教师和面向社会的技能培训基地。

基于这些考虑，省级“质量工程”项目建设规划按照“总量控制、分批遴选”的方式执行。项目推荐指标分为基础指标、结构指标和竞争指标3类。

基础指标分解到每一所高校，指标在2012年前有效。基础指标设省级项目准入制度，具备省级项目条件的，直接认定作为省级“质量工程”建设项目；不具备省级项目条件的，到2012年后指标作废。结构指标分解到不同层次或类型的高校群体，具有硕士学位授予权高校、应用型本科高校、高职高专学校和成人高等教育单位，在本层次或类型高校间竞争确定省级“质量工程”建设项目。竞争指标面向全体高校，完全依据项目的特色和水平，竞争确定省级“质量工程”建设项目。

在2013年安徽省“高等教育振兴计划”中，“有特色高水平高校建设项目”建设的总体目标是：分类建设一批在全国同类高校中有特色和竞争力的高等学校，争取在理科、工科、农科、医科、师范类龙头高校通过省部共建，培育建设若干所地方高水平大学，力争使其达到国内同类院校先进水平的要求。项目分3类进行设计：

省部共建高校要积极争取教育部等中央有关部门的政策支持，建成一批国内一流的地方高水平高校。通过省部共建在国家层面上取得重大标志性成果，包括在国家级重点学科建设、国家级重点实验室建设、国家级专业综合改革试点建设、国家级教学成果奖、国家级科技进步奖等方面取得重大突破，为支撑地方经济发展和重大产业发展作出重大贡献。

应用型示范本科院校要坚持立足地方、依托地方、服务地方，科学定位，以培养应用型人才为主要办学特色，校地、校企、校际互通合作，进一步完善服务、支撑和引领地方经济社会发展的应用性高等教育体系。深化教育教学改革，创新人才培养模式，加强应用型学科专业建设，打造一支具有应用型人才培养能力和产学研合作能力的应用型教师队伍。科学配置和使用校内外教学资源，实现优质教育资源共建共享，发挥省级示范应用型本科高校的辐射和带动作用，逐步提高安徽省应用型本科高校的整体实力。

示范性高等职业院校要进一步提高办学实力、教学质量、管理水平、办学效益和辐射能力。在深化教育教学改革、创新人才培养模式、建设高水平专兼结合专业教学团队、提高社会服务能力和创建办学特色等方面取得明显进展。发挥示范院校的示范作用，带动高职教育加快改革与发展，逐步形成结构合理、功能完善、质量优良的高职教育体系，更好地为经济建设和社会发展服务。

安徽省作为7个“省级统筹教育综合改革试点省”之一，采取多项措施，积极构建“服务地方、支撑经济、引领发展”的应用性高等教育体系。在建设地方应用性高等教育体系中，采取分类指导策略，将全省高校分3类进行建设。第一类是地方特色高水平大学，第二类是地方应用型高水平大学，第三类是地方技能型高水平大学。

## 第四节　高等教育大众化理论

### 一、高等教育大众化理论

1973年，美国高等教育社会学家马丁·特罗根据欧美发达国家高等教育发展现状，第一次提出了高等教育大众化这一新现象，并以高等教育毛入学率达到一定比例（15%~50%）作为进入高等教育大众化的标志。高等教育大众化在外表现为高等教育规模的扩大；在内表现为高等教育系统结构的多元发展。马丁·特罗认为，在高等教育大众化发展过程中一个最重要的变化倾向，就是高等教育的多样化发展，精英高等教育评价标准根本不能再诠释新出现的高等教育现象。为了有效解决高等教育大众化阶段出现的新问题，自20世纪70年代开始，“高等教育分类”研究应运而生。研究的根本目的，就在于依据不同的分类，构建与之相适应的高等教育体系，以此引导高等院校科学定位，特色发展。

大众化高等教育具有以下特征：

**1.大众性**

大众化高等教育的大众性特征首先表现在有越来越多的适龄人口有机会接受高等教育，一般意义上体现为录取率和在校生规模的不断增加，是教育机会的公平和高等教育资源的共享。另一方面，在大众化高等教育阶段，更多的高等学校走出象牙塔，走向大众生活，更贴近群众的生活工作和学习的需求。在教育教学模式和内容、方式方法上，承担大众化任务的高等学校更强调现实的需要和市场的变化，注重技术和岗位与应用型专业的对接和发展。

**2.差异性**

大众化高等教育阶段高校类型多样，除了公办的以外，还有私立、民办的和社会捐助的；大众化高等教育阶段高校办学主体多元化，除了中央和省级人民政府外，还有地方城市、投资集团、企业等。大众化高等教育阶段因为呈现多样性，传统的统一模式化管理被打破，高等学校个性化得到加强。大众化高等教育仍然保持一定的公益性，因为高等教育主要是国家公益事业，同时也有市场化的趋势，强调市场机制在资源配置中的作用，并且在投资方式上，强调获得高等教育机会的大众在满足需求的同时，要有一定的支付能力，成为成本承担者。当然，非传统学生的增加，其年龄特征、就学方式、修业年限和方式、价值趋向等都表现出多样性。

**3.开放性**

传统、封闭的办学模式在大众化进程中被逐步打破，高等教育必须走向市场、走向大众、连接社会、连接社区，开门办学，才能获得新资源，找到不同于精英阶段而符合大众阶段的办学模式，以有效满足经济社会发展的需要。我国高等教育大众化是在加入世界贸易组织、高等教育国际化深入发展背景下完成的，其开放性的一个重要方面就是国际留学生教育的蓬勃发展以及教育理念、模式、制度的输入和吸收，由此带来的是管理者、办学者思想观念和心态上的开放。

**4.层次性**

高等教育大众化带来高等教育系统中的高等学校出现性质分类、目标分层、功能分化。一部分研究性、综合性大学仍然承担原有的精英教育使命，不必去迎合大众教育的需求，而更多的高等学校则主要承担推动高等教育大众化的任务。即使在高等教育普及化阶段，这种分类与分工也不会改变，从而导致统一的、简单的管理成为不可能，也是不必要的，而是要选择宏观调节、分类指导。大众化高等教育的主要承担者高等学校必然走向自由、个性与独立。

## 二、安徽省高等教育大众化

2002—2008年，安徽省省属普通高校从59所增加到89所；招生人数从11.46万人增至21.78万人，增长90%；大学在校生从30.7万人增至64.23万人，增长109%。截至2008年，安徽省高等教育毛入学率从12.5%提高到19.7%，提前进入高等教育大众化阶段。

安徽省高等教育大众化具有以下特点：

**1.普通高校数量明显增加，但具有研究生培养资格的高校没有增加**

普通本科、专科院校的数量有了显著的增长，特别是高职院校的数量不断上升。在这几年的发展过程中，安徽省高职院校面向地方经济和新农村建设实际，实现了特色发展。具有研究生培养资格的高校数量没有增加，但是研究生的招生数量却呈上升趋势，这表明安徽省研究生的校均规模在不断扩大，这是在原有学科基础上拓宽了专业方向，从而扩大招生数量，而不是增加了培养单位的覆盖面。

**2.普通高校是高等教育大众化的主要承担者**

安徽高等教育大众化是以本科、专科作为扩招的主要对象。在这一过程中，普通高校是普通本科、专科教育的实施主体，到2005年在校生数已经接近总数的90%。同时还承担了大量的成人本科、专科教育任务，成为大众化任务的主要承担者。

**3.内涵式发展和外延式发展并行**

在安徽省高等教育大众化过程中，普通本科、专科高校采用的是两种不同的发展方式，专科通过新增了许多院校，以外延式发展减轻了院校的规模压力，校均规模增长相对小；而本科院校数的增加速度远低于学生数的增加速度，采用的是内涵式发展方式，本科院校校均规模迅速膨胀。

**4.人文社会科学类专业急剧增加**

安徽省普通高校招生增长比例最快的是人文社会科学类。因此，从招生数的变化上可以看出，安徽省高等教育大众化的实现是以人文社会科学类专业充当扩招的第一军团。

**5.部属院校招生稳定，地方院校招生大起大落**

部属院校1998—2000年招生数量都处在上升的趋势，但是从2001年开始招生数就趋于平稳，没有什么太大的变化。地方高校1998—2005年招生则呈现大起大落的现象。导致这种现象的主要原因是地方院校定位不准，试图通过扩大规模来提高办学实力，向高水平大学靠拢，但在扩大招生的过程中，由于缺乏科学规划，对诸如专业的严重趋同而导致的就业率下降、办学条件不足等问题考虑不周，因此当问题不突出时就大量招生，当问题突出时就大量削减招生。

**6.新设专业雷同性增加，冲击着学校的特色发展**

一是不同类的院校之间存在着雷同性。例如，开设社会工作专业的院校有10所，心理学专业的有13所。有多所院校开设了计算机类专业。二是有些专业同一时间在不同的院校开设。三是同类院校在不同的时间开设相同的专业。

**7.专业点增加而专业种数没有明显增加**

高等教育大众化必然带来高校专业结构的变化。衡量专业变化可以从两个方面入手：一是专业点数，即同一个专业有多少学校开设；另一个是专业种数，即高等学校共设了多少种专业。

高等教育扩招后，部分单科院校新增设的专业中非类专业占有相当大的比例。例如，安徽科技学院在2003年新增了8个专业，其中7个专业都是非类专业，分别是国际经济与贸易、财务管理、食品质量与安全、英语、信息与计算科学、政治学与行政学、社会工作，非类专业所占比例达到了87.5%。这些专业除了英语和计算机，主要集中在经济与管理两大学科门类，而这些专业又恰恰是扩招以后特别是高等教育步入大众化阶段之后最热门的，也是招生最多的专业。因此，高等教育大众化是促使单科性院校综合化的原因之一。

**8.高职院校定位不准，效仿本科高校的管理方式，追求“大而全”**

部分高职院校一方面仍然沿用普通本科院校的教学计划、教学模式和课程体系，只是在对本科相关专业进行简单删减和压缩的基础上，形成其教学计划，这样不仅失去了自身的办学特色，而且还丧失了竞争力。另一方面，高职院校存在追求“大而全”的现象，一些高职院校也在搞“综合性”。原有的高职院校经过合并，专业领域不断拓宽；新建的高职院校在专业设置上往往选择热门专业开设，缺乏与社会需求的对口性。学生在校期间没能得到很好的技能训练，即使是在毕业时取得了相应的职业资格证书，其含金量也是遭到质疑的。

**9.高等学校办学条件的改善滞后于规模的扩张**

根据对安徽省高等教育校舍建筑面积、图书和教学仪器设备资产值的数据分析，可以发现，1998—2005年这些指标的总量是在上升的，但是生均指标却在下降。之所以会出现这种状况，主要原因在于安徽省高等教育投资主要来自财政拨款和学生学费两部分，投资渠道比较单一，政府投入不足，导致了教学设施落后，数量不足。

**10.民办高等教育在高等教育大众化进程中并没有得到很好的发展**

安徽省民办高等教育无论是从学校数量还是在校生规模，与公立高等学校或独立学院相比，均处于弱势地位，在安徽省高等教育大众化进程中并未发挥更大的作用。事实上，民办高等教育应该是安徽省乃至我国高等教育的一个重要组成部分，是实现安徽省乃至我国高等教育多元化、实现高等教育多元投资的一个重要举措。但由于独立学院这种特殊的办学形式具有不平等的竞争优势，从而使民办高等学校的生源得不到保证，再加上社会对民办教育本来就存在歧视和偏见，民办高校的学生被剥夺了许多本应享受的待遇，从而使民办高校的发展在一定程度上受到了遏制。

## 三、安徽省高等教育的多元发展

高等教育的大众化必然会带来高等教育的多样化。多样化的必然性在于：一是社会需求的多样化。社会上的行业千千万万，对各类人才的规格、层次、要求也是千差万别的，同一模式培养的人才不可能满足社会多样化的需求。二是人的个性、智力、需求、追求的目标以及愿意付出的代价是不尽相同的，只有多样化的高等教育才能满足更多人的不同的学习需求。三是国家的财力有限，只有多样化的高等教育、多渠道集资，才能实现大众化。

高等教育大众化是社会发展的必然趋势，而高等教育多样化是实现大众化的必经之路。所以，在大众化阶段，高等教育必须多元发展。安徽省在高等教育大众化的进程中，坚持高等教育的多元化发展。

**1.加强省级统筹，让高校在各自层次上办出特色，争创一流**

充分认识到地方高校的重要性，加强省级政府对高等教育整合改革的统筹。建立完善的、省级统筹为主的高等教育管理体制和能够统筹全省各部门的联动工作机制，促进高校科学定位、分类指导、特色发展，在各自的层次和类型上争创一流。高等教育中的“985工程”“211工程”等高水平大学，主要服务国家战略和科技创新，培养拔尖创新人才；地方高校是高等教育的主力军，主要服务地方战略，面向的是生产管理一线的主战场，是大学生就业的主体，培养应用型、复合型人才；高职院校和成人高校、开放大学等服务终身学习、继续教育的需要。各类高校要根据大学使命和生源基础，遵循高等教育规律和学生身心发展规律，为每个学生提供适合的教育，培养造就数以亿计的高素质劳动者、数以千万计的专门人才和一大批拔尖创新人才，科学构建现代高等教育体系，保持高等教育系统的生态多样性，实现高等教育促进社会发展和人的发展的完美结合。

**2.建立多元化的学生评价机制**

改变用一张试卷评价学生课程学习效果，用一篇论文对学生进行毕业鉴定，放松对实践教学环节评定等传统的课程、实践环节考核和毕业鉴定方式，全面转变学生评价机制。课程考核更加注重对学生学习过程的考核；实践环节评价更加注重对学生实践能力提升的考核；毕业鉴定根据专业培养目标，多形式地检测学生综合应用能力和设计能力，实行毕业论文（设计）真题真做。

**3.建立多元化的教师评价机制**

改变以教师发表论文、承担项目多少对教师进行评价的方式，全面转变教师评价机制。注重提高教师的应用能力和文化素养，支持并鼓励教师和企业联合开发新产品、新技术，增强解决工业技术问题的实践能力，在科研项目立项中增设产学研合作项目，支持教师以完成企业技术难题和科技成果推广、转化为主要目标的项目研究。改革教师评价制度，把专业课教师定期到企业锻炼作为一项长期的制度，并作为职称晋升、年度考核、评选优秀的主要依据，把服务社会、开展技术攻关，解决企业难题作为重要指标。鼓励企业和社会专业技术人员进入高校任教，通过产学合作，从产业部门和企业中聘任一批学有专长、实践经验丰富的专家学者和工程技术人员作为兼职教师，提高教师应用型人才的培养能力和产学研结合的能力；制定教师离岗进入企业开展技术攻关的优惠政策和股权激励机制。

**4.建立多元化的学校评价机制**

改变以教育评价和科研实力为主进行大学排名的学校评价机制，大胆引入高校对地方经济社会发展的贡献度等社会评价指标作为高校评价标准，全面转变高校评价机制。建立以高校自我评估为基础，以教学基本状态数据常态监测、院校评估、专业认证及评估、国际评估为主要内容，政府、学校、专门机构和社会多元评价相结合的教学评估制度，开展由政府、学校、家长及行业企业等多方参与的人才培养质量第三方评价活动，形成开放的高等教育第三方评价体系。

高等教育的多元发展，不仅体现于高等教育机构类型、层次、形式、办学主体和服务面向的不同，而且体现于因满足不同需求和人的个体差异所带来的学校科类专业、培养目标、教育要求、教学方式、管理制度、师资组成等的不同。

## 第五节　高等教育市场竞争理论

### 一、市场经济及其特点

市场经济和计划经济都是资源的配置方式。在计划经济条件下，高等教育系统是整个计划体制的一部分，学校没有自主办学的权利，用人单位则是毕业生的被动接受者，学生也不能完全根据个人的特长与爱好选择适当的工作单位和职业。在这种既无竞争又无淘汰的运行状态下，高等教育机构本身缺少一种内在的激励机制去推动其不断优化学科结构，加快发展速度，提高质量和效益。

在市场经济体系下，市场分配成为最基本的分配形式，一切生产要素和产品都要通过市场来分配，产品和服务的生产及销售完全由市场的价格机制所引导，而不是像计划经济一般由国家所引导。在市场经济里并没有一个中央协调的体制来指引其运作。在社会主义市场经济条件下的高等教育运行机制中，存在着一种内在的驱动力和内在的激励机制去推动高等院校保持适当的发展速度和规模，不断优化结构，提高办学质量和效益。

竞争是市场经济最本质的特征，没有竞争就没有市场经济。高等教育要适应市场经济发展的需求，最根本的就是要跟上市场经济发展的步伐，与时俱进。市场经济的发展，要求高等教育要由以往的维护计划经济秩序转变为建设自由、公平的市场经济秩序。高等教育要面向市场，面向现代化，面向企业，面向世界，使高等教育结构与我国经济结构和人才结构的新需要紧密结合，培养更多更好的高级科技人才和管理人才，并为建设中国特色社会主义作出贡献。

高校要在激烈的市场竞争中生存下去，必须要有鲜明的办学特色。当前高校办学方面的一个突出问题是定位不够准确，存在着层次盲目攀高、规模盲目攀大、学科专业盲目求全的倾向，办学模式趋同，缺乏个性和特色。大学水平之高不在于层次多高、规模多大、学科多全，而在于特色和优势。各层次、各类型的高校都可以办出高水平、高质量；办得不好，高层次学校也可能水平低、质量差；盲目追求规模大、层次高、学科全、专业热，常常是造成低水平、低质量的原因。在认真调查分析社会发展对人才需求态势、同类学校和相关学科专业发展趋势、纵横比较找出学校自身优势的基础上，高校要按社会急需的人才确立培养目标，按学科的前沿走向设置新型专业，按拾遗补缺的原则开设各类课程，按扬长避短的思路调整教育结构，真正做到“人无我有，人有我优，人优我新”；要坚持“异峰突起，出奇制胜”，在“异”和“奇”上做文章，在“峰”和“突”上做文章。不同类型、不同层次的高校，都应该而且也可以有自己的特色培育项目，有自己的人才培养模式和教育教学模式，有自己的特色专业和特色课程，有自己的教学名师和骨干梯队。要立足本层次，办出相对高水平，形成自身的优势和特色。

## 二、高等学校的办学特色及其形成

大学的办学特色是指，一所大学在发展历程中形成的比较持久稳定的发展方式和被社会公认的、独特的、优良的办学特征。教育部本科教学工作水平评估指标体系中指出，大学的办学特色是指学校在长期办学过程中积淀形成的，本校特有的，优于其他学校的独特优质风貌。特色应当对优化人才培养过程、提高教学质量作用大、效果显著；特色有一定的稳定性，应在社会上有一定影响、得到公认。特色可体现在不同方面：治学方略、办学观念、办学思路，科学先进的教学管理制度、运行机制，教育模式、人才特点，课程体系、教学方法，以及解决教改中的重点问题等方面。这一概念界定概括地揭示了办学特色的内涵，阐明了办学特色是大学在长期的教育实践中发展形成的，在价值取向、办学理念、办学目标、人才培养模式、学科与专业建设、科学研究、管理机制、教育风格等方面表现出一系列相对持久稳定的特性。大学的办学特色是衡量学校办学水平和人才培养质量的标志之一，也是学校的核心竞争力之一，并在很大程度上体现了学校的社会声誉。

如何形成大学的办学特色，既是一个理论问题，也是一个实践性很强的课题，需要多学科综合研究。大学办学特色的形成是一个不断优化选择的自我完善的过程；是一个由潜在优势向显性优势转化的过程；是办学者的办学思想与社会特定需求相适应的过程；是教职员工解放思想，使富有特色的教育观点、教育思路、教育风格逐步成熟的过程。

先进的办学指导思想是办学特色形成的指南，准确的学校定位是办学特色形成的前提，明确的办学思路是办学特色形成的关键，个性的人才培养模式是办学特色形成的体现，优良的师资队伍是办学特色形成的动力，鲜明的教学特色是办学特色形成的核心。

## 三、安徽省高等教育的特色发展

走特色化发展道路，既是各国高等教育普遍采取的发展战略，是当今世界高等教育发展的大势，也是我国高校改革与发展的历史性选择。美国卡耐基基金会前主席欧内斯特·波伊尔指出，美国的高等教育应是多样化的，“每一所大学和学院都应为自己的特色而自豪，都应寻求弥补其他学校的不足而不是一味模仿”。安徽省高等教育的发展，应借鉴国外大学发展的成功之道，以特色立校，以特色兴校，以特色强校，进而实现高校自主型、创新式、个性化的发展。

**1.特色立校，就是将特色化发展之道作为学校改革发展的基础战略**

各高校应以国内外高等教育改革发展的潮流为背景，以国家和地方经济、政治、文化、社会发展的重大需求为动力，以国家科技和教育发展的纲领性文件为依据，以推进本校与国家和区域经济建设及科技创新紧密结合、与文化繁荣和社会进步紧密结合等为旨归，因校制宜，找准发展定位，明确提出学校的特色化发展战略，勾勒学校未来的发展蓝图。

**2.特色兴校，就是将特色化发展之道作为学校改革发展的核心战略**

各高校应从办学规模、总体实力、学术资源和本科教育、研究生教育、继续教育、留学生教育以及学科建设、专业建设、课程建设、师资建设、校园建设、实验室建设、图书馆建设等方面入手，做好盘点性的排查摸底工作，看看哪些是别人没有自己有的，哪些是别人有自己也有但比别人强的，哪些是别人强自己更强，哪些方面强和弱，强在什么地方、弱在什么地方，居于什么地位，发展空间与前景、趋势如何，等等。然后，看看还有哪些空白或空间，通过挖掘或整合现有的力量或适度引进资源、增加投入，在较短时间内就可以上马和见效的，哪些方面可以保住优势和特色，哪些方面经过努力可以进一步强化特色，哪些方面进行纵比可以提升特色化建设水平、使之上升几个台阶，哪些方面经过努力可以打造精品、形成特色品牌、进而赶超国内或国际一流，等等，从而真正制定出既符合本校实际又开拓进取、积极可行的特色化发展战略，以全面提升学校的核心竞争力。

**3.特色强校，就是将特色化发展之道作为学校改革发展的重点战略**

各高校应根据自己与国内外和省内外竞争者、拟赶超者的相对坐标位置，突出自身优势，开拓发展思路，锐意改革创新，充分发掘潜力，坚持有所为有所不为，有计划、有步骤地选择可以或可能支配或影响全局的重点学科、重点专业、重点研究项目和领域作为增长极，加以重点建设和发展。有意识地培育若干门优势学科和拳头专业或若干个特色学科群与专业群，打造所在学校的特色品牌，创构独到而杰出的人才培养模式或特别出色的学科、专业与课程体系及其教育教学方法，形成独特的办学治校风格和科学人文优势，进一步把“蛋糕”做大，把品牌做强、做特，以全面提升学校的学术声望和社会影响力。

**安徽大学的办学特色**

“三基并重、全面发展”的人才培养模式。“基本理论”教育，指以专业基础理论为核心，以公共基础理论为支撑的知识传授；“基本技能”培养，指基本技术和能力的培养和训练（基本技能包括获取和运用知识的能力、发现和解决问题的创新能力、理论联系实际的实践能力，以及计算机、外语、数学和写作等应用技能）；“基本素质”养成，指“全面素质”构成中那些最基础的要素（政治素质、人文素养、科学精神、心理素质等）的培育。学校人才培养模式的创新和改革，体现了以下特点：一是将全面素质教育思想转化成符合地方大学实际的人才培养模式，并坚持十余年的探索和实践；二是较早地重视素质教育的“内化”问题，使人才培养模式的实现更符合“以学生为本”的教育理念；三是在人才培养模式的改革中，高度重视其实践性特点，系统地开展了一系列教育教学改革和实践，为全面素质教育的实施积累了较丰富的经验。

**安徽农业大学的办学特色**

学校坚持以服务为宗旨，在贡献中发展，形成了以“大别山道路”为特征的办学特色，在促进区域经济和社会发展的互动中培育优势学科和专业，构建了以农林学科为优势，以生命学科为基础，多学科协调发展的专业格局。

## 第六节　高等教育评估理论

### 一、高等教育评估理论

人才培养是高等学校的根本任务。高等教育质量的根本是本科人才培养质量，提高本科人才培养质量的重点是提高教学质量。教学评估是评价、监督、保障和提高教学质量的重要举措，是我国高等教育质量保障体系的重要组成部分。

部分学者认为，西方教育评价产生和发展大致经历了教育测验运动以及评价理论产生和发展两大时期；也有学者认为教育评价的发展大体分为4个时期：教育评价的萌动时期（20世纪初到20年代），教育评价的探索时期（30年代到40年代），教育评价的发展时期（50年代到60年代），教育评价的兴盛时期（70年代到80年代）。第一个阶段侧重于“测量”，时间自20世纪初至20年代。这个阶段以教育评价即确定教育目标的达成度的泰勒模式以及60年代初克隆巴赫提出的教育评价是为教育决策提供信息的过程为代表。第二个阶段侧重于“描述”，时间是20世纪30年代至40年代。斯塔弗尔比姆提出的CIPP模式是这一阶段的代表，他将评价看作是一种工具，应对教育活动的背景、信息的输入、教育过程及结果给予全面的评价，使方案更有效地为使用者服务。斯塔弗尔比姆所强调的“评价最重要的意图不是为了证明，而是为了改进”的看法得到了教育界的广泛支持。第三个阶段侧重于“判断”，时间是20世纪50年代至60年代。主张评价者不仅要运用测量手段搜集各种信息，还要根据一定的价值取向评判教育，追求教育多元化。第四个阶段出现于70年代。美国印第安纳大学教育学院教授枯巴和林肯出版了《第四代教育评价》，自称“第四代教育评价”理论。

枯巴和林肯认为，前三代评价理论的不足之处在于：一是把评价对象及其他一切有关的人都排除在外，致使评价工作不够全面、深入；二是把评价者的价值观作为评价的唯一标准，没有考虑到评价中其他人的价值观念；三是在评价的方法上忽视了定性方法的运用。在反思、批判传统评价理论的基础上，枯巴和林肯提出了“第四代教育评价”理论。“第四代教育评价”理论对评价的本质进行了有益的探讨，提出了“共同建构”“全面参与”“价值多元化”“评价中的伦理道德问题”等观点。在评价方法上，“第四代教育评价”理论采用“应答性资料搜集法”和“建构主义方法”，以“回应—协商—共识”为主线，带来了许多新看法、新思路。它倡导了一种民主的评价精神，倡导了一种为加深认识改进工作而评价的方法。这种评估是所有人参与活动的心理共同建构的过程的观点，以及所倡导的为改进工作而进行评价的方法。

我国现行的学校评价模式产生于70年代末80年代初，以终结性评估为主，较少有形成性评估。形成性评估是通过诊断教育方案或计划、教育过程与活动中存在的问题，为正在进行的教育活动提供反馈信息，以提高实践中正在进行的教育活动质量，以改进教育活动为目的，评估结果主要供那些正在进行教育活动的教育工作者参考。终结性评估是在教育活动发生后关于教育效果的判断，一般在教育过程结束后进行，要区别优劣、分出等级，评估报告主要呈递给各级制定政策的管理人员，作为他们制定政策或采取行政措施的依据。这种以工业化时代的标准化管理为核心理念，以检验各不相同的学校是否达到预先设定的统一标准为基本操作方式的评价模式，可以称为“鉴定性评价”，即用“一把尺子衡量不同的学校”。在学校发展的初级阶段，鉴定性评价对于促进学校软硬件达标、管理到位、质量和效益达到一定标准，是十分必要和有效的。然而，由于鉴定性评价模式具有多同一、少个性、重奖惩的特点，因而其弊端和局限性也是显而易见的。我国高等教育评估所使用的一直是第三代评估理论，在评估初期该理论对我国高等教育事业的发展起了很大的促进作用，但随着我国高等教育体制改革的深入，该理论的弊端也逐渐显现。

因此，高等教育评估应进行全面的改革、转型。评估理论应从第三代向第四代理论转变，评估形式应从外部评估向内外部评估结合转变，评估过程应由终结性评估向形成性评估转变。

## 二、安徽省高等教育评估历程

人才培养是高等学校的根本任务。高等教育质量的根本是本科人才培养质量，提高本科人才培养质量的重点是提高教学质量。教学评估是评价、监督、保障和提高教学质量的重要举措，是我国高等教育质量保障体系的重要组成部分。

开展教学评估的目的是促进高等学校全面贯彻党的教育方针，推进教学改革，提高人才培养质量，增强本科教学主动服务经济社会发展需要和人的全面发展需要的能力；促进政府对高等学校实施宏观管理和分类指导，引导高等学校合理定位、办出水平、办出特色；促进社会参与高等学校人才培养和评价，监督高等学校本科教学质量。

开展本科教学评估工作，确保人才培养质量，切实提高高等教育对经济社会发展的支撑度、对人力资源强省的贡献度和人民群众的满意度，切实提高高等教育的毛入学率、大学毕业生的就业率、高等教育为经济社会发展的服务能力和科技成果的转化率，是落实“科教兴皖”“人才强省”发展战略和高教强省建设目标的重要举措。

安徽省一直高度重视本科教育评估。1999年，当时的安徽省教育委员会下发了《关于对第一次全国全省普通高等学校教学工作会议精神贯彻落实情况进行检查评议的通知》（皖教高〔1999〕02号），检查评议的目的是促进高校切实转变教育思想，更新教育观念，端正办学指导思想，进一步确立教学工作的中心地位，增强质量意识，加强教学基本建设，改善教学条件；进一步深化教育教学改革，加强教学管理，促进人才培养质量和效益明显提高。检查评议的主要内容为：

（1）教育思想和办学指导思想。主要检查评议学校领导学习第一次全国全省普通高等学校教学工作会议精神情况，学校开展教育思想观念大讨论情况，学校办学指导思想和定位及教学工作思路情况。

（2）教学工作的定位。主要检查评议学校各级领导、教学单位和教学人员、主要职能处室的教学中心意识、参与教学改革及服务教学改革的情况，奖学金学籍表建设情况。

（3）教学建设与改革的规划及实施。主要检查评议第一次全国全省普通高等学校教学工作会议之后，学校师资队伍、专业、课程、实践教学等教学建设与改革方面的规划、计划及初步实施情况。

（4）教学与教学管理。主要检查评议学校教学与教学管理及基本状况，包括教学管理制度和教学计划及执行情况，教风与学风情况，教学管理队伍的人员结构和业务水平情况，教学质量监控体系运行及监控信息的反馈利用情况。

《2003—2007年教育振兴行动计划》提出了要实施周期性评估工作，建立高等学校教学质量保障体系，安徽省积极响应并组织实施。截至2008年底，全省20所高校（含中国科学技术大学、合肥工业大学）接受了本科教学工作水平评估。评估结果中，14所高校优秀，占70%；5所高校良好，占25%；1所高校合格，占5%。本科教学工作水平评估，促进了高等学校的教学基本建设，改进了教学工作，规范了教学管理，提高了教育质量，取得了明显成效。

安徽省是教育部第二轮合格评估试点省份，也是教育部审核评估试点省份。2009年受教育部委托，率先在合肥学院开展全国新建本科院校合格评估试点，2012年开始对全省所有符合合格评估条件的新建本科院校进行合格评估；对尚未达到三届毕业生、不符合合格评估条件的新建本科院校，开展自我评估；2013年受教育部委托，在安徽科技学院和皖西学院再次率先开展全国审核评估试点。对医学、师范、工程、建筑类等专业开展专业认证和评估；对高职高专院校进行新一轮人才培养工作评估。要求全省所有本科院校发布高等教育质量报告，主动接受社会监督。

## 三、安徽省高等教育审核评估

2011年底，教育部《关于普通高等学校本科教学评估工作的意见》（教高〔2011〕9号）出台，文件要求，各省根据自己的高等教育实际，制定符合本省省情的审核评估方案。在充分研究和认真总结安徽省高等教育评估的基础上，安徽省提出了依据“第四代评估理论”构建起来的以“五个度”为核心内容的应用性高等教育评估体系。

**1.审核评估的目的**

（1）进一步督促高校按国家规定的质量标准办学。

（2）进一步提高本科教育教学质量保障水平。

（3）进一步引领高校科学定位、分类指导、多元发展、特色办学。

**2.审核评估的原则**

（1）学校自评与专家评估相结合，以学校自评为主。

（2）全面了解与重点考察相结合，以重点考察为主。

（3）共性的规范评估与个性的特色评估相结合，以特色评估为主。

（4）省级统筹与分类指导相结合，以分类指导为主。

（5）定性评估与定量评估相结合，以定性评估为主。

**3.审核评估的重点内容**

（1）高校办学定位与社会需求的符合度。考察各高校是否坚持以社会需求为导向，紧紧围绕服务地方经济建设和社会发展需要，围绕安徽重大发展战略、未来产业升级和承接产业转移等对创新型、复合型、应用型人才的需要，对学校的学科专业、服务面向、办学层次与类型进行科学定位。

（2）高校人才培养、科学研究、社会服务、文化传承创新对办学定位的贡献度。考察各高校是否坚持教学工作中心地位不动摇，牢固树立本科教育是高等教育之本、是高等学校之本、是创新人才培养之本，强化特色办学，人才培养、科学研究、社会服务、文化传承创新与其办学定位是否一致，各项工作的开展是否对培育和固化办学特色具有较大贡献。

（3）高校人才培养目标、方案、教学运行、质量及质量监控之间的吻合度。考察各高校是否坚持以全面提高教育教学质量为目标，加强教学质量保障体系的建设与完善，教学过程各环节是否进行系统有效的质量管理，人才培养目标的实现与学校办学定位是否相吻合。

（4）高校师资队伍、教学仪器设备、实践教学基地、图书资料等教学资源对教学水平的保障度。考察各高校是否坚持以教学资源的合理配备和有效使用为保障，加强师资培训和教学资源的持续投入，改善教学队伍与教学条件，保障教学水平稳步提高。

（5）学生、社会用人单位、政府对教学质量的满意度。考察各高校社会声誉及其社会影响，在校学生及毕业生对学校教学工作认可度是否较高，用人单位对毕业生是否满意。

## 第七节　应用性高等教育理论的认识与理解

### 一、人的思维特征分析——点、线、网、树

心理学理论认为，思维是人脑对客观事物间接的、概括的反映，是人类开动脑筋认识世界的过程中进行比较、分析、综合的能力，是人类大脑的一种机能。思维是复杂的、多形态的，一个人同时并存着几种不同形态的高度发达的思维。

人们的思想状况可分为4个层次：

（1）点状思维。这个层次普遍存在于年轻的对象，他们对各种事物的认识是孤立的，相互不联系。这样的对象思想工作比较好做，你只要解决了一个点的问题，他的思想观念就会转变过来。

（2）线性思维。这种思维讲究因果关系。学习理科的人在这个层次上体现得特别明显，他们对一类问题有着非常清晰的逻辑思考，往往忽视这些问题的外在联系，他们在某一个问题上有一个线性思维。

（3）网状思维。拥有这种思维的人对很多现象的认识是相互联系、相互制约的。比如教育问题，包含课堂教学问题、课程问题、师资问题、教材问题等，有经验的教师对这些问题的认识往往是有联系的。学校的管理包含有教学管理、后勤管理、行政管理、学生管理等，其中的某一个具体问题可能会牵涉其他很多的问题，学校领导对这些问题的认识也是有联系的。

（4）树状思维。拥有这种思维的人对一些现象的认识有理论基础，有理论

作为支撑。这样的人一般是领域里的理论家、思想家，他们的思想改变是很困难的。对于具有树状思维的人来说，如果政治思想认识不同，这种不同就会演变成政治斗争，斗争的形式一开始是理论、思想的斗争，到后面可能演变成为权力的斗争。

## 二、广泛深入持久的教育思想观念大讨论

教育思想观念的转变，实际上就是人的思维方式的转变，是思维方式从点状、线状到网状、树状的转变。

2012年3月，在第19次全省高校党建暨2012年度高教工作会议上，谢广祥副省长做了《加速转变发展方式全面提高教育质量》的报告，他指出，“在新的历史条件下，安徽省高等教育发展中存在的矛盾已经开始转化。第一，我们基本满足了人民群众接受高等教育的强烈需求，但人民群众对优质高等教育的强烈需求与优质资源供给不足的矛盾仍需解决。安徽省高水平大学、学科专业、师资数量仍然较少，这与人民群众接受优质高等教育的迫切愿望是不相称的。第二，我们不断完善提升了高等学校的功能，但建设‘三个强省’的新要求与高等教育服务、支撑、引领作用不足的矛盾仍然存在。打造‘三个强省’要求安徽省高等教育培养的人才数量、素质和结构有一个大提升，要求能涌现出更多的知识创新、技术创新和文化传承创新的成果。第三，我们大大落实了高校的办学自主权，但推进省级统筹高等教育体制改革与现行体制机制约束的矛盾仍然存在。高校与政府、社会的关系仍需进一步理清，现代大学制度需进一步完善，省级政府统筹管理仍需进一步推进。第四，我们全面加强对高素质人才的引进提高师资队伍素质，但提高质量要求与师资队伍保障不足的矛盾仍很突出。特别是‘双师型’‘双能型’和高层次人才队伍建设，与全面加强内涵建设、提高应用型人才培养质量的要求相比，仍显不足。第五，我们全面落实高校办学经费增强高等教育资源保障能力，但加大经费投入与高校精细化管理水平不高的矛盾日益凸显。”他要求各高校务必要从战略高度，密切关注国家和安徽省经济社会发展大势，全面分析高等教育发展面临的新形势，科学研判新时期经济社会发展对安徽省高等教育提出的新要求，准确把握高等教育发展的新矛盾，科学确定高等教育发展的新任务，把思想认识真正统一到提高质量上来。紧紧围绕人才培养重点环节、科学研究主要领域、服务社会关键能力、文

化传承核心要素，紧紧抓住办学体制、管理体制、人才培养模式、教育教学改革、协同创新、教师职业道德等重点内容，开展广泛深入持久的教育思想观念大讨论。通过大讨论，进一步解放思想，转变观念，明确思路，增强提高高等教育质量的危机感和紧迫感。

实际上，安徽省高等教育在发展过程中，一直注重教育思想观念的转变。在建立应用性高等教育体系之初，安徽省就意识到陈旧的思想观念和办学理念，核心问题是用传统的观点和思维方式来看待发展了的形势和变化了的情况，突出表现为狭隘的发展观念、片面的质量观念和带有较强计划管理色彩的办学理念。在处理学校发展的问题上，注重规模扩张和层次提升，忽视学校的生存能力、竞争实力和对经济社会发展的贡献率。在处理教育教学质量的问题上，仍然受片面的知识质量观主导，对扩招后如何提高教育教学质量感到茫然和无措。在处理学校管理和教学管理的问题上，计划管理色彩浓厚，过分注重权利管理、组织管理和制度管理，忽视了管理对象、服务对象、教学对象的发展需要和能动作用，因而对校风不正、教风不严、学风不盛及人才流失等现象整治不力。当然，这里有水平问题，有作风问题，但首先还是思想问题、观念问题和办学理念问题。这些问题若不能很好地解决，安徽省高等教育很难在规模扩张的同时实现综合实力的跨越。

安徽省要求各高校要通过解放思想，树立正确的高等教育发展观。一是树立可持续发展的观念，把发展要求和条件保障结合起来，在保持适当发展速度的同时，提高管理水平，加强人才储备，抓好校园文化、周边环境、图书设备等软硬件建设，为长期发展奠定良好的基础，留有充分的空间。二是树立协调发展的观念，把规模扩张和质量提高、结构优化、效益跃升结合起来，促进安徽省高等教育的综合竞争力实现新的跨越。三是树立全面发展的观念，在坚持社会主义办学方向的前提下，采取更加开放、灵活、多样的发展模式，坚持学校教育与自学考试、远程教育并举，普通高教与成人高教并举，公办高校与社会力量办学并举，自主办学与对外合作办学并举。四是树立优势发展的观念，破除“高大全”，突出“优特强”，着力建设具备优势、富于特色、有竞争力的学科和专业，要把安徽省在国内具有比较优势以及在就业市场上具有比较优势的学科、专业作为发展的重点，趋利避害，后来居上。

要通过解放思想，树立正确的高等教育质量观。质量观的问题不仅是一个质量评价标准的问题，也是关系到高等教育发展战略的问题。正确的质量观，应该是素质教育的质量观，是全面素质质量观。它的核心，是以学生知识、能力、品格等智力和非智力的、科学和人文的综合素质的高低作为教育质量的衡量标准，这是素质教育思想的集中体现；同时，它对不同类型、不同层次的高等教育有不同的评价侧重点。全面素质质量观，要求我们在素质教育思想的指导下，根据培养目标的不同，形成多样化的质量评价体系，关键要看学校能否培养出适应社会需要的相应人才。

要通过解放思想，确立符合现代高等教育发展需要的办学理念。新的办学理念与传统办学理念有两个最主要的区别。一是更加强调“以人为本”。“以人为本”则要求我们把“人”——学生和教职员工——的发展作为中心，围绕人的发展需要确定教书的内容和方法，围绕人的发展需要确定管理的模式和手段，围绕人的发展需要确定服务的范围和形式。这里既包括一切教育活动以学生的发展为核心的“以生为本”的教育理念，也包括一切管理活动以教职员工为主体的学校管理理念。二是更加突出学校教育的实践性，由传统的以知识为教学核心转变为以创新与实践为教学核心，并将实践性贯穿到教学活动的各个环节，着力培养学生的创新意识、创新精神和实践能力，真正落实学校以教学工作为中心，教学以创新精神和实践能力培养为核心的思想。

## 三、“六破六立”

教育思想观念大讨论以“六破六立”为主题，即破计划经济思维立市场意识，破封闭思维立开放意识，破习惯思维立创新意识，破趋同思维立特色意识，破精英教育思维立大众化教育意识，破保守思维立争先意识。

教育思想观念大讨论以“处理六个关系，实现六个转变”为重点，即正确处理高等教育与经济社会发展的关系，规模、结构、质量、效益的关系，学术性与应用性的关系；高校间竞争与合作的关系，共性与个性的关系，高校自主办学与政府统筹的关系；推进高等教育由“大省”向“强省”转变，规模扩张向质量提升转变，学术性为主向现代应用性为主转变，封闭自主向开放合作发展转变，趋同向多元、特色发展转变，借贷发展为主向财政保障科学发展转变。

教育思想观念大讨论以如何提高高等教育服务、支撑、引领地方经济社会发展的能力为要求。《关于建设高等教育强省的若干意见》提出了“初步建成能够服务党委和政府决策、支撑经济发展和产业升级、引领社会进步和文化繁荣的具有安徽特色的应用性高等教育体系”的高等教育发展目标。如何实现这一目标，各高校都进行了广泛深入的讨论。

## 四、基于普遍认识的应用性高等教育发展理论

从2008年提出建立应用性高等教育体系的动议起，通过多年的努力，安徽省高等教育区域布局和专业结构日趋合理，多元化的办学格局基本形成，分类指导、特色发展办学思路深入人心。初步实现不同层次、不同类型高校各安其位，特色发展，多元化的办学格局；产教融合、上下贯通、左右互通、相互衔接、开放灵活的人才培养全立交机制初步搭建，教育教学质量显著提升；高校毕业生初次就业率接近90%，专业对口就业率逐年提高；高校科研竞争力逐步加强，能够服务党委和政府决策、支撑经济发展和产业升级、引领社会进步和文化繁荣的具有区域特色的应用性高等教育体系初步建成。在诸多方面形成共识并得到上级领导认可。

（1）地方应用性高等教育战略目标——高教强省。2010年4月2日，中共安徽省委、安徽省人民政府出台了《关于建设高等教育强省的若干意见》除提出了上述高等教育发展目标外，还明确了“高等学校在一些重点领域成为培养和造就一流科学家和科技领军人才的摇篮，成为培养应用型、复合型、技能型人才的基地，成为知识创新和推动科研成果向现实生产力转化的中心，成为推进文化大发展大繁荣的阵地”的高等教育价值追求，树立了以“对经济社会发展的支撑度、对人力资源强省建设的贡献度和人民群众的满意度”为质量标准的高等教育价值取向，确立了“把高校的人才和科技资源优势转化为现实生产力，转化为推动经济社会又好又快发展的强大动力，转化为加速我省崛起进程、全面建设小康社会的重要支撑力”的高等教育价值功能。

（2）地方应用性高等教育的发展方针——“科学定位、分类指导、多元发展、特色办学”。科学定位是前提，分类指导是根本，多元发展是机制，特色办学是方向。科学定位解决的是认识问题，分类指导解决的是方法问题，多元发展解决的是体制机制问题，特色办学解决的是路径和方向问题。这一发展方针的提出，使得安徽省高等教育在经过大发展、大改革、大提升、大建设，实现历史性跨越式发展后出现的办学定位不清、学科结构趋同、盲目攀高求大、办

学特色不够明显等问题，得到有效解决。

（3）地方应用性高等教育发展的道路——“地方性、应用型、合作式、一体化”。“地方性”是高等教育发展定位，把为地方经济社会发展服务作为高等教育的最高价值追求和质量判断标准；“应用型”是地方高等教育特色；“合作式”是地方高等教育发展模式；“一体化”是地方高等教育质量保障。这一方针的提出，使得高等学校找准适合自己特点的类型，妥善处理好培养目标与办学层次的关系、学科建设与专业建设的关系、理论学习与实践训练的关系、全面发展与一专多能的关系、培养“专才”与培养“通才”的关系，利用校内外各种办学资源，实现高校与外部环境的通力合作，搭建合作平台，建立战略联盟，创新合作模式，实现双赢或多赢，永葆高校的生命力，提升学校的核心竞争力。

（4）地方应用性高等教育发展措施——“政府指导、学校主体、联盟平台、项目载体”。“政府指导”即由省政府负责牵头制定改革实施方案和年度工作计划，并根据改革需要研究制定配套政策并提供经费支持；“学校主体”即高校根据改革试点方案整体部署，自愿选择试点项目，经省教育厅批准后组织实施；“联盟平台”即全省同类高校经协商一致后，组织成立合作联盟，以联盟为平台开展分类指导，制定分类管理的办法和标准；“项目载体”即省教育厅在质量工程等项目的设计和建设中，嵌入转型发展改革项目，以项目为抓手推进改革试点工作。

（5）地方应用性高等教育质量保障体系——三级质量工程体系和“五个度”的应用性高等教育质量保障体系。2008年，安徽省正式启动了省级质量工程建设，构建了国家、省、校三级质量工程体系。安徽省的质量工程建设正确处理了与国家质量工程建设、学校质量工程建设的关系，体现了“系统设计、上下贯通、分步实施”的设计理念，取得了丰硕的成果，使得安徽省高等教育的发展水平上了一个台阶。质量工程实施以来，安徽省初步建设了一批高水平大学、一批高水平学科专业、一批高水平创新平台、一批高水平人文社科基地，培育了一批以高水平领军人才为核心的创新团队。

2011年，为执行教育部关于本科教学评估工作的要求，安徽省教育厅出台了《关于普通高等学校本科教学评估工作的实施意见》（皖教高〔2012〕15号），明确提出以“高校办学定位与社会需求的符合度，高校人才培养、科学研究、社会服务、文化传承创新对办学定位的支撑度，高校人才培养目标、方案、教学运行、质量及质量监控之间的吻合度，高校师资队伍、教学仪器设备、实践教学基地、图书资料等教学资源对教学水平的保障度，学生、社会、用人单位、政府对教学质量的满意度”这“五个度”作为衡量应用性高等教育质量的标准。

# 第三章　构建地方应用性高等教育体系的政策举措

安徽省在构建应用性高等教育体系的过程中，从调查研究着手，以影响高等教育发展的难点热点问题为切入点，科学谋划，系统进行顶层设计，扎实推进质量工程，大力调整高等教育结构，深化人才培养体制机制与模式改革，加大投入建设应用性高等教育资源，开展各级各类大学生科技竞赛活动，确保人才培养质量，政策措施得力，建设效果显著，得到政府、学校和社会各界的认可。

## 第一节　科学谋划　系统进行顶层设计

在2004年实现了高等教育的大众化之后，安徽省高等教育面临着一系列的矛盾急需解决。如优质高等教育规模不能很好地满足人民群众的迫切需求，高等教育结构对经济增长方式转变的支撑能力不足，生均办学条件离国家规定的合格办学标准尚有差距，高等教育体制机制的各项改革有待继续深化，等等。为此，安徽省教育厅组织力量分析了当时高等教育存在的问题，确立了研究先行、以理论成果为依据形成政策措施、以政策措施为抓手推动实践、以实践结果检验理论成果的改革思路，成立了若干课题组，进行了大量的调研，分析了大量的数据，发表了一系列的理论文章，出台了大量的文件，对构建应用性高等教育体系进行了系统的顶层设计。

### 一、确立了以应用性高等教育体系的建立和完善为目标的高等教育强省建设战略

《关于建设高等教育强省的若干意见》是进入21世纪以来安徽省出台的关于高等教育事业发展的第一个综合性文件，既是指导未来10年安徽省高等教育

改革发展的行动纲领，也是系统谋划高等教育服务安徽经济社会发展的实施方案。

《若干意见》提出了建设高等教育强省的指导思想，即以邓小平理论和“三个代表”重要思想为指导，深入贯彻落实科学发展观，全面贯彻党的教育方针，进一步解放思想、改革创新，加强统筹、分类指导，优化结构、提高质量，以扎实推进“双百工程”和“质量工程”为重点，努力实现高等教育规模、结构、质量和效益协调发展。以提高高等教育服务经济社会发展的能力为出发点和落脚点，努力把高校的人才和科技资源优势转化为现实生产力，转化为推动经济社会又好又快发展的强大动力，转化为加速我省崛起进程、全面建设小康社会的重要支撑力。

《若干意见》设立了高等教育强省的建设目标。到2020年初步建成能够服务党委和政府决策、支撑经济发展和产业升级、引领社会进步和文化繁荣的具有安徽特色的应用性高等教育体系。可以认为，这实际上是将应用性高等教育体系的建立和完善作为高等教育强省建设的目标。《若干意见》同时也明确了高等学校在一些重点领域成为培养和造就一流科学家和科技领军人才的摇篮，成为培养应用型、复合型、技能型人才的基地，成为知识创新和推动科研成果向现实生产力转化的中心，成为推进文化大发展大繁荣的阵地的高等教育价值追求，树立了以对经济社会发展的支撑度、对人力资源强省建设的贡献度和人民群众的满意度作为质量标准的高等教育价值取向，确立了“把高校的人才和科技资源优势转化为现实生产力，转化为推动经济社会又好又快发展的强大动力，转化为加速我省崛起进程、全面建设小康社会的重要支撑力”的高等教育价值功能。

《若干意见》规划了应用性高等教育体系建设的内容。全方位扩大高校开放，激活高等教育资源增量。深层次优化布局结构，盘活高等教育资源存量。加大政策支持力度，鼓励规范民办高等教育发展。构建教育“立交桥”，引领职业教育大省建设。大力推进应用型本科高等教育改革发展，加快发展高等职业教育，培养高技能人才。完善普通高校专升本模式和高等职业教育的“3+2”模式，构建灵活的教育“立交桥”，努力形成满足各级各类人才培养需求的应用性高等教育体系。创新继续教育模式，服务学习型社会和终身教育体系建设。建设一批高水平大学，支撑区域经济社会发展，建设一批高水平学科专业，服务主导产业发展。建设一批高水平创新平台，推动创新型安徽建设。建设一批高水平人文社科基地，促进文化强省建设。培育一批以高水平领军人才为核心的创新团队，落实人才强省战略。要深化高校管理体制改革，完善中央、省两级政府管理，以省统筹为主的管理体制。大力推进产学研合作，改进高校科研成果评价制度，建立以科研成果转化和产业化为主导的激励机制，建立以政府为主导的产学研合作交流平台，促进高等学校在自主创新和科技服务中发挥更大作用。深化高校人事分配制度改革，改进高校人才评价机制，积极推进分配制度改革，充分发挥绩效工资的激励导向作用。深化教育教学和招生就业制度改革，完善贫困生资助工作机制。探索高校自主招生、自我约束、政府统筹、依法监督的招生机制，采取多种形式、多种途径选拔人才。

《若干意见》提出了加快构建应用性高等教育体系的措施。要加大政府对高等教育的投入，保障高校生均预算内教育事业费逐年增长。完善高等教育分类收费管理办法。将建设高等教育强省纳入各级政府经济社会发展规划，统筹考虑，重点支持。

## 二、厘清了“科学定位、分类指导、多元发展、特色办学”的应用性高等教育发展思路

在高等教育大众化进程中，高校办学定位趋同、盲目攀高求大、特色不够鲜明的问题日趋突出。针对这一现象，安徽省主动谋划，于2008年在全国率先提出“科学定位、分类指导、多元发展、特色办学”的发展思路，并将其写入《安徽省中长期教育改革和发展规划纲要（2010—2020年）》，作为未来安徽省高等教育发展的总方针，以进一步加强省级政府统筹和宏观调控，指导高等学校立足地方、面向市场、错位发展，以质量求生存、以服务求支持、以特色求发展。其中，科学定位是前提，分类指导是根本，多元发展是机制，特色办学是方向。科学定位解决的是认识问题，克服盲目攀高求大和脱离实际的倾向；分类指导解决的是方法问题，避免单一评价标准和价值导向；多元发展解决的是体制机制问题，支持各种办学模式和培养模式协调发展；特色办学解决的是路径和方向问题，鼓励各具特色，各显神通。最终形成以少数高水平高校和学科领域为龙头，以专业性、行业性、综合性强的高校或学科为骨干，以主要培养应用型、技能型人才的高校或学科为基础的高等教育结构。

## 三、设计了“地方性、应用型、合作式、一体化”的应用性高等教育发展道路

2010年，安徽省承担了“改革高等学校应用型人才培养模式”和“开展高等学校分类管理改革”两项高等教育体制改革试点项目。经过广泛调研和深入研究，程艺厅长在全面提高高等教育质量大会上首次提出了“地方性、应用型、合作式、一体化”的应用性高等教育发展道路，得到教育部领导和与会代表的认可。

第一，牢固确立“地方性”定位。安徽省多数高校为地方院校，它们承担着为打造“三个强省”提供大量人才资源和智力资源的重任。为此，安徽省牢固确立“地方性”定位，把为地方经济社会发展服务作为高等教育的主要职责。第二，强力打造“应用型”特色。安徽省在确立高等教育为地方经济社会发展服务的“地方性”定位的基础上，以扶需、扶特为原则，充分发挥省级政府统筹的优势，强化政策引导和资源配置作用，大力支持有特色高水平地方高校发展，强力打造“应用型”特色，克服同质化倾向。第三，合力推进“合作式”模式。安徽省坚定不移地把“开门办学”作为重要抓手，合力推进“合作式”模式，强力推进校际、校地、校企合作和中外合作办学，进一步向企业开放，向其他学校开放，向社会开放，向政府开放，向世界开放。第四，积极构建“一体化”保障体系。安徽省根据提升地方高等教育质量需要，从树立质量观念、完善人才培养标准、加强教学资源投入、构建质量评价体系等方面积极构建“一体化”保障体系。

## 四、建立了“政府主导、学校主体、联盟平台、项目载体”的应用性高等教育运行管理机制

安徽省是国务院批准的中部地区唯一一个省级政府教育统筹综合改革试点省，在国家教育改革发展战略布局中具有极其重要的地位。安徽省委、省政府高度重视省级政府教育统筹综合改革，按照“抓住关键环节、强化政府统筹、改革体制机制、激发教育活力”的指导思想，通过着力强化省级政府统筹能力、着力强化突破关键环节的改革能力、着力强化对教育热点难点问题的化解能力等措施，形成了“政府主导、学校主体、联盟平台、项目载体”的运行管

理机制。“政府主导”即由省政府负责牵头制定改革实施方案和年度工作计划，并根据改革需要研究制定配套政策并提供经费支持；“学校主体”即高校根据改革试点方案整体部署，自愿选择试点项目，经省教育厅批准后组织实施；“联盟平台”即全省同类高校经协商一致后，组织成立合作联盟，以联盟为平台开展分类指导，制定分类管理的办法和标准；“项目载体”即省教育厅在质量工程项目建设中，嵌入国家教育体制改革项目，以项目为抓手推进改革试点工作。

在安徽省出台的《安徽省人民政府关于开展省级政府教育统筹综合改革试点的实施意见》（皖政〔2012〕81号）中明确提出，到2020年，实现“一个优先、两个保障、三个协调、四个突破”的目标。“一个优先”——落实教育优先发展战略地位。“两个保障”——教育投入保障水平达到全国平均水平；师资保障能力全面提升，教师队伍综合素质明显提高。“三个协调”——初步实现教育与经济、社会协调发展，城乡、区域教育协调发展，各级各类教育协调发展。“四个突破”——在管理体制、办学体制、人才培养模式和现代学校制度建设四个方面改革取得重大突破，办学活力明显增强，人才培养质量明显提高。

## 第二节　精心组织　扎实推进质量工程

人才培养质量是高等教育的生命线。2007年，教育部高教司下发《关于对高等教育人才培养质量的有关问题开展调研的通知》（教高司函〔2007〕220号），对包括安徽省在内的13个省市高等教育人才培养质量相关问题开展专项调研。2008年，安徽省教育厅以“安徽省高等教育发展难点热点问题研究”的形式，对“质量工程”建设方案和实施方案研究作为重点项目立项。2008年5月，安徽省出台了《关于实施高等学校教学质量与教学改革工程的意见》（教高〔2008〕1号），标志着安徽省第一期质量工程全面启动实施。2010年，安徽省全面总结3年来质量工程实施情况，紧密结合承担的“改革高等学校应用型人才培养模式”和“开展高等学校分类管理改革”两项高等教育体制改革试点项目，修订2011年质量工程实施方案，将两个国家高等教育体制改革试点项目分解内嵌到安徽省2011年质量工程项目中。2013年5月，安徽省教育厅、财政厅印发《安徽省支持本科高校发展能力提升计划》和《安徽省高等教育振兴计划》，安徽省质量工程建设在延续一期质量工程建设项目的基础上，全面进入二期质量工程建设阶段。质量工程是安徽省建设应用性高等教育体系的重大战略举措。

## 一、“质量工程”实施目标与项目思路设计

安徽省省级质量工程按照“科学定位、分类指导、特色发展”的要求，正确处理了与国家质量工程建设、学校质量工程建设的关系，覆盖重点大学、应用型本科、高职教育和继续教育四种类型，每种类型分别设计了有针对性的质量工程项目，项目竞争也是在同类高校间进行。在管理上实行高校整体申报、整体遴选、整体建设、整体验收的管理方式，高校只有准确定位、安于其位、办出特色，才能获得质量工程的项目和经费支持。强调项目的建设成效，支持和引导高校做到“一校一策，一校一色”。

坚持立足安徽省情、校情，根据学校的定位、层次、类型等分解项目指标，促进安徽高校各安其位，各司其职，形成良好的高等教育生态。质量工程主要采取项目建设为载体的方式实施。在省级项目的安排上，一是对接教育部、财政部质量工程有关项目，以利于争取国家项目及经费投入；二是根据办学职责，主要考虑覆盖面广、受益面大的基础性项目和一些示范带动项目；三是分类指导、分层建设，要有利于支持重点建设高校进一步上层次、上质量、上水平，要有利于促进新建本科院校进一步改革、建设与发展；四是要有利于调动地方政府、学校和社会各方力量的积极性，加大对教学工作的投入，改善教学条件。

以二期质量工程建设为引领，改革高等教育经费投入方式。随着高等教育投入经费的大幅度增加，高校负债运行状况逐步化解。教育主管部门如何引导高校转变思想观念，切实“用好钱、管好钱”，把有限资金转化成最大贡献，解决办学经费这个保障性问题，促使高校把主要办学经费投放到内涵建设上来，全面提高高等教育质量，成为当前高等教育的重要任务。

安徽省根据发展实际，改革高等教育经费投入方式，探索实践教育经费如何使用、如何体现绩效的新思路，以前所未有的胆识和力度引导高校全面加强内涵建设。提出按照“生均+专项”改革的思路，突出强化“保基本、促发展、上水平”的要求，将经费将分成“三个层面”和“一个例外”。第一层面按生均加要素进行分解，体现公益，保基本，这是对经费保障方式的继承，满足学校基本运转需求；“第二层面”按照生均额度分解，根据所制定的项目实施使用，

体现绩效，促发展，主要目的是着力引导高校内涵式发展，通过自主改革和制定建设规划，全面促进学校发展；第三层面通过制定牵引性、综合性的重大竞争性专项，体现竞争，上水平，如学科专业结构调整、高校人才队伍建设、重大教育和研发项目、平台共建等；“一个例外”即满足全省高等教育其他重大建设需要。

## 二、“质量工程”的主要内容

### 1.一期质量工程建设内容

从2008年起，面向全省各层次和类型的高等教育，以普通本科教育和高等职业教育为重点，大力实施重点高校、重点学科和特色专业建设，教学团队和高素质教师队伍建设，精品课程和数字图书馆建设，实验实训实习基地建设，人才培养模式创新实验区建设，教学评估与教学质量监控体系建设。通过建设，打造一批优质教学资源，使安徽省应用性高等教育资源得到明显改善；应用型师资队伍进一步加强，教师的积极性得到充分发挥，整体素质进一步提高；人才培养模式改革取得实质性进展，大学生的实践能力和创新精神显著增强；应用性高等教育质量标准和保障体系更趋完善。

（1）重点高校、重点学科和特色专业建设。推进“985工程”“211工程”、省属重点大学和国家示范高职建设，扩大本科第一批次招生规模。遴选省级示范应用型本科高校和省级示范高等职业学校，扶持一批高校跻身全国同类高校先进行列，带动全省高等教育整体水平的提高，并使不同类型、不同层次的高校科学定位，在人才培养、科学研究和社会服务等方面培育特色和优势，逐步形成结构合理、功能完善、质量优良的高等教育体系。

以具有博士学位授予权高校和部分办学历史较长的具有硕士学位授予权高校为重点，遴选省级重点学科，以应用型本科高校和高职高专学校为重点，积极支持民办高等学校和新建高等学校，遴选建设省级特色专业。

（2）教学团队和高素质教师队伍建设。推进“皖江学者计划”“省学术技术带头人培养计划”以及“高校优秀人才计划”，设立“教学名师奖”和“教坛新秀奖”，遴选教学团队。启动实施“高校博士后工程”“高职高专院校高技能教师培养工程”“高校优秀中青年教师出国进修培训计划”和高校教师参加国际学术会议、出版学术专著资助制度。

（3）精品课程和数字图书馆建设。建成以校级精品课程为基础、省级精品课程为骨干、国家级精品课程为龙头，涵盖不同层次、不同门类、开放共享的三级精品课程体系，使之成为安徽省高等学校重要的优质教育资源，提高优质教学资源的共享水平。

建设全省高校数字图书馆，逐步实行全省高校文献的联采、统编，加强整体化建设，逐步形成文献信息资源的合理布局和共建、共知、共享的运行机制。

（4）实验实训实习基地建设。推进高校实验教学内容、方法、手段、队伍、管理及实验教学模式的改革与创新。建设省级示范实训基地、校外实践实习基地，组织实施大学生学科竞赛和技能竞赛，培养和增强学生的动手能力、创新能力、实践能力。

（5）人才培养模式创新实验区建设。建立每两年一度的省级教学改革研究项目立项制度和省级教学成果奖励制度。遴选建设省级人才培养模式创新实验区，组建教育集团或教育联盟，进行办学体制、管理体制和人才培养模式综合改革实验。

（6）教学评估与教学质量监控体系建设。坚持和改进高等学校教学评估工作，科学制定高等学校教学评估规划，促进评估工作的制度化、规范化。引入国际公认的社会评价机制，强化用人单位、学生、家长在评估中的主体地位，增加评估工作的针对性和有效性，建设一支高素质的评估专家队伍，提高评估工作的专业化水平。

建立高等学校教学基本状态数据检测体系，加强学生、家长、社会和用人单位对高等教育质量的监督。积极引进部分需求量较大的行业职业资格标准，开展部分本科和高等职业教育专业人才培养质量检测，促进高校专业人才培养与社会需求真正实现无缝对接，提高社会对高等教育人才培养质量的满意程度。

**2.安徽省“支持本科高校发展能力提升计划”建设内容**

包括基础教学条件保障能力提升计划、学科专业特色发展能力提升计划、教师综合能力提升计划、科研创新成果转化能力提升计划、交流合作服务经济社会发展能力提升计划、公共服务体系能力提升计划等6项子计划。

（1）基础教学条件保障能力提升计划。主要支持应用型本科高校进一步完善基本办学功能，加强基础教学实验室、专业教学实验室、综合实验训练中心、校内外实验实训实习基地、校企合作实验教育基地等基础办学设施建设项目，以及教学实验用房建设、教辅设施建设及配置必要设备。

（2）学科专业特色发展能力提升计划。主要围绕主导产业、高新技术产业和新兴产业，支持专业结构调整优化、特色专业、支撑地方战略性新兴产业或重大支柱产业特色学科专业、专业服务产业能力提升、专业综合改革、优秀教材和精品课程，以及重点学科、重点实验室、重点研究基地等项目建设。

（3）教师综合能力提升计划。主要围绕人才强省战略，加强学术品德好、专业素质高、创新能力强、团队结构优的新型教师队伍建设，支持教师教学能力提升、教学质量提升、师资队伍培训和交流、领军人才引进和培养、紧缺人才引进和培养、创新人才引进和培养、创新团队等项目建设。

（4）科研创新成果转化能力提升计划。主要支持科研平台、协同创新中心、工程技术研究中心、工程训练中心、科学构建科研和实践教学体系、创新基地和实训实践基地、研究生培养创新、研究生教育质量保障体系、教学科研成果转化、产学研合作战略联盟、产学研合作与科技服务能力提升、社会科学繁荣与文化传承创新、校企合作共建研发中心等项目建设。

（5）交流合作服务经济社会发展能力提升计划。主要支持大学生创新创业实践基地、大学生出国留学与回国创业发展、经济社会发展人才与智力支撑能力提升、经济社会发展政策研究与决策咨询能力提升、中外合作研究基地、留学安徽、海外名师、中外合作办学等项目建设。

（6）公共服务体系能力提升计划。主要支持校园水、电、气、暖等主要基础设施更新和节能改造，校园网络基础建设，数字化信息资源和共享平台建设，信息化公共服务平台建设等项目；支持本科高校化解债务。

**3.安徽省“高等教育振兴计划”建设内容**

包括有特色高水平高校建设、专业结构调整服务地方发展、教学改革与质量提升、学科建设与研究生教育创新、领军骨干人才引进与培育、高校思想政治教育综合改革、高校创新能力提升与科研成果转化、创新与公共服务平台建设、国际合作与开放办学等9类子计划。

（1）有特色高水平高校建设计划。实施有特色高水平高校建设项目、高等教育分类管理与校际合作联盟建设项目。重点支持建设一批高水平大学、具有鲜明办学特色的应用型本科高校和示范高职院校，在不同层次、不同类型高校中建成一批国内一流的地方高水平高校。探索高等学校分类指导、分类管理规律，按照“抱团发展、集约办学”的思路，支持建设若干个不同类型高校办学联盟，深化校企、校地、校际和国际合作，引导各类高校科学定位、特色发展。

(2) 专业结构调整服务地方发展计划。实施专业结构优化调整与专业改造项目。主要围绕地方经济社会发展对人才培养的需求，加快专业结构调整，支持高校停招、停办一批不能适应经济社会发展需要、就业率低的专业，改造传统专业，设置并重点建设一批经济社会发展急需的专业，积极优化调整专业结构，主动服务和支撑安徽省重大支柱产业或战略性新兴产业发展，以满足其对高素质人才的需求。

(3) 教学改革与质量提升计划。实施重大本科教学改革资助项目、高职服务产业能力提升项目。全面对接国家本科教学改革与质量提升工程，以提高本科生培养质量为核心，开展专业综合改革、校企合作实践教育基地、精品开放课程、卓越人才教育培养、实践教育基地、大学生创新性实验计划等项目建设，对实施重大教改项目等取得重大进展的予以重点资助和奖励。深化高职专业教学和人才培养模式改革，全面加强内涵建设，加强学生实践能力训练，进一步提高教育教学和人才培养质量，全面提升高职服务产业的能力。

(4) 学科建设与研究生教育创新计划。实施学科建设与研究生教育创新项目，调整优化安徽省学位授权体系，支持学位授予单位自主调整和优化学科结构，提高研究生教育质量和水平。大力推进与科研机构、其他高校联合培养研究生，建立产学研联合培养研究生示范基地、企业研究生工作站、研究生教育改革与创新平台，创新研究生培养模式，提高研究生创新意识、创新精神、创新能力和实践能力。大力发展专业学位，支持开展专业学位研究生教育综合改革试点。

(5) 领军骨干人才引进与培育计划。实施高校领军人才引进和培育资助项目、高校优秀青年骨干人才基金项目。积极营造人才成长的制度环境和文化氛围，努力建设一支师德高尚、数量充足、业务精湛、结构合理、充满活力的高素质专业化教师队伍，大力提升高校核心竞争力，为高教强省和美好安徽建设提供人才支撑。

(6) 高校思想政治教育综合改革计划。实施高校思想政治教育综合改革项目。推进思想政治教育学科专业建设、教师队伍建设、教学资源建设、教学方法改革和保障机制建设，全面提升高校思想政治理论教育的吸引力、感染力，为立德树人、培养社会主义建设者和接班人提供坚强保障。

（7）高校创新能力提升与科研成果转化计划。实施协同创新（省级2011计划）和哲学社会科学繁荣计划项目、高校产学研合作成果转化培育重大项目和经济社会发展“智库”项目。有效整合省内外创新资源，构建协同创新的新模式与新机制，着力解决国家和安徽省重大现实需求和可持续发展的难题。结合安徽省主导和战略性新兴产业发展以及解决关键技术难题的需要，集中支持高校培育转化具有自主知识产权和广阔市场前景的科研成果，并促进其产业化。加大哲学社会科学繁荣计划的实施力度，建设一批经济社会发展急需的“智库”，服务安徽省经济社会发展。

（8）创新与公共服务平台建设计划。实施数字图书馆及优质数字化资源共建共享项目、教育科研网信息化平台建设项目、成人高等教育远程化教学模式改革与信息化建设项目、产业共性技术研发平台高校支持项目、示范性实验实践教学基地建设项目。为安徽省高校教学、科研、重点学科建设及实践教学提供高效率、高质量、全方位的信息资源保障与服务。瞄准产业共性技术开展深入研究，解决关键技术问题，提升企业、高校的科研创新能力和服务产业发展水平。推动高校与有关部门、地方政府、科研院所和行业企业加强重点实验室、工程研究中心、人文社科重点研究基地、示范性实验实践教学基地建设。

（9）国际合作与开放办学计划。实施中外合作办学示范项目、留学安徽项目。积极拓展国际交流渠道，加强对外交流与合作，提升高校国际化水平，推进高校开展深度国际合作，建设一批中外合作办学示范项目。建立来皖留学生激励机制，吸引更多外国留学生到安徽省高等学校学习和从事科学研究，扩大安徽教育的国际影响。

## 三、各类“质量工程”之间的关系

安徽省在实施各类质量工程项目过程中，既注重一期质量工程与二期质量工程项目的对接，也注重二期质量工程项目的创新性及其对实现高等教育内涵建设的引领作用。在实施过程中，正确处理好以下三方面的关系：

### 1.“高等教育质量提升工程”与“高等学校本科教学质量与教学改革工程”之间的关系

“高等学校本科教学质量与教学改革工程”以提高高等学校教学质量为目

标，以人才培养工作为核心，以推进教学改革和实现优质教学资源共享为手段，强调人才培养模式改革、教学资源建设、教学质量保障体系建设等内容，适度涉及学科建设方面的内容。“高等教育质量提升工程”是《安徽省“十二五”教育事业发展规划》中提出的重大教育工程之一，目标是建设一批高水平大学、高水平学科专业、高水平创新平台、高水平人文社科基地，培育一批以高水平领军人才为核心的创新团队。其内容涵盖人才培养、科学研究、社会服务、师资队伍建设等领域，是全面提升高等教育质量的全口径的重大工程，对项目的统筹和建设力度都大大提高。

安徽省正在实施的两个“计划”是“高等教育质量提升工程”的核心内容。“质量工程”项目目前基本都放在能力提升计划中，从这个意义上说，“高等教育质量提升工程”是原“质量工程”的深化、拓展与延续。但教育部仍在实施国家级“本科教学工程”，需要省级层面上的“质量工程”与其对接，因此，仍要在实施两个“计划”的同时，保留省级质量工程，建设国家、省、高校三级体系。

省属公办本科高校在实施能力提升计划项目时主要继承一期省级质量工程各类项目，保持质量工程项目建设的连续性。已经下达的一期质量工程项目经费将在能力提升计划中配套到位。原省级质量工程各类项目由学校根据本校内涵发展和质量提升的需求自行设置，向省教育厅申报，经同意后认定为省级质量工程项目。

除省属公办普通本科高校外，其他各级各类高校的省级质量工程项目还继续实施，其经费由各高校自筹解决。有关高校要在校级质量工程建设的基础上，向省教育厅申报，通过评审后，确定为省级质量工程项目进行建设。

**2.“支持本科高校发展能力提升计划”与“高等教育振兴计划”之间的关系**

提升计划与振兴计划之间可以概括为打基础与上水平的关系，提升计划中的项目为振兴计划项目打下前期基础，强调的是基础保障，而振兴计划中的项目则是在前期提升计划培养的基础上，开展进一步的建设和研究，取得高水平的成果，是具有重大全局性、牵引性、综合性的项目，强调的是高端引领。两个计划中的许多项目具有对应关系，如提升计划中有“基础教学条件保障能力提升计划”，主要是支持本科高校达到必备的办学条件和办学标准，完善基本办学功能，而振兴计划中的“有特色高水平高校建设计划”，则是在基础教学条件完善的基础上，在不同层次、不同类型高校中建成一批国内一流的地方高水平高校。

因此，学校在进行振兴计划项目立项和规划实施时，要注意与提升计划相关项目的衔接和协调，根据两个“计划”不同的目标和内容，制定不同的规划，使振兴计划项目有提升计划项目的支撑，提升计划项目有振兴计划项目的引领和拉动，两个“计划”的相关项目间梯度推进，相互促进，共同发展，以项目的方式推动学校整体的发展。

**3.振兴计划中各项目之间的关系**

“高等教育振兴计划”中虽然涵盖9大计划，18个项目，但它是一个有机整体，核心任务和主要目标是建设有特色高水平高校。振兴计划中，有特色高水平高校建设重大项目，是振兴计划所有项目的重中之重，目标是重点建设一批在全国同类高校中有特色高水平地方高校，实现安徽省不同层次、不同类型高校各安其位，特色发展。

围绕建设有特色高水平高校，振兴计划中其他项目从各方面进行建设以支撑这一目标，包括侧重于调整优化学科专业结构，建设一批创新平台和公共服务平台，引进和培养国内外有重要影响的高水平领军人才和高水平教学科研团队，与国外知名大学开展深度合作与交流，提高安徽省高等教育国际化水平。

建设有特色高水平高校并不意味着学校在振兴计划的申报和实施中要面面俱到，重要的是“有特色”，各校要坚持突出特色、发挥优势、有取有舍、统筹建设的原则，集中优势资源打造自身相对优势，不搞平均主义，向自身优势方面高度倾斜，错位发展，从而在全省层面上实现不同层次、不同类型高校的特色发展。

**4.“高等教育质量提升工程”与学校办学定位、办学特色之间的关系**

合理的办学定位是高校科学发展的前提和先导，特色发展是高校可持续发展的必由之路。安徽省高等教育质量提升工程实施的目的就是加速提升高校综合实力和核心竞争力，激励高校在不同的办学层次、办学类型上办出水平，彰显特色，争创一流。两个“计划”是安徽省高等教育转变方式、提高质量的战略举措，是高等教育质量提升工程的重要内容和主要抓手，是落实安徽省高校拨款制度的重要载体。

地方高校定位是否科学合理，办学特色是否鲜明，不仅关系到高校的生存与发展，而且关系到高等教育的整体发展水平。各高校需按照“科学定位、分类指导、多元发展、特色办学”的总思路，根据两个“计划”的总体目标、原则和内容，依据项目申报和实施的要求，紧扣本校的办学定位、办学特色，统筹确定项目种类和建设内容，确定振兴计划实施总体规划，制定项目建设实施方案，组织项目实施，实现科学定位、特色办学、错位发展。

## 四、质量工程建设措施

**1.建立健全质量工程领导和管理机制，从组织上保证质量工程的实施**

安徽省教育厅、财政厅联合成立了质量工程领导小组，主要负责研究制定质量工程的总体工作意见和政策措施。领导小组下设办公室，主要负责组织质量工程建设的具体实施工作。各项目承担学校也相应成立了领导小组，统筹负责本校质量工程项目的规划和实施。

**2.制定质量工程项目管理办法，从制度上保证质量工程的实施**

省教育厅、财政厅共同制定印发了《安徽省高等学校省级教学质量与教学改革工程项目管理暂行办法》，明确了质量工程项目的立项程序、管理职责、经费使用和检查验收办法等，指导和约束高校加强省级质量工程项目过程管理，监督项目建设进程。

暂行办法规定，省级质量工程项目在校级质量工程建设的基础上，学校先行立项建设。各高等学校应依据质量工程建设规划，紧扣本校的办学定位、办学特色、教学改革和教学质量建设需要，统筹确定项目种类和建设内容，作为一个有机整体进行申报。

**3.制定质量工程项目经费管理办法，从资金上保证质量工程的实施**

省财政厅、教育厅将联合制定《高等学校教学质量和教学改革工程专项资金管理办法》，加强对质量工程专项资金的管理，提高资金使用效率，确保项目建设取得实效。

管理办法规定，质量工程建设所需经费由省财政厅、教育厅在年度预算中统筹安排，项目立项后，由省财政采取以奖代补的方式资助建设经费。专项资金按照统一规划、单独核算、专款专用的原则，实行项目管理。项目承担学校根据专项资金管理办法，具体负责经费的使用和管理。

**4.严格申报程序，严肃评审纪律，严审申报书和任务书，从源头上保证质量工程的实施**

质量工程项目的申报与审批，按照“统一规划、健全体系，突出特色、整体申报”的原则进行，突出高等学校的主体地位和质量工程的整体功能。质量工程领导小组办公室根据质量工程建设目标和任务，制订项目建设规划和年度执行计划，确定项目遴选标准和基本条件。学校申请报告需说明申报理由、具备的条件和建设目标、建设思路及保障措施等。

**5.建立健全质量工程项目绩效考核奖励和问责机制，从过程上保证质量工程的实施**

省教育厅明确要求高校要落实专门的机构和人员对口管理质量工程项目，落实专项经费保障质量工程项目。对项目管理混乱、项目建设绩效差的高校，采取取消继续建设资格、停拨建设经费、减少申报限额等方式予以惩戒；对管理制度健全、建设绩效好、建设成果丰富的高校，采取加大经费支持力度、增加申报限额和提供经验交流机会等方式予以表扬和奖励。

**6.举办质量工程项目成果汇报交流会，从绩效上保证质量工程的实施**

2009年以来，省教育厅依托“安徽应用型本科高校联盟”，先后召开了7次研讨会，在共同制定人才培养方案、开展模块化教学改革、优质教学资源共建共享等方面，探索和推广质量工程建设的新成果。2011年3月，在芜湖召开全省高职院校质量工程建设成果汇报交流会；2011年8月，在安徽财经大学召开省级重点学科建设经验交流会；2013年7月，在安徽农业大学召开以总结一期质量工程、研讨布置二期质量工程为主要内容的专题调研暨高校咨询会。通过分类举办省级质量工程项目建设成果汇报交流会，一方面促进了项目建设单位高质量完成建设任务，另一方面也辐射和带动相关高校、相关学科专业的建设与发展。

## 五、质量工程实施成效

**1.产生了重大社会影响**

省级质量工程自2008年实施以来，对提高安徽省地方高校应用型人才培养质量产生了重大影响，广大师生参与的热情很高，项目建设单位非常努力，教育部、省委、省政府和社会各界也给予了高度关注和积极评价。国务委员刘延东同志在新华社国内动态清样上对安徽省高校应用型本科高校建设和教学改革的做法作了重要批示，原教育部副部长周远清同志、教育部高等教育司、教育部教学研究中心等先后3次到安徽省专题调研，对安徽省高校包括质量工程建设在内的多项改革举措予以充分肯定。《光明日报》《中国教育报》等多家媒体多次深度报道安徽省高校质量建设的举措和取得的成果。安徽省高校质量工程建设受到了社会各界的广泛关注，其带来的正面影响对安徽省高等教育强省建设起到了重要的推动作用。

**2.高质量完成了一期质量工程建设工作**

2008年开始实施第一期质量工程建设以来，共立项建设各类省级质量工程项目6 300项，省级财政直接投入3.5亿多元；争取到国家级质量工程建设项目2 700项，吸引中央资金总额约12亿元；带动学校开展内涵建设资金投入10亿元。高水平构建了三级质量工程建设体系，充分发挥了质量工程项目在提高教育教学质量方面的标杆、示范和引领作用，高等教育质量显著提高。

**3.全面启动二期质量工程建设项目**

2013年开始，安徽省大力实施“高等教育振兴计划”和“支持本科高校发展能力提升计划”，标志着二期质量工程建设全面启动。在“高等教育振兴计划”中，共有85个单位获得包括有特色高水平高校建设、专业结构调整服务地方发展计划、教学改革与质量提升计划、创新与公共服务平台建设计划、国际合作与开放办学计划等5类计划、11类项目、580项建设项目，累计投入经费达2.035亿元；在“支持本科高校发展能力提升计划”中，按照整体申报、整体审核的原则，共有128个单位获专业综合改革试点等14类项目、2 424项，基本覆盖了安徽省相关高校、各类联盟、各类教学指导委员会等与高等教育密切相关的高校和相关研究机构。

**4.大力支持“中西部高校基础能力建设工程”项目**

2012年，国家启动“中西部高校基础能力建设工程”项目，安徽省在统筹考虑高校类型布局需要的基础上，遴选了安徽师范大学、安徽农业大学、安徽医科大学、安徽工业大学、安徽理工大学和安徽财经大学等6所高校入选国家“中西部高校基础能力建设工程”项目，并将其作为安徽省“高等教育振兴计划”中有特色高水平高校建设项目予以资助建设。

发挥“中西部高校基础能力建设工程”项目的引领示范作用，全面加强安徽省应用性地方高等教育体系建设。2012—2015年，重点建设安徽农业大学、安徽工业大学、安徽理工大学、安徽财经大学、安徽医科大学、安徽师范大学等6所大学；利用省级财政支持重点建设安徽科技学院、合肥学院、宿州学院、皖西学院、铜陵学院等5所省级示范应用型本科院校；利用“211工程”项目资金重点建设安徽大学。2015—2020年，利用“中西部高等教育振兴行动计划”重点建设应用型本科联盟高校；利用省级财政支持重点建设其他本科高校。到2020年，全省本科高校都能得到重点建设，高等教育强省目标基本实现。

## 第三节　适应引领　大力调整高教结构

### 一、安徽省学科专业结构优化调整基本情况

2007年，省教育厅出台了《关于进一步优化本科学科专业结构提高高等学校本科教学质量的通知》，完善了以社会需求为导向的学科专业设置与调整论证程序，从“高校办学定位与服务面向调整、学科专业设置与专业方向调整、招生计划安排调整、人才培养模式和教学内容体系调整”四个层面，健全高校依法自主设置和全省宏观调控相结合的学科专业结构优化机制，引导高校为安徽省经济社会发展培养紧缺人才。

2012年，为贯彻落实教育部印发的《普通高等学校本科专业目录（2012年）》《普通高等学校本科专业设置管理规定》，安徽省教育厅出台了《关于做好普通高等学校本科专业设置和管理工作的通知》（皖教秘高〔2012〕81号），明确提出要科学开展本科专业设置工作，鼓励增设符合高校发展定位、彰显学校办学特色、能够支撑安徽省经济社会发展和服务安徽省战略性新兴产业的相关专业及尚未列入专业目录的新专业，填补省内空白的专业，鼓励调整、改造传统专业。严格控制增设就业率较低的专业、专业布点较多的专业。实行专业总体数目控制，原则上各校年度新增备案类和审批类专业基础指标5个，申请增设教育部目录外专业不占基础指标，如新增数目有突破或新增专业为省控专业，每申请新增1个专业的同时，学校应相应调整、撤销1个原设专业。

2013年，在“安徽省高等教育振兴计划”中，实施专业结构调整服务地方发展计划，设置专业结构优化调整与专业改造项目，每年投入1亿元专项资金，调整优化专业结构。主要围绕地方经济社会发展对人才培养的需求，加快专业结构调整，支持高校停招、停办一批不能适应经济社会发展需要、就业率低的专业，改造传统专业，设置并重点建设一批经济社会发展急需的专业，积

极优化调整专业结构，主动服务和支撑安徽省重大支柱产业或战略性新兴产业发展对高素质人才的需求。

根据安徽省教育厅2014年发布的《安徽普通高校本科专业布局情况分析报告》相关数据，截至2014年6月，安徽省31所普通本科高校、11所独立学院共设置271种本科专业、1 811个本科专业点，其中国控专业21种，114个专业点；基本专业209种，1 604个专业点；特设专业45种，100个专业点。2000—2014年安徽省本科专业点发展基本情况如表3-1。

**表3-1　2000—2014年安徽省本科专业点发展概况表**

| 学科类别 | 2000 | | 2001 | | 2002 | | 2003 | | 2004 | |
|---|---|---|---|---|---|---|---|---|---|---|
| | 数量 | 比例 | 数量 | 比例 | 数量 | 比例 | 数量 | 比例 | 数量 | 比例 |
| 哲学 | 1 | 0.37% | 1 | 0.30% | 1 | 0.24% | 1 | 0.20% | 1 | 0.17% |
| 经济学 | 11 | 4.12% | 12 | 3.61% | 17 | 4.07% | 20 | 4.00% | 27 | 4.49% |
| 法学 | 12 | 4.49% | 16 | 4.82% | 21 | 5.02% | 27 | 5.40% | 30 | 4.99% |
| 教育学 | 16 | 5.99% | 20 | 6.02% | 21 | 5.02% | 27 | 5.40% | 38 | 6.32% |
| 文学 | 41 | 15.36% | 53 | 15.96% | 66 | 15.79% | 78 | 15.60% | 96 | 15.97% |
| 历史学 | 5 | 1.87% | 5 | 1.51% | 7 | 1.67% | 7 | 1.40% | 7 | 1.16% |
| 理学 | 39 | 14.61% | 57 | 17.17% | 77 | 18.42% | 96 | 19.20% | 116 | 19.30% |
| 工学 | 78 | 29.21% | 87 | 26.20% | 101 | 24.16% | 122 | 24.40% | 144 | 23.96% |
| 农学 | 14 | 5.24% | 15 | 4.52% | 15 | 3.59% | 16 | 3.20% | 18 | 3.00% |
| 医学 | 19 | 7.12% | 27 | 8.13% | 32 | 7.66% | 33 | 6.60% | 33 | 5.49% |
| 管理学 | 31 | 11.61% | 39 | 11.75% | 60 | 14.35% | 73 | 14.60% | 91 | 15.14% |
| 合计 | 267 | | 332 | | 418 | | 500 | | 601 | |

| 学科类别 | 2005 | | 2006 | | 2007 | | 2008 | | 2009 | |
|---|---|---|---|---|---|---|---|---|---|---|
| | 数量 | 比例 | 数量 | 比例 | 数量 | 比例 | 数量 | 比例 | 数量 | 比例 |
| 哲学 | 1 | 0.13% | 1 | 0.11% | 1 | 0.11% | 1 | 0.09% | 1 | 0.08% |
| 经济学 | 43 | 5.47% | 48 | 5.33% | 52 | 5.77% | 58 | 5.22% | 67 | 5.17% |
| 法学 | 37 | 4.71% | 41 | 4.55% | 42 | 4.66% | 45 | 4.05% | 48 | 3.71% |
| 教育学 | 49 | 6.23% | 53 | 5.88% | 59 | 6.55% | 61 | 5.49% | 64 | 4.94% |
| 文学 | 127 | 16.16% | 155 | 17.20% | 185 | 20.53% | 205 | 18.44% | 217 | 16.76% |
| 历史学 | 7 | 0.89% | 7 | 0.78% | 8 | 0.89% | 8 | 0.72% | 9 | 0.69% |
| 理学 | 143 | 18.19% | 159 | 17.65% | 173 | 19.20% | 189 | 17.00% | 233 | 17.99% |
| 工学 | 192 | 24.43% | 218 | 24.20% | 257 | 28.52% | 293 | 26.35% | 375 | 28.96% |
| 农学 | 23 | 2.93% | 29 | 3.22% | 30 | 3.33% | 32 | 2.88% | 31 | 2.39% |
| 医学 | 36 | 4.58% | 36 | 4.00% | 38 | 4.22% | 38 | 3.42% | 37 | 2.86% |
| 管理学 | 128 | 16.28% | 154 | 17.09% | 169 | 18.76% | 182 | 16.37% | 213 | 16.45% |
| 合计 | 786 | | 901 | | 1 014 | | 1 112 | | 1 295 | |

| 学科类别 | 2010 | | 2011 | | 2012 | | 2013 | | 2014 | |
|---|---|---|---|---|---|---|---|---|---|---|
| | 数量 | 比例 | 数量 | 比例 | 数量 | 比例 | 数量 | 比例 | 数量 | 比例 |
| 哲学 | 1 | 0.07% | 1 | 0.07% | 1 | 0.06% | 1 | 0.06% | 1 | 0.06% |
| 经济学 | 71 | 5.13% | 77 | 5.07% | 81 | 4.92% | 104 | 5.98% | 111 | 6.13% |
| 法学 | 50 | 3.61% | 50 | 3.29% | 50 | 3.04% | 49 | 2.82% | 51 | 2.82% |
| 教育学 | 66 | 4.77% | 70 | 4.61% | 76 | 4.61% | 60 | 3.45% | 62 | 3.42% |
| 文学 | 232 | 16.75% | 254 | 16.71% | 281 | 17.06% | 167 | 9.60% | 176 | 9.72% |
| 历史学 | 9 | 0.65% | 9 | 0.59% | 9 | 0.55% | 8 | 0.46% | 8 | 0.44% |
| 理学 | 238 | 17.18% | 252 | 16.58% | 263 | 15.97% | 232 | 13.34% | 237 | 13.09% |
| 工学 | 416 | 30.04% | 483 | 31.78% | 543 | 32.97% | 583 | 33.53% | 603 | 33.30% |
| 农学 | 34 | 2.45 | 35 | 2.30% | 38 | 2.31% | 40 | 2.30% | 41 | 2.26% |
| 医学 | 37 | 2.67% | 38 | 2.50% | 38 | 2.31% | 25 | 1.44% | 25 | 1.38% |
| 管理学 | 231 | 16.68% | 251 | 16.51% | 267 | 16.21% | 266 | 15.30% | 281 | 15.52% |
| 合计 | 1 385 | | 1 520 | | 1 647 | | 1 739 | | 1 811 | |

注：因教育部2012年专业目录调整，对原部分专业进行了拆分或者合并。为保证数据统计口径的一

致性，本表仍沿用原专业目录分类标准。2013年和2014年专业数中，还需分别包括因专业目录调整导致的新增专业。

## 二、近年来安徽省优化调整学科专业结构采取的主要措施

### 1.研究制定省级和校级专业建设中长期规划

立足安徽省经济社会发展、产业转型升级以及安徽省高等教育发展现状等，研究制定安徽省专业建设中长期规划（2013—2020年），主要针对安徽省专业结构、专业布局、专业对接产业等情况进行指导和规划，科学推进安徽省专业设置、优化、调整等工作。各高校根据省级专业建设规划，结合区域经济社会发展现状和学校办学定位、办学特色，研究制定学校专业建设中长期规划（2013—2020年），高校专业建设规划要对接国家和区域新兴战略性产业、对接省级专业建设规划。

### 2.坚持定期发布本科专业分析报告

坚持定期发布本科专业分析报告，建立符合省情的本科专业红、黄、绿灯预警机制。专业分析报告将对全省每年本科专业设置、布点、招生和就业等情况进行具体分析，对支柱产业、战略性新兴产业相关专业以及省级严控专业进行重点分类。建立高校专业申报、建设、管理预警机制。对布点过多、招生就业情况较差的专业设置红灯预警，在申报和建设过程中从严控制；对布点已满足社会需求、招生就业情况基本稳定的专业设置黄灯预警，在申报和建设过程重点控制；对社会需求较大，招生就业形式较好的专业设置绿灯预警，鼓励申报和重点建设，进而引导高校合理规划和建设专业。

### 3.建立专业优化的激励机制

设置专项建设项目经费，建立专业优化的激励机制。实施专业综合改革试点，支持优势特色专业、战略性新兴产业相关专业和农林、水利、地矿等行业相关专业以及师范类专业建设。实施专业结构优化和改造计划，对符合或支撑安徽省战略性新兴产业相关专业以及在教育部目录中尚未设置的专业，在政策和资金上予以重点支持；对主动停招或改造报到率低、就业率低、布点多的传统专业的高校，重点予以奖励。

### 4.成立本科专业建设专家委员会

成立安徽省专业建设专门机构，即专业建设专家委员会，重点在专业规

划、专业设置、专业评估等方面进行指导。专家委员会将依据有关专业设置的宏观调控政策和管理规定，对每年学校申报的新专业通过网络评审等形式进行前置预审，并对专业提出指导性整改建议和意见。同时在专业建设和管理过程中建立评估机制，加强指导，为安徽省专业建设提供组织保障。

**5.建立省级高校专业电子档案**

高校专业电子档案作为高校办学、专业建设、教学管理的基本档案，应能够真实反映高校每个专业的基本情况、专业特色等具体内容。建立高校专业电子档案并坚持在每年高校招生报名前向社会公布，为学生、家长、社会了解和评价专业建设情况提供基本依据，同时促使高校以社会评价为导向，进一步加强专业建设。

**6.建立专业退出机制**

开展合格专业评估工作，建立专业退出机制。以高校专业电子档案为基础，开展合格专业评估，评估结果作为建立专业退出机制的重要依据。合格评估的重点主要是新办专业以及部分不能适应经济社会发展需要的老专业。对新办专业进行合格评估，不仅要对师资、课程、教学仪器设备、实践实训基地建设等基本办学条件进行评估，同时将社会需求纳入评估内容，并作为基本合格制度。对部分报考率和就业率低、社会需求较弱的老专业重点进行评估。不能通过合格专业评估的专业予以停办，停办专业资源要在专家指导下进行全面整合、优化。

## 三、取得的主要成效

1998年，安徽省28所高等学校中，2/3为师范类院校，工科类院校极少，高等教育对经济社会发展基本没有支撑作用。2007年出台的《关于进一步优化本科学科专业结构提高高等学校本科教学质量的通知》，按照适应需求、优化布局的原则，建立学科专业预警和退出的动态调整机制，科学调整学科专业结构，完善了以社会需求为导向的学科专业设置与调整论证程序。

从2008到2014年，全省普通高校数量由93所增加到107所，增长了15.1%，高校数量居全国第5，其中本科高校33所（含部属高校2所），高职高专院校74所，另有独立学院11所、成人高校6所；各级各类高等教育在校生由138万人增加到173万人，增长了25.4%，在校学生数居全国第9，其中全日制在校本专科生102万人。初步实现安徽省不同层次、不同类型高校各安其位，特色发展，多元化的办学格局。

2008年以来，高校紧紧围绕全省重大发展战略，培养紧缺人才，强力改造传统师范类等学科专业，超前部署战略性新兴产业相关学科专业，推动学科交叉融合，更好地为安徽省转变经济发展方式服务。共停招、停办1 497个社会需求量小、就业率低的专业点，新增与安徽省振兴发展产业相关专业1 323个专业点，应用型专业占到75%以上。高等教育学科专业结构单一的状况得到彻底改造，高等教育学科布局、专业结构日趋合理，以工科为主、多学科协调发展的学科专业格局全面形成。2013年，在“高等教育振兴计划”中又投入1亿元财政资金，实施专业结构优化调整与专业改造。

## 第四节　协同创新　深入改革人才培养体制机制

安徽省作为国家在中西部地区唯一一个省级政府统筹综合改革试点省，承担了“改革高等学校应用型人才培养模式”和“开展高等学校分类管理改革”两个国家教育体制综合改革试点项目，我们严格按照《安徽省人民政府关于开展省级政府教育统筹综合改革试点的实施意见》（皖政〔2012〕81号）和两个国家教育综合改革试点项目实施计划，全面推进教育体制改革，创新人才培养模式，加强科学研究、社会服务、文化传承创新与人才培养的有机结合，实现在科学研究和社会服务中培养人才，实现文化育人。

### 一、多元合作办学

安徽省把新形势下的“开门办学”作为推动应用性高等教育的重要抓手，强力推进校际、校企、校地和中外合作办学，为学生创造更加广阔的学习、锻炼平台，全面提高应用型人才培养质量。

#### 1.推进高校合作联盟建设

安徽省相继成立了应用型本科高校、示范性高职院校、医学教育院校、教师教育院校、市属高职院校和商科类高职院校等6类高校合作联盟。依托联盟实施分类指导，引导联盟高校分类抱团发展，共建学科专业，共享优质资源，共商办学标准。目前，安徽省应用型本科高校联盟，通过采取小学期制实现了学生异地跨校选课和学分互认，教师教育院校联盟联合承担了全省中小学教师的“国家培训计划”，国家示范性高职院校联盟联合开展了单独招生的试点，医学教育院校联盟联合开展了全科医生的培养。

加强对皖北地区高校对口支援工作。在安徽省一期质量工程建设过程中，设置支持皖北地区对口支援项目，在各类项目评审中对位于三市七县区域的高校给予倾斜，帮助它们提升项目建设水平，提高教育教学质量。积极组织省内其他高校与皖北和沿淮地区高校对口帮扶，安徽大学等12所高校与皖北地区三市七县的高校签订了对口支援协议，明确了对口支援的意向。加大对皖北和沿淮地区高校科技创新平台建设和科研项目的支持力度，在省级重点实验室、省级工程技术研究中心、人文社科重点研究基地等创新平台建设方面予以倾斜。切实举办好皖北区域产学研合作对接会，优先支持与举办城市企业签约的项目。

**2.推动高校与地方政府合作**

安徽省积极推动高校与地方政府建立互动互助、合作共赢的体制机制，努力推进与市政府共建高等学校工作，及时准确地了解社会需求，有效整合利用社会资源，不断引导各市政府多渠道加大对地方高校的支持。安徽大学、安徽师范大学、安徽农业大学、安徽工业大学等多所高校实现省部共建地方高水平大学；安徽财经大学、安徽理工大学、安徽建筑大学、安徽科技学院等多所地方特色高水平高校与安徽省相关厅局、部分地市建立战略合作关系，全面提升安徽省高校与地方政府合作的广度和深度；池州市图书馆与池州学院图书馆实行共建共享；蚌埠学院与蚌埠市共建体育馆；合肥市将全国体育大会部分体育场馆建在合肥学院等。鼓励高校主动承担地方政府决策咨询、课题研究和经济建设、企业合作等任务，使高校成为属地的开放性教育文化和科技研发中心。高校参与地方政府决策、服务地方政府经济社会发展、传承地方特色文化的功能全面提升。

**3.推动高校与行业企业合作**

根据全省战略性新兴产业发展规划，省教育厅会同文化厅、旅游局、国防科工办等部门联合出台意见，建立紧缺人才培养基地和培养体制，加快动漫、旅游、船舶工业、农业等相关专业人才培养。同时，省教育厅、省直有关部门和有关市政府每年联合举办产学研对接会，并建立专门网站，定期发布供需信息，面向皖北、皖江城市带承接产业转移示范区等重点区域，搭建高校与企业合作平台，支持企业在高校建立“嵌入式”研发基地或联办学科专业，推动“订单式”人才培养和高校与企业合作开展研发。

大力实施“五个引入”，加强校企合作，在不同层次上开展卓越人才培养计划。大胆引入职业资格标准，来修订完善专业人才培养规格标准；大胆引入行业标准，来修订完善专业建设标准，开展专业资格认证；大胆引入企业核心技术标准，来修订完善专业核心课程标准；大胆引入行业企业专家，来组建专业教学团队；大胆引入行业企业，积极参与人才培养工作，实现校企深度合作，在学院（系）教学管理、专业负责人和学生指导教师三个层面建立校企合作“双元制”。

**4.推动中外合作办学**

借鉴国外应用性高等教育发展经验，通过与德国下萨克森州举办应用性高等教育发展论坛、引进国外专家担任高校副院长、联合举办“校中院”和开设应用型专业等方式，引导安徽省地方高校与德国、澳大利亚、韩国、日本、美国等多个国家的应用型高校合作，扩大对外开放的广度和深度，多渠道学习借鉴国外应用性高等教育先进的办学理念和办学模式。

## 二、卓越应用型人才培养

安徽省大力实施卓越应用型人才培养计划。中国科技大学、合肥工业大学、安徽建筑工业学院、合肥学院等7所高校入选国家级卓越工程师教育培养计划试点高校。我省根据应用性高等教育体系构建及地区人才培养需要，启动了省级卓越应用型人才培养计划。遴选了5所应用型本科人才培养模式改革试点院校和15所高职技能人才培养模式改革试点院校；通过校企合作在本科高校、高职院校实施卓越应用型人才培养计划，启动了卓越工程师、卓越农艺师、卓越中小学教师、卓越医生、卓越技师等卓越应用型人才培养计划。

**1.将卓越工程师教育纳入安徽省质量工程进行立项建设，做好卓越工程师教育培养计划的顶层设计**

根据安徽省经济社会发展对应用型人才的需求，在全面分析卓越工程师教育培养计划对支撑安徽省重点产业发展所急需的人才和智力资源需求的基础上，我省科学设计了安徽省卓越工程师教育培养计划实施方案。在总结、分析安徽省高校“质量工程”建设总体进展情况的基础上，根据国家新一轮质量工程和建设高教强省的要求，组织专家对省级质量工程项目实施方案进行了调整，计划对接国家新一轮质量工程项目，将质量工程项目的重点调整到实践教学体系构建，组织实施大学生卓越应用型人才培养计划，将卓越工程师教育纳入质量工程进行立项建设。2011年以来，遴选了71所高校试点实施182项省级卓越工程师教育培养计划，统筹考虑专业布点情况，主动服务国家战略要求、主动服务行业企业需求，为安徽省传统产业改造和战略性新兴产业发展培养大量急需的应用型高级工程人才。

**2.充分发挥高校自身特色，加强校企合作，在不同层次上开展卓越人才培养计划**

各试点高校根据国家及安徽省重点产业发展对应用型人才培养的需求，结合本校的办学定位、人才培养目标、服务面向和办学优势与特色等，在不同层次上开展卓越人才培养计划。中国科学技术大学主要面向研究生，培育具有较强工程设计能力和创新能力的卓越工程师后备人才；其他本科高校主要以培养具有较强工程实践能力和创新意识的卓越应用型人才为目标；高职院校则以培养面向操作一线的卓越技能型人才为主要目标。大力推进基于问题的学习、基于项目的学习、基于案例的学习等多种研究性学习方法，加强学生创新能力训练，“真刀真枪”做毕业设计。

各试点高校均大力实施校企联合培养模式，实现校企共同制定培养目标、共同建设课程体系和教学内容、共同实施培养过程、共同评价培养质量。如合肥工业大学先后与省内外知名大中型企业签订了产学研合作基地200多个，包括安徽江淮汽车集团、奇瑞汽车集团、中铁四局、安徽省建工集团等。在卓越工程师培养过程中使企业真正参与到学校人才培养全过程，实现对工程人才的校企联合培养，有效解决了工程教育与产业脱节、理论与实践脱节的问题。

**3.启动工程实践教育中心建设工作，搭建卓越应用型人才培养的实践平台**

工程实践教育中心是开展工程实践能力培养的重要依托，与企业联合建设工程实践教育中心是卓越计划的重大改革举措。我们积极组织相关实施卓越工程师教育培养计划的高校申报第一批国家级工程实践教育中心，中国科学技术大学、合肥工业大学、安徽工业大学、安徽理工大学、合肥学院等高校与中煤矿山建设集团有限责任公司、安徽江淮汽车集团有限公司、马鞍山钢铁股份有限公司等省内外知名企业联合建立了17个国家级工程实践教育中心。

2008年以来，安徽省先后以质量工程立项的形式立项建设省级实践实训中心243个，重点支持卓越应用型人才培养计划试点实施高校，大大改善了各试点实施高校的实践教学条件。2012年，我们重点支持100个左右校企合作实践教育基地建设，要求基地依托高新技术产业开发区、大学科技园区或其他园区等，采取校所合作、校企联合、学校引进等方式进行建设，重点加强内涵建设，实现成果共享。

## 三、专业学位研究生培养

安徽省作为教育部开展博士、硕士学位授权学科和专业学位授权类别动态调整工作的4个试点省份之一，坚持以服务需求、提高质量为主线，以优化人才培养的学科和类型结构为重点，全面推动专业学位研究生培养工作，不断提高服务经济社会发展的能力和水平。安徽省现有博士学位授予单位12所，硕士学位授予单位25所，一级学科博士点72个，一级学科硕士点232个，15所高校获得了76个硕士专业学位授权点，涉及32个不同类型的专业学位，学科的发展为安徽省经济社会发展提供了强大的人才支持和智力保障。随着产业结构优化升级，职业的技术含量和专业化程度不断提高，对于高层次专门人才的需求在数量上要求更多、质量上要求更高、类型上要求更加多样，安徽省学科布局和类型结构需要根据经济社会发展进一步调整和优化。

在开展各类研究生教育的同时，安徽省把专业学位研究生教育作为地方高校研究生教育的重点发展方向，培养面已基本覆盖专业学位研究生教育专业或领域。2010年以来，安徽省共增加硕士专业学位类型44个，新增工程硕士领域26个。目前，安徽省硕士专业学位的培养共覆盖了32种专业学位类型，博士专业学位2种。目前专业学位研究生招生已占研究生招生总数的35%。2011年安徽省3所地方高校获准实施“服务国家特殊需求人才培养”项目，可分别开展农业推广硕士、工程硕士和教育硕士专业学位研究生的培养。

大力开展科学研究和产学研合作。开展高校与科研院所、企业联合培养研究生的“千人培养计划”，组织安徽大学等10所具有博士或硕士学位授予权的省属高校，与奇瑞汽车股份有限公司等试验区内105个企业或科研机构，签订合作培养硕士研究生框架协议，并制定了相应的联合培养方案，培养总量已达千人。

## 四、招生培养就业联动机制

自2009年安徽省首次在芜湖职业技术学院开展单独招生改革试点以来，2010年试点院校范围扩大到芜湖职业技术学院、安徽职业技术学院和安徽水利水电职业技术学院3所国家示范高职院校。2012年安徽省首次遴选24所高职院校的145个专业（类），单列了11 080个计划进行高职院校自主招生改革试点工作；2014年全省共安排67所高职院校535个专业（类）作为自主招生改革试点，自主招生计划增加到34 190人。在此基础上，安徽省于2014年发布了《安徽省职业院校升学考试改革试点方案（试行）》，在保持现行普通高考和初中毕业学业考试政策相对稳定的基础上，对安徽省高职院校自主招生改革试点、对口升学考试、专升本考试和初中起点五年制招生考试等进行统筹和改革，全面构建招生培养就业联动机制。

**1.安徽省招生培养就业联动机制改革的基本思路**

为全面构建招生培养就业联动机制，安徽省大力实施专业院校升学考试改革。按照有利于构建应用性高等教育体系和现代职业教育体系；有利于落实高校办学自主权，构建招生培养就业联动机制，支撑高校办学定位、培育高校办学特色；有利于选拔、培养、造就卓越应用型人才，推进教育教学改革，深化体制机制改革的原则，积极推进考试招生制度改革。探索招生和考试相对分离、学生考试多次选择、职业院校与应用型本科高校立交互通、高校依法自主招生、专业机构组织实施、发挥市场对生源配置作用、政府宏观管理、社会参与监督的运行机制，逐步建立符合安徽省情的分类考试、综合评价、多元录取的考试招生制度，促进学生全面而有个性的发展。在保持安徽省现行普通高考和初中毕业学业考试政策相对稳定的前提下，对安徽省现有的高职院校自主招生改革试点、对口升学考试、专升本考试和初中起点五年制招生考试等4种考试模式进行改革整合和系统设计，建立职业院校升学考试制度。职业院校升学考试改革试点逐步推进，统一指导，统一录取，统一监督。参加试点高校须签订自主考试招生责任承诺书。

**2.安徽省招生培养就业联动机制改革的具体措施**

（1）根据“分类招生、多元评价、联合培养”的模式，建立高等职业院校考试招生制度。安徽省高职院校自主招生自2012年实施以来，注重顶层设计，积极审慎推进试点工作，根据“分类招生、多元评价、联合培养”的模式，建立高等职业院校考试招生制度，加强校际、校企合作和市级统筹，构建高等职业教育招生培养就业联动机制和中高职协调发展的现代职教体系。

分类招生。高等职业院校自主招生改革试点对象为应历届普通高中毕业生、应历届中职（含技工学校、职业高中）毕业生，包括具有高中阶段学历的农民工、退役士兵、企事业单位在职职工、失业人员等。参加试点的高等职业院校可以结合考生意愿和学校自身情况，采取多种招生形式，招收各类生源。国家示范（骨干）高等职业院校、市属高等职业院校、行业企业和民办高等职业院校根据办学特色和定位，可分别侧重招收学有所长或有技能特长的考生、中职学生、在职职工和退役士兵等。

多元评价。对中职学生，实行知识加技能的考试（测试）办法；对普通高中毕业生可实行以学业水平考试成绩为基础的考试（测试）办法；对其他各类报考人员，可结合其自身实际和学校办学特点，合理确定考试（测试）方法。

联合培养。实施校企联合培养，试点院校与企业紧密合作，合作办学、合作育人、合作就业、合作发展；鼓励试点院校与企业联合开设“订单式”培养班。推进中高职衔接，对完成二年级学业的中职院校学生实行预报名，预报名后的中职三年级学生由中高职联合培养；中职三年级学生毕业后，通过考试（测试）进入高等职业院校学习。加强市级统筹，由市属高等职业院校牵头、中职学校参与，共同制定人才培养方案，共同实施人才培养。

（2）全面构建高等教育“立交桥”，实现中高职、高职与应用型本科、应用型本科与专业学位研究生培养的有效衔接。建立多模式的办学体制，破解中高职与应用型本科教育缺少衔接与合作的难题。构建中高职衔接的现代职业教育体系，全省共有71所中专学校与高职院校以“3+2”分段培养模式（3年中职教育，2年高职教育）开展联合办学。应用型本科高校面向中职毕业生对口招生改革试点，招生对象包括全省中等职业学校（包括普通中专、职业高中、成人中专、中等技工学校）和综合高中职高班（具有中等职业学校学生学籍）的应历届毕业生，包括具有中职学历的农民工、退役士兵、企事业单位在职职工、失业人员等。

实施普通高校专升本考试改革试点工作。招生对象包括安徽省各级各类高等学校（包括在皖部属高等学校、省属普通高校以及经过批准举办普通高等职业教育的成人高等院校）的应届全日制普通高职（专科）层次毕业生、安徽省具有普通高职（专科）毕业学历的退役士兵。

普通专升本招生专业实行学校申报、省教育厅统一审核规划、合理布点的方法。各招生院校开展普通专升本招生的专业，必须是已经教育部门批准设立且当年度有三年级以上在校生的本科专业。各专业的招生对象应是与本科专业大类相同或相近的专科专业毕业生。

招生院校自主组织考试录取。鼓励应用型本科高校联盟内院校联合开展招生工作，鼓励校校联合开展招生工作。

注重本科高校与高职院校联合培养。2014年，安徽中医药大学和亳州职业技术学院试点联合培养中药学专业专升本学生；安徽大学试点面向省内有关科类专业高职高专应届毕业生，培养广播电视学、音乐表演、戏剧影视导演专业专升本学生。

**3.主要成效**

（1）进一步彰显了高校的办学定位和办学特色。特别是2012以来，高职院校自主招生考试改革试点将安徽省高职院校分为三类，即国家示范（骨干）高职院校，市属高职院校，行业、企业和民办高职院校。各高职院校根据各自办学定位和办学特色确定招生对象。通过自主招生分类，为高职院校的办学定位和特色发展奠定基础。

（2）促进了职业教育市级统筹，推进现代大职教体系建设。自主招生改革试点的任务之一就是打通中职教育到高职教育、高职教育到本科教育的通道。打通中高职通道，做好中高职衔接，最关键的就是市级统筹。为了做好市属高职院校自主招生改革试点工作，市级政府需大力统筹协调，通过成立人才培养联合体或是职教集团，将中职学校和高职院校组织起来，在专业、课程、实训等内涵建设上进行对接。

（3）构建了招生培养就业联动机制，推进校企、校际深度合作。试点高校通过自主招生，可以进行招生、培养、就业的综合设计，邀请企业全方位参与招生、培养、就业，根据不同的招生对象和就业需求重新制定培养方案，培养企业和社会能用得上的人才。鼓励本科高校与高职院校联合培养，鼓励应用型本科高校联盟内的院校联合开展招生工作，鼓励校校联合开展招生工作。

（4）探索建立了省级招生考试制度，推进高考制度改革。对中职学生，实行知识加技能的考试（测试）办法；对普通高中毕业生可实行以学业水平考试成绩为基础的考试（测试）办法；对其他各类报考人员，可结合其自身实际和学校办学特点，合理确定考试（测试）方法。各试点高校根据不同层次、不同招生对象，自主设计招生考试方案，全方位考核学生的基本素质与技能，探索多元考核评价机制，推进高考制度改革。

## 第五节　多管齐下　着力建设应用性高等教育资源

应用性人才培养需要相应的教学资源作为其基本保障。安徽省高度重视应用性教学资源建设，特别是在应用型课程资源、应用型师资队伍以及相关实践教学条件建设方面，出台了一系列政策措施，进一步加大财政支持力度，为安徽省地方应用性高等教育发展提供了有力保障。特别是在数字图书馆建设、应用型课程开发、“双能型”师资队伍培养、实验室建设等方面成效显著。

### 一、应用型课程资源建设

#### 1.安徽省应用型课程建设的基本思路

安徽省高度重视应用型课程资源建设。大力促进应用型课程建设力度，更新课程教学内容，提高教学水平，建立符合应用型人才培养目标和教学要求的教学大纲，以推动高等学校应用型课程资源共建共享，着力促进教育教学观念转变、教学内容更新和教学方法改革，提高人才培养质量，服务经济社会发展需求。鼓励高校建立联盟，共同开发体现新理论、新知识和新方法的课程；鼓励高校与科研院所合作，共同开发体现科技进步、文化繁荣的课程；鼓励高校与行业企业合作，共同开发体现社会生产与职业需求的课程。合作双方要根据社会发展需要、学科专业发展需要和学生的需要，以培养应用型人才为目标，在课程目标、课程内容、课程资源、教学方法等方面密切合作，全面提升学生的实践能力和动手能力。利用信息化资源共享平台，集中展示新课程；加强与知名教育网站以及主流门户网站合作，通过接入和镜像等方式，借助各方优势，广泛传播优质课程资源；加强高校间开放合作，推进区域间优质课程资源共享，课程互选。实施“精品开放课程建设计划”，开展“十二五”省级规划教材的评审。

立足教学和生产相结合、教学和科研相结合、教学和社会实践相结合、科学与人文相结合，更新课程教学内容，提高教学水平，建立符合应用型人才培养目标和教学要求的教学大纲。以社会需求为导向，以实际应用为目标，以综合素养和应用知识与能力的提高为核心，依据各专业的能力、规格要求，构建实践课程体系。开发创新创业课程，将创业课程纳入到人才培养的课程体系和教育的全过程。

**2.应用型共享课程建设**

为推进安徽省应用性高等教育体系建设，利用现代信息技术手段，加强应用性教育资源开发和普及共享，安徽省于2009年在第一期质量工程建设项目中设立精品课程和数字图书馆建设项目，2012年出台了《关于应用型共享课程开发和建设的若干意见》，全面规范课程资源建设。

应用型共享课程是以培养应用型人才为目标，高校与科研院所、行业企业等合作开发，以培养学生应用能力、实践能力和操作技能，以及创新能力和职业素质为目标的综合性课程，并服务学习者自主学习、通过网络传播的开放课程。应用型共享课程建设旨在推动高等学校应用型课程资源共建共享，着力促进教育教学观念转变、教学内容更新和教学方法改革，提高人才培养质量，服务经济社会发展需求。

（1）应用型共享课程建设内容。应用型共享课程合作双方根据学科专业发展的需要、社会的需要和学生的需要，以培养应用型人才为目标，在课程目标、课程内容、课程资源、教学方法等方面密切合作，全面提升学生的实践能力和动手能力。课程建设形成以高等学校为主体，行业企业、科研院所等社会力量广泛参与的建设模式，以选题、内容、效果及社会认可度为课程遴选依据，着力体现课程的实用性、新颖性和综合性。

应用型共享课程应在课程标准、课程大纲、教学方案、问题设计、能力训练、案例选用、现代教学技术与手段的应用、信息化资源共享平台等方面加强建设，创新课程内容和组织架构，方便课程资源共享。应用型省级精品共享课程的建设着重加强统筹规划，优化结构，制定标准。优先选择能满足应用型人才培养需要的课程，予以重点建设。

学校结合本校办学特色，有计划、有步骤地实施应用型课程建设。充分发挥有行业企业经历的教育专家和来自行业企业的一线专家对应用型课程建设的指导作用，组建应用型共享课程建设专家组，负责相关政策研究、课程遴选、内容审查和运行评价。应坚持校校、校研、校企（行业）合作的原则，系统设计、择优遴选，分批建设、同步上网，多级联动、共建共享。

省教育厅负责应用型共享课程开发、建设系统设计，组织研究制定建设标准。高等学校结合本校特色自主建设，严格审查，并组织师生对课程进行评价，择优申报。省教育厅组织有关专家对申报课程进行遴选。对遴选出的课程，采用“建设一批、推出一批、应用一批”的方式，在省教育厅公共门户网站同步推出。

鼓励高校按照应用型课程的建设定位，加强省、校两级合作建设，通过逐级遴选，形成省、校两级，本科、高职和网络教育多层次、多类型的优质课程教学资源共建共享体系，探索引入市场机制，保障应用型课程共享和持续发展。

（2）应用型共享课程使用与管理。加强动态监测与监管机制，保证课程内容质量、建设成效及课程共享的开放性、安全性，保护开发者知识产权。

建立应用型共享课程内容审查制度，明确高等学校和校企（行业）建设课程的社会责任，充分发挥校企合作组织的作用，保证课程质量。建立健全动态监测与监管机制，保证课程内容更新质量及课程共享的开放性、安全性，并及时反馈高校师生和社会学习者的使用情况。

通过多种媒体和相关活动加强应用型共享课程的宣传推广，促进课程广泛应用。加强对高校教师、学生以及社会公众的培训和引导，提高教师信息技术应用水平，鼓励学生利用信息技术手段主动学习、自主学习，引导社会公众关注、使用和评价。

（3）应用型共享课程建设政策支持与保障。将应用型共享课程建设纳入安徽省二期质量工程，设立专项资金，为应用型共享课程教材的编纂、出版提供充分的经费资助；在高校教学研究项目的立项、成果评审和评奖等方面给予必要的支持。对完成建设、符合建设标准、开放共享效果良好的课程，给予荣誉称号和经费补贴。将创建应用型共享课程作为一项业绩考核与评估的内容。

**3.优质数字化课程资源建设**

（1）大力构建数字文献中心服务体系，初步建成面向全省高校、基本满足教学科研需要的数字图书馆资源。把安徽省数字图书馆建成面向全省各行业提供信息服务的资源中心、服务中心、培训中心、学习中心和高端文化体验中心。

数字文献资源建设。继续万方中文电子期刊和博看中文电子期刊的全省联采，新增共性需求的电子期刊，使区域内高校图书馆可共享的全文电子期刊超过20 000种。支持学科导航资源持续发展。建设多媒体学习数据库，新的中文电子图书品种增加到50万种。采全学科中端外文电子数据库，面向所有院校开放；在总馆进行高端外文电子图书资源建设，为安徽省教学科研提供咨询服务。建立通用事实数据和统计数据库、高职高专院校资源库、大型重要文摘类和工具类数据库等。

精品课程资源建设。初步建立安徽省精品课程资源库。在建设统一的精品课程共享信息技术标准和规范基础上，配合安徽省精品课程建设工作，建立支持400门安徽省的国家级精品课程及视频公开课的核心课程资源库，并发布共享。

专题特色数据库建设。遵循“分散建设、统一检索、资源共享”的原则，重点资助省内各高校图书馆独有资源和稀有资源的数字化建设，支持具有良好前期成果、学科特色、地区文化和地方特色鲜明的专题库建设，推动特色数据库建设的标准化，形成集中式的特色资源元数据仓库，面向全省高校用户提供特色资源服务。为加强对独立学院及高职院校教学与科研的支持，计划定向建设独立学院及高职院校教材教参数据库，建设经费由政府和各高校联合投入。

（2）以安徽广播电视大学信息化建设为平台，建设一批基于网络自主学习的核心课程，加强安徽省成人高等教育信息化体系建设。以满足社会成员多样化的继续教育和终身学习需求为根本宗旨，创新体制机制，改革人才培养模式，汇聚优质教育资源，打造优质教育平台，提升教育教学质量，灵活应用现代信息技术开展远程教育公共支持服务，为建设高教强省和构建终身教育体系、学习型社会作出积极贡献。

“安徽省远程教育中心”建设。发挥“安徽省远程教育中心”的指导、管理、服务、研究和办学示范等功能作用，加强与安徽省普通高校、高职高专院校、各类远程教育机构的合作，为安徽省成人高等教育提供统一的网络教学和管理平台，为国内外各种远程教育、继续教育学校、机构提供公共支持服务。

安徽终身教育门户网站和全民终身学习数字化资源中心建设。建立覆盖全省城乡各地的网络学习终端和社区教育学院、社区学习中心，为各类社会成员的社区学习、终身学习提供方便灵活的公共支持服务。探索建立学习成果认证和“学分银行”制度，促进各级各类教育和不同学习成果之间互认衔接，搭建安徽省终身教育“立交桥”。

成人高等教育远程公共支持服务体系建设。依托安徽广播电视大学的远程教育办学条件和办学优势，整合、优化安徽省33所普通本科高校的优质教育资源，以计算机网络等信息技术为支撑，建立安徽省成人高等教育统一的网络教学和管理平台，建设一批基于网络自主学习的核心课程，构建以过程性评价为主导的网络学习测评方式，开展开放式、交互式的网络教学活动，促进校际合作和优质教育资源的共建共享，实现安徽省成人本科高等教育由函授、业余等教学模式向网络化、信息化的转变。

**4.应用型课程资源建设成效**

安徽省近年来不断加大应用型课程开发和建设力度，更新课程教学内容，提高教学水平，建立符合应用型人才培养目标和教学要求的教学大纲。出台《关于应用型课程开发和建设的若干意见》，鼓励高校建立大学联盟，共同开发体现新理论、新知识和新方法的新课程，鼓励高校与科研院所合作，共同开发体现科技进步、文化繁荣的新课程，鼓励高校与行业企业合作，共同开发体现社会生产与职业需求的新课程。

各高校根据卓越计划培养标准，重构课程体系和教学内容。如安徽建筑工业学院为全面提高卓越计划人才培养的工程实践能力，对卓越计划课程体系进行重新设计，全面整合课程教学内容。对政治课、外语课、体育课的教学方式进行了重大改革，减少总学时，缩减课内学时，增加英语口语听力集中强化环节等；对数学、物理、力学、电工电子等系列基础课程的内容进行了改革，使之适应卓越工程师教育需求；在教学时间安排上进行了调整，便于后续专业基础课程的安排。合肥学院借鉴德国的成功办学经验，对试点实施卓越计划的专业开展模块化课程改革，围绕专业能力培养目标，打破原有课程体系，将教学内容重新组合，把理论教学与实践教学紧密结合在一起组成新的教学单位——模块，按照模块化的方式整合教学内容，探索构建适合卓越工程师人才培养要求的课程体系，与国外先进教育接轨。

在数字化资源平台建设方面，2009年安徽省教育厅、财政厅启动安徽省高等学校数字图书馆（省数图）项目，构建了以中国科学技术大学数字图书馆为主馆、安徽大学等9所高校数字图书馆为分馆的数字文献服务中心体系。搭建了省数字图书馆门户网站、安徽高校文献资源共享服务平台、安徽高校课程资源共享平台和安徽高校非书资料资源中心平台等4个公共服务平台，大力推进省数图面向全省开展各项服务。其中，安徽高校文献资源共享服务平台建有264个数据库；安徽高校课程资源共享平台现有本科课程14 212门，高职高专课程5 834门，国外开放课程3 223门；安徽高校非书资料资源中心平台镜像到安徽省中心的光盘数量为4万多种，容量32 T。2009年以来共立项建设省级精品课程216门，2012年立项建设省级精品资源共享课程202门、精品视频公开课55门，上述网站将在5年内免费开放课程资源。

## 二、应用型师资队伍建设

拥有一支高水平的具有一定工程经历的专兼职卓越工程师教育师资队伍，是实施应用性地方高等教育的关键。安徽省于2009年发布《安徽省普通本科高等学校教师专业技术资格条件（试行）》，把教师到企业、农村等生产一线实习、工作，参加产学研合作，获得专利等作为专业技术职务评审标准，采取切实措施把具有培养应用型人才的能力和具有应用科学技术研究、成果转化及产学研合作能力（即“双能型”）作为应用型高校教师专业成长的主要目标，提高教师的“双师”素质和“双能”素养，逐步形成定性与定量相结合，以业绩为重点，形成由品德、知识、能力等要素构成的各类人力资源评价指标体系。建立以职业分类为基础，以能力和业绩为向导，社会和业内认可的社会化、科学化的人力资源评价和发现机制。完善各类人力资源能力素质标准，突出用人单位评价主体作用，推进社会化人才评价方式。2013年发布《安徽省教育厅关于做好省属高等学校申请授予副教授任职资格评审权有关工作的通知》（皖教秘人〔2013〕16号），将安徽省职称评审权进一步下放到各高校，全面探索教师评价新体系。

### 1.重视教师职业素养，加强师德师风建设

以深入贯彻落实教育部《高等学校教师职业道德规范》等制度为契机，实行师德一票否决制，进一步明确教师的行为准则，切实改进高校师德师风建设。

### 2.提高教师尤其是青年教师的教学水平

发挥基层教学组织的作用，开展教学培训，倡导集体备课，健全老中青“传帮带”机制。严格主讲教师资格，加强对青年教师的培养培训，严格执行青

年教师的试讲制、助教制、导师制，切实提高青年教师的教育教学能力。

**3.建立教师教学能力发展中心**

实施应用型本科院校中青年骨干教师和创新团队建设计划，实施高职高专专业带头人培养计划。探索高校引进、培养和使用应用型教师的体制机制，建立本科院校“双能型”教师和高职院校“双师型”教师队伍的建设标准、教学能力的评价体系和激励机制，引领和带动全省高校应用型教师队伍建设。

引导教师立足课堂，科学设计教学模式；提倡以团队形式学习先进教学理论和教学经验，开展教学研究；充分利用教学资源，以培养学生实践能力、学习能力和创新能力为目标，科学设计教学内容和过程。综合利用课堂、网络、实验实训实习活动等多样化教学方式，重视将理论知识与行业企业实际进行衔接、融合，提高学生专业素质。探索形成应用型教师教学能力评价体系和激励机制，形成努力提高教学能力的机制和氛围。

鼓励高校依托大中型企业，共建“双能型”“双师型”教师培养培训基地，提升教师的实践动手能力。完善教师到企业和基层一线实践制度，并将其作为职称评聘的重要依据。鼓励高校聘用具有实践经验的专业技术人员担任专兼职教师，改善教学团队结构，形成“双师型”“双能型”结构的教学团队。

2011年以来，我们立项建设了37个省级应用型教师教学能力发展中心，加大对应用型教师的培训力度，全面提升高校教师的工程能力。我们还遴选建设了11个高职院校教师双师素质培训基地，每年组织7 000余名高职教师参加“双师”素质培训和主干课程培训。

**4.提高教师的“双能”素质**

建立本科院校“双能型”教师的建设标准、教学能力的评价体系和激励机制，引领和带动全省高校应用型教师队伍建设。加强继续教育，完善教师到企业和基层一线实践制度，并将其作为职称晋升、年度考核、评选优秀的主要依据；大胆支持并鼓励教师和企业联合开发新产品、新技术，提高解决工业技术问题的实践能力；鼓励高校依托大中型企业，共建“双能型”“双师型”教师培养培训基地，提升教师的实践能力。通过产学合作，从产业部门和企业中聘任一批学有专长、实践经验丰富的专家学者和工程技术人员作为兼职教师，改善教学团队结构，以形成一支具有较高教学水平、相对稳定的兼职教师队伍，提高“双能型”教师的比例，提高教师应用型人才的培养能力和产学研结合的能力。

**5.建立教师分类管理制度**

完善教师分类管理和分类评价办法，明确不同类型教师的岗位职责和任职条件，制定聘用、考核、晋升、奖惩办法。对本科院校中“双能型”教师重点考核教学能力、应用型人才的培养能力及产学研结合的能力；实验实训教师重点考核指导学生实验实习、教学设备研发、实验项目开发等能力；兼职教师根据聘任合同进行考核，重点考核教学能力和指导学生实践的能力；基础课教师重点考核教学任务、教学质量、教研成果和学术水平等情况。

将实践教学师资队伍建设作为学校师资队伍建设的重要组成部分，统筹规划，加强建设。采取积极有效的措施，吸引鼓励高水平教师从事实验教学和管理工作，探索建立实验教学与理论教学队伍互通的有效机制，重视实验人员的培养和提高，建立健全业务进修与学习制度，努力建设一支专兼职结合、结构合理、数量充足、业务精湛、勇于创新、相对稳定的高素质师资队伍。通过实施按需设岗、公开招聘、竞争上岗等措施，建立有效的鼓励和约束机制，充分调动和发挥实验人员的工作积极性。鼓励和支持实验技术人员开展实践教学改革研究并对其申报成果进行奖励。加强对实验人员的考核，并把考核结果作为实验人员职称晋升、岗位评聘等的重要依据。鼓励和支持教师，特别是中青年教师定期到行业企业单位挂职或培训，丰富教师的实践经验，提升教师的实践教学能力，培养“双师型”“双能型”教师。注重内外交流，主动引进具有丰富实践经验和教学热情的业界能人进入学校，吸引全社会之力强化实践教学，建设一支热爱实践教学、具有丰富实践经验、教学科研能力强的实践教学队伍。

**6.将教师职称评审权部分下放到高校**

具有博士学位授予权和若干个硕士学位授予权学科专业点，或综合、理工、农业、师范院校具有10个以上硕士学位授予权学科专业点，医学院校具有15个以上硕士学位授予权学科专业点，其他院校具有5个以上硕士学位授予权学科专业点，并培养过两届以上合格硕士毕业生的高校，可申请获得副教授职称资格评审权。全面放开本科院校讲师专业技术职称评审权，鼓励高校根据学校应用型人才培养需要，打破以项目、论文作为职称评审唯一条件的职称评审制度，多渠道、全方位考核教师业绩，全面构建教师评价新体系。

## 三、实践教学条件建设

实践教学是高校人才培养过程中贯穿始终、不可缺少的重要组成部分，是提高人才培养质量的重要环节，是培养学生实践能力和创新能力的主要方法和手段，是巩固学科知识、提升科研素养、培养理论联系实际作风的重要途径。安徽省高度重视实践教学环节工作，注重培养大学生的创新能力和实践能力。

（1）在2008年启动的第一期质量工程建设中，设立了实验实训实习基地建设项目。重点建设100个左右省级本科实验教学示范中心，推进高校实验教学内容、方法、手段、队伍、管理及实验教学模式的改革与创新。重点建设100个左右区域共享的省级示范实训基地，并同步发展为经劳动部门批准的技能等级鉴定中心，推进大学生的基本技能、专业应用能力和创新能力培养。依托企业、医院、社区等校外社会优质资源，建立500个规模较大、技术水平高、行业认可度高、接纳能力强的校外实践实习基地，其中100个建成省级示范性实习基地。

依托实验教学示范中心、校内实训基地、校外实习基地等实践和创新平台，重点组织实施大学生数学建模、电子设计、多媒体设计、结构设计、机械设计、程序设计、电子商务、会计信息化、英语演讲、师范生教学技能等10大类学科竞赛，数控技术、模具设计、汽车维修、计算机工程、艺术设计、多媒体技术、服装制作技术、动漫设计、物流控制、旅游服务等10大类技能竞赛。逐步扩大科技竞赛的学科范围，引导学生自主学习、探索学习，培养和增强学生的动手能力、创新能力。

（2）在安徽省“支持本科高校发展能力提升计划”和“高等教育振兴计划”中，设立相应的实验实践教学条件建设项目。在2013年启动的“支持本科高校发展能力提升计划”中，设立基础教学条件保障能力提升计划，加强基础教学实验室、专业教学实验室、综合实验训练中心、校内外实验实习实训基地、校企合作实验教育基地等基础办学设施建设项目。

在“高等教育振兴计划”中，设立创新与公共服务平台建设计划，其中示范性实验实践教学基地建设项目是该计划的重点项目之一。通过示范性实验实践教学基地建设项目，进一步服务安徽省经济社会发展需要，支持高等学校以特色优势专业为基础，全面整合校内优质实验教学资源，加强与行业企业合作共建大型实践教学基地，形成优质资源融合、教学与科研结合、学校与行业企业联合培养人才的实验实践教学新模式，进一步探索满足新时期人才培养需要的实验室、实践教学基地建设和教学改革途径，强化大学生实践能力、创新能力培养，提升高等学校办学水平和教育质量。

（3）2012年出台了安徽省《关于加强高等学校实践教学工作的若干意见》（皖教高〔2012〕5号），对实践教学体系改革、实践教学队伍建设、实践教学条件建设、实践教学的保障与监控等方面提出了系统要求。在实践教学体系改革方面，打破实践教学附属于理论教学的传统习惯，构建与理论教学体系既密切联系又相互独立、内容循序渐进、层次分明、特点突出、开放式的实践教学体系，创建富有主动性、创新性的实践教学独立运行的新机制。

在实践教学队伍建设方面，将实践教学师资队伍建设作为学校师资队伍建设的重要组成部分，统筹规划，加强建设；建立有效的鼓励和约束机制，加强对实验人员的考核，并把考核结果作为实验人员职称晋升、岗位评聘等的重要依据；鼓励和支持教师，特别是中青年教师定期到行业企业单位挂职或培训，丰富教师的实践经验，提升教师的实践教学能力，培养“双师型”“双能型”教师。

在实践教学条件建设方面，重点建设一批面向多学科、多专业的实验教学中心、工程训练中心等，增加实验仪器设备，保证实验开出率和设备台套数满足教学要求；加强校内实习实训基地建设，大力改善实习实训教学条件，重点建设一批高水平、综合性、开放式的实习实训基地。

在实践教学保障与监控方面，各高校要在人事、经费投入、教学质量评价与保障制度等方面进行有益探索，不断完善实践教学的各项规章制度。加大实践教学改革的经费投入，分批组织实施校级实践教学改革研究及试点项目；逐步加大实践教学经费在学校经费支出中所占比例；切实加大对实验室与实习基地建设和实践教学运行经费的投入，使各实践教学环节有良好的环境和条件；对于实验教学、毕业实习，学校要在教学经费中做出具体安排，确保实践教学经费落实到位；进一步完善实验实训实习、社会实践、课程设计、毕业论文（设计）等实践教学环节的质量监控体系及质量标准，完善学生实践成绩的考核评定办法，激发学生转变学习方式，形成自主学习、主动实践的良好氛围。

## 第六节　扶持激励　组织引导大学生创新创业与学科竞赛

创新创业训练及学科和技能竞赛是实践教学环节的重要组成部分，对大学生创新思维训练、创新能力培养和综合素质提升有着十分显著的作用，是高校推动教育教学改革、培养创新型人才、增强就业竞争力、增进产学研合作的有效途径，是建设高等教育强省的重要举措。安徽省高度重视大学生创新创业及学科和技能竞赛工作，特别是为了改变2008年和2009年参加全国职业院校技能大赛仅获2个三等奖的不利战绩，安徽省制定了系列激励措施，对辅导学生获省级以上大赛等级奖的指导教师在职称评定、骨干教师培养、专业带头人遴选和名师评选等方面，同等条件下优先，对辅导学生获得国赛奖项的教师，授予对应的省级教学成果奖；获奖选手竞赛项目符合国家职业标准规定职业（工种）的，由省人力资源和社会保障厅颁发国家职业资格证书，全面调动高校、教师和广大学生参加职业技能大赛的积极性。

### 一、制定政策文件引导规范大学生创新创业与学科竞赛活动

2014年安徽省教育厅出台了《关于做好大学生创新创业训练计划实施工作加强学科和技能竞赛项目管理的意见》（皖教秘高〔2014〕1号），进一步激励广大学生积极参与大学生创新创业与学科竞赛活动，并规范管理，就安徽省大学生创新创业与学科竞赛工作提出具体政策措施。

**1.高度重视创新创业训练及学科和技能竞赛在人才培养中的作用**

各高校要以创新创业训练及学科和技能竞赛为抓手，加强对学生创新能力和实践能力的培养，使之规范化、科学化、制度化、常态化。

**2.科学构建创新创业训练及学科和技能竞赛项目国家级、省级、校级三级实施体系**

积极完善学科和技能竞赛项目开展模式，建立教研结合、项目驱动、多部门协同的学科和技能竞赛实施格局。根据竞赛的具体内容，针对不同专业课程教学要求和不同年级课程开设情况，分类分层组织引导大学生开展竞赛工作，切实提高学科和技能竞赛效果，充分发挥竞赛育人作用。

**3.着力倡导创新创业训练与学科和技能竞赛相互融合协同促进机制**

建立“教学改革—课程建设—创新训练—学科竞赛”良性互动的发展模式，树立“比创新、促提升、谋发展”和“以赛促学、以赛促练、以赛促教、以赛促改”的教学活动观，把创新创业训练及学科和技能竞赛与常规教学环节相结合，深化课程体系和教学内容改革，提高创新性、应用型人才培养质量。

**4.大力营造创新创业训练及学科和技能竞赛的学习氛围**

将创新创业及学科和技能竞赛列入教学计划，设立创新创业学分，鼓励引导大学生主动开展、踊跃参加创新创业训练及学科和技能竞赛。通过广泛参与、层层选拔的方式，扩大惠及面。切实加大实验室开放力度，加强训练，保障效果，为学生课余时间开展创新创业训练提供良好的条件与环境。

**5.积极建立创新创业训练及学科和技能竞赛的激励机制**

把教师指导纳入学校业绩评价体系；完善对参与学生的奖励办法，充分调动学生参与的积极性。教育厅定期对各高校创新创业训练计划项目实施情况及学科和技能竞赛获奖情况进行统计并公布，排名靠前的学校在振兴计划和质量工程项目申报指标上给予适度倾斜。

**6.切实加强创新创业训练计划项目及学科和技能竞赛项目质量监控**

各高校加强创新创业训练计划项目及学科和技能竞赛项目实施过程监督检查和结题验收工作。要遴选覆盖面广、影响面大、层次高的竞赛项目，做好创新创业训练计划项目结题工作，评选优秀项目，并做好优秀项目的宣传推广。

**7.建立健全创新创业训练项目及学科和技能竞赛项目的管理机制**

省教育厅进一步加强对全省大学生创新创业训练项目及学科和技能竞赛项目的管理，对重大赛项加强组织协调。设立省大学生学科和技能竞赛专家委员会，负责创新创业训练计划省级项目评审、国家级项目推荐及学科和技能竞赛项目评审遴选及级别认定等工作。各高校成立相应的管理机构，协调有关部门积极开展工作，制定完善相关规章制度，建立科学化、规范化管理长效机制。

**8.多措并举完善创新创业训练项目及学科和技能竞赛项目的保障机制**

省教育厅支持举办的学科和技能竞赛项目，在“高等教育振兴计划”中进行立项并给予相应的经费资助。公办本科高校需将创新创业训练及学科和技能竞赛经费列入“支持本科高校发展能力提升计划”项目资金预算。

## 二、积极组织职业院校参加全国职业院校技能大赛

高职技能大赛是高职教育教学改革的风向标，安徽省高度重视高职院校技能大赛工作，积极探索和建立省级层面以及行业和院校举办职业技能竞赛制度，创新技能大赛组织机制和代表队选拔机制，制定具体的激励政策，引导职业院校通过技能大赛促进教育教学改革，全面加强学生职业技能训练，提高人才培养质量。

**1.高度重视省级技能大赛的举办和全国职业院校技能大赛的组织参与工作**

近年来，安徽省教育厅特别重视高职院校的参赛工作，明确提出把参加全国职业院校技能大赛列入教育厅年度工作重点。程艺厅长作出专门批示，强调要“高度重视，精心策划，周密安排，狠抓落实，赛出成绩”。教育厅多次召开工作会议，专题研究部署安徽省参加全国职业院校技能大赛工作，发动各院校认真做好参赛准备。

**2.制定相应的激励政策措施，全面加强政策引导**

对参赛选手在省级大赛上获等级奖者颁发获奖证书，竞赛项目符合国家职业标准规定职业（工种）的，由省人力资源和社会保障厅颁发国家职业资格证书。对辅导学生获省级以上大赛等级奖的指导教师颁发证书，教育和人社部门对这些教师在职称评定、骨干教师培养、专业带头人遴选和名师评选等方面，同等条件下优先。对辅导学生获得国赛奖项的教师，授予对应的省级教学成果奖。各院校也有针对性地制定了激励政策措施。这些措施对安徽省选手和指导教师参赛获奖起到了一定的激励作用。

**3.以省级技能大赛为抓手，夯实国赛基础**

安徽省高度重视省级技能大赛，根据全国职业院校技能大赛有关文件要求，制定安徽省和职业院校技能大赛（高职组）实施方案，组织相应的省级大赛。通过采用网络报名的方式，减轻参赛高校的负担。对承办高校充分尊重，从报名到比赛组织等环节请承办高校全权负责。教育厅通过发布指导性文件、现场指导等方式，加强对承办高校的指导。比赛规程等项目文件通过安徽高教网和承办高校网站征求意见，竞赛规程、竞赛须知、技术规范、竞赛指南、评分办法、评分标准、工作流程、工作规程、命题要点等项目文件科学、严谨、规范、齐备。邀请第三方担任裁判，规范操作比赛流程。这些措施保证了省级

赛事的公平、公正，为参加国赛打下坚实的基础。

**4.建立省级集训协作机制，提高参赛水平**

经过多年来的实践与探索，安徽省逐步形成了一套较为完备的竞赛、选拔、集训、组团工作制度和组织规范。根据省级技能大赛比赛成绩和各校的专业特色，成立了省级集训协作组，负责组织选拔赛，遴选成绩排名前列的院校参加全国比赛；同时为各参赛项目确定了牵头责任院校，负责对参赛选手进行集中训练工作，保证了参赛工作的顺利进行和比赛水平的大幅提高。

**5.加强院校间的交流合作，充分发挥团队作用**

在比赛前，校内和校际之间互相学习、互相交流、互相帮助，有不会的大家一起讨论，有问题一起解决；有困难相互帮助，互相弥补不足，最终大家的水平和知识都有了一定提高，职业素养和素质也有了较大的提升，专业技能进一步增强。比赛结束后，及时召开总结会议，编写技能大赛经验交流材料，全面总结参赛经验教训，交流参赛心得。

**6.精心做好大赛组织管理工作，保障参赛队伍高水平参赛**

安徽省各高职院校精心组织广大学生积极参加全国职业院校技能大赛工作，取得了较好成绩。2008和2009年，安徽省代表队在全国大赛上分别获得2个三等奖。2010年，安徽省代表队一举夺得3个一等奖、2个二等奖、15个三等奖，获奖代表队20个。其中，一等奖获奖数全国排名第6，获奖总数全国排名第4，占全国赛事奖牌总数的7.8%，实现了安徽省在全国大赛获奖总数和获奖等级上的重大突破。2011年，安徽省高职组共有25个代表队参赛，获得1个一等奖、3个二等奖、9个三等奖，获奖代表队13个，占全国赛事奖牌总数的5.02%。2012年获一等奖13个、二等奖43个、三等奖75个，获奖院校24所。2013年，安徽省代表团获得10枚金牌、33枚银牌和40枚铜牌，获奖院校20所、获奖选手54人次。

## 三、积极组织大学生创新创业训练计划和各类学科竞赛

大学生创新创业训练计划是教育部本科教学质量工程建设项目中直接针对大学生个体或团队所设立的覆盖面最广、影响最大的项目之一，分设创新训练、创业训练和创业实践三类项目。2011年启动实施了中央部委属109所高校16 300个国家级大学生创新创业训练计划，2012年将项目实施学校做了较大幅

度扩展，鼓励地方政府支持所属高校积极开展大学生创新创业训练计划项目。安徽省高度重视大学生创新创业训练计划项目工作，通过项目实施进一步培养适应时代要求的创新创业人才，建立学校、地方、国家三层次的大学生创新创业训练计划体系，促进安徽省高校人才培养模式改革和教学观念转变。通过努力，在2012年度安徽省共有25所地方高校获批1 795项国家级大学生创新创业训练计划项目，项目数占全国地方高校项目总数的13.3%；2013年度安徽省共有33所地方高校获批1 928项国家级大学生创新创业训练计划项目，项目数占全国地方高校项目总数的13.7%，项目数连续两年位居全国第一。

学科竞赛是强化实践能力，实现实践育人的有效途径。近年来，安徽省组织了包括全国工业设计大赛、广告设计大赛、智能汽车设计大赛、电子设计大赛、GIS大赛等各类学科竞赛活动，各高校高度重视、积极组织参赛队伍，获得了可喜的成绩。通过大赛，进一步提高了广大学生创新思维与实践能力，促进了安徽省高等教育人才培养质量的进一步提高。

## 第七节　系统设计　努力构建应用性高等教育质量保障体系

地方应用性高等教育是为适应高等教育大众化过程中高校类型多样化、产业结构调整升级对人才需求的多样化，以及人民群众对高等教育多样化需求而提出的。其发展必须坚持以服务地方的科学定位为根本；坚持以就业为导向，分类指导为基础；坚持以培养应用型人才为重点，实现人才培养的多元发展为方向；坚持以特色求生存，以质量求发展为办学目标。这就要求地方高校必须在省级政府的统筹下，坚持以提升质量为核心，构建完善的地方应用性高等教育质量保障体系，为地方高等教育的内涵发展与审核评估提供合理、公正、公平的制度支撑。经过多年的探索，安徽省基本形成了以“五个度”为核心内容的应用性高等教育质量保障体系，并取得了良好的效果。

教学评估是建立健全以高等学校为基础、以政府为主导、以社会为补充的开放、立体、全面的地方高等教育质量保障体系的核心内容。安徽省一直高度重视本科教育评估。20世纪90年代末，安徽省在全国率先开展本科教学评议工作，重点考察对第一次全国普通高等学校教学工作会议的落实情况，解剖了各普通高校的办学指导思想、办学定位、办学条件等，保证了教学工作的中心地位、教学改革的核心地位和教学建设的优先发展地位。同时，根据当时的国家教育委员会的部署，组织完成了8所本科院校的合格评估。

## 一、本科教学评估

安徽省高度重视本科教学评估工作，多次召开关于合格评估和审核评估工作专题工作布置会和研讨会，深入高校开展了相关工作的专题调研。2012年，研究制定了《关于普通高等学校本科教学评估工作的实施意见》（皖教高〔2012〕3号），明确了开展本科教学评估的任务，即建立高等学校本科教学基本状态数据库并及时更新；2015年，对所有符合合格评估条件的10所新建本科院校，进行合格评估，对尚未达到三届毕业生、不符合合格评估条件的新建本科院校开展自我评估，对已接受上一轮评估并获得通过的省属本科院校进行审核评估；对医学、师范、工程、建筑类专业开展专业认证和评估；积极探索国际评估。

**1.安徽省本科教学评估工作特点**

在实施本科教学评估工作中，注重处理好以下三个方面的关系：

一是处理好审核评估与合格评估的关系。合格评估的对象是新建本科院校，评估考察更加注重定量分析，更加刚性，倚重指标，进校专家是主体，主要是一种静态评估。评估考察强调的是“三个基本”：学校基本办学条件达标、教学管理基本规范、教学质量基本有保障。审核评估的对象是具有一定办学历史经验的老本科院校，评估更加注重定性分析，更加柔性。学校在评估工作中主动性、主体性更强。审核评估是一种动态性评估，更加注重学校的自我设计、自我发展，强调学校在平常和开放的状态下，通过专家的全面考察，促进学校科学定位、特色发展。

二是处理好教育部审核评估方案与安徽省审核评估方案的关系。安徽省作为教育部审核评估试点省份，其审核评估方案是在教育部方案出台之前形成的。教育部审核评估方案出台之后，及时地学习借鉴，并组织人员对安徽省方案进行了修订，进一步完善审核评估方案的内容和程序。在对安徽省两所高校进行试点评估中，要求评估专家在使用安徽方案进行评估的过程中，要结合教育部评估方案，帮助查找问题、提出对策，探索建立更加科学合理的审核评估机制。

三是处理好评估专家与被评估学校的关系。学校要配合专家做好服务保障工作，为专家提供便利的工作条件，保持正常教学工作秩序，不额外增加师生负担。学校在与专家交流过程中要实事求是，不夸大成绩、不回避问题，与专家坦诚相待。评估专家要充分发挥自己独立判断能力，对评估中发现的问题，一定要敢于揭示，是什么问题、是哪一类的问题就要明确反馈，要让学校认识到办学中存在什么问题、采取什么措施、从哪些方面解决等，要充分发挥专家的指导作用，给安徽的高等教育发展和高校办学“把好脉、开好方”。

**2.以“五个度”为重点内容的审核评估**

安徽省首创以“五个度”为核心内容的地方应用性高等教育质量保障体系，是安徽省全面贯彻《教育部关于全面提高高等教育质量的若干意见》的具体举措，是高校审核评估的重点内容，强调地方性、应用型、特色化。地方性要求高校主动融入地方，服务地方经济建设和社会发展；彰显地方特色，将地方特色转化成学校优势；加强校园文化建设，传承创新地方特色区域文化；加强科学研究，引领地方战略性新兴产业发展。应用型要求高校以培养应用型人才、加强应用型科学研究为主，全面服务地方经济建设和战略性新兴产业发展。特色化要求高校办学各具特色，各显神通，在全国同类型高校中办出地方特色，在全省同层次高校中办出学校特色，真正在各自的层次上办出特色，争创一流。高校在转变方式内涵发展过程中，必须以“五个度”为核心内容，全面构建高校质量保障体系，确保应用型人才培养质量稳步提高。

（1）高校办学定位与社会需求的符合度。“符合度”要求各高校要根据经济社会发展需求，合理确立学校人才培养目标。要坚持以社会需求为导向，紧紧围绕服务地方经济建设和社会发展需要，围绕地方重大发展战略、未来产业升级和承接产业转移等对创新型、复合型、应用型人才的需要，支持高校根据办学历史、学科专业优势、地域特征、资源条件和服务面向，确定学校的办学定位，培育学校的办学特色，以克服同质化倾向，彰显异质性特征，鼓励在不同层次、不同领域办出特色，争创一流。具体内容主要包括：学校的办学定位是否明确、完整、有办学特色；学校规划与地方政府经济社会发展规划的关系；学校的学科专业尤其是优势特色学科专业与地方产业、行业的关系等。

（2）高校人才培养、科学研究、社会服务、文化传承创新对办学定位的支撑度。“支撑度”要求地方高校需坚持以人才培养为核心，提高高校其他职能对人才培养的贡献度。要促进科学研究、社会服务、文化传承创新与人才培养的有机结合，实现在科学研究和社会服务中培养人才，实现文化育人。其重点内容包括：正确处理人才培养、科学研究、社会服务、文化传承创新四者之间的关系；进一步保障教学工作中心地位、教学改革核心地位、教学建设优先发展地位；进一步完善高校激励机制与制度建设，以切实贯彻落实人才培养、科学研究、社会服务、文化传承创新对办学定位的支撑。

(3) 高校人才培养目标、方案、教学运行、质量及质量监控之间的吻合度。“吻合度”要求地方高校需坚持以全面提高教育教学质量为目标，加强教学质量保障体系的建设与完善，对教学过程各环节进行系统有效的质量管理，使人才培养目标的实现与学校办学定位相吻合。其核心的内容与目的是要保证高校专业培养目标与学校人才培养目标相一致；人才培养方案等与专业培养目标、学校人才培养目标相一致；课程开发、建设、使用等与学校人才培养目标相一致；质量工程建设与学校人才培养目标相一致等。

(4) 高校师资队伍、教学仪器设备、实践教学基地、图书资料等教学资源对教学水平的保障度。“保障度”要求各地方高校需坚持以校内外教学资源的合理配置和有效使用为保障，加强教师队伍建设和教学资源的持续投入，改善教学条件，保障教学水平稳步提高。其重点内容包括：切实改进高校师资队伍的师德师风；提升教师教学能力；提高教师的“双能”“双师”素质；建立教师分类管理制度；加强教学信息化建设，强化教学资源共享，提高教学设施、图书、设备的利用率；持续增加教学经费投入与比重；加强实践教学基地的建设等。

(5) 学生、社会、用人单位、政府对教学质量的满意度。“满意度”包括地方高校的社会声誉及其社会影响，在校学生及毕业生对学校教学的工作认可度，社会、用人单位、政府对高校人才培养质量的满意度。即一要重点考察高校对高校自身的总体评价，比如近3年学生报考、报到、就业及考研情况，各专业生源数量及质量等；二要关注在校学生的自我发展满意度；三要重视社会对高校人才培养质量的评价；四是要重视用人单位对高校人才培养质量的评价；五要注重政府对高校人才培养质量的评价。

**3.专业认证与评估工作**

省教育厅采取以下具体措施，进一步加强专业认证与评估的组织领导工作：

（1）建立专家智库。分别建立专业和行业教学指导专家委员会，充分发挥专家作用，科学设计专业监测核心数据和评估指标；

（2）开发监测平台。委托软件公司和省教育评估中心共同开发安徽省高校专业建设状况监测平台，建立涵盖全省高校各专业人才培养目标、师资队伍、课程设置、建设成果、实习实训和招生就业等情况的数据库。

（3）实施项目带动。分别遴选3所高校（本科、高职、成教各1所）与省教育评估中心共同立项，从“高等教育振兴计划”中单列经费用于项目建设，以项目共建的方式完成监测平台建设、指标体系研发、数据采集分析、监测报告白皮书编写等工作。

（4）发布监测报告。定期发布全省高校专业建设决策咨询报告，为高校调整专业结构、优化专业布局提供科学依据；编印《安徽省普通高校专业填报指导手册》，为高考考生填报专业提供参考。

安徽省相继成立应用型本科高校、示范性高职院校、医学教育院校、教师教育院校、市属高职院校和商科类高职院校等6类高校合作联盟后，于2013年又成立了土建学科教学指导委员会等专业大类教学指导委员会。各类联盟和教学指导委员会依据有关专业设置的宏观调控政策和管理规定，对新专业申报进行前置预审，提出指导性整改建议和意见。在专业建设和管理中将专业规范的制定与完善、专业评估与认证工作作为其重要工作内容，建立评估机制，为安徽省专业建设提供专家组织保障。如安徽省土建学科教学指导委员会的主要任务包括：（1）组织和开展本学科教学领域的理论与实践研究。（2）指导相关高等学校开展土建学科专业、课程、教材、实验室、师资队伍等教学基本建设，推进教学改革。（3）制定各土建学科专业规范、课程教学质量标准。（4）经授权承担安徽省土建学科专业评估（专业认证）工作。（5）交流研讨土建学科专业教学改革经验，在全省推广应用研究成果。

## 二、高职院校人才培养工作评估

### 1.安徽省高职院校人才培养工作评估基本情况

为贯彻《教育部关于全面提高高等职业教育教学质量的若干意见》（教高〔2006〕16号），落实《教育部关于印发〈高等职业院校人才培养工作评估方案〉的通知》（教高〔2008〕5号）精神，结合安徽省经济社会及高等职业教育发展实际，安徽省于2009年出台了《关于做好安徽省高等职业院校人才培养工作评估的通知》（教秘高〔2009〕14号），制定了《安徽省2008—2012年高等职业院校人才培养工作评估规划》《安徽省高等职业院校人才培养工作评估实施细则（试行）》和《安徽省高等职业院校人才培养工作评估操作规程（试行）》，并以此为基本依据完成了安徽省高职院校人才培养工作评估。2014年，为贯彻落实《国务院关于加快发展现代职业教育的决定》（国发〔2014〕19号）要求，结合安徽省高等职业院校人才培养工作特点，制定了《安徽省高等职业院校人才培养工作个性评估试点方案》，报教育部职业教育与成人教育司。

从评估的总体情况来看，参加新一轮人才培养工作评估的各高职院校，认真落实“以评促建、以评促改、以评促管、评建结合、重在建设”的20字方针。在办学定位上，大多数学校办学定位较为准确，办学目标明确，专业设置与区域（行业）经济发展结合度较高，学校为当地经济社会发展培养了一大批高素质技能型人才；在校园面貌上，高职院校发生了翻天覆地的变化，硬件、软件设施得到较大改善，学校呈现出良好的发展态势；在人才培养方面，学校都高度重视人才培养工作，教学中心地位较为突出，建立了相对完善的规章制度和教学质量监控体系，教学质量有较大保障；在教学管理上，学校能够根据高职教育规律和自身特点，不断修订和完善各项教学管理制度，初步形成了体系较为完善的教学运行、教学质量保障监控与评价体系，有效规范了教学管理，进一步提高了教学质量；在师资队伍建设上，学校坚持引进与培养相结合，采用多渠道、多途径引进高层次人才，双师型教师比例不断提高，教师结构明显改善，教师水平显著提高。

**2.安徽省高职院校人才培养工作评估的特点**

一是将评估工作与贯彻落实全国质量大会和全省高教工作会议精神紧密结合起来。经过多年的努力，安徽省高等教育大众化水平明显提高，已经跨入与人口大省、教育大省相协调的高等教育大省行列。但在新的历史条件下还存在不容忽视的矛盾。如人民群众对优质高等教育的强烈需求与优质资源供给不足的矛盾，打造“三个强省”、构建美好安徽的新要求与高等教育服务、支撑、引领作用不足的矛盾，提高高等教育质量要求与师资队伍保障不足的矛盾仍然存在等。解决这些矛盾和问题，要求我们进一步贯彻落实《安徽省中长期教育改革发展和规划纲要（2010—2020年）》、教育部全面提高高等教育质量工作会议和全省高教工作会议精神，坚定高等教育科学发展的正确方向，把提高质量作为高等教育改革发展最核心、最紧迫的任务。开展高等职业院校人才培养工作评估，将进一步引导高等职业学校增强自我发展的能力，不断提高教学质量。

二是将评估工作与“五个度”紧密结合起来。安徽省根据应用性高等教育人才培养体系构建的需要，在全国率先建立了应用性高等教育质量审核评估体系，创造性地提出审核评估重点内容是考察“五个度”。“五个度”不仅是本科院校审核评估的重点内容，更是安徽省应用性高等教育质量保障体系的核心内容。高职院校作为安徽省应用性高等教育体系的重要组成部分，全面构建以“五个度”为重点内容的质量保障体系。高职院校人才培养工作评估是安徽省教育主管部门检查督促其质量保障体系构建与运行情况的重要手段。

三是将评估工作与质量工程建设结合起来。自2008年启动省级质量工程建设以来，安徽省已全面完成一期质量工程建设，正在实施二期质量工程。安徽省质量工程建设与其他省份不同的一个重要方面就是将高职院校作为质量工程建设的重要组成部分，实行分类建设、多元发展。为全面了解和总结一期质量工程项目建设情况，进一步推进质量工程项目建设，保证建设实效，安徽省开展了一期质量工程全面检查验收工作，对所有在建和完成建设周期的项目实施检查验收。把高职院校质量工程的建设、检查验收与评估工作有效结合起来，把学校质量工程项目建设情况作为评估工作的一项重要内容。

## 三、高校教学质量报告发布制度

2011年，安徽省就试行高校教学质量报告发布制度，要求省属211高校、省属重点大学、省级以上示范高校发布年度质量报告，省教育厅发布全省高等教育教学质量报告。

2013年，《教育部办公厅关于普通高等学校编制发布2012年〈本科教学质量报告〉的通知》（教高厅函〔2013〕33号）、《关于报送高等职业教育质量2012年度报告的通知》（教职成司函〔2012〕199号）要求，所有公办本科高校需发布2012年度本科教学质量报告，鼓励民办本科高校积极参与；国家示范（骨干）高职建设学校、省级示范高职建设学校需发布高等职业教育质量2012年度报告；各省在地区高校质量报告的基础上，形成省级本科和高职质量分析报告。安徽省所有本科高校（含民办）和国家示范（骨干）高职建设院校、省级示范高职建设院校均按照要求，在安徽高教网发布了各校质量报告；安徽省教育厅也在全面总结安徽省本科和高职院校教育教学质量的基础上，向教育部提交了安徽省本科教学质量报告和高等专业教育质量报告，并通过安徽高教网向社会发布。

各校在编制质量报告时，既严格遵照教育部要求进行编制，又在此基础上根据本校定位、特色和发展目标，在教育部规定的本科教学质量报告基本要求之外，自行设计展示本校特色部分。编制并发布教学质量报告，既是对本校主要发展思路的梳理过程，也是向社会展示高校特色和建设成果，取得了较大的社会反响。

# 第四章　实践探索篇

## 第一节　科学定位

20世纪末和21世纪初是我国高等教育大发展时期，为了满足人们接受高等教育的需求，我国实施了高等教育扩招政策，从而使得我国高等教育历史性地跨入了大众化发展阶段，与此相伴而生的是，产生了一大批新建本科院校。安徽省高等教育的发展也与此大致相当，截至目前新建本科院校数已达到50%。

新建本科院校诞生后，首要的问题是学校的办学定位问题。为了引导新建本科院校发展，安徽省教育厅提出了“科学定位、分类指导、多元发展、特色办学”的高等教育发展方针，在此方针的指引下，安徽省新建本科院校纷纷将办学定位确定为“应用型”，为地方经济社会发展培养高素质应用型人才。合肥学院就是一个突出的例子。

**【案例】**

### 合肥学院确定“应用型”办学定位

合肥学院（原合肥联合大学）是在我国放射化学的奠基人、中国科学技术大学副校长、安徽省人大常委会副主任杨承宗先生和中共合肥市委书记郑锐先生等人共同倡导下，于1980年创办的一所“新型”大学。说它是“新型”，主要是因为它有2个特点：一是在不增加国家负担的前提下，综合利用合肥地区高等学校的师资、设备优势，创办一所自费走读的本科大学，学校既没有校舍，也没有图书馆，甚至连固定教师也很少，主要依托中国科学技术大学、合肥工业大学、安徽大学、安徽农业大学等7所合肥高校和合肥市联合创办，共享7所高校和合肥市资源，真正体现了“联合”；二是在全国率先实行“适当收费、不包分配、按社会需求设置专业、后勤服务社会化、董事会领导下的校长负责制”的新型办学模式。

1985年，安徽省人民政府和德国下萨克森州政府签署协议，共建合肥联合大学，使之成为借鉴“德国应用科学大学办学模式”的新型大学。学校在专业建设、实验室建设、师资培训、学生交流等方面与德国5所高校开展了合作。下萨克森州无偿援助学校400万马克，帮助学校建设了10个工程类专业实验室。学校也先后派出70余位教师赴德国下萨克森州进修。这为学校后来的创新发展和确立“国际化”的办学定位奠定了坚实基础。

2002年，由合肥联合大学、合肥教育学院、合肥师范学校三校合并组成新的本科院校——合肥学院。合肥学院组建以后，首要的问题就是办学定位。经过广泛调研和认真分析，全校上下一致认为：大众化背景下的高等教育应该是多样化的高等教育，地方本科院校，尤其是新建本科院校，不能一味地模仿老牌的大学，应积极探索高等教育新的办学类型、新的办学体系，走自己的发展之路。当前，我国经济社会已进入工业化中期，急需大量的高素质应用型人才。德国高层次应用型人才培养的社会价值举世公认。合肥学院与德国应用科学大学有着长期合作办学的历史，这是学校宝贵的资源，也是学校的优势和特色。而且，地方本科院校一定要立足地方，借地方之力发展，为地方发展服务。正是基于以上的分析和思考，学校将办学定位确定为“地方性、应用型、国际化”，即借鉴国际先进的办学理念，结合我国的国情和学校的办学实际，积极探索一条新的办学道路，为地方经济社会发展培养高素质的应用型人才。

确定了应用型办学定位，学校就要将此办学理念贯穿于教育教学各个环节。为此，学校进行了如下的教育教学改革。

一是明确“为地方发展服务和依靠地方发展”的改革与发展思路。地方本科院校一定要立足于地方，为地方发展服务。如专业设置要体现地方经济社会发展的需求和特点，突出应用型人才培养，办社会满意的教育，办学生满意的教育。再如学校专门成立了服务地方与合作交流办公室，积极推进校地合作、校地共建。

二是注重人才培养关键环节的改革与创新，确保应用型人才培养质量。学校围绕工作岗位对毕业生知识、能力、素质的实际要求，制定人才培养方案，做到两个转变：在培养目标上要从重知识传授向重能力培养转变；在人才培养方案构架上要从“知识输入导向”向“知识输出导向”转变。如学校要求各专业在制定人才培养方案时必须做充分的社会调研，征求行业、企业人士的意见，确保人才培养方案的科学性。在课程建设方面，要改“学科导向”为“专业导向”，要从知识逻辑体系向技术逻辑体系转变，重构课程体系。该校的做法是：在单一课程改革的基础上，引入模块化教学理念，进行模块化教学改革。即以专业岗位能力需求为目标设置模块化课程，每个模块对应一个能力要素，从而打破课程之间的界限，通过教学内容整合，重新构建模块化教学的课程体系。强化实践教学，建立完善的实践教学体系。培养应用型人才必须突出应用能力的培养，突出实践教学，实践教学学分占总学分比例，文科不少于25%，理科不少于30%；优化整合实验教学内容，增加独立开设的实验，提高实验的综合性和设计性；探索如“少台套，大循环”等的实验室建设与管理新模式；在工科系设立实验技术教研室，加强实验教师队伍建设；在大学二年级暑假设置10～12周的认知实习学期，将传统的“8学期”改为“9学期”；邀请企业在校内建立嵌入式实验室或研发中心；强化校外实习基地建设，创新集中与分散相结合的基地建设模式；第二课堂活动计算学分；强调毕业论文“真题真做”等。在产学研合作育人方面，该校已建立了200多个产学研合作育人基地。在应用型教师队伍建设方面，通过“双聘双挂”“双进双培”等措施，逐步建立了能基本满足应用型人才培养需要的师资队伍。在教学方法与手段改革方面，针对不同专业，开展了案例教学、项目驱动式学习、项目伴随式学习、团队学习、研讨式教学、PBL教学、CDIO教学等教学方法和教学手段改革，取得了一定的成效。

三是创新和完善校内质量保障体系，加强校园质量文化建设。学校抓住应用型人才培养关键环节，建立控制节点，制定质量标准；针对应用型人才培养的需要，建立自我评价与评估制度以及相应的保障机制；建立质量信息的收集系统；建立质量信息的反馈机制，形成质量监控的闭环系统。为强化质量保障体系建设，该校专门成立了与教务处平行的质量监控办公室，并分属两位副校长主管；通过树立“三全两化”（全员参与、全程监控、全面评价、常态化、信息化）的质量监控观和采取一系列的措施，加强校园质量文化建设，建立有效的质量保障体系。

四是坚持国际化合作。学校同德、韩、日、美、法、意、西、奥等国家和地区的42所高校建立了合作关系，开设了12个中外合作培养专业。中外合作物流管理、机械制造与自动化、工业设计3个专业是教育部批准的对外合作办学专业，专业数在全省高校中名列前茅。累计有2 200余名学生赴国外留学，1 100余名德国、韩国学生来该校学习语言、进行毕业设计、认知实习、进行学历教育、开展夏令营等。仅2012年，就有德国下州议会代表团、德国物流协会代表团、韩国原州市政府代表团、美国达拉斯市政府代表团、韩国驻华大使李揆亨、韩国荣成套设备股份公司董事长吴仁锡等45批国外代表团和专家组来校访问、交流或讲学和开展项目合作。

学校应用性教育教学取得了丰硕的成果，在国内产生了积极的影响。2009年，学校被教育部列为全国第二轮本科教学工作合格评估两所试点院校之一，得到了专家组和教育部的高度评价，教育部高等教育评估中心在本科教学合格评估过程中将其作为教学改革案例加以推广。学校《借鉴德国本科应用型人才培养体系的研究、创新和实践》《突破学科定势，打造模块化课程，重构能力导向的应用型人才培养教学体系》分别获得国家级教学成果二等奖（2009年）、一等奖（2014年）。近5年来，《人民日报》《光明日报》《中国教育报》《中国青年报》《新华每日电讯》等，先后25次报道了学校建设发展情况。2007年4月，时任教育部副部长吴启迪在该校视察时说："你们的办学思路、办学定位很有特色，很有创意，非常好！"新华社《国内动态清样》和《内部参考》先后3次报道了学校改革发展的情况。时任中共中央政治局委员、国务委员刘延东同志在看了新华社《国内动态清样》有关合肥学院的报道后批示：各地高校（合肥学院等）采取多种形式创新办学模式，一些做法很好，有的可以在省里试点推广。根据时任教育部部长周济和陈希副部长的批示，教育部两个调研组先后来学校开展调研和总结，形成了7 200多字的《关于合肥学院等地方高校应用型人才培养模式的调研报告》，同时，围绕学校的办学经验，就地方高校的发展向中央提出建议，一些建议已被吸收到《国家中长期教育改革和发展规划纲要（2010—2020年）》中。时任国务院总理温家宝同志在《中国教育报》刊登的合肥学院教育改革报道中批示：高等教育经过改革开放后的发展，在办学模式上需要进行更深层次的探索，应积极鼓励不同形式的尝试。

从2009年至今，全国有300所省外高校、约3 000多人次组团来校专题学习考察，学校领导先后4次应邀赴国家教育行政学院，为全国高校党委书记、校长班作案例教学报告。2012年7月，学校承办了教育部“深入学习评估新方案，努力做好应用型人才培养”现场会，来自全国89所新建本科高校的320多名代表听取了该校开展应用型人才培养模式改革的经验介绍，大家普遍认为合肥学院应用型人才培养模式的改革，有理论、有实践、有成果，值得学习借鉴。

（本案例由合肥学院提供）

## 第二节　特色发展

所谓特色，就是与众不同、特别出色。高等教育的特色发展就是指一所大学在发展历程中形成的比较持久稳定的发展方式，以及被社会公认的、优良的办学和管理思想、教育教学理念、人才培养模式、学术研究水平、服务社会等方面总的特征。其内涵就是要坚持特色立校，特色兴校，特色强校，将特色化发展之路作为学校改革发展的基础战略、核心战略和重点战略。

**【案例1】**

### 安徽农业大学坚持走“大别山道路”

安徽农业大学是省属唯一一所农业重点院校，也是省政府与农业部合作共建院校。长期以来，学校坚持服务“三农”的办学方向，走出了一条以“艰苦奋斗、无私奉献、开拓创新、献身‘三农’，统筹人才培养、科学研究和社会服务，推动教育科技与经济社会互动发展”为主要内涵的富民、兴校、创新、育人的“大别山道路”，得到教育部、农业部和安徽省委、省政府的充分肯定，中央和省级主流媒体近3年先后2次集中宣传报道。

**一、突出人才培养根本，构建“三农双创”型人才培养机制**

学校不断总结“大别山道路”办学经验，构建了“科研支撑教学、社会服务带动教学、师资保障教学、文化引领教学”的工作机制，完善了面向“三农”的全方位人才培养体系。近年来，学校以提高人才培养质量为目标，以现代农业发展需求为导向，以改革创新为动力，以条件建设为支撑，培养了一大批学农、爱农、事农的高素质农业人才。

一是深化教学改革，提升人才培养质量。坚持科学基础、实践能力和人文素养“三结合”，着力在培养“农趣”、激励“农志”、提高“农技”上做文章，学校较早提出并实施了学分制改革，配套实施导师制、选课制、弹性学制、小学期制和主辅修制，以及大学外语、计算机文化基础等课程的分层分级教学。积极推进实验教学改革，整合资源建立实验中心，创新管理，做到人、财、物、课“四统一”；设立创新基金，实施了9批共3 000多个大学生科技创新基金项目，强化实践育人环节。

二是探索多元培养机制，完善人才培养模式。把人才培养与安徽经济社会发展的吻合度、对农业科技的支撑度作为衡量教育教学质量的核心指标，积极推进按需培养、分类培养和“订单”培养，建立和完善了“产学研创”人才培养模式；涌现出全国农村青年致富带头人标兵时全、省青年五四奖章获得者孔小藤等一批扎根基层、服务“三农”的优秀典型。在全国率先向教育部高教司建议实施“卓越农艺师”培养计划，得到认可，并写入安徽省教育规划纲要；探索“人才共育”机制，建立学校、社会、行业企业共建平台、共用资源、共享成果的人才培养模式；依托企业和园区，建立了200多个校外教学实习基地，其中依托本校国家农业科技园建成教育部、科技部认定的全国高校学生科技创业实习基地；与企业联合实施了“现代青年农场主创新创业试验班”和“研究生千人培养计划”。学校还将国际化办学上升为发展战略，2011年获批教育部“接受中国政府奖学金来华留学生院校”，与美国科罗拉多州立大学启动实施“2+2”本科生联合培养项目。

三是推进专业调整和招生改革，增强人才培养适应性。以适应“三农”需求为原则，坚持“全校办专业”，大力推进专业改造和专业结构调整，特别是生物技术和现代信息技术对传统专业的改造升级，大力培养生态、环境、信息、食品安全等相关领域的新型农业科技人才。强化专业布局，对安徽农业产业全覆盖和强支撑，与全省农林支柱产业、特色产业和新兴产业相对应，学校都设有一个或几个专业为之提供支持。学校大力调整和优化专业课程体系，构建了由公共基础课、学科基础课、专业核心课、创新实验和生产实践构成的“五位一体”的课程体系，彰显了农技、农机、农艺、农经以及农业文化“五者结合、互有侧重”的农大特色，增强了人才培养的社会适应性。实行按类招生、中期分流、打通培养。

## 二、抓住学科建设龙头，构建学科群“集群化、国际化”发展新机制

学科建设是提高学校核心竞争力的关键所在。学科的集群化有利于形成优势、强化特色，促进交叉融合和新兴学科的培育；学科的国际化有利于提升学科水平和综合实力，促进办学水平的提升。

探索学科集群融合机制，强化学科特色优势。学校坚持“有所为，有所不为”的学科发展思路，明确学科方向，打造学科梯队，逐步形成了以农林学科为优势和特色的9大学科群体系。学校进一步强化学科建设以需求为导向，围绕农业产业和地方特色产业做文章，着力在产业链的延伸上下工夫，提升农林优势特色学科辐射力。农、林、生命、蚕桑、茶、动物科学、农产品加工等涉农学科守住“农”字，深挖潜力，做大做强相关产业；工学、理学、人文经管等非农学科主动融入“农”字，在与“农”字的结合上下工夫、谋出路、求突破，在“近农、靠农、强农”中得到快速提升与发展。按照这个思路，学校改革了学位点建设模式，组建了跨学院、跨专业的学科体系，建立“国家级—省级—校级”三级重点学科建设架构，争创部分国内一流学科、一流团队和一流实验室，以局部一流融入主流，带动学科水平整体提升。

建立学科平台整合共享机制，提高资源利用效率。学校围绕学科群发展战略、整合资源、共享平台，打造多类型的学科平台。以大型仪器设备和科研服务设施为重点，构建了面向全校师生开放的一级公共服务平台，重点发挥在生命科学类学科建设中的支撑作用；以省部级以上重点实验为主体、校重点实验室和专业实验室为补充，重点建设了一批面向学科群开放的二级学科共享平台，初步实现了学科群仪器设备资源共享；加强各类功能实验室、工程技术中心等专业性强的三级平台建设，增强学科整体实力。创新资源共享利用机制，采取有偿使用、动态管理模式，改进实验人员的量化测评等管理制度，有效提高了科技资源的共享率和利用效率。

加大学科国际化合作发展机制，提升学科综合实力。顺应国际高等教育发展新形势，理念上“主动融入”，内涵上“实质性合作”，管理上“规范化实施”，加快国际化进程。紧跟学科发展前沿，广泛开展国际交流与合作，先后与美国、加拿大等30多个国家和地区的高校、科研院所建立了稳定的合作关系。学校与美国科罗拉多州立大学签订全面战略合作协议，共建“茶与健康联合研究中心”及“资源环境与生态遥感联合研究中心”。积极实施国际科技合作项

目，学术水平和影响力稳步提升。2011年学校被中国科学技术协会批准为“安徽海智农业基地”；英国《自然》杂志发布的《自然出版指数2011中国》报告，按照论文质量标准进行的基础研究实力排名中，该校位列中国区科研机构第66位。

**三、强化人才资源核心，构建“引培管”相结合的师资队伍建设机制**

学校坚持人才是第一资源，持续深化人才强校战略和人事制度改革，“引培管”相结合，不断加强师资队伍建设。

探索灵活引进机制，加快高层次人才引进。学校每年在预算中列支人才引进专项资金，面向全球招聘特聘（讲席）教授。目前，已引进“皖江学者计划”特聘（讲席）教授2人，校级特聘（讲席）教授15人；强化不拘一格用人才理念，对高层次人才实行“一人一策”。

构建有效培养机制，加强人才队伍建设。学校通过公派留学、选派到国内外高精尖科研院所培养、短期培训、青年教师“导师制”、基层锻炼等方式，有计划、有重点地培养青年骨干；建立实验室分配的PI+团队机制，强化教授科研工作的梯队化、团队化，让每一位青年教师有方向、有团队、有平台。改革团队建设机制，强化团队的目标导向，分科技创新、产业创新、科技服务三类推进团队建设；较早启动校级科技创新团队建设并不断取得新突破，建成教育部创新团队1个、安徽省高校科技创新团队2个、安徽省“115”产业创新团队7个，其中小麦产业创新团队在安徽省“小麦高产攻关活动”中获得优异成绩，多次获得农业部和省政府表彰。

创新考核评价机制，优化人事管理制度。对专业技术人员、管理人员和后勤服务人员实行分类量化考核，探索出教学科研工作量有效打通、网络测评与述职考核相结合、年度考核与任期考评相结合等一系列举措，完善了以教学质量、科研成果、创新能力、社会服务成效为导向的评价体系；对教师以科技特派员、科技下乡等形式开展的社会服务活动，核计工作量，对特殊贡献者予以奖励。同时，结合实际，制定了条件高、要求严、导向明确的“门槛”，针对基础研究、应用开发、推广服务、教学研究等实行差异化标准，为各类人才职务晋升预留“通道”，开展教师系列专业技术职务“以聘代评”工作。

**四、担当服务“三农”使命，构建“产学研用”协同新机制**

在“大别山道路”多年实践中，学校瞄准国家和安徽省在“三农”方面的重大战略以及区域发展需求，及时调整政策、完善机制，实现了“单人作战”向“团队攻关”再向“协同互动”的转变、“科技扶贫”向“科技支撑”再向“科技引领”的转变，“大别山道路”也因此入选“安徽省建国60年10件最具影响的科技事件”。新时期，学校以“大别山道路”为载体，坚持“在合作中创新、在服务中发展”，积极完善“三个对接”的“产学研用”协同创新机制，促进了成果转化应用、技术示范推广和人才培训培养，提升了服务经济社会发展的水平和影响力。

构建技术创新与产业发展对接机制，提升农业产业化引领支撑能力。学校不断完善产业技术创新支持机制，强化产业技术的标准化、专利化、集成化，主持或参与制定了一批国际、行业、地方标准，专利申请量近年连续进入安徽省企事业单位十强行列；主动成立小麦、玉米、茶叶等产业技术创新团队，积极参与国家和省产业技术体系建设，入选国家现代农业产业创新体系科学家岗位7人、试验站站长岗位3人，安徽省农产品产业技术体系首席科学家7人；总结出“选派一名首席专家，组建一个创新团队，扶持一个特色产业，推动一地经济发展，带动一方百姓致富”的“五个一”模式服务农业产业发展，形成了以“小麦高产攻关活动”为代表的标志性成果。学校以各级农业产业化龙头企业为重点，通过共建研发中心、教学科研实验示范基地，联合申报、承担科技项目等途径，与全省150多家国家级、省级农业产业化龙头企业和农业综合示范园区建立合作关系，全力服务安徽省农业产业化“671”转型倍增计划，积极牵头或参与产业技术创新战略联盟建设，主动融入以市场为导向、以企业为主体、“产学研用”结合的技术创新体系建设。

构建技术培训与地方需求对接机制，提升“三农”智力支撑能力。学校坚持“把大学办在田间地头，让知识走出校门，让人才留在农村”，统筹学历教育、职业教育和技能培训，努力构建面向“三农”的全方位人才培养体系。在学历教育上，学校每年有近60%的应届毕业生主动选择到基层就业创业。在非学历教育上，学校于2005年正式启动了“一村一名大学生工程”，现有在学学员5 000多人。发挥“全国农科教结合南方培训中心”“农业部现代农业技术培训基地”和“省委组织部干部培训高校基地”等优势，做好农技推广示范和新型农民培训工作。“十一五”期间，学校共举办各类专业技术培训班1 400余期，培训乡镇主要负责人、农技推广人员、农业专业合作组织负责人、农村致富带头人和新型农民19万人次。

构建学校、政府和企事业单位对接机制，提升区域对社会主义新农村建设服务能力。按照“多向互动、优势互补、互惠互利、共谋发展”的原则，完善学校与地方“深度融合、互动发展”合作机制，先后与全省20多个市（县、区）政府签订了产学研战略合作协议，以科技、智力、人才等多要素全面参与区域发展，探索面向区域发展的多单位协同创新经验。创新与地方政府的合作方式，实施与41个县政府联合实施的国家科技富民强县专项行动计划（全省累计45个）形成了“科技富民强县”模式，扩大了在县域经济社会发展中的科技支撑与智力支持作用。学校于2006年成立“新农村建设研究中心”，制定了服务新农村建设的相关配套政策和制度，建立了以专家、教授为支撑的科技服务体系，全面推进为新农村建设服务的各项工作。由于前期改革和建设成效突出，近期教育部、科技部批准学校成立“新农村发展研究院”（第一批全国10个之一）。

当前，学校更加深入、系统地推进各项改革和机制创新，加快建设若干个高水平有特色、面向区域和行业产业的协同中心，在“大别山道路”和引领“三农”发展进程中，进一步拓展新渠道、构建新载体，为打造“三个强省”，建设美好安徽，以及创新型国家和人力资源强国建设，作出安徽农业大学新的贡献。

（本案例由安徽农业大学提供）

**【案例2】**

## 安徽建筑大学打好“建”字牌、做好“徽”文章

安徽建筑大学在深入剖析我国高等教育大众化阶段人才需求多样化与地方高校趋同化矛盾的基础上，紧紧围绕地方经济建设和社会发展重大战略实施对创新型、复合型、应用型人才的需求，重点研究地方行业高校如何发挥行业优势、凸显地域特色，着力培养高级应用型人才，探索创建地方行业特色高水平大学的具体路径。确立“打好‘建’字牌、做好‘徽’文章，走好应用路”的办学理念，创建五大优势学科专业群，围绕五大重点研究领域搭建三个层次、三大类别的创新与育人平台，将“五个引入”贯穿人才培养全过程，实施构建多样化人才培养模式，以“五个度”作为标准的应用型质量评价体系，取得了较好的效果。

**一、确立“应用路”的办学理念**

全面把握我国高等教育发展新形势，多方调研我省地方高校办学定位与特色发展中存在的主要问题，分析安徽经济社会和重点产业发展对人才需求提出的新要求，依托学校学科专业优势，确立“应用路”的办学理念。

1.探索地方行业高校创建高水平有特色大学的路径

《国家中长期教育改革和发展规划纲要(2010—2020年)》和《教育部关于全面提高高等教育质量的若干意见》均要求高等学校合理定位，各展所长，在不同层次、不同领域办出特色，争创一流。学校认为，地方行业高校必须重新审视自身办学定位，进一步培育和发展办学特色，才能在新一轮高等教育改革发展中获得新生，真正建成特色鲜明的地方行业高水平大学，否则必将在新一轮以内涵建设为主导的高等教育改革发展中遭到淘汰。科学定位、特色办学对地方行业高校而言具有更加紧迫的现实意义。

2.确立学校特色办学新理念

面对经济社会发展对我省高等教育提出的新要求和我省高等教育发展自身需要，学校以定位理论、资源依赖理论、比较优势理论等为基础，深入分析安徽省地域资源与学校学科优势，按照在地方高校中彰显行业特色、在建筑类高校中彰显地方特色的思路，提出立足安徽、面向全国，依托建筑业、服务城镇化，把学校建成“以工为主，土建类学科特色鲜明，工、管、理、文、汉等学科协调发展，产学研有机结合”的高水平有特色建筑大学。相关研究成果在省内外较大范围内得以辐射推广。2012年安徽省和教育部高校设置评议委员会专家组先后对学校更名工作进行全面考察，一致认为学校办学定位准确、办学特色鲜明。学校特色办学定位与多元化发展路径给专家组留下深刻印象，为学校成功实现大学更名作出了重大贡献。

**二、构建以“大土建”为核心的“1+4”优势学科专业群**

发挥比较优势，彰显行业特色，优化学科专业结构，走错位发展、特色发展之路，构建以“大土建”为核心的“1+4”学科专业群，发挥“大土建”优势学科专业群的核心作用，示范辐射其他相关专业，加强专业内涵建设，打好“建”字牌。

1.形成“大土建”类学科专业核心

(1) 优化学科专业结构，凝练土建类核心学科专业群。停办工商管理、市场营销等5个在我省布点较多、就业率较低的专业，新增测绘工程、安全工程、交通工程等7个与土建类专业依存度高、相互支撑的新专业，把原属于农学的园林专业改造为建筑学类风景园林专业等，加强专业内涵建设。通过停招停办一批不适应经济社会发展的专业、增设一批与土木建筑类专业相互支撑的新专业、对一批传统专业进行内涵改造等手段，进一步优化学科专业结构，形成土建类核心学科专业群，彰显土建类核心专业特色，打造品牌专业。

（2）加强对土木建筑类核心学科专业群的建设。土木工程、给排水科学与工程、城乡规划、工程管理、无机非金属材料等5个专业为国家级特色专业建设点；土木工程、建筑学、给排水科学与工程等3个专业为国家卓越工程师教育培养计划试点专业；土木工程、建筑学、城乡规划、给排水科学与工程、建筑环境与能源应用工程、工程管理等6个土建类专业全部通过国家高等教育专业评估和复评估；拥有建筑电气与智能化教指委主任委员，城乡规划、给排水科学与工程、无机非金属材料等土建学科专业教指委、专指委、评估委委员6人；安徽省唯一的省级教指委——土建学科教学指导委员会依托学校成立，现任12个委员中有7个来自学校。优质资源和优秀师资逐步集聚于土木建筑类学科专业群，其核心与示范作用得到进一步加强。

2.构建特色鲜明的五大优势学科专业群

充分发挥土建类学科专业的核心作用，注重发挥比较优势，走错位发展与特色发展之路，构建以“大土建”为核心，彰显学校办学特色的土木建筑、环境能源、材料化学、机械电子、管理经济五大优势学科专业群。如：以土木工程和建筑学、城乡规划学等学科为依托，以徽派建筑和城镇化建设为特色，建设土木工程、建筑学、城市规划、景观学、艺术设计、勘察技术与工程、测绘工程、地理信息系统等专业；以材料科学与工程和化学学科为依托，以节能、先进建筑材料开发与利用为特色，建设无机非金属材料工程、高分子材料与工程、应用化学、化学工程与工艺等专业；以管理科学与工程和土木工程等学科为依托，以建设类工程管理和经济管理为特色，建设工程管理、财务管理、会计学、房地产经营管理、土地资源管理等专业。

3.把“建”字特色融入非土建类专业

围绕服务建设行业，发挥土建类学科优势，深化教学内容和课程体系改革，在诸多非土建类专业教育中融入“建”字特色，赋予学生以本专业服务建设行业的知识和能力，形成专业特色，实现人才特色化培养。如：测绘工程专业面向建筑领域，以建筑测绘、工程防灾减灾为特色，设计教学内容和课程体系；无机非金属材料工程专业依托建筑业，以土木工程材料为核心，培养土木工程质量监督、检测、商品混凝土生产施工等专门人才；工程管理、工商管理、市场营销、财务管理、会计学等专业，以建筑工程管理、房地产开发与营销为特色，使学生在建筑企业、房地产行业具有就业优势；应用物理专业以建筑物理为特色，构建建筑光学、建筑声学和建筑热学课程体系；动画专业依托建筑学和城市规划专业，以制作建筑三维游历为特色，培养建筑领域动漫人才；法学专业瞄准工程项目管理和物业管理，以建筑法规和合同管理为核心，构建专业知识体系。

**三、构建五大重点研究领域，搭建“三个层次”“三大类别”创新和育人平台**

立足地方特有资源的研究与开发，从地方特有资源的研究中培育特色科研方向，把自身的发展与地方经济建设有机地结合起来，从服务地方中获取生存和发展的必需资源，将人才培养类型与科研特色有机结合，扬长避短，以解决地方经济建设急需的应用技术研究为主，全面提升对地方经济社会发展的贡献度。

1.形成五大特色鲜明的重点研究领域

紧紧依托“大土建”学科优势，围绕国家发展战略和重大决策部署，紧密结合区域经济发展与行业技术需求，认真研判未来科技发展趋势，坚持科学研究为经济社会发展服务、为学校学科建设服务的“二为”发展思路，结合既有学科力量优势，确定“依托建筑业，服务城镇化”的办学定位。并在充分分析国家和地方需求、行业需求、未来技术发展趋势的基础上，按照“明确定位，优化结构，完善机制，提升能力”的原则，进一步整合资源，凝练科研方向，以学科专业群对接产业群。

学校紧密结合安徽城乡建设发展，加强内涵建设，整合资源，在节能环保、城镇化与徽派建筑、先进建筑材料、地下工程、公共安全等方面形成五大特色鲜明的重点研究领域。确立“节能环保”重点研究方向，以城市节能和巢湖治理为重点研究对象；确立“城镇化与徽派建筑”重点研究方向，将安徽传统建设特色与现代城市建设有机结合，为城市高起点规划提供技术支持，也传承安徽区域建设文化；确立“先进建筑材料”重点研究方向，以环境功能材料为主要研究内容，为低碳城市建设提供保障；确立“地下工程”重点研究方向，重点研究城市地下广场、地下铁、地下隧道建设的关键技术，为城市空间拓展提供技术支撑。另外，针对安徽产煤大省的特点，确立“公共安全”重点研究方向，主要开展煤矿灾害、重大火灾、突发性重大自然灾害预警、预防、应急处理等关键技术。

2.搭建“三个层次”“三大类别”创新和育人平台

学校围绕“五大领域”，搭建科研平台、技术服务平台、校内外实践教育基地三大类别，国家级、省部级、校级三个层次，多学科交叉融合、产学研协同合作的创新与育人平台。学校建有建筑健康监测与灾害预防技术国家地方联合工程实验室、国家协同创新中心和协同技术研究院、建筑能效控制与评估教育部工程研究中心、水污染控制与废水资源化安徽省重点实验室、安徽省徽派建筑工程技术研究中心等15个国家级、省部级科研平台和研发基地；建筑设计研究院、规划设计研究院、勘察设计研究院、企业研发基地等42个技术服务平台，建立国家级、省级和校级实验实践教育基地387个，全面保障学生进平台、进团队、进课题，研究成果进教材、进课堂、进实践。

3.全面提升对地方经济社会发展的贡献度

（1）在节能环保领域，依托“建筑能效控制与评估教育部工程研究中心”“建筑节能安徽省工程技术研究中心”，开展可再生能源建筑应用、绿色建筑、低碳生态城市、住宅产业化等研究。依托“安徽省智能建筑重点实验室”，开展节约型校园节能监控系统研究，得到国家专项经费支持，在安徽省高校率先建设节能监管平台；与西伟德宝业混凝土预制件（合肥）有限公司合作，引进消化德国先进技术，建设国家（合肥）住宅产业化基地，得到国家住建部的高度重视。依托“水污染控制与废水资源化安徽省重点实验室”，开展国家科技重大专项“水体污染控制与治理”等课题研究，与安徽国祯环保股份有限公司合作完成的“SBR法污水处理工艺与设备及实时控制技术”成果，获得国家科技进步二等奖，应用于20多个污水处理厂，提高了污水处理效率，降低了运行成本。

（2）在城镇化与徽派建筑领域，作为我省唯一具有建筑学、城乡规划学一级学科硕士学位授予权的省属高校，主动服务安徽省城乡建设。近年来，承担的安徽国际会展中心、安徽徽文化博物馆、稻香楼宾馆（桂苑）、合肥万达广场等大型建筑项目的设计，获得全国建筑工程设计三等奖、安徽省建筑工程设计一等奖等多个奖项；承担了皖江城市带承接产业转移示范区江北集中区总体规划，阜阳市、宣城市以及历史文化名城——黟县等城市的总体规划，多次获得“全国人居经典规划、建筑双金奖”，为我省城镇化建设作出了积极贡献。同时，依托“安徽省城镇化发展研究中心”和“安徽省徽派建筑工程技术研究中心”等研究基地，学校在全国率先建立徽派建筑数据库；主持的“十二五”国家科技支撑计划项目“徽派古建筑聚落保护利用和传承关键技术研究与示范”，是全国首次以地方高校为主持单位，承担国家“城镇化与城市发展”领域的重大项目，总研究经费8 027万元。

(3) 在“地下工程”领域，依托“安徽省建筑结构与地下工程重点实验室”，利用城市“地下工程”、矿井建设等方面的技术研发优势，积极服务于合肥、深圳、上海等隧道和地铁工程以及两淮能源基地多项国家重点工程建设。主编《城市下穿式立交桥结构设计和快速施工工艺指南》，指导城市基础设施设计和施工。开展淮南矿区特厚表土层冻结法凿井、沉降地层井筒破裂防治等关键技术研究，与相关单位合作完成的“两淮矿区复杂地层条件下深大井筒特殊法凿井关键技术与应用”，获得国家科技进步二等奖；“‘一扩成井’快速钻井法凿井关键技术及装备研究”，获得国家科技进步二等奖。

(4) 在公共安全领域，依托“国家煤矿瓦斯治理工程研究中心”，重点开展煤矿瓦斯治理、矿井防治水等领域研究，与淮南矿业集团公司合作完成的“低透气性煤层群无煤柱煤与瓦斯共采关键技术”成果，获得国家科技进步二等奖，创造经济效益30多亿元。依托“安徽省智能建筑重点实验室”完成的“智能配电一体化监控管理系统开发及其产业化”成果获得安徽省科技进步一等奖，成果在安徽、广东、甘肃、河北等地供电公司得到广泛应用。依托“建筑健康监测与灾害预防技术国家地方联合工程实验室”，重点开展建筑健康监测、建筑火灾、高层抗震、深基坑维护等领域研究，完成的“建筑施工重大危险源安全性评价和监控研究”“叠合板式混凝土剪力墙结构抗震关键技术研究”成果，分别获得安徽省科技进步二等奖；主编的《叠合板式混凝土剪力墙结构技术规程》，填补了我国建筑结构领域一项空白。

(5) 在先进建筑材料领域，依托“安徽省先进建筑材料重点实验室”，研究低能耗水泥制备和高效利用及新型功能材料制备等关键技术。“严酷环境对军用机场混凝土道面多发性破坏机理与防治技术”成果获得中国人民解放军科技进步一等奖；开发具有自主知识产权的高流变性、高可泵性、高早强新型混凝土巷旁充填材料，有力支撑了“低透气性煤层群无煤柱煤与瓦斯共采关键技术”成果，获得国家科技进步二等奖；与皖维集团共同完成的“功能性聚乙烯醇研发及产业化”成果获得安徽省科技进步一等奖，并应用于三峡大坝等重大工程。

**四、创新应用型人才培养路径**

创新人才培养机制，将“五个引入”贯穿应用型人才培养全过程，构建多样化人才培养新模式，形成以“五个度”为标准的应用型质量评价体系，走好应用路。

1.大力实施“五个引入”，加强应用性教学资源建设

大胆实施“五个引入”，引入职业资格标准，来修订完善专业人才培养规格标准；引入行业标准，来修订完善专业建设标准，开展专业资格认证；引入企业核心技术标准，来修订完善专业核心课程标准；引入行业企业专家，来组建专业教学团队；引入行业企业，积极参与人才培养工作，实现校企深度合作，在学院教学管理、专业负责人和学生指导教师三个层面建立校企合作“双元制”。

（1）学校将职业资格标准作为修订专业人才培养规格标准的重要依据，将行业标准作为专业建设标准的重要依据，将企业核心技术标准作为修订专业核心课程标准的重要依据，形成学校2011版专业培养方案修订的原则意见。第一，强化学生工程意识、创新精神和实践能力的培养，促进学生个性化发展与全面素质的提升，特别是优势学科专业要进一步强化专业优势、突出专业特色。第二，实施通识教育基础上的宽口径专业培养模式，按照“加强通识基础，拓宽学科基础，凝练专业主干，灵活专业适应”的总体思路，深化工程教育改革，加强科学教育与人文教育的融合，注重通识教育与专业教育的贯通。第三，按照专业内涵与特色建设要求，重新审视教学内容，进一步加大原有课程的整合力度，增加新型研讨课程、项目专题课程，提高课程的综合化和现代化程度。第四，加强工程教育模式改革，将CDIO工程教育模式全面落实到工程教育的各个环节。条件成熟的专业应实施“卓越工程师教育培养计划”。加强工程实践，构建系统化、科学化的实践教学体系，确保实践教学贯穿人才培养全过程。

（2）开展校企合作，企业全面参与应用型人才培养全过程，行业企业专家参与专业教学团队、学院教学管理，成为专业建设负责人和学生指导教师，真正实现校企合作“双元制”。充分发挥行业企业、科研院所在人才培养中的作用，彻底打破学校与社会间的壁垒，形成高校与科研院所、行业企业联合培养人才的新局面。建立互依平衡的校企联合人才培养路径，加强校企深度合作。如：以国家级动画人才培养模式创新实验区为平台，与多家企业联合建立“合肥国家动漫产业发展基地——动漫人才培训基地”；与日立建机合作共建工程机械高端人才培养基地，形成校企良性互动、共建共赢的合作局面。

校企联合加强应用型师资队伍建设。注重加强教师工程实践能力培养，专任教师中具有注册建筑师、规划师、结构工程师、建造师等执业资格的教师150多人。聘请安徽省建筑设计研究院、海螺集团、安徽建工集团等单位知名专家58人担任兼职教授。

2.强化工程教育理念，构建多样化人才培养模式

在土木工程、建筑学和给水排水工程等3个专业实施“卓越工程师教育培养计划”人才培养模式（其中土木工程和给水排水工程等2个专业已进入国家卓越工程师教育培养计划）；在电子信息工程、无机非金属材料工程、机械设计制造及其自动化等3个专业实施CDIO工程人才培养模式（均已进入安徽省卓越人才培养计划）；在电气信息类、材料类和工商管理类专业中实施各具特色的“通识基础上的专业大类综合素质”应用型人才培养模式；在法学专业实施“卓越”法律人才培养模式（已进入安徽省卓越人才教育培养计划）；在其他专业实施强调能力培养，具有学校“大土建”特色的应用型人才培养模式。

3.以“五个度”为核心，加强应用型人才培养质量评价

学校创造性地提出以专业与行业的契合度、人才供求的吻合度、职业岗位的胜任度、用人单位的满意度、对地方经济社会发展的贡献度等“五个度”作为培养目标的评价依据，全面形成培养目标、培养模式、质量评价三位一体的应用型人才培养机制。

（本案例由安徽建筑大学提供）

【案例3】

## 安徽财经大学深化改革凝练特色不断提高人才培养质量

安徽财经大学作为一所行业特色鲜明的地方特色高水平高校，近些年按照“科学定位、分类指导、多元发展、特色办学”的高等教育发展方针，充分发挥自身优势，紧抓行业特色，在改革人才培养体制、创新人才培养模式、优化学科专业结构、加强本科教学质量工程项目建设、推进高等教育评价机制转变等方面进行了大胆探索和有益的尝试。

**一、人才培养体制改革不断深化**

学校不断破除自我封闭思维，强化开放合作意识，积极拓展校企合作、校际合作、国际合作，基本建立了教学、科研、社会服务紧密结合，学校、家庭、社会密切配合的多种联合培养方式。会计学院等积极利用校外实践教育基地、协同创新平台等与有关行业和用人单位联合进行人才培养，“安徽财经大学——中瑞岳华会计师事务所管理学实践教育基地”在2013年被教育部批准为地方高校国家级大学生校外实践教育基地，学校采用“订单式”人才培养模式为瑞华会计师事务所组建“瑞华班”，培养未来的高级经理和合伙人。中国合作社研究院作为校内研究机构，利用其与有关行业建立的协同创新平台，恢复设置棉花检验与加工专业并实行校企合作联合培养——在招生和培养模式上改革创新，采取“2+1+1”的实验班培养模式，即2年基础理论课学习+1年专业课学习+1年棉花企业实习，实行校企联合培养，教学为现场服务，内容与岗位挂钩，突出教学的实用性和应用性。工商管理学院等依托校企合作教育实践基地，开设特色教学班，就课堂教学、校外实践等进行全方位合作（聘请实务部门专家担任实践导师参与教学、安排学生顶岗实习等）。金融学院等接受校友或有关用人单位专项基金支持，通过奖学金形式进行校企合作、协同创新，根据实务部门的实际需求，结合学科专业发展的方向，定期向学校在校学生发布课题，由校方组织学生进行课外实践及课题研究，按照学校初评、企业复评等程序，对成绩优秀者发放奖学金，初步形成了体系开放、机制灵活、渠道互通、选择多样的人才培养体制。

**二、现代大学制度建设不断完善**

学校高度重视以“教授治学、民主管理”为主要内容的现代大学制度建设，作为新时期学校体制机制改革的基本主题，通过全面、有效尊重学术权力、保障学术自由，能够为教育教学改革提供有效机制保障和不竭动力来源。在专业设置与专业调整、人才培养目标、课程安排、教学计划、招生政策、学位标准与学位授予、学科建设、教育教学资源配置等方面，均交由学校学术委员会、教学工作委员会决定。学术委员会是学校学术事宜审议和决策的最高机构，教学工作委员会是对学校教学管理和人才培养等重大事项进行调研、咨询、指导、监督、审议和评估的专门机构，两者在组成上充分体现了“教授治学、民主管理”的基本要求。同时，学院设立教授委员会，作为学校教学工作委员会、学术委员会、学位委员会在学院（部、所）层面上实现职能的载体，是学院（部、所）关于教学、学术、学位事宜的决策咨询机构，是保证教授依法履行学术职责，建立学院（部、所）教授治学与自主发展、自我完善机制的必要组织形式。

**三、人才培养模式创新有力推进**

学校根据自身的目标定位和服务面向，科学确定人才培养目标，主动适应市场需求，突出自身学科专业优势和特点，不断调整结构，实行动态化管理。

1.完善人才培养方案，构建科学合理学分制模式

学校于2011年和2013年分别对普通本科人才培养方案进行了修订，其中2011年属于“部分调整”，强化学生创新精神和实践能力，注重学生个性发展，进一步加强实践教学环节、增加实践学分比重。2013年人才培养方案修订属于“全面修订”，自觉遵循高等教育规律，将科学发展观内化为学校的办学观、质量观和人才观，以经济、社会需求和学生全面发展为导向，社会需求与学科发展兼顾，形成专业特色。全面凸显经济、管理、法学三大学科专业优势和特色，优化课程体系，努力构建学生合理的知识结构，拓展素质教育，注重学生个性发展，努力实现“知识探究、能力提升、素质培养、人格养成”四位一体。在广泛调研、目标调试、模式优化基础上，着重依据学校自身优势与特色教育教学资源就课程体系进行了重构。通过优化设置通识教育平台、基础课平台、专业课平台、创新创业平台、实践育人平台、个性化学习平台，加大开设富有地方性特色及学校优势的课程，更加强调学生主辅修及双学历双学位制度，更好体现“财经类应用型创新人才”培养目标与人才特征。

2.实施卓越人才培养计划

学校为探索拔尖创新人才培养，依托省级卓越人才培养计划和人才培养模

式创新实验区，组建金融实验班、会计实验班。通过选拔进入实验班的学生单独开班，实验班在培养目标、课程设置、师资队伍配置等方面体现特色教学，突出个性培养和柔性管理理念，鼓励学生进行自主性学习、研究性学习，参与导师的科研，接受科学研究的基本训练，强化创新意识与创新能力的培养，全面培养学生的科研素质、提高科研能力。组建经管教改实验班，探索和实施本科特殊人才培养。

3.实行双专业、双学位培养模式

2008年，学校制定了《安徽财经大学转专业实施办法》《安徽财经大学双专业、双学位管理办法》。根据人才培养的多样化、个性化要求，为充分调动学生学习的积极性和主动性，鼓励学有余力的学生在学习本专业课程的同时，攻读双专业或双学位，以培养具有创新精神和实践能力的应用型、复合型高级专门人才，凡参加双专业、双学位教育的学生，在主修专业毕业时修满规定的学分，成绩合格，由学校颁发双专业辅修证书；符合学位授予条件的，同时颁发双学位证书。5年来，累计共有1 202名学生辅修第二专业。

4.推行转专业制度

为深化教育教学改革，进一步完善学分制，尊重教育规律，尊重学生二次专业选择权，让学生有机会根据自己的学习潜能和专长，重新选择专业，学校从2008级学生开始推行转专业培养模式，对学生的报名条件、加试科目做出明确规定。5年来，累计1 071名学生转入新专业学习，学生反应良好。

5.落实本科生导师制

为进一步完善学分制，促进学生自主学习与教师指导相结合，学校制定了《安徽财经大学本科生导师制管理办法》。要求各教学单位为刚入学新生配备导师，实施从大一到大四全程辅导。学校还开发了本科生导师制应用系统，要求导师每个学年至少为每个学生做5次指导，并作记录。各教学单位根据导师记载的学生指导记录，对导师记录的指导内容、时间、地点、人数等进行审核，对于1学年少于5次指导记录或弄虚作假者，此项以零分记录。考核结果作为教师工作年度考核、教学年度考核、年度优秀教学奖评选、专业技术职务晋升和岗位聘任的参考依据。

**四、学科专业结构明显优化**

为适应经济社会发展，增加主动服务、支撑、引领经济社会发展的能力，学校逐步建立专业动态调整机制，对那些招生志愿率低、学生就业率不高的专业停招，如汉语言文学、英语、社会工作、文化产业管理等，同时结合学校目标定位和服务面向、学科专业布局情况、师资队伍建设情况，科学适度申报新专业，逐步加大经济社会发展急需、战略性新兴产业发展需求的专业申报力度。近几年，学校增加了工程造价、金融数学、商务英语、资产评估、房地产开发与管理、棉花加工与检验、公司经济学等专业，基本形成了以经济、管理、法学为主干学科，理、工、文、艺术为支撑的学科专业体系，专业交叉、专业融合的人才培养特色逐步显现。

**五、高等教育评价机制逐步转变**

为有效提高教育教学质量，培养高质量应用型、复合型本科创新人才，学校制定了《安徽财经大学教学型教授、副教授聘任管理办法》《安徽财经大学优秀科研成果专项奖励暂行办法》等系列文件，开展“优秀课堂教学奖”评选和“我喜欢的老师”评选活动，大力引导以传统的学术型成果评价向应用型成效评价转变，逐步改变以教师发表论文、承担项目多少评价教师的单一评价方式，注重提高教师的人才培养能力和产学研结合能力，鼓励教师喜欢上课、上好课，将主要精力投入到课堂教学。

加大考试改革力度，改变用一张试卷、一篇论文评价学生课程学习效果，注重对学生学习过程的考核。学校制定了《关于本科毕业论文（设计）工作的改革意见》《本科考试改革实施办法》，要求结合专业特点科学采用毕业论文（设计）形式，强调形式多样化，突出增强毕业论文（设计）环节实践教学效果；强调考试方式多样化，提高平时成绩占总成绩比重，突出对学生分析问题和解决问题能力、动手能力的考察，注重过程考核。

**六、实践教学环节有力加强**

学校充分利用“中西部高校基础能力建设工程”项目支持等渠道积极筹措资金，不断加大学校实验实训设施设备等硬件和软件建设力度，制定实施《实践育人工作实施方案》，全面构建和完善实践育人体系。设置的同步实验（实训）、全程实验（实训）和综合实验（实训）三类实验（实训）课程，有效支持了各本科专业人才培养优势和特色。“一目标、二重点、三环节、四模块、五层面”的全流程、嵌入型实践育人体系基本形成，即坚持以应用型创新人才培养为目标，以实践应用能力和创新能力培养为重点，构建涵盖“实验、实训、实习”三个环节，公共基础课实验（实训）、学科基础课实验（实训）、专业课实验（实训）、专业拓展课实验（实训）四个模块，课程单项性实验、课程综合性实验、专业综合性实验、跨专业综合性实验和创新创业实践五个层面，面向全校所有学生开放，与理论教学紧密衔接的实践育人体系。经过几年的努力，学校现有校内实验教学中心5个，校外实践教育基地304个，面积29 000平方米的新实验实训中心大楼已经开工建设。依托实验实训平台，实验室开放项目和各级各类学科竞赛有序开展。实践教学研究成果逐年增加，其中《经济管理类专业实验实践教学新模式研究》获省教学成果一等奖。

**七、创新创业教育有声有色**

坚持将学生创新创业教育与专业教学改革相结合，积极搭建服务引导平台、教育培训平台、项目孵化平台，建立创新创业教育长效机制。制定实施《关于推进创新创业教育工作的意见》，成立创业学院，全面统筹创新创业教育工作。将创新创业教育融入人才培养方案，开设《创业基础与案例分析》等创新创业平台课程，每名学生必须修满6学分。建立大学生创业孵化基地，占地面积1 400平方米，已入驻创业实体20家，90余名大学生开始自主创业。与蚌埠人社局合作，长期举办SYB创业培训。邀请有影响力的知名企业家开设创业讲座，已举办徽商大讲堂18期，青年论坛（创业版）5讲，校友论坛7期。

（本案例由安徽财经大学提供）

## 第三节　优化高等教育专业结构

专业是应用型高等学校人才培养的基本单位。科学合理地设置和优化专业结构是应用性高等教育提高质量、适应经济社会发展需求和人的全面发展需要的基本保证，也是落实应用型人才培养目标与规格，统筹和协调教育教学资源配置，提高教育质量和效益的基础。我国应用型本科院校是为了满足地方社会经济发展需要而产生的，并受到地方政府的大力支持，其地方特色鲜明，服务角色清晰，地方产业发展导向明确。因此，其专业设置应该根据地方经济结构及其发展趋势、当地市场的人才需求，结合本校的教学、科研实际有针对性地设置专业，为地方或行业培养急需的应用型人才，主动为地方社会经济发展、区域经济和行业发展服务，并在地方化发展战略中彰显自己的特色，从而实现高等教育与区域经济发展的良性互动和双赢共生。①

【案例1】

## 皖西学院围绕地方经济社会发展优化专业布局

皖西学院坐落在历史文化悠久、红色底蕴深厚的安徽西部城市六安。学校坚持以社会需求为导向，紧紧围绕安徽省委、省政府提出的“全面转型、加速崛起、兴皖富民”及六安市提出的“以全面转型、跨越崛起、强市富民为主线，抢抓机遇，改革创新，锐意进取，大力实施招商引资开放战略、工业化核心战略和城镇化带动战略，全力推进向农业强市、工业大市、财政富市跨越”发展目标和实施建设高教强省的发展战略，围绕国家“中部崛起”战略、皖江城市带承接产业转移示范区、合芜蚌自主创新综合改革配套实验区、合肥经济圈建设以及促进安徽省大别山革命老区又好又快发展等重点战略的实施，坚定应用性发展理念，坚持错位发展，以社会需求为导向，主动适应经济发展方式转型与区域产业结构调整需求，突破升本初期的单一师范类学科专业格局，通过不断调整优化，学校学科专业结构与地方产业、行业的符合度不断增强，有效提升了为地方经济建设和社会发展服务的能力。

### 一、整体优化和提升学科专业水平

2000年升本以来，学校先后经过2次较大规模的学科专业结构调整。2004年进行系部重组，将16个系（部）整合为12个系，促进学科渗透与交融，为机械类、土建类等新兴应用型专业的成长提供平台；同时，拓展汉语言文学等传统专业的服务方向，新建文化传播类等一批应用文理与工科专业。

2010年推进二级学院建设，以学科大类为平台，组建材料与化学工程学院等14个二级学院。新发展了材料科学与工程等一批对接地方产业、行业发展需求的应用型新专业。

经过两次较大规模的整合，目前，学校已拥有49个本科专业，覆盖文、理、工、管、教、法、经、农、艺9大学科门类，文理为基础，应用型学科专业建设为重点，文理渗透，理工结合，注重应用，多学科协调发展的学科专业格局总体形成。

① 史秋衡，王爱萍.应用型本科教育的基本特征[J].教育发展研究，2008（21）：34-37.

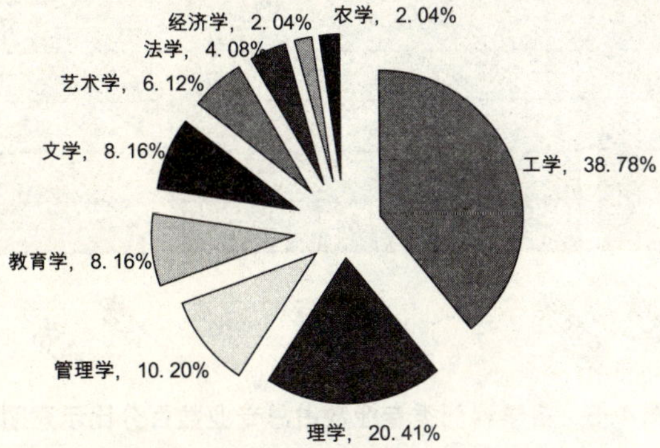


图4-1　皖西学院本科所属学科门类结构分布图

## 二、提高学科专业与地方产业行业的符合度

（1）学校学科专业结构与布局变化趋势。自2000年撤地建市以来，工业大发展已成为六安市经济建设和社会发展的主旋律，为此学校大力发展工科专业。近年来学校新增专业主要以工学类和管理类专业为主，工学类专业数占总专业数的比例从2003年的15%增加到2012年的38.8%，为学校升本以来发展最快的专业大类，管理类专业由2003年的5%增加到10.2%（见图4-2、图4-3）。

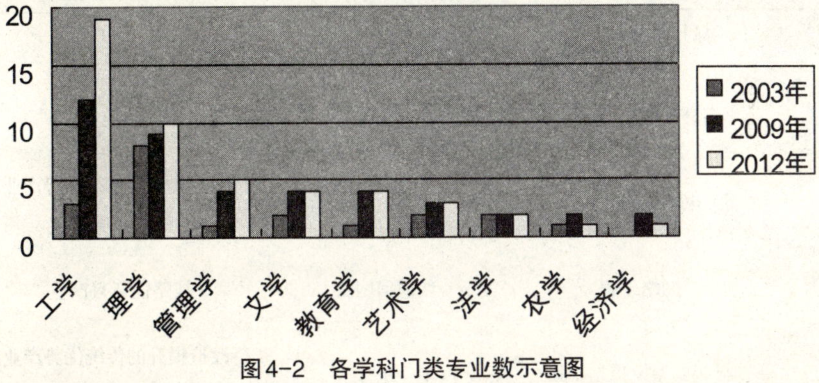


图4-2　各学科门类专业数示意图

（2）新增专业适应地方产业行业发展需求。"十一五"期间六安市大力培育汽车零部件、纺织服装、食品饮料、电力、医药化工等六大类主导产业。学校2004—2008年新增的18个本科专业，与这些主导产业、支柱产业直接匹配的工学类专业占44.4%，文化类专业占16.7%，经管类专业占16.7%。

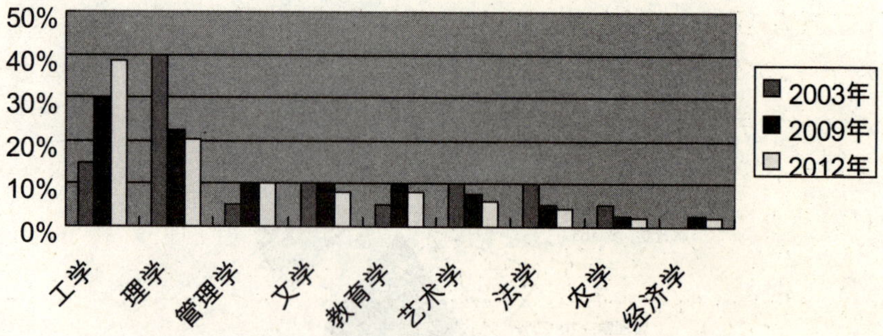


**图4-3 各学科门类专业数占总专业数百分比示意图**

新材料、新能源、节能环保、生物制药、电子信息及文化创意和高端装备制造业等产业是六安市“十二五”期间大力发展和培育的战略性新兴产业，汽车及零部件产业、机电和家电产业、新型建材产业、农产品精深加工产业等是六安市“十二五”期间运用高新技术改造提升的传统优势产业。学校2009年以来新发展的10个本科新专业，全部对接地方优势、支柱产业（见表4-1）。

**表4-1 2009—2012年学校新增专业与地方产业行业匹配情况**

| 类型 | 学科专业名称 | 匹配领域 | 匹配领域类型 |
|---|---|---|---|
| 工学 | 材料科学与工程 | 节能环保建材 | 战略性新兴产业 |
| | 光源与照明 | 节能技术与产品 | 战略性新兴产业 |
| | 高分子材料与工程 | 新型高分子材料 | 战略性新兴产业 |
| | 电子信息工程 | 汽车、电子 | 待改造提升的传统优势产业、战略性新兴产业 |
| | 网络工程 | 新一代通信网络 | 战略性新兴产业 |
| | 材料成型及控制工程 | 汽车、机械 | 待改造提升的传统优势产业、战略性新兴产业 |
| | 汽车服务工程 | 汽车产业 | 待改造提升的传统优势产业 |
| 管理学 | 旅游管理 | 旅游业 | 支柱产业 |
| | 物流管理 | 现代物流 | 支柱产业 |
| 理学 | 光信息科学与技术 | 信息、光电产业 | 优势产业 |

（3）近年来学校招生专业调整情况。升本以来，学校加大学科专业调整力

度，在招生规模与科类设置上优先保障地方产业结构布局调整需求，限招、停招社会需求量小、就业困难的部分专业，总体形成了社会需求与专业招生的良性互动。近年来，招生数大幅增加的专业主要以工科类专业为主，2012年19个工科类专业招生2 503人，占招生规模的49%。停招的专业主要是师范类与基础理科类专业（见表4–2）。

表4–2　2009—2012年停招专业情况一览表

| 年度 | 停招数 | 停招本科专业（所属科类） |
|---|---|---|
| 2009 | 1 | 人文教育（教育，师范） |
| 2010 | 6 | 化学（理，师范）、生物科学（理，师范）、应用化学（理）、小学教育（教育，师范）、人文教育（教育，师范）、科学教育（教育，师范） |
| 2011 | 11 | 化学（理，师范）、物理学（理，师范）、生物科学（理，师范）、思想政治教育（法学，师范）、环境科学（理）、信息与计算科学（理）、公共事业管理（管理）、资源环境与城乡规划管理（理）、小学教育（教育，师范）、人文教育（教育，师范）、科学教育（教育，师范） |
| 2012 | 11 | 化学（理，师范）、物理学（理，师范）、生物科学（理，师范）、思想政治教育（法学，师范）、环境科学（理）、信息与计算科学（理）、公共事业管理（管理）、资源环境与城乡规划管理（理）、小学教育（教育，师范）、人文教育（教育，师范）、科学教育（教育，师范） |

## 三、提升学校特色学科专业对地方产业行业的支撑度

学校共有国家级特色专业2个、省级特色专业8个（含省级专业综合改革试点专业3个）。这些特色专业为六安市的产业行业发展提供了有效的服务。

工科类专业中，生物工程省级特色专业的表现尤为突出。该专业在植物生物技术、生物炼制与生物质能工程等产学研合作领域具备明显应用特色和一定的研发实力，已与安徽圣农生物科技股份有限公司、安徽格义清洁能源技术有限公司、六安市林业工作总站、六安市污水处理厂、六安市林业局等企业及行业主管部门建立长期合作关系，联手打造应用型专业核心课程，建立学生实习实训基地，依托植物细胞工程安徽省工程技术研究中心，围绕新木本油料资源植物—盐肤木研发、霍山石斛产业化栽培、蕨菜茶及其制备等开展实质性产学研合作，取得了一大批标志性成果，带动了地方经济社会发展。

人文社科类学科专业以法学省级特色专业为例。近年来，政法学院与地方法律实务部门本着“互利双赢”的原则，大力开展深层次合作，法律实务部门参与法学专业人才培养方案的修订，利用实践资源优势参与法学专业实践教学；学院利用理论资源优势，为实务部门开展学术讲座、举办学术论坛、培养应用性法律人才。政法学院在裕安区人民法院举办学术讲座，“政法周末大讲堂”邀请知名专家来校举行学术报告时邀请地方法律实务部门人员参加，学院与裕安区人民法院联合举办了两期“法院文化建设”论坛。法学专业为地方输送了一大批优秀毕业生，目前，法学专业毕业生已遍布六安市各县区的法院、检察院、法律服务机构以及基层政府机关，有的毕业生已在关键岗位崭露头角。

（本案例由皖西学院提供）

**【案例2】**

## 滁州学院加强对传统专业改造

滁州学院是由一所师范专科学校单独升格而来，刚升本时，学校学科专业比较单一，文理师范专业多，工科及应用性学科专业少。2005年，学校大刀阔斧地对学科专业进行了改造和调整，取得了很好的效果，其中地理信息系统（GIS）专业是其典型。

学校确定“应用型”办学定位以后，原来的地理科学专业已经不适应学校的发展，为此，学校将其改造成地理信息系统专业。改造后的新专业围绕“改革教学、开放办学、注重基础、强化实践”的基本办学思路，以培养特色鲜明、技能突出、基础扎实的地理信息系统应用型人才为核心，重点完成了GIS专业在教学团队、课程与教学资源、教学方式方法改革、实践教学、教学管理等方面的建设，基本形成了思路清晰、结构完整、操控性强、效果显著的GIS应用型人才培养体系。

### 一、着力优化课程体系

该专业围绕学校的总体定位和应用型人才培养目标，紧密结合地方经济建设和优势产业、行业、企业的人才需求及学生的个人发展需要，以有利于拓宽知识面，增强学习兴趣和创新能力，优化知识结构，促进个性发展为目的，以结构主义课程理念为指导，以专业课程及其知识点作为重点研究内容，注重知识体系的层次与衔接，按照“明确专业技能，抽取关键知识，形成核心课程”理念进行课程设置，通过“删、减、并、增、留”等措施，进一步优化课程结构，压缩理论讲授时数，增加实践教学时数，初步构建了以专业主干课程和选修课程模块相结合、有利于学科交叉与融合、符合学校应用型人才培养定位和要求的课程体系。

1.以增强学生地理信息基础技能为依据的课程主体结构

为使得学生具有扎实的地理信息基础技能，学校在课程设置上适当增加了3S课程和实践课程的比重。例如，在遥感方面开设了遥感概论和遥感数字图像处理课程，在测绘方面开设了测量学、计算机地图制图、GPS原理等课程，在地理信息系统开发方面开设了空间数据库、GIS空间分析原理与方法、GIS工程设计与管理、GIS二次开发等课程。为保障学生能切实掌握上述课程内容，学校为这些课程均设置了实验课程。实践表明，上述课程的开设使得学生具有一个比较全面的GIS视野以及综合的技能，使其能胜任学校设定的就业岗位，确保了培养目标的实现。

2.以培养实践动手能力为目标的课程层次结构

以GIS技能为主干，其由下到上的层次分别为：基础层、技能层和方向层。其中，基础层主要培养专业素质所必需的5类基础知识：数学类、外语类、思想政治类、计算机类和GIS基础类；技能层培养学生具备基本的业务技能，按照GIS技术流程分为数据采集编辑、数据集成处理、空间数据建库和综合分析应用4个层次；方向层依据学生的差异划分为GIS二次开发和GIS行业应用两个方向，其相互之间的层次结构如图4－4所示。

**二、改革实践教学**

以地方经济社会发展需要和学校实际为基本原则，坚持以培养高素质应用型人才为目标要求，以培养学生实践能力和创新精神为核心，以不断提高毕业生就业、创业竞争力和发展能力为宗旨，完善以“GIS认识性实习—课程实验—操作课程—生产实习—创新活动”为主线的实践教学模式，强化GIS软件操作、生产实践、应用开发、共享服务等教学内容。

根据学校实践教学总体规划，按照“三层次、三模块”的办学思路，重点在实践教学模块设计、灵活的实践教学内容安排以及人本导向的实践教学考核等3个方面积极开展了深入的改革和探索。

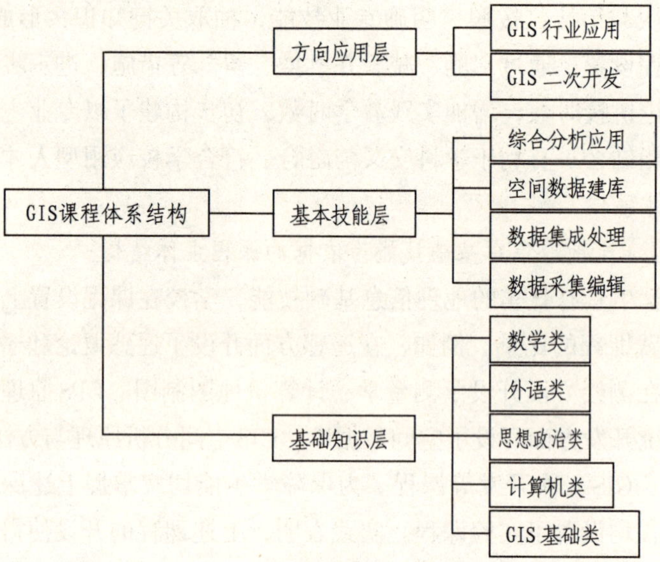


**图4-4　GIS课程体系结构层次划分**

首先是针对学校GIS专业学生的特点以及应用型人才培养目标，对该专业实践教学模块进行了分类（拟分为6类，即课程实践教学模块、GIS应用技能实践教学模块、小学期及其他实践教学模块、专业竞赛实践教学模块、毕业实习实践教学模块、毕业论文实践教学模块）。并在此基础上完善各模块的教学设计和实践教学内容体系建设，实现实践教学各环节的有序及优化组合。

**表4-3　GIS专业实践教学模块**

<table>
<tr><th>学期</th><th colspan="2">实践教学模块</th><th colspan="2">模块类型</th></tr>
<tr><td>第一学期</td><td colspan="2">GIS技能一：初识地理信息系统</td><td colspan="2">应用技能实践</td></tr>
<tr><td>第二学期</td><td colspan="2">GIS技能二：MapGIS地图数据采集</td><td colspan="2">应用技能实践</td></tr>
<tr><td>暑期</td><td colspan="2">数据生产项目实践</td><td colspan="2">小学期实践</td></tr>
<tr><td>第三学期</td><td colspan="2">GIS技能三：ENVI遥感图像处理</td><td colspan="2">应用技能实践</td></tr>
<tr><td>第四学期</td><td colspan="2">GIS技能二：MapGIS地图数据采集</td><td colspan="2">应用技能实践</td></tr>
<tr><td>暑期</td><td colspan="2">顶岗实习（3个月）</td><td colspan="2">小学期实践*</td></tr>
<tr><td>第五学期</td><td colspan="2">《空间数据库》等课程实验</td><td colspan="2">课程实践</td></tr>
<tr><td>第六学期</td><td>《WebGIS》等课程实验</td><td rowspan="3">省GIS技能大赛/全国GIS技能大赛</td><td>课程实践</td><td rowspan="3">专业竞赛实践</td></tr>
<tr><td>暑期</td><td>其他实践</td><td>小学期实践</td></tr>
<tr><td>第七学期</td><td>行业应用等课程实验</td><td>课程实践</td></tr>
<tr><td>第八学期</td><td>毕业实习</td><td>毕业论文</td><td>毕业实习</td><td>毕业设计</td></tr>
</table>

其次，为了顺利完成实践教学，实现实践教学预定的教学效果，学校还制定了适合不同实践教学模块的实践考核体系与考核标准，实现教学考核既具有局部灵活性，又能保障学生培养的整体质量。

此外，根据GIS专业实践教学模块安排，暑期将二年级GIS专业学生全部派往企业进行3个月的顶岗实习。2011、2012、2013年的实践表明，通过企业顶岗实习过程极大提高了学生GIS实践动手能力，也得到了企业的高度认可。

**三、创新教学方式方法**

1.改革教学内容体系，促进理论教学和实践技能的有效融合

以行业需求为主导，根据“基础理论够用、实验实训实用”的宗旨，调整和重构教学内容，开发理论与实践紧密结合、互为支撑、互相匹配、互动循环、模块化、分层次的教学内容体系。

（1）教学内容贴近职业需求、行业需求、专业前沿。结合社会、企业、职业、学生等因素的动态影响，以最大限度地满足行业对应用型人才的要求为取向，保证学科专业教学标准在有一定行业背景的企事业单位参与下制定，教材由企事业单位推荐或在其指导下编写，学生学习的内容贴近行业现状和生产实际。同时，进一步加强科研课题引领的作用，一方面主动淘汰过时的教学内容，及时把学科研究的新成果充实到教学内容中去；另一方面积极组织教师编写能反映学校特色及最新科研成果的有创新的教材，开设符合专业结构和知识发展的新课程，增加选修课，使学生有较宽知识面和较强的适应能力。

（2）按照“早实践、多实践、不断线”的教学理念，采用“实践—理论—实践”的教学方式组织教学内容，以工作过程为参照系，按照工作过程对课程内容进行序化，即将陈述性知识与过程性知识整合、理论知识学习与实践技能训练整合、专业能力培养与职业素质培养整合、工作过程与学生认知心理过程整合，通过科学的教学设计，将学习领域细化成具体的学习情境，切实体现“理论和实践一体化”。

2.更新教学方式方法，注重校企结合、学用结合

（1）实验实训力推任务驱动和工程项目相结合。专业实训课教学与企业零距离对接是学校教学改革的重点。学校十分重视组织教师和学生积极参加实训工作，在实训教学过程中将任务驱动和工程项目开发相结合，按照数据采集处理、产品加工、数据集成、应用系统研发、信息共享服务等业务层次，将课程

分类成模块后，在企业的配合下将每个模块开发成企业项目生产实际，再将项目划分成若干个相对独立的任务，在平时教学中完成各个任务，最后整合成一个完整项目。通过整体项目学习，不仅激发了学生学习积极性，也培养了学生的动手能力、合作、创新意识，而且还实现了理论与实践的有机结合，营造浓厚的岗位氛围。

（2）强化校内校外两个课堂。以校内外实验实训基地为基础，部分课程到企业去完成，安排学生走出校门参与企业生产，学习环境与工作环境相结合，学习环境模拟工作环境，提高学生社会实践能力，走产学合作的道路。同时，针对教学内容，请一些有丰富实际经验的GIS技术应用企事业单位的工程师来给学生传授GIS工程和技术的实际操作技巧，使学生明确业界的实际技能需求信息，从而使学生进行有针对性的训练。校内校外两种课堂能够让学生接触多元化教学方式，既增加兴趣又能学以致用。

**四、改革评价手段**

1.实施量身定做的“分层次教学”与“分层次评价”

以“大班上课，小班研讨，课外跟进”为主要方式，根据教学内容和要求，从不同层次学生的实际出发，将课程内容分成不同的知识及能力模块，各模块内按其内容对专业培养目标的支撑，分成认识、理解、操作、拓展等不同层次，学生可针对不同模块有选择性地进行强化训练。

同时，对评价各个层次的学生是否达到了课程教学目标，提出教学评价分层，通常采取两种形式：自我评价和教师评价。自我评价就是在课后教师分别组织不同层次学生对学习情况进行剖析，找出成败的原因；教师评价就是教师通过提问、查看笔记、作业练习和检验测试等，了解不同层次学生达标的情况。同时，教师也要根据评价结果，在必要时调整相应层次学习目标的内容，并根据不同的情况采取相应的指导措施。

2.改革传统考试考核方式，培养学生自主学习能力

改以笔试或几个技能点为主的传统考核方法为过程考核与结果考核以及实习相结合的方式。学习过程考核细分为学习纪律、课堂课后思考与阅读、作业质量三个指标。学习纪律指标量化为到课率、课堂违纪次数；课堂课后思考与阅读指标量化为课堂主动回答与提问次数、读书笔记数量、相关科研成果数量；作业质量指标量化为作业完成次数、作业成绩。结果考核细分为实验考核

和笔试两个指标，实验考核主要考一些需要学生亲自动手操作的专业技能和一些需要团队合作的专题，考核的项目包括“分析、设计、制作、调试与相关辅助说明文档写作”，其内容安排大多数与生产实际相连，注重知识应用与分析、解决问题的能力；笔试主要考查学生对基本原理应用的实际能力，以及解释基本GIS现象和解决一些GIS热点问题的能力。考试结果不仅较准确地反映了学生的能力，也反馈教师的教学效果与不足，达到以考促学、以考促教的目的。

（本案例由滁州学院提供）

## 第四节　人才培养模式改革

人才培养模式，是指在一定的现代教育理论、教育思想指导下，按照特定的培养目标和人才培养规格，以相对稳定的教学内容和课程体系、管理制度和评价方式，实施人才教育的过程的总和，即通常所说的“培养什么样的人”和“怎么样培养”的问题。包括了专业设置、培养目标、培养规格、培养方案和培养途径等要素。应用型人才是指能将专业知识和技能应用于所从事的社会实践的一类专门人才类型，是熟练掌握社会生产或社会活动一线的基础知识和基本技能，主要解决一线生产关键技术问题的技术或专业人才。近年来，安徽省地方高校坚持为地方经济社会建设服务，针对应用型人才培养的特点，在不断更新教育思想观念的同时，坚持走产学研结合之路，以培养学生创新精神和实践能力为核心，着重从专业调整和优化、人才培养方案设置、课程内容和教学方法改革、人才培养途径等方面进行大胆的改革与创新，构建了知识、能力、素质三者有机融合的多层次、多元化、个性化、有特色的应用型本科人才培养模式。

**【案例1】**

### 安徽医科大学创建中国特色医药复合型人才培养模式

早在20世纪末，针对我国临床实践中，医生在患者疾病诊断与临床用药方面享有绝对主动权，但临床医学教育缺乏系统的临床合理用药内容；而多数药师由于本身知识结构的局限性，临床方面的知识相对比较匮乏，也难以在临床合理用药方面发挥应有作用的现状，安徽医科大学李俊教授带领一批青年学者，为适应社会对医药复合型人才的需求，牵头建立了药学（临床药理）本科专业，以新的理念和模式，探索解决我国教育体系中长期以来存在的医学和药学教育相互分离的矛盾，建立熟悉药政管理法规，能够从事药物临床研究工作，又能指导临床合理用药的医药复合型人才培养体系。经过多年的教学改革与实践，系统构建了医药复合型人才培养体系，初步建立了医药复合型人才课程群、实践训练体系、教学团队建设体系和专业建设体系，培养了一批适应人民群众健康保障需求的复合型医药卫生人才。

**一、合理设置教学内容，重构教学质量内涵和人才培养标准**

根据国内外本科教育的发展趋势，适应药学人才培养模式向生物—心理—社会—管理模式的转变，将高等药学教育与职业资格有效衔接，重新设计课程体系，按照公共课程、医学课程、药学专业课程和人文素质教育课程四大课程体系修订教学计划，涵盖了医学和药学的主干学科和主要课程，以新药研究与开发为主线，突出临床药理在新药研究中的重要地位，把Ⅰ~Ⅳ期临床试验贯穿于临床药理的理论教学与实验教学中。融业务培养与素质教育于一体，知识教育、能力培养和素质提高相结合。在构建的专业教育体系中，加强实践教学环节和人文素质课程环节的培养，突出学生主动获取信息的能力、循证药学实践的能力和创新能力，建立起融传授知识、培养能力、提高素质为一体的人才培养模式，摒弃只注重向学生传授知识，忽视能力和态度培养的陈旧教学观念和方式方法，重新构建医学院校药学学生的质量内涵和人才标准，成为构建药学专业认证指南的重要参考。同时，根据专业特点合理设计了药学（临床药理）本科专业实习计划，整个实习包括临床医学（内、外、妇、儿科）、临床药理、药品监督管理、药品检验、医院药学5个环节，使学生进一步熟悉新药研究与开发的过程，同时以新药的临床评价为主线，以药物的安全、合理使用为核心，强化药物质量和安全意识，使医师和药师的职能都在学生身上得到体现。

**二、优化课程体系，创建医药复合型精品课程群**

在《临床药理学》国家精品课程、国家级精品资源共享课建设过程中，以教学内容和教学模式改革为基础，进一步积极开展精品课程群建设。几年来，通过切实有效的建设措施，深入扎实的教学改革，良性循环的课程建设体系，有力地推动了精品课程群建设工作，课程教学团队讲授的专业核心课程《生物药剂学与药物动力学》《药事管理学》分别于2005年和2009年被评为省级精品课程，《药物流行病学》于2012年被评为省级精品资源共享课。目前学校药学与临床医学主干课程均为省级精品课程和精品资源共享课，实现医药复合型课程群网络资源共享，对提高医药复合型人才培养质量发挥了显著的成效。

同时，整合重组《临床药理学》《内科学》《临床药物治疗学》等课程内容，围绕执业医师和执业药师考试大纲，强化案例库建设，把分布在不同课程的同一问题串联起来。整合优化教学方法，采用以病例为引导、以问题为中心的教学方法，强化临床合理用药教学。整合优化教材内容，在《临床药理学》教材编写中，将基础和临床知识相结合，药物作用机制与临床应用及评价相结合，构建起以《临床药理学》为核心的精品课程群，解决了医药复合型课程体系构建中临床与药学知识如何重组、再造的关键问题。

**三、培育高水平教学团队和教学名师，加强复合型师资队伍建设**

团队带头人、省级教学名师李俊教授按照引进与培养并举的方针，吸收药学、临床医学骨干教师参与医药复合型教学团队建设，定期安排药学教师深入病房参与病例讨论，吸收临床教师参与教材建设以及课程教学，成功跻身临床药理学国家级教学团队。

针对医药复合型人才培养的特点，团队教师从专业整体角度认识课程的作用和课程间的相互联系，教师的地位和作用在新的教学模式下也有了相应的变化。为实施以问题为中心、按问题组织教学的开放式教学体系，学校在安徽医科大学第一附属医院和附属省立医院已有教学力量和技术力量的基础上，定期安排教研室老师深入病房参与治疗方案的制订和病例讨论。同时，学校选拔安徽医科大学第一附属医院和附属省立医院相关临床领域具有丰富教学经验，熟悉本专业教学的高级职称临床医生参与课程体系中有关教材编写，以及理论课和实践课的教学。

近年来，通过国家精品课程和国家级教学团队的建设，创造了优秀教师脱颖而出的良好环境和条件，选拔、培养了一批教学方法先进、教学经验丰富、注重教学改革与实践、教学水平高、教学效果突出的高水平教师。教学团队陈飞虎教授、吕雄文教授和孙国平教授先后被评为安徽省省级教学名师。通过几年建设，不仅树立了教师教学榜样，充分发挥了教学名师的表率作用，也造就了一支热爱教育事业、师德高尚、业务精良，不断更新教育思想和观念，锐意创新、勤奋进取的高素质师资队伍。同时，师资队伍综合素质的不断提高，大大提高了教学团队的教学水平，为探索建立医药复合型人才培养机制奠定了良好的基础。

**四、主编国家级规划教材，优化医药复合型人才培养规格**

医学人才培养与人民的健康息息相关，教材建设是人才培养工作的重要支柱，也是高等医药院校最基本的教学建设之一，对于提高教育教学质量，优化人才培养规格，造就更多满足我国卫生事业发展需要的医药复合型人才具有重要作用。

在精品课程群建设基础上，重点加强国家级规划教材建设，支持参与人民卫生出版社组织的教材建设工作。李俊教授先后被聘请为教育部高校药学专业教学指导委员会委员、全国高等学校临床药学专业教材评审委员会副主任委员和全国高等学校医学数字化教材建设指导委员会副主任委员。并在保持前三版教材（学校徐叔云教授主编）风格的基础上，先后主编全国高等学校临床医学专业五年制卫生部规划教材《临床药理学》第四版和第五版，以及五年制本科临床医学专业国家卫生和计划生育委员会“十二五”规划数字教材《临床药理学》。

为适应医药复合型人才培养规格的需要，学校在《临床药理学》教材编写中力求将教学研究成果及时固化到教材中，进一步将基础和临床知识相结合；将药物作用机制知识与药物临床应用及评价相结合；并与执业医师考试大纲紧密结合。同时，主编出版配套教材《临床药理学学习指导及习题集》和配套光盘，以利于学生更好地掌握教材，培养其分析问题和解决问题的能力，也可作为教师辅助教学的手段。在《临床药理学》数字教材编写中，加入了丰富的多媒体素材，利用互联网技术、云端、触控等先进技术，将教材在传统纸质内容数字化的基础上，制作为适用于各类电子终端阅读的电子书，实现教学环节的数字化、信息化、立体化。该数字教材将对国内临床药理学教学改革起到重要的推动作用。

随着我国临床药理学的迅速发展，全国高等医学院校一般都开设了临床药理学课程，学校主编的《临床药理学》一直是全国高等医学院校临床医学专业主要教材，第四版发行量达13.5万余册，刚刚出版的第五版发行量达4万余册，教学效果良好，得到广大师生的肯定和喜爱，对提高和培养学生的各类药物临床评价和合理用药能力起到积极作用，有力提升了医药复合型人才的培养质量。

近年来，结合“十一五”和“十二五”国家级规划教材建设，本教学团队还主编了全国高等学校临床药学专业国家卫生和计划生育委员会“十二五”规划教材《临床药物治疗学总论》、全国高等学校临床药学专业卫生部规划教材《临床药物治疗学》、全国医疗美容技术专业教材《美容药物学》和国家级规划教材《新药研究与开发》，参编国家级规划教材《药理学》《药理学学习指导及习题集》《美容药物学》《药事管理学》《药物经济学》等，为探索建立医药复合型人才培养机制提供了强有力的支持和保障。

**五、构建高水平药学综合技能实验中心，培养学生实践能力和科研素质**

2008年，该校药学院临床药理学教学团队为主要骨干申报的“药学综合技能实验中心”获中央与地方共建高校专项资金资助。通过该项目的建设，学校在医药复合型实践教学体系中，大力开设综合性、设计性实验，通过让学生“自己买，自己烧，自己尝”，不断激发学生创新思维，提高学生综合素质。临床医学与药学专业学生实践教学的基本模式均突出全程规范化临床药理学实践技能训练，围绕新药的临床药理评价，将Ⅰ～Ⅳ期临床试验和生物等效性试验贯穿于实验教学中，使学生熟悉新药从药学研究到药理和毒理学研究再到临床研究的全过程。在内容上突出临床试验以及生物等效性试验的设计，特别是随机、盲法、对照等方法学的应用及临床疗效统计分析，同时将Ⅳ期临床试验中不良反应考察作为主要的教学内容，为将来学生在具有开展临床试验资质的医院参加药物的临床研究奠定了良好的基础。

“药学综合技能实验中心”作为目前国内一流的本科生药学实践教学基地，对校内外开放和资源共享，并将实践教学与科研和社会服务紧密结合。在“早期接触科研”训练计划中，临床医学专业学生在该中心参与本课题组教师有关科研项目临床药理学研究的部分内容，并参加国家级及省级大学生创新创业训练计划项目，中心指导教师引导学生进一步结合所学知识来解决科研活动中的问题，达到既验证理论，巩固和加强临床药理学理论知识的学习目的，又做到培养学生科研能力和创新思维的开发，使学生知识、能力和素质协调发展。同时，该中心与学校直属及非直属附属医院合作，针对临床药理学授课内容，组织学生去医院临床科室见习、实习，开展病例合理用药讨论，进一步强化学生的药学服务意识。

近年来，该中心教师指导临床医学和药学专业学生参加了“挑战杯”大学生创业大赛、大学生科普创意创新大赛、全国高等医学院校大学生临床技能竞赛、全国高等医药院校药学/中药学专业大学生实验技能竞赛等活动，并取得了丰硕的成果。

**六、以药学特色专业为支柱，强化医药复合型人才培养体系建设**

2008—2009年，学校药学和临床医学专业分别获批为第三批和第四批国家级高等学校特色专业建设点，其中药学特色专业以建设临床药理学教学团队为主导，也为临床医学专业培养了一批骨干教师。

药学特色专业根据国家医疗卫生事业发展规划、医学科学技术发展现状和教育规律，以医疗卫生服务的市场需求为导向，充分汲取国内外药学教育研究优秀成果，制定了与行业、社会发展需要相结合的培养方案和课程体系，强化专业理论基础教学改革，优化课程体系和教学内容设置。在精品课程群建设基础上，获省级教学成果奖一等奖4项，二等奖2项，三等奖1项；在前期承担多项省教育厅省级教学研究项目的基础上，2010年以来，又有10项教学研究项目获得省级质量工程项目立项，进一步深化了临床药理学课程群的教学改革与创新，也有效调动了教学团队成员参与医药复合型人才培养的积极性。

药学特色专业强调多学科知识的交叉、渗透、融合，构建医药一体化的知识结构，打造学生综合运用多学科知识识别、分析和解决临床实际问题的能力。学校临床药理学课程群的人才培养目标均定位为“培养具有较扎实的医学和药学基本知识及实践技能，具有较强的人际交流能力和良好的职业道德，具有创新精神和实践能力，能够从事临床合理用药、治疗药物监测、新药临床评价等方面工作的医药复合型人才”，充分体现了新时期人才培养的要求和教育为社会发展服务的理念。

药学特色专业除采用传统的课堂教学方式外，还采用案例教学、请进来、走出去、参加技能竞赛等多种方式，开展开放式实践教学。并通过改革实践教学课程，增加临床医学学生药学实践教学学时，优化实践教学方式，建设高水平的实践教学硬件环境、软件平台和实习基地，构架了多层次、模块式的实践课程体系和多元化的实践教学体系，充分调动学生投身临床和药学实践的自主性和能动性，强化训练学生的创新思维、创业能力、团队精神和应用实践能力。

医药复合型人才培养模式的改革首先在1999年学校开始招收的药学（临床药理）专业的学生教学活动中展开，借鉴欧美国家实施Pharm.D教育制度，进一步发挥学科优势，在坚持传授药学学科基本理论、基本知识和基本技能的基础上，依托医学院校临床医学的办学历史经验，将医学教育与药学教育有机融合，用崭新的理念和模式建立药学（临床药理）本科专业和课程体系，以适应临床安全用药、合理用药的需求，为我国的医药卫生机构培养医药复合型合格人才。同时该培养体系也创新了高素质医学专业人才培养模式，解决了临床医学人才药学知识不足，合理用药能力不强的关键问题。

（本案例由安徽医科大学提供）

**【案例2】**

## 安徽科技学院创新“企业冠名班”人才培养新模式

安徽科技学院始建于1950年，1960年升格为凤阳农业专科学校，1965年更名为安徽农学院（凤阳分院），开始举办本科教育。1981年独立建制成皖北农学院，1985年改建为安徽农业技术师范学院（皖北分院），2000年更名为安徽技术师范学院，2005年更名为安徽科技学院。2009年至今，是学校事业发展上层次、上水平的重要时期。学校紧紧抓住高等教育转型发展的有利契机，坚持以科学发展观为指导，以社会需求为导向，进一步深化人才培养模式改革，强化创新创业人才培养特色，应用型人才培养质量不断提高。

### 一、以满足学生个性化学习需求，构建本科多样化人才培养模式

1.全方位进行人才培养方案改革

在与企业共同调研论证的基础上，2010年完成了52个本科专业的应用型创新创业人才培养方案。新方案采用“平台+模块”架构，即两个平台（通识教育课程平台、学科专业基础课程平台）、三个模块（专业方向课程模块、创新创业课程模块、个性化拓展课程模块），强化了学生的选择性和个性培养；新方案加大了选修课、实践课比例，理工医农专业的实践课程学分达到30%、文法经管专业的实践课程学分达到20%；新方案还独立设置了集中实践环节和企业实践方案，构建了层次化的实践教学体系，提升了人才培养与社会需求的符合度。

2.积极推进应用型人才培养模式改革

一是以产学研合作为载体，积极推进人才培养模式改革，逐步构建了“卓

越人才”“企业冠名班”“产学研合作”“主辅修教育”“多证书制度”等应用型人才培养模式，人才培养方案、课程设置、实践安排按照企业要求量身定做；二是“多证书”培养模式，将多证书教育纳入人才培养方案，设立了21个职业技能鉴定站，面向46个专业开展培训和考核认证工作，毕业生人均职业技能证书2个以上；三是“产学研合作”培养模式，促进教学、科研、生产的良性互动，学校与蚌埠玻璃设计研究院、隆平高科集团等合办的特色冠名班分别采用产学结合、学研结合和产学研结合模式，在学生创新精神、实践能力培养方面成效显著；四是“国际合作”培养模式，现已与美国、韩国等2所大学，联合举办了机械工程、国际经济与贸易专业“2+2本科双学位”人才培养项目。

**表4-4　校企合作冠名班一览表**

| 序号 | 所在学院 | 冠名班名称 | 合作企业 |
|---|---|---|---|
| 1 | 动物科学学院 | 大北农班 | 大北农集团 |
| 2 | 动物科学学院 | 正大班 | 正大集团 |
| 3 | 植物科学学院 | 隆平种子班 | 安徽隆平高科种业有限公司 |
| 4 | 理学院 | 玻璃材料班 | 蚌埠玻璃工业设计研究院 |
| 5 | 理学院 | 德力玻璃工程班 | 安徽德力日用玻璃股份有限公司 |
| 6 | 理学院 | 网博软件班 | 南京网博计算机软件系统有限公司 |
| 7 | 理学院 | 灵感软件班 | 灵感软件（上海）有限公司 |
| 8 | 理学院 | 易嵌嵌入式班 | 上海凡狄信息技术有限公司 |
| 9 | 生命科学学院 | 恒进班 | 安徽恒进农业发展有限公司 |
| 10 | 机电与车辆工程学院 | 奇瑞汽车班 | 奇瑞集团 |
| 11 | 机电与车辆工程学院 | 东昱机电班 | 东昱精机（苏州）有限公司 |
| 12 | 机电与车辆工程学院 | 神舟机械班 | 蚌埠神舟机械有限公司 |
| 13 | 机电与车辆工程学院 | 德力机电班 | 德力玻璃有限公司 |
| 14 | 食品药品学院 | 雨润班 | 马鞍山雨润食品有限公司 |
| 15 | 食品药品学院 | 迪欧班 | 苏州迪欧餐饮管理有限公司 |
| 16 | 管理学院 | 德力营销班 | 安徽德力日用玻璃股份有限公司 |
| 17 | 管理学院 | 远方物流班 | 南京远方物流有限公司 |
| 18 | 城建与环境学院 | 莱姆佳班 | 安徽莱姆佳肥业有限公司 |

## 二、以综合素质提高为重点，不断完善本科应用型人才培养的有效途径

1.深化教学内容改革

目前，在先行试点的基础上，抓住省级本科应用型示范校建设的契机，全校统一实行“平台+模块”的课程架构，构建两个平台和三个模块组成的“2+

3”课程体系。

在“2+3”课程体系中，通识教育课程平台由思想政治课、外语、计算机、人文艺体课等公共类课程组成，由教务处统一设置；学科专业基础课程平台由学科基础课程（由数、理、化等基础类课程组成，全校本科专业统一按照农医类、理工类、经管类、其他类等四大类由教务处有关二级学院分别设置）、专业基础课程（由3～5门专业基础课程构成）和专业核心课程（由3～4门专业课构成）组成；专业方向课程模块一般由3个方向模块组成，每一个方向模块由3～4门课程组成，突出专业方向和关键应用能力培养，每个学生原则上根据个人兴趣及专长选修1个以上模块；创新创业课程模块由创新教育课程和创业教育课程2个模块组成；个性化拓展课程模块一般是在学生修完专业方向课程模块后，根据个人兴趣及专长制订“个人素质拓展计划”，再根据拓展计划选修个性化拓展课程。个性化拓展课程模块原则上由二级学院负责设置，按专业设置2～3个模块。

2.完善实践教学体系

经过多年学习探索，该校根据人才培养方案目标要求，结合学科专业特点，统筹安排校内外和课程内外实验、课程实习实训、毕业实习、科研训练等实践教学环节，整合实践教学内容，独立设置实验和实习实训课程，实现实践教学课程化，构建了以培养学生实践能力为目标，与理论教学体系密切联系而又相对独立，教学内容前后衔接、循序渐进、层次分明的实践教学体系。现有的实践教学体系包括基本实践教学、专业实践教学、综合实践教学和创新实践教学4个模块。基本实践教学模块主要培养学生计算机、英语、普通话和相关学科基础课程等基本技能；专业实践教学模块主要提高学生专业实践技能，锻炼动手能力，促进科学思想与创新精神的培养；综合实践教学模块主要培养学生综合运用知识分析问题、解决问题的能力；创新实践教学模块主要通过开放实验室、教学基地实践锻炼、开展学科竞赛和创新课题研究等渠道，让学生较早参与科研训练，对学生进行创新思维和科研能力训练，培养学生创新意识和创新能力。

3.创新产学研合作机制

学校还主动服务地方经济社会发展，积极融入皖江城市带承接产业转移示范区、合芜蚌自主创新综合改革试验区等重大战略，大力推进“产学研用”合作。积极对接地方经济建设需求，广泛开展校际、校企、校地、校所合作，产生了显著的经济和社会效益。

一是根据人才培养（教学）、科研和社会服务需求，学校建设和校企共建科研平台。二是学校与300多家企业建立了产学研合作关系，与有关企业签订产学研合作项目191项。三是加速推进校企协同创新和科技成果转化。通过产学研合作，广大教师与行业发展结合更加密切，解决企业难题的能力得到显著提升。而研发工作通常与教学工作密切相关，教师在教学过程中，会自觉地把自己的研究成果与教学内容结合起来，教学形式更加生动，教学内容更加新鲜，教学效果更加突出。

4.激发学生自我发展的潜能

应用型人才培养不仅要致力于教育教学层面的改革创新，还要注意充分发挥学生的主体作用，通过有效载体促进学生挖掘自身的潜能。

（1）积极推进学生科技创新活动。学校把培育大学生创新精神、提高创新能力，作为应用型人才培养的重要内容，采取多种措施加以推进。一方面通过开设《创造力理论与创新思维》《发明学》和《物理学中的创新思维》等课程，加强创新理论教育与指导，奠定学生创新理论基础，激发创造热情和创新精神。另一方面学校还制定了《关于大学生创新学分的暂行规定》等系列文件，从制度上对学生创新精神的培养过程给予保障。

从2001年起，学校设立大学生创新课题专项基金，资助大学生开展创新课题研究和课外科技活动，引导学生在课题研发过程中培养创新能力。到2013年累计已有4 000多名学生参加了650多项创新课题研究，资助经费总额超过150万元。另外，学校还通过多渠道开展科技创新活动，定期举办大学生创业计划大赛、“挑战杯”课外科技作品大赛、网页设计大赛等课外科技竞赛活动；把学生社团作为培养学生创新精神和实践能力的重要阵地给予大力扶持，无线电协会、动物疾病防治协会、发明协会、创业协会的学术科技活动开展得有声有色，有力地促进了学生创新精神和实践能力的培养。

（2）努力创新大学生社会实践活动。早在20世纪90年代初，学校就把社会实践纳入育人体系，坚持服务社会与实践育人相结合，不断深化和创新大学生社会实践活动，着力提高学生实践能力。每年都组建大学生暑期科技服务团队，广泛开展技术咨询、技术推广、技术培训活动。仅2005年以来，就有近90支重点团队集中开展以科技服务为主要内容的社会实践活动，3.5万余人次参加返乡分散实践活动。《人民日报》《安徽日报》等多家媒体对该校学生到农村开展社会实践活动进行了广泛宣传报道。1993年以来，该校已经连续16次被授予“全国大学生社会实践先进单位”称号。

（3）大力推进大学生创业实践。为切实提高学生创新创业能力，该校专门出台了《关于加强大学生创业教育提升创业能力的实施意见》，成立领导组织和工作机构，设立大学生创业基金，开设创业教育课程，选派优秀技术指导员，引导学生培养创业精神、强化创业意识、提高创业素质，鼓励和支持学生依托学校技术优势、发挥个人专业特长，面向生产一线进行自主创业。

实践证明，学校正在探索的人才培养模式是培养应用型本科人才的有效模式，可使学校由被动服务社会转向主动服务社会，实现高校直接服务社会、直接服务企业的重要突破，同时也可作为校企合作办学的具体形式，可以弥补教科书中知识落后于企业生产现状的不足，使教学内容与企业需求同步，有效增强了人才培养的针对性和适用性。

（本案例由安徽科技学院提供）

## 第五节　课程改革

课程改革是一项牵一发而动全身的工程。当前，培养应用型人才已成为人们的共识。但由于理念的束缚、制度的羁绊，大多数教学改革也只是在传统教学的躯壳外披上一件应用性的外衣，改革浮于表面，很难深入下去，究其原因主要还是课程结构、内容、体系以及教学方法没有发生根本改变。实践证实，传统的以学科知识内在逻辑来组织教学内容的课程体系不适合应用型人才培养，需要进行模式与体系的全面改革创新。

**【案例】**

### 合肥学院实施模块化课程改革

模块化课程体系是将专业培养目标中关于学生应具备的各种知识、能力、素质，按其性质、作用等分解成不同的能力要素，将这些能力要素进行重新组合，从而构建出若干个教学单元，也即“教学模块”。通过深入学习和调研，学校充分认识到，模块化教学体系最大的特点就是突出学生能力培养，这与学校正在开展的应用型人才培养改革十分符合，为此，学校按照“整体架构、分步实施、典型引路、以点带面”的思路，将学校的教育教学改革稳步向纵深推进。

首先，以欧盟—亚洲链项目为载体，探索模块化教学体系方法。2004年学校和德国哥廷根私立应用科学大学、奥地利雷奥本矿业大学、泰国朱拉隆卡大学共同承担了欧盟—亚洲链项目。学校以此为契机，利用欧盟资助的项目经费和智力资源，开设了环境工程专业，并采用模块化教学体系为载体培养人才，系统研究了模块化的人才培养方案、构建了教学体系和相应的模块教学内容，为学校改革奠定了基础。

其次，在教育部国际司、安徽省教育厅的支持下，学校成立了合肥德国应用科学学院，现开设有教育部批准的中德合作办学项目：物流管理、工业设计、机械设计制造及其自动化、经济工程等4个专业，由该校和奥斯纳布吕克应用技术大学联合培养，双方共同制定人才培养方案，德国教授定期给学生上课，使得学校能够零距离地剖析德国模块化教学体系的内涵与本质。

再次，以教研项目立项的形式，在全校22个专业和公共课（大学英语、大学数学和思想政治课）实施模块化教学改革，确定了课程（模块）负责人，制定了模块内容和标准，探讨模块化教学方法，编印了模块化教学改革辅导材料，及时总结和推广。各试点专业遵循“改学科导向的课程设置为专业导向，从知识逻辑体系向技术逻辑体系转变”的原则，整体重构课程体系。具体做法如下。

公共基础模块树立为专业服务的思想，以“必需、适用”为原则，对传统的学科导向的课程进行改革、重组，构建出基础模块。如大学数学，根据专业课程的需要对教学内容进行筛选，将相关内容重新整合、有机组合，重新制定了与不同专业培养目标相适应的高等数学教学大纲，做到不同专业有不同的教学大纲和教学内容。

专业模块课程则按照以下步骤和方法进行重构：一是根据行业对应用型人才的要求，制定各实施专业人才培养目标；二是在行业领域中广泛深入调研本专业适应的岗位群对人才知识、能力和素质的需求；三是对专业能力进行梳理细化，并优化分解成能力要素，确定能力要素对应的支撑知识点；四是通过对专业人才培养目标进行分析，确定不同模块具体的能力要素以及彼此之间的关系，由相关联的能力要素对应的知识点及知识应用组成模块；五是将这些教学模块，按照“由浅入深、相对独立、相互支撑、环环相扣”的原则进行排列，最后形成模块之间既层层递进，又相互支撑的模块化课程体系。下面以软件工程专业为例，加以具体说明。

一方面以能力为导向，构建“模块化”课程体系。根据培养标准对学生知识、能力和素质等的要求，通过打破课程之间界限，整体构建课程体系，有针对性地将一个专业内相关的教学活动组合成不同的模块，并使每个模块对应明确的能力培养目标，当学生修完某一模块后，就应该能够获得相关方面的能力。通过模块与模块之间层层递进、相互支撑，实现本专业的培养目标，并将传统的人才培养“以知识为本位”转变为“以能力为导向”。

另一方面围绕能力培养目标，设置模块教学内容。针对本模块的培养目标有选择性地构建教学内容，将传统的课程改造为面向特定能力培养的“模块”。同时，整合传统课程体系的教学内容，实现模块教学内容的非重复性。另外，充分发挥合作企业所具有的工程教育资源优势，与企业共同开发和建设具有综合性、实践性、创新性和先进性的企业课程模块。

1.数学课程内容的调整与优化

依据“以应用为目的，以必需、适用为度”的原则，同时参照国家最新制定的《工科类本科数学基础课程教学基本要求》，根据模块化教学的涵义，确定了大学数学类课程模块化体系改革的总体思路为：横向分类，纵向分级。

横向分类是指大学数学教学为专业教学服务，要满足专业课程教学内容的需要。根据工科、经管和文科类专业的需求，将大学数学分为3大类：工程应用数学、经管应用数学和数学素养。纵向分级是指根据数学自身的特点和内在联系，将大学数学课程分成5级模块，其中A包括一元函数微积分、微分方程等，B包括多元函数微积分、矢量分析、级数等，C包括线性代数的基本知识，D包括概率论与数理统计，E包括复变函数与积分变换。

为制定适合本专业的数学模块，专业教师与数学教师按照“收集材料→提取数学知识点→获取知识点纲要→整理成数学模块→编制数学模块教学大纲→确定教学内容”的流程，共同确定本专业学习工程应用数学A~D共4个模块。

在确定了每个模块教学内容的基础上，学校按“能力、知识、素质”3个要素，对每个模块进行分解，将每个模块分解为理论学习、实践学习和自主学习3个环节。理论学习主要是培养学生的数学能力，如计算能力、逻辑推理能力、空间想象能力、数学建模能力等；实践学习主要是培养学生数学创新能力、应用数学软件的能力等；自主学习主要是培养学生的自学能力、团队合作能力等。这3个环节的学习是互相渗透，互相补充，相辅相成的。

2.物理与专业课程整合优化

传统的大学物理课程内容繁杂，包括力学、光学、电磁学等，与本专业所面向的“能在工程现场从事软件工程技术应用开发工作，工程功底深厚的软件设计工程师、高级程序员和软件质量保证工程师”的培养目标有一定差距；且原内容注重理论推导，忽视理论应用，不适应学校应用型人才培养规格。因此，对原物理课程内容重新梳理，挑选其中与本专业密切相关的电磁学内容，并将其打散融入到电工电子、模电等专业课程的教学中，最终构建出电路与数字系统设计I模块，使物理原理的讲授与专业知识紧密结合，达到良好的教学效果。

**表4-5　物理课程内容打散融入专业课程教学**

| 物理知识点 | 专业课内容 | 参考学时 |
|---|---|---|
| 功率 | 电路中的电流、电压、电位、功率 | 0.5 |
| 电势、电势差与电流 | 电流、电压参考方向与实际方向区别及联系 | 0.5 |
| 电容、电感系数 | 无源二端元件 | 2 |
| 电能和磁能密度 | 无源二端元件 | 1 |
| 能量守恒定律 | 基尔霍夫定律 | 1 |
| 无源线性二端网络等效电阻计算 | 直流电路分析方法 | 2 |
| 电磁感应定律 | 动态电路分析 | 1 |
| RL电路的暂态过程、RC电路的暂态过程 | 动态电路分析 | 2 |
| 谐振电路 | 谐振电路的分析、计算 | 1 |
| 电荷守恒定律 | 半导体二极管 | 1 |
| 带电粒子在电场和磁场中的运动 | 半导体二极管的构成、伏安特性及参数 | 0.5 |
| 光电效应 | 半导体二极管及其应用电路 | 0.5 |
| …… | …… | |

3.专业课整合优化

构建分层次的专业技术模块组合。按照现代软件开发企业的专业分工，根据前期调研结果，梳理出各个岗位的核心能力，并以此为基础优化组合专业技术类课程，形成对应中低端技术岗位、中高端技术岗位及管理岗位三个层次核心能力的模块组合。

优化整合硬件类课程。在传统的计算机科学与技术专业中，硬件类课程较多且不能突出重点，因此对硬件类课程进行合并与压缩。例如，将计算机组成原理与计算机体系结构整合形成一个新模块：计算机组成与结构。新模块以计算机系统结构为主线，以计算机原理为重点，主要讲述组成计算机的基本部件，包括存储器、运算器、控制器、输入输出系统与连接它们之间的系统总线的构成、组织方式和工作原理，以及部件和单元的设计思想，使学生能从计算机系统的层次结构观点出发，理解和掌握计算机系统结构的组成与内部运行机理，以及计算机系统软硬件功能的合理分配。从并行处理角度出发，围绕流水线和多处理机技术在计算机系统中的应用和实现方法，使学生理解计算机系统性能优化设计原理与技术。通过整合，新模式涵盖了原有两门课程中符合本专业培养需要的核心教学内容，同时将总学时从128减少至76。

4.引入行业最新技术及规范

软件工程领域是最具活力、技术创新最多的领域之一，培养软件工程师必须紧密结合工业界的最新发展。通过广泛的企业调研，将行业领军企业认证课程的部分内容优化整合进专业教学中，从而提高学生的软件工程能力，使学生始终站在技术发展的最前沿，具体如表4－6所示。

**表4-6 将认证课程融入到专业模块教学内容**

| 序号 | 认证课程 | 专业模块 |
|---|---|---|
| 1 | IBM Rational Requirements Composer | 软件分析与设计 |
| 2 | IBM Rational Doors | |
| 3 | IBM Rational Software Architect | |
| 4 | IBM Rational Team Concert | 软件配置 |
| 5 | IBM Rational Quality Manager | 软件测试 |
| 6 | IBM Rational Functional Tester | |
| 7 | IBM Rational Performance Tester | |
| 8 | IBM Rational Appscan | |
| 9 | IBM DB2 | 数据库原理与应用 |
| 10 | Oracle10g Certified Associate | Oracle数据库 |
| 11 | Oracle10g Certified Professional | |

（本案例由合肥学院提供）

## 第六节 实践教学改革

实践教学对应用型人才培养的重要性是不言而喻的。应用性高等教育实践教学体系必须要打破原有实践课程界限，整合实践教学内容，减少验证性实验，开设综合性和设计性实验；要根据专业特点和课程特点，开设与单一课程相对应的实验课、和课程群相对应的实验课以及独立开设的实验课；要统筹规划实践教学环节，构建“以能力为主线，学用一体，教学实践、生产实践、技术实践、社会实践、科研实践有机结合、相互渗透的实践教学体系”；要把实践教学延伸到课堂，把现代工程现场搬到课堂上来，把教师科研项目、实践工程生产任务与学生毕业论文（设计）结合起来，真题真做，提高实践教学质量和效果。

**【案例1】**

### 安徽理工大学全面实施实践教学改革

安徽理工大学是一所以工为主，理、管、经、文、法、医、艺等学科协调发展的省属重点大学。“十二五”期间，学校确立了建设国内知名、特色鲜明的高水平教学研究型大学的总体发展目标，着力培养“厚基础、高素质、强能力、善创新”的人才，努力建设安徽省及周边地区高端人才培养中心、科技创新研发服务中心和国内有重要影响的地矿行业高级专门人才培养基地。近年来，围绕当前高等教育的发展任务及国家、省教育行政部门颁布的一系列文件精神，牢牢把握加强内涵建设、提升高等教育质量的主题，致力于实践教学的改革，为学校总体目标的实现奠定坚实的基础。

**一、统筹兼顾，构建“三层次、两结合”的实践教学管理体系，完善实验教学管理模式**

围绕创新型、综合型人才培养的目标，依照“强化基础训练、着重提高能力、实现综合培养”的实践教学改革思路，构建“三层次”，强调“两结合”，促进实践教学体系与理论教学体系两者相互补充，紧密配合。

“三层次”即培养学生基础实验实践能力和基本技能的基础教学层，对学生实践和创新基础能力进行系统培养的提高教学层，对学生综合实践和创新能力进行综合培养的综合教学层。通过修订实验教学大纲、改革实验教学内容，保证实践环节的学时与学分比重。通过对实验内容的整合，公共基础实验课逐步过渡到单独设课，目前学校《大学物理实验》《力学实验》《机械综合实验》《化工原理实验》《数字电子实验》等近30门实验课实现了单独设课。

实验教学模式实现了由验证性实验向以培养实践动手能力和创新精神为主体的设计性、综合性、创新性实验的转变。鼓励教师从事实验教学改革，把科研成果引入本科教学，2005—2010年共有124项综合性、设计性实验项目立项获得学校资助。

“两结合”即课程设计、毕业论文（设计）与科研课题的结合，并设立“大学生科研基金”；强化课内与课外培养的有机结合。充分利用第二课堂的作用，延伸实践教学内涵，组织开展课外科技创新（学科竞赛等）活动，拓展实践教学途径，营造创新人才的成长氛围，逐步形成独具特色的创新人才培养机制。鼓励学生把课程设计、毕业论文（设计）做实做好，并引入到公共竞争平台，实现理论学习转化为科技竞赛的成果。在这一措施的激励下，学校大学生课外科技创新（学科竞赛）活动呈现出蓬勃发展的态势，在各级各类（省级、国家级和国际）大学生科技创新（学科竞赛）活动中屡获佳绩。

**二、校企联合，构建多层次校外实践基地，加大实践创新人才培养力度**

目前，学校共建立校外实习基地近200个，涵盖理、工、管、经、文、法、医等专业，承担着对口专业的认识实习、生产实习和毕业实习，校外实践基地每学年承担了80%的实习任务量。

结合学校特色专业的优势和淮南市经济发展的特点，校外实习实践基地主要是通过各学院广泛与厂矿、企事业、研究所等单位密切接触，根据需要择优选定，本着“互惠互利，双向受益”的原则，与合作单位签订正式协议，最后挂牌成立。实习实践基地一旦设立，学院即编制发展规划和制定管理办法，同时学院定期或不定期对校外实习实践基地进行评估检查，对不能满足实习教学要求的，会同实习实践基地依托单位及时整改。学校也组织有关人员抽查校外实习实践基地满足实习教学情况，对实习实践基地建设与实习管理成效突出的院系或个人予以表彰。

利用校友关系在两淮建立起来的一批实习实践基地成为学校实践基地建设中的一大优势，既节约了办学经费，又与相关专业联系紧密，不仅为地矿、机电、化工类学生提供了良好的实习实践机会，同时为即将毕业的学生提供了大量专业对口的就业岗位。

入选国家级大学生校外实践教育基地的地质工程实践教育中心、机械工程实践教育中心、矿业工程实践教育中心、土木工程实践教育中心、民用爆破器材与工程爆破工程实践教育中心，其人才培养模式、校企合作深度、实践教育评价方式为学校校外实习实践基地的建设设立了标杆。

在巩固、扩展校外实践基地的同时，注重校内实训中心的建设，建设仪器设备先进、资源共享、开放服务的实验教学环境；通过整合学科群，优化资源配置，建设有利于培养学生实践能力和创新能力的实验教学体系，与校外实践基地形成相互辉映，全面提升学生实验实习的质量，确保实验实习基地发挥应有的作用。

**三、双管齐下，贯彻卓越计划、工程教育认证标准，提升实践教学水平**

卓越工程师教育计划强调改革和创新工程教育人才培养模式，创立高校与行业企业联合培养人才的新机制，着力提高学生服务国家和人民的社会责任感、勇于探索的创新精神和善于解决问题的实践能力。学校借助以工为主的学科背景和地矿特色的地域优势，融卓越计划的理念于实践教学改革之中，在人才培养方案、实践教学模式等方面加强对学生的工程意识和工程能力训练。

在首批卓越计划专业的建设中，学校依据卓越计划的指导方针，联合有一定人才培养能力的企业制定了卓越计划专业的培养方案，并组建大学生校外实践教育中心，为培养方案中实践教学的实施提供保障。随着学校卓越工程师教育计划的开展，更多有条件的专业筹备计划加入到卓越计划的行列，为学校的学科专业建设添加新的元素。

工程教育认证是工程教育领域的又一个试金石。学校的传统优势学科为进一步加强专业建设、提升人才培养规格，与世界工程教育接轨，陆续申请工程教育认证，经过了申请、自评、专家进校考察等过程，每一阶段的工作均是对认证专业的一次检验，对本专业在课程体系、师资队伍、支持条件等方面的完善有深刻的指导意义。目前学校有5个专业通过了中国工程教育认证（评估），其中2个专业通过了中国工程教育再认证，今年又有3个专业进行工程教育认证。

在2013年本科人才培养方案的修订中，参照卓越工程师教育计划和工程教育专业认证的标准，每个专业均充分考虑学生实践应用能力的培养、社会对该专业的期许，整合实践教学资源，优化课程设置，强化创新实践能力，使学生的综合能力不断提升，培养符合现代工业化建设所需要的专门人才。卓越计划和工程教育专业认证是学校实践教学改革的双驱力，抓住了高等教育改革发展的时机，进一步完善了学校实践教学体系。

**四、三位一体，构建创新创业培养模式，丰富实践教学体系**

自2012年启动大学生创新创业训练计划以来，学校充分整合校内资源，加强创新创业训练计划与学科竞赛和科研立项的结合，重点支持，提高效益。加强实验室的开放，对参与创新创业训练计划的学生和指导教师开放实验室，使课内实验教学延伸到辅助学生自主探索；学科竞赛和创新创业训练计划互相借力，鼓励在创新创业训练计划中取得优异研究成果的学生积极参与省级以上学科竞赛，如“挑战杯”系列竞赛、全国大学生节能减排竞赛、飞思卡尔智能汽车竞赛等，学校学生在与其他高水平大学的学生交流、竞技的过程中取得了令人可喜的成绩，增强了学生的自信心和荣誉感；科研立项是校级学生研究项目，与创新创业训练计划形成合力，使学生在参与过程中培养竞争意识和进取精神，形成优良学风。

创新创业训练计划与学科竞赛、科研立项共同构成了学校学生新的课外实践创新平台，这些项目的实施不仅丰富了学生的课外学习生活，更进一步反哺课堂，丰富了课堂教学的内容，为课堂教学提供了更多有针对性的教学案例，深化了学校本科教学改革。

通过创新创业训练计划等一系列实践创新项目的实施，学生从课堂学习、考试评价的被动学习转化为课堂学习、实验室验证或创新、撰写学术论文、制作样机或软件、申请专利、参与竞赛等多样化的主动学习，教师也从传授学生已有知识转变为指导学生探索未知领域，并将自己的科研成果用以教学，形成教学相长的良性循环。

在系列实践创新活动的激励下，秉承务实、创新的精神，学校学生不断取得令人惊喜的成就，多家媒体相继报道学校学生的专利申请情况，如《中国日报》于2013年11月21日以“大学生获9项国家专利、专利达人因思考而让梦想精彩”为题报道了学校专利达人郭靖同学；《中国青年报》于2014年2月10日第12版头条以“农家兄弟手持23项专利变‘雷神’”为题，报道了学校祝云辉和祝二辉2位同学。

实践教学的改革和创新是学校教学改革的重要环节，实验教学管理模式的改革，为学校的教育教学改革铺平了道路；多层次校外实践基地的建设，满足了不同专业的实习实践需要；紧跟高等教育发展的要求，贯彻实施卓越计划、工程教育认证的措施，领会先进教育理念，为学校的专业建设和改革提供了新的思路；课外实践教育体系的整合，为学生的自主发展、自主创新建立了良好的平台。在加强内涵建设、提升质量的道路上，学校会继续探索适合学校发展、满足社会需求的实践教学改革思路，为学校总体目标的实现奠定基础。

（本案例由安徽理工大学提供）

**【案例2】**

## 安徽中医药大学探索“以能力为重”的实践教学改革新路径

近年来，安徽中医药大学坚持以学生为中心，坚持以能力为重，创新教育教学方法，在强化学生实践能力培养方面进行了系列探索和有益尝试，取得了一定成效。

### 一、理论实践互融，开展“滚动式教学”

在护理专业开展了理论和临床紧密结合的“滚动式教学”，即学生在课堂上学习一段时间理论，再到附属医院进行一段时间临床实践，理论学习和临床实践锻炼反复交替进行，大大提高了学生的学习积极性和学习效果。

在中医学专业开设了“新安医学教改试点班”，实行“导师制”，为每位学生同时配备基础和临床两位导师，实现基础理论与临床实践无缝对接，着力培养卓越中医人才。

在完成毕业实习返校的医学生中开展基础知识和临床技能再强化的“回归教学”，目的在于重新回炉、打造成品、磨砺精品，更好地适应执业医师考试和临床实践需求，此举受到毕业班学生的广泛欢迎，取得了良好效果。

### 二、以赛促学促教，实施“百千万工程”

开展学生知识技能竞赛活动是促进教育教学改革，实现人才培养目标的有效途径。自2010年起，学校拨出专项经费在全校所有专业全面启动了每年一届的“百人获奖、千人参与、万人受益”的安徽中医药大学大学生知识和技能竞赛活动（“百千万工程”）。

9个二级院部以“全体动员，人人参加”为原则，从教师、学生2个层面进行动员部署，竞赛以小组、班级、年级为单位分别参加初赛、复赛和决赛3个阶段比赛，层层指导，分级选拔，最终决出名次，2年来累计有近万人次以各种形式参与了竞赛。竞赛内容包括中西医临床辨证、辨病能力，中西医临床常见操作技能，中药知识技能，产品推广技能，office操作技能，英语演讲等。活动关注度高、参与面广，在校园内营造了良好的学习氛围，大大激发了学生的学习热情，学生主动进入临床技能实训中心、实验室等学习和接受培训，自主学习能力和实践动手能力得到大大加强。教师在命题、指导、评判等环节积极参与，和学生良好互动，充分展示了"给学生一碗水，自己就有一桶水"的良好风貌。

**三、强化实践教学，推进"卓越计划"**

依托该校教育部特色专业——中医、针灸推拿、中西医临床专业，以推进"卓越医生教育培养计划"为突破口，以强化临床实践能力培养为主要目标，建立并夯实"早临床、多临床、反复临床"的实践教学体系。

建设了以附属医院为龙头，社区医院—教学医院—实习医院为补充的90家实践教学基地。学生暑期低年级进社区体验，高年级进医院体会；校内进临床技能实训中心训练，课余进国医堂、名医工作室感悟；毕业实习综合提高，构建了全过程、全覆盖的渐进式实践能力培养模式。

**四、改革实践教学评价方式，进行"客观结构化考核"**

客观结构化考核从多方面评估学生的临床实践能力，与传统临床能力评价相比，方法更为科学，结果更加客观。

该校于2009年在全国中医院校和省属医学院校中率先建立了客观结构化临床考核中心，设立12个站点，利用标准化病人真实模拟内、外、妇、儿40种病种，从病史采集、体格检查、中西医临床技能操作、中医辩证思维、职业行为、职业道德、诊断性检查的应用以及文献检索等方面全面客观地评价医学生临床能力。近3年累计对约2 000名临床类毕业生进行了考核，每年均对考核结果进行总结分析，不断反馈和改进教学。

近年来，该校围绕学生实践能力养成的关键环节开展了一系列改革，形成了"全员、全过程、全覆盖、全考核"的强化学生实践能力的培养模式，提高了人才培养质量，取得了明显成效：获得了国家教学成果二等奖、安徽省教学成果特等奖；以优异成绩通过教育部中医学专业试点认证；毕业生执业中医师资格考试通过率高于全国平均水平7.5%，护师资格考试通过率98%以上；学生在近2年国家级和省级比赛中获得特等奖2项，一等奖、二等奖近30项等。

（本案例由安徽中医药大学提供）

## 第七节　产学研合作

强调地方高校强化应用型人才培养，走与学术型大学错位发展之路，不是弱化地方高校的科研职能，而是要强调大力发展应用性科研。地方高校开展应用性科研，必须要开展产学研合作，要从地方经济和社会发展的需要出发，与地方经济和社会的发展紧密结合，解决当地经济和社会发展中急需解决的科学技术问题、社会管理问题、文化传承与创新等问题；要与企业行业一线紧密结合，协同攻关、协同创新，提高科研的效率和水平；要开展新科技成果的应用转化和提高产品的技术水平与质量等方面的应用研究；要通过广大教师积极参与应用性科学研究，提高教师的实践教学能力，为学生创造“学用结合”的发展平台，使科研与教学相得益彰，确保应用型人才培养质量。

**【案例】**

### 安徽工业大学开展“政产学研用合作”

安徽工业大学是一所以工为主，工、经、管、文、理、法、艺等7大学科门类协调发展，具有鲜明行业特色的多科性大学。学校建立了冶金、材料、化工、电气、控制、机械、环境、会计学等优势学科体系，形成了工学学科集成度高、学科链与产业链关联度高的学科特色；建有国家及省（部）级工程研究中心（重点实验室）17个，省级重点学科12个。多年来，在学校的正确领导和众多企业的大力支持下，广大教师主动面向国民经济主战场，重视技术创新，积极采用先进技术改造传统产业，促进本校的科技成果的转化、推广及应用。安徽工业大学本着“以服务求支持，以贡献求发展”，在多年“政产学研用合作”的实践道路中，逐步树立了特色鲜明的科技成果转化理念，探索出一整套行之有效的模式。

**一、加强制度建设，驱动科技发展与成果转化**

为推动学校产学研工作的开展，为科技成果转化营造一个宽松有序的环境，鼓励学校科技工作者积极参与科技成果转化，提高学校科技成果转化效率，安徽工业大学制定和修订了一系列科研管理政策。2009年和2011年先后修订《安徽工业大学科研奖励办法》，分门别类地对科研成果实施不同力度的奖励。适时修订《安徽工业大学横向科研项目及其经费管理办法》，既调动了广大科技工作者的积极性，又注重项目的过程管理，确保项目实施质量，督促经费规范使用。2011年连续出台《安徽工业大学知识产权管理规定》《安徽工业大学专利管理办法》《安徽工业大学专利发展基金管理办法》，强化了广大教师的知识产权意识，提高了教师申报专利的积极性，也有效保护了学校的知识产权，防止学校无形资产的流失。2014年制定《安徽工业大学关于推进科技成果转化工作的暂行规定》，进一步落实《中共安徽省委安徽省人民政府关于实施创新驱动发展战略进一步加快创新型省份建设的意见》，促进安徽工业大学与安徽省内各地区尤其是马鞍山市的深度融合，推进学校科技成果的转让和转化，更好地服务地方经济发展。

同时，安徽工业大学组织、人事制度也直接或间接与科研工作关联，激励和约束并举，进一步完善了学校的工作考核机制、利益分配机制和人才流动机制。近年来，安徽工业大学发明专利授权量一直位居省属高校前3名，2013年和2014年上半年发明专利授权量位居省属高校第一。学校实到科研经费中的65%来自企业经费，通过与企业联合攻关，一批有显示度的科技成果在实际生产中得到广泛应用，创造出了巨大的经济效益和社会效益。

**二、依托行业特色，解决企业关键性技术**

安徽工业大学依托行业特色，瞄准区域及行业科技发展的前沿和需求，强化产学研的深度合作，巩固和发展了一批产学研合作单位，构建了联合研发基地。重点解决制约行业科技创新和科技发展的关键技术，形成了具有自主知识产权的技术和技术集成。

一直以来，安徽工业大学与省内外众多大型企业保持着良好的合作关系。2010年开始，学校又分别与上海宝钢、安徽马钢、山东钢铁、安徽海螺、安徽星马等大型企业续签了新一轮全面战略合作协议。宝钢、山钢分别按生产线流程划分若干技术领域，与安徽工业大学在冶金资源、煤焦化及水处理等方面进行了排他性合作；马钢与安徽工业大学进行了全方位的合作，包括人才培养、机制改革与创新，每年由马钢拟定战略规划，学校和企业共同组织实施；山东莱钢在学校煤焦化领域投入300万元专项资金，联合进行关键技术攻关。

安徽工业大学在产学研合作中，逐渐解决了产品升级，工艺、装备、技术创新，节能降耗等共性和重大关键性技术问题，同时形成了自己的理论创新成果和拥有自主知识产权的技术、产品，从而在产学研合作中共赢，既攻克了难题，又形成了影响。

另一方面，安徽工业大学在与地方及企业的产学研合作中不断推进科技成果转化。近5年开发转化了冶金渣再利用、高炉长寿技术、配煤专家系统、多功能液压破碎车、拆除机器人、污水处理新技术、煤焦油重质原料油添加剂、氧化物纳米材料、纳米无铬钝化材料等科技成果，转化成果总量、成果被采用数量及经济效益显著增加。

高炉炉体检测与长寿技术。在对高炉进行拆炉调查的基础上，揭示了高炉炉衬侵蚀、冷却壁破损等行为和机理，开发了高炉炉缸炉底状态监测系统以及高炉喷补料系列技术，专利技术广泛应用于高炉生产，明显提高了高炉使用寿命，经济效益数亿元。

基于高炉渣高二氧化硅特点，自主开发的冶金固体排放物制备高性能水合二氧化硅技术，获发明专利2项，成功实施了工业化生产。

依托安徽六安地区丰富的膨润土资源，安徽工业大学自主开发具有固硫、增粘、助燃特征的冶金球团黏结剂专利产品，在马钢、宝钢生产线应用取得节能4%、成本降低10元/吨的效果，现已推广至周边冶金烧结厂。

煤焦化焦炉加热优化串级控制系统是在基础研究和成果转化的基础上，形成了温度测量、过程检测、模型控制、系统优化等综合性技术。该技术在煤焦化行业得到广泛推广，在国内已经运行的系统中占较高的份额，使得焦炭质量稳定，炉体寿命延长，生产环境改善，平均节能100兆焦/吨干煤，半年左右收回投资，整体水平达到国际先进水平，成果获安徽省科技进步二等奖。

非炼焦煤的改质处理及其在炼焦配煤中的利用技术是依据我国炼焦煤现状所开发的炼焦配煤专家系统，拓宽了炼焦煤炭资源，大大降低了配煤成本，被广泛推广采用，基础原理惠及绝大多数的焦化企业。新近开发的非炼焦利用技术，已经过中试放大试验，正在进行工业化设计。该技术的成功应用，可以实现替代8%的炼焦煤，可以降低炼焦配煤成本50元/吨，也可拓展炼焦煤源，提高焦炭质量，成果荣获安徽省科技进步二等奖。

不锈钢彩涂预处理涂液长期依赖进口，学校提出以纳米复合物组分为彩涂无铬预处理液的主要添加剂，制备了以含有不同种类官能团的有机硅烷作为主成膜物质和辅以各种缓蚀剂来提高其耐腐蚀性能的纳米无铬钝化材料。该复合材料（涂液）为马钢股份、攀枝花钢铁股份有限责任公司的高性能镀锌钢板表面处理提供了国产化产品的选择。

基于无机纳米材料杂化水性高分乳液能够有机综合聚合物和无机纳米材料的优异性能原理，利用多功能性纳米隔热材料，通过多种隔热机理协同作用开发出了新型的纳米水性保温涂料，其导热系数最多可降低至0.094 487瓦/米·摄氏度。该成果已经在中国十七冶集团公司承担的国家安置房建设工程中产生了明显的经济效益和社会效益。

黄河水处理技术公司利用安徽工业大学专利“气提升交替循环流符合滤料滤池”“具有蜂窝胞壁断面结构纤维滤料”和“一种无动力高位水压微滤装置”技术，专业从事水处理技术研发和设备生产。产品主要包括水处理智能一体化设备、生态修复微纳米气泡技术与装备等，是具有完全自主知识产权的高新技术企业。

**三、创新政产学研合作模式，提升服务地方贡献度**

本着“优势互补、资源共享、互惠双赢、共同发展”的原则，安徽工业大学先后与马鞍山市、池州市和铜陵市人民政府签订全面合作协议，积极创造条件，逐步建立合作创新、共同发展的常态机制，形成长期稳定的校市合作关系，围绕科技攻关、成果转化、高新技术产业化、人才培养、决策咨询、技术和信息交流、资源共享等方面开展全方位、深层次的合作，共同推动学校教学科研发展和地方经济、社会全面进步。

2014年，学校与马鞍山市签订《市校相互支持共谋发展战略合作协议》，进一步提升合作层次，畅通合作渠道，建立合作机制，深化合作内容。加强市校合作共建，互为资源，建立起市校合作对接的长效机制，推进市校共融共建、共同发展。马鞍山市为安徽工业大学提供最优质、高效、便捷的服务；安徽工业大学更加主动地融入马鞍山市发展大局，在推动全市转型升级、加快发展中发挥更大作用。此前，安徽工业大学还与马鞍山市辖区（县）政府部门签订合作协议，在人才培养、科技攻关、决策咨询等方面开展全方位合作。

安徽工业大学和马鞍山市政府于2013年共同建设的安徽工业大学马鞍山工

业技术研究院（下称研究院），是校地双方为促进科技创新、促进科技成果转化和工程化、促进政产学研深度合作的一个崭新平台。该平台通过地方政府的大力支持，充分结合安徽工业大学的人才、技术和成果的优势，整合各方资源，打造科技创新、技术开发、人才培养、成果转化和公共服务体系，加快提升地方企业创新能力，促进产业转型升级和发展方式转变。

研究院按照市场化运作模式，同时注册成立了马鞍山市安工大工业技术研究院有限公司（下称研究院有限公司）。马鞍山市政府分三年投入800万元建设资金并提供办公和研究场所。研究院业务上归安徽工业大学和马鞍山市科技局指导和管理。研究院成立了理事会，负责研究院发展方向的指导。研究院有限公司为独立的企业法人，公司成立了董事会、监事会和建设管理委员会，负责研究院研发方向的投入、科技企业创办、政策制定等大政方针的确定。研究院制定了财务管理、资产管理、科研项目管理、科研奖励、仪器设备管理、创办科技企业、绩效考评、人才招聘等管理办法，以及相应的工作规章制度。研究院下设资源高效利用、现代表面工程、工业机器人、电能质量和应用电子、能源环境和工业设计等研究所（中心）。目前主要开展资源高效利用、新材料研发、机电装备、节能环保和工业设计的技术研发和技术服务工作，开展新产品研发、成果转化和工程化工作。成立一年多来，签订产学研合作项目以及获批省、市各类项目资金近2 000万元，其中包括安徽省高校产业共性技术研究院项目和安徽省自主创新专项项目等。

安徽工业大学和马鞍山市共建研究院具有合作方式高效、目标定位明确、需求高度一致、方向特色突出、地域优势明显、运作方式灵活、组织架构合理、前期工作扎实等特点。研究院的建设目前正稳步推进，随着工作的深入，研究院的规模将不断扩大，作为政产学研合作载体的作用将进一步凸显。

**四、推动科技产业发展，助力成果转化实现新跨越**

在科技成果转化的同时，安徽工业大学利用产学研基地，积极孵化自身科技成果，不断推进产业化发展。

安徽惊天液压智控股份有限公司起步于安徽工业大学机械工程专业课题组，逐步由研发团队发展为校办产业，继而成为全资子公司，再发展为年销售达数亿元的股份公司。目前，校企共同建设了“液压振动与控制技术教育部工程研究中心”“安徽省液压振动工程技术研究中心”和安徽省“115”产业创新团队。近5年，公司完成三代液压破碎装备的研制生产，研发了多功能液压锤、剪、钳等破拆设备以及智能拆除机器人产品。多项产品获“国家重点新产品”，3项成果获省部级奖励，负责起草了《液压破碎锤行业标准》和《钎杆及液压破碎机的行业标准》。捐助四川汶川灾区的液压破拆设备行为受到国务院部委表彰。该公司是目前国内液压破拆领域中产品组合最宽、产品线最长、产品关联度最高的企业，已成为中国液压破拆属具及装备行业的开拓者和领军企业。此外，公司也是安徽工业大学的大学生实习基地，积极为大学生提供良好的实习实践平台。

马鞍山华骐环保科技发展有限公司起源于安徽工业大学环保、化工、电气与控制等科研成果的交叉应用，2007年由校办产业发展为经营公司。公司以生物滤料和曝气生物滤池等自主研发的科研成果为依托，成为专业从事污水处理、中水回用、工程设计和产品研制及BOT投资的高新技术企业。目前，校企共同建设了“生物膜法水质净化及利用技术教育部工程研究中心”。近5年，公司先后承担了“科技型中小企业技术创新基金”“国家重点新产品”、国家“火炬”计划、国家高技术产业化示范项目以及省市科技攻关项目，获6项科技成果，参加了3个国家行业标准的编制。2012年实现销售收入近2亿元，被评为“全国最具投资价值企业50强”。公司作为主要完成单位的《污染物微生物净化增强技术新方法及应用》成果获得2013年度国家技术发明奖二等奖。公司与安徽工业大学共同研发的“ABAF/OBAF前置反硝化脱氮工艺”，为污水处理厂实现一级A排放标准和提标改造奠定了基础，该系统工艺技术成功应用在太湖流域、巢湖流域污水处理厂提标改造，南水北调工程及北京污水处理厂的提标改造等近百个工程中，为企业带来了1.1亿元的直接经济效益。

马鞍山市方圆材料工程有限公司相关产品最初由安徽工业大学冶金工程学院实验室制备的高强、高硬、高耐磨合金材料成果转化应用而来，由课题组老师自主研发线、棒材合金导卫2个系列9个产品，以及开发了系列合金钢导卫材质及其特殊的热处理工艺。在有关部门的支持下已经发展成为市高新园区依托高校优势、多学科融合的现代化企业，年销售额超过4 000万元。

学校发挥得天独厚的校企协同创新优势，在解决重大工程技术问题中凝练出一系列学科基础理论和应用理论问题，获得了一批国家级项目支持，产出了一批有较大应用推广价值的科技成果，科技创新能力以及服务地方和行业的贡献度都得到显著提升。

产学研合作是提高企业和高校、研究院所科技创新能力的良好举措，是促进科技发展和经济建设的最佳途径。安徽工业大学作为一所地方特色高水平大学，通过长期开展“政产学研用合作”，已取得了良好的人才培养与科学研究互动效果。产学研工作培养了一大批熟悉企业需求、能够为企业解决技术难题的教师和学生。很多教师在长期的应用技术研究中提炼出科学问题，最终成功申报省级、国家级基础研究课题。因此，近年来产学研工作的开展也大大地促进了教师的科研和教学水平。

（本案例由安徽工业大学提供）

## 第八节　“双能型”师资队伍建设

师资队伍水平是高素质应用型人才培养的关键。应用型高校的教师不仅要具有扎实的理论基础，还要具有较丰富的实践经验；不仅要具备教师应有的基本素质，而且还要有指导实际工作和服务社会的能力；不仅要能够在担当基本教学任务的同时，胜任指导学生创新创业，还要开展社会服务。安徽省应用性高等教育在师资培养方面，强调教师要具备“双能”，即既要具备承担应用性本科教学的能力，又要具备开展应用性科研的能力，各校在“双能型”师资队伍建设过程中，摸索出了许多经验和好的做法。

**【案例】**

### 黄山学院积极开展“双能型”师资队伍培养

黄山学院坐落在风景秀丽、文风馥郁的中国优秀旅游城市——安徽省黄山市。近年来，始终坚持以科学的人才观为理念，以强化能力提升为目标，以特色优势学科、重点学科建设为龙头，以校地、校企合作为手段，推进“双能型”师资队伍建设，为地方应用型大学建设提供了保障。

**一、成立三个机制，谋划教师培养**

一是相关领导负责机制。黄山学院成立了应用型教师教学能力发展中心领导组，院长任领导组组长，教学分管副院长担任副组长，成员包括各相关职能部门负责人。同时还成立了理事会，教学分管副院长任理事长，相关职能部门负责人任副理事长，学校教授、职能机构人员、各类型教师及校外企事业单位等具有一定专业水平、综合实力的人员任理事。理事会在领导组规划与指导下，负责制定与落实黄山学院应用型教师教学能力中心的基本制度、规章，指导并督促各工作小组具体工作的实施。理事会下设5个工作小组：教师引进、培养、分类、评价工作小组，青年教师导师制工作小组，“双能型”教师工作小组，合作办学模式工作小组，终身学习模式工作小组等。

二是优秀人才引进机制。黄山学院除了从不同高校选拔高学历的人才，还从企业或相关行业技术部门引进实践经验丰富、通技术、善经营、会管理的专业技术人员，优化师资队伍结构，提高教师队伍的“双能”素质。同时，严把引进应用型人才的质量关，除了传统的笔试、面试外，还增加了实践考核环节，重点考核其实践能力。近年引进的多位教授，都是实践能力强的应用型教师，来校后申请了多项专利，形成了多项成果，并指导大学生在学科竞赛中取得优异成绩。

三是教师岗位培训机制。注重教师的岗位培训，以提高教师履行岗位职责的能力。坚持重点培养和普遍提高相结合，对不同层次的教师施以不同的培训，如学历教育、专业技能的培训、教育技术的培训等，以充分发挥有限的教育资源的作用，全方位促进教师全面发展。目前，黄山学院专任教师中已有72人具备行业职业资格，有135人具备1年以上行业实践经历，应用型师资已经占到31.4%。

**二、推行4种模式，促进能力增强**

青年教师导师制模式——学术与应用相结合。黄山学院早在2004年就制定政策，为每一位新入职的青年教师指派一至数名有经验的中老年教师任导师，以帮助他们度过入职适应期，尽快适应教师岗位。导师通过听课和日常交流等形式帮助青年教师提高对教师职业道德的认识，培养其良好的师风师德；指导和帮助青年教师尽快适应教学岗位，提高教学能力和技能，这已成为学校刚入职青年教师站稳站好讲台的重要措施。

产学研用合作模式——提高“双能”素质。校企合作能充分利用学校、企业各自优势，实现理论与实践相结合。一方面学校为企业提供技术支持；另一方面企业为学校提供实践场所，使学校的实践教学环节得以有效地开展，不仅让学生通过与企业的合作，将所学知识运用到生产、工程实践中去，教师也通过在生产实践现场指导学生，不断提升自己的实践能力，通过学习、提高自身素质，成为真正的“双能型”教师。2007年以来，黄山学院签订产学研用合作协议几十项，横向经费达几百万元，上述项目的研究与实践，有效提高了教师的“双能”素质。

合作办学模式——拓宽国际化视野。为了适应教育与国际接轨的需要，培养具有国际意识的新型教师，黄山学院选拔优秀的具有“双能”素质的教师到国外同类院校进行学习或作为访问学者进行研修，学习国外的成功经验，探索国外教师社会服务技能的培养机制、途径与方法，总结国外教师教学能力发展的模式。近年来，学校陆续选拔推荐了数十名教师到美国西南学院、韩国韩瑞大学以及台湾地区进行学习与交流，返校后对学校的教学改革起到了重要作用。

终身学习型模式——培养终身学习型教师。注重教师的岗位培训，以提高教师履行岗位职责的能力；通过多种形式的教育，如创造条件促使青年教师加强专业基础知识和操作实践、实验知识的学习，中老年教师加快其知识更新的深度和广度，及时掌握各种新技术在实际操作中的应用等，进一步优化教师的知识结构。

**三、实施5项措施，提升师风师德**

制定制度，明确目标。教师发展中心始终将师风师德建设工作放在极其重要的位置，坚持常抓不懈，常抓常新，并通过制定师风师德方面的规章制度，使得学校的师风师德建设工作目标明确，有章可循，走上经常化、制度化的轨道；营造学校师风师德工作的良好氛围，促进学校各项工作的开展。学校现有全国模范教师1名，全国优秀教师4名，全省劳动模范1人，模范教师5人，优秀教师4人，德育与思想政治教育工作先进个人3人，全省高校优秀德育工作者1人。

专题培训，交流研讨。为提高教师教学能力，提升教师职业素质，推进教学改革，提高教学效果，黄山学院教师发展中心近年来广泛开展了系列专题培训和交流研讨活动。主要包括：课堂教学设计培训；分析教材、编写教案、制订授课计划培训；现代化教学手段的运用培训；教学方法的创新培训；组织教师收看教学名师、优秀教师的教学录像；举办《与青年教师谈成长成才》《提高出卷水平，做好试卷分析》等专题报告；邀请省级教学名师、专家作专题报告等。全校13个院部也广泛扎实地开展系列“双提高”活动，旨在推进院部教学改革，调动教师投身课堂教学和参与教学研究与改革的积极性。

双导帮扶，提升教学。学校着力开展双导工作，即督导新引进青年教师、督导学生评价靠后教师的教学，着力监控教学环节。教学督导工作是教学质量监控评价体系的重要组成部分，学校成立校、系两级教学督导组，校级教学督导员由离退休教授组成，系级督导组在各院部在职教师中聘任。督导员深入课堂，通过听课了解青年教师教学的基本情况，写出听课记录和评估意见。督导组还定期召开师生座谈会，参与教学检查，广泛收集师生对教学工作的意见和建议；督导组还帮助学生评价教师教学能力水平位次靠后的教师查找原因，指出不足，传授技巧，规范教学，提升质量。

双优评选，典型示范。教师发展中心每年开展青年教师大奖赛、教学优秀奖的评优工作，着力引领示范先进典型。其中，要求35岁以下青年教师必须参赛，自2008年至今已举办6届，共产生文理科三等奖以上优胜者72名，其中有5位获奖教师通过大赛锻炼和提高了教学水平，被遴选为省级教坛新秀。教学优秀奖则主要针对5年以上教龄的教师，激励他们积极参与学校教育教学改革和教学基本建设。学校开展了4届“教学优秀奖评选”工作，共有225人获奖，活动旨在激励教学人员在教学一线认真钻研，积极探索，不断提高课堂教学和实践教学水平。“双评”活动是黄山学院加强教学，奖励先进，引导示范典型的重要举措。

遴选专业，突出特色。学校还在优势特色学科专业方面加大建设力度，2009年遴选重点建设了粒子物理与原子核物理、生物学、应用化学、专门史(徽州历史文化)、旅游管理等重点学科，并在生命与环境科学学院、信息工程学院、旅游学院、化学化工学院和文学院组建学科研究团队，学校在场地、经费、科研项目申报等方面予以倾斜，促进这些学科率先崛起。学校每年举办各种科研沙龙、学术沙龙，请国家基金主持人介绍纵向科研项目的申报技巧，请省级科技特派员介绍如何通过产学研合作争取横向项目，请省级科研成果奖获得者介绍科研项目的结题与科研成果报奖等，使青年教师受到启发，以提升他们的科研能力。定期邀请国内外专家来校讲学，以活跃学校的学术氛围。

黄山学院始终重视教师培养和培训，尽心为广大教师提供教学、科研服务，帮助青年教师进行职业生涯设计与规划，解答教师教学、科研中的疑惑，解决教师遇到的困难，并且培养了青年教师提升教学、科研能力必需的技能与手段，搭建充分交流、相互合作与资源共享的平台，促进了青年教师的成长。各种活动的开展有效地调动了教师教学积极性、提高了教师教学水平；鼓励教师深入企业挂职锻炼，提高了实践教学的师资质量，切实推进"双能型"教师队伍建设，为学校培养应用型本科人才奠定基础。

（本案例由黄山学院提供）

## 第九节　质量监控体系建设

"提高质量"已成为当前我国高等教育发展最突出的"主题"，教育部专门印发了《教育部关于全面提高高等教育质量的若干意见》，对提高高等教育质量的意义、任务、措施给出了明确的指导性意见。不同类型学校由于培养目标不同其质量标准是不一样的。应用型本科院校，要特别重视对人才培养方案、实践教学和课堂教学内容与方法的监控。既要看人才培养方案是否有利于应用型本科人才的培养，也要看教学内容与课程目标和专业培养目标的符合度，看教学方法是否有利于应用型人才的培养，更要重视对实验教学、实习实训、第二课堂活动、毕业论文（设计）等实践教学的监控。

**【案例】**

### 宿州学院建立健全应用型质量监控体系

为了提高学校应用型人才培养质量，2012年学校在原有质量监控系统的基础上，构建了涵盖教学质量标准、教学质量监控、教学质量反馈与调控等8大系统组成的教学质量保障体系。并在此基础上，引导二级学院（部）结合自身实际构建教学单位教学质量保障体系，建立健全相关制度，细化实施方案，完善评价、分析、反馈及改进机制，逐渐形成了一个促进教学质量不断提升的校、院两级质量监控的闭环系统。

**一、更新质量监控理念**

坚持以科学发展观为指导，贯彻"质量立校、特色兴校、人才强校"的办学理念，围绕"实基础、强能力、高素质"应用型人才培养目标，遵循"以人为本、全员参与、科学管理、保障到位、实时监控"的原则，全面实施学校教学质量保障体系，建立起系统、科学、规范的教学管理体系和持续改进机制，充分发挥教学质量保障体系的闭环效应，实施全方位、立体化的教学质量监控，保证教学工作平稳有序运行和人才培养质量逐步提高，实现学校、教师与学生的和谐发展。

## 二、健全质量监控体系

从2012年10月开始，学校着力构建并不断完善符合学校应用型人才培养目标要求的本科教学质量保障体系，有计划、有步骤地加强8个系统建设，包括教学质量目标系统、教学质量标准系统、教学质量保障系统、教学质量管理系统、教学质量监控系统、教学质量评价与分析系统、教学质量反馈与调控系统、教学质量改进与激励系统，最终形成“教学质量目标明确、教学质量标准健全、教学质量保障到位、教学质量管理科学、教学质量监控有效、教学质量评价与分析客观公正、信息反馈与调控及时、改进措施有力”这一完整的、实时的闭环式系统，做到顶层设计的科学化、规范化、制度化。

从2013年9月开始，新的教学质量保障体系进入全面组织实施阶段。学校不断加强教学质量管理机构建设，实现管、办、评相分离，并建立了一支结构合理、综合素质较高的教学质量管理队伍，逐步完善教学管理制度，落实质量标准，强化对教学全过程及教学效果的质量监控，重视教学自我评价与分析，加强教学信息反馈与调控，推进教学质量改进机制建设，努力提升教学质量。

## 三、强化教学过程监控

1.强化运行机制监控

教学质量监控运行围绕“教与学”这一中心，形成从“监控—信息采集—评价—分析—反馈—调控—改进—提高—再监控”的良性循环，达到持续改进教学、不断提高教学质量的目标。常态化监控的机制包括：

（1）坚持随堂听课制度。校领导每学期听课6节以上，二级学院（部）党政领导及有关处级领导干部每学期听课8节以上，教师每学期听课4节以上，校级教学督导员平均每周听课不少于2节。

（2）落实教学常规检查制度。采取期初检查、期中检查和期末检查相结合，定期检查、随机抽查与专项检查相结合，理论教学检查与实践教学检查相结合等方式对教学质量标准的执行情况进行监控，形成教学检查的长效机制。

（3）建立校、院两级学生教学信息员制度，通过教学信息日汇报制度和校、院级学生教学信息员会议，及时了解教学、学习及教学管理等方面的情况，提出意见和建议。

（4）建立教学督导制度。教学督导委员会采取协调、协商、听课、会议、座谈、调查等民主工作方式，对学校和各二级学院（部）的教学秩序、教学质量及教学工作状态进行监督、检查、评估和指导，开展“督教”“督学”“督管”活动，提出督导建议。

（5）坚持教学巡视制度。针对日常教学运行开展定期和随机教学巡视，及时处理巡视中发现的问题。

（6）实施教师课堂教学质量考核制度。从学生评价、教研室评价、各教学单位考核小组评价及教务处和校教学督导组评价4个层面对教师主要教学环节的教学效果进行考核。

（7）开展教师评学（学生学习质量）工作。学生学习质量评价活动由各二级学院负责具体组织与实施，每学期开展一次，以班级为单位（毕业班除外），各评价主体（辅导员、任课教师、教学管理人员等）对相应评价班级学生学习情况进行评价（包括学生学习目标、学习动机、学习方法与态度、技能培养、课外活动、各种创新能力竞赛等），及时、全面地了解学生的学习态度、学习状况和学习质量，并形成反馈意见，提出改进措施。

（8）教学工作例会制度。学校每月召开1次教学工作例会，定期研究教学工作和提高教学质量的措施。学校每学期召开1次教师代表会议，听取他们对教学工作、教学改革、教学质量方面的意见和建议。

2.强化评价方式监控

学校教学评价包括教师教学质量和学生学习质量评价，专业、课程和各项教学基本建设评价，院（部）总体教学工作评估等。通过评价，对教学过程及教学效果实施有效的监控，保障教学质量的提高。自我评估主要包括：

（1）二级学院（部）本科教学工作评估。制定二级学院（部）本科教学工作考核指标体系，积极推进院（部）开展自我评估，促使各院（部）教学和管理工作走上规范化、制度化、科学化轨道，推动教风、学风的好转。2013年有4个教学单位被评为优秀教学管理集体。

（2）本科专业评估。根据省教育厅学士学位专业授予权评审指标体系，制定《专业建设标准与评估指标体系》，先后有31个本科专业通过学士学位授予权评估。

（3）课程评估。根据《本科合格课程建设实施办法》，分期开展合格课程建设、评估、验收工作，有611门课程通过合格课程验收。

（4）教师教学质量考核。每学年开展教师教学质量考核工作，考核结果作为教师年度评优、职务（称）晋升等重要依据。

（5）学生学习质量评价。制定《学生学习质量评价制度》，对学生的学习目标、学习方法、学习状况和学习效果等进行综合分析和评价，查找原因，及时反馈和整改，促使学生学习质量提高。

（6）专项评估。组织校内外专家，对试卷、毕业论文（设计）、实验、实习实训、考风考纪等进行专项评估。

（7）年度教学质量自我评估。发布年度教学质量报告，分析总结学校年度教学工作，初步建立教学自我评价和质量改进机制。

（8）教学基本状态数据常态监测。2011年开始，每年开展教学基本状态数据采集工作，对年度教学状态数据深入分析，发挥数据库的信息分析、自我诊断和决策参考作用，使学校教学状态和教学质量监测信息化、常态化。

3.强化实时调控

在实施教学质量保障体系运行状况的常态监测过程中，学校教学质量管理人员对在教学质量保障体系审核和在日常监督中发现的问题及时准确判断，深入分析问题，及时地反馈信息，并且在反馈信息的基础上，及时了解、沟通质量保障体系的运行情况以及各岗位执行人员的业绩与问题，针对发现的问题，采取纠正措施与预防措施，实时调控，强化教学质量保障体系运行的改进力度，不断实现学校教学质量保障体系的自我完善。

随着省级示范应用型本科高校建设的深入推进、教学改革的广泛开展，在广泛调研、深入讨论的基础上，充分吸收和借鉴高等教育质量管理的经验，采取边运行、边总结、边调整的方式，学校积极抓好教学质量保障体系各环节的构建。在教学质量标准、教学质量监控、教学质量评价与分析、改进与激励等方面的建设均取得了一定成果，教学质量保障体系的实施运行取得了一定的成效，质量控制已经基本形成一个自我改进的闭环监控系统，教学质量保障体系的闭环效应初步体现，质量改进的长效机制逐步形成，稳定了正常的教学秩序，营造了良好的育人环境，推动了教风、学风的好转，进一步深化了教学改革，增强了学校的自我约束和发展能力，持续改进并有效提高了教学质量。

（本案例由宿州学院提供）

## 第十节　开放、合作办学

高等教育自其产生之日起，就带有开放的特征。从某种意义上说，高等教育活动本质就是开放。高等教育对外开放，既包含对国（境）外开放，也包含着对国内开放，既包含着对高等教育体系内部开放，也包含着对高等教育体系外开放，既有高校内部开放，也有对校际之间开放。高等教育对国（境）外开放，让学校看到了与发达国家高等教育发展间的差距，为学校的改革与发展找到了方向、目标和可借鉴参照物，也为学校参与国际交流，获取国外先进的高等教育理念、经验制度和人才等资源搭建了平台，为学校参与国际高等教育竞争，在学习和交流中寻求自身的发展奠定了基础。高等教育对国内（校企、校际）开放，为学校实现资源共享、理念共建、协同创新提供了条件和可能。近年来，安徽省地方高校积极探索开放办学、对外合作之路。

**【案例1】**

### 安徽大学不断拓展国际合作新领域

安徽大学紧紧围绕学校建设"国际知名国内一流高水平大学"的战略目标，以大学国际化建设为主线，积极开拓工作领域，在对外交流、引智工作、出国（境）事务、学生交流、合作办学和汉语国际推广等方面均取得了显著的成绩，为学校教学、科研以及其他工作的开展不断搭建国际交流平台，提供咨询和保障条件，引领和推进学校的国际化建设进程，为该校继续保持在全省高校的领军地位作出了积极贡献。

**一、引领学校的国际化发展方向，推动全校国际化意识不断加强**

在全面总结"十一五"国际化建设成就基础上，由国际合作与交流处（简称"国际处"）牵头，客观分析发展形势，根据学校"十二五"发展规划的要求，科学编制了《安徽大学"十二五"教育国际化规划》并组织实施。

2011年12月23日，由国际处牵头召开了学校首次外事工作座谈会，会议总结过去，谋划发展，在全校范围内进一步提高了对国际化办学的认识，通过大家集思广益和共同努力，扎扎实实推进学校的国际合作与交流工作，促进学校早日建设成为国际知名、国内一流的高水平大学。

**二、加强工作制度建设，不断提升管理和服务的水平**

国际处牵头先后制定或修订了《安徽大学学生出国（境）学习管理规定》《安徽大学教职工出国（境）管理办法》《安徽大学外籍教师（专家）聘请和管理若干规定》，使学校的相关外事工作更加规范，提高了办事效率，提升了管理和服务的水平。

**三、国际合作与交流工作主要业绩**

1.来访接待

学校国（境）外姊妹学校的数量达到109所。安徽大学日本语言文化中心、安徽大学拉丁美洲研究所、高知大学安徽事务所先后在该校揭牌。学校国际合作的全球性网络更加完善，姊妹学校的层次进一步提高，与部分学校的合作向纵深发展，学校对外交往的全球性网络基本形成。通过校际交流与合作，学校与海外高校和有关机构增强相互了解和认识，启发新的办学理念和思路，扩大合作交流领域，开辟新的合作渠道，提高了学校的国际地位和影响。

2.引智工作

学校的外籍教师及专家聘请规模保持稳定发展。5年来，学校总共聘请各类外教70余名，来自美国、德国、英国、爱尔兰、新西兰、比利时、俄罗斯、乌克兰、瑞典、智利、阿根廷、日本、韩国等国家。外教教学工作覆盖外语学院所有语种的教学以及外国语言文化教育中心开设的小语种课程，有力地保证了外语专业的高水平发展。同时，学校的外教资源还与省内部分兄弟院校实现了共享，充分体现了学校在省内高校外事中的领军作用。国际处协助支持聘请包括诺贝尔奖得主在内的高层次教授和学者来访讲学，促进学术交流和科研更上一个台阶。

经过长期不懈的努力，学校的引智工作使教师和学生的受益面越来越大，为提高学校学生和教师的外语应用能力和双语教学水平，对促进学校教学和科研方面的国际合作与交流发挥了积极作用。

3.团组与派出

近年来，学校根据工作需要，积极派出访问团组，同时为学校教职工800余人次办理出国（境）审批手续。通过派出交流访问，扩大了学校的国际影响。从2011年暑假开始，学校先后组织选派赴加拿大教师培训团、新加坡管理人员培训团和英国高端创新模式培训团，提高了教师和管理干部国际化发展的能力和水平。

4.港澳台事务与侨务

除了U6论坛等高层交往之外，根据两岸有关协议，每年派出30余名学生赴学校在台湾地区友好学校学习，同时每年组织选拔学生参加暑期赴台交流夏令营活动。每年还有部分教师赴台进行学术交流活动。2012年12月，学校选派图书馆5名专业技术人员赴台湾逢甲大学图书馆进行跟班交流。台湾地区多所高校及澳门特区政府代表团、澳门大学等也相继访问学校。目前学校已与台湾辅仁大学、铭传大学、静宜大学、中国文化大学等12所大学成为友好合作学校。2012年4月，学校与澳门特区政府联合主办的“纪念澳门基本法颁布19周年研讨会”，学校历史系与台湾铭传大学共同举办的“2012年两岸刘铭传暨徽文化学术研讨会”都获得圆满成功。2012年6月，学校侨联喜获“2011年度全省侨联工作先进单位”荣誉称号。

国际处积极联系海外知名人士，宣传学校，扩大影响；积极协助校友会联系海外校友，发挥海外校友在学校发展和建设中的独特作用。

5.学生交流项目

学生对外交流项目是学校国际化建设的一个重点，也是受到师生关注和学生利益直接相关的一项工作。根据学校的发展需要，学校学生交流项目不断增加。

学校每年选拔近百名学生赴美国、俄罗斯、法国、德国、澳大利亚、加拿大、日本、韩国、台湾地区的大学学习。文典学院学生的海外交流学习工作正按原计划有序进行，2013年首次派出其中9人赴美国学习。通过交换学习，扩大了学生的视野，增加了他们国际学习的经历，受到学生的普遍欢迎。

学校与英国格林威治大学“3+1”合作成效显著，合格派出人员逐年增加，社会声誉不断扩大。学校和英国曼彻斯特大学以及美国衣阿华大学的“2+2”联合培养项目已经正式启动，各项工作进展顺利。在长期友好合作的基础上，2013年学校与德国哥廷根大学决定开展研究生层次的合作办学项目。同时学校与智利圣托马斯大学合作建立“安徽大学圣托马斯学院”的申报工作也正在积极推动中。国际处与相关部门和院系联合，向教育部申报了学校与美国加州州立大学圣马可斯分校的本科专业的中外合作办学项目，在中外合作办学的层次和规模上都有新的突破。

学校每年组织的暑期赴美、赴台交流夏令营获得成功，师生收获明显。首个寒假赴美社会调研访问团也已成功举办，反映良好。

6.孔子学院和汉语国际推广工作迈上新台阶

孔子学院工作是学校对外合作与交流的重要组成部分。智利圣托马斯大学孔子学院、乌克兰哈尔科夫大学孔子学院以及巴库大学孔子学院成绩显著，招生、管理、教学等工作进展顺利，影响不断扩大。智利圣托马斯大学孔子学院3次获得国家优秀孔子学院的表彰。国务院副总理、孔子学院总部理事会主席刘延东亲自为学校代表颁奖，授予“孔子学院先进中方合作院校”称号。为加强对海外孔子学院的管理，学校正式成立了“孔子学院管理办公室”挂靠在国际处，有力地促进了孔子学院工作的可持续发展。

2011年10月下旬，学校与哈尔科夫大学在乌克兰联合主办了“孔子思想与当今社会”国际学术会议。各国代表从不同的学术视角，深入而广泛地讨论孔子思想和以孔子思想为代表的中华优秀传统文化对当今世界经济和社会发展的借鉴价值和启示意义。2012年5月，安徽大学文化艺术代表团开展的孔院三巡工作，产生了良好的国际影响。2011年、2012年和2013年的夏天，来自乌克兰哈尔科夫国立大学孔子学院的3批代表团共30余名师生参加了在学校举办的中国语言文化夏令营。2012年和2013年的夏天，来自阿塞拜疆巴库大学孔子学院的师生连续2年参加了在学校举办的中国语言文化夏令营。2013年夏天，智利圣托马斯大学孔子学院的师生首次参加了孔子学院徽文化夏令营。夏令营活动内容丰富，形式生动多样，通过学习和实地考察，营员们对中国语言和文化有了深入的体验和了解。

2012年5月，学校在海外设立的日本“高知大学中国语中心”和韩国“全南国立大学中国语中心”顺利揭牌。2013年5月，学校与波兰哥白尼大学联合建设的“中国中心”顺利揭牌，目前，各“中国中心”运行良好，有效地推动了中国语言和文化在当地的交流推广工作。此外，学校与法国孔泰大学联合建设“中国中心”正在积极筹备中，与智利圣托马斯大学筹备联合开办中外合作办学机构“圣托马斯学院”的各项工作也正在积极推动中。

孔子学院项目和汉语国际推广工作的顺利实施，为开展中外文化交流活动提供了新的平台，有利于进一步增进中外人民之间的传统友谊，使学校跻身国家重大对外合作项目，提高了学校在世界上的声誉，为国家的汉语国际推广工作作出了积极的贡献。

（本案例由安徽大学提供）

【案例2】

## 安徽省行知联盟实现“资源共享、共同发展”

1998年以来，安徽省高等教育步入发展快车道，新建本科院校16所，占全省本科高校的48.48%，成为本科教育重要力量。这些地方高校多由专科学校与成人高校、中专学校合并升本组成，以师范教育为主，在按照传统本科办学模式亦步亦趋发展的同时，一直在思考能不能走一条与传统大学不同的发展道路，更好地服务地方经济社会发展。

为了同一个梦想，2008年12月，在安徽省教育厅的积极推动与大力支持下，14所安徽地方本科高校（后又扩展到18所）在铜陵学院成立了“安徽省应用型本科高校联盟”（又称“行知联盟”，以下简称“联盟”），发出共同宣言：“学校正在探索一条符合学校自身发展的路子，那就是坚定不移地走应用型本科高校的发展道路。”联盟以“开放合作”为指导思想，以“转型发展、服务地方经济社会发展”为目标任务，以“优势互补、资源共享、互惠互利、共同发展”为基本原则，共同推进地方本科高校转型发展。

5年来，联盟高校围绕“地方性、应用型”的办学定位，打破各种体制机制限制，由封闭自主发展为主向开放合作发展转变。通过校际、校地、校企、国际4个合作，助力转型发展；通过办学定位、专业结构、课程体系、教学方法、“双能型”师资队伍5个转变，实现转型发展，探索地方本科高校与区域经济协同发展的模式，推进地方本科高校整体转型发展。具体总结如下：

### 一、开展四个合作，助力转型发展

1.通过校际合作，变“单打独斗”为“抱团发展”

联盟高校通过校际合作，开展“六个共建”，打造安徽省地方本科高校战略联盟共同体，变“单打独斗”为“抱团发展”，助力转型发展。如共建专业：通过联合制定专业人才培养方案，明确专业建设思路，确定专业核心课程和目标，调整专业建设方法，优化专业结构，提升专业竞争力。共同探索合作育人机制：通过联盟平台，以优势叠加的方式，开放并共建共享实验室和实践实习基地，接纳联盟高校学生开展相关实习实训等，开展合作育人教育，仅2011年就有近4 000名学生深入其中。共同推进“实践教学小学期制”改革：为提高学生实践能力，联盟高校把传统一学年2个学期改为3个学期，增加一个每年7—8月的实践教学小学期，让学生深入校内外实习实训基地，以专业实习实训、学科竞赛培训、产学研合作和辅修专业实践性教学环节学习等为主要内容，如2011年有451名学生参加了跨校实践教学小学期活动。共同开展辅修专业教育：经省教育厅批准，联盟高校内部试行辅修专业，培养应用复合型人才，如2013年秋学期合肥学院开设的金融和会计辅修专业，吸引了本校和联盟在肥高校近300名学生报名，251名学生被录取。共建联盟教学质量保障体系：联盟高校创造性开展了“联盟高校教学检查互查”“毕业论文（设计）管理文件汇编”“各校教学质量监控方面管理制度、各主要教学环节质量标准汇编”等3项工作。共建本科教学工程项目：安徽省教育厅高度重视联盟发展，本科教学工程针对联盟单独立项，项目牵头高校与其他高校共同建设，不仅实现资源共享，而且提高了整体实力和竞争力。

2.通过校地合作，创造了“接地气”的发展环境

地方高校发展必须“接地气”，联盟高校通过“三个服务”，积极推动与地方建立互动互助、合作共赢的体制机制。如资源共建共享服务：通过共建图书馆、体育馆和文化设施，开放高校资源，使高校成为属地的开放性教育文化和科技研发中心。人才培养与科技创新服务：以合肥学院、铜陵学院、滁州学院、安徽科技学院、皖西学院、宿州学院等为代表的联盟高校，制订了服务地方行动计划，围绕地方经济社会发展，优化调整专业结构，共建技术创新平台，提升服务地方发展能力。如联盟高校旅游系主编了《安徽省旅游人才建设规划》，对全省旅游人才资源开发和人才队伍建设起到了指导和推动作用。跨区域、跨文化的交流平台服务：依托设在联盟高校的“中国安徽—德国中心”“中国安徽—韩国中心”，安徽省不少经贸合作项目都是经教育合作牵线搭桥，落地开花。如合肥学院先后帮助合肥市有关单位引进了德国大陆轮胎公司、西伟德集团和韩国韩大集团等外资企业，并在协助合肥市同国外有关城市缔结友好城市关系方面发挥了积极作用。联盟高校客座教授2人获中国“国家友谊奖”，10人获安徽省“黄山友谊奖”，1人入选国家“千人计划配套引智工程”项目。联盟高校的贡献，得到地方政府的信任与支持，为地方高校转型发展创造了良好

的外部环境。如2011年合肥市财政支持3.24亿元，帮助合肥学院一次性还清银行贷款。

3.通过校企合作，构建了“互利共赢”的育人机制

产学研合作是培养应用型人才的必由之路。联盟高校强化教产合作、校企合作，努力建立学校与用人单位合作培养人才新机制，引进企业在高校建立“嵌入式”研发基地或联办学科专业，推动“订单式”人才培养和与企业合作开展研发，助力转型发展。联盟高校积极实施“五个引入”，实现校企合作的“双元制”，即大胆引入职业资格标准，来修订完善专业人才培养规格标准；大胆引入行业标准，来修订完善专业建设标准，开展专业资格认证；大胆引入企业核心技术标准，来修订完善专业核心课程标准；大胆引入行业企业专家，来组建专业教学团队；大胆引入行业企业，积极参与人才培养工作，实现校企深度合作。在学院（系）教学管理、专业负责人和学生指导教师3个层面建立校企合作育人的长效机制。如联盟高校与科大讯飞、铜陵有色、西门子家电等企业联合发布“校企合作宣言”，不断加强校企融合，强化产业指导，深化教学改革，推进产学研合作，完善与产业发展相适应的人力资源开发利用新模式，努力提高应用型人才培养质量。

4.通过国际合作，以国际化的视野更新办学理念

联盟与德国“U7”联盟等建立合作关系，通过理念借鉴、专业课程共建、教科研项目“三个合作”，走以国际化带动特色化的办学之路，助力转型发展。如理念借鉴：通过与德国下萨克森州联合举办“中德应用型高等教育研究与发展论坛”（2008年以来已连续举办6届，中德轮流主办）、引进国外专家担任高校副院长、联合举办“校中院”和开设应用型专业等方式，扩大对外开放的广度和深度，多渠道学习借鉴国外应用型高等教育先进的办学理念和办学模式，创建完善了应用型人才培养体系。学科专业和课程建设的共建共享：提升教学基本建设的质量与水平，培养了具有跨文化交际能力的应用型人才。联盟高校与德、韩等国高校先后开展了“2+3”“3+1”“2+2”等互认学分联合培养项目。如2011年教育部批准的安徽省第一个对外合作办学项目——合肥学院中德合作物流管理专业正式招生。高层次教科研项目合作：引进了智力财力，拓展了办学资源，有效提高学校教学和科研水平。近年来，联盟高校与国外12所高校合作承担了欧盟亚洲链、德国联邦教育与研究部、德国学术交流中心等9个

项目，相继主办或承办了“亚欧环境保护技术与知识转化国际会议”“中德韩三国四校国际青少年教育研讨会”“旅游教育与旅游管理亚太国际论坛”等国际学术会议。

## 二、推进五个转变，实现转型发展

### 1.明确办学定位，实现“学术型”向“应用型”转变

为解放思想、统一认识，从更大空间去思考联盟建设，廓清应用型本科高校的办学定位和发展路径，提高建设应用型本科高校的水平和质量，联盟首先在思想上进行共建，明确“地方性、应用型”办学定位。一是深入学习与研讨《国家中长期教育改革与发展规划纲要(2010—2020年)》；二是连续举办了6届“中德应用型高等教育研究与发展论坛”；三是邀请德国应用科学大学教授就“德国应用型高等教育管理”“德国应用型人才培养体制及管理措施”“德国应用型人才培养的教学法探讨”等专题，分别举办了多场国际学术报告会；四是组织高校教师和教学管理者赴国内外高校组团学习考察。

通过上述学习和调研，联盟从中德高教现状比较分析入手，对德国高等教育管理体制、应用科学大学运行机制、应用型人才培养模式，以及应用型人才培养要素、培养过程等方面进行了全面的学术梳理。联盟高校坚定了“办应用型大学、培养应用型人才、服务地方需求”的发展道路，认为应用型本科高校作为一种类型，应以“培养应用型人才为主，以办本科教育为主，以教学为主，以服务地方经济建设为主”。在专业设置上，强调与地方经济社会发展互动，实行动态调整；在知识体系构建上，以能力导向为核心；在人才培养方案设计上，要突出实践教学；在队伍建设上，要强化“双能型”教师培养；在教学手段方面，要强调产学研结合；等等。

### 2.优化专业结构，实现“资源导向”向“需求导向”转变

专业建设是高等院校发展的一项长期战略任务，对于地方本科高校来讲，加强专业建设更是学校提高教学质量和办学效益、提升核心竞争力、培养高素质人才的核心。为了提高专业建设水平，联盟高校建立了学科专业预警和退出机制，学科专业调整由“根据资源建专业”向“根据需求建专业”转变。通过调研社会需求，新设了一大批应用型专业，有力支撑了区域重点产业和战略性新兴产业发展需要。同时，以“建设特色鲜明的专业”为目标，以“形成统一应用型本科专业培养标准”为抓手，在联盟中开展专业建设工程。具体方案

为：联盟内6所高校拿出各自举办历史较长、优势明显的10个国家级特色专业和1个省级特色专业与其他院校进行深入的对口交流，建立专业合作平台。各单位充分利用自身优势资源，共同讨论，相互补充，并将专业建设同联盟合作可持续发展、安徽高教强省紧密结合。在建设过程中，各专业专家和学者认真讨论专业对口合作交流的具体方案，制定详细的专业对口交流计划，对专业课程体系建构、核心课程的确认、适合应用型人才培养的教材建设、师生的互派、实验室及实习基地共建、实践教学观摩等一系列活动内容都明确责任单位和完成时间。在建设过程中，还商讨成立“专业建设标准和核心课程建设”工作小组，以保证合作计划的进一步完善和执行力度的有效性。经过多年努力，初步形成安徽省统一的应用型本科专业培养标准，形成若干在安徽乃至全国有一定影响的名牌专业。目前联盟高校有国家级特色专业18个，省级特色专业39个。

3.构建模块化课程体系，实现“知识输入”向“知识输出”转变

课程建设是人才培养的关键环节。由于应用型人才培养的特殊性，过去传统的以学科导向为主的课程体系不能适应应用型人才培养，必须重构以突出体现技术能力培养为核心的课程体系。经过讨论，联盟高校认为，应用型人才课程体系应着眼于学生能力培养，应将传统的“哪些内容我要讲授”（以知识输入为导向），改变为“哪些能力应该是经过教学后学生要获取的”（以知识输出为导向），引入了“博洛尼亚进程”中欧洲各国正在实施的模块化教学，重新建构教学内容，构建模块化课程体系。与此同时，联盟轮值主席单位还组织学习了模块化课程的内涵、框架结构等内容。联盟常任主席单位合肥学院22个专业已经构建起了模块化人才培养方案，正在推进实施。在教材建设方面，大家认为过去各校使用的教材都是学术型、研究型重点大学编写的，无论是教材内容的选择，还是知识的难度，都不适合应用型本科学生的需要，因此，必须重新编写教材。如从2009年8月开始，联盟内14所高校的数学骨干教师坐在一起，成功地编写出一套适合应用型人才培养的《高等数学》教材。

4.加强自主学习，实现人才培养“要我学”向“我要学”转变

学生是学习的主人，推进转型发展，既要“重教”，更要“重学”。一是调动学生学习内驱力。2006年，个别联盟高校就开始通过开设“专业导论课”和将大学二年级暑假改成认知实习学期，让学生知道“我来学什么，社会需要我

具有什么知识、能力和素质”，变“要我学”向“我要学”。二是调动学生课外自主学习的自觉性。将第二课堂纳入人才培养方案，学校层面每年专项资金支持学生社团活动和科技创新活动。以合肥学院为例，近3年学生获得国家级科技创新奖226项，中国青年报曾以《“小学校”也有“大创意”》为题进行了专题报道。三是加快教学方法与手段改革。联盟高校根据应用型人才培养目标，积极探索适应应用型人才培养的教学方法和手段。如在实施模块化课程改革中，统筹第一、第二课堂，学生自主学习方式和时间列入各模块教学安排，让学生“主动学习”“学会学习”，提高学习能力，从而促进学生知识、能力、素质的协调全面发展；实行“N+2”考试制度改革，变末端考试为过程监控，注重对学生学习过程的指导，培养学生自主学习的意识和能力；开展项目驱动教学法，通过团队分工协作，搜索、分析、整理资料，共同完成项目任务；通过项目制，鼓励教师积极参与推动教学方法与教学手段改革等。

5.建设“双能型”师资队伍，实现“单一评价”向“多元评价”转变

地方本科高校师资队伍主要存在两方面问题，一是青年教师比例过高，教学能力不足；二是专业课教师缺乏实践背景，产学研能力不足，教学联系实际不够。联盟高校以应用能力提升为重点，改变以教师发表论文、承担项目多少对教师进行单一评价的方式，加强“双能型”师资队伍建设。联盟高校注重提高教师培养应用型人才能力和产学研合作能力，实施教师实训计划，支持并鼓励教师和企业联合开发新产品、新技术，增强解决工程技术问题的实践能力。通过产学研合作，整合校内外师资资源，建立“双挂”“双聘”制度，从产业部门和企业中聘任一批学有专长、实践经验丰富的专家学者和工程技术人员作为兼职教师。突出重视实验师资培养，改变对教师的评价体系，注重教师的教学能力考核和实践能力考核与产学研能力考核，提高实验教师的地位等。

**三、联盟高校开放合作取得的阶段性成果**

5年来，安徽省应用型本科高校联盟发展迅速，其共建成果首先在各成员高校得到应用和推广，并在省内外产生了一定的影响力，社会评价良好。

1.推进了安徽地方本科高校整体转型发展

联盟高校确立了“地方性、应用型”的办学定位，实现了整体转型发展，办学实力显著增强。如联盟高校一大批专业、课程、实验室、基地等项目列入国家及省级本科教学工程，5所学校成为安徽省示范应用型本科高校立项建设

单位，4所学校成为硕士学位研究生培养立项建设单位，2所学校被教育部列为“卓越工程师教育培训计划建设单位”。经过激烈竞争，3所学校同时成为首批“国家特需项目”——学士授权单位培养专业硕士试点单位［安徽科技学院、合肥学院和合肥师范学院分别获国务院学位委员会批准开展农业推广硕士、工程硕士（环境工程领域）和教育硕士专业学位研究生教育试点］，实现了安徽省应用型本科高校开展专业学位研究生教育的新突破，这也证明了安徽省地方本科高校顺利转型取得成效。

2.促进了学生全面发展和安徽现代应用性高等教育体系建设

联盟高校落实“教学以学生为本”的理念，促进了学生知识、能力、素质的全面发展，适应了学生的个性化需求，满足了学生成长成才的需要。这些成果在联盟内各高校应用，受益高校达18所，受益教师近2万人，受益学生有30余万人，有力促进了安徽现代应用性高等教育体系建设，有力服务了安徽经济社会发展。

3.联盟高校转型发展的示范效应已经显现

2009年，联盟常任主席单位合肥学院被教育部列入全国第二轮本科教学工作合格评估方案研制的两所试点院校之一，联盟高校的一些做法和经验被吸收到全国第二轮本科教学工作合格评估方案中。如教育部把“地方性、应用型”作为新建本科院校办学定位的基本要求。2013年安徽科技学院又作为教育部遴选的全国首批本科教学审核评估试点单位接受了审核评估工作。从2009年至今，仅合肥学院就有全国250多批次省外地方本科高校组团来校专题学习考察应用型高校建设和应用型人才培养方面的做法与经验。依托联盟，目前正在建设一个全国性的地方本科高校联盟“C60”，联盟的创新成果将在全国范围内发挥更大示范作用，推动中国地方高校的转型发展。

4.联盟共建的创新成果引起教育部和社会高度关注

全国高等教育学会校际合作研究分会主动邀请安徽省应用型本科高校联盟集体加入。2010年10月，教育部高教司组织光明日报、中国教育报、中国青年报等全国9家主流媒体赴安徽专题调研、采访联盟建设情况。2010年10月12日中国教育报头版头条以《从单兵作战到抱团发展——安徽14所新建本科院校组建联盟，10个国家级特色专业对口交流》为题，较详细全面地报道了联盟专业共建的情况。国内的一些学者也纷纷赴安徽省对联盟高校专业共建、“抱团发展”的体制机制创新开展调研，并作为典型案例进行研究。

（本案例由安徽省应用型本科高校联盟秘书处提供）

## 第十一节　专业硕士培养

**【案例1】**

### 安徽师范大学探索全日制小学教育专业硕士培养新方法

安徽师范大学小学教育专业教育硕士招生教育工作始于1999年，全日制专业学位研究生人才培养始于2009年。小学教育专业在专业学位研究生培养方面，坚持以服务基础教育改革与发展为指导思想，以提高教育质量为根本，不断创新人才培养模式，强化实践环节，培养体系日臻完善，培养质量稳步提高，形成了明显的办学特色。

**一、优化课程结构**

教育硕士是具有特定职业背景的专业性学位，主要培养面向基础教育教学或教育管理工作需要的高层次应用型人才。根据这一特点，小学教育专业在课程设置时，充分体现理论与实践相结合的原则，分为学位基础课程、专业必修课程、专业选修课程、实践教学4个模块，分为语文、数学、英语等学科方向，学生根据本科学习专业和个人兴趣进校后自主选择一个方向。

**二、强化实践教学**

为了提高学生的实践动手能力，学生的实践教学分两个时间段进行，包括教育见习（含微格教学、观课和课例分析）和教育实习（含学科教学、教育调查、班级与课堂管理实务）两部分。

1.研一下学期：名师讲座+教育见习

（1）举办名师讲座，不断夯实专业理论基础知识。培养计划中的《小学课程与教材分析》和《小学教学设计与案例分析》两门课程，特别邀请实践基地学校一线名师承担教学，采用“中小学名师讲堂”形式集中授课，3所基地学校各安排3名优秀教师开展专题讲座，内容主要围绕2011版小学语文、数学、英语新课程标准解读，现行小学语文、数学、英语教材结构与编写意图解读，以“单元整组建构”为理念的分课时教学设计，小学语文、数学、英语精彩课例片段赏析，小学课堂教学微格研究，小学课堂特征及管理研究，以及小学德育管理的科学性、实效性研究等方面展开。

（2）开展教育见习，进一步拓展学生教学经验。除名师集中授课外，学生进入实践基地学校教育教学一线，开展教育见习。根据学生个人学科见习意愿，学生被分成语文、数学和英语3组，在3所实践基地学校分阶段轮转教育见习，具体内容安排及要求如下：

每校30课时（其中有3课时机动）合计90课时；

参加学校常态性学科教科研活动：3次（6课时）【过程记录】；

随堂观课、议课：3次（6课时）【观课记录，议课发言稿】；

参加学校举行的学科类、德育类大型活动：2次（4课时）（机动）【活动签到，照片或影像资料，体会与感受】；

全程参加学校公开课、参赛课的研磨过程：2次（4课时）【体会与感受】；

深入班级进行教学实践活动：2次（4课时）【教学设计，教学反思，指导教师评价意见】；

参加“***名师工作室”活动：2次（4课时）（机动）【感受与体会】；

参加学校组织的班主任、辅导员或班队会1次（2课时）【过程记录】。

2.研二上学期：教育实习

实习方式上采取自主实习和集中实习相结合，并以集中实习为主的方式进行，实习期间实行校内和校外双导师联合指导，并对每一名学生的实习任务做出明确要求。

（1）教学工作实习。要求：课堂教学总时数不得少于25节/生；教学实习分段实施，10月1日前集中时间听课、观课并撰写心得体会，10月8日开始正式进入上课环节，并撰写教学反思；完成不少于2个单元完整的备课文本的撰写；参加实习学校教研活动不少于3次/生；教学实习期间可适当安排1~2次说课、无生上课、教学设计的展示或比赛活动（学院安排）。

（2）班主任工作实习。要求：班主任工作实习为全程参与，全程介入；需有2周完全独立承担班主任工作的体验（包括召开主题班会、班队会、少先队工作等）；需完成对至少2名学生的跟踪个案研究，撰写研究报告。

（3）基础教育调查实习。要求：实习生应根据拟定题目，结合教育实习的实际，有目的地开展专题调查活动，了解所从事的教育教学工作现状，阐明原因，提出解决问题的办法，形成1篇水平和质量较高的调查研究报告。

(4) 严格实习总结与考核程序。实习结束后，要求每一名学生必须完成个人教育实习总结、调研报告各1篇。成绩评定上由校内外导师共同评定，总成绩=校外导师成绩（60%）+校内导师成绩（40%）。学院根据各专业研究生实习工作要求，按一定比例进行专业学位研究生优秀实习成果评选，并发放获奖证书和奖金。成果形式可以是教学设计、教学案例、调查报告、教学软件等（1人限报1项，由个人独立完成）。

**三、注重实效，不断优化导师队伍**

在导师遴选工作中一直坚持高标准、严要求，为了使通过遴选的导师尽快进入角色，专门开设新增导师培训班，先后聘请了知名教授学者进行授课，力争让新增导师尽快融入新角色。

采取“请进来”和“走出去”的办法，每两年增补校外兼职导师一次，聘请安师大附小、芜湖育红小学、芜湖师范附小3所优质学校的名师担任研究生导师，优化师资队伍结构。部分实践指向的专业课程直接由基地学校名师承担，实行名师讲座与实践实训有机结合；教育实习实行双导师制，由学院颁发聘任证书，各实践基地学校精选经验丰富的优秀教师担任研究生的实习指导教师。

**四、创新开展研究生学业成绩的评定**

强化学生培养过程，创新开展研究生学业成绩的评定，对专业理论课程实行学期论文、考试考查等多种形式进行。在专业实践性课程方面，实行档案袋（资源包）评价、调研报告等方式进行。学生见习结束后，整合提炼见习材料，构建教育见习资源包（如下），统一装订后提交给3所基地学校，基地学校依据资源包材料并结合见习实际表现情况，分别作出专业实践课程成绩的评定。学生最终成绩取3所实践基地学校的平均分。

教育见习资源包清单（成绩评定依据）

一、个人见习总结

二、参加学校常态性学科教科研活动【过程记录】

三、随堂观课、议课【观课记录，议课发言稿】

四、参加学校举行的学科类、德育类大型活动（机动）【活动签到，照片或影像资料，体会与感受】

五、全程参加学校公开课、参赛课的研磨过程【体会与感受】

六、深入班级进行教学实践活动【教学设计，PPT演示稿，教学反思，指导教师评价意见】

七、参加“***名师工作室”活动（机动）【感受与体会】

八、参加学校组织的班主任、辅导员或班队会【过程记录】

九、其他

说明：

(1) 统一排版、装订（一式四份）。

(2) 封面应有“安徽师范大学”校徽及学校名、2013级全日制教育硕士专业学位小学教育专业研究生教育见习资源包、学生姓名；落款为“教育科学学院”。具体格式请打印室设计。

**五、严格把关，盲审提高论文质量**

研究生学位论文是检验研究生培养质量的重要标准。学院坚持严把研究生培养的出口关，高度重视学位论文质量。对研究生的学位论文全部实行校外多人盲审制度，有效地督促广大研究生恪守学术道德，脚踏实地地进行科学研究工作，较好地保证了研究生的学位论文质量。

经过多年的试点改革，小学教育专业学位研究生教育取得了长足的进步，人才培养质量显著提高，更好地满足了经济社会发展对高层次应用型人才的迫切需求。在学院举办的全日制教育硕士专业学位研究生“明日之师”教学技能比赛中，小学教育专业（参赛的还有心理健康教育专业、现代教育技术专业）学生表现突出，多次包揽了一等奖，并被推荐到学校参加全校大赛。在学校举办的首届全日制教育硕士专业学位研究生教学技能大赛中，小学教育专业学生在教学设计、无生上课、现场答辩3个环节中表现优异，分别荣获此次大赛的特等奖和一等奖，充分展现小学教育硕士专业学位研究生扎实的专业知识功底、良好的教学技能素质和较高的教育技术应用水平。

（本案例由安徽师范大学提供）

【案例2】

## 安徽科技学院精心培养农业推广专业硕士

安徽科技学院是一所以农学为优势学科的院校。2011年10月获批为“服务国家特殊需求人才培养项目”试点单位，于2012年6月通过调剂录取了15名农业推广硕士专业学位研究生，其中作物领域4名，养殖领域5名，农业资源利用领域6名。为此，学校按照硕士专业学位研究生的培养规格、特点和要求，认真细化上报国务院学位办的《安徽科技学院农业推广硕士专业学位研究生教育试点工作实施方案》，以农业行业企业高层次应用型专门人才的实践能力、创新能力、适应能力及发展能力为出发点，积极推进专业硕士培养体制机制的改革创新。具体做法如下：

针对农业推广硕士专业学位研究生教育存在的问题，学校组织有关人员认真研究了专业学位研究生的培养目标、培养方式、培养体系、培养体制和培养机制；确定了以“四个能力”（实践能力、创新能力、适应能力、发展能力）入手，着力构建从课堂教学到学位授予系统、配套、全新的农业推广硕士培养模式，努力形成符合现代农业发展需求的高层次应用型人才的培养体制机制。

基本思路是：强化人才培养的应用性，强调课程内容的实用性，突出专业技术的高新性，注重岗位实践的操作性，体现制度管理的创新性，积极实施改革创新。

**一、“专”“特”结合，灵活设置符合职业技术岗位需求的培养体系**

职业岗位是专业学位教育与产业需求的结合点。针对培养领域的产业岗位技术需求，细化领域内的专业方向，并作为设计培养过程及培养环节的依据。

例如，可在农药、肥料、蔬菜、饲料、兽医、兽药、养殖、农产品加工、畜产品加工等产业领域设置方向。由于企业人员轮岗频繁，所以技术、管理、营销等岗位素质及能力要求均要在培养过程中体现。对农业技术（行政）管理岗位的学员，应以农村发展与规划、农业技术管理、农业经营服务、农业信息化为主要方向，但仍然需要专业技术支撑。既在课堂教学中设置宽于专业领域的主干课，又要在专业技术实践中强化培养岗位特需的技术素质。

目前，学校已初步建立了行业企业全程参与人才培养的管理机制。人才培养方案已由校企联合制定，行业主管部门（省农委组织专家）通过论证审定，学校正在实施；现在3个领域都分别固定了1～2个知名科技型农业企业对接培养工作；已建立起企业提供实践场所和选题、学生入企实践学习真题真做、学校围绕技术需求协同创新的培养体制，面向农业技术岗位高层次人才培养的体系已见雏形。

人才培养方案的全学程（2年）安排34个学分，公共课4门（10学分）、领域主干课5门（10学分）、选修课3门（6学分）、专业技术实践（8学分）。在2年内，根据农业行业及产业特点，采用两段式培养，集中在1～2学期上课，在3~4学期实践。而上课时间集中在10—12月和3—5月份，各10周，这样便于在农业生产季节开展专业技术实践。

**二、突出技术研发创新，建立符合农业发展要求的人才培养目标**

专业学位人才培养目标应定位在职业型、应用型、创新型三型一体上。职业型是在农业行业中的某一产业领域从业；应用型是指能将所掌握的知识、技能应用到本产业领域的发展中；创新型是指在相应的岗位上能以创新支撑本产业（企业）可持续发展。目前，农业产业（企业）中缺乏的就是技术创新人才，而且技术研发队伍存在专业不齐全、不协调的现象尤为突出。如种业有育种人才，但缺乏栽培人才；农资业有研究和推销人才，但缺乏推广人才；养殖业更缺乏家畜改良人才；兽医行业，生物兽药研发进展缓慢；诸多产业（企业）一遇到生产技术难题则无人能解。鉴于企业是技术创新的主体，强化高层次人才农业技术创新教育，是支撑企业发展和促进农业整体进步的动力。为此学校设置了技术性强、实用性广、时效性长的专业技术课程。

**三、实施校企战略合作，建立符合企业人才和技术需求的教育体制**

实现专业学位研究生教育资源的社会化，特别是挖掘农业各产业（企业）和高校中的农科生源，并化解其工学矛盾，是保证农业推广硕士专业学位研究生教育稳步发展的前提，所以要先就业，再学习。建立“企业冠名班”，实行专业学位研究生校企联合培养，是实现企业既获高层次人才“产品”，又获技术创新产品的有效途径。目前，已与安徽隆平高科种业有限公司达成意向，2013年在作物、种业、植物保护等领域中设立“隆平专业硕士班”。

**四、强化能力培养要求，建立符合现代农业发展需求的课程体系**

专业学位研究生能力素质首先应该表现在职业从业准入要求上。但目前国家行业资格准入制度执行仅处于初级阶段，要求并不严格，而且社会的发展、科技的进步又会不断派生出新的职业岗位，所以学生的创新发展能力就成为培养要求的核心。学校在课程设置上：一以综合性为主，如把《现代农业发展概论》与《农业推广学》整合成《现代农业推广学》一门课，还专门设立了专业综合课（40学时），传授广博的文化知识与多学科的专业技术；二以方法论为特色，组织7名教授合编教材，并共同开设《农业科技创新方法》课程；三以技术性为重点，要求各领域设置的高新技术类课程必须占到50%。

领域主干课重点是宏观讲全、微观讲透领域内的现代科学技术，并注重学术性、职业性、地方性的有机结合。选修课按行业、产业（企业）的岗位要求设置，尤其要开设人文社科类的课程。

增加实践课周数和时间，构建了包括实地调研、技术研发实践、专业技术实践、技术创新实践、学位论文在内的实践能力培养体系，实践周数为60周，占到总学习86周（暑假6周）的69.8%。

学位论文采取企业出题、双师选题、论证定题、多元评价的方式。要求学位论文选题应来源于行业企业的技术需求，论文结论要对解决“三农”问题有直接应用价值，并要求在实践中完成，提倡以项目设计、研究论文、调研报告、规划报告、实践成果（获奖、品种、专利、标准）等多种形式申请学位。开题报告要在校内外双导师共同审查签字、行业企业盖章后才可申请开题论证。

**五、实行“一生三导”体制，建立校内外导师紧密交融的教学团队**

“一生三导”即一名研究生由校内导师、部门导师、企业导师三人共同指导。农业推广硕士专业学位研究生的教育首先要满足现代科技发展的需求，其次要注重实践性活动和高水平的专业训练，为造就有事业心、责任感和创新精神的人才打下牢固的理想信念根基。而由于高校教师多数长期只承担两三门专业课的讲授和在实验室内做研究，接触农业生产实际少，所以就无法将农业实践创新精神传递给研究生。鉴于农业生产是在自然条件下进行的，周期长，限制因素多，条件艰苦，教师如果没有高尚的职业敬业精神，自身的专业实践能力也就不会强，培养的学生能力也仅停留在实际的分数上，教育的内化功能就无法体现。校企联合、校地联合，不仅可以整合资源，更有利大学精神与企业文化、行业（产业）文化的交融，建立协同创新的机制。从行业部门和企业中外聘导师，既可以相互学习和相互支持，又可以让行业行政主管和企业承担一些教育的社会责任，一方面弥补了大学实践导师的不足，另一方面可领略行业部门的工作风格及企业员工的拼搏奉献精神，最终形成一支专兼结合、产学结合的教学团队。目前省农委已推选出13名校外硕导，从企业遴选出18名导师。

**六、按照实践导向要求，建立符合专业学位研究生教育特质的培养平台**

将解决生产实际问题的能力训练作为专业学位研究生教育培养平台建设的主要内容。平台资源按照技术任务完成需要的模式来提供和组织，不再按学科知识本身的逻辑来排列，这样就有可能产生直接明确的实践成果。这种平台最佳的就是产学研合作平台。这样在校企合作的前提下，就可以把专业学位研究生的培养过程与企业学员的学习特征、就业去向、职业发展有机结合起来，形成互动。实践平台建设包括有共性、普适性的基础平台；有共性、跨专业的多学科平台；以产业实践接近的个性化平台。学校以玉米育种安徽省工程技术研究中心、家禽疾病防控安徽省重点实验室、安徽省有机肥工程技术研究中心为基础，集聚校内实践性平台资源，同时充分利用联合培养单位的研发基地，保障专业学位研究生教育培养目标的实现。

2012年，学校搭建了皖北现代农业技术协同创新中心，并将农业推广硕士专业学位研究生培养纳入了中心运行机制。第一，学校根据涉农行业企业自身发展对农业推广硕士的需求，提出定向培养计划。第二，学校、各市农业委员会、相关企业根据培养规格和质量要求，共同制定培养方案，共同组织课堂教学与专业实践。第三，实行校内外结合的双导师制，共同商讨专业方向课程的安排、考试改革、专业实践与学位论文设计等事宜。第四，根据各市行业企业的需求开展科技研发，重点解决本地企业在生产技术上的实际问题。第五，农业推广硕士专业学位研究生在学习期间以专业教学和一线实践为主要内容，主要的培养平台就是与市农业部门、市农科院（所）共建的作物生产技术、畜牧生产技术、农业资源利用技术和农产品加工4个创新分中心及示范区。2012年有的研究生未报到就到临泉农业一线科研基地驻点3个月，开展试验工作，为我省夏玉米亩产850.11千克的最高纪录的产生作出了贡献。

**七、制定课堂教学规范，创建激励研究生自主学习的新机制**

专门制定了《农业推广硕士专业学位研究生课堂教学指导意见》，建立了较为完整的课堂教学、教师选聘、教材选用、大纲编制、教案编写、授课方式改革以及教学质量评价的工作规程。强调教学内容要宽领域、高新、实用；选聘具有副高以上职称的教师授课，同时已建立起一门课2人以上集体授课的机制。课堂教学以半天（4学时）为一个教学单元，要求教师课堂讲授3学时，案例讨论分析1

学时；要采取“案例分析式”“互换角色式”“专题讲座式”“实地考察式”“现场研究式”等多种授课方式。在专业类课程学习成绩评定中，期末考试采用案例分析或制定技术难题解决方案为主，成绩占40%；而学生平时的课程读书报告，案例分析报告成绩占60%。本学期按照上述要求运行，收到较好的教学效果。

**八、加强思想政治工作，培养立志为农服务的高层次人才**

学校高度重视研究生的思想政治工作。首届15名硕士专业学位研究生中，中共正式党员7名，预备党员2名，入党积极分子5名。根据需要，于2012年11月，成立了研究生党支部，并陆续组织开展了“学习党十八大精神，争做优秀研究生”和学习2013年中央一号文件《中共中央国务院关于加快发展现代农业进一步增强农村发展活力的若干意见》等活动。同时在各领域内开展了学术讲座和研讨等活动，增加了同学之间的交流。研究生管理人员组织召开了多次研究生民主生活座谈会，听取研究生的学习、生活中遇到的问题，了解学生的思想动态，及时解决研究生的思想困惑。2013年3月，校院两级领导亲自带队赴安徽省大北农农牧科技有限公司、安徽隆平高科种业有限公司、安徽莱姆佳肥业有限公司和安徽农村改革的第一村——肥西县山南镇小井村进行现代农业发展趋势的调研考察，让研究生真实体验到了企业和农村对人才、技术的渴望，已有研究生向企业表达了加盟的意向。

（本案例由安徽科技学院提供）

**【案例3】**

## 合肥师范学院实施“三位一体”教育硕士培养模式

合肥师范学院自2011年经国务院批准为教育硕士专业学位研究生培养试点单位以来，认真贯彻落实国务院学位委员会〔2011〕69号文件以及教育硕士专业学位研究生教育指导委员会的有关要求，坚持“服务需求、突出特色、创新模式、严格标准”的指导思想，按照硕士专业学位研究生培养规律、特点和要求，紧密结合安徽省基础教育改革发展需要，积极稳妥推进并做好各项培养工作。

**一、优化培养方案，实施“三位一体”培养模式**

1.面向基础教育，坚持方案研制多方论证

为提高培养方案的科学性，学校多次组织由安徽省教科院、皖中六市教育局、中学学科教师、新录取研究生等参加的论证会，邀请教指委专家对培养方案进行现场指导，邀请华东师范大学、南京师范大学等高校专家给予书面指导。在方案研制中，立足基础教育师资需求，明确学校教育硕士培养目标和规格，优化课程设置，创新培养模式，改革教学方式，落实实践教学，确定培养方案。

2.定准培养目标，明确培养规格

结合学校办学积累及学科专业优势，依据教育硕士培养目标，培养具有“乐教、懂教、善教会管”的教学研究型教师和管理研究型人才，构建“提升三种素质”“掌握三类知识”“提高三种能力”的3类人才培养规格，即提升思想政治素质、师德素质、人文素质等3种素质，掌握教育理论知识、学科教育与教育管理知识、学科专业知识等3种知识，提高教学与管理能力、教学与管理研究能力、专业发展能力等3种能力。

3.创设培养模式，实施“三位一体”培养

根据教育硕士培养要求，积极创设“问题研究、全程实践、合作培养”三位一体培养模式，逐渐形成能力为重的培养目标体系、科学有效的培养方案、基于标准的课程体系、“合作培养”的运行机制、“问题研究”的教学模式、“全程实践”的教学体系、能力考核的评价标准、培养和就业一体的质量保障体系。“问题研究”旨在通过专题研究、案例研究、学科研究、课题研究、校本研究等方式强化问题研究；“全程实践”旨在通过“三步实习”“三微课程”“三环实践”等环节落实实践取向；“合作培养”旨在通过“双主体办学”“双导师带教”“双考核保障”建立协同育人机制。

**二、加强师资队伍建设，提升教科研水平**

1.严选校内外导师

一是坚持结构合理。2011年遴选首批教育硕士导师74人，2013年根据学科领域拓展需要，完成第二批51名教育硕士导师遴选工作，合计125人，其中校内导师66人，校外导师59人，基本为1∶1。二是保证学术水平。目前，校内导师中，教授28人，副教授38人，博士25人；省学术技术带头人及后备人选4人，享受国务院和省政府特殊津贴4人，省级教学名师2人。三是强调基础教育经验。导师中兼任国家和省级中学学科教育或教育管理学术团体理事长、副理事长、秘书长的共有13人。

2.配强授课师资

为落实教学计划，学校为首批5个专业领域教育硕士模块课程每门配备至少2名专兼职教师，且具有教育教学实践经验，共65人。其中教授（研究员、中学特级教师）17人，占任课教师的26.2%；副教授（副研究员、中学高级教师）44人，占67.7%；具有硕士以上学位的45人，占69.2%；具有基础教育教学或科研实践经验的教师占91.9%。学校还不定期邀请基础教育一线优秀教学专家为研究生开展讲座。

3.加强导师培训与考核

2012年3月，邀请南京师范大学专家对学校培养方案给予书面指导，对学科点负责人给予面对面指导。2012年8月，邀请教指委秘书对学校培养方案、任课教师进行现场指导。2012年12月，邀请教指委委员、华东师范大学吴刚教授来学校做专题指导工作。2013年10月，学校艺术传媒学院、教师教育学院等研究生培养院（系）先后多次派人到北京师范大学、华中师范大学、安徽师范大学等单位学习借鉴教育硕士培养经验。根据文件规定，一届研究生毕业后，将进行导师任期考核，实行淘汰制。

**三、改革课程内容，实施质量监控**

1.创新教学方式，探讨案例教学多种模式

学校根据教育硕士专业学位的培养特点，积极推动研究生专业课程案例教学的实施。以《语文名师研究》为代表的各学科教学方向专业课主要采取“六步”案例教学法，具体流程为“明题”—“裸备”—“比读”—“研讨”—“讲授”—“迁移”，收到良好教学效果；以《教育管理案例分析》为代表的教育管理方向专业课主要采取“四段一总”的案例教学法，具体流程为“问题呈现”—“案例导读”—“合作研讨”—“问题解决”，最后教师对本案例进行述评概括或总结反思，这充分体现了专业学位课程教学的实践性、情境性和职业性特点。

2.加强教学监控，实行检查评教工作

为保证学校研究生培养质量，学校从新生入学伊始，就将研究生教学纳入学校教学质量管理与评估处管理、监督，通过规范教学档案、实施教学检查和评教等多项举措，促进学校研究生教学水平不断提高。在每学期的期初、期中及期末各阶段，研究生处分别发布教学指导文件，督促、规范和检查研究生教育教学各项工作。校领导、研究生处和招生院（系）管理人员多次深入教学一线，通过听课、座谈等形式，检查指导教学工作。

3.实施研究生质量工程项目，提升研究生教育水平

从2014年起，学校实施“研究生教育质量创新工程项目”，首次资助70万元，拟通过设置研究生精品课程、案例资源、教研项目、创新基金、示范基地等项目，着力在研究生学科专业建设、课程建设、教材建设、实践基地、教学团队建设等方面取得一定成果，使师资队伍整体水平和教学能力不断提高，研究生培养质量得到明显提升。

**四、加强实践教学，提升实践能力**

1.优选实践基地，探讨做、学、研“三合一”的实践教学机制

按照“优质、长效”的原则，择优遴选教育硕士联合培养工作站。目前，已从合肥市40所本科教育实习学校中，优选合肥一中、合肥六中、合肥八中、肥东一中、肥西实验中学、庐阳高级中学等6所名校作为首批教育硕士联合培养工作站，实质性落实“三步实习”等实践教学。2014年将根据专业领域拓展的需要，计划再增建5所工作站，以满足实践教学需求。

为有效开展实践教学，学校高度注重教育硕士研究生实践能力和创新精神的培养，通过到实践基地参加各种现场教学，着力加强教育教学实践能力训练，坚持技能训练、知识学习、研究能力培养相贯通，构建做、学、研“三合一”的实践教学机制，促进学生建构性学习。

2.坚持全程实践，提高“三习”质量

按照“系统规范、自主实践、合作指导”的原则，精心设计教育硕士《见习》《研习》《实习》三个基地实践研修手册，规范目标、内容、过程、自我评价与反思、导师指导等实践教学环节。

（1）见习2周，安排在第一学期，主要任务是了解、熟悉基础教育教学、教研和班主任管理常规流程，要求完成跟班听课5节、教学评课2节、班主任活动1次等。

（2）研习3周，安排在第二学期，主要任务是加深对中小学教育教学及管理工作的深层认识，是落实基于问题的实践研修，要求完成课堂观察5节、教育叙事2节、课例研究3篇等任务，每周一个重点研修主题。

（3）集中实习不少于16周，安排在第三学期，主要要求研究生将所学的基础理论、专业知识和基本技能综合运用于一线的教育教学实际，是落实基于任务的实践研修，由“课堂教学”“校本教研”“论文调研”三板块组成。2014年

2月，学校2012级教育硕士研究生任腾菲同学荣获全国第三届“Vernier”杯化学数字化实验教学应用及创新设计大赛一等奖。

3.整合校内外资源，积极拓展实践性课程资源

创造条件，积极组织研究生参加顶岗实习、教学观摩、学术会议、专家讲座、教学技能大赛等多种活动，有效提升研究生的实践能力和专业素养。2012年10月，学科教学·语文方向4名研究生到淮北实验高级中学观摩一周安徽省高中语文优质课大赛，聆听40多节课，现场交流，获益匪浅。学科教学·数学方向2名研究生在兼职导师带领下，多次参加合肥市数学教学研讨会，开阔学生视野。2012年11月，学校组织研究生参加首届皖台基础教育论坛，聆听一线专家讲座，聚焦教育均衡等现实问题。2013年7月和2014年7月，先后组织研究生参加中国科技大学研究生暑期夏令营活动并获奖。2014年7月，利用暑期组织研究生举办面向农村留守儿童的“行知学堂”实践活动。寒假期间，围绕“名师访谈”主题，学生深入家乡基础教育一线，撰写访谈、调研等实践报告。

**五、坚持质量为首，积极构建人才培养质量保障体系**

1.加大考核，实行研究生中期考核分流制

学校高度重视教育硕士研究生中期考核工作，根据学校教育硕士研究生人才培养方案及相关文件要求，制定并出台《研究生中期考核实施办法》，规范并落实中期考核各项工作。中期考核工作一般安排在第二学期期末举行。中期考核通过者，方可进入论文开题和撰写阶段。

2.加强过程监控，狠抓学位论文质量

根据学位论文撰写进程，严加监管。学校采取“六关”措施，全程监控，严把学位论文质量。一是把好论文选题关，要求选题全部来自基础教育一线实践，具有应用价值；二是把好论文开题关，实行开题报告淘汰制；三是把好论文指导关，坚持双导师指导，从选题到开题到答辩，实行全程指导；四是把好预答辩关，通过预答辩，找出论文不足；五是把好论文检测关，所有毕业论文须通过学术不端检测，确保学术诚信；六是把好双盲评审关，全部论文都要参加盲审评阅。2014年6月4日，中安教育网、安徽教育网等以《合肥师范学院多举措严把教育硕士毕业论文关》为题对此进行了报道。

3.强化培养质量，实行毕业“双考核”等制度

为突出专业学位教育“实践导向”的育人理念，强化教育硕士研究生培养

中的专业技能训练，学校全日制教育硕士专业学位研究生实行“专业技能”与“学位论文”双考核制度。教学技能考核合格、学位论文答辩通过者，方能申请授予硕士学位。为鼓励研究生参与教科研项目研究，学校设立研究生创新基金。去年，首批立项研究生创新基金项目17项，资助经费3.9万元。另外，为提升教育硕士研究生就业能力，在第四学期开设研究生就业指导课，聘请校内外有关专家，为研究生考编、考公务员等开设就业系列专题讲座。

**六、建章立制，加强组织保障**

1.健全机构，加强组织领导

自批准试点单位以来，学校成立学科学位与研究生处，专门负责教育硕士研究生招生及培养工作。为加强教育硕士专业学位培养工作的组织管理和业务指导，学校成立了新一届学位评定委员会和教育硕士专业学位研究生培养指导委员会，各招生院（系）也成立相应的机构。为加强学位公共课建设，大外部、思政部分别成立了研究生外语和研究生思想政治理论课教研室。

2.建章立制，规范培养工作

试点以来，学校先后出台了《合肥师范学院教育硕士专业学位研究生导师遴选与管理暂行办法（试行）》《合肥师范学院全日制教育硕士专业学位研究生学籍管理规定（试行）》《合肥师范学院全日制教育硕士专业学位研究生课程教学暂行规定（试行）》等30多个文件，初步构建起研究生培养、教育制度体系，有效指导了研究生教育各项工作。

3.规范招生，建立监控机制

为做好教育硕士专业学位研究生招生工作，学校成立校、院（系）两级招生领导小组、督导组，先后出台了招生管理办法、考务实施办法、安全保密协议规定、考试安全责任等制度文件。实行部门协作联动和责任追究机制，由监察室和学科学位与研究生处联合督察，对复试工作进行全程监控。为保证优质生源，改革研究生复试办法，面试时设置15分钟说课环节，突出专业学位研究生选拔特点。2012年首次招生16人，2014年7月已顺利毕业全部就业；2013年完成招生30人，2014年完成招生35人，目前两个年级在校研究生65人。

开展试点工作以来，学校在研究生培养上取得了一些初步成效。2012年6月，受国务院学位办委托，全国教指委专家组到校进行检查指导，对学校前期试点工作给予充分肯定。2013年5月，受全国教指委委托，学校承办了全国首次学士学位授予单位开展教育硕士专业学位教育工作交流与研讨会。会议期间，学校在优化培养方案、创新教学模式、注重实践教学、加强师资建设、完善组织保障等方面的做法，得到与会兄弟院校的好评。2013年5月，安徽省教育厅对学校教育硕士培养试点工作进行了中期考核，考评组给予了充分肯定。2014年6月13日，《安徽日报》在第5版“焦点新闻”以《专业硕士培养如何“接地气”?》为题对学校创新教育硕士培养模式有关情况进行了深度报道，新华网、教育部学位与研究生教育信息网、中国研究生招生信息网等20余家网站媒体进行了转载，取得良好社会效果。

当然，由于学校办学时间不长，经验不足，在开办教育硕士专业学位研究生培养过程中，还有许多需要完善和探索的地方。如传统学术性导师培养专业硕士研究生方式方法有待改进、与中小学构建教学化的互惠共赢长效合作机制有待进一步完善等。今后，学校将进一步加强试点改革，不断探索新路。

（本案例由合肥师范学院提供）

## 第十二节　高等职业教育改革

**【案例1】**

### 安徽职业技术学院围绕示范校建设实施教育教学改革

安徽职业技术学院是国家示范性高等职业院校。近年来，学校围绕《合肥优先加快工业发展行动纲要》和安徽省重点发展加工制造业、原材料、化工、高新技术和纺织等产业基地的要求，抓住产业基地建设对高技能人才需求大量增加的历史机遇，依托安徽省是全国建材和纺织行业大省的优势，大力开展教育教学改革。

**一、结合专业及行业的特点，形成特色鲜明的人才培养模式**

学院坚持从高职教育实际出发，坚持以“德育为先，突出技能，工学结合，注重发展”为原则培养人才，创新工学结合人才培养模式的有效实现形式。6个重点专业及专业群紧扣校企合作、工学结合这个核心，结合本专业及相关行业企业的特点，以职业岗位的能力要求为依据，以职业岗位的真实工作为基础，在人才培养模式改革方面初步形成了几种有代表性的典型模式（见表4-7），并形成了“课堂小企业，理实交融，企业大课堂，德技兼修”的人才培养理念。

**表4-7 几种典型的人才培养模式**

| 专业 | 培养模式 | 备注 |
|---|---|---|
| 材料工程技术 | 工厂教学+顶岗实习 | 该模式依托安徽海螺集团等大型企业，以企业的真实生产环境为背景，将技能要求高、实际操作强的课程安排到企业进行教学。“工厂教学”以企业工程技术人员为主导，遵循以“实践教学需要”指导理论教学的原则，实现学做合一，使学生尽快掌握相关岗位的技能。学生在企业边实践边学习，既利于对知识的理解，更利于技能的提高，真正做到了“理论学得会，技能掌握快，企业用得上”的双赢局面，加快了人才培养步伐。同时，注重学生职业道德和职业素质的提高，真正实现“生产育人，管理育人”的目标 |
| 模具设计与制造 | 工学融合+顶岗实习 | 该模式以校内生产性实训基地为主，依托江淮汽车集团、芜湖奇瑞汽车公司、合肥模具产业园、芜湖模具产业园及铜陵三佳集团等企业，通过工学交替和融合，培养学生的基本技能、专业技能和职业素养 |
| 机电一体化技术 | 跟班实习+顶岗实习 | 该模式两轮实习均以具体项目带动实习内容。在第2～5学期，每学期安排跟班实习1个月，完成核心课程对应的技能训练。第6学期，在学生取得中级以上职业技能资格证书后，安排3个月的时间到企业顶岗实习。其特点是实习紧扣教学内容，易管理，效果好 |
| 应用化工技术 | 双证融入+跟班实训+顶岗实习 | 该模式是针对企业对人才岗位职业能力的专门化要求，从岗位职业能力分析入手，与行业企业合作，引入职业资格等级证书和行业技术标准，校企共同制定人才培养方案。其特点是较好地实现了人才培养规格与职业资格标准的一致，课程内容与企业最新技术发展的一致，学历证书与职业资格证书融通 |
| 现代纺织技术 | 跟班、顶岗渐进提升 | 该模式以第5学期的学生跟班实习为切入，为第6学期顶岗实习做铺垫。跟班实习期间学生以企业技术人员为师，在熟练技能的同时，养成了良好的职业素质；顶岗实习期间，充当企业员工，顶岗操作，为企业创造价值。在整个实习过程中，学校与企业实施“五共”实习管理，并把职业道德和企业文化教育融入到实习过程中，用企业文化熏陶学生，使学生的职业素质和职业技能得到了渐进提升 |

各重点专业结合各自的人才培养模式，携手行业企业，以服务求支持，贡献求发展，实现校企深度融合，工学紧密结合。

在跟班实习和顶岗实习的管理上，学院与合作企业共同实施“五共”顶岗实习管理，即共同制定“顶岗实习计划”“顶岗实习管理规定”“顶岗实习评价标准”和“共同指导顶岗实习”“共同评价顶岗实习效果”。各系部也成立了实习指导小组，系主任担任组长，负责实习内容及实习企业的安排。每学期开学后，实习指导小组根据实习内容选择实习企业，企业确定后，与企业签订了《实习协议书》，同时还与企业共同成立了实习管理委员会，实施“五共”顶岗实习管理。

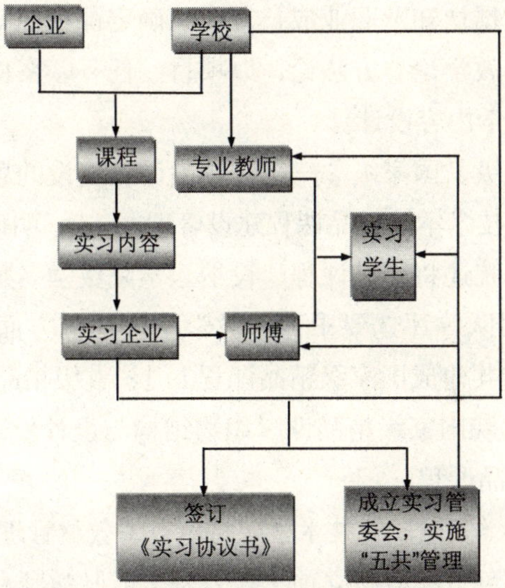


图4-5　跟班、顶岗实习流程图

目前学生跟班实习和顶岗实习比例达到100%。毕业生一次就业率达到98.55%。各专业在深化工学结合人才培养模式改革时能够结合安徽省和合肥地区行业的特点，创新思路，独辟蹊径，促进了人才培养质量的进一步提高。

**二、优化课程体系，实施工学结合课程开发与建设，提高教学质量**

学院在示范院校建设中，积极加大课程改革建设的力度，并逐步探索出“以岗位职业能力需求定课程体系，以工学结合等多种形式实施课程开发，以职业技能鉴定和创造物化成果作为课程考核依据”的课程改革思路，并将基于工作过程系统化的课程体系开发设计与实施作为重点，力求体现能力本位的课程目标和工作任务导向的课程内涵，课程体系的构建彰显了“工学结合、校企合作”的理念。

通过邀请职业教育专家到学校进行职业教育及工学结合课程系统化开发等方面的讲座，选派教师外出进行相关培训与交流，利用校内职教论坛，有计划、有主题地开展培训，不断提升了教师的职教理念，理清课程开发的思路，有效地推动了工学结合课程的开发与实施。

在课程开发上，各系部组织教师首先去企业开展专业调研，明确职业工作岗位（群），由企业专家提供涉及工作岗位的任务，教师和企业专家一起对岗位的工作任务进行分析、归纳，根据能力复杂程度整合典型工作任务对知识、能力的要求，并根据认知及职业成长规律，确定课程的知识点，根据完整思维及职业特征，结合教学论、方法论，以项目、任务、案例、设备、现象、产品等为载体，进行教学内容设计。

按院级、省级、国家级“三级”精品课程建设的思路，制定了课程建设规划和《安徽职业技术学院精品课程建设管理办法》，明确了经费支持办法和奖励细则。此外，学院还将精品课程建设纳入学院教学名师、专业带头人、骨干教师、优秀教学团队等评选要求，从教学工作的方方面面促进课程建设。截至2009年底，学院共建成国家级精品课程1门、省级精品课15门、院级精品课程34门。其中，学院国家级精品课《织物结构与设计》是安徽省高职近2年唯一的一门国家级精品课程。

学院制定了《安徽职业技术学院特色自编教材管理办法和实施细则》，通过专业核心课程特色自编教材立项，投入资金鼓励教师和企业工程技术人员进行校企共建工学结合特色自编教材的编写，共立项特色自编教材30本。通过试用、修改后再正式出版，目前已完成出版专业核心课程特色自编教材12本，推动了课程改革与建设，提高了教学质量。

同时学院加大课程教学模式与教学方法的改革力度，鼓励教师积极开展“教、学、做”一体的教学模式改革，制定了《关于鼓励教师开展“教、学、做”一体教学模式改革的通知》，各重点建设专业的核心课程基本上实行了“教、学、做”一体，提高了学生的综合能力。

**三、构建专兼结合的“双师”结构教学团队，提升教师教学能力**

学院加大对教师实践能力的培养力度。主要通过教师下企业全脱产顶岗实践、短期培训和与企业合作开展横向课题研究等方式，不断提高教师的“双师”素质，同时还鼓励教师参与实验室建设与管理。学院制定了《教师参与校内实训（实验、实习）管理工作暂行办法》等文件，投入部分经费鼓励教师参与实验室的建设和管理，以提高教师的实践能力。目前学院专业课教师中“双师”素质教师比例达到80.8%。

学院面向企业生产一线，从行业企业中大量聘请技术能手担任兼职教师，进一步改善师资队伍的“双师”结构。近2年学院聘请的兼职教师数量在170人/学期左右，承担的教学任务达到1.5万学时/学期左右，重点建设专业的专兼职教师比例基本达到1∶1。

为全面转变教师执教观念，提升教师执教水平和能力，学校邀请多名职教专家来校培训指导，先后派出30多名教师到德国、新加坡等国家学习先进的执教理念，有近百人次的教师参加了国内的课程开发等各类形式的培训，以此来提高教师的执教水平和业务能力。这些教师不仅将全新的教育教学理念和教学方法创造性地运用到实际工作中，而且引发了其他专业教师教育教学观念的变革。

示范院校建设以来，学院通过自我培养、灵活聘用等途径，加大了教学团队的建设力度。李京文等多名教师荣获“全国模范教师”光荣称号，一批教师被国家教育部、安徽省政府评为“优秀教师”。2008年以李雪教授为专业带头人的“机电一体化技术专业”教学团队被评为国家级教学团队，以袁传刚副教授为专业带头人的“现代纺织技术专业”教学团队被评为省级教学团队。同时学院目前拥有省级专业带头人11人，省级教学名师3人。

**四、强化实训基地功能建设，实现“教、学、做”一体环境**

学院结合新校区的总体规划和建设，对校内实训基地的场地与功能进行了全面规划。以建设“1234”功能（创造一个环境：与生产、建设、管理、服务工作现场一致的真实或仿真的职业环境；完成两类训练：基本能力训练和综合能力训练；实现三项任务：实践教学任务、职业技术培训任务与职业技能鉴定任务；体现四大原则：职业性原则、实用性原则、共享性原则和开放性原则）为目标，以“三结合、五合一”（“三结合”：教、学、做相结合；“五合一”：教师与师傅合一、学生与学徒合一、教室与车间合一、教学与实习合一、生产与创收合一）的理念和提高学生的动手能力为重点，按照“源于现场、高于现场”的要求，对各实训室的建设进行了多轮论证，在新校区建设了一批充分体现职业性、实用性、共享性和开放性原则的校内实训基地。通过开发实训项目，培养学生的观察能力、基本操作技能和综合能力，使学生初步实现与今后就业岗位的基本对接。此外，学院还加强与行业企业合作，新增校外实习实训基地208家，满足了跟班实习和顶岗实习的需求。

目前，通过政府投入、学院自筹和校企共建等途径，校内实训基地建筑面积达7.6万平方米，共有120多个实验实训室，实验实训仪器设备总值达6 800万元。其中，“家电及应用电子实训基地”和“服装类实训基地”分别被省教育厅指定为“高职‘双师’素质教师培训基地”和“安徽省职业学校骨干教师省级培训基地”。校内实训基地和校外实习基地的建设与管理水平显著提升，为学生的职业技能训练、职业素质训导和职业的可持续发展能力培养创造了良好的条件。

**五、建设公共实训基地，实现实训教学资源共享**

实训基地是职业院校完成实训教学与培养学生职业素质、职业技能的主要场所。学院针对目前职业园区十多所职业院校对实训基地建设的迫切需求，争取有关部门支持，在学院校区内建设了合肥职教园区开放式公共实训基地，从而实现了职教园区的资源共享，避免了重复建设，节省了办学经费，提高了设备利用率。

学院按照“全面规划、分步实施、逐步完善”的思路，建成了一个以合肥职教园区职业院校学生实训为主，兼顾社会培训、技能大赛等相关社会服务功能，融教学、培训、职业技能鉴定、生产性和技术研发功能为一体的公共实训基地，形成了工学结合、产学研结合、订单式培养、校企合作的实训体系，突出了职业教育的办学特色。

为了促进公共实训基地的高效运转，在安徽省教育厅的牵头和安徽职业技术学院的组织下，职教园区共同组建公共实训基地管理委员会，统筹规划、综合协调、宏观管理和监督检查公共实训基地建设工作，研究解决公共实训基地建设中遇到的重大问题，争取各级政府行政部门出台扶持公共实训基地建设的政策和法规。

学院按照“市场导向、合理定位、资源共享、功能互补”的原则，积极推进实训基地与院校联合，培养高技能人才；积极推进实训基地与企业联合，提高技能人才培养的针对性；积极推进实训基地与行业协会联合，依托行业协会，建立健全专家队伍，确定服务方向和合理定位，以高层次、高质量的培训带动合肥市职业教育整体水平的提高。

为了更好地服务职教园区院校，学院明确提出公共实训基地的主要工作：开展针对在校学生的技能训练及岗位培训，提高学生的动手能力和职业素养；开展面向企业职工技能提升的培训，培养企业急需的高素质、技术技能型人才；开展职业院校、培训机构师资培训，提升教师的技能素质和教学水平；为各类教育培训机构提供实训所需的场地和设施设备，切实提高实训质量；开展下岗再就业和农民工的培训；开展部队复员、转业军人的培训；承办职业技能大赛。

**六、建立健全教学质量管理体系，确保教学质量有效提高**

学院不断构建和完善教学质量管理体系，始终把教学质量作为生存和发展的生命线，创新教学管理模式，建立质量标准体系、质量监控与保障体系、质量评价体系，建立校企共同实施教学、实施监控与评价的运行机制。

在专业教学质量监控体系建设中，针对专业教学目标，围绕专业建设和专业教学实施，从专业建设的组织机构、职责、运行程序、管理制度等方面构建规范的程序。专业教学质量监控体系中，一是强调专业教学指导委员会作用，并通过相关的职责要求及工作程序，最大限度地发挥行业企业专家在专业人才培养模式改革、人才培养方案的制定、基于工作过程系统化课程开发等方面的作用；二是强化跟班实习和顶岗实习等综合实践教学的管理，建立校企共管的学生顶岗实习管理制度及相关作业文本，对专业综合实践教学实施有效监控；三是制定了与专业人才培养模式相符合的课程教学管理制度与监控措施，对以项目、任务等为教学载体，进行“教、学、做”一体的课程教学，实施柔性化管理，保障了教学的正常运行。

在教学质量评价体系建设过程中，学院一方面结合教育部及省教育厅相关评审办法制定了学院关于精品课程、优秀教学团队、教学名师、专业带头人及骨干教师等的评价标准，形成学院层面的质量工程评价办法。另一方面，学院重点针对高职教育教学目标要求，各专业以系统化设计的实验、实训、跟班实习、顶岗实习、职业技能鉴定、毕业论文及答辩等主要环节为主线，以对学生动手能力评价为核心，构建了本专业工学结合人才培养模式下的、具有专业特色的过程性评价标准。

在教学过程监控上，实行“一督”“二巡”“三检”“四评”。“一督”：教学督导；“二巡”：学院巡查、系部巡查；“三检”：学期初检查、期中检查、期末检查；“四评”：教师评学、学生评教、教师评教、综合评教，力求教学管理的科学化、网络化、规范化。通过建立有效的质量监控机制，完成教学全过程的质量管理，保证教学质量的不断提高和教学过程的顺利进行。

学院的教学质量管理体系经过不断的研究、实践、完善，在有效实施教学质量管理，特别是实践教学管理方面，越来越显现出良好的运行效果。常规教学管理科学规范，专业教学实现精细化管理，修订了学院各项教学管理制度30多项，确保了教学质量有效提高。

（本案例由安徽职业技术学院提供）

**【案例2】**

## 安徽水利水电学院坚持特色办学

多年来，安徽水利水电学院坚持以服务为宗旨，以就业为导向，走产学研结合的发展道路，主动适应经济和社会发展需要，找准学校在区域经济和行业发展中的位置，坚持培养面向行业企业和社会生产、建设、管理、服务第一线需要的“下得去、留得住、用得上”、实践能力强、具有良好职业道德的高技能人才，努力做到“人无我有，人有我强，人强我精，人精我新”，真正地把握职业教育发展的脉搏，在多年的办学实践中形成了以下主要办学特色。

1.坚持产教融合，创新培养模式

学院坚持广泛的专业调研，找准专业的关键岗位和岗位的关键能力，在调查的基础上分析相关职业岗位所需的理论知识、实践技术和专门技能，形成以产学研合作为基本途径的工学结合、校企合作的多样化人才培养模式。

（1）实施“统一性”的工学结合的基本人才培养模式。“统一性”是指各专业统一推行“岗—课—证”相融通的工学结合的基本人才培养模式。“岗”是指专业所面向的职业岗位（群）以及对知识、能力、素质的要求，以职业岗位的能力要求为依据，以职业岗位的真实工作为基础，包括职业岗位对应的国家职业资格标准、行业标准、技术规范、岗位操作规程等；“课”是为了实现人才培养目标而系统化设计的各项教学内容和教学活动，是“岗”和“证”深度融合的结果；“证”是指完成岗位工作任务要求的能力证明，包括国家职业资格证书和职业技能大赛证书等。在“岗—课—证”相融通的全院统一的基本人才培养模式的指导下，各专业可以根据自己的特点制定本专业各具特色的人才培养模式。

（2）实施“多样化”的特色鲜明的人才培养模式。“多样化”是指各专业构建了各具特色的工学结合人才培养模式。各专业根据自己的专业特点和校企合作的形式，结合本专业及相关行业企业的特点，制定了各具特色、多样化的人才培养模式，重点打造了工学结合—项目导向、工学交替双循环、工学结合—订单式、工学结合—能力导向、工学结合—产品导向、工学结合—任务导向等人才培养模式。

通过创新人才培养模式，人才培养质量得到明显提高，学生综合能力得到显著增强，得到用人单位的好评。

2.开辟企业课堂，践行校园职场

（1）以“引入式”“融入式”生产企业为载体，发挥企业大课堂作用。校企共建实训基地，引入和融入生产企业，发挥企业大课堂的作用。企业提供技术支持和捐赠设备，校企共同搭建人才培养、技术研发与服务平台，共享师资、技术、设备等资源。发挥生产经营和实训教学的双重功能，其真实的生产产品、真实的工作过程、真实的职场氛围、真实的企业文化，是实现学训交替、工学结合、生产性实训、综合实践的有效途径。

校企双方共同制定实习目标、实习内容，开发实训项目，在生产性实训过程中，学院师生与企业工程技术人员共同从事技改、技术研发和生产活动。在教学过程中，生产现场就是教学的课堂，生产车间的先进设备和技术资源，为学生的课题训练提供了优良的条件；生产车间的师傅（技师、高级技师、工程师）与学院专任教师共同组成了专兼结合、优势互补的指导教师队伍；学生学习的过程同时也是生产的过程，学生直接从事生产操作，学训交替，教学效果明显，实现了真正意义上的“工学结合”。

（2）以学院实训基地建设项目为载体，发挥校园大职场的作用。在实训基础设施建设中，将校园形态与实训基地相融合，校园内除了兴建室内实训基地外，还修建了中水处理厂、水利科技园、建筑施工实训场、水闸施工实训场等室外实训设施，使学生在校园内随时可以感受到真实的实训氛围，将教学环境与企业文化融为一体，校园充满了职业氛围，校园就是一个仿真企业环境的大职场，学生在校园即可受到职业技术、职业道德的熏陶和培养。

中水处理厂将污水处理与给排水工程技术专业教学、学生生产性实训结合起来，做到产学一体。水利科技园为水利建筑专业提供真实或仿真实训环境，使其既是校园景观，又是生产实训场所，景观、实训两相宜。把建筑施工实训场、水闸施工实训场搬进校园，以培养建筑施工技术应用、中小型水利工程施工等能力为主线，按照“理实融合”“实训场所工地化”的标准，根据教学进程按能力培养要求，现场模拟和训练各分项工程施工、施工组织与管理等过程。

3.坚持内培外引，优化队伍结构

学院按照“内培外引”（内培即“培养与培训结合”，外引即“引人与引技结合”）的指导思想打造“双师”结构的专业教学团队。

（1）有的放矢，建设专业教学团队。学院对教师分类进行培训，专业课教师主要采用顶岗、挂职、职业培训、产学合作项目、科研与技术服务等形式，重点培养其实践能力；基础课教师主要通过专业知识与技能培训、参观考察、研讨交流等形式，重点培养其专业知识；外聘兼职教师主要通过业务培训、参加教研活动与项目，重点培养其教学能力。通过师资队伍制度建设，形成了有利于师资素质持续提高和兼职教师队伍建设与管理的长效机制。

对“双师型”骨干教师采用引进和培养相结合，聘请了一批工程技术人员、能工巧匠在校兼职教学，引进了一批长期在生产一线工作、具有一定的教学能力、符合职称和学历要求的中青年工程技术人员到校任教。学院通过政策鼓励、制度指引相结合的方法，督促教师下企业全脱产或半脱产生产锻炼，通过生产锻炼、短期培训和与企业合作开展横向课题研究等方式，不断提高教师的职业素质和实践能力。目前学院专任专业课教师中“双师”素质教师比例达到90%以上。

（2）通过校企“两栖”途径培养。学院通过“引入”和“融入”的方式，将学校建在企业，将企业建在学校。通过校中有厂、厂中有校的模式，校企“两栖”途径，加强专业教学团队建设。同时，通过学院教师和企业师傅“双向兼职、双岗双责”，专任教师与企业技术人员互换岗位、换位锻炼，使教师和企业人员经常处于学校和企业“两栖”状态，既提高了企业的技术力量，也提升了教师的实践教学质量，专业教学团队“双师”结构也得到了优化，“双师”素质得到提高。

（3）项目驱动，实战演练。在专业教学团队建设中，师资的培训通过项目实际开发进行，每个教师在项目中担任不同的项目角色，履行不同的职责，完成不同的任务。在项目开发过程中遇到问题，大家共同参与讨论，使所有参加培训的教师，既了解和熟悉项目整个开发流程，也使教师的项目开发能力及实际技能得到实实在在的锻炼和提升。通过实战演练，教师个人综合能力得到很大提高，同时在培训的过程中，培养了教师的项目团队合作意识。

培训项目成果引入课堂教学中，有利于提高人才培养质量。通过校内的项目开发培训，积累和保留了系统化项目文档和技术资料，然后经过加工整理，形成项目案例教学资源，引入课堂开展项目化教学，有利于提高学生的项目开发能力和实际项目开发操作技能，从而提高学生的就业竞争力，改善就业质量。

4.建设共享平台，推进开放教学

共享教学资源平台是一个“硬件集群、数据集中、应用集成”的网络系统。学院已建成的网络学习和交流平台、数字化校园信息平台、数字图书馆、专业教学资源库平台、精品课程建设平台等内容，是促进主动式、协作式、研究型、自主型学习，形成开放、高效的新型教学模式的重要途径，是学院展示和推广本校教学改革成果的重要平台。

网络学习和交流平台使学与教更轻松，数字化校园信息平台让管理更便捷，数字图书馆为师生提供了机读万卷的机会和可能，专业教学资源库大大地丰富了各专业的教与学资源，精品课程建设平台有利于学生在线自主学习。

5.加强横向合作，搭建合作平台

（1）牵头成立江淮（工程）职业教育集团。学院在近60年的办学实践中，与行业企业和兄弟学校形成了长期的合作关系。在安徽省教育厅大力支持下，以安徽水利水电职业技术学院为依托，联合省内外50多家企业和学校，成立了江淮（工程）职业教育集团，健全了理事会制度。由安徽水利水电职业技术学院牵头，以职教集团为纽带，坚持以服务为宗旨，以就业为导向，以产学结合为途径，以整合和优化职业教育资源为手段，以安徽水利水电职业技术学院为示范，各成员学校都构建了校企合作的办学模式和工学结合的人才培养模式，推进职业院校与行业企业深入交流合作，开创职业教育校企合作新局面。

（2）A联盟强强联合，引领安徽高职教育发展。安徽省示范性高等职业院校合作委员会（简称“A联盟”），由安徽水利水电职业技术学院担任第二届轮值主任单位，共24家成员单位（涵盖我省所有国家示范高职院校、国家骨干高职院校、省级示范高职院校及省级重点建设院校），成立了教学管理、学生管理等4个工作协作组和财经类、自动化与机电设备类、电力技术类等15个专业协作组。第二届A联盟率先提出“出标准建资源做研究育专家”的核心理念，并在该理念的指导下开展卓有成效的工作。安徽高职院校抱团发展的模式为一大创举，其卓有成效的工作也引起教育领域专家和新闻媒体的极大关注，省外多所院校来皖学习经验。

6.拓展服务平台，提升服务能力

学院积极拓展服务平台、扩大服务范围、提升服务能力，社会服务能力建设成效显著。

（1）为行业社会开展技术培训。学院面向行业，先后承办了全省水利（务）局长培训班、泵站技术工人培训班，近5年年均为水利行业培训约4 000人次。面向区域企业，先后培训进网电工、通用电工、数控车（铣）工2 000多人次。学院通过开展各类培训，不仅加深了学校与企业、行业、社会的融合，同时在开展培训的过程中，吸纳各种社会资源，确立了“技术服务基地”的区域中心地位和服务品牌，为进一步拓展服务平台，扩大服务范围，提高学院为社会服务的能力奠定了基础，有力地促进了行业职工职业技能和素质的提升，取得了良好的社会效益。

（2）利用资源优势开展职业（岗位）资格和职业技能鉴定。学院拥有水利行业特有工种和国家通用工种职业技能鉴定站，鉴定的职业（工种）突破112个，每年鉴定人数达到3 000人以上。同时还开发29个工种职业技能鉴定试题库，开展行业技术工种职业技能认证，拓展了服务范围。

（3）利用师资培训基地开展高职高专教师“双师”素质培训。学院拥有高职高专“双师”素质培训基地，以建筑工程专业、建筑安装工程专业、建筑装饰技术专业为龙头，面向区域内高职高专院校多专业领域在岗或新进教师，开展高等职业教育理论、先进的职业教育方法和应用现代化教育技术的能力培训，重点进行专业技能培训，使受训教师既有较高专业理论水平又有较强实际动手能力。为了更好地实现基地的培训目标，学院联合相关企业研制和开发《建筑施工技术》《机械制造基础》《水利工程测量学》《多媒体课件制作技术》

等33个具有自主知识产权的“实训教学包”。

（4）对口支援兄弟院校，发挥辐射带动作用。本着资源共享、合作共建、相互交流、共同提高的原则，与广西水利电力职业技术学院等4所不同地区的院校签订了对口支援协议。学院先后选派36名骨干教师、专业带头人到对口院校开展工作，为受援院校培训40多名专业教师，促进帮扶院校的内涵建设，发挥示范院校的辐射带动作用。同时与5所院校签订了对口交流协议，共同开展教育教学研究、学术交流、教师互访和学生社团活动，互派10名干部挂职锻炼，合作开发课程15门，参与课题研究12项；利用学院优质的教育资源，接受对口院校学生1 500人实训（或联合培养学生），与周边地区院校共享实训基地。利用职教集团平台，帮助对口院校引进先进的教师职业资格标准、课程体系及课程标准，在师资培训与培养等方面开展有实质性的合作，使被支持院校在创新人才培养模式、专业建设、课程建设、实验实训条件建设、师资队伍建设等方面有显著的进步。

（5）利用学院技术优势，开展科技服务。为社会培训机构的专业设置和培训方向提供指导；为高职院校职业资格培训、实训教材建设、就业指导等方面提供服务；为校企合作单位提供国内外科技信息、资料；应邀参加企业科研、科技开发、技术改造计划和项目的论证、评审，参加科技攻关、科研开发、技术改造等项目的工作。5年来为企业提供现场技术服务78项；完成各类技术开发、推广、服务、咨询、转让等科技项目和有偿服务项目56项；为34个自然村城镇化建设提供规划和设计服务。

7.坚持就业导向，铸就就业标兵

高职教育主要是就业教育，学生就业率及就业质量是学校办学特色和办学水平的风向标。首先在培养学生的就业观上，培养学生树立正确的择业观，形成客观的就业观，养成良好的自主创业观。通过开设就业指导课教育学生面对现实，先就业、再择业、后创业；通过建立强有力的学生就业服务指导中心，广泛建立就业网络，为学生就业提供全方位服务；通过内联外引，纵横协作，拓宽就业渠道；通过校内组织、校外参与等多种应聘形式，让学生走上前台，自我推销，提升竞争力；将就业指标层层落实，分工负责，责任到人，形成全员服务就业的观念；要建立有效奖惩机制、就业信息反馈机制等。

学院高度重视毕业生就业工作，在上海、江苏、浙江等“长三角”地区已建立了多处就业基地，与省内外众多大型企事业单位建立了长期友好的合作关系；毕业生就业已构建覆盖水利行业和华东地区的就业网络体系。学院毕业生一直十分抢手，就业率一直稳居同类高校前列，每年初次就业率均超过95%，连续6年荣获“安徽省普通高校毕业生就业工作标兵单位”称号。

（本案例由安徽水利水电学院提供）

【案例3】

## 芜湖职业技术学院创新“融入式”人才培养模式

在“地方性、市场化、技能型、开放式”办学理念指导下，按照市场化、开放式培养高素质技能型人才的思路，学院探索、形成并推广了以“教学合作、管理参与、文化融入、就业订单”为主要内涵的“融入式”校企合作人才培养模式，建立起校企深度合作的管理平台和运行机制，并取得了实际效果。企业由“要我合作”变成“我要合作”，学生由“我找工作”变成“我选工作”。

**一、与奇瑞公司进行广泛而深入的校企合作办学实践，创新“融入式”校企合作人才培养模式**

自2005年12月与奇瑞汽车公司在7个专业组建了9个“奇瑞班”以来，通过校企双方共同成立合作办学领导委员会、合作办学领导小组、专业建设指导委员会、联合办学办公室等机构，校企共同制定人才培养方案、共同进行课程教学与建设、共同开展双师结构的教学团队建设、共同建立校内生产性实训基地、共同编写工学结合的《四大工艺基础》等特色教材、共同探索“奇瑞班”管理模式，首创了以“教学合作、管理参与、文化融入、就业订单”为主要内涵的“融入式”校企合作人才培养新模式。

一是通过专项调查，与企业专家共同进行职业岗位分析，明确毕业生的就业岗位和岗位群以及必备的知识、能力、素质，把培养目标定位于“认同企业文化，具有良好职业道德和团队协作精神的技师、班组长、工段长等一线的可持续发展的生产、技术及管理人才”。

二是通过与企业专家共同分析岗位工作任务及工作过程，对原课程体系及教学内容进行解构与重构，建立以行动为导向、基于工作过程的专业课程体系和贯穿校内、校外，尤其是顶岗实习过程的人才培养方案，解决课程设置不适应用人单位岗位要求、教学内容滞后于行业企业的发展问题。

三是在顶岗实习阶段，根据实践教学系统化设计要求，给企业下达顶岗实习教学任务，学校支付指导费，专业教师带领学生共同进入企业，企业员工和专业教师共同参与顶岗实习的指导、考核与管理，将教学过程延伸到企业，解决学生顶岗实习教学任务的落实与学生管理问题。

四是通过学校提供场地，企业提供设备，合作共建校内实训基地和校外顶岗实习基地等办法，实现教育资源校企共享，解决教学手段难以满足技能型人才培养要求问题。

五是通过人事分配制度的改革，引进具有丰富实践经验的技术人员充实教师队伍，引导专业教师到企业挂职和开展技术服务，采取实践技能课程主要由企业兼职教师讲授，学校支付酬金并定期对企业的兼职教师进行教学能力培训等办法，解决“双师”结构教学团队建设问题。

六是企业选派专人兼任合作冠名班辅导员，配合学院的辅导员对学生进行管理，引进企业的6S管理方法和手段，按照企业员工的要求对学生理论学习、实习实训、日常生活等方面进行管理。注重学生综合素质培养和企业文化的熏陶，着力培养学生良好的职业道德、职业习惯和团队协作精神。

“融入式”校企合作人才培养新模式的实施，解决了专业培养目标及课程设置与社会要求不相适应、教学内容滞后于行业企业发展、顶岗实习教学任务落实与学生管理以及教学手段难以满足技能型人才培养要求等问题。

“融入式”校企合作人才培养新模式的实施，将教学过程延伸到企业，让学生贴近生产一线，获得最直接有效的职业岗位经验和知识，实现从学校到社会、从理论到实践、从模拟岗位到实际工作岗位的无缝对接，培养了学生团队协作精神，使得学生能够较快地适应工作岗位和专业工作需要，深受用人单位的好评与欢迎。近3年，毕业生一次就业率达97%以上。根据奇瑞公司的统计，已毕业的两届共674名进入奇瑞公司工作的“奇瑞班”学生中，有近30%的毕业生走上班组长、工段长、分厂总工艺员、总工具员、综合管理员等重要岗位。奇瑞公司从7个纬度16项指标对员工的工作态度、岗位能力、学习能力、协作精神、企业认同感进行综合测评，结果表明，“奇瑞班”毕业生满意度达86%，比其他员工高出近20%。

**二、以“融入式”校企合作模式为基础，不断扩大校企合作的覆盖面**

在与奇瑞公司开展校企合作实践基础上，学院进一步强化了为企业服务、为地方经济建设服务的思想，校企合作规模不断扩大、合作企业数已达392家。继与奇瑞公司开展深度合作后，学院又分别与安徽鑫龙电器、芜湖港、恒升机床、微特电机、方正照明、中国人寿、中国联通等知名企业开展深度合作，在26个专业中组建了“鑫龙班”“港口班”“恒升班”等55个冠名合作订单班，在不同专业中实践了多种形式的校企深度融合和工学结合。

为进一步加强与企业的联系和沟通，学院还定期举办校企合作恳谈会，编发校企合作动态并根据芜湖市产业规划情况，结合招商引资项目，邀请有意向投资芜湖的企业参加恳谈会。2009年参加校企合作恳谈会的开发区及企业代表多达40多家，参会的各企业代表在发言中纷纷表示，希望和学院继续加强合作，在人才培养、技术开发、资源共享等方面进行深层次合作。

“融入式”校企合作人才培养新模式使众多企业看到了校企合作共育高素质技能型人才的积极作用，极大地调动了企业参与学校共同培养人才的积极性。芜湖港和恒升重型机床有限公司还主动在冠名班设立了奖学金和助学金，恒升重型机床有限公司还专项投资建设8 000平方米的大学生公寓，为顶岗实习学生和订单班毕业生提供优良的生活条件。“融入式”校企深度合作模式的推广应用，促进了全院的教育教学改革，使学院办学充满生机和活力，并已被教育部作为全国高职院校校企合作的典型案例在全国进行宣传。

全国高职院校校长联席会主席李进教授曾评价说：“我们非常关注芜湖职院服务地方、校企融合的做法，不止是一个企业而是一大批企业，这点做得较好，对准了我们整个的示范建设和高职教育改革的大方向。”

**三、从制度建设入手，探索并建立校企合作长效机制**

学院在校企合作过程中，注重制度机制建设。校企共同制定《校企合作领导组工作条例》《校企合作例会制度》《顶岗实习指导教师工作职责》《联合办学合作班教材建设与管理暂行规定》《共建校内实训基地管理办法》《顶岗实习管理办法》《联合办学合作班学生选拔标准及补录规定》《奇瑞班人才培养工作流程》以及教学例会和工作协调单等36项与校企合作相关的制度和办法；形成了“校企共定培养方案，校企共选订单学生，校企共享教学资源与生产设备，校企共管教学过程，校企共监教学质量”的校企合作管理平台，以保证企业全程参与人才培养；创建了以用人单位评价为主，兼顾学历标准和行业企业要求的教学质量考核评价体系和保证机制——即基础理论课注重知识、专业课注重能力、技术实践课注重技能、顶岗实习注重职业素养、技能鉴定依据职业标准并以用人单位评价为最终衡量标准的校企合作考核评价体系以及“校企共管、校企共监”的质量保证机制；研究制定出校企合作等级标准，并根据等级标准和考核评价体系每年组织一次校企合作等级评选，初步建立起校企合作的长效运行机制，规范了学校的校企合作工作，推动校企合作工作的全面发展和教育教学改革的深入。

（本案例由芜湖职业技术学院提供）

**【案例4】**

## 安徽商贸职业技术学院构建“三层次双元”校企合作机制

安徽商贸职业技术学院坚持需求导向、利益共赢，构建了学校与行业、专业与企业、学校指导老师与企业指导教师“三层次双元”校企合作长效机制。通过组建“安徽省商科高职院校与企业合作教育联盟”平台、建设“荣事达品冠学院”、建设“苏宁电器”等“企中校”和“麦田麦水”等“校中企”，设立“企业教师工作站”和“学校大师工作室”等举措，形成了校企专业共建、人才共育、过程共管、成果共享、责任共担的紧密型合作办学体制机制，运行效果良好。

### 一、成立“安徽商贸职业技术学院校企合作理事会”

2012年5月25日，学院召开了安徽商贸职业技术学院校企合作理事会成立大会，安徽省教育厅副厅长李和平、芜湖市人民政府副市长詹云超出席了大会。会议讨论通过了《安徽商贸职业技术学院校企合作理事会章程》及理事会组织机构和理事会成员名单。2013年3月22日，学院成功召开安徽商贸职业技术学院一届二次理事会，会议讨论通过了常务理事会工作报告、关于理事会单位理事提案的报告、理事会2013年年度工作计划、审议接收新成员单位报告和决定理事会有关校企合作的重要事项。学院依托校企合作理事会的相关组织开展专业建设研讨工作，积极构建共建共管与共赢的校企合作长效运行机制；依托校企合作有效推进人才培养模式改革，开展“校中企”建设；通过“企业教师工作站”校企共同培养师资队伍，推进专业核心课程建设和提升社会服务能力，校企合作理事会成效显著。

### 二、组建“安徽省商科高职院校与企业合作教育联盟”平台

学院响应集团化办学的号召，发起组建安徽省商科高职院校与企业合作教

育联盟。2011年4月29日，“商科联盟”成立大会在芜湖市百瑞中央城大酒店隆重召开，省教育厅副厅长李和平、省商务厅副厅级巡视员王晓阳，以及来自全省的商科高职院校、商科专业较多的部分高职院校、在芜高职院校等10所高职院校的领导和有关部门负责人等80多人参加了会议。会议表决通过了《安徽省商科高职院校与企业合作教育联盟章程》《安徽省商科高职院校与企业合作教育联盟合作宣言》，与会成员单位签署了《安徽省商科高职院校与企业合作教育联盟合作协议书》。学校被推选为首轮轮值主席单位，院长张光胜教授担任轮值主席。2013年7月6日，在安徽工商职业学院举行了“商科联盟”轮值主席换届交接仪式。“商科联盟”首轮轮值主席、院长张光胜教授作了题为《构建“商科联盟”平台，实现“抱团”创新与发展》的2011—2012年工作总结报告。会议充分肯定了学校作为首轮轮值主席单位所做的工作。学院4人在“商科联盟”建设上获得省级教学成果一等奖和三等奖。依托“商科联盟”，2011—2013年学院获批省级“质量工程项目”5个，获批“安徽省教育振兴计划——重大教学改革项目”2个。

**三、建设“苏宁电器”等“企中校”和“麦田麦水”等“校中企”**

“企中校”建设方面，从教学过程与生产（经营）过程对接出发，按照形成“人才培养、科学研究、社会服务和文化传承与创新”功能的要求，将课堂延伸到企业，在合作企业的生产经营场所建立教学区，采用现场教学的形式进行课程教学，先后建设了苏宁电器股份有限公司、温州人本超市有限公司、鼎捷软件有限公司等8个“企中校”。“校中企”建设方面，按照“引企进校”，打造具有真实工作环境的生产（经营）场所，提高学生实习实训效果和教师社会服务能力的基本思路，学院通过出台提供场地、人才等各种优惠措施，先后引入安徽麦田麦水数字影视动画有限公司、上海晓庄信息技术有限公司、甲骨文（中国）软件系统有限公司、芜湖本源财务咨询公司、芜湖端木财务咨询公司、盛和商贸有限责任公司等6家企业，建成了6个具有真实工作环境，具有先进性、创新性，集高技能人才培养、社会技能培训鉴定、企业培训和技术开发与服务为一体的“校中企”，如表4-8。

表4-8 “校中企”“企中校”建设完成情况表

| 专业名称 | “校中企” | “企中校” | 建成时间 |
| --- | --- | --- | --- |
| 物流管理 | — | 3 | 2013年 |
| 市场营销 | 2 | 3 | 2013年 |
| 计算机信息管理 | 1 | 2 | 2013年 |
| 动画设计 | 1 | — | 2012年 |
| 会计 | 2 | — | 2013年 |
| 合计 | 6 | 8 | — |

## 四、设立“企业教师工作站”和“学校大师工作室”

学院出台了《安徽商贸职业技术学院“企业教师工作站”建设与管理办法》，依托校企合作机制，打造骨干教师培训基地，在相关行业内具有较高知名度和社会责任感的紧密型合作企业中设立了25个教师工作站，安排35名专业教师进入工作站学习和工作。进站教师通过合作研发、挂职锻炼等方式，参与企业实践、企业管理、指导学生实习、开展课题研究、提供技术咨询与技术服务等，增强了理论与实践结合能力、社会服务能力。学院依托动画设计等重点建设专业，与南京艺德源动漫制作有限公司、芜湖华强动漫有限公司等企业合作，成立了5个不同专业领域的工作室，其中与动画设计专业专家型专业带头人、南京艺德源动漫制作有限公司总经理陶陶先生合作共建了“陶陶大师工作室”。工作室组织项目化教学，以公司招募的形式选拔学生进入工作室，每个工作室的学生在15人左右，实现了校企人才共育、成果共享的紧密型合作办学。

（本案例由安徽商贸职业技术学院）

## 【案例5】

## 安徽工商职业学院以技能大赛引领教学改革

安徽工商职业学院第一次参加国家技能大赛是2010年，当年学院获1个一等奖和1个三等奖的好成绩，并实现我省在全国高职院校技能大赛金牌零的突破。接着学院在2011年又获得了我省高职院校在全国技能大赛中的唯一一等奖。在2012年的技能大赛中，学院学生取得4个一等奖、9个二等奖、12个三等奖的好成绩，为学院、为安徽省赢得了荣誉。学院以上成绩的取得，得益于国家和省政府对技能大赛的高度重视。学院利用技能大赛这个平台，展示了学生的风采，扩大了学院的影响，并且将技能大赛作为学院把握市场脉搏，深化教学改革的风向标、助推器、度量衡。

**一、以赛促改，引领教学内容和教学模式改革**

职业技能竞赛活动的开展，为创新实践教学模式、提高学生就业竞争核心能力找到了载体和切入点，为加强实训环节提供了依据。学院以技能大赛为引导，全面推进和检验教学改革的进程，将技能大赛的内容转化为教学改革项目。例如，该校物流专业、酒店管理专业、烹饪专业、楼宇智能化专业和文秘专业以技能大赛中出现的项目试题、训练任务、设备为载体，进行课程开发和课程整合，并开发出符合学生职业能力培养、体现专业技能应用的实训课程；以英语口语竞赛项目为标准对公共英语和外语类课程教学进行了课堂教学方法改革；以技能大赛的评价标准对会计专业、市场营销和国际贸易专业课程考核与评价的改革。

**二、以赛促教，有效推动师资队伍建设**

近年来，学院积极参加国家、省和行业企业举办的各类大赛，并积极承担省级技能大赛的部分项目。教师直接参与和指导学生参与技能大赛，促进教师全面掌握行业企业对高素质技能人才培养需求及相关职业岗位的技能要求，不断提高自身的专业水平与实践能力，不断提高自身“双师”素养与水平，及时更新教学内容，改进教学方法，不断提高教学质量，形成师生同赛、教学相长的生动活泼的教学格局。训练期间聘请企业及社会实践经验丰富的名师专家、高级技术工程人员、技师或能工巧匠作为兼职指导教师，加强技能竞赛的指导，促进了“双师”结构的师资队伍建设。

学院还将教师企业锻炼和技能大赛相结合，围绕参赛项目有计划地安排30多名专业教师参加企业挂职锻炼，特别是将教师安排到全国职业技能大赛的协办企业进行实践锻炼，使教师挂职锻炼具有明确的目的性和专业的针对性，真正实现教师专业实践能力的提升。

**三、以赛促合，助推校企之间深度合作**

技能大赛为校企双方提供了一个深化合作的重要平台，使企业更加了解高职院校的办学能力和人才培养质量，为校企双方找到了一个长期深入合作的切入点。学院以技能大赛为契机，要求每个参赛项目必须与企业合作，必须有企业技术人员和专家的参与和指导，确保在企业实际岗位进行体验和训练的时间，全方位地争取企业对比赛的支持。通过技能大赛，学院各参赛专业与企业合作的主动性和积极性大大增强，探索出多种合作形式，先后和中海物流、苏宁电器、百大集团、洲际集团、商之都红府超市等企业实现了以“订单培养”为主要形式的校企深度合作。

在校企合作过程中，学院重视在校园文化建设中吸收优秀企业文化的元素，借助企业文化的内涵实施校园文化建设，打造企业化的校园文化氛围，彰显高职校园文化的鲜明特征，使学生在职前就能了解企业文化并具有一定职业能力和职业道德，为适应企业需求奠定基础，使得培养的毕业生具备的素质、技能与现代企业对人才的迫切需求相适应，努力实现校企供求的无缝对接。

**四、以赛促建，完善实训基地建设**

技能竞赛使用了行业最先进的生产技术，运用了最先进的生产设备，其场地和设备本身具备很强的教学示范作用。学院将技能大赛训练条件建设与实训基地建设结合起来，依靠实训基地支持技能大赛。根据教学需要和大赛需要，增加新的实训室，增加实验实训工位，更新实验实训设备，优化实验实训情境，提高比赛保障能力，不断提高建设与管理水平。近年来，学院为了承办和参加各项技能大赛，加大了对实训室建设的投入，并着手建设“三创”人才孵化基地。2012年是学院参加国家技能大赛项目最多的一年，学院也为此投入了近200万元，改善了相关专业的实训条件。

**五、以赛促学，带动学生职业能力提高**

为了提高学生对技能大赛的兴趣和关注度，学院将不同层次技能大赛——院级、省级和全国大赛衔接起来，各专业每年都举行院级技能比赛，确保学院学生人人都有机会参与比赛，使大赛功效普惠所有学生，保证技能比赛的覆盖面和学生参与度；参加省级、国家级比赛的选手必须经过层层选拔，以优异的技能成绩才能脱颖而出。参加技能大赛的选手，通过大赛的洗礼，在各方面都更加成熟，受到企业青睐。例如，学院参加2010年全国职业院校技能大赛物流项目的选手，他们不仅具有良好的理论知识，而且还有过硬的实践动手能力，特别是具有创新意识和团队精神，比赛结束后一名选手就被我省一家著名的物流企业提前录用。参赛选手强势的就业能力为其他学生树立了良好的示范，增强了更多学生的学习信心。

技能大赛对学院师资队伍建设、校企合作、实训基地建设等教学改革的各个领域起到了巨大的推动作用，同时，不断成长的师资队伍、良好的实训环境、深度融合的校企合作也成为学院在各级技能比赛中不断取得优异成绩的重要保障。学院将继续总结技能大赛经验，继续探索和进一步推动技能大赛对学院教学改革的引领作用，实现技能大赛与教育教学改革之间的良性互动。

高职院校的教学改革之路还相当漫长，在探索和解决这些问题的道路上，技能大赛的开展对促进和推动高职院校的教学改革无疑起到了重要的作用。今后，学院要充分利用技能大赛的引领推动作用，通过技能大赛形成对职业教育教学改革的倒逼机制，发挥技能大赛的风向标、助推器、度量衡和试金石的作用，促进课程改革、实训基地建设、“双师型”教师队伍建设、校企合作及高职院校教育改革，提高技术技能型人才的培养质量。

（本案例由安徽工商职业学院提供）

# 第五章　安徽省高等教育未来展望

改革开放以来，社会发生了翻天覆地的变化，经历了由计划经济体制向市场经济体制的转轨，高等教育也实现了快速发展，取得了举世瞩目的成就。近年来，党中央、国务院高度重视高等教育的改革与发展，把优先发展教育摆在重要地位。安徽省在高等教育大众化进程中抓住了机遇，按照“科学定位、分类指导、多元发展、特色办学”的发展方针，初步构建了“服务地方、支撑经济、引领发展”的应用性高等教育体系，走出了一条具有安徽特色的“地方性、应用型、合作式、一体化”应用性高等教育发展之路。今后，将进一步研究、探索、实践地方特色的高等教育发展道路，坚持走好具有安徽特色应用性高等教育发展道路，推进高等教育现代化进程，努力实现高等教育改革综合化、信息化、特色化、保障一体化、治理现代化。

## 第一节　安徽省高等教育的形势与任务

近年来，安徽省委、省政府一直高度重视全省高等教育事业发展工作，2010年出台了《中共安徽省委安徽省人民政府关于建设高等教育强省的若干意见》，2011年颁布了《安徽省中长期教育改革和发展规划纲要（2010—2020）》，2013年省政府工作报告提出实施“高等教育质量提升工程”的相关要求。经过多年的改革发展，安徽省高等教育事业一些关键指标达到或超过全国平均水平，并在一些高等教育改革发展的关键领域大胆进行创新，探索出一条具有地方特色的地方应用性高等教育发展道路。全省高等教育办学规模、质量和实力得到全面提升，在全国的影响力和话语权有了较大提高。但同时也应该清醒地认识到，安徽省高等教育发展与党的十八大确定的奋斗目标和总体要求还有很大差距；与省委、省政府强力打造“三个强省”建设美好安徽的要求还有很大差距；与社会、学生、用人单位对高等教育质量提升的新期望还有较大差距。与江、浙、沪等发达省份相比，安徽省高等教育内涵发展仍存在较大差距。

## 一、当前安徽省高等教育面临的主要矛盾

高等教育规模急剧扩张的同时，经济社会发展对高等教育多样化需求与高等教育趋同发展的矛盾日益突出。由此引出了一系列的问题，主要集中在“两个不足”与“两个不适应”上。

第一个不足是优质高等教育资源不足与人民群众对优质高等教育的强烈需求的矛盾开始凸现。近年来，我省的高等教育快速发展，老百姓上学难的问题基本得到解决，基本满足了人民群众接受高等教育的愿望和需求，但高水平大学、特色高校，国家级重点学科、重点实验室等国家级平台，以及一本招生计划和高水平人才队伍数量不足的问题依然十分突出。由高教大省向高教强省迈进的过程中，我省高等教育的发展现状距离国家的要求，省委、省政府的目标，特别是与人民群众要求“上好学”的期盼还有很大差距。

第二个不足是高等教育服务、支撑、引领能力不足与建设“三个强省”需求的矛盾更加突出。高等教育服务安徽省委、省政府提出的“科学发展、全面转型、加速崛起、兴皖富民”的“十二五”发展战略和“科教兴皖、人才强省”战略，建设“三个强省”的支撑作用仍然不足。2008年以来共停招、停办了1 497个专业点，新增1 323个专业点，其中应用型专业虽达70%以上，但高校的专业点数对应第一、二、三产业的比例分别是2%、22%、76%，结构不尽合理。特别是经济社会发展急需的专业、战略性新兴产业发展需求的专业准备不足。

第一个不适应是高等学校传统办学模式与高等教育转型发展不适应的矛盾正在集中暴露。主要表现为高等教育在由外延向内涵发展的转型过程中，高校出现的诸多不适应。即由外延发展向内涵发展转型，高校在如何加强内涵建设的意识和能力上不适应；由举债发展向财政保障发展转型，高校在如何“用好钱，管好钱”方面不适应；学校由独立自主向开放合作发展转型，高校在开放的心理、心态、合作能力上不适应；由传统学术为主发展向现代应用型发展转型，高校在课程、师资、设备、管理、评价等方面不适应；由趋同发展向分

类、多元、特色发展转型，高校在创新的意识和能力上不适应；由适应经济社会发展向服务、支撑、引领经济社会发展转型，高校在服务产业的能力和意识上不适应；由政府包办高校发展向自主办学转型，高校在治校、办学能力以及社会管理上不适应；由课堂单一性模式向网络等多元的教学模式转型，高校在信息化水平上不适应；由单项改革向综合改革转型，高校在顶层设计和统筹协调上不适应；由局部、自由式的被动发展向主动、科学的发展转型，高校在科学规划、主动谋划上不适应。

第二个不适应是政府管理与高等教育转型发展不适应的矛盾愈加尖锐。高校与政府、社会的关系还没有进一步明确，现代大学制度建设需进一步完善，高校办学自主权有待进一步扩大，省级政府统筹管理仍需进一步推进；现有的高校管理体制条块分割、职能交叉、分工不明、难以统筹；“党委领导、校长负责、教授治学、民主管理”的大学管理体制缺乏规范化的操作规定；招生就业制度缺乏灵活性，招生、就业、培养没有形成有效的联动机制；教育投入机制落后、主渠道单一；教师退出机制没有建立，人事分配制度改革亟待深化。

这些矛盾和问题，集中反映在社会与高校对彼此要求和需求的差异性上。总体来说，社会要求高校进一步提高教育质量，提升教师教学科研水平和学生实践创新能力；进一步改进教风、学风、校风，加强教师职业道德和学生思想品德教育；进一步适应社会发展需要，主动、超前对接社会需求，提升社会服务水平。高校则希望社会和政府创造宽松环境和有利条件，进一步向高校“放权”，扩大学校专业设置、自主招生、人才使用等方面的自主权；进一步增加高校经费投入，减缓债务负担，扩大学校自主支配运行经费的权力；进一步支持民办高校发展，积极引导民众认知，给予更大的生存和成长空间。

## 二、科学研判全省高等教育的发展方位

改革开放以来，特别是1998年以来，安徽省和全国一样，高等教育经过大改革、大建设、大发展，实现了历史性跨越。2008年，安徽省以实施“双百工程”和“质量工程”为抓手，以大力推进高等教育强省建设，提高高等教育对经济社会发展的贡献度、对人力资源强省建设的支撑度和人民群众的满意度为目标，全省高等教育快速发展并取得阶段性进展。经过多年的快速发展，全省高等教育彻底改变了过去“高校少、规模小、水平低、底子薄、结构不合理”

的面貌，高等教育大众化水平明显提高，已经跨入与人口大省、教育大省相协调的高等教育大省行列。

发展地看，建设高等教育强省的目标定位得到广泛认可，正转化为高等教育发展的内在动力，初步走出了一条具有安徽特色的地方应用性高等教育发展道路。自1997年省委、省政府提出“刻不容缓地发展高等教育”以来，安徽省高等教育就进入了发展的快车道。2010年以来，全省着力发展应用性高等教育，提出了“科学定位、分类指导、多元发展、特色办学”的地方高等教育发展方针，探索出了一条“地方性、应用型、合作式、一体化”的具有安徽特色的地方高等教育发展道路。

历史地看，高等教育正处于转型发展的关键期。目前，全省高等教育正由规模扩张为主的高教大省向内涵发展为主的高教强省转型，由传统学术型教育为主向现代应用型教育转型，由封闭自主办学为主向开放合作转型，由趋同发展向分类、多元、特色发展转型，由适应社会向服务、支撑、引领经济社会发展转型，由举债发展向财政保障发展转型，由政府干预过多向高校依法自主办学转型，由单一的传统教育教学模式向现代信息技术与传统模式并存转型，由单一的精英教育向大众化教育为主转型，由推进单项改革向全面综合改革转型。

横向地看，安徽省高等教育呈现出强劲的争先进位势头，正在缩小与高教强省的差距。2010年，安徽省提出建设高教强省的战略目标，将目标定在与全国平均水平相比，与中部地区相比。2012年，安徽省高等教育加入长三角联盟，开始与长三角的高教强省比较。比较对象和目标定位的改变，充分说明了安徽省高等教育经过近年来的快速发展，发展目标有了与高教强省相比较的底气。从目前情况看，其高等教育“主要发展指标赶超全国平均水平，赶超中部地区高等教育领先省份”的“两个赶超”正在实现，与江苏、浙江、上海等发达省市的差距正在缩小。

## 三、提高质量是新形势下安徽省高等教育的主要任务

未来五年，是安徽省深入学习贯彻党的十八大精神的五年，是全力打造“三个强省”，实现美好安徽、加速安徽崛起的五年。在加快高等教育转变发展的新形势下，需要进一步贯彻党的十八大精神，落实《安徽省“十二五”教育事业发展规划纲要》的要求，坚定高等教育科学发展的正确方向，把提高质量

作为高等教育改革发展最核心、最紧迫的任务。

今后几年，全省高等教育发展的总体目标就是要努力实现高等教育内涵发展，全面提高高等教育质量，办人民满意高等教育，坚持“科学定位、分类指导、多元发展、特色办学”的发展思路，努力实现“一个目标”“两个赶超”“三个提高”。

“一个目标”就是要大力推进高等教育强省建设，全面提高高等教育质量，初步建成能够服务党委和政府决策、支撑经济发展和产业升级、引领文化繁荣和社会进步的，具有安徽特色的现代应用性高等教育体系，高等教育对经济社会发展的贡献度、对人力资源强省建设的支撑度和人民群众的满意度有明显提升。“两个赶超”就是要实现我省高等教育主要发展指标赶超全国平均水平，赶超中部地区高等教育领先省份。“三个提高”就是要大力提高高等教育的综合实力、服务能力和办学活力，不断改善高等教育的基本办学条件、师资队伍力量和人才培养质量。

## 第二节　深入推进高等教育综合改革

回顾历史，高等教育改革曾是我国改革开放的先声。恢复高考的重大决策改变了成千上万人的命运。教育要发展，根本靠改革。这是改革开放以来我国教育事业发展的一条基本经验。改革开放以来，党中央、国务院先后颁布了《关于教育体制改革的决定》《中国教育改革和发展纲要》《关于深化教育改革全面推进素质教育的决定》等重要文件，针对不同时期经济社会发展和教育发展的阶段性特征，就教育改革进行部署。2013年，《中共中央关于全面深化改革若干重大问题的决定》提出了“深化教育领域综合改革”的总要求。由此可见，我国从未停止过教育改革步伐。在教育领域开展综合改革，提高教育服务社会经济发展的水平，是国民经济发展、全面深化改革的迫切需要。

改革只有进行时，没有完成时。当前，高等教育改革已进入深水区、攻坚期，全面深化高等教育综合改革，是大势所趋、形势所迫，也是破解高等教育深层次矛盾的必然要求。推进高等教育综合改革，要高等教育按照综合改革的新任务、新要求和新特点，以系统思想设计改革，用统筹兼顾的方法推进改革，促进各项改革协同创新，在改革的效果上实现整体优化。

## 一、高等教育综合改革的内涵和特征

### 1.什么是高等教育综合改革

高等教育综合改革是对我国现阶段高等教育改革特征的概括，而非改革内容的描述，是指改革方式的综合性、系统性，而非改革内容的面面俱到。教育目标的实现不可能靠单一改革可以奏效，需要综合施策、协同推进。

高等教育综合改革的性质是由高等教育形势任务变化决定的。从我国发展阶段对高等教育的要求看，我国进入了创新驱动发展的新阶段，推动经济发展在中高速增长中迈向中高端，实现提质增效升级，迫切需要培养大批高素质人才、大力提升自主创新能力。从日趋激烈的国际竞争对高等教育的挑战看，新一轮科技革命和产业变革正在孕育兴起，综合国力的竞争越来越体现在科技和人才的竞争上，高等教育已成为国家核心竞争力的标志性力量。通过改革培养高等教育新的竞争优势成为各国的共同选择。从高等教育自身看，我国高等教育毛入学率已经达到34.5%，已进入大众化深入发展的历史阶段，正处于全面提高质量、走内涵发展道路的转型时期。但我国的高等教育仍“大而不强”，还不能完全适应经济社会发展的要求，不能满足人民群众对更加优质、公平、多样高等教育的需求。高等教育中的很多问题仅靠学校的力量难以解决。

高等教育综合改革是我国高等教育大众化过程的必然选择，反映了人们认识和改造世界由个体到整体、由简单到复杂的客观规律。在高等教育的综合改革中，既要主动适应市场在资源配置中起主导作用的市场经济体制的发展；又要坚持十八届三中全会提出的国家治理体系和治理能力现代化的要求，实现高等教育治理体系和治理能力现代化；更要牢牢树立以立德树人为根本任务，培育和践行社会主义核心价值观，坚持育人为本、德育为先、能力为重、全面发展，把全面贯彻坚持党的教育方针、全面实施素质教育作为根本要求，培养具有社会责任感、创新精神和实践能力的德智体全面发展的中国特色社会主义建设者和接班人。

### 2.高等教育综合改革的主要特征

高等教育综合改革不同于以往的改革，具有系统性、整体性、全面性和艰巨性。新的改革任务、新的工作要求，要求必须不断探索完善新的工作方法，深入开展高等教育综合改革。

第一，更加系统。教育是一个系统工程，各级教育相互联系，各个学科相互渗透，不同学段相互影响。在一个特定时期，单一的、单方面的、一个教育阶段的改革，也许能收到一定成效，但是社会发展到今天，这种改革模式不仅难以奏效，反而会对其他方面产生掣肘。推进综合改革，不是局限于局部内容的调整完善或单一制度的修修补补，而是要充分考虑教育各要素之间的内在联系，更加注重各级各类教育的相互联系及教育各要素的相互影响，更加注重上下左右各部门的相互配合和改革政策措施的相互促进，进行系统设计，整体考虑。

第二，更加整体。要综合考虑经济、社会对教育的影响。教育改革到今天，已不是仅仅局限于某一地区、某一领域，而是全面展开、整体推进。深化改革已成为各级各类教育科学发展的重要前提，推进改革也成为各地区各部门教育工作的共同任务。因此，在改革布点上，既要统筹考虑不同地区的实际需求和各级各类教育的现状，分类指导；又要突出重点，提高整体性，避免“碎片化”。要统筹改革力度、发展速度和社会可承受度；坚持全局和局部相配套、治标和治本相结合、渐进和突破相促进，进一步优化改革整体布局，系统推进改革。

第三，更加全面。教育是社会的一个子系统，教育发展有其自身规律，同时受外部政治、经济、社会、文化等因素影响。推进教育改革，一方面要综合考虑这些因素对改革的影响，将改革的力度与社会可接受的程度统筹考虑，既要坚持按教育规律推进改革，也要更加注重社会评价对改革的引导作用，不能关起门来搞改革；另一方面要充分调动社会各方面的积极性，增强改革政策的协调性，聚集各方力量推进教育改革，营造良好改革氛围，取得更加显著的改革成效。

第四，更加艰巨。当前的高等教育改革已进入深水区，正在从单项改革转变为综合改革，从增量改革推进到存量改革，从表层改革深化到深层改革，好解决、好克服的问题大多已经改革，剩下的都是难啃的“硬骨头”。不论是改革的范围、改革的深度、改革的广度都比以往任何一次改革更加复杂，任务更加艰巨，阻力更大。

## 二、正确处理高等教育综合改革中的几个关系

改革是中国最大的红利，也是教育发展最大的红利。当教育改革进入攻坚期、深水区，新任务、新挑战接踵而来，当各种利益格局错综复杂……靠原来的单项改革或局部突破，显然不能解决教育的根本问题。只有深化教育领域综合改革，突破体制机制障碍，凝聚更多合力，才能破解当前教育发展的“症结”。如此一项重大改革的推进，必然涉及观念转变和利益格局重大调整，必然遇到阻力。因此在推进高等教育改革过程中，只有妥善处理好政府、社会与高校、中央与地方、教育系统内与教育系统外等各级各类关系，才能有效推进改革。

**1.正确处理政府、社会与高校的关系，坚持管、办、评分离，加快构建政府、社会与高校的新型关系**

按照建设公共服务政府的要求，政府向学校放权，依法落实和扩大高校办学的自主权，坚持管、办、评分离，形成政府宏观管理、学校自主办学、社会广泛参与的高等教育发展新格局。政府宏观管理，就是要转变职能、简政放权、创新方式，不缺位、不越位、不错位；学校自主办学，就是要落实学校办学主体地位，明确权利责任，自我管理、自我约束、自我发展；社会广泛参与，就是高等教育质量要接受社会评价、教育成果要接受社会检验、教育决策要接受社会监督，最大限度吸引社会资源进入教育领域。政府、学校、社会之间，管、办、评三者之间，权责边界既应当是清晰的，又一定是相对的，既相互制约又相互支持的，由此形成现代教育治理体系，不断提升现代教育治理能力。

**2.正确处理中央与地方的关系，加强省级统筹，让高校在各自层次上办出特色，争创一流**

进一步推动中央政府向地方政府的简政放权、中央各有关部门向省级政府下放审批权，由省级管理更方便有效的事项一律下放省级管理；进一步明确教育部、其他中央部委和省级政府管理高等学校的职责和权限，推动中央部委院校和地方院校的省部共建，推动部委院校为地方经济、社会发展服务。

要充分认识到地方高校的重要性，加强省级政府对高等教育整合改革的统筹。地方高校是高等教育的主力军，它们面向的是生产、管理一线的主战场，

是大学生就业的主体，也培养了大批拔尖创新人才。要将地方高校的发展纳入到国家发展战略之中。要研究制定扩大省级政府教育统筹权的实施意见，建立完善的省级统筹为主管理高等教育的体制和能够统筹全省各部门的联动工作机制，促进高校科学定位、分类指导、特色发展，在各自的层次和类型上争创一流。

**3.正确处理高等教育促进经济社会发展与促进人的全面发展的关系，充分发挥高等教育的服务、支撑、引领作用，科学构建现代高等教育体系**

服务社会发展和服务人的发展是教育的两个基本职能。高等教育对经济、社会和文化发展具有持续的服务、支撑和引领推动作用，对人的全面发展具有重要的作用。不同类型的高校在处理两者的关系上是不同的。高等教育中的“985工程”“211工程”等高水平大学，主要服务国家战略和科技创新，培养拔尖创新人才；地方高校主要服务地方战略，直接面向生产、管理一线，培养应用型、复合型人才；高职院校和成人高校、开放大学等服务终身学习、继续教育的需要。各类高校要根据大学使命和生源基础，遵循高等教育规律和学生身心发展规律，为每个学生提供适合的教育，培养造就数以亿计的高素质劳动者、数以千万计的专门人才和一大批拔尖创新人才，科学构建起现代高等教育体系，保持高等教育系统的生态多样性，实现高等教育促进社会发展和人的发展完美结合。

**4.正确处理教育内部基教、高教、职教和继续教育的关系，探索建立学分银行，稳步构建教育新体系**

基础教育、高等教育、职业教育和继续教育是教育的四大板块。要围绕学前教育抓普及、义务教育促均衡、高中教育强特色、高等教育提内涵的要求，促进各类教育持续健康协调发展。在不同的发展阶段，针对各层次的教育，要统筹管理义务教育，推进城乡义务教育均衡发展，促进普通高中和中等职业学校的合理分布和协调发展。

要加快构建现代职业教育体系。加快形成适应经济社会发展需求、校企紧密合作、产教深度融合、中高职衔接、职普沟通，体现终身教育理念，具有中国特色、世界水平的现代职业教育体系。

建立学分银行，本质上是终身学习时代的必然要求，就是要以“学分”为纽带，建立学分积累与转换的“学分银行”，构建普教与职教，首次教育与继续教育，面对面教育与现代定位教育，区域教育与非区域教育，学分制教育、终身学习与人才成长中的重要“立交桥”，构建教育新体系。

**5.正确处理高校内部关系，优化内部治理结构，建立现代大学制度**

要建立事业单位法人治理结构，完善内部治理结构。坚持和完善党委领导下的校长负责制，依法落实党委职责和校长职权，落实教职工代表大会的民主参与机制、理事会（董事会）的社会联系和合作机制；要尊重学术权利，充分发挥学术委员会的作用，推动行政权力与学术权力的相对分离；加快大学章程建设，推进依法治校，提高高校领导依法管理的能力和师生知法守法的水平，构建自我约束、自我规范的内部管理体制和监督制约机制，形成依法办学、自主管理、民主监督、社会参与的现代学校制度。

**6.正确处理提高高等教育质量和促进高等教育公平的关系**

提高高等教育质量，就是要以高等教育强国建设推进人才强国建设和人力资源强国建设。促进高等教育公平，就是以教育公平促进社会公平，这是坚持社会主义制度下教育公益性、普惠性的必然要求，是我们党执政为民所必须秉持的基本政策内涵，是人们对教育的首要期盼，也是国家的基本教育政策。

没有高等教育的公平，就没有高等教育的质量；没有高等教育的质量，就无法做到高等教育的公平；在公平的基础上提高质量，是世界性的高等教育发展趋势。

## 三、高等教育综合改革的重点领域和关键环节

高等教育综合改革的根本任务是立德树人、提高质量。改革的总体思路是全面贯彻党的教育方针，坚持立德树人，以促进教育公平、提高教育质量、增强办学活力为主线，以人才培养体制、招生考试、办学体制和管理体制为重点，深化高等教育领域综合改革，加快推进治理体系和治理能力现代化，形成充满活力、富有效率、更加开放的教育体制机制，促进教育事业科学发展，办好人民满意的高等教育。

**1.把立德树人、提高质量贯穿综合改革的全过程**

高等教育综合改革要以立德树人为基本导向，把立德树人、提高质量作为高等教育综合改革的灵魂。一是坚持人才培养的正确方向。培养德智体美全面发展的社会主义建设者和接班人，是高校贯彻党的教育方针的根本要求。教育

不仅要传授知识、培养能力，还要把社会主义核心价值观融入到日常的教育中，引导学生树立正确的世界观、人生观、价值观、荣辱观，充分发挥思政课教师、专业课教师、辅导员、班主任和党团组织等的作用，以学识魅力和人格魅力感染学生。二是坚持学生为本、教学优先的基本要求。高校主要领导要亲自抓教学，完善教学协调和管理机制，推动各种资源优先向教育教学一线倾斜。三是建立完善师生互动、教学相长的制度保障。强化管理、从严治教，通过考评、聘任等措施，让所有的教师真正把心思和精力用在教学和学生身上。四是建立开放合作、协同育人的长效机制，强化实践育人，把社会实践活动与课堂教学摆在同等重要的位置。

**2.深化人才培养体制机制改革**

要推进教学、科研、实践紧密结合，学校、家庭、社会密切配合，加强学校之间、校企之间、学校与科研机构之间合作以及中外合作等多种联合培养方式，形成体系开放、机制灵活、渠道互通、选择多样的人才培养体制。各高等学校要破除自我封闭思维，强化开放合作意识。特别要以校企合作为重中之重，通过教产结合和校企合作，实现培养单位和用人单位的无缝对接；通过搭建教育国际合作与交流平台，建设中外合作培养项目，推进高等教育国际交流与合作；积极依托大中型企业，共建本科高校具有培养应用型人才能力和产学研合作能力的“双能型”、高职高专院校“双师型”教师培养培训基地，提升教师的实践动手能力。地方高校要主动融入地方，服务地方经济社会发展，彰显地方特色，努力强化应用型人才培养。要大胆引入执业资格标准，不断完善人才培养规格标准；引入行业标准，不断完善专业标准；引入企业核心技术标准，不断完善专业核心课程标准；引入行业企业专家，充实加强教学团队建设；引入行业企业积极参与人才培养工作，实现校企深度合作。

**3.优化高等教育结构，引导高校合理定位、特色发展**

以高等教育结构的升级版支撑我国经济的升级版，这是适应经济社会发展、推动经济转型升级的要求，也是政府教育宏观调控的重要内容。要牢固树立市场意识，强化市场在教育资源配置中的决定性作用，增加主动服务、支撑、引领经济社会发展的能力，不断改变当前高等教育“招生按计划、就业靠市场”的局面。调整结构的重点是调整学校类型结构、学科专业结构、师资结构、人才培养结构、学校区域布局和职能结构。优化学校类型结构，实行分类管理，引导高校合理定位，克服同质化倾向。优化学科专业结构，主动围绕地方经济社会发展需求，建立学科专业动态调整机制，加大对支柱产业和战略性新兴产业服务支撑能力。优化师资结构，建设高水平高素质的师资队伍，提高学科专业发展水平。优化人才培养结构，扩大应用型、复合型、技能型人才培养规模，着力培养地方经济社会发展急需和新兴产业紧缺人才。优化高校职能结构，特别是科研与社会服务之间的职能结构优化，深入开展应用科学研究和服务，推进建立协同创新机制，提升高校对地方的服务水平。

**4.积极稳妥推进考试招生制度改革**

在教育领域综合改革中，高等教育招生制度改革影响面最大，是各项改革的重中之重，牵一发而动全身。改革的方向是建立并完善有利于学生健康成长、有利于科学选拔各类人才、有利于维护社会公平的中国特色的现代高考制度。

一要遵循人才选拔规律，改革考试形式和内容，发挥好考试招生的指挥棒作用，引导素质教育，促进学生全面发展。坚持“探索招生和考试相对分离、学生考试多次选择、学校依法自主招生、专业机构组织实施、政府宏观管理、社会参与监督的运行机制”的改革方向，逐步推行普通高校基于统一高考和高中学业水平考试成绩的综合评价多元录取机制，探索减少统考科目、不分文理科、外语等科目社会化考试一年多考。二要发挥高校招生主体作用，支持高校科学自主选拔学生，提高人才选拔水平。高校是考试招生改革的重要主体，改革的一个重要着力点就是扩大高校招生自主权，提高人才选拔的针对性、科学性。继续探索高校自主招生、自我约束、政府统筹、依法监督的招生机制，推进多元录取，逐步扩大自主选拔录取改革试点范围。三要着力完善规则，确保公平、公正。要加大招生工作信息公开力度，加大监督检查力度。真正扭转应试教育倾向，更加有利于促进学生健康成长、科学选拔人才、维护社会公平，彰显有教无类、因材施教、终身学习、人人成才的理念，为亿万学生提供多样化的学习选择和成长途径，搭建符合基本国情的人才成长“立交桥”。

**5.着力深化高校人事制度改革**

人事制度是调动人的积极性、创造性的根本制度，这一改革不深化，综合改革的很多“坎”就迈不过去。高校有干部、教师、学生，要通过改革人事管理制度、绩效考核和奖惩办法等，实现优劳优酬、优生优教，充分调动干部、教师、学生的积极性、主动性、创造性，激发活力，增强动力，提高学校办学的质量和效益。一要进一步健全集聚高层次人才的体制机制。这是建设有特色高水平大学的必要前提，重点是抓好引进、培养和使用三个环节。二要进一步完善人事管理机制。让合适的人有合适的岗、做合适的事，才能人尽其才、才尽其用。三要建立合理的绩效考核和薪酬制度。要充分发挥分配制度的杠杆作用，完善以分类管理为基础、业绩贡献和能力水平为导向的绩效考核指标体系，体现不同岗位工作内容的多样性、指标权重的科学性、工作业绩的等值性。

**6.切实转变政府职能，完善高校内部治理体系**

以构建政府、高校、社会新型关系为导向，积极简政放权，加快转变政府职能，进一步明确政府高等教育的管理职责和权限，进一步明确高校的办学权利和义务，更好地落实高校的办学主体地位，更好地发挥社会的支持和监督作用，加快完善中国特色现代大学制度，加快推进高等教育治理体系和治理能力现代化，形成政府宏观管理、学校依法自主办学、社会广泛参与支持的格局，促进高校办出特色、争创一流。

高校要以制定大学章程为契机，加快完善内部治理结构，形成自我发展、自我约束的机制。要把大学章程作为依法办学的基本准则，坚持和完善党委领导下的校长负责制，这是高校的根本制度，必须坚定不移地执行好、发挥好这一制度的优势。要进一步发挥高校内部教代会、学术委员会、理事会等在学校民主管理和治理中的作用，各安其位、各司其职、各尽其能，形成既相互支持又相互制约的运行机制，通过完善内部治理体系，不断提高学校的治理能力。

**7.全面推进高等教育评价机制改革**

“评价”直接影响高等教育综合改革的新格局，引导着高等教育综合改革的方向。高等教育综合改革首先要明确往哪改，改什么，怎么改，“评价”是风向标，是测量仪，承载着改革目标，彰显着发展标准。因此，要以评价为切入点，深入推进高等教育领域综合改革。

一是要改革大学评价机制。以“学校评价机制”转变为抓手，通过科学合理的评价来引导高校准确定位、适应需求、特色立校、科学发展；大胆引入高校对地方经济社会发展的贡献度等社会评价指标作为高校评价标准；引导社会正确看待高校办学行为和发展现状；促进政府由管理高校到评价高校的转变，促进政府资源配置方式的科学化和合理化。二是要改革教师评价机制，促进高校人事制度改革。优化评价体系设计，促进教师职业发展。教师评价不仅关注教师的教学科研业务，更要强调立德树人的根本任务，将社会主义核心价值观纳入教师评价体系，改变以论文、课题数作为高校评价标准的评价机制；不仅定量，更要定性，注重质量；不仅要面向过去，还要面向未来。通过完善教师分类评价体系，优化师资队伍建设，合理使用评价结果，促进人事制度全面改革。三是改革学生评价机制，对学生的知识、能力、素质进行全方位评价。要根据培养目标和人才理念，建立科学、多样的评价标准，构建多元化学生评价体系；积极发挥企业、行业部门的作用，建立学生评价专业认证标准；改革评价方式、评价内容，注重体现学生的个性发展；要科学使用评价结果，持续改进人才培养。

## 第三节　实施高等教育分类管理与特色发展

新中国成立以来，由于对高等教育及其发展规律缺乏科学和客观的认知，导致我国高等教育的定位存在着“偏心”、模糊和狭窄的问题，即要么把高等教育定位于为经济发展和社会进步培养“接班人和建设者”的纯教育行为，要么把高等教育定位于纯科研和开发过程，要么把高等教育定位于为“四化”培养高素质的“四有新人”，要么把高等教育定位于为拉动经济增长的产业。很显然，这些传统的高等教育定位，不利于高等教育的健康发展。特别是高等教育在由精英教育进入大众化阶段以后，高校办学趋同的倾向越来越普遍，主要表现为“贪大”“求全”“攀高”，出现了所谓的“千校一面”现象，从而使高校失去自身的特色和优势，降低了教学质量，这对高校乃至整个高等教育的发展是十分不利的。改变这种“趋同化”，化解“千校一面”的局面，加强地方高校的办学特色建设乃重中之重。学校追求特色化，就是追求竞争力；追求竞争力，就必须发展特色；学校拥有特色，就拥有竞争力，就能在激烈的竞争中得以生存和发展。地方高校唯有找准自己的位置，扬长避短，发挥优势，不断探索特色化发展战略，努力形成办学特色，这样才能在日益激烈的高校竞争中取得一席之地。

因此，当前安徽省高等教育发展的一项重要任务就是实施高等教育分类管理改革，对高等教育进行重新定位，加强高等教育的分类管理，指导高校进一步明确办学定位、服务对象和事业发展目标，分类别地建设有地方特色的高水平大学、应用型大学，或是技能型大学等不同办学层次的高校，形成“科学定位、分类指导、多元发展、特色办学”的发展格局。

## 一、分类的院校管理

实施分类的院校管理和建设是加快推进“高等教育强省”战略的需要，是增强高等学校主动服务地方经济社会发展能力，服务“三个强省”和“美好安徽”建设的需要，是提升高等学校核心竞争力，加快建成应用性高等教育体系的需要，是全省高等教育发展到新的历史阶段的必然要求，更是全省人民对高等教育的期盼，意义重大，影响深远。

今后，全省高等教育将按照“科学定位、分类指导、多元发展、特色办学”的发展方针，科学制定高等教育事业发展规划，大力优化高校区域布局和类型结构，引导各类高校科学定位、错位发展。重点建设一批在全国同类高校中有特色高水平地方高校，以地方特色高水平大学、地方应用型高水平大学、地方技能型高水平大学为目标，实现全省不同层次、不同类型高校各安其位，特色发展。

### 1.地方特色高水平大学建设

通过地方政府与教育部等中央有关部委共同建设等方式，建成一批有国际水平和影响的重点本科专业，有2～3个重点学科达到国家级重点学科水平，进入ESI前1%，或在教育部全国高校学科评估中排名进入前1/3（不含现有国家级重点学科和省级A类重点学科）。从安徽省经济社会发展的需求出发，形成一批重大教学和科研成果，建成一批有重大影响的高水平教师团队，本科人才培养质量达到国内先进水平，进一步培植优质高等教育资源，带动全省高等教育发展，为安徽省经济建设和支柱产业发展提供人才和智力支撑。

以安徽大学、安徽师范大学、安徽农业大学、安徽医科大学等办学历史悠久、办学特色明显、办学水平较高的大学为建设主体，以学科为主要建设内容，依次带动专业、人才队伍建设。对外要在国内同类院校中寻找自己的位置，体现自己的价值，积极争取某些学科专业在国际上有一定的影响；对内要起到带头、示范作用，指导、带动省内其他高校的发展，以培养学术型研究生和创新型、复合型人才为主。

2.地方应用型高水平大学建设

以应用型示范本科院校和办学历史较久的本科院校为建设主体，辅以新建本科院校。这类院校以各类联盟为载体，以应用型专业、师资、课程为主要建设内容，共建共享，积极发展我省经济社会发展急需的应用型学科专业，以培养专业学位研究生和应用型人才为主。引导部分本科高校坚持立足地方、依托地方、服务地方，科学定位，以培养应用型人才为主要办学特色，努力构建高等职业教育、应用型本科教育、专业学位研究生教育上下贯通，校地、校企、校际互通合作，能较好适应、服务、支撑地方经济社会发展的应用性高等教育体系。

3.地方技能型高水平大学建设

以国家级示范高职、国家骨干高职和省级示范高职院校为建设主体，辅以其他高职院校，以实习、实训、实验基地为主要建设内容，加强专业带头人建设，以培养高端技能型人才为主。通过建设，使其在办学实力、教学质量、管理水平、办学效益和辐射能力等方面有较大提高，特别是在深化教育教学改革、创新人才培养模式、建设高水平专兼结合专业教学团队、提高社会服务能力和创建办学特色等方面取得明显进展，带动高职教育加快改革与发展，逐步形成结构合理、功能完善、质量优良的高职教育体系，更好地为经济建设和社会发展服务。

## 二、分类的专业管理

专业是人才培养的基础和载体，是高等学校与社会结合的桥梁和纽带，处于学科体系与社会职业需求的交叉点。培养适应经济社会发展需要的高素质专门人才，关键取决于高校专业结构和专业建设，专业结构调整与建设是各级各类学校基础性、长远性、根本性的工作。

为了推进专业改革与建设，安徽省将大力推进学科专业结构调整，加强教育主管部门与企事业单位、人才市场的沟通联系，建立完善学科专业结构调整预警机制、退出机制，落实高校学科专业设置自主权，适应全省支柱产业与新兴产业发展需求，支持高校设置目录外本专科专业或专业方向，大力发展应用型学科和新兴学科，加快建立与全省经济社会发展相匹配的学科专业结构。

1.新专业建设

新专业建设是指针对高校设置的尚未列入教育部《普通高等学校本科专业

目录（2012年）》的新专业，或对符合经济社会发展需要、支撑我省支柱产业和战略性新兴产业发展的专业，进行规划建设，提高新办专业的办学质量。

加强新专业建设的目的在于鼓励并支持高校根据安徽省经济社会发展需要和学校的办学实际，改造传统专业内涵，拓宽专业口径，提高专业人才的社会适应性；鼓励高校培育新的学科专业增长点，设置尚未列入专业目录的新兴、交叉专业；重点支持符合经济社会发展需要、支撑我省支柱产业和战略性新兴产业发展的专业建设。

**2.改造传统专业**

专业改造是指对高校某些办学历史较为悠久的传统专业，通过对原有专业师资、设备等资源的有效整合利用，将其改造为符合经济发展需要的另一新的应用型专业。它属于专业的一种结构性调整和布局变化，单纯的课程体系、人才培养模式改革等内涵建设不属于此列。专业改造的目的在于加强地方高校的优势专业和特色专业建设，着力打造一批国内知名专业。

**3.停招、停办专业**

停招、停办专业是指对某些已完全不能适应经济社会发展和人才培养需要的专业完全停止招生或停止办学。这是对学校原有专业结构与布局的深度调整。

停招、停办专业的目的是健全高校依法自主设置和全省宏观调控相结合的专业结构优化和动态调整机制，落实高校学科专业设置自主权，引导全省高校主动适应经济建设和产业结构调整需求，通过停招、停办一批社会需求量小、就业率低的专业，改造传统专业和加强新专业建设，科学调整专业结构，优化专业布局，重点解决专业发展“不对路”的问题。

## 三、分类的教师发展机制

教师队伍是教育的第一资源，是决定教育质量最关键、最核心的要素。由于准入门槛的提高，高校教师来源日益多样化，学历层次也明显改善，但仍然存在师资结构不尽合理、专业素质和师德水平有待提高的问题。因此，加大经费投入，加强引进培育，严格教育管理，着力打造“师德高尚、业务精湛、结构合理、充满活力”的高素质师资队伍是高校最重要的基础工作。在对教师发展的指导和管理上，根据学校类别、学科专业特点、课程性质、教师对象等采取不同的培养模式和培训方式。

**1.实施高层次人才培养计划**

围绕人才强省战略，加大培养和引进领军人物、紧缺人才、优秀团队的力度，深入推进“皖江学者计划”“省学术技术带头人培养计划”以及“高校优秀人才计划”，积极参与“千人计划”“长江学者奖励计划”，加强高层次师资队伍建设，培育一批以高水平领军人才为核心的创新团队，培养一批高校急需、紧缺的高水平拔尖人才。

**2.实施教学名师培育计划**

加强师德师风建设，将师德表现作为教师绩效考核、聘用和奖惩的首要内容，切实增强广大教师教书育人的责任感和使命感。坚持“教育大计教师为本”的思想，采取有效措施，重点培育一大批师德高尚、业务精良的教学名师和教坛新星，带动和促进教师队伍的整体水平提高。组织开展省级教学名师和教坛新秀奖评选工作，促进师德师风建设，激发教师的荣誉感和责任感；引导、鼓励教师重视教学工作，参与教学研究，积极投身教育教学改革与实践；通过省级教学名师和教坛新秀的示范和引领作用，培养一批骨干教师和学科带头人，提升高校教师的整体素质，提高我省师资队伍整体水平。

**3.实施青年教师培养计划**

重视青年教师队伍建设，加强资助支持力度，为学校学科专业建设构建人才梯队。严格青年教师选聘制度，提高青年教师任职学历标准、品行和教育教学能力要求，完善符合不同学科专业、不同岗位特点的分类招聘办法。优化教师学缘结构，鼓励高等学校逐步提高新聘教师具有校外学习工作经历的比例；加大引进具有海外知名大学博士学位青年教师的力度。完善青年教师培养培训体系，优化青年教师成长发展的制度环境。推动高等学校设立教师教学发展中心，开展教师培训、产学交流、教学研究、教学咨询、评估管理以及职业发展咨询等，帮助青年教师专业成长。鼓励青年教师到企事业单位挂职锻炼，到国内外高水平大学、科研院所访学以及在职研修等，促进青年教师在教学科研、社会实践中锻炼成长。

**4.实施应用型本科“双能型”教师和高职高专院校“双师型”教师实践能力提升计划**

实施应用型本科“双能型”教师和高职高专院校“双师型”教师实践能力提升计划，制定应用型本科“双能型”教师和高职高专院校“双师型”教师队伍建设意见，明确“双能型”“双师型”教师的认定范围、条件和程序，完善政策保障和激励机制，发挥行业企业作用，共建“双能型”“双师型”教师培养培训基地。建立健全兼职教师管理办法，支持高校聘任一批企事业单位一线优秀管理人员、技术骨干和能工巧匠担任兼职教师。兼职教师上岗任教前，要加强基本教学能力及相关法律法规的培训。

**5.实施高校中高级管理人员培训计划**

落实中央、省委关于“大规模培训干部、大幅度提高干部素质”的要求，大力实施高校管理干部能力提升工程，建设高素质管理干部队伍，为推进我省“高教强省战略”提供思想政治保证、人才保证和智力支持。加强高校干部培训基地建设，开展与地方和发达地区高校干部互派挂职锻炼。建立健全管理人员培训制度，所有管理人员每5年须接受累计时间不少于3个月的专题培训。开展远程网络教育培训，依托“安徽教育干部在线”建立“安徽教育远程网络教育中心”，培训高校管理人员。围绕高等教育改革发展的中心工作适时举办若干期高校中高级管理人员专题研修班。开设中级管理人员任前培训班，组织实施好高校中高级管理人员赴海外培训项目。

## 四、分类人才培养机制

人才培养是高等教育的本质要求和根本使命。衡量高等教育质量的第一标准就是看人才培养水平，核心是解决好培养什么人、怎么培养人的重大问题。

进一步调动政府、企业、社会等多方参与人才培养的积极性，改变仅仅依靠高校单一主体进行人才培养的格局。积极推进校地合作和省市共建，努力将地方高校建成所在城市的教育、文化和科技中心。积极推进校企合作，建立产学研合作平台和长效机制，统筹校内外教育资源配置，建设一批校企合作人才培养基地，提升应用型人才培养的资源保障能力。积极推进校际合作，加强应用型本科高校联盟、示范高职学校合作委员会、医学教育合作委员建设，组建成立教师教育联盟，探索专业对口合作、教师和学生交流、跨校选课、互认学分、优质办学资源共享等“抱团发展、集约办学”的人才培养新体制。

**1.开展卓越人才培养计划**

为深入贯彻落实《国家中长期教育改革和发展规划纲要（2010—2020年）》和《国家中长期人才发展规划纲要（2010—2020年）》，培养造就一大批能面向未来、面向世界、面向现代化的创新型人才，强力推进应用型人才培养模式改革，科学实施卓越人才培养计划，深入探索开展卓越工程师、卓越医师、卓越教师、卓越农艺师和杰出技能型人才教育培养计划，推进工程教育、医学教育、教师教育和高等职业教育改革。

启动省级卓越应用型人才培养试点工作，遴选应用型本科高校和有关高职院校开展人才培养模式改革试点和高职技能人才培养模式改革试点院校；通过校企合作、校地合作、校际合作，在本科高校、高职院校实施卓越应用型人才培养计划，全面启动卓越工程师、卓越农艺师、卓越中小学教师、卓越医生、卓越技师等卓越应用性人才培养计划；支持高校与企事业单位紧密合作，结合高等教育规律和行业企业标准，研究制定各类专业、课程、教师队伍和人才培养质量评价标准，率先开展应用型人才培养体制和培养模式综合改革，建设一批应用型人才培养示范基地。

**2.实施高素质技能型人才培养计划**

通过开展自主招生改革试点，进一步彰显高职院校的办学定位和办学特色，逐步建立符合安徽省情的分类考试、综合评价、多元录取的高职院校考试招生制度，加强校际、校企合作和市级统筹，构建高等职业教育招生、培养、就业联动机制和中高职协调发展的现代职教体系，推动职教大省和高教强省建设，提升职业教育服务经济社会发展能力，全面推进高素质技能型人才培养。把高等职业教育作为全省“大职教”的重要组成部分，充分发挥高等职业教育在职业教育以及职业继续教育中的龙头带动作用。通过实施卓越技师应用性人才培养计划，大力开展高职高专院校职业技能大赛，以赛促改，不断推进教育教学改革，使技能型人才培养质量不断提升。

**3.大力发展特色鲜明的应用型专业学位研究生教育**

紧紧把握国家调整优化研究生教育结构的有利时机，大力发展应用特色鲜明的专业学位研究生教育，将专业学位研究生教育作为研究生教育的重点发展方向，扩大专业学位研究生比例，促使其培养面基本覆盖专业学位研究生教育专业或领域。鼓励支持有关高校做好“服务国家特殊需求人才培养”项目试点工作，不断创新应用型研究生人才体系，提高专业学位研究生培养质量。

探索创新人才培养模式，实施高校与企业、研究机构联合培养研究生的“千人培养计划”，加强与境外教育机构的教育合作与交流。积极探索符合专业学位教育特点的研究生培养模式和管理制度，大胆创新与企业、科研院所以及其他社会组织开展开放式联合培养的机制。实施“千人培养计划”进一步提高学生的学术水平，增强学生解决实际问题的能力，在企业、科研院所得到更多的锻炼；学校积极构建多元化的导师队伍，建立高校教师和企业、科研院所联系的桥梁；企业和科研院所通过与高校的合作，得到高校科研力量的支持，增添了研究生这样一支充满朝气的新生力量，解决了人才培养质量与研发之间的脱节，为产业持续快速发展培养了一批实用型人才。

### 五、合力推进分类的高校合作联盟建设

安徽省高等教育资源有限，需要通过合作促进资源共享、成果共用、发展共进，最终实现双赢甚至多赢。安徽省坚定不移地把“开门办学”作为重要抓手，合力推进“合作式”模式，强力推进校际、校地、校企合作和中外合作办学，进一步向企业开放，向其他学校开放，向社会开放，向政府开放，向世界开放。

按照“抱团发展、集约办学”的思路，稳步推进高校联盟建设，探索共建共赢新模式。支持应用型本科高校、示范性高职院校、医学教育院校、教师教育院校、市属高职院校和商科类高职院校等6类高校合作联盟建设。依托联盟实施分类指导，引导联盟高校分类抱团发展，共建学科专业，共享优质资源，共商办学标准。引导各校根据自身特点，分类重点建设一批省级示范高校和学科专业，引领各类高校办学标准和发展模式，推动高等教育举办主体多元化改革。引导高校联盟以项目为载体，深化校企、校地、校际和国际合作，切实推进跨校选课、暑期小学期实习、主辅修及学分互认，有效开展图书、网络课程、实习基地、师资等方面的资源共享，探索共建共赢合作新模式。在应用型本科高校联盟，积极推进小学期制，实现学生异地跨校选课和学分互认；教师教育联盟联合承担全省中小学教师的“国家培训计划”，国家示范性高等职业院校联盟联合开展单独招生的试点，医学院校联盟联合开展全科医生的培养。

## 第四节　积极构建一体化高等教育保障体系

提高人才培养质量是一项系统工程。多年来，安徽省根据提升地方高等教

育质量需要，在树立质量观念、完善人才培养标准、加强教学资源投入、构建质量评价体系等方面积极构建“一体化”地方高等教育质量保障体系。

## 一、建立完善的高等教育资源保障体系

提高质量，没有优良的条件保障难以实现。新校区、新大楼、新设备已经成为今天提高质量的前提和基础。但仅仅有这些前提和基础还远远不够，还要继续创造各方面条件，为提高质量提供强有力的保障。

**1.高等教育经费投入**

教育投入是支撑国家长远发展的基础性、战略性投资，是发展教育事业的重要物质基础，是公共财政保障的重点。

目前我国公办高校仍占绝大多数，高等教育经费投入仍主要依靠国家财政拨款。国家教育投入的多少，必然极大地影响高等教育事业的发展。改革开放以来我国教育事业有了较快的发展，财政性教育投入自20世纪80年代以来逐年增长。特别是近年来，随着经济的快速发展，国家对高等教育的投入也不断增加。《国家中长期教育改革和发展规划纲要（2010—2020年）》明确提出，到2012年实现国家财政性教育经费支出占国内生产总值比例达到4%的目标。安徽省委、省政府认真贯彻落实党中央、国务院关于加大教育投入的一系列政策措施，出台了《安徽省人民政府关于进一步加大财政教育投入的实施意见》（皖政〔2011〕97号）文件，要求各级各部门要从全局和战略的高度，深刻认识加大教育投入的重要性和紧迫性，切实把优先发展教育的各项政策措施落到实处。

第一，强化措施，全面落实国家教育投入政策。各级政府及有关部门要着力强化教育投入责任，拓宽教育投入渠道，把教育作为财政支出的重点领域予以优先保障，确保到2020年我省各级各类教育生均经费达到或超过全国平均水平。在实现省属本科院校生均拨款12 000元标准后，将尽快建立高职院校生均拨款标准，加大高职院校教育经费投入。

第二，进一步优化结构，科学合理使用财政教育经费。各级各有关部门要按照国家和省教育改革和发展规划纲要的要求，进一步突出重点，优化教育投入结构，合理配置教育资源，促进教育公平，全面提高教育质量。在教育经费安排上，要科学规划、统筹兼顾，着力解决当前制约教育事业发展的突出矛盾和问题。既要体现教育改革发展的全局性、战略性要求，又要增强针对性和可

操作性。

第三，创新管理切实提高科学化、精细化水平。对省属公办普通本科高校预算拨款制度实施改革，实行“生均+专项”的预算编制方法，按照不同培养成本建立不同学科专业折算系数，体现办学绩效。同时增加一般专项比重，切实加大高校办学自主权，支持高校内涵建设。从2013年开始，将省属公办普通本科高校经费分成“保基本、促发展、上水平”三个层面，第一层面按照生均加要素分解，体现公益，保基本，满足学校基本运作需求，即年初预算安排的人员经费、公用经费；第二层面按照学生规模分解，体现绩效，促发展，着力引导高校内涵发展，由学校根据实际自主设计申报建设项目；第三层面按照项目评审结果分解，体现竞争，上水平，由省里设置若干对全省高校具有全局性、牵引性、综合性的重大竞争性专项。以往部分一般的、较微观的项目放到第二层面，由学校自行设置。

**2.应用型师资队伍建设**

发展应用型高等教育体系，培养应用型人才，建设应用型师资队伍是最重要、最关键的要素。

为支持高校引进和培养既有教师职务又有工程实践背景的教师，建设“具有应用型人才培养能力和产学研合作能力”的“双能型”高素质应用型师资队伍，并保证应用型教师的比例逐年上升，省教育厅修订高校教师专业技术职务评聘办法，完善教师分类管理和分类评价办法，鼓励高职高专院校建设“双师型”师资队伍，引导本科高校教师提高应用型人才培养能力和产学研合作能力。高校应着力加强教师的继续教育和培训，特别是到企业等生产、管理、服务一线的实践锻炼，培养教师形成应用型人才的教育观，增进其培养应用型人才的能力。省教育厅遴选建设一批“双能型”教学名师、教坛新秀和教学团队，带动全省高校应用型教师队伍建设。

**3.应用型课程建设**

应用型课程是指以培养应用型人才为目标，高校与科研院所、行业企业等合作开发，培养学生应用能力、实践能力和操作技能，以及创新能力和职业素质的综合性课程。

当前我国正在建立与完善社会主义市场经济体制，应用型课程是培养应用型人才另一个不可或缺的因素。应用型课程建设，应紧紧围绕应用型本科人才知识、能力、素质和谐发展的目标，构建以应用能力培养为主线、具有学校特色、为地方经济建设服务的“重基础、重能力、重实践、重素质、重个性发展”的应用性课程体系。

一是根据学科专业发展的需要、社会的需要和学生的需要，以培养应用型人才为目标，在课程目标、课程内容、课程资源、教学方法等方面密切合作，全面提升学生的实践能力和动手能力。

二是以高等学校为主体，行业企业、科研院所等社会力量广泛参与建设模式，以选题、内容、效果及社会认可度为课程遴选依据，着力体现课程的实用性、新颖性和综合性。

三是着力促进教育教学观念转变、教学内容更新和教学方法改革，提高人才培养质量，服务经济社会发展需求。

四是学校应结合本校办学特色，有计划、有步骤地实施应用型课程建设。充分发挥有行业企业经历的教育专家和来自行业企业一线的专家对应用型课程建设的指导作用，组建应用型课程建设专家组，负责相关政策研究、课程遴选、内容审查和运行评价。

五是应用型课程应在课程标准、课程大纲、教学方案、问题设计、能力训练、案例选用、现代教学技术与手段的应用、信息化资源共享平台等方面加强建设，创新课程内容和组织架构，方便课程资源共享。

六是应用型共享课程建设应坚持校校、校研、校企（行业）合作的原则，系统设计、择优遴选，分批建设、同步上网，多级联动、共建共享。

## 二、系统构建“五位一体”的评估体系

提高质量首先要有标准，没有标准就无法衡量质量的高低。要切实把适应社会需要和促进人的全面发展作为衡量教育质量的根本标准，建立完善不同类型高校人才培养质量标准体系。不断加强高校教学状态数据库的建设，完善质量报告发布制度，建立健全符合安徽省高等教育实际和规律的“五位一体”评估制度。“五位一体”是指以学校自我评估为基础，院校评估、专业认证及评估、国际评估和教学基本状态数据常态监测为主要内容的评估制度。

开展本科教学评估的任务是：建立高等学校本科教学基本状态数据库并及时更新；对所有符合合格评估条件的新建本科院校，进行合格评估，对尚未达

到三届毕业生、不符合合格评估条件的新建本科院校开展自我评估，对已接受上一轮评估并获得通过的老本科院校进行审核评估，对国家和省示范高职院校开展个性评估；对医学、师范、工程、建筑类专业开展专业认证和评估；积极探索国际评估。

教育评估的目的是：促进高等学校全面贯彻党的教育方针，推进教学改革，提高人才培养质量，增强本科教学主动服务经济社会发展需要和人的全面发展需求的能力；促进政府对高等学校实施宏观管理和分类指导，引导高等学校合理定位、办出水平、办出特色；促进社会参与高等学校人才培养和评价、监督高等学校本科教学质量。

**1.教学基本状态数据常态监测**

“教学基本状态数据库”是利用信息和网络技术，按照教学工作的基本规律，把高等学校与教学工作密切相关的数据按照一定的逻辑关系组织起来，形成系统的、全面反映高等学校教学运行状态的数据集。

教学基本状态数据库通过采集原始数据，分析汇总得到准确翔实的信息，实现了以下四大功能：(1) 服务于学校。促进广大高等学校按照教学基本状态数据库的建设要求，提高教学管理信息化程度，建立教学工作及质量常态监控机制，为高校自身教育质量分析、预警和校际比较提供数据来源，促进高校的健康发展。(2) 服务于政府。为教育行政部门科学决策提供数据支持和政策建议，促进高等教育改革和教育质量保障。(3) 服务于社会。将数据库中社会关注的部分核心教学数据在一定范围内向社会发布，为社会公众提供高等教育质量信息资源，促进社会公众对高等教育的了解和支持。(4) 服务于评估。通过数据库来完成数据信息积累，有助于简化评估过程，减轻学校负担。一方面，高等学校不必再为接受评估准备大量的文字材料，有效减轻了高等学校迎评阶段的工作负担。另一方面，状态数据以其客观、系统和连续性的特点，可向专家呈现学校的客观情况，有助于专家确定考察重点，提高考察效果，降低考察工作强度，并且为专家撰写评估报告提供事实和数据依据，使专家的判断更加系统科学。

教学基本状态数据库作为国家高等教育质量监控和宏观决策的重要组成部分，是落实规划纲要要求，加强对高等学校教学常态监控，分析和掌握我国高等教育教学工作的宏观运行状态，并通过外部监督，保障和提高高等教育质量的重要基础。教学基本状态数据库的建立是新一轮评估工作思路和方式方法的重大改进，是建设高等教育质量保障体系的重要内容。

**2.学校自我评估**

高等学校应建立本科教学自我评估制度，根据学校确定的人才培养目标，围绕教学条件、教学过程、教学效果进行评估，包括院系评估、学科专业评估、课程评估等多项内容。应特别注重教师和学生对教学工作的评价，注重学生学习效果和教学资源使用效率的评价，注重用人单位对人才培养质量的评价。要建立有效的校内教学质量监测和调控机制，建立健全学校本科教学质量保障体系。学校在自我评估基础上形成本科教学年度质量报告，在适当范围发布并报相关教育行政（主管）部门。学校年度质量报告作为国家和有关专门机构开展院校评估和专业评估的重要参考。

**3.实行分类的院校评估**

在新建本科院校开展以“三基”为主要考察内容的合格评估，在老本科院校开展以“五个度”为主要考察内容的审核评估，在国家和省示范高职院校开展个性评估。

（1）合格评估是国家对2000年以来未参加过院校评估的各类新建普通本科学校（包括经国家正式批准独立设置的民办普通本科学院）开展的一种本科教学评估形式。合格评估的核心内涵是“四个促进，三个基本，两个突出，一个引导”。“四个促进”是指促进办学经费投入，促进办学条件改善，促进教学管理规范，促进教学质量提高；“三个基本”是指办学条件基本达到国家标准，教学管理基本规范，教学质量基本得到保证；“两个突出”是指突出服务区域（行业）经济和社会发展，突出培养应用型人才的办学定位；“一个引导”是指引导参评学院构建并逐步完善内部质量保障体系，形成不断提高教学质量的长效机制。

（2）审核评估是指对已接受过教育评估并获得通过的老本科院校采用审核模式开展评估的一种制度，“判断的是‘是不是’，即该说的‘是不是’说了（目标），说了的‘是不是’做了（做法），做了的‘是不是’有效（效果），无效的‘是不是’改了（改进）”，关注的是学校自身，不做高校间的比较，基本取向是用学校自己的尺寸衡量自己，它能驱使学校自律。

评估时针对安徽省应用性高等教育体系重点考察“五个度”，即高校办学定位与社会需求的符合度；高校人才培养、科学研究、社会服务、文化传承创新对办学定位的支撑度；高校人才培养目标、方案、教学运行、质量及质量监控之间的吻合度；高校师资队伍、教学仪器设备、实践教学基地、图书资料等教学资源对教学水平的保障度；学生、社会、用人单位、政府对教学质量的满意度。把提高“五个度”，作为高等学校人才培养水平判断的基本依据，作为办学水平衡量的基本标准，作为人才培养工作进行指导的重要抓手。审核评估形成写实性报告，不分等级，周期为5年。

(3) 个性评估是指对国家和省示范高职院校开展的一种评估形式。个性评估重点考察内容也是“五个度”，围绕“五个度”，通过对《高等职业院校人才培养工作状态数据采集平台》数据的分析，以学校办学定位为目标，进行有重点的考察，全面深入地了解学校的办学情况，对人才培养工作的主要方面做出深入分析和评价，提出改进的意见和建议，引导学校科学合理的定位，办出水平、办学特色。

**4.开展专业认证及评估**

专业认证是专门职业性专业认证的简称，是由专业性认证机构对高等教育机构开设的职业性专业教育实施的专门性认证，由专门职业协会会同该专业领域的教育工作者一起进行，为其人才进入专门职业界工作的预备教育提供质量保证。

开展专业认证及评估已成为世界各国保证高等教育质量的重要手段和途径，并被各国政府和社会公众所认可。1989年，由美国、英国、加拿大、爱尔兰、澳大利亚和新西兰6国发起的《华盛顿协议》是目前世界范围知名度最高的工程教育国际认证协议。我国专业认证起步虽晚，但已成为高等学校本科教学质量与教学改革工程的重要内容。2013年6月，我国正式加入《华盛顿协议》，标志着我国工程教育及认证工作迈出了重大步伐。

为了保证专业的学术标准和提高教育质量，未来安徽省专业认证的重点是选取与公众健康、安全、人民生命财产等问题密切相关的专业，如医学、工程、工程、师范等开展专业认证和评估。鼓励高校积极与行业共同制定认证标准，共同实施认证过程，体现行业需求，强化实践教学环节，并取得业界认可；支持专门机构和社会中介机构对高等学校进行专业评估。通过学校持续的自评、专家评审、咨询和服务等，进一步促进工程、医学等领域积极推进与国际标准实质等效的专业认证。

**5.探索国际评估**

国际评估是指学科国际评估，主要是邀请某一学科领域的国际权威专家在了解学科各方面发展情况的基础上，对学科的国际定位做出评价和建议的过程。

学科国际评估，首先有助于学校、教师和学生了解本学科的发展情况、国际地位，从而清楚把握自身定位；其次有助于学科在国际上得到承认，也有利于所创造的成果（人才、技术等）得到其他国家的认同；最后也为学校的整体建设指明了方向。学科国际评估中的指标体系等都是学科建设过程中需要着重关注的内容，学科专家和管理人员的建议是学科建设、发展和评估的重要参考。

探索学科国际评估，一是探索与国际高水平教育评估机构合作，积极进行评估工作的国际交流，提高评估工作水平；二是在政策上积极鼓励和扶持，支持安徽大学、安徽师范大学、安徽医科大学、安徽农业大学等省属重点大学，根据学校发展战略，有阶段、有层次地合理设计学科评估方案，探索与国际评估接轨的自我评估；三是在学校自我评估的基础上，率先在个别具有一定优势的学科开展国际评估试点。

## 第五节　高等教育信息化

全球信息化浪潮对高等教育的改革与发展产生了革命性的影响，它不仅给我国高等教育带来了一次良好的发展机遇，而且也对我国高等教育人才培养模式、培养目标、教育内容以及教育的技术与手段提出了严峻的挑战。

由于我国经济尚欠发达，高等教育基础设施与发达国家相比较为薄弱，国际高等教育信息化趋势迫使我们努力改革现有教学技术与手段，加强高等教育信息化的基础设施建设，改进教育方式与方法。《国家中长期教育改革和发展规划纲要（2010—2020年）》高屋建瓴地将信息化对教育改革承载的重要使命概括为“信息技术对教育发展具有革命性影响”。党的十八届三中全会将教育信息化作为教育领域综合改革的重要任务。这一富有战略视野的定位预示着教育信息化将成为今后中国教育改革与发展的强大杠杆，以教育信息化带动教育现代化，从而推动中国教育体系的整体性变革和创新。高等教育机构（尤其是大学）作为国家知识创造与传承的核心组织，信息化正成为其教学、科研、管理、国际交流、社会服务等不可或缺的重要生存环境。教育信息化是国家信息化的重要组成部分，是教育领域运用现代信息技术促进教育公平、提升教育质量、实现教育管理现代化的过程，是教育理念、手段和模式的一场深刻变革，也是提高全民素质、增强创新能力和安徽省竞争力的重要战略，对教育改革和发展具有革命性影响。高等教育信息化水平不仅是教育信息化的重要组成部分，更可能成为整个国家教育信息化发展的标杆和引领者。因此，加快信息化建设是高等教育发展的必然选择。

安徽省作为全国教育信息化改革试点省份，将深入推进信息技术与高等教育深度融合，以高等教育资源公共服务体系和高等教育管理公共服务体系建设为重点，加快建成技术先进、资源丰富、应用广泛、安全高效的高等教育信息化体系，促进教育内容、教学手段和方法现代化，创新人才培养、科学研究和社会服务模式，推动文化传承创新，以教育信息化带动教育现代化，促进人才培养质量全面提高。

## 一、虚拟大学

### 1.什么是虚拟大学

计算机、基于计算机的多媒体、国际互联网等现代信息技术的飞速发展正改变着世界，使世界各国政治、经济、文化的沟通与交流实现了前所未有的快速与便捷。对教育来说，现代信息技术和印刷术的发明同等重要，被列为教育发展史上的第二次革命。美国网络教育专家麦克林托克教授指出：因特网开辟了一个崭新的、广阔无比的学习空间。在这个新世界里，将不存在任何障碍，凡有志于获得知识的人都将拥有学习的权利和机会，现代信息技术正在编制一个覆盖全球的教育网络，一场静悄悄、意义深远的教育改革正在席卷全世界。据统计，2002年全球有超过1.2亿人次通过互联网来接受教育，网上学习正逐渐成为全球性教育和培训的潮流趋势。对于高等教育来说，现代信息技术已不仅仅局限于在大学内部作为教学辅助设施来应用，它正冲破大学围墙的束缚，发展一种新的远程高等教育形式——虚拟大学。

美国学者希拉西姆（Hirasm）、赫兹（Hiltz）、泰利斯·吐罗夫(Teles Turoff)将虚拟大学定义为学习者能够进入的多媒体学习环境网，它为中学后教育提供的各类教育，包括大学、企业教育、专业发展、工作培训等课程进行设计和传播。

它是一种新型的、开放式的、没有围墙的学校，它使人们接受方便、高效的高等教育，其教育质量明显提高，使高等教育真正为时代服务，为社会服务。它能够有效地发挥现有各种教育资源优势，实现资源的合理配置。它能最大限度地满足经济、社会、文化发展的现实要求。与传统的校园教育相比，这样的形式可使得学生的数量成千上百倍地增加，教学的场所大大扩大。

简单地说，虚拟大学是一种基于网络的高等教育，它不受时空限制，具有丰富的教育资源，其灵活机动的教育方式和面向所有公民的开放性以及日趋低廉的费用，适应快速增长的世界范围内对高等教育的需求和现代社会对劳动者终身学习的要求，正日益受到发达国家和发展中国家的重视。

**2.虚拟大学的形成与发展**

虚拟大学的历史较短，美国第一个基于网络的高等教育课程出现在1995年。而虚拟大学的前身可以追溯到“远程高等教育”，在美国已经有100多年的历史了。当时一些大学为了满足本州农民、牧场主以及技术工人的高等教育需求，纷纷开设远程教育课程，形成校园内外的双模式教学。以后出现了一些专门的远程教育机构，如英国的开放大学、中国的中央广播电视大学、朝鲜的国立开放大学等。最初的远程教育多采取邮递函授形式，随着科技的进步和大众传播媒体的发展，不少大学投资于大众通信技术建设，如广播、录像、电视等，由于当时计算机的普及率还很低，这些大学极少关注在线课程的建设。20世纪80年代以来，科技迅猛发展，计算机科学突飞猛进，网络技术在发达国家和发展中国家日趋成熟，这一切为虚拟大学的出现奠定了物质基础。知识经济的到来对人才提出了新的标准，良好的沟通能力、独立学习意识及对环境的适应能力日益成为衡量人才的新标准，传统的终结性大学教育逐渐被终身学习的观念所取代，虚拟大学正是适应了不断增长的终身学习的社会需求而发展起来的。

与传统教育实体不同，虚拟大学不仅可以实行远程教学，而且最显著的特色在于它的交互性，通过因特网和电子邮件，学生可以下载他们需要的各种教材和参考资料，可以选择他们喜欢听的课，甚至可以请求某位教师给他们补讲某一节课的内容。反过来，教师可以随时抽查某一学生的作业，或对其进行当场测试，尽管学生分布在世界各地。虚拟大学所具有的这种灵活性与开放性，能够满足劳动者终身学习的教育需求，是其得以迅速发展的主要原因。此外，政府还希望通过举办虚拟大学，促进现有高等教育质量的提高，使大学成为更高效、更经济、以学习者为中心的机构。美国教育委员会的一份报告指出，虚拟大学将会成为主导高等教育的一种新的范式。目前美国已有数百所大学建立了网上虚拟学校，开设了200多个专业，拥有学生数十万人。虚拟大学的广阔发展空间，虽然得到了大多数国家的认可，但不可否认的是，虚拟大学的发展与一个国家的经济、科技发展紧密相关，因为成功的在线学习需要技术的支撑、资金的投入和高科技人员的参与。

**3.虚拟大学的模式与特点**

（1）模式分类。以高等学校办学的虚拟程度和实施进程作为分类原则，其模式可分为两类:

第一类，单一虚拟型。它是指教学管理已经全部虚拟化的高等学校，如亚特纳大学、美国西部虚拟大学、西班牙的加泰罗尼亚虚拟大学等。

第二类，混合型。这种模式是指在传统大学的基础上，在部分学院、系或部分课程中运用现代教育技术，使课程一部分或全部实行教学虚拟化的高等学校。如美国有名的菲尼克斯函授大学内进行虚拟化教学的经营学等系，德国的柏林大学和勃兰登堡大学通过环球网提供各种各样的课程讲座以及勃兰登堡专科大学提供的信息管理、企业领导和投资货物营销方面的课程讲座，萨尔布吕肯大学提供的商业讲座，以及我国上海交通大学网络教育学院内的虚拟化物理课程等。虽然它们的虚拟化进程有着较大的差别，但都在传统大学中发生了根本性变化，从而成为向虚拟大学模式发展的一种过渡形式。

（2）主要特点。

第一，教学硬件的虚拟性。运用虚拟技术，在互联网络上模拟出实际上并不存在的、又和现实大学逼真的校园、教室、实验室、图书馆、实习基地等教学环境。在虚拟大学内，就是以虚拟的达到以假乱真程度的培养人才设施代替传统的校园实体，来实现人才培养功能的。它的教学硬件组成体系的虚拟性，是其最根本的特点。

第二，教学过程的网络性。虚拟大学内，学生文化、科学、技术知识的获取和基本技能的培养，都依赖于教学过程的网络化。学生只要通过联网的电脑，就可以攻读大学课程，进行实践环节和科学研究的训练，从而获取学士学位或研究生学位。日本不少人就是通过与全球互联网络系统连接的电脑，在家就读欧美的虚拟大学，实现不出家门的海外留学的。

第三，教材的多媒体性。虚拟大学使用多媒体教材。它是由优秀教授编制的，能适应不同类别、不同层次、不同水平需要的，声、形、像俱全的，科学性和通俗性相结合的，仪器设备可以分解和组合的，内容可以迅速更新的光盘书籍。它取代了传统枯燥的单一的文字课本，使教材发生了革命性变革。

第四，教学管理的遥控性。虚拟大学的教学管理是通过互联网络来进行的。它对学生入学资格的审查，学生学习计划的核定，学生实施学习计划中的出勤情况、学习情况、课程考试情况、学分的评定，乃至学位证书或其他证书的颁发，都通过“网上”监控系统进行遥控和监督，以保证学生的培养质量。

第五，学生成才的个性化。虚拟大学培养学生是在教师的指导下、在多媒体交互式虚拟化的教学环境中进行的。每个学生根据自己制订的学习计划，随时随地都可以通过网络选择教学软件进行学习，在师生或同学之间进行交流，并及时得到教师的帮助。因此，他们成才完全是个性化的，完全可以在坚持全面发展的前提下，充分发展自身的特长、兴趣和爱好。

**4.虚拟大学对现实高等教育的启迪**

第一，要准确把握高校未来的发展趋势。近年来，虚拟大学在全球范围内的不断发展，已引起了世界各国的重视与关注。西班牙《改革十六》周刊1996年7月22日发表《未来学校》一文强调指出，它为该国未来的学校设计了新的模式。美国犹他州州长迈克尔·莱维特在创建美国西部虚拟大学时说：“这并不是取代现有的高教体系，它是一个新的组成部分，它是一种补充，它是创造新的选择和新的机遇的一种方式。虽然它不是一种取代方式，但是对每一个人来说都是高质量教育的重要组成部分，因为这是世界未来将要采取的工作方式。”美国经济学家诺姆在《科学》周刊上撰文，他从分析大学具有探索知识、储存信息、传播信息三大传统作用，以及在信息时代所引起的变化入手，得出了新模式有可能替代传统大学的结论。虽然对这种新模式是否会替代传统大学尚未达成共识，但是，虚拟大学代表了高校发展的未来却是被一致认同的。这一个新的趋势，我们必须紧紧地把握住。

第二，牢固树立虚拟办学的新观念。在这场信息教育技术革命的驱动下，虚拟大学已在办学模式、课程体系、教学内容、教学方式和教育管理等方面开创了全新的局面，正在对世界高等学校的改革和发展产生积极的影响。我国高等学校正在深化教学改革，客观上要求我们有新的突破。同时，中国教育和科研计算机网，继互联网升至2兆后，又开通了与德国、香港的互联。我国高校运用全球信息网络办学已指日可待。因此，我们必须审时度势，自觉地、牢固地树立虚拟办学的新观念，以适应未来社会的需要。

第三，建立虚拟办学的新思路。在教育领域内，产生上述根本性变革，应该说，它是由以教育信息技术为内容的工具革命引起的。它是我国教育界近年来才引起重视并开始探索的领域。而国外虚拟教育和教学实践的异军突起，已为我国深化高校改革，突破传统的办学框框开拓了新的思路。新思路的基本内容有:树立虚拟办学新观念；积极创造条件，推行个别化、交互式的因材施教新形式；总结实践经验，创建模块化的课程单元和网络化的课程结构体系；研制和开发不同层次、不同要求的多媒体教材等教学软件；课程管理的学分化；等等。只有建立虚拟办学的新思路，才能在提高人才培养质量和培养不同特点的适应21世纪需要的人才方面有所建树。

第四，重视教改与未来目标的连接。21世纪新型教育的目标是建立一个“开放的教育社会”和“终身学习的社会”。它要求我们将单纯的知识型教育转变为以创造力为核心的素质教育，将以“教育者为中心的教育”转变为“学习者自我选择的教育”，将“英才教育”转变为大众化、普及化的教育。为此，当前需要：一是强化中文、英文和计算机的教学，使学生牢固掌握信息的发送和获取技术；二是教改要重视课程体系模块化、课程内容软件化的建设；三是将传统教室逐步改造成为应用现代化教育技术的、能与全球网络联结的多功能教室；四是应用电脑进行各种教学管理等，以此促进教学方式和教学管理方式的根本转变。

第五，建立虚拟大学示范工程。我国尚处在发展阶段，即使到21世纪初，我国的经济和科技水平可能还不足以支撑能够覆盖全国的虚拟高等教育。但是，可以以进入“211工程”的高校或以地区的开放大城市为支撑，以该地区的重点高校为核心，率先在已进入“211工程”的大学或华东、华南等经济发达地区筹建虚拟大学示范工程。这样就可以达到：(1) 推动全国高等学校全面深化教学改革；(2) 检验新型办学模式的效果，积累经验，不断完善；(3) 探索建立传统办学模式和虚拟办学模式之间的互补关系，促进教学质量的全面提高；(4）为这一地区(或覆盖更大的地区)的高等教育率先进入大众化甚至普及化作出应有的贡献。

第六，要有一定的忧患意识。互联网络是没有手段可以垄断的“绝对自由”的一种工具。它既可以为我们提供全球的政治、经济、科学、文化、教育、艺术等各个领域丰富的信息，为培养合格人才服务，同时，恐怖集团、反动组织、宗教和淫秽制品公司等也会利用它来散布非理性的甚至是反动的、腐朽的理念来毒害学生，“黑客”与不法分子也会故意制造软件病毒来破坏信息的传递和储存以危害社会。学生一旦进入互联网络，面对汪洋大海般涌来的信息，将有真假善恶之辨，有瞻前顾后之思，有难易取舍之别，有逆顺进退之选等问题。因此，除了强化大学教师的指导作用以外，还需要我们研究对策，进行有效的抵制。

第七，进一步强化社会性的教育。信息高速公路一旦进入高校和家庭，一方面，它给我们提供了全球各个领域丰富的信息，为人类造福；另一方面，由于阶级的存在，网上必然会在思想、政治领域出现争夺青年一代的潜在危险。虚拟大学内，虽然具有高度思想性、科学性、艺术性、易接受性相统一的软件，可对学生进行正面的、经常的教育，但是校园实体和班集体学习形式的消失，教师的感染力、学生之间团结合作和积极向上等的潜在影响力将会严重削弱。因此，除了继续寻求强化学校教育的对策以外，还要全社会强化精神文明建设，充分发挥报刊、电视、电影、绘画、文学、电子游戏软件等的导向作用，把年青一代教育和培养好。

## 二、创新与公共服务平台建设

通过整合现有资源、兼容异构平台，开发优质资源，重点开展数字图书馆、远程教育、公共服务平台信息化及重大实践教学基地建设，为安徽省高校教学、科研、重点学科建设及实践教学提供高效率、高质量、全方位的信息资源保障与服务。支持高校与地方、企业共同建立联合研究院、工业技术研究室、新农村发展研究院、软科学研究基地、技术应用研究中心等合作平台，瞄准产业共性技术需要深入研究，解决关键技术问题，提升企业、高校的科研创新能力和服务产业发展水平。推动高校与有关部门、地方政府、科研院所和行业企业加强重点实验室、工程研究中心、人文社科重点研究基地、示范性实验实践教学基地建设。

1.数字图书馆及优质数字化资源建设

加快图书情报信息服务体系和技术支撑环境建设，建设全省高校的数字图书馆。采用整体采购、联合采购等形式，建成高校理学、工学、人文社会科学、医学、经济学、农学等现代文献信息中心，并以此为基干，使全省各高校分散的文献资源得以集中利用与共享。通过购买服务的方式，建成与国内外优质电子文献信息资源中心畅通的双向信息系统。加强各高校图书馆的基础建设、数字化信息资源建设和特色建设，积极创造条件逐步实行全省高校文献的联采、统编，加强整体化建设，避免重复购置，降低采购成本，利用我省高校的整体优势，逐步形成文献信息资源的合理布局和共建、共知、共享的运行机制。

全方位满足省内教师、学生和创新主体的教学科研需求，为安徽省高等学校教学、科研和重点学科建设提供高效率、高质量、全方位的文献资源信息保障与服务，并将服务延伸至政府、科研机构和企业，推进公共文化资源与高校教育资源的共建共享工作，使高校数字图书馆最终成为安徽省的“资源中心”“服务中心”“培训中心”和“学习中心”，为我省建设高教强省和科技强省提供强有力的信息保障。

（1）建设全省高校共享、国内一流的数字化文献信息资源库，包括中外文全文电子期刊、外文电子书、中文电子书、精品课程及视频公开课、中文自建特色资源（包括古籍、地方志、家谱等各馆特色资源）等。引入公共文化资源，丰富高校信息资源。

（2）建设覆盖全省高校的数字图书馆服务体系。建设集成搜索引擎、文献传递、虚拟参考咨询、身份认证、区域流通等应用功能模块的数字图书馆门户，为用户提供统一的个性化信息服务。

（3）启动安徽省教育和科研计算机网络硬件更新与改造和合肥市城域网改造；加强连接专网的校园网出口安全联动管理建设，加快实施基于IPV6的“宽带网络校校通”，提高高校校园网的保障能力和安全性能，充分发挥服务教学科研的专网功能。

2.成人高等教育远程化教学模式改革与信息化建设

依托安徽广播电视大学的远程教育办学条件和办学优势，以计算机网络技术为基础，改革成人函授高等教育手段，实现我省成人本科高等教育由函授、业余等教学模式向网络化、信息化的转变。加强校际合作，建设一批基于网络自主学习的优质课程资源，实现优质教育资源的共建共享。构建我省成人高等教育统一的网络教学和管理平台，促进我省成人高等教育信息化建设，提高成人高等教育人才培养质量，全面提升我省本科高校社会声誉。

（1）开展网络教学技术与管理平台建设。依托安徽广播电视大学实施网络教学与管理软件平台、硬件平台、远程教育设施、带宽拓展、远程教育数字文献中心、专家团队等建设，构建开放灵活的远程学习支持服务模式，建成特色鲜明、功能全面、服务一流的安徽继续教育远程公共支持服务体系。

（2）开展课程资源建设。高校自主建设课程资源及学生学习的过程支持。要立足成人高等教育特点，面向经济社会需求，发挥高校教育资源优势和办学特色，以成人高等教育学生为服务主体，以课程资源系统、完整为基本要求，以基本覆盖专业的核心主干课程为目标，充分利用现代信息技术，建成与人才培养目标、人才培养方案和创新人才培养模式相适应的优质网络课程教学资源，为学习者提供优质的成人高等教育资源服务。

**3.高等学校教育科研资源开放**

高校是公共教育机构，对促进教育事业发展、提升社区居民素质和加强对青少年文化熏陶具有重要职责。各高校应根据本校特点和区域经济社会发展的实际需要，科学编制开放方案，充分利用社区内现有的各类教育、文化、科研、体育等资源，最大限度地向社区居民开放。

一是科学制订教育科研资源有序开放的实施方案。各高校在全校范围内对可开放资源认真梳理，摸清家底，掌握实情。学校要对可开放教育科研资源目前的使用情况及可承受能力进行科学定量分析，制订方案时要正确处理好校内和校外的关系、学生需求和社会公众需求的关系、短期和长远的关系，做到既实事求是、量力而行，又积极投入、扎实推进；既保证学校正常教学、科研有序运转，又最大程度发挥资源使用效率。

二是努力增强教育科研资源有序开放的实际效果。高校的图书馆、教学和科研实验室、体育场馆、实习实训中心、标本馆、博物馆、展览馆、工程中心、重点研究基地、体验中心、认知中心和网络课程、信息资源等都应纳入开放范围。学校可根据自身情况在每年确定并公布若干个校园和基地、实验室等各类资源开放日。开放日可以和招生咨询、校园文化宣传相结合。标本馆、博物馆、展览馆、体育馆、工程中心、重点研究基地、体验中心、认知中心、创新实验室等要加大开放频次，充分利用周末和寒暑假设置校园开放日，广泛接纳中小学生和社会各界人士进校参观、学习、锻炼。报告会、网络课程信息要及时公开发布，让更多的社会公众前来学习、交流、体验。学校要努力加强与社会互动，让广大公众感受校园文化，享受文明发展成果的同时，促进高校信息化程度、管理水平不断提高，提升学校的社会影响力。各校要定期在门户网站首页显著位置公布校园开放计划和日期、开放内容和接待方案。

## 三、MOOC建设

### 1.什么是MOOC

MOOC是新近涌现出来的一种大规模在线课程模式。课前，授课者在网络上发布完整的课程计划、进度安排，学生根据需求自由选择课程；课堂上，有完整的教学过程、学习体验、师生互动；课后，有布置作业、线下社区、社会体验等。甚至，对通过课程考核的学生颁发课程证书，部分高校还开展了学分互认等。

它不同于传统课堂和网络学校。传统课堂通过实体教室授课，每次只有几十个或几百个学生同时上课，MOOC则是大规模的，通过互联网系统实现在线教育，一门MOOC课程动辄上万人选课，甚至面向16万人开课。它讲究开放性，凡是想学习的，都可以进来，入学不要考试，学习不分国籍，不要学籍。它不受时空限制，无需旅途奔波，学习者足不出户，随时随地，只需使用网络，轻点鼠标，即可享受全球名校的课程，就可以与北大、清华的学子同上一节课。

MOOC实现了传统课堂与网络课堂的有机融合，教学与互联网的相互支撑。通过信息技术与网络技术将优质教育送到世界各个角落，它是开放教育资源运动发展十年的质性蜕变。它不仅提供免费的优质资源，还提供完整的学习体验，展示了互联网与现行高等教育结合的种种可能。

### 2.MOOC的发展与特点

（1）MOOC的发展。MOOC产生于美国，有短暂的历史，但是却有一个不短的孕育过程。1962年，美国发明家和知识创新者Douglas Engelbart提出来一项研究计划，强调一种大规模的、世界性的信息分享的效应。此后，许多热衷计算机的认知和教育变革家们，极力推进将计算机技术应用于学习过程之中。

2008年，2 000多位来自世界各地的学生选修了一门名叫《连通注意与连通知识》的在线课程。该课程上出现了在线论坛、博客交流、同步会议等形式，MOOC这个术语被正式提出。最重要的突破发生于2011年秋，来自世界各地的16万人注册了斯坦福大学Sebastian Thrun与Peter Norvig联合开设的一门《人工智能导论》免费课程。MOOC引起关注，许多重要的创新项目，包括Coursera、edX都纷纷上马，有十多个世界著名大学参与其中。

2012年，斯坦福大学Sebastian Thrun教授成立了营利性公司Udacity，并获得风险投资，希望与顶尖大学的一流教授合作，将科学、技术、工程和数学领域的问题解决型课程，免费开放给全世界的学生。

目前，全球影响最大的MOOC平台是Coursera、Udacity和edX，被称作三巨头，引领世界MOOC前进的方向。

Coursera，由斯坦福大学教授在2011年创办的营利性网站，目前已经有30多家大学加入。课程：20个科目的204门课程，包括计算机科学、数学、商务、人文、社会科学、医学、工程学和教育等。学习节奏：大部分课程都有开始时间和结束时间。学生能获得什么：有些教授会为学生颁发自己签署的结业证书，不过并非来自校方。据悉，安蒂奥克大学洛杉矶校区的学生很快将可以通过Coursera获得学分。

Udacity，同样是由斯坦福大学教授创办的营利性网站，不过没有跟大学结成联盟。课程：18门课程，主要覆盖计算机科学、数学、物理、商务，网站上的每一门课程都做得非常用心，包含多个单元，每个单元又包含多个知识块，每个知识块都有对应的练习，可以打印的、非常详细的课堂笔记。学习节奏：学生自己把握。学生能获得什么：网站将根据学生的学习表现颁发不同层次的证书，如结业、良好、优秀等。Udacity还发布了一个免费的就业匹配计划，可以将学生的简历根据公司的招聘情况和学生的成绩发给包括Google、Twitter、Facebook、美国银行在内的合作公司。

edX，由MIT和哈佛大学联合在2012年5月推出的非营利性网站。课程：目前只有9门，主要覆盖化学、计算机科学、电子、公共医疗等，不过课程扩大计划已经启动。学习节奏：每门课程都有开始和结束时间，课程开始的两周之后就停止报名。假如学生不能在截止日期前提交作业，可以在后一周补上，但会被扣掉一定的分数。学生能获得什么：完成一门课程后可获得一个结业证书。目前有两种证书，一种是指定一个荣誉代码，还有一种是经过监考之后授予的。截至2012年秋天的课程，授予证书都是免费的，但未来可能会收取少量的费用。

世界范围内，除了Coursera、edX和Udacity“三巨头”外，其他国家和地区的在线教育也在如火如荼地展开。

澳洲最大的MOOC平台——Open2study，是由国内私人远程在线教育机构、澳洲开放大学创建，课程丰富，在设计和制作上很下工夫，值得一看。学生不需要为课程花一分钱，也没有隐性的教材费用，目的是让学生没有任何学习压力，建立进一步学习的信心。

由美国与芬兰多所高校合作开发的WEPS，开设多门数学课程，授课对象包括开设院校的在校学生，课程内容符合教学大纲要求，考试合格者可获得开设院校所认可的该课程学分。

巴西的Veduca，是拉丁美洲地区的首个在线品牌，不仅提供圣保罗大学等本土知名学府的课程，还提供配备了葡萄牙语字幕的国际知名学府课程，方便受众学习。

英国的Future Learn，由英国12所高校联合发起，集合了全英许多优秀大学。

Ewant，是由两岸五大交通大学（上海交大、西安交大、西南交大、北京交大、台湾国立交大）共同组建的MOOC平台。

国内平台——慕课网（imooc），由北京慕课科技中心成立的，是目前国内慕课的先驱者之一。服务及时贴心，内容专业、有趣易学。目前设有前端开发、PHP开发两门课程，其中课程包含初级、中级、高级三个阶段。

（2）慕课的特点。

第一，大规模。每一门课程的参与者可以是几千人、几万人甚至是几十万人。单看Coursera，截至2013年，全球共有81所成员高校或机构加入这一联盟，共享386门课程，注册学生超过400万。

第二，开放性。它基于宽带网络、智能手机和移动技术的迅速普及，尊崇创用共享（CC）协议，受众非常广泛。就是说任何人都可以注册，学习者的数量不受限制，除了特定的证书或学分外，学习者也无需缴纳任何费用。对于学习者来说，这样的课程进入门槛很低，只要拥有一部联网电脑，就可以按自己的需要和兴趣进行学习，时空和经费对人的学习需求的限制降到极小。

第三，网络化。这些课程发布于互联网上，不是面对面的课程。人们上课地点不受局限，只需要一台电脑和网络连接，任意时间、地点和空间，都可以花最少的钱享受顶级大学的一流课程。

第四，前所未有的对优质教育资源的易获得性。对于学习者而言，慕课让世界上每一个学生都有机会选修最顶尖大学的优秀课程。在线课程促生了碎片化学习模式，每位学习者可以根据自己的习惯和节奏，随时、随地、随处参与在线课程的学习。

第五，高质量。课程由高校教师直接任教，他们具有十分丰富的经验，每一门课程都经过精心的准备。很多教师所教科目是其在高校讲授过若干年的内容，既能传递该领域最核心的内容，又能兼顾内容与学习者的联系，用简单直观方式促进学习者理解。

第六，体验性。以往各类网络课程，都是单向的在线课程传授，并不组织教学，除了学习者自己，没有人能知道他学了什么。但是MOOC有完整的教学过程，学习者在平台上学习、分享观点、做作业、评估学习进度、参加考试、得到分数、取得证书。MOOC更符合学习的一般规律——学习之后，社会会检验，进而认可学习者。

**3.MOOC带来的影响**

教育部科技发展中心主任李志民表示，MOOC意味着校园围墙正在被打破，优质教育资源的共享已经成为时代的必然。传统意义上的大学职能将会发生颠覆性变化，并催生高等教育体制和治理方式发生变革。

一是倒逼高教改革。传统模式下，不同层级的高校面向不同的学生提供教育，分工有序。而MOOC平台提供了一流的课程资源，并开放传播，重新定位了教育资源的生产、传播和利用，将对原有的大学格局产生严重的冲击。倒逼大学找准定位，加快改革，提高教学质量，否则，很容易沦为一流大学的教学实验室和辅导教室。

二是冲击大学课堂。慕课所带来的是一种课程呈现方式的变革，引发了教学理念、教学方法、教学模式的变革。课堂从以教师为中心转变成以学生学习为中心，从以课堂为中心转变为以个体实践为中心。教学组织将从一名教师的独角戏逐渐变成教学团队，出现以MOOC课堂与翻转课堂相结合的“混合式教学”新模式。这种开放互联网背景下全新的大学课程组织实施模式，将会撬动根深蒂固的传统课堂的组织管理模式。

三是推动教师分流。一方面，劳动的价值和知识的贡献使得优秀的教师有更好的发展前景，同时，另外一部分教师有可能转行，也有可能做辅导教师。北京大学的陈江认为：“不好的教师就会被淘汰掉，压力非常大……要么你成为明星教师，要么就可能失业。未来的两极分化会很严重。”比如，在上海市的探索中，只要学生选修了平台上的课程并通过考试，学分就会被30所高校认同，这将对其他学校的同类课程教师产生巨大压力。

四是改变学习方式。多年来在固有教学模式下成长的学生习惯了应试教学模式，而MOOC的教学模式完全不同。在上海市推行的“共享课程”的学习过程中，因为学习方式的改变，很多学生都觉得很累。在MOOC的教学模式中，课程学分并不很多，一个学期可能只有4~5门课，但学生要花大量时间阅读、思考、写报告，展示学习成果。而传统的大学学习，学生上课的时间很多，思考的时间并不多，大家已经习惯了这种模式，所以，短期内学生可能会有心理上的不适应感。

毋庸置疑，MOOC的发展对高等教育产生了很大的冲击，不过MOOC取代传统教育也没那么容易。“大学校园里有这么一种魔法，只要你能在那泡泡里面住得起，就是美好的。”最终可能是“MOOC作为一个重要组成部分，大学中有MOOC，MOOC中有大学”。对于MOOC的未来，有关人士如是说。

**4.MOOC的应对策略**

随着MOOC席卷全球，“挺慕”与“慎慕”之争也愈演愈烈，不管MOOC是洪水猛兽还是济世仙丹，它都以一种存在来到了我们的身边，影响着我们的生活。但MOOC要想获得持续的发展，成为主流，还有很多的路要走，需要多个层面的努力。

第一，政府层面要营造良好的生态环境。

目前，MOOC更多是依靠民间组织、协会的形式来推动，而决策者的重视程度，则是直接决定慕课的推进速度的重要因素。因此，政府层面要制定好科学的战略发展规划，营造出良好的氛围。

要尽快制定规则，包括课程标准、教学规则、考评体系、成果认定等。

要提供配套服务，如政府要考虑引导性资金如何投入；如何与现行学历认证挂钩；如何让企业认同这种学历；如何激励教师提升技术水平，推动课件资源的丰富等。

要充分盘活已有资源，积极引导教师将开放教育资源引入课堂教学之中。如将前期已推出的国家精品课程、视频公开课等开放教育资源，引入到课堂教学实践之中。

要加大信息基础能力建设，提高整个国民的信息化能力，尤其要提高教师的信息化素养，帮助教师和学生掌握在线学习的方式方法，还要注意信息化专门人才的培养等。

要改善保障条件。MOOC的发展需要互联网基础设施的极大改善和便利获取。需大大降低网络使用成本，加强中国教育和科研计算机网的建设，促进运营商之间互联互通，推动宽带网络普及。

第二，大学层面要主动作为。

大学要加强对MOOC运动的研究，将如火如荼的世界开放教育资源运动与大规模开放在线课程纳入到大学的发展战略之中，顺应世界高等教育发展趋势。

要以最优质的课程资源，形成辐射效应。要挑选优秀的教师，提供丰富多样的课程资源，主动适应知识传授新模式。

要创新教学模式。探索在线学习、混合学习及翻转课堂等创新性教学模式，并应用到人才培养中。

要积极发展线下学习。MOOC注重依托网络社区进行互动交流，以提高学生的学习兴趣和动力。特别是对机器难以自动评分的较为复杂、灵活的交互式练习，依靠网络社区群体智慧的评分机制便显得尤为重要。

要规范考核，提高证书的可信度。要制订网上学习的规则，比如学生要完成哪些步骤才可以参加考试等。要做好学分制与微证书的结合，比如规定好什么学位对应要求获得哪些微证书，多少个微证书可以拿到学位等。

要开展科学研究。MOOC平台有海量数据，整个MOOC的过程中蕴含着许多值得研究的问题，应当利用好这些数据开展研究，提供更个性化的学习服务。

第三，教师层面要自觉适应变化。

教师应以最新的教学理念为指导，正确认识MOOC带来的变化，主动应对MOOC的机遇与挑战，探索创造新知识，提升教学能力，提高自己的知识储备，提升将技术融入教学的水平。要开展新的教育理论研究，适应新的混合式教学模式，掌握MOOC的课程开发和实施技巧，学习利用数据挖掘个性化培养的方法，探索在线学习效果评估机制等。

第四，平台层面要提供完善的方案。

平台方需要从MOOC的特点出发，为学校提供良好的硬件条件和技术条件，为教师提供便利，为学生提供良好的使用体验。平台要统一规范，有很好的通用性，要加快合作联盟建设等。

**5.MOOC引发的思考**

MOOC流行背后的思考：MOOC模式该如何获得最终成功，其是否仅仅是一时的风潮呢？在此之前，许多公司和学校已经在在线教育领域进行了大量的尝试，但均未获得比较好的成效，如上面提到过的曾经风靡一时的大学公开课，热度在短时间内迅速消退；又如坦普尔大学的“虚拟坦普尔”、纽约大学的“纽约大学在线”等，均在开办两三年后因为缺乏生源而被迫停办。

这种互联网教育模式之所以开始流行并非偶然，而是与互联网技术的进步和传统教育模式的滞后息息相关。相比互联网刚兴起的时候，现今网络技术和宽带的普及让音频、视频的教育资源能被更多人方便地获取到，广泛的社交网络的发展为原本被地域分隔、不同地区的学习者之间的交流和讨论带来了更好的平台，这些都大大降低了在线学习的门槛。从国内到国外，高等教育成本的大幅攀升使得低成本的教育解决方案在广泛的人群中拥有庞大的需求，此类免费而高质量的在线教育资源无疑正好切合了这一市场。此外，与传统硬性的课程计划不同，基于互联网的异步教育模式让人们能够按自己的时间安排来进行学习，这让许多因为时间、地区问题无法深造的人有了进一步学习的机会。而课程开发者也针对人们在线学习的习惯进行了优化，包括Coursera、Udacity在内的众多MOOC项目都将课程切分为20分钟内的完整独立模块（包括授课、测试等环节），教授者往往通过社交网络、邮件列表等社区工具与学生进行互动和问答，相比过去在线教育公司提供的单纯课程录像观看，现在的在线教育模式已经有了很大的改进。

但业界人士对于这种模式也并非都持积极态度，其中一个重要的疑问是：这些新的在线教育平台的商业模式如何？目前所有课程全面免费的模式对于学习者来说也许是一件好事，但包括教师资源、交流成本在内的高质量的课程需要的成本是不可小觑的，目前在风投的资金和学校的支持下也许可以维持，但如何能够长时间地持续服务是一个需要考虑的问题。在这个方面，Udemy采用的允许用户自行开设课程，并进行分成的模式也许是未来的一个盈利方向；而另一个可能的模式则是进军招聘领域，将自己平台上的优秀学员推荐到有需求的企业就职，从企业获取推荐费。目前Coursera、Udacity等已开始尝试这一模式，但效果如何还需时间的检验。

MOOC模式虽然相比传统互联网教育模式已经有所改进，但许多传统教育界人士依然觉得纯粹基于互联网的教育在学员、教师互动方面，在整体教学氛围方面依然无法弥补实际校园的优势。沃顿商学院的教授表示："学习的内容不光只有课程本身，还有很多集体的社交体验，之所以要去大学学习，主要原因在于它可以帮助你成长以及学会如何工作。"这一说法不无道理，对于许多课程（特别是商业类课程）来说，社交关系的培养是学院教育的重要元素。就目前来说，互联网教育最适合领域主要还是在工程、理工、语言等学科的补充性学习方面，但正如我们从社交网络的能量中看到的，未来这个问题并非不可能通过在线的社交平台得以解决。除此之外，由于缺乏严格的监督，MOOC目前同样面临着互联网教育一样存在的、对学员的成绩进行有效评估的问题，例如，如何解决用户抄袭他人作业成果是一个难题（当然，这一问题在传统教育领域也一直存在）。这背后其实是学员自律性的问题，目前MOOC形式的在线课程普遍面临实际真正完成课程的学员比例偏低的问题，这虽然更大程度上属于用户自身的问题，但正如Codecademy引入徽章系统、Coursera颁发学习证书或授予学分、国内的益趣课堂采取付费惩罚措施，服务本身可以通过一些功能上的设置来激励用户的学习动力。

## 第六节　高等教育治理体系和治理能力现代化

新中国成立以来，特别是改革开放以来，我国的高等教育快速发展，实现了跨越式发展。但不可否认的是，在当前高等教育由规模扩张向以提高质量为核心的内涵式发展转变的过程中，遇到许多制约性因素，其中一个很重要的因素就是高等教育治理能力问题。党的十八届三中全会把推进国家治理体系和治理能力现代化作为全面深化改革的总目标。推进高等教育治理体系和治理能力现代化是实现国家治理体系和治理能力现代化一个很重要的方面。因此，在现实条件下以影响大学发展的制度因素为框架来探讨大学治理问题，是有其十分重要的意义的。

## 一、大学治理结构的内涵

大学治理结构包含外部治理结构和内部治理结构两部分。外部治理结构主要是大学利益相关者之间的权力关系和责任义务，包括大学与政府、大学与社会、大学与用人单位、大学与投资者、大学与学生及家庭等。内部治理结构主要是指大学内部各利益群之间的权力配置以及它们之间的相互关系，包括党委形成的政治权力、校长形成的行政权力和教授形成的学术权力。它主要包括三个方面：一是治理主体，即大学由谁负责治理，谁参与治理的问题；二是治理客体，就是治理的对象，主要问题是要解决利益相关者之间的权、责、利关系；三是治理机制，即如何治理，通过什么样的程序和机构，才能使大学治理结构中治理主体和客体的责、权、利关系更加科学合理地配置。

## 二、我国大学治理结构的主要特点

大学作为一个传授、创造和培养人才的非营利机构，大学的理念也好，目标也好，都不可能自动实现，需要通过一整套的制度安排来实现，这些制度安排就是治理结构。我国高等教育一直实行高度集中的管理体制，长期受制于政治体制和经济体制改革的制约，大学内部治理结构变革动力主要来自于外部政府的强制性因素。在这样一种长期受到外部因素的干扰和影响下，大学内部治理结构表现出与西方大学治理结构截然不同的特点。

### 1.“党委领导下的校长负责制”是多元化治理主体的核心

高校的治理是一个系统性的工程，牵涉到系统内政治、行政、学术等多方权力主体，在不同政治经济体制下，治理主体的主导地位也有所不同，但政治和行政权力一直居于我国大学内部权力的核心地位，尽管在不同历史阶段，政治和行政权力的主导性有所交替。

新中国成立以来，我国高等学校内部管理体制伴随着政治体制和经济体制改革不断变迁，先后经历了校务委员会制、校长负责制、党委领导下的校务委员会负责制、党委领导下的以校长为首的校务委员会负责制、党的一元化领导下的“革命委员会”制、党委领导下的校长分工负责制、校长负责制试点、党委领导下的校长负责制。我国大学内部管理体制历次演变的核心问题主要是围绕如何处理政治权力和行政权力的关系。虽然《中华人民共和国高等教育法》明确规定“高等学校的校长为高等学校的法定代表人。公办高等学校实行中国共产党高等学校基层委员会领导下的校长负责制，并设理事会、校长、校务委员会和校学术委员会”。这与中国特有的国情有关，它决定了中国大学内部治理主体的变革，一直采取的是与西方发达国家大学诱致性治理结构变迁不同的道路，即政府实施和主导的自上而下的强制性制度改革。特别是我国一直强调党对高等教育事业的领导，来自高等教育系统外部的政府部门主导的强制性制度变革，造成高等学校内部一直长期存在着党政并顾的二元体制，存在着党委和行政、书记和校长两种权力主体之间的分配与平衡问题。而本应该发挥学术权力作用的领域被长期忽视和大大弱化。

我国大学内部治理结构的变迁，除了受到来自政府外部强制性因素的主导作用外，同时也在自觉不自觉地遵循着大学治理的一个基本理念，即“用什么样的制度才能保证大学的目标和理念的实现”。这是在外部强制非理性因素直接干预的背景下，大学内部谋求更为理性、科学、合理的自我建设、自我发展的自觉性的动力诉求。这是学校自发地倡导、组织和实施的一种渐进式的诱导性制度变迁。但不论外部还是内部的变迁动力，都是为了谋求建立一种更加合理和科学的组织性框架及机制，能够在“冲突和多元利益”状况下“管理其一般事务”。是在这样一种内外部变迁力量的影响下，才形成了新中国成立以来高等教育发展由“管制”到“管理”再到“治理”的基本路向。“党委领导下的校长负责制”也发展为现在的政治、行政、学术等多元化治理主体的核心。

**2.治理机制由“计划供给”逐步向“市场需求”转换**

新中国成立以后，为适应计划经济体制的需要，我国照搬苏联模式实行高度集中的计划经济管理体制，并将高等教育的运行完全纳入计划经济。将私立高校调整到相应的公办学校，高等学校全部改为公办，国家统一管理、统一部署、统一规划，集中各种力量培养国家急需人才。政府对学校采取“统、包、管”，学校一切按照政府部门的计划、指令办事，从专业设置、课程体系、教材选用、经费投入，到招生计划、毕业生分配、教师编制及其工资待遇等都是政府决定。高等教育不分类型、不分层次，均实行“大一统”的管理和培养模式：统一专业设置，统一教学计划，统一教学大纲，统一教材，统一教学管理。

1984年中共十二届三中全会颁布《中共中央关于经济体制改革的决定》，为了适应经济体制的改革需要，1985年国家颁布《中共中央关于教育体制改革的决定》，决定对高校实行简政放权，扩大学校办学自主权。1992年邓小平南方谈话以及党的十四大召开，标志着我国改革开放和社会主义市场经济建设进入了一个新的阶段，深刻的经济体制的转型性变革——由计划经济向社会主义市场经济的变革，直接“逼迫”高等教育作出体制机制改革。1992年11月国家教委发布《关于加快改革和积极发展普通高等教育的意见》，1993年中共中央、国务院颁布《中国教育改革与发展纲要》，高等教育管理体制改革全面推进。社会经济体制的突破性进展和变革对高校原有体制和机制产生了强烈冲击。最为明显和集中的表现就是许多高校出现经济生存危机以及与此直接相关的高水平师资队伍大量流失的危机。为了获得生存和更好的发展，许多高校不得不在“自谋生路”，寻找缓解危机新路的探索过程中，市场意识与变动意识开始觉醒和勃发。这是社会经济体制的突破性进展对高校原有体制和机制产生强烈冲击后，高校在观念上从社会变革中学到的最重要的东西。学校开始走出“象牙之塔”“面向社会”，这不仅意味着高校要适应社会，“更要为社会发展服务、满足社会需求，同时意味着高校要善于依靠社会，积极吸取社会对学校发展的有利因素，提高学校对社会发展的影响力和社会地位”，从而实现了高校治理机制由“计划供给”向“市场需求”转换，人、财、物等资源配置在一定范围和限度内逐步实现市场调节，如学生高考志愿填报、上学交费、就业等。学校为顺应经济发展而开展的体制和机制变革跨出了增强对社会适应能力、打破只依靠政府部门或者完全按原定框架运作模式的重要一步。高校也从社会的边缘开始走向社会的中心。

高等教育办学体制、管理体制、投资体制等方面进行全方位的改革后，市场经济的运行机制逐步引入高等教育，政府对高等教育领域多方位的减政放权取得明显成效。但我们也必须清醒地认识到，由于中国高等教育一直实行的是国家投入、政府办学，自上而下集权式的管理体制不可能马上消失，而且在某些领域始终存在。因此，在市场经济的今天，高校领导任命、经费投入、招生计划安排、教师聘任与工资分配等方面，仍然较多沿用传统计划经济的运行模式。中国高等教育的治理机制会在一定时期内出现“计划“与“市场”并行的局面，但这并不会影响高等教育体制全面改革。相信随着政治经济体制改革的全面深化，高等教育内部治理和运行机制的改革也会更加深入和完善。

**3.科层化管理成为大学组织管理的基本范式**

科层制又称理性官僚制或官僚制。它是德国政治经济学家和社会学家马克思·韦伯于20世纪初提出的一种理想的组织形式和管理方式。它以实现组织效率化为最高原则，以合法的权力为组织运行的基础。这一组织制度强调中央层次上的行政和决策权力，强调内部分工，且对每一成员的权力和责任都有明确规定；职位分等，下级接受上级指挥；组织内部有严格的规定、纪律，并毫无例外地普遍适用，并且呈现出等级制的权力矩阵关系。

大学科层制的组织结构是一个有序的行政组织系统，有着较为复杂的层次结构和各种隶属关系。它是大学内部以科层制模式为基础进行组织管理的体制，是大学政治、行政和学术等各种合法权利发挥作用的载体。大学科层制的管理模式的形成，一方面是在大学组织机构复杂化、社会分工精细化的情形下，基于大学组织内部对管理“效率”的追求以及政府为实现对大学的有效控制而发生的，是大学自我发展的内生需要。另一方面，是基于新中国成立后长期的集中统一的高等教育管理体制，是高度集中的政治体制和经济管理体制在高等教育领域的综合反映。大学管理结构设置和管理干部任命都是比照党政机构的形式，实行层层对上级负责，这实际上是政府通过科层制管理模式实现政治权力向大学内部合法延伸，从而实现其对大学内部“理所当然”的管制。

目前，科层化管理已经成为国内外大学组织管理的基本范式，更是当前及今后较长时期内我国大学的基本管理模式，是大学应对来自政府等外部力量的理性诉求，更是大学在自身规模不断扩大，管理日趋复杂的现实状况下，学校为了提高管理效率而向其他组织效仿、学习和借鉴的结果。大学的科层化管理模式虽然在某种程度上导致了大学管理过于行政化或官本位，但却从根本上解决了大学中纵向的权力线、管理幅度和上下层交流的问题。

## 三、完善高校内部治理结构

《中华人民共和国高等教育法》规定：“高等学校应当面向社会，依法自主办学，实行民主管理。”《国家中长期教育改革与发展规划纲要（2010—2020年）》要求“以转变政府职能和简政放权为重点，深化教育管理体制改革”“形成政事分开、权责明确、统筹协调、规范有序的教育管理体制”。《国务院办公厅关于开展国家教育体制改革试点的通知》（国办发〔2010〕48号）强调“推动建立健全大学章程，完善高等学校内部治理结构”，并在北京大学等26所部属高校进行改革试点。贯彻落实《中华人民共和国高等教育法》《国家中长期教育改革与发展规划纲要（2010—2020年）》的相关规定，并转化为高校内部真实的体制机制且符合现代大学办学功能的需要，不仅是为了矫治我国大学内部治理结构现有的问题，更是今后高等教育体制机制改革的一项重要主题。

**1.逐步构建符合现代大学办学功能的治理理念**

大学自治和学术自由一直是西方大学治理理念中核心的价值取向，而我国大学一直强调和习惯于用行政思维管理高校、代替学术管理。随着中国社会的深刻变革，自20世纪90年代以来开展的高校内部改革，中国高校内部的体制和机制的原有模式已被突破，并不断发展和调整。高校从社会的边缘走向社会的中心，大学肩负着人才培养、科学研究、社会服务和文化传承等不可推卸的使命。新的体制和机制，为高等教育深层次改革获得越来越多的发展空间和基础条件。这些为高等教育内部的各项改革，提供了坚实的心理承受力基础。通过不断的探索和反思，人们的认识也在趋向深化和科学化，逐步构建符合现代大学办学功能的民主管理、校长治校和教授治学等治理理念已经深入到大学内部，被广大教职员工所认识、熟知和接受，并成为今后我国大学内部治理结构改革的一种必然趋势。

**2.大学章程作为依法办学的基本准则**

大学章程是高校办学的纲领性文件，是大学成为法人组织的必备条件，是学校依法治校的基础和保障。《中华人民共和国高等教育法》明确规定，设立大学必须有大学章程。而随着高校办学自主权的进一步落实，大学治理的内部根本性制度——大学章程的建设已经成为大学发展的一种必然选择。作为大学法人的宪章，大学章程是大学治理结构建构的基础，是大学的“根本大法”，对明晰大学与社会以及大学内部各种关系，明确大学的法律地位和办学自主权，规范学校行为，维护各方合法权益，提高办学水平具有重要的引导、规范和保障作用，其核心就是对大学的基本问题和重大事项作出明确的规定。制定大学章程不仅为大学法人依法自主办学提供坚实的制度保障，使大学摆脱来自外部和内部的行政化过多干扰，也是真正实现依章办校、以章治校，对于完善我国大学的治理结构和运作机制，促进现代大学制度建设具有极为重要的作用。

高校应充分认识到大学章程的重要性，规范章程的制定程序，完善章程的文本建设，推动章程的实施，加强章程的监督，从而推动现代大学制度的建设与完善，实现高等教育的良性发展。

**3.坚持和完善党委领导下的校长负责制**

新中国成立以来，我国高校领导体制几经变迁。1989年，中央决定公办高校实行党委领导下的校长负责制。1998年颁布的《中华人民共和国高等教育法》以法律形式明确了这一领导体制。党委领导下的校长负责制实行20多年来，保证了我国高等学校社会主义办学方向，推动了中国特色现代大学制度的构建，为高等教育的快速发展和高等学校的持续稳定，提供了根本保证。

坚持和完善党委领导下的校长负责制，这是高校的根本制度，必须坚定不移地执行好、发挥好这一制度的优势。党委领导下的校长负责制有三层含义：第一，党委是学校的领导核心，把握学校的办学方向；第二，校长是学校的法人代表，在党委领导下，全面负责学校教学科研和其他行政管理工作；第三，党委领导下的校长负责制既要保证党委的集体领导，又要支持校长独立行使职权。把坚持和完善党委领导下的校长负责制作为全面推进依法治校的重点，坚持党委把方向、谋全局、管大事，统一领导学校各项工作，校长依法履行职责、主动负责地开展工作，积极探索以党委领导、校长行政、教授治学、民主管理为基本框架的现代大学治理结构。

**4.教授治学——实现大学学术自治**

教授、专家是大学的学术权威群体和大学学术成就的代表及智慧的象征。教授治学是指教授、专家不仅承担教书育人、科学研究等方面的工作，而且具有直接参与学科建设、专业设置、教学改革等方面的决策和管理的权力。教授治学的实现方式主要是学术权力的实现，即通过建立学校学术委员会、学位评定委员会、教授会等确保学术的专业性和自由性。

教授治学既是落实教授主体地位的客观要求，也是大学的生命力和活力的所在。《中华人民共和国高等教育法》第四十二条规定：“高等学校设立学术委员会，审议学科、专业的设置，教学、科学研究计划方案，评定教学、科学研究成果等有关学术事项。”《中华人民共和国学位条例》规定：“学位授予单位，应当设立学位评定委员会，并组织有关学科的学位论文答辩委员会。”过去，学术权在高校一直被行政权取代，其地位一直比较弱化，今后高校要真正还权于学，该学术权决定的工作就由学术组织来决策。要充分发挥学术委员会在学科建设、学术评价、学术发展中的重要作用，探索教授治学的有效途径，充分发挥教授在教学、学术研究和学校管理中的作用。

**5.民主管理——充分发挥教代会等民主参与权与监督权**

民主管理，要赋予教师、学生以及其他行政服务人员在高校中的民主管理权力，使决策更加科学化、规范化和专业化，同时防止权力的独裁性和专制性。首先是制度民主。要健全和完善大学民主管理制度，加强教职工代表大会、学生代表大会建设，充分发挥群众团体积极参与议事、管理和决策的作用，努力推进大学民主的制度化、规范化、程序化。其次是决策民主。凡涉及学校改革发展全局、事关广大师生员工切身利益问题的决策都要推行校务公开制度，都要以人为本、广开言路，通过多种渠道广泛征求意见，尊重民意，集中民智，保证决策的科学化、民主化。其三是行政民主。大学的管理者要能自觉地坚持公开、公平、公正的行政原则，使广大师生员工拥有知悉校务、参与管理、有效监督的权利。

**6.科学构建治理主客体权责划分的制约机制**

大学治理目标的实现，需要政治、行政和学术等不同的权利主体相互协作、相互支持，又相互制约并形成统一合力。传统的大学管理模式之所以容易产生政治和行政权力膨胀、学术权力以及民主权力缺乏，一个很重要的因素就是没有形成有效的权力边界和利益制衡机制严重缺失。因此，明确治理主客体权责划分，让权力之间、职能之间、机构之间相互牵制，相互监督，是构建科学合理的大学治理结构的重要原则。通过制度建设，进一步明细和具体划分政治、行政、学术等各自的职责、分工，科学构建校级领导层、中层职能部门、院系机构和基层组织机构的权力体系，以保证治理过程有效运行。针对我国大学治理结构的特点进一步突出学术权力，将行政权力和学术权力有机地结合起来，从制度和程序上约束行政权力取代学术权力，或用用行政权力运行的机制取代学术权力的运行机制。通过建立校务委员会、教职工代表大会、学术委员会等监督机构，强化监管力度，完善决策程序，建立科学民主的决策机制等措施是有效解决目前国内大学治理主客体权力冲突和失衡的关键。

# 构建
# 地方应用性高等教育
# 新模式（下）

主　编　程　艺　李和平
副主编　储常连　方　明

安徽师范大学出版社
·芜湖·

责任编辑：李　玲　潘　安　王一澜　谢晓博　禹晓雪　　装帧设计：桑国磊
责任校对：吴毛顺　胡志恒　　　　　　　　　　　　　　责任印制：郭行洲

**图书在版编目（CIP）数据**

构建地方应用性高等教育新模式：全3册/程艺，李和平主编．—芜湖：安徽师范大学出版社，2014.11

ISBN 978-7-5676-1618-9

Ⅰ.①构…　Ⅱ.①程…　②李…　Ⅲ.①地方教育—高等教育—教育模式—研究—安徽省　Ⅳ.①G649.285.4

中国版本图书馆CIP数据核字（2014）第251419号

构建地方应用性高等教育新模式

（全三册）

程　艺　李和平　主编

出版发行：安徽师范大学出版社
　　　　　芜湖市九华南路189号安徽师范大学花津校区　　邮政编码：241002
网　　址：http://www.ahnupress.com/
发 行 部：0553-3883578 5910327 5910310（传真）E-mail：asdcbsfxb@126.com
印　　刷：安徽芜湖新华印务有限责任公司
版　　次：2014年11月第1版
印　　次：2014年11月第1次印刷
规　　格：710×1000　1/16
印　　张：57.25
字　　数：996千
书　　号：ISBN 978-7-5676-1618-9
定　　价：115.00元

# 目录

## 第　一　编

关于深化高等教育教学改革全面提高人才培养质量的若干意见 …………3
关于普通高等学校本科教学评估工作的实施意见 ……………………………13
关于严格教学管理工作的通知 …………………………………………………18
关于印发安徽省高校成人高等教育教学管理规范的通知 ……………………21

## 第　二　编

安徽省普通高等学校本科教学审核评估工作实施方案 ……………………33
安徽省普通高等学校本科教学审核评估工作指南（试行） ………………38
安徽省普通高等学校本科教学审核评估工作引导性问题 …………………54
安徽省教育厅关于对安徽科技学院和皖西学院开展本科教学审核评估试点工作的通知 ……………………………………………………………………60
安徽省教育厅关于召开普通高等学校本科教学审核评估试点工作专家培训会的通知 ……………………………………………………………………78
安徽省普通高等学校本科教学审核评估工作日程安排表（参考） ………79
安徽省高等职业院校人才培养工作个性评估试点方案 ……………………80
安徽省2008—2012年高等职业院校人才培养工作评估规划 ………………86
安徽省高等职业院校人才培养工作评估实施细则（试行） ………………93
安徽省高等职业院校人才培养工作评估操作规程（试行） ………………106
关于进一步加强普通高等学校教学评估工作纪律的通知…………………122

## 第 三 编

关于对普通高等学校本科教学工作审核评估方案开展调研工作的函……127
关于开展本科教学审核评估试点工作的通知……128
安徽省教育厅关于上报审核评估试点调研情况的函……130
安徽科技学院本科教学审核评估（试点）报告……137
皖西学院本科教学审核评估（试点）报告……141
关于印发《安徽科技学院本科教学审核评估(试点)工作报告》的通知…144
关于印发《皖西学院本科教学审核评估（试点）报告》的通知……146

## 第 四 编

李和平副厅长在审核评估试点工作专家培训会上的讲话（摘录）……151
李和平副厅长在皖西学院审核评估试点专家反馈会上的讲话（摘录）…159
李和平副厅长在2012年高等职业院校人才培养工作评估动员暨专家培训会上的讲话（摘录）……164
地方应用性高等教育质量保障体系构建研究……170
安徽省本科教学审核评估的制度设计与实践探索……179

## 附 录

教育部关于全面提高高等教育质量的若干意见……191
教育部关于普通高等学校本科教学评估工作的意见……202
普通高等学校本科教学工作审核评估方案……205

后 记……210

# 第一编

# 关于深化高等教育教学改革<br>全面提高人才培养质量的若干意见

皖教高〔2012〕7号

**各高等学校：**

质量是高等教育发展的生命线和永恒主题，加强内涵建设，提高高等教育质量是当前和今后很长时期内我省高等教育改革发展的核心任务。

提高高等教育质量，必须以加快转变高等教育发展方式为主线，把人才培养作为提高质量的首要工作，把内涵发展作为提高质量的核心要求，把教学工作作为提高质量的中心任务，把体制机制改革作为提高质量的根本出路。

为深入贯彻学习胡锦涛总书记在庆祝清华大学建校100周年大会上的讲话精神，切实落实教育部全面提高高等教育质量工作会议精神以及《教育部关于全面提高高等教育质量的若干意见》要求，现结合我省高等教育实际，提出如下意见。

**一、以科学定位为前提，提高人才培养对社会需求的符合度**

1. 明确学校定位，确立人才培养目标。以“科学定位，分类指导，多元发展，特色办学”为指针，鼓励在不同层次、不同领域办出特色，争创一流。克服同质化倾向，彰显异质性特征。支持高校根据办学历史、学科专业优势、地域特征、资源条件和服务面向，确定学校的办学定位，培育学校的办学特色。根据经济社会发展需求，合理确立学校人才培养目标。

2. 优化学科专业和人才培养结构。紧密结合我省经济社会发展要求和高等教育发展实际，扩大直接面向经济建设第一线的专业比例，着力构建与经济社会发展互动的学科专业体系以及招生、培养、就业联动的学科专业动态调整机制，增强人才培养的适应性和针对性，建立专业准入、预警和退出机制。连续三年报考率低于60%或连续两年就业率低于60%的专业，减少招生计划直至停招。支持高等学校根据科技进步和经济社会发展需要发展新兴学科、交叉学科和应用学科，进一步强化学科的综合交叉集成，形成以一流高校和一流学科领域为龙头，以专业性、行业性、综合性强的高校或学科为骨干，以主要培养应用型、技能型人才的高校或学科为基础的高等教育结构。开展本科和高职高专专业综合改革试点，支持优势特色专业、战略性新兴产业相关专业和农林、水利、地矿等行业相关专业以及师范类专业建设。充分发挥高等职业教育在职业教育中的龙头作用。

加大应用型、复合型、技能型人才培养力度，大力发展专业学位研究生教育。

**二、以人才培养为核心，提高高校其他职能对人才培养的贡献度**

3. 创新人才培养体制。进一步加强科学研究、社会服务、文化传承创新与人才培养的有机结合，实现在科学研究和社会服务中培养人才，实现文化育人。

要以服务安徽和地方经济社会发展为宗旨，以培养应用型人才为目标，学校、政府、企业三方联手，合作办学、合作育人、合作就业三位一体，充分发挥行业、企业、科研院所在人才培养中的作用，彻底打破学校与社会间的壁垒，形成高校与科研院所、行业企业联合培养人才的新局面。建立若干以市场为导向、企业为主体、学校为主要技术依托的产学研合作战略联盟。

4. 改革招生考试制度。加快招生制度改革，继续探索高校自主招生、自我约束、政府统筹、依法监督的招生机制，采取多种形式、多种途径选拔人才。扩大高等职业教育分类入学考试试点和高等职业教育自主招生考试。改革考试评价方式，推进综合评价，探索形成高考与高校考核、高中学业水平考试和综合素质评价相结合的多样化评价体系。改革招生录取模式，推进多元录取，逐步扩大自主选拔录取改革试点范围，在坚持统一高考基础上，探索完善自主录取、推荐录取、定向录取、破格录取的方式，探索高等职业教育“知识+技能”录取模式。改革对口招生、专升本招生、录取制度，拓展人才培养的立体渠道，提高学生对学校和专业的认同感、归属感。

5. 创新人才培养模式。提升高职院校服务产业发展、转移、升级的能力，积极探索高端技能型人才培养模式。以提高实践能力为重点，探索与相关部门、相关行业、企事业单位合作，探索联合培养、深度合作的应用型人才培养模式，实施卓越工程师、卓越中小学教师、卓越医师、卓越农艺师、卓越法律人才等应用型人才培养“卓越计划”。以重点学科、重点实验室等为依托，探索拔尖创新人才培养模式。积极推行学分制、主辅修制、小学期制、订单培养等多项改革。实施“省级专业综合改革试点”项目和“人才培养模式创新实验区”项目。

6. 提高科学研究水平，服务人才培养。健全寓教于研的拔尖创新人才培养模式，以科学研究和实践创新为主导，通过学科交叉与融合、产学研紧密合作等途径，推动人才培养机制改革，以高水平科学研究服务高质量人才培养。最大限度将科研优势转化为教学优势，促进科研团队与教学团队的融合、促进科研基地与教学基地的融合，促成工程研究中心、实验站的职能转变，增加人才培养的职能，促成学生参与科研活动，让学生早进课题，早进团队，早进实验室，在科学研究中培养人才。

改进高校科学研究评价体系，把科研成果对人才培养的贡献作为主要的评价因素。

7. 提升服务社会能力，引领人才培养。增强高校社会服务意识，主动服务我省社会经济发展和产业转型升级，鼓励学生参与科技扶贫、科技下乡、科技成果转化等社会服务活动，培养学生的社会责任感，提高学生的实践能力和动手能力。

建设一批企业和高校合作创新平台，开展“产学研合作基地建设”改革试点，建设一批省内产学研战略联盟。

8. 推进文化传承创新，支撑人才培养。着眼于文化强省战略目标，加快培养更多高层次文化领军人物和大批高素质文化人才，为社会主义文化大发展大繁荣提供有力的人才支撑。大力推进文化传承创新，积极推动徽州文化“走出去”战略。传承弘扬中华优秀传统文化，吸收借鉴世界优秀文明成果。发挥文化育人作用，把社会主义核心价值体系融入人才培养全过程，建设体现社会主义特点、时代特征和学校特色的大学文化。秉承办学传统，凝练办学理念，确定校训、校歌，形成优良校风、教风和学风，培育大学精神。加强图书馆、校史馆、博物馆等场馆建设。面向社会开设高校名师大讲堂，开展高校理论名家社会行等活动。

**三、以教学工作为中心，提高人才培养各环节与定位的吻合度**

9. 巩固本专科教学基础地位。把本专科教学作为高校最基础、最根本的工作，领导精力、师资力量、资源配置和绩效评价要优先保障教学，体现育人中心。每年召开教学工作会议，研讨教学改革和管理创新，及时解决人才培养质量的重点难点问题。制订具体办法，把教授为本专科生上课作为基本制度，将承担本专科教学任务作为教授聘用的基本条件，安排优秀教师为本专科低年级新生上课。定期开展教授为本专科生授课情况的专项检查。鼓励高校开展专业核心课程教授负责制试点。倡导知名教授开设新生研讨课，激发学生专业兴趣和学习动力。完善教学名师评选表彰制度和教师评价制度，形成向教学一线倾斜的风气和风尚。

10. 优化人才培养方案。充分发挥教学专家组织、教学委员会、行业企业专家的作用，大力开展人才培养市场调研。以安徽经济社会发展需求为导向，以课程建设为核心，整合课程资源，优化课程体系，明确人才培养目标和规格，着力打造具有创新精神和实践能力的高素质人才。高等职业教育着力培养服务经济社会发展的高端技能型人才。

11. 提高课堂教学水平。健全课堂教学制度，将教师的主要精力投入课堂教学。倡导集体备课，完备教材、教学大纲、教案、教学进度表等基本教学资料，做到课前准备充分，教案撰写完整，课堂讲授生动，理论联系实际，教学方法多元，加强师生互动，强化课后辅导。成立学生教学信息组，了解课堂教学现状，及时改进课堂教学状况。教学管理部门定期编制和发布课堂教学动态信息，确保课堂教学效果。

12. 推进教学方法与手段改革。树立符合时代要求的教学观，创新教育教学方法，探索多样化应用型人才培养方式。注重学思结合，彻底改变一言堂、满堂灌的传统教学方法，倡导启发式、探究式、讨论式、参与式教学方法，从改变教师的教学方法入手，转变学生的学习方式，帮助学生学会学习。根据专业课程特点，开展研究型学习活动，培养学生自主研究问题和解决问题的能力。注重知行统一，坚持教育教学与生产劳动、社会实践相结合。注重因材施教，关注学生不同特点和个性差异，激发学生的优势潜能。注重形成性评价和终结性评价相结合。注重现代教育信息技术的使用，充分利用网络平台、教学资源共享平台等开展教学。实施“教学研究项目”，开展教学成果奖评选。

13. 强化实践育人环节。实践教学要严格按专业教学计划及教学大纲要求组织实施；加强实践教学的过程管理，科学合理地制定实践教学方案、实践教学标准和实践成绩考核办法，保障各实践环节的有效时间和效果；深化实践教学内容和方法的改革，增开综合性、设计性、应用性强的实践项目，加强真实或现场模拟教学的组织和设计，训练学生基本技能和应用能力；学生毕业设计（论文）、毕业综合实践及顶岗实习等应由学校或院系部统一安排，严格规范管理，确保教学效果，保证教学质量。

加强实验室、实习实训基地、实践教学共享平台建设，实施“校企合作人才培养基地建设计划”。鼓励大学生广泛开展社会调查、生产劳动、志愿服务、公益活动、科技发明、勤工助学和挂职锻炼等实践活动。新增生均拨款、新增教学经费优先用于实践教学。

14. 加强和改进思想政治教育。充分发挥课堂教育教学的主导作用和思想政治理论课的主渠道作用，全面加强思想政治理论课的学科建设、课程建设、教材建设和教师队伍建设，切实改革教学内容、改进教学方法、改善教学手段，努力增强思想政治理论课的吸引力和感染力。坚持政治理论教育与社会实践相结合，既搞好课堂教育，又注重引导大学生深入社会、了解社会、服务社会。坚持用马克思主义中国化的最新理论成果武装学生，用社会主义现代化建设的生动实践教育学生，使正确的世界观、人生观、是非观进教材、进课堂、进学生头脑。充分发挥其它专业课程的育人功能，深入发掘其思想政治教育资源，把思想政治教育融入大学生学习的各个环节。要大力建设体现社会主义特点、时代特征和学校特色的校园文化，广泛开展丰富多彩、积极向上的学术、科技、体育、艺术和娱乐活动，把德育与智育、体育、美育有机结合起来，寓教育于文化活动之中。制定思想政治理论课教师队伍建设规划，加大全员培训、骨干研修、攻读博士学位、国内外考察等工作力度。

15. 提高研究生培养质量。改革研究生招生制度和培养模式，在博士学位授权高校扩大硕博连读规模，提高博士研究生创新能力和研究水平。大力发展专业学位硕士研究生教育，促进专业学位和学术学位的协调发展，支持部分高校以项目形式开展专业学位研究生培养，实行“双导师制”。广泛开展学校之间以及学校与企业、科研院所联合培养研究生制度。大幅度扩大经济社会发展急需的紧缺应用专业硕士研究生培养规模。进一步优化博士硕士研究生、各类专业学位研究生、本专科规模结构，形成符合经济社会发展需要的人才培养结构。健全研究生考核、申诉、转学等机制，完善在课程教学、中期考核、开题报告、预答辩、学位评定等各环节的研究生分流、淘汰制度。

建立健全研究生教育收费与奖学助学制度，依托导师科学研究或技术创新经费，增加研究生的研究资助额度，完善研究生资助体系。

16. 重视国际化人才培养。努力构建全方位、多层次、宽领域的教育国际交流与合作平台，借鉴国际先进的教育理念和教育经验，着力培养一大批具有国际视野、通晓国际规则、能够参与国际事务和国际竞争的国际化人才。完善公派出国留学管理机制，注重高层次创新人才的培养。加强国际国内创新力量的开放共享和深度融合。大力支持高等院校招收外国留学生，扩大外国留学生规模，提高留学生教育质量和层次。探索多种方式利用国外优质教育资源。办好一批示范性中外合作办学项目。建设一批国际化的学科专业和特色课程。充分利用安徽丰富的历史文化资源，加强汉语国际推广工作。建立健全汉语国际推广教师和志愿者队伍服务机制。提高孔子学院办学质量和水平。

**四、以教学建设为基础，提高教学资源对人才培养的保障度**

17. 加强师德师风建设。加强职业理想和职业道德教育，增强广大教师学为人师、行为示范的责任感和使命感。引导教师关爱学生，潜心教书育人。坚持师德为先，健全师德考评制度，将师德表现作为教师绩效考核、聘用和奖惩的首要内容，实行师德一票否决制。坚持正确导向，采取综合措施，建立长效机制，形成良好学术道德和学术风气，克服学术浮躁之风，查处学术不端行为，将师德建设作为评估学校办学质量的重要指标。

18. 提升教师教学能力。完善教师培训制度，提高教师培训质量。完善教研室、教学团队、课程组等基层教学组织，坚持集体备课，深化教学重点难点问题研究。健全老中青教师传帮带机制，实行新开课、开新课试讲制度。完善助教制度，加强助教、助研、助管工作。探索科学评价教学能力的办法。加强教师教学能力培训，提升教师教学水平。

19. 建立教师分类管理制度。严格实施高校教师资格制度，坚持实行新进人员公开招聘制度。完善教师分类管理和分类评价办法，明确不同类型教师的岗位职责和任职条件，制定聘用、考核、晋升、奖惩办法。本科院校“双能型”教师重点考核教学能力、应用型人才的培养能力及产学研结合的能力，高职院校“双师型”教师重点考核教学能力和动手实践能力；实验实训教师重点考核指导学生实验实习、教学设备研发、实验项目开发能力。兼职教师要根据聘任合同进行考核，重点考核教学能力和指导学生实践的能力。鼓励和支持兼职教师申请教学系列专业技术职务。基础课教师重点考核教学任务、教学质量、教研成果和学术水平等。督促民办高校依法落实教师与公办高校教师平等法律地位。

20. 提高教师的“双能”、“双师”素质。实施“教师能力发展中心建设计划”，探索高校引进、培养和使用应用型教师的体制和机制，建立本科院校“双能型”教师和高职院校“双师型”教师队伍的建设标准、教学能力的评价体系和激励机制，引领和带动全省高校应用型教师队伍建设。鼓励高校依托大中型企业，共建“双能型”、“双师型”教师培养培训基地，提升教师的实践动手能力。完善教师到企业和基层一线实践制度，并将其作为职称评聘的重要依据。实施应用型本科院校中青年骨干教师和创新团队建设计划；实施高职高专专业带头人培养计划。鼓励高校聘用具有实践经验的专业技术人员担任专兼职教师，改善教学团队结构，形成双师、双能型结构的教学团队。

21. 加强实验实训师资队伍建设。各校应根据应用型人才培养要求，增加在职教师实验实训岗位教师设置数量，建立一支相对稳定的实验实训师资队伍。加大对实验实训岗位教师的培养培训力度，提升实验实训水平。

加强兼职教师教学质量和任教能力的指导和考核，切实发挥兼职教师在实践性教学环节中的作用。

22. 加强教学管理队伍建设。着力选拔和培养德才兼备的优秀人才进入各级教学管理岗位，逐步改善教学管理队伍的学历、职称和年龄结构，提高整体素质和管理水平，建立一支满足教学管理需求的结构合理、素质优良、服务意识强、管理效率高的教学管理队伍。加强教学管理人员的培训，创造条件，开展与国内外高等学校教学管理人员的相互考察、交流和研修，以适应管理科学化、现代化的要求。鼓励教学管理人员开展教学管理及其改革的研究并及时将研究成果应用于教学管理工作的实践中。不断改善和提高教学管理队伍级别待遇。

23. 大力推进课程建设。大力促进应用型课程开发和建设力度，更新课程教学内容，提高教学水平，建立符合应用型人才培养目标和教学要求的教学大纲。抓好公共基础课课程群、主干课课程群、实验课课程群建设，抓好名牌课程和重点课程建设，聘请校内外、国内外名师和企业人员担任课程主讲。出台新课程建设的若干意见，鼓励高校建立大学联盟，共同开发体现新理论、新知识和新方法的新课程，鼓励高校与科研院所合作，共同开发体现科技进步、文化繁荣的新课程，鼓励高校与企业（行业）合作，共同开发体现社会生产与职业需求的新课程。实施“精品开放课程建设计划”，开展“十二五”省级规划教材建设项目。

24. 加强教学信息化建设。建设以第二代安徽省教育和科研网为核心的教育专网。“十二五”期间基本建成高等学校“数字化校园”。构建较完备的省级教育基础信息库以及教育质量、学生流动、资源配置和毕业生就业状况等监测分析系统。完善全省教育视频会议系统建设，建立省级考务管理与服务平台。把教育信息化纳入全省信息化建设整体规划。到2020年，基本建成覆盖城乡各级各类学校的教育信息化体系，促进教育内容、教学手段和方法现代化。实施“高等教育信息化试点学校建设计划”。

25. 强化教学资源共享。整合区域性或同类型高等学校相关教学资源，实行资源共享、优势互补、合作办学，实现资源效益和服务效率的最大化。建立数字图书馆、虚拟实验室、精品课程库、优秀教师教案等优质教学资源库，充分发挥其在课堂教学中的作用，构建开放、互动、共享的网络教育教学模式。建立公共服务平台，实现共建共享。

开展高校合作联盟建设和分类管理改革试点，支持其探索“抱团发展、集约办学”的新思路，积极推行以学分制为基础的“弹性学习”制度，允许联盟内高校跨校、跨专业选课，互认学分，条件成熟的可以互发毕业证书，互授学位。

26. 实施二期教学改革与质量提升工程。积极做好与国家有关高等教育重大工程和项目的对接，启动二期教学改革与质量提升工程建设，发挥建设项目在推进教学改革、加强教学建设、提高教学质量上的引领、示范、辐射作用。做好一期间省级质量工程的检查和验收工作。继续实施高等学校思想政治理论课建设工程、研究生教育创新计划和皖北地区高等教育振兴计划。设立一批紧缺人才培养基地、大学生学科竞赛项目和高等教育体制改革研究项目。

27. 加强人才培养经费保障。完善以政府投入为主、多渠道筹措教育经费、保障教育投入稳定增长的机制。依法加大政府投入，优先保障教学投入。调整优化各级政府预算内基建投资结构，加大对教学设施的投入。完善捐赠教育激励机制，积极引导社会投入，鼓励和引导社会力量捐资、改善教学基本条件，设立大学生创新创业教育基金。完善教育投入机制，提高教育保障水平。

完善非义务教育培养成本分担机制，适时调整学费和住宿费标准，保障高校生均预算内教育事业费逐年增长。新增生均拨款、新增教学经费优先用于人才培养。

**五、以质量监控为手段，提高学生、社会对人才培养质量的满意度**

28. 建立人才培养质量的标准体系。全面落实素质教育，把促进人的全面发展和适应社会需要作为衡量人才培养质量的根本标准，努力协调好教育发展和人的全面发展、教育发展和社会发展的关系。

坚持能力本位和实践本位，重点考察实践动手能力，将行业标准引入专业规范和专业标准，将技术标准引入课程目标和课程标准，将执业资格标准引入人才规格和人才标准，据此研究制定人才培养标准、专业标准、课程标准、师资队伍建设和人才培养质量评价标准。

在办学定位与特色培育、质量目标、教学资源、教学过程、质量管理等方面制定基本要求。

29. 建立和完善教学质量保障机制。健全组织机制，确定教学质量一把手负责制，成立教学指导委员会等专家组织；建立运行机制，完善校、院两级教学管理制度、教学质量保障制度、教学质量监控工作制度和教学质量的“预警机制”；创新激励机制，加强对教师的教学考核，并把考核结果与教师的职称晋升、工资晋级等相挂钩，加大教育教学成果的奖励力度，教学成果奖与科技成果奖同等对待。

30. 完善教学质量监控体系。重视和发挥专家组织的评价功能，重视和发挥现代教育评价方法与技术的作用，健全专业设置和教学计划制定过程的质量管理，健全课程建设、实践性教学环节实施过程的质量管理，完善考试和考查、评估和督导、教学检查、教学信息收集和毕业生跟踪调查等检测与反馈过程的质量管理，完善专业及专业结构的改造与调整、教学计划的修订、教学内容与教学方法的改革、教学管理制度的建立与健全等调节过程的质量管理，逐步建立起完善的校内质量保障体系。

31. 健全教育教学评估制度。建立以高校自我评估为基础，以教学基本状态数据常态监测、院校评估、专业认证及评估、国际评估为主要内容，政府、学校、专门机构和社会多元评价相结合的教学评估制度。制定安徽省“十二五”期间普通高校本科教学评估工作实施方案，建立高等学校教学基本状态数据库并及时更新；对所有符合合格评估的新建本科院校，进行合格评估，对尚未达到三届毕业生的新建本科院校开展自我评估，对已接受上一轮评估并获得通过的地方高校进行审核评估；对医学、师范、工程、建筑类专业开展专业认证和评估；积极探索国际评估。对具有三届毕业生的高职学校开展人才培养工作评估。

32. 建立人才培养质量第三方评价体系。改革人才培养质量评价方式，开展由政府、学校、家长及行业、企业等多方参与的人才培养质量第三方评价活动，形成开放的高等教育第三方评价体系。

建立本科教学质量年度报告和高等职业教育人才培养质量年度报告发布制度，建立本科教学基本状态数据库和高职院校人才培养工作状态数据采集平台，并在学校网站显著位置发布，接受社会监督，督促高校自觉提高人才培养质量。加强对研究生培养质量监控和学位点建设单位的检查指导，建立相应的信息化平台。

33. 加强创新创业教育和就业指导服务。使创新创业教育贯穿人才培养全过程。实施“安徽省普通高校大学生创新创业教育示范校”计划，制订高校创新创业教育教学基本要求，开发创新创业类课程，纳入学分管理。实施“安徽省大学生创新实验计划”，鼓励学生参加各类学科竞赛。大力开展创新创业师资培养培训，支持学生开展创新创业训练，完善国家、地方、高校三级项目资助体系。依托高新技术产业开发区、工业园区和大学科技园等，重点建设一批大学生创业园区。加强就业指导服务，加快就业指导服务机构建设，完善职业发展和就业指导课程体系。建立健全高校毕业生就业信息服务平台，加强困难群体毕业生就业援助与帮扶。

二〇一二年六月二十六日

# 关于普通高等学校本科教学评估工作的实施意见

皖教高〔2012〕3号

**各本科高等学校：**

为落实《教育部关于普通高等学校本科教学评估工作的意见》（教高〔2011〕9号），切实推进高等教育质量保障体系建设，全面提高本科教学水平和人才培养质量，实现“高等教育强省”建设目标，现就我省普通高等学校本科教学评估工作提出以下实施意见，请遵照执行。

**一、充分认识本科教学评估的目的意义**

1. 人才培养是高等学校的根本任务。高等教育质量的根本是本科人才培养质量，提高本科人才培养质量的重点是提高教学质量。教学评估是评价、监督、保障和提高教学质量的重要举措，是我国高等教育质量保障体系的重要组成部分。

2. 开展教学评估的目的是促进高等学校全面贯彻党的教育方针，推进教学改革，提高人才培养质量，增强本科教学主动服务经济社会发展需要和人的全面发展需要的能力；促进政府对高等学校实施宏观管理和分类指导，引导高等学校合理定位、办出水平、办出特色；促进社会参与高等学校人才培养和评价，监督高等学校本科教学质量。

**二、开展本科教学评估是构建我省高等教育质量保障体系的核心内容**

3. 高等教育质量保障体系，由质量目标与标准、资源与投入保障、组织运行和质量监控等一系列环节组成。质量目标与标准是前提条件，资源与投入保障是基础因素，组织运行是展开环节，质量监控是调节系统，它们共同构成了相对闭环和完整的质量保障体系。教学评估是建立健全以高等学校为基础、以政府为主导、以社会为补充的开放、立体、全面的我省高等教育质量保障体系的核心内容。

4. 开展本科教学评估工作，确保人才培养质量，切实提高高等教育对经济社会发展的支撑度、对人力资源强省的贡献度和人民群众对高等教育的满意度，切实提高高等教育的毛入学率、大学毕业生的就业率、高等教育为经济社会发展的服务能力和科技成果的转化率，是落实“科教兴皖”、“人才强省”发展战略和高教强省建设目标的重要举措。

5. 开展本科教学评估工作，提高高等学校的建设与发展水平，使我省高等学校在一些重点领域成为培养和造就一流科学家和科技领军人才的摇篮，成为培养应用型、复合型、技能型人才的基地，成为知识创新和推动科研成果向现实生产力转化的中心，成为推进文化大发展大繁荣的阵地，是初步建成能够服务党委和政府决策、支撑经济发展和产业升级、引领社会进步和文化繁荣的具有安徽特色的应用性高等教育体系的有力保障。

6. 开展本科教学评估工作，探索制定既符合安徽经济社会发展、又和高校自身定位相适应的应用型人才培养质量目标和质量标准，包括人才培养规格标准、专业设置标准、课程标准、师资标准、培养过程标准、质量评价标准等，培养具有创新意识、创业能力的应用型人才，是建立应用型本科人才培养质量标准的重要途径。

**三、安徽省开展本科教学评估的工作基础**

7. 安徽省一直高度重视本科教学质量管理。二十世纪九十年代末，我省在全国率先开展本科教学评议工作，重点考察对第一次全国普通高等学校教学工作会议的落实情况，解剖了各普通高校的办学指导思想、办学定位、办学条件等，保证了教学工作的中心地位、教学改革的核心地位和教学建设的优先发展地位。同时，根据当时的国家教育委员会的部署，组织完成了8所本科院校的合格评估。

8.《2003—2007年教育振兴行动计划》提出了要实施周期性评估工作，建立高等学校教学质量保障体系，安徽省积极响应并组织实施。截至2008年年底，全省20所高校（含中国科学技术大学、合肥工业大学）接受了本科教学工作水平评估。评估结果中，14所高校优秀，占70%，5所高校良好，占25%；1所高校合格，占5%。本科教学工作水平评估，促进了高等学校的教学基本建设，改进了教学工作，规范了教学管理，提高了教育质量，取得了明显成效。

自2001年以来，我省认真贯彻教育部《关于加强高等学校本科教学工作提高教学质量的若干意见》（教高〔2001〕4号）和《关于进一步加强高等学校本科教学工作的若干意见》（教高〔2005〕1号），大力加强质量监控，积极开展质量工程建设，开展了本科教学状况调研，发布了年度质量报告，确保生均经费足额到位并逐年增长，2011年生均经费达到8000元，2012年将达到12000元。

**四、指导思想、目标和任务**

9. 开展本科教学评估的指导思想是：坚持以马克思列宁主义、毛泽东思想、邓小平理论和“三个代表”重要思想为指导，落实科学发展观，牢固确立人才培养是高等学校的根本任务，质量是高等学校的生命线，教学工作在高等学校各项工作中的中心地位；牢固树立本科教育是高等教育之根本，是高等学校之根本，是创新人才培养之根本的理念。

10. 开展本科教学评估的目标是：建立以学校自我评估为基础，以院校评估、专业认证及评估、国际评估和教学基本状态数据常态监控为主要内容，政府、学校、专门机构和社会多元评价相结合，与中国特色现代高等教育体系相适应的教学评估制度。通过评估，引导高校科学定位，分类合作，多元发展，特色办学；通过评估，强化高等学校质量保障的主体意识，完善校内自我评估制度，建立教学状态数据库，建立健全校内质量保障体系；通过评估，指导高校提高教学质量保障能力和水平；通过评估，切实提高高等教育对经济社会发展的支撑度，对人力资源强省的贡献度和人民群众对高等教育的满意度。

11. 开展本科教学评估的任务是：建立高等学校本科教学基本状态数据库并及时更新；2015年前，对所有符合合格评估的10所新建本科院校，进行合格评估，对尚未达到三届毕业生的2所新建本科院校开展自我评估，对18所已接受上一轮评估并获得通过的省属本科院校进行审核评估；对医学、师范、工程、建筑类专业开展专业认证和评估；积极探索国际评估。

**五、评估的计划安排与组织实施**

12. 本科教学评估的时间安排。本科教学评估分方案研制、动员部署、实施评估、总结提高四个阶段。

2011年10月至2012年2月为方案研制阶段，制定详细的评估方案和评估工作指南下发到各高等学校。2012年3月至5月为动员部署阶段，营造良好的舆论氛围。通过广泛的宣传发动，使各级教育行政部门、高校师生员工能够理解、重视、支持和参与评估，树立起评估的主体意识，并确保本科教学评估在良好的社会舆论环境中顺利推进。2012年9月至2015年6月为实施评估阶段，按照评估安排，组织专家进校评估。2015年下半年为总结提高阶段，年底召开本科教学评估工作总结会。

省级高等学校本科教学基本状态数据库将在国家平台的基础上，依托安徽教育网、安徽高教网建立，2012年6月前完成。各高校的高等学校本科教学基本状态数据库同步建立。

合格评估从2012年9月开始。时间安排如下：

| 序号 | 高校名称 | 申请评估时间 |
|---|---|---|
| 1 | 合肥师范学院 | 2012年下半年 |
| 2 | 黄山学院 | |
| 3 | 铜陵学院 | |
| 4 | 巢湖学院 | 2013年 |
| 5 | 滁州学院 | |
| 6 | 安徽新华学院 | |
| 7 | 宿州学院 | 2014年 |
| 8 | 蚌埠学院 | |
| 9 | 池州学院 | |
| 10 | 安徽三联学院 | 2015年上半年 |

安徽文达信息工程学院、安徽外国语学院根据情况进行自我评估。

审核评估从2012年下半年开始，分2012年下半年、2013年、2014年和2015年4个时间段。安徽科技学院、皖西学院作为我省审核评估试点院校，于2012年下半年接受评估。其他符合审核评估条件的高校需根据自身情况，申报参加审核评估的时间，于2012年5月31日前报教育厅高教处，教育厅根据申报情况统筹安排审核评估工作。

在医学、师范、工程、建筑等领域，每类每年确定8—10个专业，与行业部门一起，共同制定认证标准，共同实施认证过程。

13. 本科教学评估的组织实施。合格评估和专业认证由教育部统筹部署。省教育厅依据国家有关规定与要求，制定安徽省省属高校本科教学评估规划，负责实施省属高校的审核评估工作，指导和督促省属高校的自评工作、专业认证与评估工作，统筹和管理省属高校教学基本状态数据库的建设与运行，推动学校落实评估整改工作。

14. 审核评估在教育部有关文件精神指导下，按照“安徽省普通高等学校本科教学审核评估实施方案”（见附件）组织实施。学校自我评估是整个评估过程中最重要的一个阶段，是整个评估工作的基础。高等学校应建立本科教学自我评估制度，根据确定的人才培养目标，围绕教学条件、教学过程、教学效果进行评估，包括院系评估、学科专业评估、课程评估等多项内容。

评估专家队伍由高校、行业、企业、校外教育评估机构、省外专家等构成。专家的现场考察是在学校自我评价的基础上，根据教学基本状态数据库，进一步印证、补充、复核学校教学工作的信息、资料与数据，对学校本科教学工作水平进行判断。

专家进校考察结束后，重点就考察学校办学条件、本科教学质量与办学定位、人才培养目标的符合度、学校内部质量保障体系建设及运行状况、学校深化本科教学改革的措施及成效等，形成写实性的审核评估报告，不分等级，周期为5年。

**六、保障措施**

15. 省教育厅成立评估工作领导小组，由厅长任组长，分管厅长任副组长，高教处等有关处室单位为成员。领导小组下设办公室，办公室设在高教处，由高教处处长任办公室主任。

16. 省教育厅成立评估专家委员会，开展评估研究、政策咨询、指导检查、监督与仲裁等。专家委员会应积极开展省际合作。

17. 建立与“管办评分离”相适应的评估工作组织体系，充分发挥第三方评估的作用，由具备条件的教育评估机构实施相关评估工作。加强评估工作管理，切实推进“阳光评估”。

18. 落实评估经费，确保评估工作顺利进行。

二〇一二年四月二十三日

# 关于严格教学管理工作的通知

皖教秘高〔2012〕4号

**各高等学校：**

为稳定教学秩序，严格教学纪律，规范教学管理，提高教学质量，根据《关于深化高等教育教学改革，全面提高人才培养质量的若干意见》文件精神，在教育厅对全省高校教学工作调研的基础上，现就进一步严格教学管理提出如下意见。

**一、严格教学计划管理**

1. 教学计划是人才培养方案的核心内容，是人才培养目标、规格以及培养过程和方式的总体设计，必须保证其科学性、严肃性，教学计划一经确定，必须认真组织实施。教学计划确定的课程、教学环节、学时、学分、授课时间、考核方式等内容，必须严格执行，不得随意改动，执行过程中确需调整的，应经分管教学校（院）长批准。严禁以各种理由压缩有效教学时间；严格控制大班上课，专业课原则上不得以大班上课。

**二、严格教学运行管理**

2. 合理编制校历并严格执行，保证每学年有40周的教学周，不得推迟开学、提前放假，保障学生受教育的权利。

3. 严格主讲教师资格，加强青年教师的培养培训，严格执行青年教师的试讲制、助教制、导师制，确实提高青年教师的教育教学能力。

具有高级职称的教师每学年必须给本科生讲授至少1门课程，严禁教授挂名上课，一经发现，按教学事故处理。如无特殊原因，连续两年不承担本科教学任务，不再聘任其专业技术职务。

4. 充分发挥基层教学组织作用，倡导集体备课，完备教材、教学大纲、教案、教学进度表等基本教学资料，坚决克服课前准备不足，教案备写简单，课堂讲授随意，联系实际不够，教学方法单一，师生互动过少，课堂气氛沉闷，课后辅导缺失的现象，努力提高课堂教学效果。

5. 实践教学要严格按专业教学计划及教学大纲要求组织实施；加强实践教学的过程管理，科学合理地制定实践教学方案、实践教学标准和实践成绩考核办法，保障各实践环节的有效时间和效果；不得压缩实践教学时间，不得降低实践教学要求。深化实践教学内容和方法的改革，增开综合性、设计性、应用性强的实践项目，加强真实或现场模拟教学的组织和设计，训练学生基本技能和应用能力；学生毕业设计（论文）、毕业综合实践及顶岗实习等应由学校或院系部统一安排，严格规范管理，确保教学效果，保证教学质量。坚决杜绝毕业综合实践及顶岗实习中的松散、放羊现象。

6. 凡教学计划规定开设的课程，包括理论课和实践课，都应进行严格考核。考核命题应以教学大纲为依据，形成性评价和终结性评价相结合。鼓励采用试题库或试卷库命题，提倡教考分离。试卷评阅要认真、公正、客观。要制定严格的考试制度，严格考试管理、严肃考场纪律、严格评分标准。坚决遏制考试作弊现象，对于违反学校纪律的师生，要按照有关规定严肃处理。

**三、严格教学质量管理**

7. 建立和完善各教学环节质量标准，建立教学质量评价体系，并依照标准和体系进行过程监督、检查和信息反馈。建立听课制度、督导制度、学生评教制度、日常教学检查制度、教学工作评估制度、教学工作绩效考核制度、毕业生质量跟踪调查制度，全面了解教师教学与学生学习的情况。

**四、加强教学基本建设**

8. 加强师德师风建设，倡导教书育人，管理育人，服务育人。认真按照《关于做好高校教师教学质量考核工作的指导性意见》精神，完善教师教学质量考核机制，要把教师承担教学工作的业绩和成果作为聘任（晋升）教师职务、确定津贴的必要条件。大力表彰奖励在教学工作第一线作出突出贡献的教师，同时，对教学效果不好，学生反应强烈的教师，经培训后上岗仍无改进的调离教学岗位。

9. 学校必须加大投入，新增生均拨款、新增教学经费优先用于实践教学基地建设。重视校内实训中心和校外实训基地的建设，加强实验室、实习实训基地、实践教学共享平台建设。

要重视校企合作实践教育基地建设，包括工程实践教育中心、临床技能综合培训中心、农科教合作人才培养基地、法学教育实践基地、综合文科教育实践基地、综合理科实践教育基地、创新实践基地、创业实践基地等。

10. 加强教学管理队伍建设。设立教学管理研究职称系列，着力选拔和培养德才兼备的优秀人才进入各级教学管理岗位，逐步改善教学管理队伍的学历、职称和年龄结构，提高整体素质和管理水平。

以上请遵照执行，教育厅将在全省高校教学工作会议之后组织专家组深入学校开展督查工作，对教学管理工作落实不到位的将予以通报。

特此通知。

二〇一二年五月十六日

# 关于印发安徽省高校成人高等教育教学管理规范的通知

教高〔2009〕11号

各高等学校：

为了加强我省高校成人高等教育的教学管理，不断提高教学管理水平和教学质量，促进成人高等教育持续健康发展，省教育厅在调查研究、总结经验的基础上，修订了《安徽省高校成人高等教育教学管理规范》，现印发执行。请各高校结合本校实际制定具体实施意见，认真组织实施。

二〇〇九年十月三十日

## 安徽省高校成人高等教育教学管理规范

### 第一章 总 则

**第一条** 为了加强我省高校成人高等教育的教学管理，不断提高教学管理水平和教学质量，促进成人高等教育持续健康发展，根据教育部有关文件精神，结合我省实际，制定本规范。

**第二条** 高校成人高等教育的教学管理应认真贯彻执行国家的教育方针，坚持科学发展观，体现教育改革的思想，突出成人教育的特点，遵循成人教育的规律，保证良好的教学秩序，努力提高教学质量。

**第三条** 高校成人高等教育的教学管理是对教学工作全过程进行统筹规划、组织实施、监督检查及质量评价，保证成人高等教育人才培养目标的实现。教学管理包括教学组织管理、教学计划管理、教学质量管理、教师队伍管理、教学设施和教学档案管理。

**第四条** 本规范适用于我省普通高校、各类成人高校举办的成人高等学历教育和非学历教育。

## 第二章　教学组织管理

**第五条**　高校应坚持成人高等教育以教学为中心，以保证人才培养质量为根本任务。学校要有领导分管成人高等教育教学工作，定期召开会议，及时研究解决教学工作中的重大问题。学校其他各项管理工作应确立为教学服务的指导思想。

**第六条**　高校应健全成人高等教育的教学管理机构，岗位职责明确，其机构设置、人员编制应与办学规模相适应。

**第七条**　高校应当建立健全成人高等教育教学管理制度，并严格执行。教学管理制度主要包括：教学管理部门及其管理人员的岗位职责；教学计划、教学大纲、教材及管理办法；教师培训、考核制度；学生学业成绩考核规定；教学检查、评估制度；教学设施、图书资料、教学档案管理制度等。

**第八条**　高校成人高等教育的教学工作要在教学工作计划的统一安排、指导下有序运转。高校应根据全年教学任务及目标，制定学期教学工作计划，作为组织、检查和总结教学工作的依据。对教学工作计划的落实情况，成人（继续）教育管理部门要经常检查、督促，年终要进行总结。

**第九条**　教学管理评估是检查学校教学管理水平的重要手段，学校应每年进行一次成人高等教育教学管理评估。通过评估，肯定成绩，总结经验，找出差距，改进工作，不断提高教学管理水平。

**第十条**　高校设立校外成人高等教育教学辅导机构应按照省教育厅制定的《安徽省成人高等教育函授站（教学点）设置与管理办法》办理审核、备案手续。未经市教育局审核、省教育厅备案，高校不得擅自设立校外教学辅导机构。

## 第三章　教学计划管理

**第十一条**　高校应根据其办学条件和经济社会发展对人才的需求，在批准开设的普通高等教育本、专科专业范围内设置成人高等教育专业。

**第十二条**　教学计划是高校保证教学质量的基本教学文件，是实现人才培养规格和安排教学任务、组织教学活动的重要依据。高校应制定和认真组织实施成人高等教育专业教学计划。

**第十三条**　教学计划的内容包括：培养目标及规格要求；修业年限（学

分）；课程设置、课程结构、教学环节及学时分配（学分分配）；教学进程表；必要的说明。

**第十四条** 制定或修订成人高等教育教学计划，必须全面贯彻教育方针，坚持学以致用、理论联系实际的原则。基础理论教学以必需、够用为度，加强实践性教学环节，重视对学生能力的培养，体现成人教育的特色。

**第十五条** 高校成人高等学历教育的办学层次分为高中起点本科、高中起点专科、专科起点本科三种。在校学习形式分为脱产、业余（包括半脱产、夜大学）和函授三种，脱产最短学习时间为：高中起点本科4年、高中起点专科和专科起点本科2年；业余和函授最短学习时间为：高中起点本科5年、高中起点专科和专科起点本科2.5年。

（一）学时安排

1. 脱产

| | |
|---|---|
| （1）高中起点本科（学制4年） | 2400—2800学时 |
| （2）高中起点专科、专科起点本科（学制2年） | 1200—1400学时 |

2. 业余和函授

| | |
|---|---|
| （1）高中起点本科（学制5年） | 2400—2800学时 |
| 其中函授面授 | 1000—1200学时 |
| （2）高中起点专科、专科起点本科（学制2.5年） | 1200—1400学时 |
| 其中函授面授 | 500—600学时 |
| （3）高中起点专科、专科起点本科（学制3年） | 1400—1600学时 |
| 其中函授面授 | 600—700学时 |

（二）课程比例

| | |
|---|---|
| 公共基础课 | 占总学时20% |
| 专业基础课 | 占总学时25% |
| 专业课 | 占总学时40% |
| 选修课 | 占总学时10% |
| 毕业设计（论文） | 占总学时5%左右 |

以上各专业教学计划中实践性教学环节（实验、上机、课程设计）的教学时数应不少于总学时的10%。

**第十六条** 高校举办的非学历教育学习形式可以是脱产，也可以是业余。

脱产时间不得超过1年，业余时间不得超过1.5年。非学历教育不得与学历教育混淆、衔接。

**第十七条** 高校负责制定本校成人高等教育各层次、各学习形式专业教学计划，经省教育厅组织专家评审通过后执行。

**第十八条** 教学计划必须在新生入学前完备。教学计划一经批准必须严格执行，并保持相对稳定。对教学计划确需变动的，必须经充分论证并按照规定的程序报批。

**第十九条** 教学大纲是根据教学计划编订的教学指导性文件，是选编教材、实施教学、考核命题的依据。各专业教学计划规定开设的课程，应有规范的教学大纲。

**第二十条** 教学大纲应当明确规定课程的性质、任务、结构体系、知识范围、教学进度以及教学方法上的具体要求。

**第二十一条** 教学大纲由学校相关教学机构组织编写，经成人（继续）教育管理部门审核，报学校分管教学工作的校领导批准后执行。

## 第四章 教学过程管理

**第二十二条** 高校成人高等教育授课教师应在熟悉教学计划、教学大纲和教材的基础上，以校历、课表、成人（继续）教育管理部门下达的教学任务书为依据，制定课程教学进度表，认真撰写教案。

**第二十三条** 课堂教学是教学活动的中心环节。课堂授课内容要提纲挈领，着重讲授大纲规定的重点和学生学习的难点、疑点。讲授方法要因材施教，注意启发性教学，调动学生学习的主动性和积极性，培养和提高学生的自学能力。

**第二十四条** 函授教育主干课程面授时数不得低于全日制同层次同专业相同课程授课时数的40%，每学期面授次数由高校根据本校实际情况安排。函授教育的主干课程应由本校具有相应资格的教师承担教学任务。

**第二十五条** 高校要重视优质教学资源和网络信息资源的利用，把现代信息技术作为提高成人高等教育教学质量的重要手段，不断推进教学资源的共建共享，提高优质教学资源的使用效率，扩大受益面。

**第二十六条** 自学是学生在教师引导下进行的有计划有目的的个人学习活

动，是函授、业余（夜大、半脱产）教育主要的教学环节。学校要切实加强学生自学环节的管理，教师对学生的自学情况应定期进行检查和指导。

**第二十七条** 作业是帮助学生理解、巩固教学内容的重要手段。授课教师应根据教学大纲的要求布置作业，学生应认真完成作业并按照规定上交。对作业中出现的共性问题，授课教师要通过适当的方式进行答疑辅导或者集中进行讲解。

**第二十八条** 课程考核是检验教师教学和学生学习效果的必要手段。凡是教学计划中规定开设的课程都要进行考核。考核分考试、考查。命题范围要以教学大纲、教材为依据，试题应当使学生的考核成绩有合理的区分度。

**第二十九条** 高校成人高等教育毕业生应完成毕业设计（毕业论文）。毕业设计（毕业论文）选题要结合经济社会发展和生产建设实际。毕业设计（毕业论文）应当通过由学校组成的答辩委员会（小组）组织的答辩，根据其质量和答辩情况综合评定成绩。

**第三十条** 凡是教学计划中列有实验的课程都应当安排实验教学。实验前，教师要讲清实验的目的、要求、仪器使用方法、实验进行的步骤和安全注意事项。实验过程中，教师和实验室人员要随堂检查，精心指导。实验后，学生要按时完成实验报告（或实验作业）。

**第三十一条** 实习是实践教学的重要环节，高校实习活动应根据专业教学需要和学生的实际情况安排实习活动。学校应加强实习活动的组织和管理，制定切实可行的实习方案。实习内容应紧密结合理论课教学内容和学生的工作实际。实习结束应及时总结，要求学生按时完成实习报告，教师根据学生的实习报告和在实习中的表现综合评定成绩。

**第三十二条** 课程设计是培养工科学生的综合性训练。高校成人高等教育授课教师在课程设计前应根据教学大纲确定的课程设计的任务书和指导书，对设计课题、内容、原始资料、设计步骤及要求等作出明确规定。授课教师要认真批阅学生所做的课程设计，并指导学生修改。

## 第五章 教师队伍管理

**第三十三条** 高校应建设一支与成人高等教育办学规模相适应的专兼职教师队伍。普通高校举办业余（夜大、半脱产）、函授教育，其专兼职教师队伍应按照教育部规定的比例确定。独立设置成人高校要有一支以专职教师为骨干，专兼职相结合的师资队伍，专职教师与学生的比数在1：15—20之间。

**第三十四条** 高校成人高等教育的教师应具有大学本科及以上学历，实验（实习）技术人员应具有大专以上学历。兼职教师队伍应由热爱成人教育、具有较强教学能力和丰富实践经验，并具有大学本科学历和中级以上职称的人员组成，兼职教师应相对稳定。

**第三十五条** 高校成人高等教育的教师要忠诚教育事业，具备良好的职业道德，教书育人，为人师表；要认真完成教学任务，积极钻研业务，不断总结教学经验，改进教学方法。学校对成人高等教育教师在教学工作量、评定职称、晋级、进修、科研和学术交流活动等方面，应与普通高校教师同等对待。

**第三十六条** 高校要重视成人高等教育师资培训工作，尤其要加强中青年骨干教师的培养。要有计划地安排教师在职培训和业务进修，使其不断更新知识，提高业务水平，适应教学需要。

**第三十七条** 高校应组织教师围绕成人高等教育开展教学研究工作，积极申报教研课题，推动教研成果转化，充分发挥相关教学机构在教学研究和组织教学中的作用。

**第三十八条** 高校应建立健全成人高等教育教师（含实验实习教师）的考核制度。以对教师的基本要求和职责为标准，主要考核其政治素质、业务水平、工作业绩。考核内容列入教师业务档案，作为“选优评先”、职称评聘、工资晋升、奖惩的依据。

**第三十九条** 高校应切实加强成人高等教育兼职教师的管理，建立和完善兼职教师的聘任制度。

## 第六章　教学质量管理

**第四十条** 教学质量管理是教学管理的核心。高校要牢固树立质量观念，通过对成人高等教育教学全过程的监督检查、分析评价、调整控制，促进教学质量的提高。普通高校应将成人高等教育和非学历教育的教学质量纳入学校教学水平评估的内容之中。

**第四十一条** 教学检查是教学质量管理的重要手段。高校要建立经常性的教学检查制度，并认真实施。教学检查可以与教学评估、教师考评等工作相结合。

**第四十二条** 高校的日常教学检查制度包括对教学秩序的维护与检查、各教学环节的管理与监控、教学管理部门的听课等制度。日常教学检查要坚持经常化，对检查中发现的问题及处理意见，应及时反馈有关部门和教师本人。

**第四十三条** 高校应组织相关教学部门对每学年（期）教学准备工作进行定期检查。检查的重点是：所设专业的教学计划、教学大纲、教学进度表、教学任务书、授课教师的落实情况；实践教学环节的安排；教师的备课情况等。

**第四十四条** 学校相关教学部门应组织期中、期末阶段性教学检查。教学检查内容为：教学计划的实施及教学效果、教学管理运转情况、教学质量，包括考核的组织实施，成绩的评定与统计分析，教师教学总结，教案检查以及教学成果检查与评定等内容。检查结果应形成文字总结材料存档。

**第四十五条** 高校应定期对所属函授站（教学点）工作进行检查或者评估，表彰工作成绩优异的函授站（教学点）和工作人员。对办学条件不能保证、管理混乱的函授站（教学点），应会同设站单位进行整顿；对不能保证函授辅导教学质量的函授站（教学点）应予撤销，并向社会公布。

**第四十六条** 高校应建立健全成人高等教育考试制度，严肃考试纪律，树立良好的考风和学风。要积极创造条件建立试题库，逐步做到教、考分离，采取学校统考（公共课）、抽考（专业课）的方法，全面检查和提高教学质量。省教育厅将不定期地对高校成人高等教育教学质量进行检查。

**第四十七条** 学生学业成绩是衡量学校教学质量的重要指标。学校相关教学部门应对课程学业成绩进行定量与定性相结合的综合分析，作为对教学质量分析与监控的依据。学业成绩分析要突出重点，以点带面，客观评价实施的教改项目。

**第四十八条** 高校应加强与社会的联系，坚持成人高等教育毕业生跟踪调查。通过社会、用人单位及毕业生的反馈信息，加强和改进学校的教学工作。学校对毕业生的跟踪调查，可以根据自身情况结合其它工作进行。

## 第七章 教学设施管理

**第四十九条** 教学设施是高校成人高等教育教学的物质基础和必要条件。学校应具有与办学规模和任务相适应的教学、校舍、图书馆、实习场所及其它相关设施。普通高校应统筹安排举办业余、函授教育所需的教学条件，满足业余和函授学生到校集中学习的教学需要。

**第五十条** 高校应加强教学设施的管理，根据需要配备管理人员，明确岗位职责。对各种仪器设备要有专人保管，并建立技术档案。

**第五十一条** 高校应重视教学仪器设备的使用、维护和更新。各实习场所要建立健全实验、实习操作管理制度，并严格执行。保持实习场所环境整洁，提高设备的使用率和完好率。

**第五十二条** 电化教学是教师加强教学指导的一种重要手段。学校应积极创造条件，充分利用网络、计算机以及多媒体设备进行教学，提高教学效果。

**第五十三条** 图书馆是高校教师和学生获取知识的重要场所。学校应当配备一定数量的图书，按照图书工作流程进行科学管理。要建立完备的图书借阅和开放制度，积极采用现代化的管理手段，提高工作效率，做好服务工作。

**第五十四条** 体育场地和器材是高校保证体育教学和开展体育活动的基本条件。学校体育场地和器材设备应与学校规模相适应，体育场地和器材设备应有专人管理，保证教学需要。

## 第八章 教学档案管理

**第五十五条** 教学档案管理是高校成人高等教育教学管理的重要组成部分。学校应重视档案管理工作，加强教学档案管理，明确专人负责，建立健全教学档案管理制度。

**第五十六条** 教学档案是指在教学、教研、教改等活动中形成的教学文件材料。内容包括：国家及上级有关部门的文件；本校制定的教学计划、教学大纲及各种教学总结等文字材料；学生学籍管理资料等。

**第五十七条** 高校应完整地保存教学档案，并为教学工作服务。对教学档案要进行分类编目、登记、统计和必要的整理，重要的教学档案应当复制副本，分别保存。

**第五十八条** 教学档案室应有防盗、防火、防霉等安全措施。学校要定期检查教学档案的保管情况，对破损或变质的档案要及时修补或复制。

**第五十九条** 借阅和复印教学档案要有审批手续。销毁重要的教学档案，应登记造册，报学校分管领导批准。

## 第九章 附 则

**第六十条** 本规范自2009年12月1日起实行。原安徽省教育委员会《关于印发〈安徽省成人高等学校教学管理规程（试行）〉的通知》（教成〔1997〕16号）同时废止。

构建
地方应用性高等教育
新模式（下）

# 第二编

# 安徽省普通高等学校本科教学审核评估工作实施方案

皖教高〔2012〕3号

根据《教育部关于普通高等学校本科教学工作评估的意见》(教高〔2011〕9号),结合我省本科教学工作特点,现制定安徽省普通高等学校本科教学审核评估工作实施方案。

**一、意义与目的**

(一)督促高校按国家规定的质量标准办学

促进高等学校全面贯彻党的教育方针,根据经济建设、社会发展和科技进步的时代需要和高等教育自身的客观规律,依据不同层次与科类高等教育的设置基准、发展战略定位、服务面向、培养目标、专业设置、人才规格、课程体系以及质量评价标准等,推进教育教学改革,规范办学程序,努力提高高等教育对安徽经济社会发展的支撑度、对人力资源强省建设的贡献度和人民群众对高等教育的满意度。

(二)提高本科教学质量保障水平

促进高校进一步完善本科教学质量保障体系建设及运行,实现教学基本状态数据常态监测,建立并逐步完善高校、省和国家三级本科教学基本状态数据库,充分发挥教学评估对评价、监督、保障和提高教学质量的核心作用,逐步形成以学校为主体、教育行政部门为主导、社会参与的教学质量保障体系。

(三)引领高校科学定位、分类合作、多元发展、特色办学

通过分类指导,引导高校立足地方、面向市场,科学定位,错位发展,各安其位,办出水平,办出特色,形成以质量求生存、以服务求支持、以特色求发展的办学理念。

**二、指导思想与原则**

(一)指导思想

坚持以马克思列宁主义、毛泽东思想、邓小平理论和“三个代表”重要思

想为指导，落实科学发展观，切实把提高质量上升到关系高等教育生命线的战略高度，以提高质量为核心，以学校基本教学状态数据为依托，以学校自我评估为基础，以教学质量保障能力和水平为主要内容，确保本科教育在高等教育中的根本地位，本科教学在高等学校中的根本地位，本科人才在创新人才培养中的根本地位。

（二）基本原则

1. 自评与考察相结合，以自评为主

学校自评是整个审核评估过程中最重要的一个阶段，是整个评估工作的基础，决定了评估工作的质量。专家的现场考察是在学校自评的基础上，根据教学基本状态数据库，进一步印证、补充、复核学校教学工作的信息、资料与数据，对学校本科教学工作水平进行判断。

2. 全面与重点相结合，以重点为主

既要把握学校人才培养与教学运行工作全局的情况，又要抓住学校办学定位、特色发展、质量保障体系等影响人才培养的重要领域和关键环节，重点就考察学校办学条件、本科教学质量与办学定位、人才培养目标的符合度、学校内部质量保障体系建设及运行状况、学校深化本科教学改革的措施及成效等进行考察。

3. 共性与个性相结合，以个性为主

本科教学评估与日常教学工作的内容是高度一致的，不仅要考察学校遵循高等教育规律和国家有关规定的办学情况，而且要鼓励高校开拓创新，引导高校科学定位，特色发展，在各自的层级上争创一流。

4. 统筹与分类相结合，以分类为主

结合我省高等教育自身特点，在全面统筹规划我省普通高校本科教学审核评估工作的基础上，根据各高校办学定位和办学实际情况，从不同层面考察各高校本科教学工作人才培养质量保障体系，妥善处理好培养目标与办学层次的关系、学科建设与专业建设的关系、理论学习与实践训练的关系、全面发展与一专多能的关系、培养“专才”与培养“通才”的关系。

5. 定性评估与定量评估相结合，以定性评估为主

在建立高校和全省本科教学质量状态数据库、实现教学基本状态数据常态监测的基础上，加强对本科教学评估的宏观管理与指导；评估结论不分等级，

主要分析评估院校在办学中存在的主要问题及提出整改建议。

6. 动态与静态相结合，以动态为主

在评估特定阶段高校本科教学基本状况的基础上，更加关注学校为提高教育教学质量所采取的相关政策措施，教学质量提升的动态发展过程及未来发展态势。

**三、重点内容**

（一）高校办学定位与社会需求的符合度

考察各高校是否坚持以社会需求为导向，紧紧围绕服务地方经济建设和社会发展需要，围绕安徽重大发展战略、未来产业升级和承接产业转移等对创新型、复合型、应用型人才的需要，对学校的学科专业、服务面向、办学层次与类型进行科学定位。其重点审核内容包括：（1）学校的办学定位是否明确，完整，有办学特色；（2）学校规划与地方政府经济社会发展规划的关系；（3）学校的学科专业尤其是优势特色学科专业与地方产业、行业的关系等。

（二）高校人才培养、科学研究、社会服务、文化传承创新对办学定位的支撑度

考察各高校是否坚持教学工作中心地位不动摇，牢固树立本科教育是高等教育之本、是高等学校之本、是创新人才培养之本的理念，人才培养、科学研究、社会服务、文化传承创新与其办学定位是否一致，各项工作的开展是否对培育和固化办学特色具有较大贡献。其重点审核内容包括：（1）学校对人才培养、科学研究、社会服务、文化传承创新四者关系的处理；（2）教学工作中心地位、教学改革核心地位、教学建设优先发展地位的落实；（3）人才培养、科学研究、社会服务、文化传承创新对办学定位的支撑度；（4）激励机制与制度建设对办学定位的支撑度等。

（三）高校人才培养目标、方案、教学运行、质量及质量监控之间的吻合度

考察各高校是否坚持以全面提高教育教学质量为目标，加强教学质量保障体系的建设与完善，教学过程各环节是否进行系统有效的质量管理，人才培养目标的实现与学校办学定位是否相吻合。其重点审核内容包括：（1）专业培养目标与学校人才培养目标的关系；（2）人才培养方案等与专业培养目标、学校人才培养目标的关系；（3）课程开发、建设、使用等与学校人才培养目标的关系；（4）质量工程建设与学校人才培养目标的关系等。

（四）高校师资队伍、教学仪器设备、实践教学基地、图书资料等教学资源对教学水平的保障度

考察各高校是否坚持以校内外教学资源的合理配置和有效使用为保障，加强教师队伍建设和教学资源的持续投入，改善教学条件，保障教学水平稳步提高。其重点审核内容包括：（1）教学队伍情况；（2）教学设备情况；（3）教学投入情况；（4）教学基地情况等。

（五）学生、社会、用人单位、政府对教学质量的满意度

考察各高校社会声誉及其社会影响，在校学生及毕业生对学校教学工作认可度是否较高，社会、用人单位、政府对毕业生是否满意。其重点审核内容包括：（1）近三年学生评教情况；（2）社会对学校的评价；（3）用人单位对学校的评价；（4）政府对学校的评价等。

**四、评估程序**

（一）校内自评

各普通本科院校根据教育行政部门的统一部署，有计划地开展自评工作。各高校需在准确理解本科教学审核评估相关文件精神、掌握实质内涵的基础上，编写各高等学校本科教学审核评估校内自评指南，认真总结教育教学改革与发展的思路、成果、经验和特色，对学校质量保障体系进行全面自检和完善，形成校内自评报告和教学基本状态数据分析报告。

各高校自评工作结束后，需向教育行政部门提出要求接受专家进校考察的申请报告，同时报送校内自评报告和教学基本状态数据分析报告。

（二）专家进校考察

教育行政部门在接到高校提出的要求接受专家进校考察的申请报告后，需在六个月内组建专家组赴学校进行现场考察评估。专家组根据评估方案，在审核学校自评报告和教学基本状态数据分析报告的基础上，通过深入访谈、听课、查阅材料、召开座谈会、现场考察等形式，全面了解学校教学工作总体情况，重点考察学校办学条件、本科教学质量与办学定位、人才培养目标的符合程度，学校内部质量保障体系建设及运行状况，学校深化本科教学改革的措施及成效。

（三）形成审核报告

专家组进校考察结束后，形成写实性的专家组考察评估报告，提交评估专家委员会审议。专家组考察评估报告重在分析学校办学定位、特色培育、质量

保障体系等方面取得的成绩、工作经验和存在的问题，提出改进建议。

评估专家委员会召开会议审议专家组考察评估报告，向教育行政部门提出审核评估报告，由教育行政部门审定后予以公布。

**五、评估结论及其使用**

（一）评估结论

审核评估结论不分等级，主要分析评估院校在办学中存在的主要问题，提出整改建议。

（二）结论使用

评估院校在收到教育行政部门公布的审核评估报告后，需根据审核评估报告中提出的相关问题及改进建议，在一个月内制定本校整改方案，报教育行政部门备案。

教育行政部门对评估院校的整改工作进行指导和检查。评估院校整改期限为一年，整改结束后，需向教育行政部门提交整改报告，教育行政部门将视整改情况组织专家到被评院校进行回访。

对不能如期完成整改工作的，教育行政部门将采取系统内通报、限制各级各类项目申报数、减少招生计划数、暂停申报新设本科专业、暂停申报硕士学位（博士学位）授权点等措施，促使其尽快完成整改工作，努力提高人才培养质量。

# 安徽省普通高等学校本科教学审核评估工作指南（试　行）

为做好安徽省普通高等学校本科教学审核评估工作，根据教育部《关于普通高等学校本科教学评估工作的意见》（教高〔2011〕9号）和教育厅《关于普通高等学校本科教学评估工作的实施意见》（皖教高〔2012〕3号）等有关规定，结合安徽省实际，制定本《工作指南（试行）》。

## 第一部分　评估的组织与实施

### 一、评估组织

（一）省教育厅评估中心负责组织省属普通本科院校审核评估工作，实施对评估的宏观管理与指导。

（二）省教育厅评估中心根据本科教学审核评估实施方案制定相关工作指南，并充分依靠专家组织实施具体评估工作。

（三）省教育厅评估中心组织专家组进校考察，一般每年两批，进校考察时间一般为期4天。

（四）成立安徽省本科教学审核评估工作委员会。研究和讨论省属普通本科院校审核评估工作的重大问题，为省教育行政部门提供建议和咨询，向省教育行政部门提交评估工作的书面考察报告。

（五）建立本科教学审核评估条件核查和评估回访机制，加强对评估院校的指导和检查。

## 二、评估程序

| 阶 段 | 内 容 | 备 注 |
|---|---|---|
| 1. 学校申请 | 审核评估分2012年下半年、2013年、2014年和2015年4个时间段。符合审核评估条件的高校根据自身情况，申报参加审核评估的时间，教育厅根据申报情况统筹安排审核评估工作 | |
| 2. 学校自评 | 各高校在准确理解本科教学审核评估相关文件精神、掌握实质内涵的基础上，认真总结教育教学改革与发展的思路、成果、经验和特色，对本科人才培养质量保障监控体系进行全面自查，找出存在的问题，提出解决问题的对策。完成学校教学基本状态数据库的填报，发布上一年度（或学年度）本科教学质量报告，形成学校自评报告等<br>各高校自评工作结束后，需向教育行政部门提出要求接受专家进校考察的申请报告 | |
| 3. 学校提交材料 | 已确定接受评估的学校，在专家组进校前30天向省教育行政部门提交自评报告（含分项自评情况），“高等学校本科教学基本状态数据库”最新数据，学校“十二五”事业发展规划及配套子规划，近三年各专业学生志愿报考率、报到率、考研率、就业率等情况分析报告，学校上一年度本科教学质量报告 | |
| 4. 组建评估专家组 | 安徽省普通高等学校本科教学审核评估专家组（以下简称专家组）由熟悉本科教育教学及管理工作的专家，行业、企业、校外教育评估机构、省外专家等构成，专家组人数一般为9人（含秘书1人），外省专家不少于1/3。由省教育行政部门根据审核院校特点和规模、专业等情况，从评估专家库抽取专家组成，承担前期考察和实地考察评估任务。专家组成员名单提前7天通知审核学校 | |
| 5. 学校办学条件和教学状态分析与核实 | 由省评估中心成立审核评估前期考察小组，根据学校提交的教学基本状态数据库、自评报告、本科教学质量报告等有关材料，对学校的基本办学条件（指标应达到教育部颁发的教发〔2004〕2号《普通高等学校基本办学条件指标（试行）》规定的合格标准）、本科教学状态等情况进行分析和现场考查核实，形成分析报告和初步审查意见，确定学校是否具备审核评估基本条件。若学校办学条件达不到教育部合格评估办学指标要求，则暂停评估。待办学条件达标后，再组织专家进校考察 | |
| 6. 专家现场考察评估 | 专家组在审核学校提交的各项材料基础上，通过深入访谈、听课、查阅相关原始材料、召开座谈会、现场考察等形式，全面了解学校教学工作情况，重点考察学校办学定位与社会需求的符合度，高校四项职能对办学定位的支撑度，人才培养各环节之间的吻合度，教学资源对人才培养的保障度，学生、社会和政府对人才培养的满意度，以及人才培养质量保障体系建设及运行状况，学校深化本科教学改革的措施及成效等。考察结束后，专家组将考察意见及时反馈给学校，同时将专家组考察意见和考察报告上报省教育行政部门和普通本科院校本科教学审核评估委员会 | |
| 7. 学校整改 | 学校根据专家组审核评估报告中提出的相关问题及改进建议，开展整改工作。评估结束一个月以内，学校将整改方案报省教育行政部门备案 | |
| 8. 审议专家组考察结论 | 专家组进校考察结束后，形成写实性的专家组考察评估报告，提交评估专家委员会审议。专家组考察评估报告重在分析学校办学思路与定位、“三个地位”落实情况、“五个度”的落实情况、内部质量保障体系建设情况、本科教学工作存在的主要问题，提出改进建议 | |
| 9. 公布评估结论 | 评估专家委员会召开会议审议专家组考察评估报告，向教育行政部门提出审核评估报告，由教育行政部门审定后予以公布 | |

### 三、评估结论及其使用

（一）评估结论

审核评估结论不分等级，主要分析评估院校在办学中取得的成绩与特色，存在的主要问题和需要改进的地方，提出整改意见和建议。

（二）结论使用

教育行政部门对评估院校的整改工作进行指导和检查。评估院校整改期限为一年，整改结束后，需向教育行政部门提交整改报告，教育行政部门将视整改情况组织专家到审核院校进行回访。

对不能如期完成整改工作的，教育行政部门将采取系统内通报、限制各级各类项目申报数、减少招生计划数、暂停申报新设本科专业、暂停申报硕士学位（博士学位）授权点等措施，促使其尽快完成整改工作，努力提高人才培养质量。

## 第二部分　学校自评与材料准备

### 一、自评要求

学校要认真学习教育部《关于普通高等学校本科教学评估工作的意见》（教高〔2011〕9号）和教育厅《关于普通高等学校本科教学评估工作的实施意见》（皖教高〔2012〕3号）等有关评估文件精神，准确理解和把握开展普通高等学校本科教学审核评估的精神实质，坚持“以评促建，以评促改，以评促管，评建结合，重在建设”的方针，通过评估，认真总结学校教育教学改革与发展的思路、成果、经验和特色，进一步明确办学目标和定位，加强学校的教学基本建设，深化教育教学改革，促进各项管理工作的规范，建立人才培养质量自我保障和监控机制，使人才培养工作水平不断提高。学校自评结束后，要对人才培养工作做出基本判断，找出存在的主要问题，提出解决的对策，形成自评报告。

### 二、状态数据及资料准备

1. 高等学校本科教学基本状态最新数据。

2. 本科教学质量报告。

3. 自评报告。要实事求是，简明扼要，重点突出，并客观、全面、综合地反映学校教学工作和教育教学质量。内容主要包括：

（1）学校办学定位与办学思路。

（2）高校办学定位与社会需求的符合度。

（3）科学研究、社会服务、文化传承创新职能对人才培养的贡献度。

（4）高校人才培养目标、方案、教学运行、质量及质量监控各环节与定位的吻合度。

（5）高校师资队伍、教学仪器设备、实践教学基地、图书资料等教学资源对教学水平的保障度。

（6）学生、社会、用人单位、政府对教学质量的满意度。

（7）存在主要问题和改进措施（篇幅不少于三分之一）。

4. 根据评估项目、内容、要素、参考要点整理近三年相应原始资料备查，保证资料与数据的原始性、真实性和实时性。

## 第三部分　专家组现场考察评估

### 一、评估专家组织

1. 专家组的工作职责和具体任务

（1）了解学校自评工作情况，对参评学校提交的自评材料进行审阅，与学校充分交流，对学校提交的各项材料进行深入分析，确定现场考察内容。

（2）通过深度访谈等途径和方法，对学校构建人才培养质量保障体系进行现场考察，准确掌握学校人才培养工作的实际情况。

（3）以掌握的实际情况为基础，通过充分讨论，对学校人才培养情况，以及人才培养质量保障体系进行系统分析，肯定成绩，找出问题，提出改进意见，形成考察评估反馈意见，并与审核学校及其主管部门交换意见。

（4）按照审核评估范围对学校人才培养工作进行评定，并向省教育行政部门提交书面考察评估工作报告和评估相关材料。

2. 专家组成员守则

（1）专家组受省教育厅评估中心委派，对省教育行政部门负责。按照独立、公平、公正的原则，严格坚持标准，坚决排除来自外界的各种干扰，讲究客观证据，注重了解实际。

（2）尊重学校办学自主权，不干预不介入学校内部事务。在与审核院校交换意见时，尽可能具体地提出问题，并提出改进的意见和建议。

（3）与学校密切合作，相互配合，平等交流，共同完成审核评估任务。

（4）坚持廉洁自律，专家之间要互相尊重，密切配合，团结协作，不搞特殊化。

（5）自觉接受省教育行政部门和社会以及参评学校的监督，努力改进评估工作。

**二、评估专家组成员分工**

专家组人数一般为9人左右，设组长1名，副组长1名，秘书1人。

1. 专家组组长的职责

专家组组长全面负责、领导专家组工作，副组长协助组长工作。组长的职责是：

（1）主持专家组工作，就评估工作和结果对省教育行政部门全面负责。

（2）制定前期考察和现场考察工作计划、日程安排和专家组成员内部分工安排，负责与学校联系协商有关事宜，并负责组织实施。

（3）召集全体成员会议，交流情况，按照评估范围进行评定。

（4）组织撰写对学校的考察评估反馈意见，经过全体会议讨论通过后代表专家组向学校和教育行政部门反馈总体考察意见，组织专家组成员搞好个人发言。认真听取学校和学校主管部门对考察意见的反映。

（5）组织撰写向省教育行政部门提交的现场考察评估工作报告，对考察评估反馈意见的准确性全面负责。

2. 专家组成员分工

专家组每位成员都要尽量获取直接相关的主要信息，并按规定对评估各项要素评定结论。

专家组成员原则上分成三个小组：

第一小组（组长所在组）主要负责考察高校办学定位与社会需求的符合度，学生、社会、用人单位、政府对教学质量的满意度；

第二小组（副组长所在组）主要负责考察高校人才培养、科学研究、社会服务、文化传承创新对办学定位的支撑度，高校师资队伍、教学仪器设备、实践教学基地、图书资料等教学资源对教学水平的保障度；

第三小组主要负责考察高校人才培养目标、方案、教学运行、质量及质量监控之间的吻合度。

为避免因分工而带来的视角偏差，专家组内应加强沟通和协作。实地考察时，可根据具体情况进行调整。

3. 专家组秘书

评估秘书是受评估机构委派，在普通高等学校本科教学工作审核评估入校考察期间协助专家组高质量、高效率地完成各项评估考察工作的专家组工作人员。

（1）要求与职责

秘书是专家组工作人员，主要职责是做好专家组服务及与学校的沟通协调工作。在评估期间受专家组组长的领导，做好各项工作。秘书不参与评估各项结论的评议，不承担《审核评估报告》的撰写工作。秘书要好评估材料的归档整理，对涉及的学校和专家组的各种评估信息做好保密工作。

（2）任职条件

有较为丰富的高教工作经验；熟悉评估工作；工作积极主动，严谨认真；具有较强的沟通能力和服务意识。

（3）秘书工作的内容

A. 进校考察前做好准备工作。做好专家组进校前的各项准备工作：进校前一周内确认专家组内各位专家的联系方式，做好通讯录并发给各位专家，方便专家组内的联系；进校前3天与专家组专家确认到达时间；与学校联系做好接站工作。

B. 进校考察期间做好专家组、学校、评估机构之间的沟通和服务工作。在正式考察前一天抵达参评学校，查看专家工作条件及会议室，打印相应的文件及表格。在评估期间秘书要主动、细致地关心专家的身体健康和生活，保证专家考察活动的顺利完成。

准备好相关材料（预备会时发给专家）：专家组联络表、考察工作整体安排、各种考察用表（各种活动通知单、各种评价表），做好预备会的记录及服务工作。

做好每日的会议纪要。根据专家各自的工作安排及填写的“专家考察工作通知单”，汇总协调专家第二天工作安排，需要提前告知学校的应提前通知学校进行相应的安排和准备，事先协调好专家用车等问题。应注意专家的个人安排和集体活动有无时间和空间上的重复和脱节。将专家个人的每日考察活动于第二日早交给各位专家。

根据组长的指示，随时进行组内的沟通协调；做好与学校及时沟通，确认专家调阅材料的到位情况，出现情况及时反馈。

做好考察材料、评审意见、专家评估结果等各种材料的收集、汇总和统计工作。

按照标准为每位专家发放评审费并进行登记，评审费发放表需要由专家及秘书签字后存档。

确认每位专家的返程时间并根据专家的要求与学校协调及时订好返程票，确认学校的送站工作。

离开学校前，提醒专家注意删除计算机中全部与评估有关的文档材料。

C. 进校考察后期，应在规定时间内将归档材料整理好上报评估机构。完成专家组离校后有关工作。

D. 资料保管和保密工作。对参评学校评估背景材料要妥善保管，用毕归还学校；妥善保管反映参评学校评估结果的所有材料和表格；妥善保管各种会议记录和统计分析结果；离开学校前，注意删除秘书计算机中的全部与评估有关的文档材料；对专家组进校考察的讨论、评价和结论保密。

**三、评估工作的安排**

1. 现场考察评估前的准备工作

（1）组织开展专家培训，认真学习有关评估的文件，熟悉《教育部关于普通高等学校本科教学评估工作的意见》、《关于普通高等学校本科教学评估工作的实施意见》、《安徽省普通高等学校本科教学审核评估工作指南（试行）》，准确理解和把握评估指标的内涵、关键点和重点考察内容。

（2）对学校上报的自评报告、自评材料、评估内容等材料进行认真审核分析，拟定考察提纲。

（3）秘书提前与学校做好联系，作好评估工作的各项准备工作。

（4）专家组组长要提前草拟考察评估工作计划和具体的日程安排，根据专家和审核学校的特点，提出个性化分工建议、考察重点和注意事项，供专家组预备会议讨论决定。考察评估的具体日程安排，应与审核学校协商确定。

（5）专家组考察前要开好预备会议，统一认识，对工作日程和分工做出详细的安排，并提出具体要求。

2. 学校办学条件和教学状态分析与核实

专家组组长牵头，从进校专家组人员中抽调3名左右专家，成立审核评估前期考察小组，根据学校提供的材料和现场考察对学校的基本办学条件（参照教育部合格评估办学条件指标）和本科教学状态等情况进行分析和现场考查核实。

（1）初步确定学校的办学条件是否达到教育部合格评估办学要求。

（2）初步审查学校审核评估相关材料准备是否齐备。

（3）对学校本科教学状态进行分析和现场考查。

（4）形成分析报告和初步审查意见，确定专家是否进校考察。

3. 现场考察评估

专家的现场考察是在学校自我评价和前期办学条件和教学状态分析与核实的基础上，根据学校提供的自评报告、本科教学质量报告、教学基本状态数据等材料，进一步印证、补充、复核学校教学工作的信息、资料与数据，对学校本科教学工作水平进行判断。

专家组现场考察评估时间为4天，须完成以下环节的考察评估任务：

（1）听取学校自评情况的汇报（不超过30分钟）。

（2）实地考察。

（3）查阅原始资料。

（4）专业剖析。

（5）深度访谈。

（6）根据需要和审核学校的实际情况，灵活开展听课、访谈或召开座谈会等工作。

（7）专家组全体会议和工作小结。在各位专家汇报基础上，经过民主讨论，形成专家组对学校的考察评估反馈意见。

（8）召开考察评估情况通报会。由专家组组长代表专家组向学校及其教育行政部门反馈考察评估总体意见，每位专家发表个人的意见和建议，并听取学校和教育行政部门的意见。

（9）有关评估材料整理及归档工作。

**四、现场考察评估工作的方法和要求**

1. 实地考察：除参观学校基础设施和实训基地外，根据要求有针对性地对校园文化、秩序、教风、学风、校风、教师教研和学生课内外学习活动等方面进行观察，获得相关信息。

2. 查阅资料：除学校上报的自评报告和相关材料外，主要查阅学校提供的各项主要信息材料（原始材料）。若信息量不够或遇到不清楚的问题，可另向学校索要相关资料查阅，也可请相关部门负责人作进一步解释说明。对学校提供的材料中出现矛盾或不一致的地方，要仔细认真核对。

3. 深度访谈：专家根据学校的实际情况，拟订访谈提纲，提纲包括访谈主题、访谈目的、访谈对象和访谈要点等。

4. 专业剖析：由专家组在征求学校意见的基础上确定3–5个最能体现学校建设理念、建设思路、建设水平的特色专业，进行重点剖析。听取专业带头人汇报（不超过20分钟），召开专业教师和学生座谈会，根据需要查阅相关资料、听课、访谈等。

5. 听课、个别访谈、座谈会等：专家根据需要，可以按学校的当日课表随机选择听课，约请学校领导、中层管理干部、学生、教职工进行个别访谈，可就专业建设或其他有关问题召开座谈会。

**五、考察评估反馈意见和考察评估工作报告**

1. 考察评估反馈意见

在考察评估工作结束前，经专家组集体讨论形成对审核学校的考察评估反馈意见，在考察评估情况通报会上，每一位专家就自己考察的主要观测点和要素进行反馈，专家组组长向学校进行总体反馈。

考察评估反馈意见的内容包括：

（1）考察评估工作概况。

（2）对学校评估工作的总体印象。

（3）学校人才培养工作的主要成效。

（4）“五个度”对提高人才培养质量的保障情况。

（5）学校人才培养工作存在的主要问题和改进工作的建议。

（6）向学校主管部门提出的有关建议。

2. 审核评估工作报告

专家组审核评估报告由组长在综合汇总成员个人考察评估报告基础上形成，重点就考察学校办学条件、本科教学质量与办学定位、人才培养目标的符合度、学校内部质量保障体系建设及运行状况、学校深化本科教学改革的措施及成效等，并对学校人才培养目标与培养效果达成度的总体情况作出判断和评价，形成写实性的审核评估报告。其主要内容一般可包括学校教学工作值得肯定、需要改进和必须整改的方面以及建议等内容。撰写审核评估工作报告，应注意内容的真实性、一致性、简明性，审核评估报告总体篇幅要求在5000字左右，其中对改进和整改的内容和整改建议需达到总字数的1/2。其内容一般可包括以下四个组成部分：

（1）总体情况：简要描述专家考察评估工作概况，学校对评估的重视程度、对评估的态度和评估工作的指导思想、以评促改、评建结合的情况和成果。

（2）主要成绩：肯定学校在教学改革和建设等方面所取得的成绩，指出学校办学的主要特点，教学工作的中心地位、教学改革的核心地位、教学建设的优先地位的落实情况，人才培养质量自我保障和监控机制。避免形式主义，不停留在一般性的肯定上，应该具有促进参评学校继续保持和发扬的激励作用和针对性。

（3）需改进和整改的内容。要准确抓住影响参评学校改革、建设、发展以及人才培养质量提升方面存在的突出问题，进行必要的分析，避免成为表面现象的简单罗列。

（4）提出的建议。改进建议要有较强的针对性，并对参评学校的整改工作具有指导作用，切实体现教学工作评估的“把脉开方”功能。

**六、评估纪律**

评估工作严格执行国家和省教育行政部门关于加强高等学校教学评估工作纪律的各项规定，特别应遵守以下纪律要求：

1. 专家组成员要坚持评估原则和要求，客观、公平、公正进行评估，廉洁自律，自觉抵制社会不良风气的干扰，对有碍评估工作公正性、严肃性的不正当做法，应予以抵制并向上级部门反映。

2. 专家食宿由学校统一安排，须经专家组组长审核同意。学校对专家组的接待应简朴、节俭、注重实效，坚决反对铺张浪费、形式主义。不搞礼仪迎送，不搞开幕式，不搞任何形式的汇报演出，不送礼品和额外酬金。专家组一律住校内招待所，在校内就餐（须安排1—2次到学生食堂就餐）。如学校无招待所，应就近安排专家住宿。不得宴请专家、安排旅游。专家交通用车和相关工作人员配备必须从简安排，不配专车和专门秘书。

3. 省教育行政部门在组织评估过程中，对参评院校和专家组成员严格纪律要求，对有违反评估纪律的将及时严肃处理。

附件1

## 安徽省普通高等学校本科教学工作审核评估范围

| 项目 | 内容 | 评估要素 | 评估参考要点 | 备注 |
|---|---|---|---|---|
| 定位 | 重点考察办学定位与社会需求的符合度 | 1.1 学校的办学定位与思路 | (1) 学校办学定位与目标的确定依据<br>(2) 学校出台的与办学定位以及办学特色有关的重要文件与规章制度 | |
| | | 1.2 学校事业发展规划及子规划 | (1) 学校事业发展规划及子规划<br>(2) 办学定位在学校发展规划中的体现<br>(3) 学校人才培养总目标及确定依据 | |
| | | 1.3 学校学科专业（尤其是优势特色学科专业）与地方行业、产业的关系 | (1) 各专业建设情况<br>(2) 各专业人才培养目标、标准及确定依据<br>(3) 学校发展规划与本区域有关规划的关联度<br>(4) 学校专业发展与专业设置对接地方产业、行业发展需求情况分析 | |
| 职能 | 重点考察人才培养、科学研究、社会服务、文化传承创新对办学定位的支撑度 | 2.1 四大职能关系处理 | (1) 学校在四大职能关系处理上的有关政策和执行情况 | |
| | | 2.2 三个地位的落实情况 | (1) 学校落实三个地位的政策措施<br>(2) 学校在人、财、物、政策等方面落实三个地位的体现与成效 | |
| | | 2.3 其它职能对办学定位和人才培养的支撑 | (1) 科学研究、社会服务、文化传承创新促进人才培养措施与成效<br>(2) 科研在促进教学工作方面的政策举措<br>(3) 学校鼓励学生参与科研工作的有关规定 | |
| | | 2.4 奖惩机制和制度建设对办学定位的支撑 | (1) 学校引导教师投入教学奖励制度与执行情况<br>(2) 学校科研奖励制度建设与执行情况<br>(3) 学校加强教风、师德师风、学风建设举措及执行情况 | |
| 过程 | 重点考察人才培养目标、方案、教学运行、质量及质量监控间的吻合度 | 3.1 培养方案及执行情况 | (1) 各专业人才培养方案<br>(2) 人才培养方案修订与执行情况 | |
| | | 3.2 课程建设对人才培养支撑情况 | (1) 课程建设规划与执行<br>(2) 课程的数量、结构及建设<br>(3) 课程教学大纲的制订与执行情况<br>(4) 教材建设与选用 | |
| | | 3.3 教学研究与改革 | (1) 教学研究与改革的主要做法<br>(2) 教学改革的总体思路及保障措施<br>(3) 教学内容、方法与手段、考试等改革<br>(4) 教学改革的示范性与应用性 | |
| | | 3.4 教学管理情况 | (1) 学校教学管理制度建设<br>(2) 教学管理队伍建设情况 | |
| | | 3.5 学生毕业（学位授予）、转专业、淘汰情况 | (1) 近三年学生毕业率、学位授予率分析<br>(2) 近三年学生转专业、辅修专业开展情况 | |
| | | 3.6 教学质量监控与保障 | (1) 主要教学环节质量标准建设与执行情况<br>(2) 质量保障体系的组织、制度建设<br>(3) 教学质量监控与保障队伍建设<br>(4) 质量监控的过程与实施效果<br>(5) 教学质量监控信息的统计、分析、反馈<br>(6) 教学状态数据库建设与年度质量报告 | |

续　表：

| 项目 | 内容 | 评估要素 | 评估参考要点 | 备注 |
| --- | --- | --- | --- | --- |
| 资源 | 重点考察师资队伍、教学仪器设备、实践教学基地、图书资料等教学资源对人才培养的保障度 | 4.1 教师数量、结构、水平与趋势 | （1）全校及各专业师资队伍的数量与结构<br>（2）师资队伍建设规划及发展态势<br>（3）专任教师的专业水平与教学能力<br>（4）提升教师教学能力、专业水平和服务教师职业生涯发展的政策措施<br>（5）教授、副教授为本科生上课情况<br>（6）学校支持教师开展教研、教改政策及执行情况<br>（7）近三年实践教学队伍数量与结构<br>（8）学校师德师风建设措施与效果 | |
| | | 4.2 教学设施、图书、设备投入与利用 | （1）实验设备和实验用房等教学设施满足教学需要情况<br>（2）教学、科研设施的开放程度及利用率<br>（3）图书资料数量、结构与使用情况 | |
| | | 4.3 教学经费投入与比重 | （1）教学经费投入及保障机制<br>（2）学校教学经费年度变化情况<br>（3）教学经费分配方式、比例及使用效益 | |
| | | 4.4 实践教学建设与使用 | (1）实践教学体系建设与实践教学改革<br>（2）实验教学与实验室开放情况<br>（3）实习实训、社会实践、毕业设计（论文）的落实及效果<br>（4）校内外实践教学基地建设与利用情况 | |
| 质量 | 重点考察学生、社会、政府用人单位对教学质量的满意度 | 5.1 学生报考、报到、就业及考研等情况 | （1）近三年学校总体生源状况<br>（2）各专业生源数量及特征<br>（3）近三年毕业生初次就业率与就业质量 | |
| | | 5.2 学生对自我发展状况的满意度 | （1）近三年学生评教情况与分析<br>（2）评教结果的处理与应用情况<br>（3）第二课堂开展情况<br>（4）学生对自我学习与成长环境的满意度 | |
| | | 5.3 用人单位对人才培养质量的评价 | （1）用人单位对毕业生评价<br>（2）学校对用人单位反馈意见的处理 | |
| | | 5.4 社会对人才培养质量的评价 | （1）社会对人才培养质量的评价<br>（2）学校对社会反馈意见的处理 | |
| | | 5.5 政府对人才培养质量的评价 | （1）政府对人才培养质量的评价<br>（2）学校对政府反馈意见的处理 | |

附件2

**分项自评说明表**

<table>
<tr><td>主要观测点</td><td></td><td>评估要素</td><td></td><td>自评结论</td><td></td></tr>
<tr><td colspan="6">主要做法及成效：</td></tr>
<tr><td colspan="6">不足及改进措施：</td></tr>
<tr><td colspan="6">有关情况说明及主要支撑材料：</td></tr>
</table>

附件3

## 审核评估学校基本办学条件指标

**一、五项基本办学条件指标要求**

1. 全校生师比达到国家办学条件要求［注1］。

2. 专任教师中具有硕士学位、博士学位的比例≥50%。

3. 生均教学科研仪器设备值及新增教学科研仪器设备所占比例达到国家办学条件要求［注2］。

4. 生均藏书量和生均年进书量达到国家办学条件要求［注3］。

5. 生均教学行政用房面积达到国家办学条件要求［注4］。

［注1］［注2］［注3］［注4］参照教育部教发〔2004〕2号文件限制招生规定。

**表一　基本办学条件指标：限制招生**

| 学校类别 | 本科 | | | | |
|---|---|---|---|---|---|
| | 生师比 | 具有研究生学位教师占专任教师的比例（%） | 生均教学行政用房（平方米/生） | 生均教学科研仪器设备值（元/生） | 生均图书（册/生） |
| 综合、师范、民族院校 | 22 | 10 | 8 | 3000 | 50 |
| 工科、农、林、医学院校 | 22 | 10 | 9 | 3000 | 40 |
| 语文、财经、政法院校 | 23 | 10 | 5 | 2000 | 50 |
| 体育院校 | 17 | 10 | 13 | 2000 | 35 |
| 艺术院校 | 17 | 10 | 11 | 2000 | 40 |

注：

1. 师比指标高于表中数值或其它某一项指标低于表中数值，即该项指标未达到规定要求。

2. 凡有一项指标未达到规定要求的学校，即被确定为限制招生（黄牌）学校。

3. 凡两项或两项以上指标未达到规定要求的学校，即被确定为暂停招生（红牌）学校。

4. 凡连续三年被确定为黄牌的学校，第三年即被确定为暂停招生（红牌）

学校。

## 二、七项监测办学条件指标要求

**表二 七项监测办学条件指标：合格要求**

| 学校类别 | 本科 | | | | | | | 高职（专科） | | | | | | |
|---|---|---|---|---|---|---|---|---|---|---|---|---|---|---|
| | 具有高级职务教师占专任教师的比例(%) | 生均占地面积(平方米/生) | 生均宿舍面积(平方米/生) | 百名学生配教学用计算机台数(台) | 百名学生配多媒体教室和语音实验室座位数(个) | 新增教学科研仪器设备所占比例(%) | 生均年进书量(册) | 具有高级职务教师占专任教师的比例(%) | 生均占地面积(平方米/生) | 生均宿舍面积(平方米/生) | 百名学生配教学用计算机台数(台) | 百名学生配多媒体教室和语音实验室座位数(个) | 新增教学仪科研器设备所占比例(%) | 生均年进书量(册) |
| 综合、师范、民族院校 | 30 | 54 | 6.5 | 10 | 7 | 10 | 4 | 20 | 54 | 6.5 | 8 | 7 | 10 | 3 |
| 工、农、林、医学院校 | 30 | 59 | 6.5 | 10 | 7 | 10 | 3 | 20 | 59 | 6.5 | 8 | 7 | 10 | 2 |
| 财经、政法院校 | 30 | 54 | 6.5 | 10 | 7 | 10 | 4 | 20 | 54 | 6.5 | 8 | 7 | 10 | 3 |
| 体育院校 | 30 | 88 | 6.5 | 10 | 7 | 10 | 3 | 20 | 88 | 6.5 | 8 | 7 | 10 | 2 |
| 艺术院校 | 30 | 88 | 6.5 | 10 | 7 | 10 | 4 | 20 | 88 | 6.5 | 8 | 7 | 10 | 3 |

注：

1. 凡教学仪器设备总值超过1亿元的高校，当年新增教学仪器设备值超过1000万元，该项指标即为合格。

2. 凡折合在校生超过30000人的高校，当年进书量超过9万册，该项指标即为合格。

# 安徽省普通高等学校本科教学审核评估工作引导性问题

为了指导专家做好审核评估工作，设计了若干引导性问题。选择的引导性问题，一般围绕学校“在做什么？在如何做？效果如何？问题如何？如何改进?”五个方面展开。引导性问题起示范性作用，不具有限定性，可针对学校的具体情况结合学校特色，选择不同的引导性问题。

**1. 定位**

1.1　办学定位

（1）学校的办学定位、办学理念、发展目标是什么？依据？

（2）学校教师、学生及校友对学校办学定位、办学理念、发展目标的认可度如何？

（3）学校在办学定位、办学理念、发展目标的确定及其落实方面存在什么问题？

1.2　发展规划

（1）学校发展规划如何体现办学定位、办学理念和发展目标？

（2）学校发展规划与国家、省、区域有关规划的关系？

1.3　专业建设

（1）学校专业建设规划的执行情况如何？建立了什么样的专业结构调整机制？

（2）学校专业建设的成效如何？是否建成了若干能够彰显办学优势与特色、具备一定影响力的品牌专业？

（3）新办专业的建设情况如何？其人才培养质量能否得到保证？

（4）学校专业发展规划与专业设置对接地方产业、行业发展和满足地方发展情况？

**2. 职能**

2.1　四大职能

（1）学校是如何正确处理人才培养、科学研究、社会服务和文化传承与创新四大功能之间的关系的？

（2）人才培养在学校工作中的地位如何？有何政策与措施保障？

（3）学校领导是如何重视人才培养工作的？

2.2 三个地位的落实情况

（1）学校是如何确保本科教学中心地位、教学改革的核心地位、教学建设的优先地位的？

（2）学校在人、财、物、政策等方面是如何向本科教学倾斜的？

（3）学校是否形成了重视本科教学的文化氛围？如何体现？

（4）学校各职能部门是如何服务教学的？

（5）学校在确保教学中心地位方面存在什么问题？如何改进？

2.3 其它职能对办学定位和人才培养的支撑

（1）科学研究、社会服务、文化传承创新是如何促进人才培养的？成效如何？

（2）科学研究、社会服务对促进教学质量提升的举措与成效？

（3）学校如何鼓励和支持学生参与科研和社会服务的？

2.4 奖惩机制

（1）学校建立哪些切实有效的教学奖励制度？执行情况如何？

（2）教学奖励机制与科研奖励机制相比，那个措施更得力，效果更好？

（3）学校如何加强教风、师德师风、学风建设的，成效如何？

**3. 过程**

3.1 培养方案

（1）学校人才培养总目标是什么？是如何形成的？与学校办学定位的契合度如何？

（2）学校各专业人才培养目标是如何确定的？与学校人才培养总目标的关系如何？

（3）学校在制定各专业培养方案时，如何在人才培养目标、培养规格、课程设置等方面体现学校办学指导思想和实际需要？

（4）学校在专业设置与调整、培养方案及其制定（修订）、执行等方面存在什么问题？如何改进？

（5）学校师生对人才培养目标的理解和认可程度如何？

（6）学校在确定人才培养目标方面存在什么问题？如何改进？

3.2　课程建设

（1）学校课程建设规划执行情况如何？课程建设取得了哪些成绩？

（2）学校课程总量多少？课程结构如何？实验实践课程比例，是否符合培养目标需要？

（3）学校的教材建设规划执行情况如何？如何保障所选用教材的先进性与适用性？使用优秀教材和境外原版教材的比例？

（4）学校在课程和教材建设等方面存在什么问题？如何改进？

3.3　教学研究与改革

（1）学校教学改革的总体思路是什么？是否有切实可行的教学改革规划和具体实施方案？

（2）学校有哪些激励和促进广大师生积极参与教学改革研究与实践的政策与措施？执行情况及效果如何？

（3）学校在人才培养模式、教学内容与课程体系、教学方法与手段、教学管理等方面改革取得的成效？

（4）学校在教学研究与改革方面存在什么问题？如何改进？

3.4　教学管理

（1）学校教学管理制度建设与执行情况？

（2）学校教学管理队伍数量、结构、素质和发展情况？

3.5　学生毕业

（1）近三年学生毕业率、学位授予率情况？

（2）学校是否建立了淘汰机制，执行情况如何？

（3）学校开设辅修专业情况，学生辅修情况如何？

3.6　质量监控与保障

（1）学校是否重视教学质量标准建设？形成了怎样的质量标准体系？

（2）学校教学质量保障的模式是什么？结构怎样？

（3）学校教学质量保障体系是否做到了组织落实、制度落实和人员落实？

（4）学校是否采取有效方式对教学全过程进行实时监控？

（5）学校是否建立了完善的评教、评学等自我评估制度？效果如何？

（6）学校是否形成了全员参与质量监控的良好氛围？

（7）学校在质量监控与保障方面存在什么问题？如何改进？

(8) 学校是否建立对能反映教学质量的信息进行跟踪调查与统计分析的制度?

(9) 学校在人才培养质量信息统计、分析、反馈与公开方面存在什么问题? 如何改进?

(10) 学校是否定期对教学质量存在的问题进行分析并制定改进的措施，效果如何?

**4. 资源**

4.1 教师数量、结构、水平与趋势

(1) 学校的生师比如何? 学校专任教师的数量及结构如何 (职称结构、年龄结构、学缘结构、学历结构等)? 能否满足教学要求? 发展态势如何?

(2) 学校各专业、各类型 (教学、实验) 主讲教师队伍的数量及结构如何 (职称结构、年龄结构、学缘结构等)? 能否满足教学要求? 发展态势如何?

(3) 学校在鼓励教师教书育人及加强师德建设方面采取了哪些措施? 效果如何?

(4) 学校是否建立了对教师教育教学水平的评价机制? 效果如何?

(5) 学校教师在教育教学水平方面存在什么问题? 如何改进?

(6) 教师自觉履行教书育人职责及将主要精力投入本科教学工作情况?

(7) 学校每学期主讲本科课程的教授、副教授分别占教授、副教授总数的比例? 教授、副教授主讲本科课程占总课程的比例?

(8) 教师能否将自己的科研资源向本科生开放并将最新研究成果及学科前沿知识融入教学内容中?

(9) 教师参加教学研究、教学改革的情况? 实际效果如何?

(10) 教师在专业建设 (课程建设、教材建设、实验室建设等) 方面发挥作用情况?

(11) 学校教师队伍建设及发展规划落实情况如何? 各二级教学单位是否有具体措施? 效果如何?

(12) 学校在服务教师职业生涯发展方面特别是在关心青年教师成长、提升其业务水平和教学能力方面采取了哪些措施? 效果如何?

(13) 学校在鼓励教师在职进修、提升学历及国内外学术交流等方面的政策措施情况? 效果如何?

（14）学校如何在教师岗位聘用、考核评价及薪酬分配方面向教学倾斜？

（15）学校在关心与促进教师发展方面存在什么问题？如何改进？

（16）学校教师在教学投入方面存在什么问题？如何改进？

（17）学校的师资队伍在上述方面存在什么问题？如何改进？

4.2　教学设施投入与利用

（1）学校的各类教学设施（实验室、课堂教学设施、辅助教学设施、图书馆等公共教学设施）能否满足教学需要及学生自主学习要求？

（2）学校的教学、科研设施的开放程度如何？利用率如何？

（3）学校教学设施的建设与使用中存在什么问题？如何改进？

4.3　教学经费

（1）学校投入本科教学的经费是多少？生均本科教学日常运行支出是多少？教学日常运行支出占经常性预算内事业费与学费收入之和的比例是多少？

（2）学校教学经费能否满足教学资源建设和日常教学运行的需要？是否建立了保障教学经费投入的长效机制？

（3）学校教学经费是如何分配的？是否有专门经费支持教学改革与大学生创新教育？是否有实践教学专项经费？是否将新增生均拨款优先投入实践教学？

（4）学校教学经费使用是否合理？是否进行年度经费使用效益分析？结果如何？

（5）学校在教学经费投入和经费使用效益上存在什么问题？如何改进？

4.4　实践教学

（1）学校实践教学体系的建设思路是什么？如何推进实践教学改革的，效果如何？

（2）学校实习、实训基地建设情况，能否满足正常教学和人才教养需要？

（3）学校设计性、综合性实验开设与实验室开放及使用情况？

（4）学校科研实验室向本科生开放情况如何？

（5）学校是如何保障实习、实践环节的教学效果的？

（6）学校是如何保障毕业论文（设计）质量的？

（7）学校在实践教学方面存在什么问题？如何改进？

**5. 质量**

5.1 学生报考、报到、就业及考研

5.2 学生自我发展

（1）学校为学生在学期间提供重新选择专业的政策如何？

（2）学校在人才培养工作中是如何体现以学生为本的理念的？

（3）学校建立了什么样的学生指导与帮扶体系？效果如何？

（4）学校学生辅导员和本科生导师（如果设置）在日常工作中如何指导和帮助学生成长成才？效果如何？

（5）学校总体学习风气如何？学校在加强学风建设方面采取了什么样的政策措施？执行情况如何？

（6）学校采取什么措施收集学生对自我发展信息反馈？

（7）学生对教师教学质量的满意度如何？

（8）学生对教师（教学）评价的结果与使用？

（9）学校建立了哪些与第一课堂紧密结合的多课堂联动的人才培养体系？建设效果如何？

（10）学生对自我学习与成长环境的满意度如何？有哪些方面需要改进？

5.3 用人单位评价

（1）学校毕业生的就业情况（初次就业率、就业质量等）如何？

（2）学校采取了哪些措施提高初次就业率与就业质量？效果如何？

（3）用人单位对毕业生的满意度如何？

（4）学校在促进毕业生就业与发展方面存在什么问题？如何改进？

5.4 社会、政府评价

（1）学校总体及各专业生源数量及结构特征如何？（如学生性别、民族、区域、家庭经济/社会背景、学生教育背景等）

（2）学校的生源数量与质量方面存在什么问题？如何改进？

（3）政府对学校办学和人才培养质量的满意度如何？

（4）学校办学的社会认可度体现在哪些方面？

# 安徽省教育厅关于对安徽科技学院和皖西学院开展本科教学审核评估试点工作的通知

皖教秘高〔2013〕15号

**安徽科技学院、皖西学院：**

为落实《教育部关于普通高等学校本科教学评估工作的意见》（教高〔2011〕9号）文件精神，根据教育部高教司《关于对普通高等学校本科教学工作审核评估方案开展调研工作的函》（教高司函〔2012〕224号）和安徽省教育厅《关于普通高等学校本科教学评估工作的实施意见》（皖教高〔2012〕3号）有关工作部署，经研究，决定对两所本科教学审核评估试点院校进行考察评估，现将评估工作有关事项通知如下：

一、各校应严格按照3号文件和审核评估工作指南有关要求认真做好评估相关准备工作。将自评报告（含分项自评情况），学校“十二五”事业发展规划及配套子规划，近三年各专业学生志愿报考率、报到率、考研率、就业率等情况分析报告，学校2012年度本科教学质量报告等材料在适当范围公布，并于3月28日前将材料电子稿报省教育厅高教处。

二、本次审核评估分两组同时进行。2013年4月9日下午专家进校，4月10日至13日专家现场考察，全面了解学校教学工作总体情况，重点考察学校办学条件、本科教学质量与办学定位、人才培养目标的符合程度，学校内部质量保障体系建设及运行状况，学校深化本科教学改革的措施及成效。

三、各校应根据3号文件要求，突出学校办学定位、办学理念、办学实效及特色发展等内容，将评估作为推动学校改革、促进学校发展的有效措施，遵循评估新理念，扎扎实实地做好评建各项工作，提高教学质量保障能力和水平，全面提升学校的办学水平和教学质量。

四、各校要本着实事求是、注重实效的原则，严格执行《教育部办公厅关于进一步加强高等学校教学评估工作纪律的通知》（教高厅〔2004〕17号）要求，在评估接待中坚持从简，反对铺张浪费和形式主义、弄虚作假，坚决做到

“八不”要求，即：不搞礼仪迎送、不搞开幕式、不搞揭牌和剪彩仪式、不搞汇报演出、不送礼品酬金、不给专家配专车和专门秘书、不搞个人影集、不搞专家旅游。专家在评估中要坚决做到“八个坚持”，即：坚持客观公正、坚持规范操作、坚持独立自主、坚持专家行为、坚持廉洁自律、坚持谨言慎行、坚持分类指导、坚持平等交流。违反上述规定的学校和评估专家，一经发现，将作严肃处理。

安徽省教育厅

2013年3月22日

**表1 专家审读意见表**

（专家个人用）

评估学校：__________ 考察时间：__________

| | |
|---|---|
| 总体印象 | |
| 主要问题 | |
| 拟考察重点 | |

注：① 审读材料为学校《自评报告》、《状态数据分析报告》等材料。② 审读意见应具体、有针对性，总字数一般不少于600字，页面不足时可加页。③ 此表填好后交给组长和秘书。

专家(签字)：__________ 年 月 日

**表2 专家现场考察活动计划表**

（听课、走访、深度访谈等）

评估学校:________ 专家姓名:________ 日期:________

| 考察活动内容 | 时 间 | 要 求(年级、专业、对象等) | 备 注 |
| --- | --- | --- | --- |
| | | | |
| | | | |
| | | | |
| | | | |
| | | | |
| | | | |
| | | | |
| | | | |
| | | | |
| | | | |
| | | | |

**表3　专家组考察计划表**

（专家组组长用）

评估学校：______________ 考察时间：______________

| | |
|---|---|
| 拟考察重点内容 | |
| 考察方式 | |

（此表由专家组组长负责拟定，须交给秘书。页面不足时，可加页）

组长（签字）：____________　　　　　年　月　日

**表4　专家个人工作日程安排表**

专家姓名:______________

| 时间 | | 工作内容 |
|---|---|---|
| 月　日 | 上午 | |
| | 下午 | |
| 月　日 | 上午 | |
| | 下午 | |
| 月　日 | 上午 | |
| | 下午 | |

表5 听课评价表

开课单位：____________ 课程名称：____________

课程类型：□基础课 □专业基础课 □专业课 □实验课 □实习实训

授课班级：____________ 授课教师：____________

教师职称：教师年龄层次：□老 □中 □青

| 测评要素 | 参考内涵 | 好 | 较好 | 一般 | 较差 |
|---|---|---|---|---|---|
| 1. 教学态度 | 尊重学生、治学严谨、讲课有热情、精神饱满 | | | | |
| 2. 教学内容 | 教学目标明确、进度适宜；观点正确、表达清晰；内容充实，重点突出、注意介绍本学科研究和发展动态 | | | | |
| 3. 教学方法 | 理论联系实际，善于启发思维；能够实现师生互动，课堂气氛活跃；能有效利用各种教学媒体 | | | | |
| 4. 教学效果 | 学生理解和掌握了教学内容；学生相关能力得到培养和提高 | | | | |
| 总评成绩 | | | | | |
| 听课内容摘记: | | | | | |
| 听课评价（优点、问题及改进建议） | | | | | |

专家（签字）：____________ 年 月 日

### 表6 剖析专业安排表

## 一、剖析专业

| 序 号 | 专业名称 | 专业带头人 | 职 称 | 专家姓名 |
|---|---|---|---|---|
| 1 | | | | |
| 2 | | | | |
| 3 | | | | |
| 4 | | | | |
| 5 | | | | |

## 二、听课选择表

| 序 号 | 课程名称 | 教师姓名 | 职 称 | 听课地点 | 专家姓名 |
|---|---|---|---|---|---|
| 1 | | | | | |
| 2 | | | | | |
| 3 | | | | | |
| 4 | | | | | |
| 5 | | | | | |
| 6 | | | | | |
| 7 | | | | | |

**表7　专业剖析简析表**

剖析专业：

| 主要剖析指标 | 关键剖析要素 | 简要分析 |
|---|---|---|
| 1. 专业定位与发展 | 1.1 专业定位与社会需求<br>1.2 专业发展与行业规划<br>1.3 学科专业、教学科研之间的协同发展 | |
| 2. 专业人才培养方案 | 2.1 专业培养目标<br>2.2 课程结构体系<br>2.3 教学环节安排 | |
| 3. 课程开发与建设 | 3.1 核心课程开发与建设<br>3.2 教材选用和教材建设 | |
| 4. 教学研究与改革 | 4.1 人才培养模式改革<br>4.2 教学方法与手段改革<br>4.3 考核方式与标准改革 | |
| 5. 教学管理与创新 | 5.1 管理制度与执行<br>5.2 管理成效与教学档案<br>5.3 管理改革与创新 | |
| 6. 教学质量与监控 | 6.1 监控体系与组织<br>6.3 教学运行、监控与反馈 | |
| 7. 教学条件与保障 | 7.1 队伍数量结构水平<br>7.2 教学基础设施、设备投入与利用<br>7.3 实践教学条件、基地 | |
| 8. 人才培养质量 | 8.1 近三年学生报考、报到率<br>8.2 职业技能、学科竞赛获奖情况<br>8.3 近三年就业率、考研率等 | |
| 9. 特色与创新 | | |
| 总体分析、评价 | | |

专家（签字）：______________________　　　　年　　月　　日

**表8　专家深度访谈人员名单**

<table>
<tr><th rowspan="2">访谈专家</th><th colspan="4">访谈人员</th><th rowspan="2">访谈地点</th></tr>
<tr><th>姓 名</th><th>职 务</th><th>职 称</th><th>联络员</th></tr>
<tr><td rowspan="5"></td><td></td><td></td><td></td><td rowspan="5"></td><td rowspan="5"></td></tr>
<tr><td></td><td></td><td></td></tr>
<tr><td></td><td></td><td></td></tr>
<tr><td></td><td></td><td></td></tr>
<tr><td></td><td></td><td></td></tr>
<tr><td rowspan="5"></td><td></td><td></td><td></td><td rowspan="5"></td><td rowspan="5"></td></tr>
<tr><td></td><td></td><td></td></tr>
<tr><td></td><td></td><td></td></tr>
<tr><td></td><td></td><td></td></tr>
<tr><td></td><td></td><td></td></tr>
<tr><td rowspan="5"></td><td></td><td></td><td></td><td rowspan="5"></td><td rowspan="5"></td></tr>
<tr><td></td><td></td><td></td></tr>
<tr><td></td><td></td><td></td></tr>
<tr><td></td><td></td><td></td></tr>
<tr><td></td><td></td><td></td></tr>
<tr><td rowspan="5"></td><td></td><td></td><td></td><td rowspan="5"></td><td rowspan="5"></td></tr>
<tr><td></td><td></td><td></td></tr>
<tr><td></td><td></td><td></td></tr>
<tr><td></td><td></td><td></td></tr>
<tr><td></td><td></td><td></td></tr>
<tr><td rowspan="5"></td><td></td><td></td><td></td><td rowspan="5"></td><td rowspan="5"></td></tr>
<tr><td></td><td></td><td></td></tr>
<tr><td></td><td></td><td></td></tr>
<tr><td></td><td></td><td></td></tr>
<tr><td></td><td></td><td></td></tr>
</table>

表9　专家深度访谈记录表

| 被访谈者姓名 | | 职务、职称 | |
|---|---|---|---|
| 访谈提纲 | | | |
| 访谈基本情况及意见 | | | |

专家（签字）：____________________________　　　　年　　月　　日

**表10　管理制度跟踪考察记录表**

| | |
|---|---|
| 制度名称 | |
| 主要内容 | |
| 制度的宣传贯彻及执行情况 | |
| 制度的科学性、有效性、必要性、适合性、动态性分析 | |
| 意见和建议 | |

专家（签字）：____________________　　　　年　　月　　日

**表11　专家调阅材料通知单**

（试卷·毕业论文（设计）等）

评估学校：____________　专家姓名：____________　日期：____________

| 名称 | 专业 | 年级 | 内容 | 要求 | 备注 |
|---|---|---|---|---|---|
| 试卷 | | | | | |
| | | | | | |
| | | | | | |
| | | | | | |
| 毕业论文(设计) | | | | | |
| | | | | | |
| | | | | | |
| | | | | | |
| 其他 | | | | | |
| | | | | | |
| | | | | | |

注：

1. “试卷”学校提供材料：被抽查课程的课程教学大纲（单行本）、教学进度计划表（教学日历）、课程考试试卷（含命题计划、AB样卷、评分标准、试卷分析表、学生成绩登记表、课程使用教材）。

2. “毕业论文或毕业设计”学校提供材料：每篇毕业论文（设计），须同时附有论文（设计）的开题报告、教师指导记录、学生答辩记录、教师评审意见、论文（设计）成绩评定，以及该届全体学生论文（设计）的选题名称、选题类型、指导教师职称、评定成绩分布一览表等。

**表12 学生毕业论文（设计）情况总体评价表**

评估学校：____________ 考察专业：____________ 年级：____________

| |
|---|
| 请就论文（设计）选题、论文（设计）水平、论文（设计）内容、教师指导、成绩评定、运行管理等情况进行总体评价。 |

专家（签字）：____________________ 年 月 日

**表13　试卷评价表**

| | | | |
|---|---|---|---|
| 评估学校 | | 专业年级(班级) | |
| 考试课程名称 | | 试卷份数 | |

| 评价项目 | | | 好 | 较好 | 一般 | 较差 |
|---|---|---|---|---|---|---|
| 试题质量 | 01 | 命题规范情况 | | | | |
| | 02 | 题 量 | | | | |
| | 03 | 难易程度 | | | | |
| | 04 | 覆盖面 | | | | |
| | 05 | 试题中考核灵活应用知识的综合性、提高性题目水平 | | | | |
| 卷面质量 | 06 | 试卷文字、插图 | | | | |
| 试卷评阅 | 07 | 评分标准 | | | | |
| | 08 | 阅卷评分标准 | | | | |
| | 09 | 试卷分析 | | | | |
| 专家综合评价 | | | | | | |
| 专家评语： | | | | | | |

专家（签字）：______________________　　　　年　　月　　日

**表14 专家评估结果建议表**

| 主要观测点 | 评估要素 | 结论 | 备注 |
|---|---|---|---|
| 1. 办学定位与社会需求的符合度 | 1.1 学校的办学定位与思路 | | |
| | 1.2 学校事业发展规划及子规划 | | |
| | 1.3 学校学科专业（尤其是优势特色学科专业）与地方行业、产业的关系 | | |
| 2. 人才培养、科学研究、社会服务、文化传承创新对办学定位的支撑度 | 2.1 四大职能关系处理 | | |
| | 2.2 三个地位的落实情况 | | |
| | 2.3 其它职能对办学定位和人才培养的支撑 | | |
| | 2.4 奖惩机制和制度建设对办学定位的支撑 | | |
| 3. 人才培养目标、方案、教学运行、质量及质量监控之间的吻合度 | 3.1 培养方案及执行情况 | | |
| | 3.2 课程建设对人才培养支撑情况 | | |
| | 3.3 教学研究与改革 | | |
| | 3.4 教学管理情况 | | |
| | 3.5 学生毕业（学位授予）、转专业、淘汰情况 | | |
| | 3.6 教学质量监控与保障 | | |
| 4. 师资队伍、教学仪器设备、实践教学基地、图书资料等教学资源对教学水平的保障度 | 4.1 教师数量、结构、水平与趋势 | | |
| | 4.2 教学设施、图书、设备投入与利用 | | |
| | 4.3 教学经费投入与比重 | | |
| | 4.4 实践教学建设与使用 | | |
| 5. 学生、社会、政府用人单位对教学质量的满意度 | 5.1 学生报考、报到、就业及考研等情况 | | |
| | 5.2 学生对自我发展状况的满意度 | | |
| | 5.3 用人单位对人才培养质量的评价 | | |
| | 5.4 社会对人才培养质量的评价 | | |
| | 5.5 政府对人才培养质量的评价 | | |

专家（签字）：____________________________ 年 月 日

**表15　本科教学工作审核评估专家个人考察报告**

评估学校：__________　考察时间：__________

| 内容：1. 考察情况与总体印象；2. 发现的问题及其分析；3. 为学校改进教学工作提出的建议。<br>要求：1. 专家个人考察报告须在专家离校后5个工作日内提交专家组组长及秘书；<br>2. 专家个人考察报告总字数须在3000字左右，其中第2、3项的内容应占到总文字数的一半以上。 |
| --- |
| |

专家（签字）：______________________　　　　年　　月　　日

**表16　安徽省审核评估方案修改建议表**

| 具体修改建议内容 |
| --- |
| |

专家（签字）：________________　　　　　　年　　月　　日

## 安徽省教育厅关于召开普通高等学校本科教学审核评估试点工作专家培训会的通知

有关专家：

为贯彻落实《关于普通高等学校本科教学评估工作的实施意见》（皖教高〔2012〕3号）文件精神，根据我厅开展本科教学审核评估试点工作部署，切实保证审核评估试点工作质量，经研究，决定召开2013年普通高等学校本科教学审核评估试点工作专家培训会。现将有关事项通知如下：

**一、会议时间、地点**

时间：2013年4月9日8：30—16：00，8日下午报到。

报到地点：金满楼康明国际大酒店（合肥市望江路与宿松路交口处）。

会议地点：酒店二楼会议室。

**二、会议内容**

会议期间，省教育厅领导及相关专家，将围绕下述内容作重要讲话和专题报告。

1. 传达教育部培训会议精神；
2. 解读安徽省本科教学审核评估方案并阐述与教育部方案区别；
3. 评估专家工作方式与方法，教学状态数据分析报告说明；
4. 专家研讨。

**三、参会人员**

安徽省普通高等学校本科教学审核评估专家（见附件），安徽科技学院、皖西学院评建办有关人员。

联系人：省教育厅高教处宋波

联系电话：0551-62818295　15715607618

电子邮箱：songb@ahedu.gov.cn

附件：普通高等学校本科教学审核评估试点工作专家培训会参会人员名单（略）

安徽省教育厅

2013年3月27日

# 安徽省普通高等学校本科教学审核评估工作日程安排表（参 考）

| 日期 | | 活动内容 | 参加人员 | 主持人 |
|---|---|---|---|---|
| 报到日 | 下午 | 准备活动 | 学校评建办人员 | 专家组秘书 |
| | 晚上 | 专家组预备会议 | 专家组全体成员 | 专家组组长 |
| 第一天 | 上午 | 学校自评情况汇报（30分钟） | 学校领导，职能部门、院部负责人，专家 | 专家组组长 |
| | | 专家实地考察 | 学校领导、专家组全体成员 | 学校领导 |
| | | 听课、走访、访谈 | 专家组成员 | 组长（或副组长） |
| | 中午 | 学生食堂用餐 | 专家组成员 | 学校领导 |
| | 下午 | 1. 实地考察、查阅资料 | 专家组成员 | 专家组组长 |
| | | 2. 听课、走访、访谈 | 专家组成员 | 组长（或副组长） |
| | 晚上 | 专家组会议 | 专家组成员 | 组长（或副组长） |
| 第二天 | 上午 | 专家听课、走访、访谈 | 专家组成员 | 组长（或副组长） |
| | 下午 | 专家听课、走访、访谈 | 专家组成员 | 组长（或副组长） |
| | 晚上 | 专家组会议 | 专家组全体成员 | 专家组组长 |
| 第三天 | 上午 | 查阅原始资料，专家组分组开展工作：<br>1. 剖析专业<br>2. 管理制度跟踪考察<br>3. 深度访谈 | 专家组全体成员 | 组长（或副组长） |
| | 下午 | 结合查阅原始资料，专家组分组工作：<br>1. 剖析专业<br>2. 管理制度跟踪考察 | 专家组全体成员 | 组长（或副组长） |
| | 晚上 | 专家组会议 | 专家组全体成员 | 组长（或副组长） |
| 第四天 | 上午 | 专家组会议：⑴交流情况；⑵讨论并通过考察评估反馈意见；⑶讨论专家组工作总结和考察评估工作报告 | 专家组全体成员 | 专家组组长 |
| | 下午 | 考察评估情况反馈会 | 学校领导，职能部门、院部负责人，专家 | 专家组组长 |
| | 晚上 | 离 校 | 专家组全体成员 | 学校领导 |

# 安徽省高等职业院校人才培养工作个性评估试点方案

皖教秘高〔2014〕69号

为贯彻落实《国务院关于加快发展现代职业教育的决定》（国发〔2014〕19号）要求，结合我省高等职业院校人才培养工作特点，制定安徽省高等职业院校人才培养工作个性评估试点方案。

**一、评估的目的和意义**

我省高等职业院校经过多年建设和发展，取得了长足进步。但同质化、综合化问题越来越明显，除了少数行业性较强、企业举办的高等职业院校外，大部分高等职业院校举办成综合性院校，缺少特色和优势。通过个性评估试点，督促高等职业院校根据经济社会发展和科技进步的时代需要和高等职业教育自身发展的客观规律，加强内涵建设，深化产教融合、校企合作，推进教育教学改革，提高人才培养质量。引导高等职业院校立足地方、面向市场，科学定位，错位发展，各安其位，彰显个性，办出特色，办出水平，形成以质量求生存、以服务求支持、以特色求发展的办学理念，更好地服务地方。

**二、评估的指导思想与基本原则**

（一）指导思想

按照“立德树人、以服务发展为宗旨，以促进就业为导向”的办学要求，坚持“以评促建、以评促改、以评促管、评建结合、重在建设”的方针，以提高质量为核心，以学校人才培养工作状态数据为依托，以学校自我评估为基础，以教学质量保障能力和水平为主要内容，促进院校形成自我约束、自我发展的机制，提高人才培养质量，办出特色。

（二）基本原则

1. 自评与考察相结合，以自评为主。学校自评是最重要的一个阶段，是整个评估工作的基础，决定了评估工作的质量。在学校自评的基础上，根据人才培养工作状态数据库，专家进一步印证、补充、复核学校教学工作的信息、资料与数据，对学校人才培养工作水平进行判断。

2. 全面与重点相结合，以重点为主。既要把握学校人才培养与教学运行工作全局的情况，又要抓住学校办学定位、特色发展、质量保障体系等影响人才培养的重要领域和关键环节，重点考察“五个度”情况。

3. 共性与个性相结合，以个性为主。高等职业院校人才培养工作个性评估与日常教学工作的内容是高度一致的，不仅要考察学校遵循高等职业教育规律和国家有关规定的办学情况，而且要鼓励高等职业院校开拓创新，引导高等职业院校科学定位，特色发展，在各自的定位上争创一流。

4. 定性评估与定量评估相结合，以定性评估为主。建立高等职业院校和全省人才培养工作状态数据库、实现人才培养工作状态数据常态监测；参照状态数据库，抓住评估要素，帮助院校尽快提高人才培养质量。评估结论不分等级，主要分析评估院校在办学中存在的主要问题及整改建议。

5. 动态与静态相结合，以动态为主。在评估高等职业院校人才培养工作基本状况的基础上，更加关注学校为提高教育教学质量所采取的相关政策措施，教学质量提升的动态发展过程及未来发展态势。

**三、评估的对象与条件**

1. 评估对象

高等职业院校人才培养工作个性评估针对已参加过前两轮评估的各类普通高等职业院校。

2. 评估条件

（1）达到教育部《普通高等学校基本办学条件指标（试行）》（教发〔2004〕2号）的有关要求。除五项基本办学条件指标均合格外，七项监测办学条件指标须基本达到“合格要求”。其中，核算教师总数时，兼职教师等非专任教师数按每学年授课160学时为1名教师计算，专兼教师之比无限制。

（2）建立完善了《高等职业院校人才培养工作状态数据采集平台》填报、公布机制。

（3）实验、实习、实训场所（含合作共建）及附属用房生均占有面积（平方米/生）达到要求。

| 学校类别 | 综合、师范、民族类院校 | 工科类院校 | 农林类院校 | 医学类院校 | 财经、政法类院校 | 体育、艺术类院校 |
|---|---|---|---|---|---|---|
| 生均面积 | 5.30 | 8.30 | 8.80 | 9.00 | 1.05 | 1.85 |

**四、评估的基本内容**

（一）高等职业院校办学定位与社会需求的符合度

考察各高等职业院校是否坚持以社会需求为导向，紧紧围绕服务地方经济建设和社会发展需要，围绕安徽重大发展战略、未来产业升级和承接产业转移等对技术技能人才及就业创业的需要，对学校的办学规模、专业结构、服务面向、办学层次与类型进行科学定位。

（二）高等职业院校人才培养、科学研究、社会服务、文化传承创新对办学定位的支撑度

考察各高等职业院校是否坚持教学工作中心地位不动摇，牢固树立高职专科层次教育是高等职业教育之本、是高等职业院校之本、是技术技能人才培养之本的理念，人才培养、科学研究、社会服务、文化传承创新与其办学定位是否一致，各项工作的开展是否对培育和固化办学特色具有较大贡献。

（三）高等职业院校人才培养目标、方案、教学运行、质量及质量监控之间的吻合度

考察各高等职业院校是否坚持以全面提高教育教学质量为目标，加强教学质量保障体系的建设与完善，教学过程各环节是否进行系统有效的质量管理，人才培养目标的实现与学校办学定位是否吻合。

（四）高等职业院校师资队伍、教学仪器设备、实践教学基地、图书资料等教学资源对人才培养的保障度

考察各高等职业院校是否坚持以校内外教学资源的合理配置和有效使用为保障，加强双师型教师队伍建设和教学资源的持续投入，改善教学条件，保障教学水平稳步提高。

（五）学生、社会、用人单位、政府对教学质量的满意度

考察各高等职业院校社会声誉及其社会影响，在校学生及毕业生对学校教学工作认可度是否较高，社会、用人单位、政府对毕业生是否满意。

**五、评估的观测范围（见附件）**

**六、评估组织和程序**

省教育厅负责组织高等职业院校人才培养工作个性评估工作，实施对评估的宏观管理与指导。

**七、评估结论**

个性评估结论不分等级，主要分析评估院校在办学中存在的主要问题，提出整改建议。对不能如期完成整改工作的，教育行政部门将采取系统内通报、限制各级各类项目申报数、减少招生计划数、暂停申报新设专业等措施，促使其尽快完成整改工作，努力提高人才培养质量。

**八、评估纪律与监督**

评估工作严格按照中央八项规定和我省有关纪律要求执行。

附件：安徽省高等职业院校人才培养工作个性评估试点观测范围

附件

## 安徽省高等职业院校人才培养工作个性评估试点观测范围

| 内容 | 评估要素 | 备注 |
|---|---|---|
| 办学定位与社会需求的符合度 | 1.1 学校的办学定位与思路 | 办学定位、错位发展、适应经济社会发展 |
| | 1.2 学校事业发展规划与地方或行业发展规划符合情况 | |
| | 1.3 学校专业(尤其是优势特色专业)与地方支柱产业、新兴产业的关系 | 产业结构调整驱动专业改革机制、专业服务产业发展能力 |
| 人才培养、科学研究、社会服务、文化传承创新对办学定位的支撑度 | 2.1 教学工作中心地位、教学改革的核心地位、教学建设的优先地位的落实情况 | 实训、实习 |
| | 2.2 科研、社会服务、文化传承对办学定位和人才培养的支撑 | 技术技能积累、校企合作(五个引入)、主动接受行业指导、评价和服务 |
| | 2.3 奖惩机制和制度建设对办学定位的支撑 | |
| 人才培养目标、方案、教学运行、质量及质量监控之间的吻合度 | 3.1 培养方案及执行情况 | |
| | 3.2 课程建设对人才培养支撑情况 | 职业教育课程体系建设、产业技术进步驱动课程改革机制、课程内容与职业标准对接 |
| | 3.3 教学研究与改革 | 中高职衔接、教学过程与生产过程对接、真实应用驱动教学改革机制、人才培养模式创新、自主招生 |
| | 3.4 教学管理情况 | |
| | 3.5 课堂教学情况 | 教学、学习、实训融合；项目教学、案例教学、工作过程导向教学等教学模式使用;信息化等手段运用 |
| | 3.6 教学质量监控与保障 | 人才培养状态数据、年度质量报告、教学督导等职业教育质量评价 |

**续　表：**

| 内容 | 评估要素 | 备注 |
| --- | --- | --- |
| 师资队伍、教学仪器设备、实践教学基地、图书资料等教学资源对人才培养的保障度 | 4.1 教师数量、结构（学历、职称、年龄、双师、专兼职）、水平与趋势 | 双师型教师队伍建设、教师企业实践制度、企业工程技术人员、高技能人才到校兼职任教等 |
| | 4.2 教学设施、图书、设备投入与利用 | 实训设备等配置水平与技术进步要求适应 |
| | 4.3 教学经费投入与比重 | |
| | 4.4 实践教学建设与使用 | |
| 学生、社会、政府、用人单位对教学质量的满意度 | 5.1 学生第一志愿报考率、报到率、双证书率、就业率等情况 | 学生专业选择权、升学机会等 |
| | 5.2 在校学生对课堂教学、管理与服务等方面的满意度 | |
| | 5.3 用人单位、社会、政府等对人才培养质量的评价 | 毕业生追踪 |

# 安徽省2008—2012年高等职业院校人才培养工作评估规划

皖教秘高〔2009〕14号

为全面提高高等职业教育质量，促进高等职业教育全面协调持续发展，根据《教育部关于印发〈高等职业院校人才培养工作评估方案〉的通知》（教高〔2008〕5号，简称教育部教高〔2008〕5号文）精神及我省实际，制定安徽省2008—2012年高等职业院校（高职高专院校）人才培养工作评估规划。

**一、高等职业院校人才培养工作评估的形势和任务**

我省现有高等职业院校62所，其中高职学院57所，专科学校5所（3所医专，2所师专）。62所院校中，地方政府举办的20所，行业主管部门举办的22所，企业举办的7所，民办的13所。现有高职高专在校生408980人，占普通高等教育在校生比例达51%。高等职业教育已成为高等教育的重要组成部分和职业教育的龙头，在我省实施“中部崛起”、“861”行动计划、“十一五”发展规划中担负着高技能应用型人才培养的重要任务。

2004年至2008年上半年，我省进行了第一轮高职院校人才培养工作水平评估，对2003年及以前成立的院校中的16所进行了评估。水平评估工作对于促进我省高职教育规范管理，改善办学条件，深化教学改革起到了明显的促进作用。当前，经济社会发展对高职教育人才培养提出了新要求，高等职业教育必须以内涵发展为主，适应需求、优化结构、深化改革、提高质量，特别是要以就业为导向，建立校企合作办学模式、工学结合的培养模式，加强专业建设，深化教学改革。但是，我省高等职业教育整体上仍处于发展的初级阶段，存在的一些问题亟待解决，主要表现在以下方面：一是区域之间、行业之间、部门之间、类型之间发展不平衡，不同学校之间的办学条件与办学水平差别还比较大；二是办学模式、管理模式、培养模式创新不够；三是发展个性、特色不突出；四是学校自我约束、自我发展的能力还不强。我省高等职业教育的发展现状，对人才培养工作评估提出了新要求。2008—2012年高等职业院校人才培养评估工作要根据教育部5号文要求，结合我省实际，制定评估实施细则，科学规划、精心组织、认真安排，突出主旨、引导改革、注重效果、促进发展，对现有62所高职高专院校开展新一轮人才培养工作评估。

**二、评估工作的指导思想与目标**

高等职业院校人才培养工作评估以科学发展观为指导，按照“以服务为宗旨，以就业为导向，走产学结合发展道路”的办学要求，坚持“以评促建，以评促改，以评促管，评建结合，重在建设”的方针，切实贯彻落实《教育部关于全面提高高等职业教育教学质量的若干意见》（教高〔2006〕16号），通过评估保证高等职业教育的基本教育教学质量，促进院校形成自我约束、自我发展的机制，办出特色。

开展高等职业院校人才培养工作评估，旨在引导高等职业学校增强自我发展的能力，不断提高教学质量。通过评估工作的开展，促进高等职业院校加强内涵建设，建立校企合作、工学结合的人才培养模式；逐步形成以学校为核心、教育行政部门为引导、社会参与的教学质量保障体系；优化高等职业院校的发展环境，促进招生、培养、就业的和谐和师资水平提高、经费来源稳定；建立以评估为基础的高等职业院校办学的评价机制。

根据我省高等职业院校的实际情况，评估工作实行分类指导，对于办学条件较好、管理规范的学校要引导其加强内涵建设、创新校企合作的办学机制和工学结合的人才培养模式，强调特色发展，全面提高教育教学质量；对于建校时间较短的院校，引导其在注重内涵建设的同时，按照有关规定进一步规范办学行为和教育教学管理；对少数尚达不到《普通高等学校基本办学条件指标（试行）》（教育部教发〔2004〕2号）有关要求的院校，促进主管部门和学校加大投入，进一步改善办学条件。开展高等职业院校人才培养工作评估，要充分运用现代信息技术手段，建立省、学校两级高等职业院校人才培养工作状态数据采集平台，推动高等职业院校管理模式的改革。

**三、评估任务与时间进度安排**

2008—2012年，我省高等职业院校人才培养工作评估的任务是对现有高等职业院校（截至2008年上半年正式批准设置院校）进行一轮评估。高等职业院校自有毕业生起至有3届毕业生前必须参加一次人才培养工作评估，评估的时间进度安排如下：

1. 2003年至2008年上半年已进行人才培养工作水平评估的高职院校、国家示范高职院校及5所医药类、师范类院校，安排于2010—2012年进行评估。具体评估时间由学校提出申请，省里统一安排。

以上学校共20所，分别是：淮南职业技术学院、安徽水利水电职业技术学院、安徽商贸职业技术学院、安徽职业技术学院、安徽警官职业学院、万博科技职业学院、芜湖职业技术学院、安徽交通职业技术学院、安徽工贸职业技术学院、合肥通用职业技术学院、安徽工业经济职业技术学院、安徽机电职业技术学院、滁州职业技术学院、安徽文达信息技术职业学院、淮南联合大学、安徽医学高等专科学校、安徽中医药高等专科学校、安庆医药高等专科学校、马鞍山师范高等专科学校、亳州师范高等专科学校。

2. 其余院校评估时间安排

原则上，2000年以前成立的学校安排在2008年进行评估，2001年、2002年成立的学校安排在2009年进行评估，2003年成立的学校安排在2010年进行评估，2004年、2006年成立的学校安排在2011年进行评估，2007年、2008年成立的学校安排在2012年进行评估。具体安排如下：

2008年4所（试点）：安徽电气工程职业技术学院、淮北职业技术学院、安徽电子信息职业技术学院、安徽财贸职业学院。

2009年13所：安徽工商职业学院、铜陵职业技术学院、安徽体育运动职业技术学院、阜阳职业技术学院、六安职业技术学院、宿州职业技术学院、合肥经济技术职业学院、巢湖职业技术学院、宣城职业技术学院、安徽广播影视职业技术学院、池州职业技术学院、合肥滨湖职业技术学院、安徽外国语职业技术学院。

2010年9所：安徽工业职业技术学院、安徽冶金科技职业学院、安徽国防科技职业学院、安徽艺术职业学院、安徽中澳科技职业学院、安徽城市管理职业学院、安庆职业技术学院、阜阳科技职业学院、亳州职业技术学院。

2011年8所：安徽国际商务职业学院、安徽公安职业学院、安徽林业职业技术学院、安徽审计职业学院、安徽新闻出版职业技术学院、安徽邮电职业技术学院、芜湖信息技术职业学院、合肥财经职业学院。

2012年8所：安徽绿海商务职业学院、蚌埠经济技术职业学院、合肥共达职业技术学院、安徽涉外经济职业学院、马鞍山职业技术学院、徽商职业学院、安徽旅游职业学院、安徽现代信息工程职业学院。

**四、评估条件和要求**

高等职业院校必须深化教育教学改革，加强教学管理和各项软硬件建设，制定好各项工作计划，尽快达到评估条件，在做好自评工作的基础上按规划时间申请省级评估。评估可以提前，原则上不得推迟。高等职业院校申请评估，须同时符合以下条件：

1. 达到教育部《普通高等学校基本办学条件指标（试行）》（教发〔2004〕2号）的有关要求。其中，核算教师总数时，兼职教师等非专任教师数按每学年授课160学时为1名教师计算，专兼教师之比无限制。

（1）2003—2008上半年已经水平评估的学校和国家、省级示范性高职院校，本轮评估，除五项基本办学条件指标均合格外，七项监测办学条件指标基本达到“合格要求”。

（2）其它公办评估院校五项基本办学条件指标应达到“合格”标准，不得低于“限制招生”标准；民办高职院校基本办学条件不得低于“限制招生”标准。

2. 建立完善了《高等职业院校人才培养工作状态数据采集平台》填报、公布机制。

3. 实验、实习、实训场所（含合作共建）及附属用房生均占有面积（平方米/生）达到下表要求：

| 学校类别 | 综合、师范、民族类院校 | 工科类院校 | 农林类院校 | 医学类院校 | 财经、政法类院校 | 体育、艺术类院校 |
|---|---|---|---|---|---|---|
| 生均面积 | 5.30 | 8.30 | 8.80 | 9.00 | 1.05 | 1.85 |

**五、评估结果处理**

省教育行政部门从2009年起，每年定期向社会公布一次评估结论。对于省级评估定为“暂缓通过”的院校，在一年内必须进行再次评估，同时，按教育部教高〔2008〕5号文的规定减少其招生计划。若第二次评估仍未通过，暂缓安排招生，促进其尽快达到人才培养基本要求。

**六、评估组织管理**

省教育行政部门负责组织全省高职高专院校人才培养工作评估，充分依靠专家实施评估。

1. 2009年初调整“安徽省高等职业院校人才培养工作评估委员会”。其主要任务是负责讨论研究高等职业院校人才培养工作评估有关重大问题，为省教育行政部门提供建议和咨询；审议专家组评估结论，向省教育行政部门提出评估结论建议。评估委员会由省教育行政部门领导和有关专家组成，评估委员会下设办公室，具体负责评估工作安排。

2. 2009年上半年按照高职高专专业门类，增加企业评估专家，完善“安徽省高等职业院校人才培养工作评估专家（秘书）库”，建立评估专家遴选办法，评估时根据学校情况从专家库中遴选专家参加评估，使评估专家在年龄结构、学科专业、业务专长上合理搭配。

3. 规范评估程序，严格执行评估标准和要求。评估工作按以下程序开展：学校申请—学校自评—学校提交和公布材料—组建评估专家组—现场考察评估—学校整改—省高等职业院校人才培养工作评估委员会审议专家组考察结论—省教育行政部门公布评估结论。

4. 组织学校人员和专家培训，加强评估专家队伍建设。每年组织1—2次高等职业院校人才培养工作评估培训班，积极组织有关人员参加教育部组织的相关培训班，在评估时设置观察员，重点培养和培训一批评估专家。

5. 根据2008—2012年高等职业院校人才培养工作评估时间进度安排，每年年初制定好年度工作计划，统一安排好对高职高专院校的评估、整改指导和检查工作。省教育行政部门每年年底前后将本年度已评院校评估结论和省内评估工作总结上报教育部。

**七、评估工作要求**

高等职业院校人才培养工作评估是促进学校科学定位、特色发展、提高质量的重要抓手。各高等职业院校要进一步提高对评估工作重要性的认识，高度重视，摆上位置，加强领导，减少其它不必要的单项评估。要通过评估进一步落实和巩固教学工作的中心地位、教学改革的核心地位、教学建设的优先地位；要把高等职业院校人才培养工作状态数据采集平台的建设作为一项重要任务，纳入学校日常管理之中，发挥其作用，提高管理效率；要以评估为契机，坚持以服务为宗旨，以就业为导向，加强教学基本建设，深化教育教学改革，走产学结合的发展道路，全面提升办学水平和教学质量。

评估工作严格执行《教育部办公厅关于进一步加强高等学校教学评估工作纪律的通知》（教高厅〔2004〕17号）中的六项规定，坚持标准、严格要求、实事求是、公正合理，形成良好的环境、氛围和声誉，促进我省高等职业教育事业又好又快发展。

**附表：安徽省2008—2012年高等职业院校人才培养工作评估规划评估学校名单**

| 评估时间 | 规划评估院校 | 备注 |
|---|---|---|
| 2008年 | 安徽电气工程职业技术学院、淮北职业技术学院、安徽电子信息职业技术学院、安徽财贸职业学院 | 试点评估，4所 |
| 2009年 | 安徽工商职业学院、铜陵职业技术学院、安徽体育运动职业技术学院、阜阳职业技术学院、六安职业技术学院、宿州职业技术学院、合肥经济技术职业学院、巢湖职业技术学院、安徽广播影视职业技术学院、池州职业技术学院、合肥滨湖职业技术学院、安徽外国语职业技术学院、宣城职业技术学院 | 13所 |
| 2010年 | 安徽工业职业技术学院、安徽冶金科技职业学院、安徽国防科技职业学院、安徽艺术职业学院、安徽中澳科技职业学院、安徽城市管理职业学院、安庆职业技术学院、阜阳科技职业学院、亳州职业技术学院 | 9所 |
| 2011年 | 安徽国际商务职业学院、安徽公安职业学院、安徽林业职业技术学院、安徽审计职业学院、安徽新闻出版职业技术学院、安徽邮电职业技术学院、芜湖信息技术职业学院、合肥财经职业学院 | 8所 |
| 2012年 | 蚌埠经济技术职业学院、安徽绿海商务职业学院、合肥共达职业技术学院、安徽涉外经济职业学院、马鞍山职业技术学院、徽商职业学院、安徽旅游职业学院、安徽现代信息工程职业学院 | 8所 |
| 2010—2012年 | 淮南职业技术学院、安徽水利水电职业技术学院、安徽商贸职业技术学院、安徽职业技术学院、安徽警官职业学院、万博科技职业学院、芜湖职业技术学院、安徽交通职业技术学院、安徽工贸职业技术学院、合肥通用职业技术学院、安徽工业经济职业技术学院、安徽机电职业技术学院、滁州职业技术学院、安徽文达信息技术职业学院、淮南联合大学、安徽医学高等专科学校、安徽中医药高等专科学校、安庆医药高等专科学校、马鞍山师范高等专科学校、亳州师范高等专科学校 | 20所。为2003—2008年上半年已进行水平评估院校、国家示范高职院校、医药类、师范类院校。具体评估时间由学校提出申请，省里统一安排 |

# 安徽省高等职业院校人才培养工作评估实施细则（试　行）

皖教秘高〔2009〕14号

为做好安徽省高等职业院校人才培养工作评估，根据教育部《高等职业院校人才培养工作评估方案》（教高〔2008〕5号文）有关规定，吸取近几年高职高专院校开展人才培养工作水平评估所积累的经验，结合安徽省实际，制定本《实施细则（试行）》。

**一、指导思想**

高等职业院校人才培养工作评估以科学发展观为指导，按照“以服务为宗旨，以就业为导向，走产学结合发展道路”的办学要求，坚持“以评促建，以评促改，以评促管，评建结合，重在建设”的方针，切实落实《教育部关于全面提高高等职业教育教学质量的若干意见》（教高〔2006〕16号）精神，保证高等职业院校的基本教育教学质量，促进院校形成自我约束、自我发展的机制，办出特色。评估工作强调专家组与院校双方平等交流，共同发现问题、分析问题，共同研究探讨解决问题的办法，注重实际成效，引导院校把工作重心切实放在内涵建设上，办出高职教育的特色。

**二、评估原则**

1. 学校自评与专家评估相结合。以学校自评为基础，坚持专家评估与学校自评相结合，建立和完善学校人才培养质量保障的长效机制。

2. 动态与静态相结合。既考察人才培养效果，又注重人才培养工作过程，同时要关注学校发展潜力。

3. 全面了解与重点考察相结合。既要把握学校人才培养工作的全局，又要抓住影响人才培养的关键要素进行重点考察。

4. 评价与引导相结合。既要对学校人才培养工作的状态做出判断，更要对学校的改革与发展提出建设性的思路和办法。

5. 规范与创新相结合。既要考察学校遵循高职教育的规律和国家有关规定的办学情况，更要鼓励学校开拓创新，办出特色。

6. 分类指导。根据各高职院校办学实际情况，拟定不同的考察内容，提出针对性的指导建议。

7. 客观、公正、科学、民主，注重提高工作效率。评估不收取费用。

**三、评估对象与评估条件**

本细则在《安徽省2008—2012年高等职业院校人才培养工作评估规划》范围内试行，适用于我省独立设置的高等职业院校（高职高专学校）。各院校按评估规划要求按时参加评估，评估前须符合以下条件：

1. 达到教育部《普通高等学校基本办学条件指标（试行）》（教发〔2004〕2号）的有关要求。其中，核算教师总数时，兼职教师等非专任教师数按每学年授课160学时为1名教师计算，专兼教师之比无限制。

（1）已经经过人才培养工作水平评估的学校和国家、省级示范性高职院校，除五项基本办学条件指标均合格外，七项监测办学条件指标须基本达到“合格要求”。

（2）其它公办评估院校五项基本办学条件指标应达到“合格”标准，不得低于“限制招生”标准；民办高职院校基本办学条件不得低于“限制招生”标准。

2. 建立完善了《高等职业院校人才培养工作状态数据采集平台》填报、公布机制。

3. 实验、实习、实训场所（含合作共建）及附属用房生均占有面积（平方米/生）达到下表要求：

| 学校类别 | 综合、师范、民族类院校 | 工科类院校 | 农林类院校 | 医学类院校 | 财经、政法类院校 | 体育、艺术类院校 |
|---|---|---|---|---|---|---|
| 生均面积 | 5.30 | 8.30 | 8.80 | 9.00 | 1.05 | 1.85 |

**四、评估指标体系及内涵**

依照教育部下发的高等职业院校人才培养工作评估指标体系，根据我省实际对关键评估要素作了一处调整，即“1.4校园稳定”改为“校园和谐与校园文化”，并将其中“**1.2办学目标与定位，2.1专任教师，3.1课程内容，4.1顶岗实习，4.2实践教学课程体系设计，4.4实践教学条件，5.1特色，6.1管理规范，**

7.2就业”共9个关键评估要素列为重点评估要素，以发挥评估促进内涵建设的导向作用。评估指标体系详见附件。

**五、评估结论**

评估基本结论分为“通过”、“暂缓通过”。评估指标体系共7项主要评估指标、22项关键评估要素，其中重点评估要素9项。关键评估要素的评定等级为“合格”和“不合格”，若主要评估指标下的一半或一半以上关键评估要素评定等级为“不合格”，则该主要评估指标评定等级为“不合格”，其它情况为“合格”。

“通过”和“暂缓通过”标准如下：

1. 通过

同时满足：

（1）主要评估指标“合格”数 = 7；

（2）关键评估要素“合格”数≥17；

（3）重点评估要素“合格”数≥6。

2. 暂缓通过

满足下列其中一项：

（1）主要评估指标“不合格”数≥1；

（2）关键评估要素“合格”数 < 17；

（3）重点评估要素“合格”数 < 6。

对“暂缓通过”的院校，在一年内必须进行再次评估，同时，按教育部教高〔2008〕5号文的规定减少其招生计划。若第二次评估仍未通过，暂缓安排招生，促进其尽快达到人才培养基本要求。

**六、评估组织实施**

（一）评估组织

1. 省教育行政部门负责组织全省高职高专院校评估工作，加强对评估的宏观管理与指导。

2. 省教育行政部门根据评估实施细则制定相关操作规程并充分依靠专家组织实施具体评估工作。

3. 成立安徽省高等职业院校人才培养工作评估委员会。其主要任务是研究和讨论高等职业院校人才培养评估工作的重大问题，为省教育行政部门提供建议和咨询；审议专家组对院校的考察评估意见和评估结论，向省教育行政部门提出评估结论建议。

4. 建立评估条件核查和评估回访机制，加强对评估院校的指导和检查。

5. 省教育行政部门每年年底前后将本年度已评院校评估结论和省内评估工作总结上报教育部。

（二）评估程序

1. 学校申请

学校在接受评估前6个月向省教育行政部门提交评估的书面申请报告。

2. 学校自评

（1）学校自查评估基本条件。学校对本校申请评估的基本条件进行自查，在接受评估前3个月向省教育行政部门报送《申请评估基本条件表》（附件1）。

（2）学校自评。学校组织干部、教师认真学习有关文件，准确理解开展高等职业院校人才培养工作评估的基本精神，掌握实质内涵；认真回顾总结教育教学改革与发展的思路、成果、经验和特色，依据采集平台提供的数据、信息对学校的人才培养质量做出基本判断，找出存在的主要问题，提出解决的对策，形成自评报告（不超过10000字）和分项自评情况（作为自评报告的附件），完善人才培养工作状态数据采集平台数据。

3. 学校提交和公布材料

确定接受评估的学校，在专家组进校前30天向省教育行政部门提交自评报告（含分项自评情况）、状态数据平台最新的数据和主要专业情况，并将其与区域或行业社会经济发展“十一五”规划、学校发展规划、主要专业（或特色专业、重点专业）建设规划、专业建设规划，在专家组进校前30天在校园网上对社会公布。

4. 组建评估专家组。评估专家组由熟悉高等职业教育教学工作的人员组成，其中包括行业企业人员和一线专任教师。省教育行政部门根据被评院校特点和规模、专业等情况，确定专家组成员人数和名单。专家组成员名单提前7天通知被评学校，并对社会公布。专家组人数一般为8人（含秘书1人）。

5. 现场考察评估

专家组在进校前通过校园网查阅学校的上报材料和人才培养工作状态数据采集平台数据，对学校人才培养工作进行预审，并确定现场考察重点。专家组现场考察评估要与学校充分交流，对学院填报的人才培养工作状态数据采集平台数据进行深入分析，形成考察评估工作报告。

现场考察评估的主要方式是听取学校自评汇报、实地考察（重点考察实验实训条件）、深度访谈、到相关部门查阅原始资料、专业剖析，并视情况灵活采取其他考察方式，例如听教师说课、召开座谈会等。考察评估的时间为3天。考察结束后，专家组将考察评估意见及时反馈给学校，同时将专家组考察意见和考察结论上报省教育行政部门和省高等职业院校人才培养工作评估委员会。

6. 学校整改。学校根据专家组评估考察意见制订整改方案，开展整改工作。评估结束一个月以内，学校将整改方案报省教育行政部门和省高等职业院校人才培养工作评估委员会备案。

7. 审议专家组考察结论。省高等职业院校人才培养工作评估委员会每年年底召开会议审议专家组的考察结论，并向省教育行政部门提出评估结论建议。

8. 公布评估结论。评估结论由省教育行政部门审定后公布。省教育行政部门从2009年起，每年定期向社会公布一次评估结论，并报教育部。

省教育行政部门根据省内评估实际情况，视学校整改情况适时组织专家到被评院校进行回访。

（三）评估纪律

评估工作严格执行国家和省教育行政部门关于加强高等学校教学评估工作纪律的各项规定，特别应遵守以下纪律要求：

1. 专家组成员要坚持评估的原则和要求，客观、公平、公正进行评估，廉洁自律，自觉抵制社会不良风气的干扰，对有碍评估工作公正性、严肃性的不正当做法，应予以抵制并向上级部门反映。

2. 学校对专家组的接待应简朴、节俭、注重实效，坚决反对铺张浪费、形式主义。不搞礼仪迎送，不搞开幕式，不得安排专家参加任何揭幕、揭牌、剪彩仪式，不搞任何形式的汇报演出，不送礼品和额外酬金。专家组进校一律住校内招待所，在校内就餐（须安排1—2次到学生食堂就餐）。如学校无招待所，应就近安排专家住宿，所安排的宾馆不得超过三星级。不得宴请专家、安排旅游。专家交通用车和相关工作人员配备必须从简安排，不配专车和专门秘书。专家食宿安排须经专家组组长审核同意。

3. 省教育行政部门在组织评估过程中，对被评院校和专家组成员严格纪律要求，对有违反评估纪律的将及时严肃处理。

附件：1. 申请评估基本条件表

2. 安徽省高等职业院校人才培养工作评估指标体系与内涵说明

附件1

## 申请评估基本条件表

学校（盖章）：

| 学校类别[1] | 独立设置高职高专院校时间[2] | 高职高专毕业生届数 | 教师总数[3] | 专任教师数[4] | 校内兼课教师数 | 校外兼职教师数[5] | 校外兼课教师数[6] | 全日制在校生数[7] | 折合在校生数[8] | 生师比[9] | 专任教师中具有研究生学位数 |
|---|---|---|---|---|---|---|---|---|---|---|---|
| | | | | | | | | | | | |
| 具有研究生学位教师占专任教师比例 | 教学行政用房（平方米）[10] | 生均教学行政用房（平方米/生）[11] | 教学科研仪器设备值[12] | 生均教学科研仪器设备值（元/生）[13] | 图书总数（册）[14] | | 纸质图书总数（册） | 电子图书总数（册） | 生均图书[15] | 生均纸质图书[16] | 实验、实习、实训场所及附属用房占有面积[17] |
| | | | | | | | | | | | |
| 生均实验、实习、实训场所及附属用房占有面积（平方米/生）[18] | 专任教师中具有高级职务数 | 具有高级职务教师占专任教师的比例 | 占地面积（平方米）[19] | 生均占地面积（平方米/生）[20] | 宿舍面积（平方米） | | 生均学生宿舍面积（平方米/生）[21] | 百名学生配教学用计算机台数（台）[22] | 百名学生配多媒体教室和语音实验室座位数[23] | 新增教学科研仪器设备所占比例[24] | 生均年进书量（册）[25] |
| | | | | | | | | | | | |

备注：

1. 分为综合院校、师范院校、民族院校、理工院校、农业院校、林业院校、医药院校、语文院校、财经院校、政法院校、体育院校、艺术院校，以教育部发展规划司规定为准。

2. 指院校独立设置具有举办高等职业教育资格的时间（上级主管部门批准时间）。

3. 按照教高〔2008〕5号文规定折算，即兼课、兼职教师等非专任教师数按每学年授课160学时为1名教师计算，专兼教师之比无限制。

4. 指校内具有教师编制的专任教师。

5. 指正式聘任的，独立承担一门专业课或实践教学任务的行业、企业及社会中的一线管理、专业技术人员和能工巧匠。

6. 指聘请来校兼课的教师。

7. 全日制在校生数＝普通本、专科（高职）生数+研究生数+留学生数+预科生数+成人脱产班学生数+进修生数。

8. 按照教育部发展规划司规定折算，即折合在校生数＝普通本、专科（高职）生数+硕士生数×1.5+博士生数×2+留学生数×3+预科生数+进修生数+成人脱产班学生数+夜大（业余）学生数×0.3+函授生数×0.1。

9. 生师比＝折合在校生数/教师总数。

10. 包括教学及辅助用房、行政办公用房，不包括学生宿舍。计算建筑面积时，学校租赁的其他单位的房舍，如果有10年以上合同期且属自己独立使用、自主支配的可以计算在内。学校所属的中职院校为独立校区的，中职校区的办学条件不计算在内；中职和高职在同一个校区，无法区分的，中职的办学条件计算在内，但同时必须将中职的学生数计算在全日制在校生数内。其他涉及中职的办学条件，按此规定执行。

11. 生均教学行政用房＝（教学及辅助用房面积+行政办公用房面积）/全日制在校生数。

12. 教学科研仪器设备指单价在800元以上用于教学科研的仪器设备。计算教学科研仪器设备资产总值时，已通过招投标但尚未到位和待招标的设备不计在内，企业捐赠设备按接受捐赠时的新旧程度估值后计算在内。

13. 生均教学科研仪器设备值＝教学科研仪器设备资产总值/折合在校

生数。

14. 藏书量以印本图书的“册”为当量，这些图书必须是被分类、编目的，并入藏为不同范围的读者可以利用的。其它载体类型文献的折算办法为：期刊、报纸每一合订本算为1册；缩微胶卷1卷为1册；缩微平片10片为1册；幻灯片每50片为1册；视听资料（含录音带、录像带、电影片、影碟等）每盘为1册；光盘未注名册数的每片按1册计；软盘每个软件包为1册；电子图书按所订购的种（册）相应为1册；电子期刊以每种的一个年度为1册；未注明名册数的数据库按1GB为200册计。

15. 生均图书＝图书总数/折合在校生数。

16. 生均纸质图书＝纸质图书总数/折合在校生数。

17. 学校与企业合作共建的校内实验、实训场所可以计算在内；学校租赁的其他单位的房舍，如果有10年以上合同期且属自己独立使用、自主支配的可以计算在内；学校与企业合作共建的校外实训基地不计算在内。

18. 生均实验、实习、实训场所及附属用房占有面积＝实验、实习、实训场所及附属用房占有面积/全日制在校生数。

19. 已办建设用地规划许可证，但尚未开始建设的不计算在内；学校租赁的其他单位的场地，如果有10年以上合同期且属自己独立使用、自主支配的可以计算在内。

20. 生均占地面积＝占地面积/全日制在校生数。

21. 生均学生宿舍面积＝学生宿舍面积/全日制在校生数。学校租赁的其他单位的房舍，如果有10年以上合同期且属自己独立使用、自主支配的可以计算在内。

22. 百名学生配教学用计算机台数＝（教学用计算机台数/全日制在校生数）×100。

23. 百名学生配多媒体教室和语音实验室座位数＝（多媒体教室和语音实验室座位数/全日制在校生数）×100。

24. 新增教学科研仪器设备所占比例＝当年新增教学科研仪器设备值/（教学科研仪器设备资产总值–当年新增教学科研仪器设备值）。

25. 生均年进书量＝当年新增图书量/折合在校生数。

未尽事宜，按照教育部和省有关文件规定执行。

附件2

## 安徽省高等职业院校人才培养工作评估指标体系与内涵说明

### 一、评估指标体系

| 主要评估指标 | 关键评估要素 |
|---|---|
| 1.领导作用 | 1.1 学校事业发展规划 |
| | **1.2 办学目标与定位** |
| | 1.3 对人才培养重视程度 |
| | 1.4 校园和谐与校园文化 |
| 2.师资队伍 | **2.1 专任教师** |
| | 2.2 兼职教师 |
| 3.课程建设 | **3.1 课程内容** |
| | 3.2 教学方法手段 |
| | 3.3 主讲教师 |
| | 3.4 教学资料 |
| 4.实践教学 | **4.1 顶岗实习** |
| | **4.2 实践教学课程体系设计** |
| | 4.3 教学管理 |
| | **4.4 实践教学条件** |
| | 4.5 双证书获取 |
| 5.特色专业建设 | **5.1 特色** |
| 6.教学管理 | **6.1 管理规范** |
| | 6.2 学生管理 |
| | 6.3 质量监控 |
| 7.社会评价 | 7.1 生源 |
| | **7.2 就业** |
| | 7.3 社会服务 |

说明：上表22项关键评估要素中，黑体字指标是重要评估要素，共9项。

## 二、评估指标内涵说明

| 主要评估指标 | 关键评估要素 | 说 明 | 重点考察内容 | 数据库相应编号 |
|---|---|---|---|---|
| 1. 领导作用 | 1.1 学校事业发展规划 | 学校事业发展规划应符合区域、行业经济发展规划，较好地适应地方或行业发展的需求，规划落实 | 行业或当地区域社会经济发展规划、学校发展规划及专业建设规划 | 1.3<br>3<br>4<br>7 |
| | **1.2 办学目标与定位** | 以服务为宗旨，以就业为导向，按照人才需求办学，按高技能人才培养要求建立适合的办学模式，办学和专业设置有特点，重视与区域社会及行业企业合作育人；正确处理规模与质量、发展与投入、改革与建设的关系。全日制普通高职办学规模适宜、稳定；短期培训种类、规模逐步增加，全日制中职、“三校生”单招、“五年一贯制”、“3+2”招生、专升本学生、成人高职学历教育学生规模逐渐减少，比例未超过国家规定的上限要求。未举办委托全日制或各类成人本科(含专升本)教育，未组织在校高职生参加各类成人专升本学历教育 | 在校生结构、区域社会经济发展规划、学校发展规划、领导班子思想理念与工作状态 | 1.1<br>1.3<br>2<br>5<br>7 |
| | 1.3 对人才培养重视程度 | 重视对人才培养的投入；突出了教学工作的中心地位，各项政策规定向教学、教师倾斜；关心师生工作、学习和生活状况；重视与区域社会及产业的合作育人 | 经费收入、经费支出、领导关注教学及学生情况、教师培训进修、校企合作、奖学金 | 2.2<br>5.1<br>5.2<br>6<br>7<br>8.8 |
| | 1.4 校园和谐与校园文化 | 重视思想政治工作和学生德育工作；符合“平安校园”各项规定，校园稳定、和谐有序；校园环境、校园文化、精神文明建设、校风教风学风良好，学生职业道德培养有特色 | 校园不稳定事件发生情况、违规办学事件发生情况、校园环境、校园文化、教风学风 | |
| 2. 师资队伍 | **2.1 专任教师** | 基础课专任教师注重学历、职称提高，强调了解专业并适应专业对基础课的教学要求；专业课专任教师强调技能水平提高及具有企业一线工作经历。有结构合理、专兼结合的“双师”结构教学团队 | 专任教师基本情况及教学情况、“双师”结构、学生规模、师资队伍建设规划、师德师风建设、“双师”素质培养情况、专业带头人和骨干教师、优秀教学成果 | 6.1<br>6.2<br>6.4 |
| | 2.2 兼职教师 | 从行业、企业聘请技术能手作为兼职教师，人数与承担实践技能课程的比例逐渐提高并达到要求，注重对其教学能力的培训 | 兼职教师基本情况及教学情况、“双师”结构教师队伍建设 | 6.2<br>6.3 |

续　表：

| 主要评估指标 | 关键评估要素 | 说　明 | 重点考察内容 | 数据库相应编号 |
|---|---|---|---|---|
| 3.课程建设 | 3.1 课程内容 | 根据技术领域和职业岗位(群)的任职要求,参照相关的职业资格标准,设置课程体系和选择教学内容;核心专业课程以应用为主旨和特征构建工学结合的工作过程导向的课程体系和教学内容体系,课程内容能反映当前社会技术先进水平和职业岗位资格能力、技术要求 | 课程教学目标、校企合作开发课程、核心专业课程教学大纲与教材 | 7.2<br>7.5 |
| | 3.2 教学方法手段 | 能有效设计“教、学、做”为一体的情境教学,积极推进教学方法的改革,广泛应用案例解析教学、过程导向教学、项目导向教学、任务驱动教学、示范模拟训练教学;教学手段灵活多样,能有效应用现代信息技术进行模拟教学;考核方式多样、灵活、恰当 | 课程教学设计,教学方法、手段,考试/考核方法,授课地点 | 7.2 |
| | 3.3 主讲教师 | 基础性课程以具有专业背景、企业实践经历的校内专任教师主讲为主;实践性课程主要由企业、行业技术技能骨干担任的校外兼职教师讲授为主 | 授课教师情况 | 6.1<br>6.2<br>6.3 |
| | 3.4 教学资料 | 选用近三年出版的优秀教材,优先选用省部级获奖的高职教材和能够反映先进技术发展水平的省部级“十一五”规划教材;与行业企业合作开发专业课教材特别是实训特色教材;有一定数量较高水平的自编特色教材;教辅资料充足,手段先进 | 选用教材情况、校企合作开发教材情况、馆藏图书资料、校园网 | 7.2<br>7.5<br>3.2<br>3.4 |
| 4.实践教学 | 4.1 顶岗实习 | 高度重视顶岗实习工作,顶岗实习覆盖率高;顶岗实习时间原则上不少于半年;顶岗实习岗位与专业相关联,条件较好;顶岗实习与就业高度关联 | 专业顶岗实习记录、校外实习基地 | 4.2<br>7.4 |
| | 4.2 实践教学课程体系设计 | 实践教学纳入专业课程体系的整体设计中,并作为专业教学的核心环节,实践类课时占总教学时间的50%以上;行业、企业参与实践教学课程体系的设计和教学方案设计 | 专业课程设置、专业产学合作、人才培养方案(教学计划) | 7.2<br>7.5<br>4.2<br>7.4 |
| | 4.3 教学管理 | 校内外实训实习、顶岗实习管理制度完善,管理规范有序;安排有专职校内外实训实习指导教师和政治辅导员 | 校内外实践教学管理、教学质量管理、专职教学管理人员、专职学生管理人员、顶岗实习情况、校内外实训实习基地情况 | 4.2<br>8.1<br>8.2<br>8.3 |
| | 4.4 实践教学条件 | 校内外实训实习基地条件能够满足专业教学要求,校内建立了真实(或仿真)职业环境、设备先进、软硬件配套的实训基地,校外有运行良好并有保障机制的实训基地;重点专业设有国家职业技能鉴定站;实践教学经费有保障;行业、企业参与实践教学条件建设 | 校内实训基地、校外实习基地、实践教学经费、校企合作情况、社会捐助情况 | 4.1<br>4.2<br>4.3<br>5.2<br>7.5<br>9.3 |
| | 4.5 双证书获取 | 建立与专业培养目标相匹配的职业技能考核鉴定制度和机制,或与社会职业资格证书制度接轨,有相应职业技能等级证、职业资格证书的专业的毕业生获取“双证书”的人数达到毕业生的80%以上 | 专业职业资格证书鉴定站(所)、专业职业资格证书和技能等级证书情况 | 7.3<br>4.3 |

**续 表：**

| 主要评估指标 | 关键评估要素 | 说 明 | 重点考察内容 | 数据库相应编号 |
|---|---|---|---|---|
| 5. 特色专业建设 | **5.1 特色** | 特色专业（主体专业）在建设目标、培养模式、课程体系与教学内容、实践教学、教学设计与教学方法、师资队伍、社会服务等方面体现出高职教育校企合作、工学结合培养人才的特色。专业及相关专业群结构布局合理；主动联合行业企业参与培养方案、教学方案设计；专业培养目标定位准确，毕业生质量标准明确具体；人才培养模式较好地体现了以培养技术应用能力为主线的要求，把工学结合作为才培养模式改革的重要切入点，引导课程设置、教学内容和教学方法改革，突出实践能力和职业综合素质培养，教学过程突出实践性、开放性和职业性 | 专业设置、专业结构、特色专业建设规划及成果、现场专业剖析 | 7 |
| 6.教学管理 | **6.1 管理规范** | 教学管理制度完备、规范、先进，执行严格；教学运行高效平稳有序 | 教学制度与运行管理，专职教学管理人员基本情况，随机访谈教师、学生、管理干部，教学质量管理 | 8.1<br>8.2 |
| | 6.2 学生管理 | 学生管理队伍结构合理，制度健全，校园生活、文体条件良好 | 学生管理制度与运行管理，专职学生管理人员基本情况，随机访谈学生、家长、教师 | 8.1<br>8.3 |
| | 6.3 质量监控 | 建立了较为完善的教学质量监控、评价体系。各主要教学环节都建立了明确具体的质量标准、要求和工作规范，多元化质量监控制度建设完善、运行与效果良好 | 教学制度与运行管理，专职督导人员基本情况，随机访谈教师、管理干部 | 8.1<br>8.5<br>8.7 |
| 7.社会评价 | 7.1 生 源 | 第一志愿上线率与报到率高 | 招 生 | 9.1 |
| | **7.2 就业** | 学生能够较好地掌握必备的理论和专业知识，专业基本技能和岗位职业能力较强，职业道德和人文素质较好，普遍身心健康，积极向上。就业服务与指导工作经常化、制度化，效果显著，就业率和就业质量高；有毕业生跟踪调查分析，毕业生中的优秀者成绩突出，声誉良好，社会影响广泛 | 就业、就业服务机构、就业服务与指导工作 | 9.2<br>9.1 |
| | 7.3 社会服务 | 学校注重产学结合，主动服务区域经济社会发展，服务行业企业；在科技成果转化、面向社会开展技能培训、技术研究、开发、推广、服务中有明显成果或效益，学校社会技能培训、服务等开展良好 | 教师技术服务情况、产学合作、社会技能培训开展情况、技能鉴定站（所） | 6.1<br>7.5<br>7.3<br>4.3<br>9.3 |

# 安徽省高等职业院校人才培养工作评估操作规程（试　行）

皖教秘高〔2009〕14号

评估工作的基本任务是围绕影响院校人才培养质量的关键因素，通过对《高等职业院校人才培养工作状态数据采集平台》数据的分析，辅以现场有重点的考察，全面了解学校的实际情况，对人才培养工作的主要方面作出分析和评价，提出改进工作的意见和建议。评估的基本程序分为学校自评、省级评估专家组现场考察评估、确定结论。

## 第一部分　学校自评与材料准备

### 一、自评要求

学校要组织干部和教职工认真学习《教育部关于全面提高高等职业教育教学质量的若干意见》（教高〔2006〕16号）、《教育部关于印发〈高等职业院校人才培养工作评估方案〉的通知》（教高〔2008〕5号）、《安徽省高等职业院校人才培养工作评估实施细则（试行）》等有关文件，准确理解开展高等职业院校人才培养工作评估的精神实质，坚持“以评促建，以评促改，以评促管，评建结合，重在建设”的方针，通过评估，认真回顾总结学校教育教学改革与发展的思路、成果、经验和特色，进一步明确办学目标和定位，加强学校的教学基本建设，深化教育教学改革，促进各项管理工作的规范，建立人才培养质量自我保障和监控的机制，使人才培养工作水平不断提高。学校自评结束后，要对人才培养工作做出基本判断，找出存在的主要问题，提出解决的对策，形成自评报告（不超过10000字），附《学校自评结果一览表》（表1）和《分项自评说明表》（表2）。

**表1　学校自评结果一览表**

| 学校名称 | | | |
|---|---|---|---|
| 主要评估指标 | 关键评估要素 | 自评结果 | 备 注 |
| 1. 领导作用 | 1.1 学校事业发展规划 | | |
| | 1.2 办学目标与定位 | | |
| | 1.3 对人才培养重视程度 | | |
| | 1.4 校园和谐与校园文化 | | |
| 2. 师资队伍 | 2.1 专任教师 | | |
| | 2.2 兼职教师 | | |
| 3. 课程建设 | 3.1 课程内容 | | |
| | 3.2 教学方法手段 | | |
| | 3.3 主讲教师 | | |
| | 3.4 教学资料 | | |
| 4. 实践教学 | 4.1 顶岗实习 | | |
| | 4.2 实践教学课程体系设计 | | |
| | 4.3 教学管理 | | |
| | 4.4 实践教学条件 | | |
| | 4.5 双证书获取 | | |
| 5. 特色专业建设 | 5.1 特色 | | |
| 6. 教学管理 | 6.1 管理规范 | | |
| | 6.2 学生管理 | | |
| | 6.3 质量监控 | | |
| 7. 社会评价 | 7.1 生源 | | |
| | 7.2 就业 | | |
| | 7.3 社会服务 | | |

院（校）长签名：____________________　　　　　　　年　　　月　　　日

**表2　分项自评说明表**

| 关键评估要素 | | 自评结论 | |
|---|---|---|---|
| 依据： | | | |
| 说明： | | | |

**二、状态数据及备查资料准备**

1. 建立完善《高等职业院校人才培养工作状态数据采集平台》填报、公布机制，填写并更新学校人才培养工作状态数据。

2. 按照“学校人才培养工作状态数据采集平台”和“人才培养工作评估指标体系”整理相应原始资料备查，保证资料与数据的原始性、真实性和实时性。

3. 为方便专家评估操作，学校应根据专家组要求在评估前准备机构、人员、制度、成果等方面的一览表或具体汇集材料。

**三、学校申报材料**

根据《安徽省高等职业院校人才培养工作评估实施细则（试行）》，接受评估的学校应在专家组进校前30天向省教育行政部门提交自评报告（含分项自评情况）、状态数据采集平台最新数据和主要专业情况，并将其与区域或行业社会经济发展“十一五”规划、学校发展规划、专业（含特色专业或重点专业）建设规划，在专家组进校前30天在校园网上向社会公布。

## 第二部分　专家组现场考察评估

**一、评估专家组织**

1. 专家组组成

安徽省高等职业院校人才培养工作评估专家组（以下简称专家组）由熟悉高等职业教育教学及管理工作的专家、行业企业人员和一线专任教师组成，由省教育行政部门根据被评院校特点和规模、专业等情况，从评估专家库抽取专家组成，承担实地考察评估任务。专家组人数一般为8人（含秘书1人），成员名单提前7天通知被评学校，并对社会公布。

2. 专家组工作职责和具体任务

（1）了解学校自评工作情况，对被评学校的自评材料进行审阅，与学校充分交流，对学校填报的《高等职业院校人才培养工作状态数据采集平台》数据进行深入分析，确定现场考察内容。

（2）通过深度访谈等途径和方法，对学校的人才培养工作进行现场考察，准确掌握学校人才培养工作的实际情况。

（3）以掌握的实际情况为基础，通过充分讨论，对学校人才培养工作进行系统分析，肯定成绩，找出问题，提出改进意见，形成考察评估反馈意见，并与学校及其主管部门交换意见。

（4）按评估指标逐项对学校人才培养工作评定结论，并提出总体评估结论建议。向省教育行政部门和省高等职业院校人才培养工作评估委员会提交书面考察评估工作报告和相关材料。

3. 专家组成员守则

（1）专家组受省教育行政部门委派，对省教育行政部门负责。自始至终维护评估的独立性和公正性，严格坚持标准，坚决排除来自任何方面的干扰，讲究客观证据，不凭感觉、感情、印象用事。注重了解实际，不停留在学校提供的文件和汇报表面。

（2）态度虚心，尊重学校办学自主权，不干预不介入学校内部事务。在与被评院校交换意见时，持坦诚、中肯的态度，尽可能具体地提出问题，并提出改进的意见和建议。

（3）与学校密切合作，相互配合，平等交流，共同完成评估任务。

（4）坚持廉洁自律，专家之间要互相尊重，密切配合，团结协作，不搞特殊化。

（5）严格保密，不得向被评学校及个人泄露评估工作中不该泄露的事宜。

（6）自觉接受省教育行政部门和社会以及评估学校的监督，努力改进评估工作。

**二、评估专家组成员分工**

评估专家组设组长1名，副组长1名，成员5人左右，秘书1人。

1. 专家组组长的职责

专家组组长全面负责、领导专家组工作，副组长协助组长工作。组长的职责是：

（1）主持专家组工作，就评估工作和结果对省教育行政部门全面负责。

（2）制定现场考察评估工作计划、日程安排和专家组成员内部分工安排，负责与学校联系协商有关事宜，并负责组织实施。

（3）召集全体成员会议，交流情况，按照评估指标标准对各项指标进行评定，提出评估结论建议。

（4）组织撰写对学校的考察评估反馈意见，经过全体会议讨论通过后代表专家组向学校和主管部门通报，组织专家组成员搞好个人发言。认真听取学校和学校主管部门对考察意见的反馈。

（5）组织撰写向省教育行政部门提交的现场考察评估工作报告、评估结论建议及简要说明，对考察评估反馈意见和评估结论建议的准确性全面负责。

2. 专家组成员分工

专家组每位成员都要尽量获取直接相关的主要信息，并按规定对评估各项指标评定结论。

专家组成员可分成三个小组。第一小组（组长所在组）主要负责考察“领导作用”、“实践教学”、“社会评价”；第二小组（副组长所在组）主要负责考察“特色专业建设”、“课程建设”（主要采用专业剖析方式进行）；第三小组主要负责考察“师资队伍”、“教学管理”。为避免因分工而带来的视角偏差，专家组内应加强沟通和协作。

3. 专家组秘书

受组长委托，专家组秘书负责和学校方面的联系协调工作，具体落实专家组的各项日程安排，起草、打印各种材料和表格，整理评估工作材料，负责评估材料的立卷归档，配合专家核查相关原始材料，做好专家组交办的其他工作。

**三、评估工作的安排**

1. 现场考察评估前的准备工作

（1）认真学习有关评估的文件，熟悉《教育部高等职业院校人才培养工作评估方案》、《安徽省高等职业院校人才培养工作评估实施细则（试行）》、《安徽省高等职业院校人才培养工作评估操作规程（试行）》，准确理解和把握评估指标的内涵、关键点和重点考察内容。

（2）对学校上报的自评报告、自评材料、人才培养工作状态数据等进行认真审核分析，拟定出考察提纲。

（3）秘书提前进校，作好评估工作的各项准备工作。

（4）专家组组长要提前草拟考察评估工作计划和具体的日程安排，根据专家和被评学校的特点，提出个性化分工建议、考察重点和注意事项，供专家组预备会议讨论决定。考察评估的具体日程安排，应与被评学校协商确定。

（5）专家组考察前要开好预备会议，统一认识，对工作日程和分工做出详细的安排，并提出具体要求。

2. 现场考察评估

专家组现场考察评估时间为3天，必须完成以下环节的考察评估任务：

（1）听取学校自评情况的汇报（不超过30分钟）。

（2）实地考察。

（3）查阅原始资料。

（4）专业剖析。

（5）深度访谈。

（6）两项管理制度的跟踪考察。

（7）根据需要和被评估学校的实际情况，灵活开展教师说课、随机听课、个别访谈或召开座谈会、技能测试等工作。

（8）专家组全体会议和工作小结。在各位专家汇报基础上，经过民主讨论和表决，形成专家组对学校的考察评估反馈意见和评估结论建议。

（9）召开考察评估情况通报会。由专家组组长代表专家组向学校及其主管部门领导反馈考察评估意见，每位专家发表个人的意见和建议，并听取学校和主管部门的意见。

（10）评估有关材料整理及归档工作。

**四、现场考察评估工作的方法和要求**

1. 实地考察：除参观学校基础设施和实训基地外，根据要求有针对性地对校园文化、秩序、教风、学风、校风、教师教研和学生课内外学习活动等方面进行观察，获得相关信息。

2. 查阅资料：除学校上报的自评报告和相关材料外，主要查阅学校提供的各项主要信息材料（原始材料）。若信息量不够或遇到不清楚的问题，可另向学校索要相关资料查阅，也可请相关部门负责人作进一步解释说明。对学校提供的材料中出现矛盾或不一致的地方，要仔细认真核对。

3. 深度访谈：专家根据学校的实际情况，拟定访谈提纲，提纲包括访谈主题、访谈目的、访谈对象和访谈要点等。

4. 教师说课：教师以语言为表述工具，不得使用任何音像手段和文字资料，向专家系统而又概括地解说自己对所担任课程的把握，阐述课程地位、教学目标、教学内容设计、教学方法与手段、教学资源使用、考核方法、教学效果与教学特点等。说课主要考察教师基本教学能力与教学改革情况，说课内容由专家选定，并提出具体说课要求。说课后，专家进行简要评价。

5. 专业剖析：由专家组在征求学校意见的基础上确定两个最能体现学校建设理念、建设思路、建设水平的特色专业或主体专业，进行重点剖析。听专业带头人汇报（不超过20分钟），召开专业教师和学生座谈会，根据需要查阅相关资料、听课、说课、访谈等。

6. 两项管理制度的跟踪考察：由专家组抽取两项管理制度（其中一项为教学管理制度），进行全面考察。主要对制度的必要性、适合性、科学性、有效性、动态性等进行了解分析。

7. 听课、个别访谈、座谈会、测试等：专家根据需要，可以按学校的当日课表随机选择听课，约请学校领导、中层管理干部、学生、教职工进行个别访谈，可就专业建设或其他有关问题召开座谈会。

**五、评估结论评定和建议**

在各位专家汇报基础上，经过民主讨论和投票表决，形成专家组对学校的评估结论建议。

专家组全体会议上，汇报讨论之后，根据《评估指标》，每位专家对各关键评估要素投票（合格、不合格两种）。经汇总，关键评估要素合格票数达到专家数一半以上的（不含一半），本关键评估要素为“合格”，其它为“不合格”；主要评估指标下的一半或一半以上关键评估要素评定等级为“不合格”，则该主要评估指标评定等级为“不合格”，其它为合格。根据《实施细则（试行）》规定的“通过”和“暂缓通过”标准要求，得出被评学校基本评估结论。在专家组充分讨论的基础上，形成向省教育行政部门和省评估委员会提交的院校评估结论建议。

**六、考察评估工作报告和对学校的考察评估反馈意见**

1. 考察评估工作报告

在专家组充分讨论的基础上，根据各位专家意见，形成向省教育行政部门和省评估委员会提交的考察评估工作报告，其主要内容一般可包括以下五个组成部分：

（1）考察评估工作概况：被评学校、专家组人数、评估起讫日期、考察方式和主要工作过程。

（2）总体印象：简要描述学校的基本情况和发展状况，着重反映学校对评估的重视程度、对评估的态度和评估工作的指导思想、以评促改、评建结合的情况和成果。

（3）主要成绩：肯定学校改革和建设等方面所取得的成绩，指出学校办学的主要特点。避免形式主义，不停留在一般性的肯定上，应具有很强的促进学校继续保持和发扬长处的针对性。

（4）主要问题和改进建议：要准确抓住影响学校改革建设发展及提高人才培养质量方面存在的突出问题和根本问题，进行必要的原因分析，提出有较强针对性的改进建议。提出的问题和建议要能反映专家水平，切中要害。

（5）评估结论建议：在对学校人才培养工作的整体状态、成果、问题进行综合评估的基础上，根据专家评定结果做出评估结论建议。

撰写考察评估工作报告，应注意内容的真实性、一致性、简明性，字数在3000字左右。

2. 考察评估反馈意见

在考察评估工作结束前，经专家组集体讨论形成对被评学校的考察评估反馈意见，在考察评估情况通报会上，由专家组组长向学校领导及主管部门宣读。

考察评估反馈意见的内容包括：

（1）考察评估工作概况。

（2）对学校评估工作的总体印象。

（3）学校人才培养工作的主要成绩。

（4）学校人才培养工作存在的主要问题和改进工作的建议。

（5）向学校主管部门提出的有关建议。

**七、专家组向省教育行政部门和评估委员会报送的存档材料目录**

1. 人才培养工作考察评估工作报告

2. 附件：

（1）专家组成员名单。

（2）专家组评估工作计划。

（3）专家组评估日程安排。

（4）专家个人工作日程安排表。

（5）专家个人评估表。

（6）专家组评估结论建议表。

（7）专家组评定结果汇总表。

（8）说课情况汇总。

（9）深度访谈情况汇总。

（10）专业剖析情况汇总。

（11）管理制度跟踪考察情况汇总。

（12）个别访谈、听课、座谈会、测试等情况汇总。

（13）专家组考察评估反馈意见。

（14）学院自评的相关材料。（由被评院校提供）

（以上原始材料，在公布评估结论后保留一年。）

## 第三部分　评估结论与学校整改工作

### 一、评估结论

评估结论分为“通过”和“暂缓通过”。

1. 评估结论初步认定。省教育行政部门组织召开安徽省高等职业院校人才培养工作评估委员会工作会议，审议评估专家考察组对学校的评估意见和结论建议，初步确定被评院校评估结论。

2. 评估结论公示与确定。省教育行政部门将初步确定的评估结论在安徽高教网公示一周，根据公示情况予以确定，并发文公布评估结论。

3. 申诉与仲裁。学校如对专家组评估结论持有异议，可向省教育行政部门提出申诉，由省教育行政部门负责仲裁；学校或专家组如对省教育行政部门公布的评估结论持有异议，可向教育部提出申诉。

### 二、学校整改工作要求

1. 学校应及时梳理评估专家组提出的意见和建议，并制定整改工作方案，于评估结束1个月内报省教育行政部门和省高等职业院校人才培养工作评估委员会备案。

2. 省教育行政部门对评估院校的整改工作进行指导和检查，从赴该校评估的专家组中确定一名成员参与指导学校整改工作。

3. 学校在评估半年后，将整改工作报告报省教育行政部门和省高等职业院校人才培养工作评估委员会，省教育行政部门将根据情况组织专家进行评估回访。

4. 对“暂缓通过”的院校，在一年内必须进行再次评估，同时，按教育部教高〔2008〕5号文规定减少其招生计划，促进其尽快达到人才培养基本要求。

## 第四部分 评估纪律

1. 对评估专家组及成员要求。专家组要坚持原则，严格按照评估方案和评估有关规定进行考察评估。考察工作要抓住高职院校人才培养工作的特点和主要环节，考察评估意见要客观、准确、公正，针对性强，重点突出，要真正反映参评学校的实际情况和特点。参评专家要廉洁自律，自觉抵制社会不良风气。

2. 对学校接待专家组的要求。学校对专家组的接待应简朴、节俭、注重实效，坚决反对铺张浪费、形式主义。不搞礼仪迎送，不搞开幕式，不得安排专家参加任何揭幕、揭牌、剪彩仪式，不搞任何形式的汇报演出，不送礼品和额外酬金。专家组进校一律住校内招待所，在校内就餐（须安排1—2次到学生食堂就餐）。如学校无招待所，应就近安排专家住宿，但是所安排的宾馆不得超过三星级。不得宴请专家、安排旅游。专家交通用车和相关工作人员配备必须从简安排，不配专车和专门秘书。专家食宿等安排，学校须事先与专家组沟通，征得专家组组长同意。

3. 对违反评估纪律的处理。严肃评估考察纪律，树立良好的评估考察风气，对有违反评估纪律的院校或专家组成员，一经发现查实，省教育行政部门将及时严肃处理。

## 第五部分 附 件

附件1

### 安徽省高等职业院校人才培养工作评估深度访谈要点

深度访谈是专家在现场考察阶段用以采集信息、调查核实的主要方法，针对学校薄弱环节中的主要问题，与被访谈对象作启发式的交谈与询问，达到探究成因及解决问题的目的。访谈的质量将对评估结果产生直接而重要的影响。评估中，不同学校问题和问题的侧重点不同，深度访谈的重点也应不同，专家可视学校的具体情况确定深度访谈的重点内容。以下深度访谈的要求与访谈内容，供专家评估时参考。

**一、访谈要求**

1. 对每一次访谈都要有明确、清晰的考虑。

2. 对每一次访谈的对象都要经过认真地选择。

3. 事先设计访谈提纲。

4. 访谈集中在核心问题上，不能偏离。

5. 与被访谈者站在相互平等的位置，营造相对比较轻松的环境和气氛，消除被访谈者的心理压力，真诚、坦诚地交流。

6. 针对访谈主题，捕捉双方共同感兴趣的观点，相互交流体会或经验，以促进彼此之间的深入思考、开拓思路。

7. 访谈者与被访谈者如有观念、观点的差异，要引导对方陈述观点，保持对对方的尊重，避免争辩。

8. 适度激发被访谈者潜在的态度和观点，鼓励他们提供更新更多的信息。

**二、访谈的内容建议**

| 访谈主题 | 访谈目的 | 访谈对象 | 访谈要点 |
|---|---|---|---|
| 领导作用 | 了解学校领导对高职教育政策的掌握和理解水平；执行政策与经营管理学校的能力；对人才培养工作的重视程度 | 学院领导<br>相关部门 | 地方区域经济（或企业、行业）发展对人才的需要；学校的办学目标与定位；办学理念与学校发展建设规划的设计；学校重大改革及突出效果；经费收入及对人才培养工作的投入；领导对高职教育的研究及成果 |
| 师资队伍 | 了解师资队伍建设的政策、措施及成果 | 职能部门<br>系领导<br>专任教师<br>兼职教师 | 师资队伍建设规划与政策、措施；专业带头人和专业骨干教师的引进和培养；青年教师的培养和提高；专业教师“双师”素质培养及参加企业实践的政策；兼职教师队伍建设及承担实践教学工作状况；兼职教师队伍的管理；队伍建设中存在的问题和困难 |
| 教学条件与利用 | 了解教学基础设备与实践教学条件能否满足学院教学改革发展的需要 | 职能部门<br>系领导<br>专任教师 | 学院教学设施设备的基本情况；实践教学设备在教学中的利用情况；学生课余对实践教学设备的利用情况；教学经费的使用情况 |
| 专业建设 | 了解重点建设专业的优势和特色；专业人才培养模式，校企合作、工学结合的成果 | 专业带头人<br>骨干教师<br>学生 | 专业(群)建设规划与改革思路；专业人才培养模式；专业课程体系和教学内容改革；专业校内外实践教学条件；专业校企合作、工学结合；专业师资队伍建设；为地区或行业技术服务与对外培训；专业教学资源的共建与共享 |

**续 表：**

| 访谈主题 | 访谈目的 | 访谈对象 | 访谈要点 |
| --- | --- | --- | --- |
| 课程建设 | 了解课程体系与教学内容改革的思路；课程建设的基本原则、措施和取得的效果 | 教务处<br>系领导<br>专业带头人<br>骨干教师 | 学校课程体系和教学内容改革的政策和措施；专业人才培养模式和课程体系改革；课程教学标准和课程教学设计；校企合作开发课程；课程教学方法和教学手段改革；课程考试/考核方式的改革；课程教学效果；教学研究立项与管理、教学研究成果；课程教学中存在的困难及想法 |
| 实践教学 | 了解实践教学条件建设；实践教学环节落实与管理；实践教学效果 | 职能部门<br>系领导<br>专业带头人<br>实训教师<br>兼职教师<br>学生 | 实践教学在专业课程体系整体设置中的状况；校内实训基地建设与管理；校外实习基地建设及运行；学生半年顶岗实习的落实与管理；校企合作、工学结合的开展情况；实践教学环节的管理与措施；双证融合及双证书获取的比例与质量；实践教学环节运行中存在的问题和困难 |
| 教学管理 | 了解教学管理、质量监控等制度建设及运行状况；管理队伍及综合素质 | 职能部门<br>教师<br>学生 | 相关教学管理制度及执行情况、效果；相关质量监控制度及运行情况、效果；教学管理队伍；学生管理队伍；管理中存在的主要问题 |
| 社会评价 | 了解学生的就业质量，社会服务状况，社会对师生的评价 | 职能部门<br>学生<br>企业 | 学生就业岗位情况（专业对口率，薪酬水平）；为社会提供技术服务和对外培训情况；企业（行业）及社会对学校的回报情况；社会、家长对学校及学生质量的评价 |

附件2

## 安徽省高等职业院校人才培养工作评估专业剖析要点

### 一、剖析指标

| 剖析指标 | 关键剖析要素 |
|---|---|
| 1. 专业定位与人才培养模式 | 1.1 专业设置与定位 |
| | 1.2 专业建设规划与实施 |
| | 1.3 专业人才培养目标 |
| | 1.4 人才培养模式改革 |
| 2. 课程建设与改革 | 2.1 课程体系 |
| | 2.2 课程建设 |
| | 2.3 教材与教学资源建设 |
| 3. 教学基本条件 | 3.1 教学基础设施 |
| | 3.2 实践教学条件 |
| | 3.3 经费投入 |
| 4. 专业教学团队 | 4.1 教学团队结构 |
| | 4.2 教学团队素质与水平 |
| | 4.3 教学团队建设 |
| 5. 教学改革与教学管理 | 5.1 教学方法与手段改革 |
| | 5.2 实践教学 |
| | 5.3 教研教改成果 |
| | 5.4 产学结合 |
| | 5.5 教学管理与质量监控 |
| 6. 人才培养质量 | 6.1 基础理论与专业技能 |
| | 6.2 职业能力与职业素质培养 |
| | 6.3 学生满意度 |
| | 6.4 毕业生就业与社会声誉 |
| 7. 专业特色或创新 | |

## 二、剖析要点

| 剖析指标 | 关键剖析要素 | 要点说明 |
|---|---|---|
| 1. 专业定位和人才培养模式 | 1.1 专业设置与定位 | 专业名称规范、科学；专业设置的针对性、灵活性、适应性；合作企业或社会用人单位参与专业建设 |
| | 1.2 专业建设规划与实施 | 专业建设规划符合学校整体发展规划；专业建设实施方案具体，措施得力；能辐射带动相关专业发展 |
| | 1.3 专业人才培养目标 | 人才培养目标明确，知识、能力、素质结构合理，适应现实职业岗位对人才的要求 |
| | 1.4 人才培养模式改革 | 把工学结合作为改革的切入点，充分体现实践性、开放性和职业性的要求 |
| 2. 课程建设与改革 | 2.1 课程体系 | 依据技术领域和职业岗位群的任职要求，参照相关的职业资格标准，设置课程体系和选择教学内容；重视优质核心课程建设；将职业资格证书纳入专业人才培养方案 |
| | 2.2 课程建设 | 依据职业岗位对知识、能力的要求，按工作过程、项目导向、任务驱动等方式设计教学内容，内容新颖、适用 |
| | 2.3 教材与教学资源建设 | 选用近三年出版的优秀教材；与行业企业共同开发实训教材和体现“工学结合”的校本教材；专业图书资料充足，建设和利用优质教学资源和网络信息资源 |
| 3. 教学基本条件 | 3.1 教学基础设施 | 教室尤其是一体化教室满足教学需求，语音室、机房、多媒体教室符合要求，教学设施先进 |
| | 3.2 实践教学条件 | 校内实训基地能够满足教学需要，管理制度完善、经费有保障、运行正常；有稳定的校外实习基地，能满足学生专业实训和半年顶岗实习的需要 |
| | 3.3 经费投入 | 日常教学经费能保证正常教学；每年投入足够的专业建设专项经费，满足专业建设的需要 |
| 4. 专业教学团队 | 4.1 教学团队结构 | 有较高水平的专业带头人、专业骨干教师；专任教师队伍数量足够、结构合理；聘请了行业企业的技术专家和能工巧匠担任兼职教师 |
| | 4.2 教学团队素质与水平 | 专任教师技能水平高，具有企业生产一线工作经历；专职实训指导教师具有职业资格证书和企业工作经历 |
| | 4.3 教学团队建设 | “双师”结构的专业教学团队建设规划；提高专任教师的综合职业素养与实践教学能力的政策、措施；兼职教师队伍建设的规划和措施 |

续　表：

| 剖析指标 | 关键剖析要素 | 要点说明 |
|---|---|---|
| 5. 教学改革与教学管理 | 5.1 教学方法与手段改革 | 能有效设计“教、学、做”为一体的情境教学方法；教学手段灵活多样，能充分利用现代信息技术，重视优质教学资源和网络信息资源的利用与共享；考核方式灵活、恰当 |
| | 5.2 实践教学 | 实践教学体系科学可行，满足学生职业能力培养的要求；确保学生有半年以上顶岗实习并强化过程管理；实践教学环节落实到位，制度措施得力 |
| | 5.3 教研教改成果 | 教研教改有规划、有落实；各级教研教改课题及成果；精品课程建设及成果；科研项目及成果 |
| | 5.4 产学结合 | 形成校企合作、工学结合的长效机制；重视教师科技开发和服务能力的培养；技术研究、开发、推广及为社会技能培训、服务等开展良好，效益明显 |
| | 5.5 教学管理与质量监控 | 教学管理制度完备、机构健全、队伍结构合理、教学基本文件齐备、教学档案规范；教学质量保障体系健全，运行有序 |
| 6. 人才培养质量 | 6.1 基础理论与专业技能 | 学生的基础理论与专业技能达到专业培养目标的要求；学生积极参加各种文体活动，身体素质达标，心理健康 |
| | 6.2 职业能力与职业素质培养 | 学生具有良好的伦理道德、社会公德和职业道德修养，遵纪守法，诚实守信；“双证书”获取率高；在省级以上各类职业能力竞赛中获得较好的成绩 |
| | 6.3 学生满意度 | 随机调查本专业学生对教学的满意程度 |
| | 6.4 毕业生就业与社会声誉 | 近两年录取新生报到率；近两年毕业生年底就业率；近两年用人单位对毕业生综合评价的称职和优良率 |

## 三、剖析方法和步骤

1. 由专家组在征求学校意见的基础上确定两个最能体现学校建设理念、建设思路、建设水平的特色专业或主体专业，进行重点剖析。

2. 听取专业带头人汇报（不超过20分钟）。

3. 根据需要查阅相关资料。针对剖析指标和关键要素，若遇到不清楚或信息量不够的问题，可查阅或索要相关信息的原始材料。

4. 根据需要实地考察专业实训条件。

5. 对部分学生、教师进行深度访谈。

6. 每个剖析专业选择两门以上专业课进行说课（说一门课或一节课）。

7. 根据需要进行听课。

8. 根据需要分别召开专业教师和学生座谈会、个别访谈、测试等。

9. 填写《专业剖析评价分析表》。

附件3

## 安徽省高等职业院校人才培养工作评估管理制度跟踪考察要点

**一、考察范围**

学校近三年制定的正在执行的管理制度。所选两项管理制度中至少要有一项教学管理制度。

**二、考察方式**

专家可采取深度访谈与查阅原始资料相结合的方法进行。深度访谈的对象应包括相关领导、制度制定部门、执行人、教师及学生。查阅原始资料应全面查阅制度制定程序、宣传情况、执行过程、执行效果等方面的资料。填写《管理制度跟踪考察记录表》。

**三、考察内容**

1. 必要性：考察制度制定的背景、目的以及发挥的作用。

2. 适合性：考察制度是否与学校的实际教育教学情况相吻合。

3. 科学性：考察制度是否符合高职教育教学规律，是否符合有关文件精神尤其是教育部《关于全面提高高等职业教育教学质量的若干意见》（教高〔2006〕16号）文件要求；考察制度制定程序是否科学；考察制度是否与学校其它相关制度有抵触之处。

4. 有效性：考察制度宣传情况以及制度在规范管理、促进教学改革、调动教职工积极性、促进学校事业发展等方面的具体效果。

5. 动态性：既考察制度是否具有延续性，同时又考察制度是否根据学校实际情况适时调整、完善。

# 关于进一步加强普通高等学校教学评估工作纪律的通知

皖教秘高〔2013〕18号

各高等学校：

为进一步严格评估工作纪律，提高评估实效，保证我省教学评估工作持续健康有序进行，现将有关事项通知如下：

**一、严格遵守评估工作纪律**

《教育部办公厅关于进一步加强高等学校教学评估纪律的通知》（教高厅〔2004〕17号）、《关于严肃评估纪律进一步提高评估工作实效的通知》（教高评中心〔2007〕2号）和《中共省委教育工委、安徽省教育厅印发〈贯彻落实改进工作作风、密切联系群众规定的实施办法〉的通知》（皖教工委〔2013〕1号）等文件已明确规定评估工作纪律。各高校要严格遵守，自觉树立评估工作新风尚、新形象，切实维护评估工作的严肃性、权威性和公正性，为建立和完善质量保障体系及其长效机制奠定良好的工作基础。

**二、认真做好评建准备工作**

所有参评学校都要坚持评估工作的正确方向，抓住机遇，真抓实干，扎实推进自身建设，认真做好评建准备工作。各高校要明确评估工作的目的、意义与要求，以不影响正常的教学秩序为前提，建立和完善学校各项工作制度；完成教学基本状态数据、基本办学条件数据填报工作；撰写学校自评报告等材料。各高校要实事求是准备评估材料，不准更改原有材料和制造虚假材料。

**三、规范安排实地考察**

专家进校后，各高校要做到：不召开汇报大会（包括开幕式和闭幕式），不制作电子显示屏和接待指南，不插彩旗，不安排师生迎送，不铺设迎宾地毯，不摆放花草和水果香烟，不组织专场文艺演出，不送礼品、礼金，不安排专家参加任何揭幕、揭牌、剪彩仪式，不到辖区边界、高速公路出口、车站迎送，不安排会见合影，不在网络和媒体上宣传报道，不安排与评估无关的考察或联谊等活动。严禁超标准接待和任何形式的应酬。学校要本着坚持节俭、注重实效的原则，安排专家交通用车和配备相应工作人员，切忌铺张浪费。

评估专家和工作人员等应当认真履行职责，在评估工作中要廉洁自律，自觉抵制社会上不正之风的影响和干扰，自觉坚守底线。

**四、全面落实整改措施**

各高校要以学校总体办学思路与发展规划为基础，客观对待评估反馈意见，认真研究专家在实地考察中提出的问题，有针对性地制定科学适用的整改措施，认真整改，以整改促进学校各项工作再上新台阶，切忌做表面文章、走形式或整改措施与计划只停留在纸面上。

**五、切实加大监督力度**

学校教学基本状态数据、自评报告、事业发展规划及配套子规划，近三年各专业学生志愿报考率、报到率、考研率、就业率等情况分析报告，学校上一年度本科教学质量报告等相关材料，需在一定范围内公开，接受全校师生员工和社会监督；评估过程中公布相关考察活动信息和监督举报电话，进一步提高教学评估工作透明度，保证教学评估工作规范有序、公平公正地开展。

以上规定，请各高校认真贯彻执行。对于违反上述规定的学校和人员，一经核实，将依照有关规定予以严肃处理。

安徽省教育厅

2013年3月22日

# 第三编

# 关于对普通高等学校本科教学工作审核评估方案开展调研工作的函

教高司函〔2012〕224号

**安徽省教育厅、陕西省教育厅：**

为落实《教育部关于普通高等学校本科教学评估工作的意见》（教高〔2011〕9号）精神，做好审核评估工作，提高本科教学水平和人才培养质量，我司组织力量开展了本科教学审核评估方案的研制工作，并在多次征求部分高校、省教育行政部门和评估专家意见的基础上，形成《普通高等学校本科教学工作审核评估方案》（试行）（见附件）。为了进一步检验、修订和完善审核评估方案，经研究，现委托你们选择1—2所普通高等学校，对审核评估方案组织开展试点性调研工作。

请你们按照《普通高等学校本科教学工作审核评估方案》（试行）的要求，结合本省实际，制定审核评估具体方案，组织开展试点性调研工作，并在2013年4月30日前将试点调研情况报我司，以便进一步完善普通高等学校本科教学工作审核评估方案，为全面开展普通高等学校本科教学工作审核评估提供经验和支持。

教育部高等教育司

2012年12月25日

# 关于开展本科教学审核评估试点工作的通知

皖教秘高〔2012〕56号

**安徽科技学院、皖西学院：**

为落实《教育部关于普通高等学校本科教学评估工作的意见》（教高〔2011〕9号）文件精神，根据安徽省教育厅《关于普通高等学校本科教学评估工作的实施意见》（皖教高〔2012〕3号）有关工作部署，决定组织开展本科教学审核评估试点工作，现将有关事宜通知如下：

**一、评估程序**

安徽省普通本科院校审核评估工作分为学校自评、办学条件和教学状态分析与核实、专家进校考察三个阶段。

1. 学校自评

学校在准确理解本科教学审核评估相关文件精神、掌握实质内涵的基础上，认真总结教育教学改革与发展的思路、成果、经验和特色，对质量保障体系进行全面自查和完善，找出存在的主要问题，提出解决问题的对策。完成学校教学基本状态数据库的填报，发布上一年度（或学年度）本科教学质量报告，上报学校自评报告等。

2. 学校办学条件和教学状态分析与核实

由省教育厅成立审核评估前期考察小组，根据学校提交的教学基本状态数据库、本科教学质量报告、自评报告等有关材料，对学校的基本办学条件（参照教育部合格评估办学条件指标）、本科教学状态等情况进行分析和现场考查核实，形成分析报告和初步审查意见，确定学校是否具备审核评估基本条件。若学校办学条件达不到教育部合格评估办学指标要求，则暂停评估。待办学条件达标后，再组织专家进校考察。

3. 专家进校考察

专家组在审核学校提交的各项材料基础上，通过深入访谈、听课、查阅相关原始材料、召开座谈会、现场考察等形式，全面了解学校教学工作情况，重点考察学校办学定位与社会需求的符合度，高校四项职能对办学定位的支撑度，人才培养各环节之间的吻合度，教学资源对人才培养的保障度，学生、社会和政府对人才培养的满意度，以及人才培养质量保障体系建设及运行状况，学校深化本科教学改革的措施及成效等。

**二、时间安排**

审核评估试点工作时间安排为：

1. 第一阶段：学校自评阶段，时间为2012年4月23日至11月20日。

2. 第二阶段：学校办学条件和教学状态分析与核实阶段，时间为2012年11月21日至2012年12月10日。

3. 第三阶段：专家进校考察阶段，时间为2012年12月中下旬。学校自评工作结束后，向省教育厅高教处提出要求接受专家进校考察的申请报告。

**三、有关要求**

1. 学校要高度重视，组织广大教职工认真学习本科教学审核评估的相关文件，理解评估的目的和意义，统一思想，提高认识，充分调动广大师生员工的积极性，以饱满热情的状态积极投入迎评促建的各项工作中。

2. 学校要按照审核评估文件要求，紧紧围绕“五个度”认真做好校内自评自建工作，把“以评促建、以评促管、以评促改、评建结合、重在建设”的迎评方针落到实处。

联系人：宋波

电　话：0551—2818295

二〇一二年七月二十日

# 安徽省教育厅关于上报审核评估试点调研情况的函

皖教秘高〔2013〕42号

教育部高教司：

为落实《教育部关于普通高等学校本科教学评估工作的意见》（教高〔2011〕9号）文件精神，根据教育部高教司《关于对普通高等学校本科教学工作审核评估方案开展调研工作的函》（教高司函〔2012〕224号）和安徽省教育厅《关于普通高等学校本科教学评估工作的实施意见》（皖教高〔2012〕3号）有关工作部署，安徽省教育厅及时启动了审核评估试点调研工作，现将审核评估试点调研情况报告如下：

## 一、评估基本情况

安徽省本次审核评估试点选择的学校是安徽科技学院和皖西学院。安徽科技学院坐落于安徽省凤阳县，1965年开始举办本科教育，现有54个本科专业，普通全日制在校本科生1.57万人。多年来，学校始终坚持以本科教育为主，积极发展应用性研究生教育，努力为地方经济社会发展培养应用型人才。2008年，学校在教育部本科教学工作水平评估中获优秀等次。皖西学院坐落在历史文化悠久、红色底蕴深厚的安徽省六安市。皖西学院是安徽省首批新建本科院校，2000年由原六安师范专科学校、皖西联合大学和六安师范学校三校合并升本。学校现有49个本科专业，普通在校本科生1.72万人。2006年，学校顺利通过教育部本科教学工作水平评估。

2013年4月9日下午，来自7个省市18位专家组成员（含2名秘书）分两组、每组9人正式进入安徽科技学校和皖西学院，进行为期4天的审核评估试点现场考察。专家组在审阅学校提交的各项材料基础上，共访谈校领导、职能处室负责人、二级学院负责人和骨干教师等157人次，走访教学单位、实训基地、校外实习基地等40个，听（看）课52节次，调阅试卷3354份、毕业论文

2091份，调阅实习手册等其他材料103份，召开座谈会14次，剖析专业4个，并查阅了相关文件、制度等材料，全面了解学校教学工作和人才培养情况。重点考察学校办学定位与社会需求的符合度，高校四项职能对办学定位的支撑度，人才培养各环节之间的吻合度，教学资源对人才培养的保障度，学生、社会和政府对人才培养的满意度，以及人才培养质量保障体系建设及运行状况，学校深化本科教学改革的措施及成效等。

**二、主要做法与成效**

（一）精心组织，指导学校开展自评工作

2012年4月两所试点学校启动审核评估的自评工作，并对教育部《普通高等学校本科教学工作审核评估方案（试行）》、安徽省《关于普通高等学校本科教学评估工作的实施意见》（皖教高〔2012〕3号）和《安徽省审核评估工作指南》等文件进行了系统学习，深入研讨、积极谋划迎评促建工作。学校及时填报全国本科院校教学基本状态数据库，召开迎评动员大会，统一评估思想和认识，出台了学校的《本科教学审核评估迎评促建工作实施方案》等文件，审核评估自评工作全面展开。

（二）严格专家遴选，认真开展业务培训

本次评估试点调研邀请来自7个省（市）16位专家参与审核评估试点调研工作，其中省外专家8人、省内专家8人，专家中担任正校级领导职务9人、担任副校级领导职务的4人，担任教务处长或高等教育研究专家5人，参加过教育部水平评估或新建本科院校合格评估专家11人，2位秘书均具有正高级职称，他们在高校管理和评估领域具有较为丰富的理论基础和实践经验。

为提高评估专家审核评估业务能力，2013年3月28日至29日，组织省内评估专家和秘书参加了教育部举办的审核评估（试点）工作培训研讨会。4月9日，安徽省教育厅对来自省内外18位专家组成员进行了审核评估（试点）工作专题业务培训，学习传达了教育部评估有关文件和会议精神，学习了教育部和安徽省评估方案，对专家进校考察工作方式、方法等进行培训。为保证审核评估的有序实施和效果，编印了评估培训材料，制定了《安徽省审核评估专家工作要点》，下发了《安徽省教育厅关于进一步加强普通高等学校教学评估工作纪律的通知》。

（三）认真试行审核评估方案

1. 本次评估采取管办评分离的形式，以安徽省教育厅评估中心名义实施。评估以安徽省审核评估方案为主体，教育部评估方案为参考，按照学校自评、办学条件和教学状态分析与核实、专家进校考察三个阶段实施。每一个阶段工作任务明确、职责清楚，形成了有利于学校迎评准备，有利于评估专家操作，有利于审核评估各项工作进程稳步推进的评估程序。

2. 评估考察的重点内容是“五个度”，对应“五个度”项目内容，又制定了相对应的22项评估要素和67项参考要点作为审核评估范围（指标体系）。以“五个度”为主要内容的审核评估范围涵盖了学校构建质量保障体系的所有要素，实现对学校自我设定目标的“审核”。

3. 审核评估结论取消了等级评价，代之以写实性的评估报告，指明学校教学工作哪些方面值得肯定、哪些需要改进、还有哪些必须整改，促进学校由注重评估结果向注重评建过程和内涵建设转变，不断提高人才培养质量。

审核评估方案用学校自身设计的办学定位、办学目标与社会对人才培养需求的符合度对其进行评价，这种以学校为主体的目标导向充分考虑高等学校办学和人才培养的多样性以及教学质量的多元化，消除了评估标准单一的问题，鼓励学校探索创新、办出特色。方案设计更容易被学校所接受，更利于学校以平常心、正常态对待评估；更利于学校以学习心、开放态参与评估；从而实现评估与学校日常教学工作有机结合和协调开展，确保教学常态，不搞临时突击，业绩不夸大、问题不隐瞒。

（四）扎实开展进校考察工作

专家评估工作由进校前、进校中、离校后三个步骤组成。进校考察的总体要求是：做足进校前准备（研读好资料，发现存疑问题，拟定进校重点工作计划）；做深进校中考察（全面评价与重点考察的结合，独立的开展工作）；做实离校后整改（写好评估报告，抓住关键问题）。

1. 做足进校前准备

专家进校前通过审阅参评学校的自评报告、教学基本状态数据分析报告、教学质量分析报告、学校事业发展规划及配套子规划等材料制定《专家组进校考察计划表》。

2. 做深进校中考察

进校后，专家组通过召开预备会、评估见面会、组内讨论会、意见反馈会，以及集体考察、个人考察、听课看课、查阅论文和试卷等，全面、深入、准确掌握参评学校教学工作状况，对考察获得的信息与事实作出正确合理的判断与评价。

3. 做实离校后整改

专家在离校后5个工作日内，根据进校期间考察判断形成书面的《个人考察报告》，提交给组长。组长在离校后10个工作日内，依据每位专家个人考察报告，并结合自己全面考察，形成《专家组审核评估报告》，上报省级教育行政主管部门。省级教育行政部门及时印发审核评估报告，督促、指导学校进行全面整改。

（五）确定专家组工作方法

审核评估专家开展工作的方法主要有：集体考察、审阅资料、深度访谈、专业剖析、听课、校内外考察。

1. 集体考察：专家组有针对性地对校园文化、教风、学风、校风、教师教研和学生课内外学习活动等方面进行整体性考察，进一步了解学校的办学历史、办学特色、办学成就等相关信息。

2. 查阅资料：指对教学档案、支撑材料、毕业论文（设计）、试卷、人才培养方案、管理制度等材料的查阅。若材料信息量不够或遇到不清楚的问题，可另向学校索要相关资料查阅，或请有关负责人作进一步解释说明。

3. 深度访谈：深度访谈是评估专家通过有目的、有计划的与被评学校有关人员进行深入交谈，获取评估信息的一种方法。专家根据学校情况，做好访谈前准备、访谈中的交流工作、访谈后的辨别工作。

4. 专业剖析：由专家组在征求学校意见的基础上选取3—5个体现学校办学定位、建设思路、建设水平的特色专业和新专业，进行重点剖析。专家通过对学校专业自我剖析材料的审阅、听课、访谈、论文、试卷的调阅，以及召开专业教师、学生座谈会，了解该专业建设情况。

5. 听课。专家以随机听课方式听取3—5门课程，了解教师课堂教学水平、教学方法、教学内容与教学状态，以及学生的听课状态等，以发现课堂教学存在的主要问题，并给出合理化建议。

6. 个人考察走访。是指专家对校内教学单位、职能部门和校外教学基地、用人单位的考察，注重了解被评学校的中层、基层是如何做，做得如何，是否能与被评学校的办学定位和人才培养定位相吻合，人才培养质量是否有保证，是否满足学生良好学习、成长和成才的环境。

（六）明确专家组工作职责

1. 专家组组长的职责。组长全面负责、领导专家组工作，副组长协助组长工作。组长具体负责制订前期考察和现场考察工作计划、日程安排、专家组成员内部分工，召集专家组成员会议，反馈总体性考察意见和学校审核评估报告撰写。

2. 专家组人员的职责。专家组在全面考察基础上，对所有审核要素按照独立判断、适当侧重的模式开展工作。完成3—5门听课，2—3个专业的毕业论文（设计）和试卷的调阅。在专家意见反馈会上，针对考察中发现的本科教学问题和建议进行10分钟左右的意见反馈。

3. 专家组秘书的职责

受组长委托，专家组秘书负责和学校方面的联系协调工作，具体落实专家组的各项日程安排，起草、打印各种材料和表格，整理评估工作材料，负责评估材料的立卷归档，配合专家核查相关原始材料，做好专家组交办的其他工作。

从评估结果上看，两所试点调研学校基本办学条件达到教育部《普通高等学校基本办学条件指标（试行）》（教发〔2004〕2号）规定的要求；普通本科高校生均预算内教育事业费达到《财政部关于进一步提高地方普通本科高校生均拨款水平的意见》（财教〔2010〕567号）规定的相应标准。学校充分认识到审核评估对学校发展的意义，高度重视、扎实开展评建工作。教学工作中心地位得到进一步落实，教学基本建设力度进一步加大，教学改革进一步深化，教学质量保障体系建设进一步加强，评建成效明显，基本达到了审核评估确立的“通过评估的评价、监督作用，促进学校坚持内涵式发展，加强质量保障体系建设，提高人才培养质量”的目标。审核评估充分利用本科教学基本状态数据库填报，实现了高等教育教学质量常态监控和周期性评估相结合。经过专家试评，评估方案总体设计、考察的主要内容、组织管理、专家工作方法和结论使用较为科学合理，符合国家新一轮评估的设计理念。

**三、体会与思考**

（一）审核评估的定位

审核评估作为一种对学校自身设定的目标进行“核实”的评估模式，相对合格评估，审核评估应该更加注重定性分析，更加柔性。学校在评估工作中主动性、主体性更强。审核评估也是一种动态性评估，更加注重学校的自我设计、自我发展，强调学校在平常和开放的状态下，通过专家的全面考察，促进学校科学定位、特色发展。更加注重发挥专家的主动灵活性，更加注重专家独立判断和分析能力，更加注重发挥专家的指导作用。

（二）审核评估方案的设计

通过试评，专家认为教育部方案更全面、细致，更突出对影响人才培养和教学质量相关要素的刚性审核，但柔性不足。建议教育部制订的审核评估方案作为全国统一的方案时，应充分考虑不同省（市）差异，评估要点作为一项参考性指标，由各省根据省情有选择的调整，有所侧重。教育部制定的审核评估方案应更加宏观、富有弹性，这样可以更好地引导一校一色、一校一特，解决目前我国高等教育长期存在模仿式发展、趋同式发展问题。

（三）评估结论的使用问题

审核评估结论取消了等级评价，代之以写实性的评估报告，指明学校教学工作哪些方面值得肯定、哪些需要改进、还有哪些必须整改，促进学校由注重评估结果向注重评建过程转变，加强制度建设，提高人才培养质量。但这些仅是专家指导性意见和建议，为了更好发挥专家评估结论性意见，应将专家的指导性意见转化为行政调控手段。安徽省以教育厅正式文件的形式规定，审核评估报告和学校整改报告作为教育厅在学校领导班子配备、教学资源配置、项目审批、招生规模、新专业设置、硕士学位（博士学位）授权点申报等方面重要参考。

（四）专家组人员构成

选派进校专家，应根据学校规模、类型、办学形式、主干院系和专业等情况有针对性地配置专家组（省外专家要达到1/3以上），并在进校前对评估专家进行全面的培训。专家培训可以采取教育部培训和省培训相结合的方式。教育部培训更侧重于审核评估的基本理念、工作方法、工作模式等，使这些专家具有更高的视野、更敏锐的眼光、更强的判断能力。审核评估专家需摆脱合格评估风格，考察更多侧重于学校办学定位、办学目标、人才培养定位和目标等的审核与验证，减少硬性式的指标度量，更多发挥专家自主性和诊断把脉的作用。

（五）进一步继承和吸收合格评估的优良传统

审核评估工作应充分继承和吸收新建本科院校合格评估的经验成果，评估理念上明确是为国家和地方把关、为学校服务；评估模式上更加注重专家进校现场考察，更加注重专家与学校领导班子、中层干部、教师和学生的访谈，更加注重学校教学的常态化；纪律上更加严格接待标准；作风上更加严谨细致、清正廉洁。

（六）进一步发挥国家本科教学状态数据系统功能

《教育部关于普通高等学校本科教学评估工作的意见》（教高〔2011〕9号）文件要求，省级教育行政部门组织实施本地区所属高等学校的审核评估工作，但各高校填报的本科教学状态数据系统省级教育行政部门没有相应地进入、浏览、使用的权限，建议教学状态数据系统在一定权限内向省级教育行政主管部门开放，以更好发挥国家本科教学状态数据系统功能。

安徽省教育厅

二〇一三年五月十四日

# 安徽科技学院本科教学审核评估（试点）报告

根据《教育部关于普通高等学校本科教学评估工作的意见》（教高〔2011〕9号）和安徽省《关于普通高等学校本科教学评估工作的实施意见》（皖教高〔2012〕3号）的要求，安徽省教育厅于2013年4月10日委派以蔡敬民为组长的评估专家组一行9人（含1名秘书）对安徽科技学院开展了审核评估试点专家进校考察。进校之前，专家组成员认真审读了《安徽科技学院本科教学审核评估自评报告》、《安徽科技学院本科教学基本状态数据分析报告》和相关资料，形成审读意见和进校考察工作方案。专家组组长对每位专家工作方案进行了审议和调整。评估期间，专家组成员共访谈校领导14人次，职能处室负责人33人次，二级学院负责人和骨干教师23人次，走访实习基地2个，听（看）课25节次，调阅试卷833份、毕业论文1352份，召开教师和学生座谈会5次，跟踪调查管理制度1次，剖析专业1个，并查阅了相关文件、制度等材料。专家组与学校进行了充分的沟通和交流，并向学校反馈了考察意见。

## 一、总体印象

安徽科技学院始建于1950年，1965年开始举办本科教育，2005年更名为安徽科技学院，其间，数易其名。学校占地1160亩，校舍建筑面积38万平方米。现有13个教学院（部），54个本科专业，普通全日制在校本科生15737人。经过60多年的不懈努力，学校在人才培养、科学研究、社会服务、文化传承与创新等方面取得长足进步，社会声誉不断提高，办学实力显著增强，尤其在作物遗传育种、动物医学、农业资源环境等领域具有较为明显的比较优势。全校师生发扬艰苦奋斗精神，凝心聚力，潜心耕耘，累计培养各类人才近6万名，为区域经济社会发展作出了贡献。

## 二、学校以评促建取得的成效

### （一）明确办学定位，加快学校转型发展

学校确立了为地方经济社会发展培养应用型人才和建设高水平应用型大学的办学定位。2008年通过教育部本科教学工作水平评估以来，学校结合区域社

会发展与经济建设需要，根据新兴产业、支柱产业发展的需求，适时调整专业结构，努力提升人才培养对社会需求的符合度；坚持面向“三农”、面向基层、面向中等职业教育，突出学生创新精神、实践能力培养，学校办学定位与社会需求的吻合度逐步提高。如，为适应安徽省提出的现代农业建设的重点工程，学校将作物、养殖、农业资源利用等学科作为重点加强建设；围绕滁州市、蚌埠市提出重点打造千亿元硅产业，新设无机非金属材料工程专业，并将其作为重点培育专业进行建设；围绕区域战略性新兴产业、先进制造业和现代服务业的需求，增设了一批工程类和管理类专业。四年来，新增应用型专业9个、停办专业2个、减招和隔年招生专业3个，改变了过去以农为主的专业布局，基本形成了以现代农科和新兴工科为主、与产业发展互动的应用型专业体系。

（二）坚持教学工作中心地位，较好地统筹四项职能

学校坚持教学工作中心地位、教学改革核心地位、教学建设优先发展地位，正确处理好四大职能之间的关系，注意发挥科学研究、社会服务、文化传承创新对人才培养的支撑作用。主要体现在：一是学校高度重视教学工作。每两年召开一次全校性教学工作会议，坚持党委会、校长办公会优先研究教学工作，坚持校领导联系教学院（部）制度、接待日制度和听课制度，校领导经常召开不同类型的师生座谈会，听取有关教学工作的意见和建议。每学期组织一次“我与校长面对面”活动，深入了解教风学风情况。二是坚持以科研促进教学。通过科研进课堂、科研进实验教学、科研进毕业论文（设计）等途径，以及研究所、重点实验室、工程技术研究中心向学生开放等制度，促使科研带动教学、科研提升教学。近三年，学校先后有26项科研成果编写成28部本科生教材，有122项科研成果写入教案并纳入课堂教学。三是在服务社会过程中，提升学生创业能力。学校积极组织教师和学生参加安徽省高校与地方产学研合作对接会，把产学研合作与大学生创新创业结合起来。如集教学实习、科技示范、大学生创业实践“三位一体”的小岗村被科技部确定为全国首批“新农村建设示范村”。学校食用菌研究所与小岗村创业大学生联合开展“双孢蘑菇栽培生理和规范化栽培模式的研究”，在取得良好经济效益和社会效益的同时，培养了学生的创新创业能力。四是以文化传承引领教学，将文化熏陶融入人才培养过程。面对办学条件艰苦、办学地点偏僻、办学基础薄弱的历史难题，学校将创业之初孕育的艰苦奋斗精神视为振兴事业的校魂，通过大力弘扬和践行，内

化为广大师生推进事业发展的强大精神动力，积极培育“艰苦奋斗、开拓创新、求真务实、无私奉献”的安科精神，为培养高素质应用型人才提供强有力的精神动力和文化支撑。

（三）以示范高校和教改项目建设为抓手，强力推进教学模式改革

该校是服务国家特殊需求人才培养项目——学士学位授予单位开展硕士专业学位研究生培养试点高校、国家“卓越工程师教育培养计划”项目高校和安徽省示范应用型本科高校，学校以这些项目建设为抓手，积极开展教学模式改革。制定了“基础实、结构优、能力强、素质高”的人才培养目标，确立了“一优三强”（知识结构优、实践动手能力强、敬业精神强、创新创业意识强）的人才培养规格；在人才培养方案修订方面，出台了《关于应用型人才培养方案改革的指导意见》，修订了51个本科专业的人才培养方案；在创新人才培养模式方面，以产学研合作为载体，积极推进人才培养模式改革，逐步构建了“卓越人才”、“企业冠名班”、“产学研合作”、“主辅修教育”、“多证书制度”等应用型人才培养模式；在课程体系构架方面，实行“平台+模块”的课程架构，构建两个平台（通识教育课程平台、专业教育课程平台）和三个模块（专业方向课程模块、创新创业教育课程模块、个性化拓展课程模块），实施“2+3”模块化教学，取得较好效果。

（四）努力改善办学条件，提升人才培养保障度

学校加强“双能型”师资队伍建设、校内外的实践实训教学基础平台建设和“应用型”课程建设，提升教学资源对教学水平的保障度。通过“两进、一培、一参与”（教师进企业、进基地，专业技能培训，参与产学研合作）等措施，通过实施“双能型”教师等级考核认定，举办教师实践技能大赛，引进企业教师承担实践课程等方式，强化教师实践技能训练，加强教师双能素质培养。

学校在办学经费较为紧张的情况下，想方设法筹措资金，加大教学经费投入。近三年共安排6065.5万元的教学建设专项经费，投入约2975万元用于教学仪器设备购置，教学条件明显改善。此外，学校还充分利用中央财政专项资金、奥地利政府贷款，结合学校年度预算安排，多渠道筹集资金，逐年加大教学设备投入，重点加强新设专业和重点专业的基础课实验室、专业课实验室的条件建设，积极建立校内实景式实践教学基地和校外实践基地，以此来保障教学的需要。

（五）办学质量获得好评，社会满意度不断提高

学校探索建立人才培养标准、专业质量标准、课程质量标准和应用型教师队伍质量标准，努力推进教学质量的自我评估制度和社会监督机制建设，积极开展教学改革，加强质量监控，人才培养质量不断提高。近几年学生报考率、报到率、毕业生就业率逐年提升（毕业生就业率保持在92%以上，2012年毕业生在安徽就业率为65%），学生、社会、用人单位、政府对人才培养质量的满意度稳步上升。学生艰苦朴素，吃苦耐劳，综合素质高，涌现出两度受到习近平同志接见的首届“全国十佳大学生村官”获得者杨俊森，以及受到胡锦涛同志亲切接见，在凤阳县小岗村开展科技创业，并被评为“全国自主创业典型”的苗娟等为代表的典型，赢得了社会各界广泛赞誉。

**三、问题与建议**

（略）

安徽省赴安徽科技学院审核评估试点调研专家组

2013年5月14日

# 皖西学院本科教学审核评估（试点）报告

根据《教育部关于普通高等学校本科教学评估工作的意见》（教高〔2011〕9号）和安徽省《关于普通高等学校本科教学评估工作的实施意见》（皖教高〔2012〕3号）的要求，以王先俊教授为组长、贺祖斌教授为副组长的安徽省普通高等学校本科教学审核评估工作专家组一行9人，依据《安徽省普通高等学校本科教学工作审核评估方案》、《安徽省普通高等学校本科教学审核评估工作指南（试行）》等文件要求，于2013年4月9日至13日对皖西学院本科教学工作进行了现场考察审核评估。

## 一、基本情况

进校前，专家组成员认真审读了学校提交的《皖西学院本科教学工作审核评估自评报告》、《皖西学院本科教学工作审核评估分项自评报告》、《皖西学院本科教学工作基本状态数据分析报告》、《皖西学院本科教学工作年度质量报告》等相关材料，进校后，专家组又听取了张文兵院长所作的关于本科教学审核评估工作的补充报告，审阅了相关支撑材料。考察期间，专家组走访了14个教学单位、18个职能部门和4个教学辅助单位。深入访谈了87人次，召开了9个座谈会，考察了图书馆、实验实训室、学生宿舍、学生食堂，参观了本科教学成果展、植物园，听课27节，调阅试卷2521份，调阅实习手册等其他材料103份，审阅毕业论文（设计）739份，开展了4个专业的剖析工作。走访考察了2个校外实训实习基地和毕业生就业单位，与用人单位的相关领导、毕业生及实习的学生进行了比较深入的访谈与交流。对学校有了较为全面和深入的了解。

## 二、总体印象

（一）皖西学院的领导班子在办学治校过程中，坚持正确的办学方向，坚持民主决策、科学决策。班子内部团结和谐，并采取有力措施充分调动各方面的工作积极性，汇聚学校全体干部、教职工、学生的力量，齐心协力推进学校事业发展。自2000年升本以来，学校以“两次评估”为契机，在短短13年的时间里，比较好地完成了“两个根本转变”：从专科向本科的转变，从以师范类为主向非师范类为主的转变。

（二）一年多来，皖西学院充分认识到本科教学审核评估工作对学校发展的意义，高度重视、扎实开展评建工作，明确了“平常心、正常态；寻找差距、积极作为；以评促建、重在建设”的评估工作思路，教学工作中心地位得到进一步落实，教学基本建设力度进一步加大，应用性人才培养模式改革进一步深化，教学质量保障体系建设进一步加强，服务地方能力进一步提升，取得了实实在在的评建成效。

**三、主要成绩**

（一）注重顶层设计，办学定位清晰准确。面对不断变换的高等教育环境，学校领导班子能够审时度势，注重顶层设计。在认真分析办学环境、办学现状、办学使命的基础上，从适应区域经济发展方式转型与产业结构升级需求入手，经过不断探索，确立了地方性、应用型的办学定位，并进一步明确了“坚定一个理念、突出两大重点、狠抓三项建设、实施四大战略”的发展思路。

（二）围绕办学定位，快速推进学校转型升级。以思想解放为先导，通过转变教育思想观念和资源优化整合等有力措施，学校实现了办学规模的扩大和专业结构的转型，实现了由专科层次向本科层次的升级，转型和升级给学校的发展注入了强大的动力、活力和生命力，提高了学校适应市场、服务地方经济社会的能力。

（三）以人才培养为核心，“四大职能”统筹发展。学校把人才培养作为一切工作的出发点和落脚点，发挥科学研究、社会服务、文化传承创新对人才培养的促进、支撑和引领作用。紧紧围绕地方性应用型的办学定位，强化“四大职能”统筹协调。以科研促进高水平师资队伍建设，以科技创新平台促进实践教学体系建设；积极与地方政府、企业开展合作，为教师开展社会服务搭建了平台；注重发掘、弘扬地方优秀文化，并将之转化为教育教学资源。学校以一系列务实有效的制度与措施，切实把教学工作的中心地位、教学改革的核心地位、教学建设的优先发展地位落到实处。

（四）注重教学监控体系建设，教学管理不断加强。学校把人才培养质量放在首要位置，并以一系列制度与措施，切实保障课堂教学质量和人才培养质量。学院建立了以提升人才培养质量为目标，以应用性人才培养方案为统领，以课程建设为基础，以教学研究与改革为推动力，以教学质量监控体系为保证的应用性人才培养系统，构建了“两级管理、三级联动、分层监控”的教学质量监控体系，规范了教学管理文件，制定了14个教学环节的质量标准。学校还采取多种措施保证质量保障体系的有效执行。

（五）以教学为中心，教学资源保障力度不断提升。学校领导高度重视以教学为中心配置资源、开展工作，各职能部门积极主动为教学工作服务，政策制定向教学工作倾斜，经费投入优先保障教学需要，舆论导向强化教学工作中心地位。学校根据“转型升级”的需要，合理调配教师资源，以培养高层次人才、“双能型”教师和加强师德师风建设为重点，努力提升队伍水平。学校注重校内外教学资源的合理配置和有效使用，教学仪器设备、图书资料、实践教学基地等方面的投入不断加大，教学资源保障力度不断提升，基本满足了教学需要。

（六）坚持以生为本，社会美誉度不断提高。学校坚持以生为本，育人为先，社会声誉和影响力不断增强。考生志愿填报人数持续增长，新生志愿率和报到率逐年上升，生源数量较为充足，结构不断优化。学校高度重视毕业生就业工作，建立了就业工作常态机制，就业率高，就业质量好。学校的发展得到了社会各界的认可。

**四、问题与建议**

（略）

安徽省赴皖西学院审核评估试点调研专家组

2013年5月14日

# 关于印发《安徽科技学院本科教学审核评估（试点）工作报告》的通知

**安徽科技学院：**

根据教育部高教司《关于对普通高等学校本科教学工作审核评估方案开展调研工作的函》（教高司函〔2012〕224号）和安徽省教育厅《关于普通高等学校本科教学评估工作的实施意见》（皖教高〔2012〕3号）有关工作部署，安徽省审核评估专家组对你校本科教学审核评估试点调研工作已经结束，现将审核评估工作报告印发给你们，请学校根据工作报告，认真做好整改工作：

**一、总结经验，巩固成果**

学校要采取多种方式，及时对审核评估工作进行全面、系统的总结，把评建工作的好经验、好做法，努力使之制度化、长效化。紧紧围绕为地方经济社会发展培养应用型人才，建设高水平应用型大学的办学定位，继续坚持以示范高校建设为抓手，强力推进教学改革；继续坚持教学工作中心地位、教学改革核心地位、教学建设优先发展地位，进一步发挥科学研究、社会服务、文化传承创新对人才培养的支撑作用。

**二、制定方案，认真整改**

整改工作是巩固评建成果的重要阶段，是解决本科教学工作深层次问题的重要契机。学校一定要高度重视，成立整改工作领导小组和工作专项组，认真梳理、分析专家组的书面考察报告和专家个人反馈意见，按照“以评促建，以评促改，以评促管，评建结合，重在建设”的评估工作方针，并结合实际，制定切实可行的整改方案，扎扎实实地开展整改工作。

1. 学校要以评估为契机，广泛开展应用型人才培养大讨论，进一步转变观念，把思想和行动统一到应用型人才培养上来，建立更加符合应用型人才培养的课程体系、实践教学体系、资源保障机系和质量监控体系。

2. 逐条研究专家组提出的问题和建议，特别是制约学校发展的师资队伍、教学仪器设备、实践教学基地等教学资源对人才培养的保障度不够有力，教学质量监控体系不够完善，产学研合作不够深入，以及制度执行不到位等问题，制订切实可行的整改计划和整改方案，逐项落实整改措施、责任单位和责任人，全面开展各项整改工作。

3. 紧紧围绕应用型人才培养和高水平应用型大学建设，认真落实人才培养的核心地位、教学的中心地位，妥善处理好规模和质量、教学与科研、学术型与应用型人才培养的关系，进一步深化教育教学改革，全面提升学校的办学水平和人才培养质量。

4. 学校在全面总结学校本科教学工作的基础上，把整改工作与日常工作结合起来，与巩固评建成果结合起来，与建立长效机制结合起来，全面加强教学基本建设、教学规范建设，推动本科教学工作的可持续发展。

**三、有关要求**

评估院校在收到教育行政部门公布的审核评估报告后，需根据审核评估报告中提出的相关问题及改进建议，在一个月内制定本校整改方案，报教育厅备案。评估院校整改期限为一年，整改结束后，需向教育行政部门提交整改情况报告，教育厅将视整改情况组织专家到被评院校进行回访。

安徽省教育厅

2013年5月7日

# 关于印发《皖西学院本科教学审核评估（试点）报告》的通知

皖西学院：

根据教育部高教司《关于对普通高等学校本科教学工作审核评估方案开展调研工作的函》（教高司函〔2012〕224号）和安徽省教育厅《关于普通高等学校本科教学评估工作的实施意见》（皖教高〔2012〕3号）有关工作部署，安徽省审核评估专家组对你校本科教学审核评估现场考察工作已经结束，现将《审核评估（试点）报告》印发给你们，请认真做好整改工作：

**一、总结经验，巩固成果**

学校要采取多种方式，及时对审核评估工作进行全面、系统的总结，把取得的评建成果巩固好，把评建工作的好经验、好做法制度化、长效化。

**二、制定方案，认真整改**

学校要高度重视整改工作，成立整改工作领导小组和工作专项组，认真梳理、分析专家组的书面考察报告和专家个人反馈意见，按照“以评促建，以评促改，以评促管，评建结合，重在建设”的评估工作方针，并结合实际，制定切实可行的整改方案，扎扎实实地开展整改工作。

1. 以评估为契机，深入开展教育思想观念大讨论，努力在全校师生中树立先进的教育观、教学观、课程观、学生观、发展观和评价观，树立以学生发展为本、育人为先的基本理念。

2. 学校要逐条研究专家组提出的问题和建议，特别是人才培养过程与目标之间的吻合度不够紧密，师资队伍、教学仪器设备、实践教学基地等教学资源对人才培养的保障不够有力，教学质量监控体系不够完善等问题，制订切实可行的整改计划和整改方案，逐项落实整改措施、责任单位和责任人，全面开展各项整改工作。

3. 学校要紧紧围绕应用型本科高校建设和应用型人才培养办学定位，以人才培养为根本，妥善处理好内涵建设与外延发展、学术型与应用型、人才培养“知”与“行”的关系，进一步深化教育教学改革，全面提升学校的办学水平和人才培养质量。

4. 学校要在全面总结本科教学工作的基础上，把整改工作与日常工作结合起来，与完善教学工作规范、建立长效机制结合起来，加强教学基本建设，强化内涵建设，推动本科教学工作的可持续发展。

**三、有关要求**

学校在收到教育厅公布的审核评估（试点）报告后，需根据报告中提出的相关问题及改进建议，在一个月内制定本校整改方案，报教育厅备案。评估院校整改期限为一年，整改结束后，需向教育厅提交整改情况报告，教育厅将视整改情况组织专家到被评院校进行回访。

审核评估（试点）报告和学校整改报告将作为教育厅在学校领导班子配备、教学资源配置、项目审批、招生规模、新专业设置、硕士学位（博士学位）授权点申报等方面的重要参考。

安徽省教育厅

2013年5月7日

# 第四编

# 李和平副厅长在审核评估试点工作专家培训会上的讲话（摘 录）

（2013年4月9日）

**尊敬的各位专家：**

大家上午好！今天我们在这里召开2013年安徽省普通本科高校审核评估专家培训会，主要任务是学习教育部《关于全面提高高等教育质量的若干意见》、《中西部高等教育振兴行动计划》，传达教育部新一轮评估会议精神，研讨审核评估试点工作新方案，探索建立高等教育质量保障体系。为了做好审核评估的试点工作，今天专程邀请了19位在教育教学管理和评估领域具有丰富经验的省内外专家来参与这项工作。首先，我代表安徽省教育厅对长期以来一直给予安徽高等教育事业发展大力支持和关心的各位专家，特别是8位省外专家表示热烈的欢迎，对他们百忙中抽空来安徽指导工作表示衷心的感谢！下面，我结合目前我省高等教育发展和今年的审核评估试点工作讲三点意见，供大家参考。

## 一、我省高等教育正处于转型发展的关键时期

安徽是一个人口大省，全省户籍人口6800万。安徽也是教育大省，全省各级各类在校学生1188万人。但是，过去很长时期，安徽高等教育一直发展不好。近10年来，特别是2010年《国家中长期教育改革与发展规划纲要》颁布以来，我省以实施“双百工程”和“质量工程”为抓手，实施高等教育强省战略，以提高高等教育对经济社会发展的贡献度、对人力资源强省建设的支撑度和人民群众的满意度作为提高高等教育质量的根本评判标准。近年来，安徽高等教育按照“科学定位、分类指导、多元发展、特色办学”的发展方针，始终坚持“五个发展”。

一是坚持快速发展，加速推进高等教育规模扩张。安徽高等教育曾长期面临着“高校少、规模小、水平低、底子薄、结构不合理”的情况。因此，我省“十一五”规划提出了“建设一百所高校，拥有一百万在校大学生”的高等教育“双百工程”。从2008年到2012年，全省普通高校数量由93所增加到107所，增

长了15.1%；各级各类高等教育在校生由138万人增加到173万人，增长了25.4%；高等教育毛入学率由21.2%提高到30.6%；高考录取率由51%提高到80.8%。我省已经跨入与人口大省、教育大省相协调的高等教育大省行列，人民群众长期反映上大学难的问题已成为历史。

二是坚持转型发展，加速推进高等教育由学术型为主向应用型为主转变。过去，受经济社会发展环境和资源条件制约，高等教育只能走“精英化”之路，我们更多注重于基础理论研究和研究型人才培养。但随着经济的发展、实力的壮大，高等教育资源日益丰富，高等教育“大众化”加速推进并正在向“普及化”迈进之中，特别是近年来我省高等教育的发展壮大，以及工业化、城镇化加速发展，对应用型、技能型人才的需求大幅增加，结构调整、方式转变、社会转型已经成为大趋势、大战略、大背景，迫切需要高等教育适应这种转变，也就是由学术型为主转向应用型为主。经过不断探索和实施，我省初步探索出一条坚持“地方性、应用型、合作式、一体化”具有安徽特色的地方高等教育发展道路。

三是坚持特色发展，加速推进高校由趋同向多元发展转变。从学校层次和类型上看，安徽高校长期存在着高水平大学少、综合性大学少、本科院校少、师范院校多的特点。2010年，安徽实施教育强省战略以来，在全力支持中国科学技术大学“985工程”建设、中国科学技术大学和合肥工业大学“211工程”建设，推进安徽大学“211工程”三期建设同时，重点支持省部共建一批地方高水平大学，建设一批特色鲜明的应用型本科高校和示范高职院校，探索高等学校分类指导、分类管理规律，引导各类高校科学定位、特色发展，使不同类型、不同层次的高校科学定位，在不同层次、不同领域办出特色，争创一流，逐步形成结构合理、功能完善、质量优良的高等教育体系。按照“抱团发展、集约办学”的思路，支持建设医学教育、应用型本科、教师教育、示范高职等6个不同类型高校办学联盟，引导高校联盟探索共建共赢新模式。

四是坚持开放发展，加速推进高校由相互独立向开放合作转变。竞争作为一种市场机制，给高校注入了新的压力和活力，提升了高等教育的效率和质量，而合作则有利于资源共享、成果共用、发展共进。安徽高等教育资源有限，高校需要自觉地从相互独立走向开放合作，把“开门办学”作为重要抓手，强力推进校地、校际、校企合作和中外合作办学，进一步向企业开放，向其他学校开放，向社会开放，向世界开放。

五是坚持内涵发展，加速推进高等教育教学改革与质量提升工程建设。近年来，我省始终把实施“质量工程”建设作为加强内涵建设的一个重要抓手。2008年以来，共立项建设各类省级质量工程项目6300项，省级财政直接投入3.5亿多元；争取到国家级质量工程建设项目2700项，吸引中央资金总额约12亿元；带动学校开展内涵建设资金投入10亿元。目前正在积极谋划我省二期高等教育质量提升工程建设方案，方案分为本科高校发展能力提升计划和高等教育振兴计划两类项目。本科高校发展能力提升计划着力提升本科高校的综合实力、办学活力和服务能力。高等教育振兴计划属于省级统筹规划重大项目，设置若干对全省高校具有全局性、牵引性、综合性的重大竞争性专项，体现竞争、上水平。高等教育质量提升工程每年投入近40个亿用于内涵建设。

这么多年来，安徽高等教育之所以要不断坚持“五个发展”，就是要破除过去长期惯性思维影响，使高校从过去习惯于做经济社会发展的适应者向引领经济社会发展领跑者转变。高校作为知识、智慧、人才集中的高地，理应扮演好科学知识创新者、创新人才培养者、知识成果转化者和社会价值维护者的角色，努力成为地方科技文化的活跃中心和经济社会发展的重要引擎，这同时也是高校自身保持生机活力的关键所在。

**二、牢牢抓住审核评估核心内容“五个度”**

大家知道，进入新世纪以来，我国高等教育发生了巨大变化，规模上实现了跨越式发展，但我们也必须清醒地认识到，高等教育进入大众化阶段以来，全国高等教育改革发展承载着前所未有的使命和责任，也面临着前所未有的压力与挑战。一是建设创新型国家和实现全面建成小康社会目标对高等教育改革发展提出了更为迫切的要求。要全面建成小康社会，进入创新型国家行列，必须加快经济发展方式转变，这迫切需要高等教育充分发挥科技第一生产力和人才第一资源重要结合点的作用，不断提供持久动力。二是应对日趋激烈的国际科技经济竞争给高等教育带来更为严峻的挑战。当今世界已进入创新密集时代，知识经济迅猛发展，科技创新与产业变革同时并发。现在，美、英、德等世界强国和一些新兴经济体都在超前谋划，我国面临发达国家蓄势占优和发展中国家追赶比拼的双重挑战。高等教育是国家综合国力和核心竞争力的标志性力量，必须为我国在这一轮科技革命和产业变革中掌握主动提供有力支撑。三是满足人民群众的新期盼对高等教育提出了更高的要求。高等教育进入大众化阶段后，伴随着入学机会的大幅增加，群众对“上好学”的期盼变得更加迫切，对教育以人为本、全面发展的要求更加突出，对高等教育改革的期待和呼声也更加强烈。高校必须适应这一形势，在教育理念、教育内容、教学模式、资源配置和管理体制等方面加快改革创新。

安徽作为中部经济欠发达地区，教育投入长期不足，与江、浙、沪等经济发达地区教育相比差距一直比较大，经过近年来的快速发展，虽然改变了过去“高校少、规模小、水平低、底子薄、结构不合理”的面貌，但高等教育发展仍面临着质量不能很好适应新时期人民群众对优质高等教育的需求，与办好人民满意的高等教育的要求还有较大差距，具体表现在：人才培养质量与经济社会加快发展的要求有差距；学科专业结构与促进区域协调发展和加快转型升级的要求有差距；自主创新能力与扩大开放竞争的要求有差距；在师资队伍、办学投入、办学条件和对外影响上与经济发达地区相比还有较大差距。

为推进解决这些矛盾和问题，我省认真贯彻全面提高高等教育质量工作会议精神，以及国家颁布的《教育规划纲要》、《关于全面提高高等教育质量的若干意见》（即“三十条”）和教育部财政部《关于实施高等学校创新能力提升计划的意见》（即“2011计划”）等有关文件。我省于2012年6月3日召开了全省高校教学工作会议，全面落实教育部质量大会和“三十条”，总结交流我省高校提高人才培养质量好的做法和经验，研究分析我省高校提高人才培养质量面临的新形势、新任务，部署今后一段时期我省高等教育教学工作，着力实施以质量工程为重点的内涵建设和以评估为主要抓手的质量保障体系建设。

当前，安徽正在由高教大省向高教强省迈进。我们根据应用性高等教育人才培养体系构建的需要，建立了应用性高等教育质量审核评估体系，提出审核评估重点内容是考察“五个度”。“五个度”是评判我省高校高等教育质量的基本依据，是衡量办学水平的基本标准，是内涵发展的上限要求。其中，高校办学定位与社会需求的符合度，要求我们正确处理高校与经济社会发展的关系，坚持以社会需求为导向，围绕安徽重大发展战略、未来产业升级和承接产业转移等对创新型、复合型、应用型、技能型人才的需要，科学定位学校的学科专业、服务面向、办学层次与类型。高校人才培养、科学研究、社会服务、文化传承创新对办学定位的支撑度，要求我们正确处理高校职能与学校发展的关系，牢固确立人才培养在高校工作中的中心地位。科学研究、社会服务、文化传承创新必须服从和服务于人才培养工作。高校人才培养目标、方案、教学运行、质量及质量监控之间的吻合度，要求我们正确处理人才培养各环节之间的关系，做好人才培养工作的顶层设计。在人才培养过程中，探索多样化人才培养模式，加强过程管理和调控，引导教师将主要精力投入课堂教学，确保教学效果好。高校师资队伍、教学仪器设备、实践教学条件、图书资料、经费投入等教学资源对教学水平的保障度，要求我们正确处理教学建设与其他建设的关系，确立教学建设优先发展的地位。树立正确政绩观，保证新增生均拨款、新增教学经费优先用于教学建设特别是内涵建设上来。学生、社会、用人单位、政府对教学质量的满意度，要求我们正确处理人才培养与利益相关者的关系，以学生为本，以利益相关者为本，不断提高社会声誉及其社会影响。

**三、准确把握审核评估工作规范和纪律要求**

我国高等教育进入大众化阶段以来，人才培养质量一直备受社会各界关注，而教学评估对人才培养质量起到了重要的保驾护航作用。2011年教育部出台了《关于普通高等学校本科教学评估工作的意见》(教高〔2011〕9号)，启动新一轮本科教学评估工作。在国家层面上对当前及今后一个时间高校教学评估工作进行了顶层设计，这也是贯彻落实国家《教育规划纲要》、全国高等教育质量大会和高教“三十条”重要的战略部署，对评估工作具有战略意义和指导价值。

新一轮评估的设计是引导高校合理定位、办出水平、办出特色的重要指挥棒，对增强地方本科高校主动服务经济社会发展需要和人的全面发展需求的能力，切实推进高等教育质量保障体系建设具有极为重要的意义，是高校教学评估工作的一项重要突破。新建本科高校合格评估实施一年多来，极大地促进了办学经费的投入、办学条件的改善、教学管理的规范和教学质量的提高，专家夜以继日的敬业精神，操作程序的小心谨慎，评估面貌的焕然一新，为审核评估的启动和今后评估的深入开展打下良好基础。

为做好此次审核评估专家进校工作，安徽省先后组织专家开展了评估方案设计、制定工作指南、召开会议全面部署、加强高校自评指导、调整方案争取国家试点等几项工作。安徽科技学院和皖西学院两所学校也一直在认真准备，努力完成好全国审核评估调研试点工作。安徽省此次开展的审核评估，是教育部和安徽省审核评估新方案（试行）出台以来的第一次评估试点。这次评估不仅是对安徽省建立的以“五个度”为重点考察内容评估方案科学性的一次检验，也是对教育部全面推进审核评估新方案的一次检验，更是对安徽坚定走应用性高等教育发展道路的一次检验。因此，这次评估的意义重大，影响深远。我们要重点抓住和把握好以下几点工作：

一要准确把握审核评估的定位。安徽省根据应用性高等教育人才培养体系构建的需要，建立了应用性高等教育质量审核评估体系，提出审核评估重点内容是考察“五个度”。目的是想通过评估，引导老本科高校“科学定位、分类合作、多元发展、特色办学”；通过评估，强化高等学校质量保障的主体意识，完善校内自我评估制度，建立健全校内质量保障体系，建立教学质量监控的常态机制；通过评估，指导高校提高教学质量保障能力和水平；通过评估，切实提高高等教育对经济社会发展的支撑度，对人力资源强省的贡献度和人民群众对高等教育的满意度。考察“五个度”既是构建我省高等教育质量保障体系的核心内容，也是今后质量工程的建设、检查验收的重要内容。

二要妥善处理审核评估中的三种关系。首先是处理好审核评估与合格评估的关系。合格评估的对象是新建本科院校，评估考察更加注重定量分析，更加刚性，倚重指标，进校专家是主体，主要是一种静态评估。评估考察强调的是“三个基本”：学校基本办学条件达标、教学管理基本规范、教学质量基本有保障。审核评估的对象是具有一定办学历史、经验的老本科院校，评估更加注重定性分析，更加柔性。学校在评估工作中主动性、主体性更强。审核评估也是一种动态性评估，更加注重学校的自我设计、自我发展，强调学校在平常和开放的状态下，通过专家的全面考察，促进学校科学定位、特色发展。其次是处理好教育部审核评估方案与安徽省审核评估方案的关系。安徽省高度重视此次审核评估试点工作，安徽省的审核评估方案是在教育部方案出台之前形成。教育部审核评估方案出台之后，我们及时地学习借鉴，并组织人员对我省方案进行了修订，方案的内容、程序设计是否科学、合理、可操作都需要各位专家在进校考察中进一步检验。在这里，拜托一下各位专家，在使用安徽方案进行评估的过程中，要结合教育部评估方案，帮助查找问题、提出对策，对我省的审核评估方案提出更加宝贵的修改意见和建议，特别是努力探索一个更加科学合理的审核评估机制。最后是处理好评估专家与被评估学校的关系。学校要配合专家做好服务保障工作，为专家提供便利的工作条件，保持正常教学工作秩序，不额外增加师生负担。学校在与专家交流过程中要实事求是，不夸大成绩、不回避问题，与专家坦诚相待。我们的评估专家要充分发挥自己的独立判断能力，对评估中发现的问题，一定要敢于揭示，是什么问题、是哪一类的问题都要明确反馈，要让学校认识到办学中存在什么的问题、采取什么措施从哪些方面解决等，要充分发挥你们专家的指导作用，给安徽的高等教育发展和高校的办学“把好脉、开好方”。

三要严格遵守评估工作纪律。被评估学校、评估专家和工作人员、高教处和评估中心在评估过程中，要自觉遵守工作纪律，规范评估行为，切实推进“阳光评估”，确保审核评估试点工作顺利完成。

被评估学校要严格按照《教育部办公厅关于进一步加强高等学校教学评估工作纪律的通知》和《安徽省教育厅关于进一步加强普通高等学校教学评估工作纪律的通知》，坚持不召开汇报大会（包括开幕式和闭幕式），不制作电子显示屏和接待指南，不插彩旗，不安排师生迎送，不铺设迎宾地毯，不摆放花草和水果香烟，不组织专场文艺演出，不送礼品、礼金，不安排专家参加任何揭幕、揭牌、剪彩仪式，不到辖区边界、高速公路出口、车站迎送，不安排会见合影，不在网络和媒体上宣传报道，不安排与评估无关的考察或联谊等活动。

评估专家和工作人员要做到“八个坚持”，即坚持客观公正、坚持规范操作、坚持独立自主、坚持专家行为、坚持廉洁自律、坚持谨言慎行、坚持分类指导、坚持平等交流。为了保证评估工作能公正客观地进行，学校对专家组的接待应简朴、节俭；专家组要坚持和发扬教学评估工作中坚持标准、严格要求、实事求是、公正合理的优良传统，严格遵守评估纪律，维护教学评估工作的良好声誉，保证教学评估工作健康有序的进行，保证评估结果的客观、准确、公正。

高教处和评估中心要全力做好服务工作。按照教育部教高〔2011〕9号文中提出的“建立政府、学校、专门机构和社会多元评价相结合，与中国特色现代高等教育体系相适应的教学评估制度”的要求，高教处和评估中心在教学评估中扮演着重要的角色，要时刻关注、关心审核评估，对评估过程中出现的问题要做到及时了解、及时反馈、及时指导解决。要认真研读各位专家撰写的个人考察报告和专家组审核评估报告，及时梳理专家对学校的改进建议，为评估学校进一步发展出谋划策，逐步推进学校科学发展。

最后，预祝各位专家在工作期间一切顺利。

# 李和平副厅长在皖西学院审核评估试点专家反馈会上的讲话（摘 录）

（2013年4月13日）

**尊敬的评估组各位专家、皖西学院的各位同志：**

大家上午好！

经过为期4天紧张、细致、艰苦的工作，专家组对皖西学院本科教学审核评估试点工作即将告一段落。几天来，专家们通过大量的考察、听课、座谈、走访等活动，评阅了大量材料，开展了深入的调查研究，对皖西学院的本科教学工作进行了全方位、多视角、高效率、高水平的考察。专家们夜以继日的敬业精神、求真务实的工作态度、严谨细致的工作作风，给我们留下了深刻印象，值得我们很好的学习。

刚才，王先俊书记代表专家组作了一个非常深刻的总体反馈，每位专家又紧紧围绕审核评估重点考察内容“五个度”，分别就自己考察的指标和主要观测点向大家作了详细的反馈，专家组肯定成绩实事求是，分析问题深入到位，指出不足客观公正，意见建议富有科学性、建设性和针对性。这些意见和建议，客观、有深度、指导性强。参加本科教学审核评估试点工作，对学校来说，是一次全面梳理、全面学习、全面提高的机遇，它必将在学校进一步深化教学改革，加快教学建设，全面提高人才培养质量中发挥十分重要的作用，对于推动学校的新一轮发展必将产生深远的影响。同样，对我们安徽高等教育的改革和发展也有积极的指导意义，特别是对教育部今后全面推进审核评估具有重要的借鉴意义。在此，我谨代表安徽省教育厅，对评估组各位专家4天来的辛勤工作表示衷心的感谢！向为皖西学院评建工作，作出努力和积极贡献的全体师生员工表示亲切的问候！

这次教育部专家组一行9人，集中近4天的时间对皖西学院的教育教学工作进行全面的检查指导，机会非常难得。因此，学校要高度重视并认真研究专家意见，要对各位专家在评估过程中提出的宝贵意见，认真梳理，深刻领会，抓紧时间，落实整改。评估不是目的，评估是手段。事实证明，早评估，早受益。专家现场实地考察评估后，学校要做的一项重要工作就是整改。这次评估，专家找出了问题，指明了方向，学校要逐条分析，认真总结，举一反三，快速整改。要在科学理解专家意见和建议的基础上，制定整改方案，抓紧落实解决。

作为省教育行政主管部门，借这个机会我也向专家组表个态：对于皖西学院在整个教学工作中所存在的不足，我们省教育厅一定会高度重视，认真加以研究，并采取有力措施，进一步加大对皖西学院的支持力度，切实保障学校教学水平再上新高度。

未来五年，是我省深入学习贯彻党的十八大，全力打造“三个强省”，实现美好安徽、加速安徽崛起的五年。皖西学院一定要紧紧围绕我省提出的“科学定位、分类指导、多元发展、特色办学”的发展方针，坚持走好“地方性、应用型、合作式、一体化”的应用性高等教育发展道路，大力加强内涵建设，全面提升人才培养质量，并重点把握好以下三个方面：

第一，坚持内涵发展，强力推进“三个转变”。

一是转变发展方式。就是要推进高等教育从以规模扩张为基本特征的外延式发展，向以提高质量为核心的内涵式发展转变。在发展方式转变的过程中，要正确处理高等教育与经济社会发展之间的关系，处理好规模、结构、质量和效益之间的关系。

二是转变工作作风。作风问题关系人心向背，关系党的前途命运。转变作风，是实现发展方式转到位、落到底的根本保证。中央和我省都出台了有关转变作风的文件规定，要求我们领导干部多深入基层，到矛盾较集中、群众意见较多的地方进行调查研究；多研究问题，解决困难，不搞形式主义，不走过场。要树立以人为本、落实第一、结果第一的观念，形成求真务实、讲究实效、一抓到底的作风。

三是转变思想观念。要想实现发展方式和作风根本转变，首要实现的是思想观念的根本转变，树立科学的高等教育发展观、科学的质量观、科学的人才观。通过深入学习党的十八大及国家和我省有关提高高等教育质量推进内涵建设相关会议和文件精神，开展广泛、深入、持久的教育思想观念大讨论，把思想统一到内涵建设和高等教育质量提高上来，统一到办人民满意的高等教育上来。要彻底改变过去形成的以外延发展为主导的惯性思维，坚决摒弃不正确的政绩观，敢于并优先把资金投放到内涵建设上来，心无旁骛，一心一意谋求教育教学质量的稳步提升。

第二，坚持内涵发展，全面深化改革。

一是深化教学改革，不断提升人才培养水平。通过实施卓越人才教育培养，建立联合培养人才的新机制；通过各类实践教学资源优化整合，建立一批实践教育基地，促进大学生的科研和实践能力提升；积极鼓励支持大学生开展创新创业与学科竞赛活动，把创新创业教育贯穿人才培养全过程。

二是优化学科专业结构，服务地方经济社会发展需求。高校按专业培养人才，专业结构调整优化对于提高高等教育质量具有全局性、基础性、战略性意义。今后要更加注重分类指导和特色强化，大力开展重点或特色学科专业建设，根据自身办学定位，构建布局合理、特色与优势鲜明的学科专业体系。要以区域发展的重大需求和科学前沿为导向，以推进高校知识创新体系建设为重点，以增强高校服务区域社会经济能力为核心，以提升高校综合服务保障能力为依托，统筹规划，分层建设，分类发展，强化特色，择优支持，多元投入，大力提升学校的知识创新能力，增强服务区域社会经济文化发展的支撑力，推动学校全面、协调、可持续发展。

三是强化人才为本，不断加强教师队伍建设。要转变观念，整体设计各类人才队伍建设规划，实行弹性的政策，增强人才队伍活力，健全有利于优秀人才快速成长和施展才华的体制机制。要注重现有人才资源的优化。要加大高层次人才引进力度，特别是高水平学科专业带头人。高校敢于突破现有选人用人机制，敢于选用那些有利于人才培养急需的特殊专业或拔尖人才，允许年薪制与月薪制并存分配体制。以提升青年教师业务能力为核心，积极培育优秀青年骨干人才，进一步营造有利于青年教师成长成才的制度环境和文化氛围。

四是深化改革开放，不断创新体制机制。要通过体制机制创新，建立健全有利于高校提高质量的外部环境和制度，建立高校自己的质量意识、质量责任、质量机制和质量环境。通过制度建设，最大限度地发挥教师和科研人员的积极性、能动性和创造性。要以服务地方经济社会发展为宗旨，以培养应用型人才为目标，学校、政府、企业三方联手，合作办学、合作育人、合作就业三位一体，资源共享，过程共育，成果共用，责任共担。建立起“体系开放、机制灵活、渠道互通、选择多样”的人才培养体制。

第三，坚持内涵发展，全力完善保障措施。

坚持内涵发展，提高质量是一项复杂的系统工程，全校上下要把支持内涵发展作为当前推动教育改革发展的重要任务，要建立健全切实有效的领导协调机制，明确部门责任，落实任务分工，加强统筹协调，形成推动内涵发展的合力。学校要敢于突破现有的利益格局，统筹处理学校内部各职能部门之间的利益争夺，真正落实“三个地位”。

我省高等教育生均拨款2012年底达到12000元，随着投入的增加，要加强精细管理，要会过日子，避免过去那种粗放式管理，尤其要用好钱、管好钱。由于历史欠账多，教学建设的投入有待进一步加强。这是提高质量的基本保障。为此，一是要从严控制规模增长，把精力和经费集中到改善教学基本条件上来，要加强教师队伍建设投入，实验室建设投入，教学研究和学生实践、实习、实训的投入，以及产学研合作的投入。二是要科学使用经费。目前一些学校建立了大量实验室，购置了不少教学仪器设备，但使用效益不高，布局不合理。教学基本条件不求豪华铺张，但求足够使用，高效使用。

皖西学院作为我省重点建设的省级示范应用型本科院校，近年来，学校紧紧围绕应用型本科高校建设和应用型人才培养，全面推进学校发展的转型升级，并取得良好成效。皖西学院的各位老师，本科教学审核评估工作虽然暂告一个段落，但提高教学质量是高等学校永恒的主题，评建工作是学院一项长期而艰巨的任务，整改落实、进一步提高人才培养质量还刚开始，后面还有很多工作要做。学校要充分发挥评估工作的指导推进作用，下大力气加强内涵建设，着力提升学校办学定位与社会需求的符合度，人才培养、科学研究、社会服务、文化传承创新对办学定位的支撑度，人才培养目标、方案、教学运行、质量及质量监控之间的吻合度，教学资源对教学水平的保障度，以及学生、社会、用人单位、政府对教学质量的满意度。全校上下要以奋发有为的精神状态，全面提高教育质量，努力把学校早日建成特色鲜明、综合实力较强的应用型本科院校。

各位专家，4天的评估即将结束。我们真诚邀请省外4位专家抽出点宝贵时间到安徽各地走一走，看一看。更衷心欢迎各位专家，以后经常到安徽指导工作。我们希望并相信，通过这次本科教学工作审核评估试点，在各位专家的精心指导帮助下，通过全体师生员工的共同努力，皖西学院一定能抓住机遇，开拓进取，不断创新，使学校的改革、建设与发展再上一个新台阶，为安徽省经济社会发展作出更大贡献！

最后，让我们再次以热烈的掌声感谢各位专家，祝愿各位专家身体健康，万事如意！

# 李和平副厅长在2012年高等职业院校人才培养工作评估动员暨专家培训会上的讲话（摘　录）

（2012年10月24日）

**各位专家、院校代表：**

上午好！今天我们在这里召开2012年安徽省高等职业院校人才培养工作评估动员暨专家培训会，会议有两项内容：一是对今年参加评估的11所院校进行评估动员，二是请参与评估的有关专家进一步研讨今年评估的具体工作。下面结合目前我省高等教育形势和今年的评估工作我讲三点意见，供大家参考。

**一、准确把握高等教育改革发展面临的新形势新任务**

安徽是一个人口大省，也是教育大省。但是，过去很长时期，安徽高等教育一直发展不好。进入21世纪以来，我省先后提出“建设一百所高校，拥有一百万在校大学生”的高等教育“双百工程”，启动了“高校教学改革与质量提升工程”，出台《关于建设高等教育强省的若干意见》，颁布了《安徽省中长期教育改革和发展规划纲要》。按照“科学定位、分类指导、多元发展、特色办学”的发展方针，初步构建了“服务地方、支撑经济、引领发展”的应用性高等教育体系，走出了一条具有安徽特色的“地方性、应用型、合作式、一体化”应用性高等教育发展之路，彻底改变了“高校少、规模小、水平低、底子薄、结构不合理”的高等教育面貌。当前，我省正在由高教大省向高教强省迈进。在新的历史阶段，党中央、国务院高度重视和关心高等教育，提出了一系列新思想、新论断、新要求。一是提升了高等教育的战略定位，第一次提出高等教育是科技第一生产力和人才第一资源重要结合点的科学论断，突出了高等教育在建设创新型国家、人力资源强国和人才强国进程中的关键性作用；二是明确了高等教育内涵式发展的道路，强调提高质量是高等教育的生命线，是高等教育改革发展最核心、最紧迫的任务；三是提出了有特色、高水平的目标要求，鼓励各类高校在不同层次、不同领域办出特色、争创一流，加快建设中国特色、世界水平的现代高等教育；四是拓展了高等教育的功能，突出了人才培养在高校工作中的中心地位；五是把育人为本上升为高等教育工作的首要任务；六是明确高等教育体制改革的方向，首次提出建设中国特色社会主义现代大学制度，确定了“依法办学、自主管理、民主监督、社会参与”的现代学校制度内涵；七是强调把教师队伍建设作为教育事业发展最重要的基础性工作，努力建设一支高素质专业化创新型教师队伍；八是把开放合作、提高国际化水平作为高等教育发展的重要战略；九是要求提高高校党建和思想政治工作科学化水平，把社会主义核心价值体系融入高等教育全过程。这一系列创新成果，深刻阐明了高等教育改革发展的若干重大战略问题，进一步指明了高等教育事业科学发展新方向。

同时，国家对高等教育的发展也提出了新的要求，高等教育改革发展承载着前所未有的使命和责任，也面临着前所未有的压力与挑战。一是建设创新型国家和实现全面建成小康社会目标对高等教育改革发展提出了更为迫切的要求。要全面建成小康社会，进入创新型国家行列，必须加快经济发展方式转变，这迫切需要高等教育充分发挥科技第一生产力和人才第一资源重要结合点的作用，不断提供持久动力。二是应对日趋激烈的国际科技经济竞争给高等教育带来更为严峻的挑战。当今世界已进入创新密集时代，知识经济迅猛发展，科技创新与产业变革同时并发。现在，美、英、德等世界强国和一些新兴经济体都在超前谋划，我国面临发达国家蓄势占优和发展中国家追赶比拼的双重挑战。高等教育是国家综合国力和核心竞争力的标志性力量，必须为我国在这一轮科技革命和产业变革中掌握主动提供有力支撑。三是满足人民群众的新期盼对高等教育提出了更高的要求。高等教育进入大众化阶段后，伴随着入学机会的大幅增加，群众对“上好学”的期盼变得更加迫切，对教育以人为本、全面发展的要求更加突出，对高等教育改革的期待和呼声也更加强烈。高校必须适应这一形势，在教育理念、教育内容、教学模式、资源配置和管理体制等方面加快改革创新。

新的形势赋予我们新的任务。我们要进一步坚定高等教育科学发展的正确方向，把提高质量作为高等教育改革发展最核心最紧迫的任务，围绕加快建成“一个体系”（即初步建成能够服务党委和政府决策、支撑经济发展和产业升级、引领文化繁荣和社会进步的具有安徽特色的现代应用性高等教育体系，高等教育对经济社会发展的贡献度、对人力资源强省建设的支撑度和人民群众的满意度明显提升）、实现“两个赶超”（即高等教育主要发展指标赶超全国平均水平，赶超中部地区高等教育领先省份，为到2020年实现全国先进、中部领先奠定坚实基础）、确保“三个提高”（即坚持全面提高高等教育的综合实力、办学活力和服务能力），全面推进高等教育强省建设。

**二、准确把握我省高职人才培养评估的新理念新思想**

目前，全省共有普通高校107所，其中本科高校33所，高职高专院校74所，另外还有11所独立学院和6所成人高校。高校数量居全国第5，在校学生数居全国第9，高等教育毛入学率达到26.4%。全省普通高校本专科在校生100万左右，高职高专在校生50万左右。高等职业教育得到快速发展，院校数和在校生数均已占整个高等教育的半壁江山。为了引导高等职业学校增强自我发展的能力，促进高等职业院校加强内涵建设，不断提高人才培养质量，我省于2003年启动了高职人才培养工作评估工作。截至目前，全省接受过高职人才培养工作评估的学校达到48所，2003年至2008年上半年对16所高职院校进行了第一轮评估，其中12所院校的评估结论是优秀；2008年至2011年对32所高职院校进行了新一轮评估，其中10所院校的评估结论为优秀，还有1所院校首次评估结论是“暂缓通过”，复评结论为“通过”。

从评估的总体情况来看，已参加新一轮人才培养工作评估的高职院校，认真落实“以评促建、以评促改、以评促管、评建结合、重在建设”的二十字方针，成效显著。在办学定位上，大多数学校办学定位较为准确，办学目标明确，专业设置与区域（行业）经济发展结合度较高，学校为当地经济社会发展培养了一大批高素质技能型人才；在校园面貌上，高职院校发生了翻天覆地的变化，硬件、软件设施得到较大改善，学校呈现出良好的发展态势；在人才培养方面，学校都高度重视人才培养工作，教学中心地位较为突出，建立了相对完善的规章制度和教学质量监控体系，教学质量有较大保障；在教学管理上，学校能够根据高职教育规律和自身特点，不断修订和完善各项教学管理制度，初步形成了体系较为完善的教学运行、教学质量保障监控与评价体系，有效规范了教学管理，进一步提高了教学质量；在师资队伍建设上，学校坚持引进与培养相结合，采用多渠道、多途径引进高层次人才，双师型教师比例不断提高，教师结构明显改善，教师水平显著提高。

我国高等教育进入大众化阶段以来，人才培养质量一直备受社会各界关注，教学评估对人才培养质量起到了重要的保驾护航作用，教育部启动了新一轮本科教学评估工作，对新建本科院校实施合格评估，对老本科院校实施审核评估，都是为了切实推进高等教育质量保障体系建设，全面提高本科教学水平和人才培养质量。我们也一直高度重视本科教学评估工作，已多次召开关于合格评估和审核评估工作专题工作布置会和研讨会，深入高校开展了相关工作的专题调研。今年专门研究制定了《关于普通高等学校本科教学评估工作的实施意见》，在全国率先启动老本科院校审核评估工作，提出了一系列符合安徽高等教育现状的超前思维。在这样一种新的形势下，如何准确理解把握国家、安徽省开展教学评估的新理念新思想，并将之有效贯彻到高职人才培养评估中去显得尤为重要。

一是将评估工作与贯彻落实全国质量大会和全省高教工作会议精神紧密结合起来。经过多年的努力，我省高等教育大众化水平明显提高，已经跨入与人口大省、教育大省相协调的高等教育大省行列。但在新的历史条件下，我省高等教育发展中仍然存在不容忽视的矛盾。如，人民群众对优质高等教育的强烈需求与优质资源供给不足的矛盾，打造“三个强省”、构建美好安徽的新要求与高等教育服务、支撑、引领作用不足的矛盾，提高高等教育质量要求与师资队伍保障不足的矛盾仍然存在，等等。

推进解决这些矛盾和问题，要求我们进一步深入学习胡锦涛总书记在清华大学百年校庆上重要讲话精神，贯彻落实《教育规划纲要》、教育部全面提高高等教育质量工作会议和全省高教工作会议精神，坚定高等教育科学发展的正确方向，把提高质量作为高等教育改革发展最核心、最紧迫的任务。时刻坚持把科学的办学定位和学科专业结构作为提高质量的基础，把先进的思想观念和教育教学改革作为提高质量的核心，把优秀的教师队伍和激发教师乐于从教的评价机制作为提高质量的关键，把合理的经费投入和现代大学制度建设作为提高质量的保障。

二是将评估工作与“五个度”紧密结合起来。我省根据应用性高等教育人才培养体系构建的需要，在全国率先建立了应用性高等教育质量审核评估体系，创造性地提出审核评估重点内容是考察“五个度”，即高校办学定位与社会需求的符合度；高校人才培养、科学研究、社会服务、文化传承创新对办学定位的支撑度；高校人才培养目标、方案、教学运行、质量及质量监控之间的吻合度；高校师资队伍、教学仪器设备、实践教学基地、图书资料等教学资源对教学水平的保障度；学生、社会、用人单位、政府对教学质量的满意度，形成了与应用性高等教育保障体系相适应的评估体系，进一步明晰了审核性评估的工作内容。

三是将评估工作与质量工程建设结合起来。自2008年启动省级质量工程建设以来，我省质量工程建设已实施五年，为全面了解和总结一期质量工程项目建设情况，进一步推进质量工程项目建设，保证建设实效，教育厅于今年专门下发了质量工程检查验收的文件，对所有在建和完成建设周期的项目实施检查验收。今后，要转变现有的质量工程检查验收方式，将质量工程的建设、检查验收与评估工作有效结合起来，把学校质量工程项目建设情况作为评估工作一项重要内容。

**三、准确把握高职人才培养评估工作规范和纪律要求**

今年的评估，是按照教育部要求和我省新的评估方案实施以来的第四次评估，也是安徽开展新一轮高职人才培养工作评估试点以来的最后一年评估，确定参加高职院校人才培养评估的有14所，未达到评估条件暂不进行专家考察的有3所，所以参加今天会议的被评学校只有11所。相比往年，今年的评估院校呈现出民办院校多、推迟到今年评估的院校多、办学条件和办学基础相对薄弱等特点。为此，高教处自7月份就启动了今年的高职人才培养评估的准备工作，以2012年7月31日和8月31日数据为准，先后两次聘请专家对应该参加今年评估的14所高职院校的状态数据进行了逐校逐项审核，帮助学校仔细查找问题、分析原因，并以专题会议和文字材料方式从学校参加评估的条件、存在的主要问题和建议三个方面向学校进行了反馈，帮助指导学校做好人才培养评估的准备工作。面对今年严峻和复杂的评估形势：

学校要树立科学评估观。接受评估学校要保持“平常心态”，认真细致地做好迎评工作。通过评估，总结经验，找出差距，制定整改方案，使学校的人才培养工作上一个新的台阶；通过评估，引导学校准确定位，坚持以服务为宗旨，以就业为导向，坚持走产学研结合的发展道路，加强教学基本建设，深化教育教学改革，努力办出特色；通过评估，促进学校主管部门重视和支持高职高专院校的人才培养工作，改善办学条件、强化教学管理、全面提高教育质量和办学效益。

专家要正确理解和把握评估标准。开展高等职业院校人才培养工作评估，旨在促进高等职业院校加强内涵建设，深化校企合作、产学结合的人才培养模式，保证高等职业教育基本教学质量，促进院校形成自我约束、自我发展的机制。因此，在实施过程中应强调评与被评双方平等交流，共同发现问题、分析问题，共同探讨问题的解决办法，注重实际成效，引导学校把工作重心放到内涵建设上来。专家进校考察的过程中，既要按照高职人才培养评估要求和指标体系进行规范操作，又要结合新形势、新政策，帮助学校认真总结办学经验和办学成绩，尤其是培育学校的办学特色。同时，也要毫不保留地指出学校工作的薄弱环节和存在的不足，为学校健康可持续发展献计献策，使学校通过评估真正有所收获，助推发展。

各方要严格遵守评估纪律。评估期间，各方要严格按照《教育部办公厅关于进一步加强高等学校教学评估工作纪律的通知》精神和省厅有关要求，坚持做到“十不”，即领导不迎送专家，不安排各种形式的宴请，不安排接见，学校不召开汇报大会（包括开幕式和闭幕式），不组织师生文艺汇报演出，不在网络和媒体上宣传报道，不造声势（包括校内张贴欢迎标语、悬挂彩旗等），不送礼物，不超规格安排食宿，专家组不组织学生现场考试。坚决做到“八个坚持”，即坚持客观公正、坚持规范操作、坚持独立自主、坚持专家行为、坚持廉洁自律、坚持谨言慎行、坚持分类指导、坚持平等交流。为了保证评估工作能公正客观地进行，学校对专家组的接待应简朴、节俭；专家组要坚持和发扬教学评估工作中坚持标准、严格要求、实事求是、公正合理的优良传统，严格遵守评估纪律，维护教学评估工作的良好声誉，保证教学评估工作健康有序地进行，保证评估结果的客观、准确、公正；教育行政部门人员不得直接参与到评估工作中去，更不能以任何方式干扰和影响专家的正常评估。各组秘书作为兼任纪检员，在做好评估秘书工作的同时，要严格履行纪检员的职责。

高教处和评估中心要做好服务工作。省教育行政主管部门（高教处、评估中心）在评估中扮演着重要的角色，要贯彻执行教育部16号文中提出的“逐步完善以学校为核心、教育行政部门引导、社会参与的教学质量保障体系”的要求，全面了解评估学校状况，加强引导，把好人才培养质量关，更好地服务于高职人才培养。并时刻关注、关心人才培养工作评估，对评估过程中出现的问题要做到及时了解、及时反馈、及时指导解决。通过评估专家组给出的反馈意见，及时了解评估学校的人才培养、教育教学质量等情况，为评估学校的进一步发展出谋划策，逐步推进我省高职教育的大发展。

# 地方应用性高等教育质量保障体系构建研究

储常连　潘和平　张海生

党的十八大报告强调“深化教育领域综合改革”，“推动高等教育内涵式发展”，坚定不移走以质量提升为核心的内涵式发展道路，努力实现高等教育发展从以规模扩张为重点的外延式发展向以提升质量为核心的内涵式发展转变，这是国家对新时期高等教育发展方向的深度调整。因此，提高质量是今后我国高等教育“最核心最紧迫的任务”。

地方高校是我国高等教育的主力军。当前，安徽正处于工业化发展中期，其人均GDP与兄弟省份相比仍处于后位，三大产业结构仍不尽合理，为此我省正在全力打造“三个强省”战略，大力发展战略新兴产业，这就要求我省地方高等教育必须全面构建“服务地方、支撑经济、引领发展”的应用性高等教育体系，为地方经济社会发展服务。构建地方应用性高等教育质量保障体系，确保人才培养质量的稳步提升，是地方应用性高等教育发展的基本前提。

**一、构建地方应用性高等教育质量保障体系的现实意义**

地方应用性高等教育是适应高等教育大众化过程中高校类型多样化、产业结构调整升级对人才需求的多样化以及人民群众对高等教育多样化需求而提出的。其发展必须坚持以服务地方的科学定位为根本；坚持以就业为导向，分类指导为基础；坚持以培养应用型人才为重点，实现人才培养的多元发展为方向；坚持以特色求生存，以质量求发展的特色办学为办学目标。这就要求地方高校必须在省级政府的统筹下，坚持以提升质量为核心，构建完善的地方应用性高等教育质量保障体系，为地方高等教育的内涵发展与审核评估提供合理、公正、公平的制度支撑。

经过多年的摸索探索，安徽省应用性高等教育质量保障体系已初步形成并取得了良好的效益，即基本形成了以“五个度”为核心内容的应用性高等教育质量保障体系。但安徽高等教育发展基础仍相对薄弱，地方高校的层次结构仍不尽合理，现有高等学校107所，其中本科高校33所占31.13%，高职高专院校74所，占68.87%。本科院校中“985工程”院校1所，“211工程”院校2所，而2000年以来新建或升格为本科的高校有15所，占本科院校的45.46%。面对高等教育大众化纵深发展的趋势，地方高等教育特别是为数众多的新建本科院校要克服办学定位同质化等问题，就必须坚持走应用性与现实性相结合、地方性与开放性相结合、多样性与系统性相结合的特色发展之路，进一步构建并完善应用性高等教育质量保障体系。当前，制约安徽省地方应用性高等教育质量保障体系构建与运行机制形成的关键问题主要体现在以下四个方面：

（一）部分院校认识不到位，办学定位不准

高等院校的办学方向和目标定位与高等教育事业的发展息息相关，它由高等教育事业的性质决定，同时又与其所处的外部环境、社会地位有着密切的联系。随着安徽省高等教育由精英化教育向大众化教育的纵深发展，如何办出地方院校的特色，提升地方院校人才培养质量，科学合理的办学定位是其先决条件。安徽省以“科学定位、分类指导、多元发展、特色办学”为理念，大力发展地方应用性高等教育，目前很多院校已经找到了符合自身办学的目标与定位，并取得了不菲的成绩，但部分高校对应用性高等教育发展认识不到位，办学定位不准。比如，部分学校领导认为选择应用型人才培养定位是自降身价，部分学生家长认为培养应用型人才是教育质量滑坡的表现等。此外，部分院校还存在着一些传统的惯性思维。如在政绩观上注重短期和显性效益；在人才培养质量的提高上注重硬件轻软件；在开放办学方面，还比较保守、封闭，对学校、社会、世界开放度远远不够，等等。因此，明确地方院校的办学定位是安徽大力发展应用性高等教育的首要问题，也是构建安徽地方应用性高等教育质量保障体系亟待解决的瓶颈问题。

（二）学科专业优势不明显，特色不鲜明

学科专业是人才培养的基础和载体，是高等学校与社会结合的桥梁和纽带。能否培养适应经济社会发展需要的高素质专门人才，在很大程度上取决于高校学科专业的结构合理与否。经过多年努力，安徽省高等教育学科布局、专业结构日趋合理，逐步形成了以工科为重点、以应用型专业为主体、多学科协调发展的学科专业格局。但在学科专业建设过程中，部分高校的学科专业设置盲目求高、求全、求大，导致少数专业设置重复；传统专业缺少创新，优势难以体现；特色专业不够突出；新设专业的建设与发展后续动力不足等问题。具体表现为，传统专业大多以师、医、农等传统长线学科专业为班底，现代应用型学科专业数量偏少，培养能力严重不足。虽然我省应用型专业已达70%以上，但是全省高校的专业数对应第一、二、三产业的比例分别是2%、22%、76%。近年来我省新增的大部分专业都是服务于第三产业，这些专业开设难度低，投入少；而真正对应能支撑经济发展的第一、二产业，特别是那些办学成本高、投入大而又是经济社会发展急需的专业并不多。在民办高校，这类专业的开设、建设难度更大，这就使得地方高等教育质量审核评估工作的开展过于形式化，起不到实质的引导作用。

（三）专业目标不清晰，人才培养质量不高

专业培养目标是专业的灵魂。在制定专业培养目标时，必须对学科知识有详细、深入的了解，要掌握社会对专业人才的需求信息以及对专业学习者的社会背景、知识能力基础、兴趣爱好都有一定的了解。因此，安徽省提出地方高等院校专业培养要以就业为导向，培养服务安徽地方经济社会发展需要的应用型和职业型技术人才，强调知识与技能相结合，注重实践能力、就业能力、轮岗能力、创业能力。但部分院校在进行专业目标制定时，由于因循守旧、固守传统，专业培养目标仍倾向于学术型人才的培养，专业课程体系设置不够合理，培养方案缺乏实践性，导致专业结构与市场供求出现错位、人才的培养质量评价标准与监控体系受到社会的质疑。可以说，在人才培养体制、人才培养模式、管理方式、实践教学、质量评价与监控等方面改革步伐还比较缓慢，不能完全适应新形势下社会经济发展对高等教育的需求。

（四）质量评估主体单一，质量保障体系不完善

完善的高等教育质量保障体系是实现评估的前提和依据，是对相应的评估对象的整体以及各个部分进行价值判断的准则和尺度。而高等教育质量评估相关社会利益主体参与机制的形成是实现高等教育质量评估目标的重要保障。高等教育质量评估应当是集学生、社会、用人单位、高校、政府等相关利益主体的多元化评价，但目前我省高等教育人才评价方式仍是以政府为主体的教育评价，社会参与评价的机制尚未形成。由于高等教育质量评估审核主体较为单一，评价结果的客观性、公平性、公正性受到质疑。因此，客观公正评价高校质量保障体系标准急需建立，特别是应逐步探索建立与应用型人才培养相关的

质量评价和保障体系。

**二、安徽省地方应用性高等教育质量保障体系构建的核心内容**

针对上述制约安徽地方应用性高等教育质量保障体系构建的关键因素，我们经过深入调研与实践，提出地方应用性高等教育需坚持“科学定位、分类指导、多元发展、特色办学”的发展思路，走“地方性、应用型、合作式、一体化”的地方应用性高等教育发展道路。为保障地方应用性高等教育的人才培养质量，我们认为构建地方应用性高等教育质量保障体系必须以“五个度”为核心内容。

（一）高校办学定位与社会需求的符合度

“符合度”要求各高校要根据经济社会发展需求，合理确立学校人才培养目标。就是要坚持以社会需求为导向，紧紧围绕服务地方经济建设和社会发展需要，围绕地方重大发展战略、未来产业升级和承接产业转移等对创新型、复合型、应用型人才的需要，支持高校根据办学历史、学科专业优势、地域特征、资源条件和服务面向，确定学校的办学定位，培育学校的办学特色，以克服同质化倾向，彰显异质性特征，鼓励在不同层次、不同领域办出特色，争创一流。具体内容主要包括：学校的办学定位是否明确、完整、有办学特色；学校规划与地方政府经济社会发展规划的关系；学校的学科专业尤其是优势特色学科专业与地方产业、行业的关系等。

（二）高校人才培养、科学研究、社会服务、文化传承创新对办学定位的支撑度

“支撑度”要求地方高校需坚持以人才培养为核心，提高高校其他职能对人才培养的贡献度。就是要促使科学研究、社会服务、文化传承创新与人才培养的有机结合，实现在科学研究和社会服务中培养人才，实现文化育人。其重点内容包括：正确处理人才培养、科学研究、社会服务、文化传承创新四者之间的关系；进一步保障教学工作中心地位、教学改革核心地位、教学建设优先发展地位；进一步完善高校激励机制与制度建设，以切实贯彻落实人才培养、科学研究、社会服务、文化传承创新对办学定位的支撑度。

（三）高校人才培养目标、方案、教学运行、质量及质量监控之间的吻合度

“吻合度”要求地方高校需坚持以全面提高教育教学质量为目标，加强教学质量保障体系的建设与完善，对教学过程各环节进行系统有效的质量管理，使

人才培养目标的实现与学校办学定位相吻合。其核心的内容与目的是要保证高校专业培养目标与学校人才培养目标相一致；人才培养方案等与专业培养目标、学校人才培养目标相一致；课程开发、建设、使用等与学校人才培养目标相一致；质量工程建设与学校人才培养目标相一致等。

（四）高校师资队伍、教学仪器设备、实践教学基地、图书资料等教学资源对教学水平的保障度

“保障度”要求各地方高校需坚持以校内外教学资源的合理配置和有效使用为保障，加强教师队伍建设和教学资源的持续投入，改善教学条件，保障教学水平稳步提高。其重点内容包括：切实提高高校师资队伍的师德师风；提升教师教学能力；提高教师的“双能”、“双师”素质；建立教师分类管理制度；加强教学信息化建设，强化教学资源共享，提高教学设施、图书、设备的利用率；持续增加教学经费投入与比重；加强实践教学基地的建设等。

（五）学生、社会、用人单位、政府对教学质量的满意度

“满意度”包括地方高校的社会声誉及其社会影响，在校学生及毕业生对学校教学工作认可度，社会、用人单位、政府对高校人才培养质量的满意度。即一要重点考察高校对高校自身的总体评价，比如近三年学生报考、报到、就业及考研情况，各专业生源数量及质量等；二要关注在校学生的自我发展满意度；三要重视社会对高校人才培养质量的评价；四是要重视用人单位对高校人才培养质量的评价；五要注重政府对高校人才培养质量的评价。

总之，以“五个度”为核心内容的地方应用性高等教育质量保障体系是我省全面贯彻《教育部关于全面提高高等教育质量的若干意见》的具体举措，其强调地方性、应用型、特色化。地方性要求高校主动融入地方，服务地方经济建设和社会发展；彰显地方特色，将地方特色转化成学校优势；加强校园文化建设，传承创新地方特色区域文化；加强科学研究，引领地方战略新兴产业发展。应用型要求高校以培养应用型人才、加强应用型科学研究为主，全面服务地方经济建设和战略新兴产业发展。特色化要求高校办学各具特色，各显神通，在全国同类型高校中办出地方特色，在全省同层次高校中办出学校特色，真正在各自的层次上办出特色，争创一流。高校在转变方式内涵发展过程中，必须以“五个度”为基本内容，全面构建高校质量保障体系，确保应用型人才培养质量稳步提高。

## 三、安徽省应用性高等教育质量保障体系实施举措

高等教育质量保障体系，由质量目标与标准、资源与投入保障、组织运行和质量监控等一系列环节组成。质量目标与标准是前提条件，资源与投入保障是基础因素，组织运行是展开环节，质量监控是调节系统，它们共同构成了相对闭环和完整的质量保障体系。在地方应用性高等教育质量保障体系实施中，必须重点做好以下工作：

（一）转变高教发展观念，明确地方院校办学定位

构建应用性高等教育质量保障体系的首要工作就是要解决认识误区，转变思想观念。因此，必须通过开展广泛深入持久的学习和讨论，将思想统一到教育规划纲要精神上来，统一到十八届三中全会会议精神上来，既要主动适应市场在资源配置中起主导作用的市场经济体制的发展，又要实现由教育管理走向教育治理，为构建应用性高等教育质量保障体系提供有力的思想保障和良好的舆论氛围。要遵循比较优势原则，坚持特色立校、特色兴校、特色强校。改变高校过去形成的惯性思维，坚持“六破六立”，即破计划经济思维，立市场意识；破封闭思维，立开放意识；破习惯思维，立创新意识；破趋同思维，立特色意识；破精英教育思维，立大众化教育意识；破保守思维，立争先意识。加强省级政府统筹和宏观调控，指导高等学校立足地方、面向市场，错位发展，以质量求生存、以服务求支持、以特色求发展。如安徽农业大学初步形成了一条以“艰苦奋斗、无私奉献，统筹人才培养、科学研究和社会服务，推动教育科技与社会经济互动发展”为内涵的“大别山道路”；安徽建筑大学以专业评估与认证为抓手，引领、辐射相关学科专业建设；合肥学院加强中德合作教育，借鉴德国应用型人才培养模式，实现课程模块化改革等。

（二）加强专业内涵改造，优化专业结构

专业是高校人才培养的基本单位，是高校与社会结合的桥梁和纽带。专业建设是本科教育的龙头，是改善人才培养结构、提高高等教育质量的基石。专业结构的调整优化是保障人才培养质量最根本的措施。地方高校需瞄准区域发展战略需求，合理配置教育资源，找准服务面向和办学定位，按照适应需求、优化布局的原则，加大学科专业结构调整力度。建立学科专业准入、预警、退出机制，定期发布学科专业结构及社会需求分析报告，停办、停招社会需求量小、就业率低的相关专业。重点支持支撑我省经济发展、办学成本高、建设难

度大、学校申办积极性不高的支柱产业的专业建设。加强专业内涵改造。即要突出传统专业的优势，夯实新增专业发展基础，合并相近专业，淘汰落后专业，鼓励新兴专业、交叉专业发展，改造长线专业，发展应用型专业，优化课程结构等，使学科专业的设置与调整和各高校的办学定位相符合，与地方的区域特色相契合。

（三）加大投入，增强条件保障

加大教学投入，加强师资队伍建设，形成良好的教学条件，是构建地方应用性高等教育质量保障体系的基本条件保障。地方政府要进一步提高人才培养经费投入，逐步完善以政府投入为主、多渠道筹措教育经费、保障教育投入稳定增长的机制；进一步加强师资队伍建设，针对我省高校应用型教师队伍现状，加强教师实践教学能力建设，健全教师管理制度，努力造就一支师德高尚、业务精湛、结构合理、充满活力的高素质专业化教师队伍；进一步加强高校与各级政府合作，共建图书馆、体育馆和文化设施，开放高校资源，开展继续教育，使高校成为属地的开放性教育文化和科技研发中心，以提高图书馆、教学设备仪器等教育教学资源的利用率；进一步加强质量监管，建立教学基本状态数据库，实行常态监控。

（四）转变评价机制，完善质量评估保障体系

评估是政府等社会组织对高校质量保障体系运行情况的检查和评价。公正合理的评价机制有利于激励高校进一步面向社会，科学定位，发挥学科专业优势，形成特色，办出一流。要逐步建立以学校自我评估为基础，以院校评估、专业认证及评估、国际评估和教学基本状态数据常态监控为主要内容，政府、学校、专门机构和社会多元评价相结合，与中国特色现代高等教育体系相适应的教学评估制度；建立人才培养质量的标准体系，全面落实素质教育，把促进人的全面发展和适应社会需要作为衡量人才培养质量的根本标准，努力协调好教育发展和人的全面发展、教育发展和社会发展的关系；建立人才培养质量第三方评价体系，开展由政府、学校、家长及行业、企业等多方参与的人才培养质量第三方评价活动，形成开放的高等教育第三方评价体系；建立本科教学质量年度报告和高等职业教育人才培养质量年度报告发布制度，建立本科教学基本状态数据库和高职院校人才培养工作状态数据采集平台，接受社会监督，自觉提高人才培养质量。

## 四、安徽地方高等学校审核评估的实践探索

教学评估是建立健全以高等学校为基础、以政府为主导、以社会为补充的开放、立体、全面的地方高等教育质量保障体系的核心内容，而审核评估是教学评估的基本类型之一。通过评估，利于引导高校科学定位，分类合作，多元发展，特色办学；通过评估，利于强化高等学校质量保障的主体意识，完善校内自我评估制度，建立教学状态数据库，建立健全校内质量保障体系；通过评估，利于指导高校提高教学质量保障能力和水平；通过评估，利于切实提高高等教育对经济社会发展的支撑度，对人力资源强省的贡献度和人民群众对高等教育的满意度。安徽省地方应用性高等教育质量保障体系以“五个度”为核心内容，而“五个度”又是审核评估的评价指标体系的核心内容，二者的目的和出发点相同，形成了宏观层次上的闭环的高等教育质量保障体系，受到教育部的高度认可。

### （一）首创以“五个度”为核心的高等教育质量保障指标体系

以“五个度”为核心内容的审核评估工作，具有高校自评与政府考察相结合，以高校自评为主；全面考察与重点考察相结合，以重点考察为主；共性考核与个性评估相结合，以个性评估为主；全省统筹与分类指导相结合，以分类指导为主；定性评估与定量评估相结合，以定性评估为主；动态考核与静态分析相结合，以动态考核为主的特点。其是落实“科教兴皖”、“人才强省”发展战略和高教强省建设目标的重要举措；是初步建成能够服务党委和政府决策、支撑经济发展和产业升级、引领社会进步和文化繁荣的具有安徽特色的应用性高等教育体系的有力保障；是建立应用型本科人才培养质量标准的重要途径。

### （二）先行试点，在实践中不断完善审核评估方案

安徽省于2009年受教育部委托，率先在合肥学院开展全国新建本科院校合格评估试点，探索地方应用性高校新一轮教学评估模式；2013年根据教育部委托，在我省安徽科技学院和皖西学院再次开展以“五个度”为主要考察内容的审核评估试点。之后，教育部在我省召开了审核评估试点工作总结会，在充分肯定我省以“五个度”为核心内容的审核评估指标体系的同时，要求相关教育主管部门和高校需充分理解“五个度”的精神实质，全面开展个性评估。教育部在制定新一轮审核评估试点方案中，也充分吸收了我省审核评估试点工作的关键内容。

（三）示范推广，产生广泛的社会影响

安徽省以“五个度”为核心内容的高等教育质量保障体系在全省高校得到了广泛的应用。安徽省教育厅制定了《关于深化高等教育教学改革全面提高人才培养质量的若干意见》，各高校全面贯彻文件精神，构建以“五个度”为核心内容的高等教育质量保障体系。我省还通过国内外各种高等教育交流会议的方式，把以“五个度”为核心的高等教育质量保障体系加以推广。特别是2012年3月，安徽省教育厅厅长程艺在全国提高质量大会上进行了以“五个度”为核心内容的大会发言，产生了重大影响。

在全国审核评估试点的三所高校中有两所高校在安徽，尤其是合肥学院作为全国两所合格评估试点院校之一，受到了教育部的高度认可。此外，我省提出的地方应用性高校应坚持“地方性”、“应用型”的办学定位，也写入了国家评估方案之中，成为国家标准，为全国多数地方高校特别是新建本科院校所共同认可。

# 安徽省本科教学审核评估的制度设计与实践探索

宋　波　储常连

2011年，教育部在对前几轮本科教学评估经验进行充分总结、调研和研究的基础上，发布了《关于普通高等学校本科教学评估工作的意见》（教高〔2011〕9号，以下简称《意见》），决定启动新一轮高校教学评估工作。新一轮评估要求实行分类的院校评估，“对2000年以来未参加过院校评估的新建本科学校开展合格评估，对参加过院校评估并获得通过的普通本科学校开展审核评估。”[1] 2013年12月，教育部正式出台《普通高等学校本科教学工作审核评估方案》，按照中央和省级政府分级负责的组织原则，对学校人才培养目标与培养效果的实现状况进行评价，引导高等学校合理定位，全面落实人才培养中心地位，健全质量保障体系，办出水平、办出特色，切实提高人才培养质量。

所谓审核评估，是指国家对不是新建的本科院校采用审核模式开展评估的一种制度，“判断的是‘是不是’，即该说的‘是不是’说了（目标），说了的‘是不是’做了（做法），做了的‘是不是’有效（效果），无效的‘是不是’改了（改进），关注的是学校自身，不做高校间的比较，基本取向是用学校自己的尺寸衡量自己，它能驱使学校自律。”[2] 这种模式是完全有别于以往评估的分等模式和认证模式。“在审核模式中政府的角色将从‘直接管理者’向‘战略指导者’转变，学校是审核评估的主体。”[3]

## 一、安徽省开展本科教学审核评估工作的基础

《意见》出台后，安徽省高度重视，成立课题组对本科教学审核评估开展专项研究。课题组对2003—2008年安徽省本科教学水平评估进行系统全面的梳理与总结，广泛调研，认真研究国家新一轮评估的理念、模式、方案与方法及相关制度设计，认真分析当前我国高等教育发展的时代特征及对评估工作提出的新要求，在进一步借鉴合格评估好的方式、方法基础上，充分结合国家高等教育发展形势和安徽高等教育发展实际，研制了安徽省普通高等学校本科教学评

估方案，并于2012年以教育厅文件的形式发布，对安徽省审核评估作出全面的部署。同时，选取安徽科技学院和皖西学院作为审核评估的试点单位，率先在全国启动本科院校审核评估试点工作。

（一）国家新一轮评估设计为审核评估提供制度支持

2011年教育发布的《关于普通高等学校本科教学评估工作的意见》，确立了“建立健全以学校自我评估为基础，以院校评估、专业认证及评估、国际评估和教学基本状态数据常态监测为主要内容，政府、学校、专门机构和社会多元评价相结合，与中国特色现代高等教育体系相适应的教学评估制度”[4]的基本框架。《意见》明确规定实行分类的院校评估，即对新建本科院校开展合格评估，对参加过院校评估并获得通过的普通本科学校开展审核评估。同时规定“省级教育行政部门依据国家有关规定和要求，结合本地区高等教育发展需要，制定本地区所属高等学校本学评估规划，组织实施本地区所属高等学校的审核评估工作，推动学校落实评估整改工作。”这是国家首次以正式文件的形式明确地方高等学校的审核评估工作由省级教育行政部门组织实施，从而为安徽省教育厅启动审核评估工作提供了可靠的政策依据。

（二）各类评估为审核评估提供了实践基础

2003—2008年，全国有589所普通高等学校接受了教育部组织的大规模高校本科教学工作水平评估。2011年教育部启动针对2000年以来没有参加过院校评估的新建本科院校的合格评估。截至2013年底，全国已有120所新建本科高校接受教育部合格评估。新一轮合格评估按照为国家把关、为学校服务评估新理念，紧紧抓住为社会培养应用型人才新内涵，确立了重现场、重访谈、重常态评估新模式。与以往评估相比，新一轮评估既包括“评估内容、评估形式的全面性和系统性，又包括评估工作的组织管理体系的整体性与全面性”[5]。进而将高校自我评估与院校外部评估、定期性评估与教学状态数据常态监测、教学整体评估与专业认证有机结合，既强化对教学基本状态数据常态监测，又突出了评估的系统性，从而使评估工作更加便捷、持续、常态和高效。

安徽省也一直高度重视本科教学质量管理。20世纪90年代末，在全省开展本科教学评议工作，重点考察对第一次全国普通高等学校教学工作会议的落实情况，剖析了各普通高校的办学指导思想、办学定位、办学条件等，保证了教学工作的中心地位、教学改革的核心地位和教学建设的优先发展地位。同时，根据当时的国家教育委员会的部署，组织完成了8所本科院校的合格评估。2003年至2008年间组织全省20所本科高校（含中国科学技术大学、合肥工业大学）接受了本科教学工作水平评估，其中14所高校优秀、5所高校良好、1所高校合格。

应该说，1985年以来国家开展的各类评估，特别是上一轮大规模的水平评估，在高教战线及社会上产生了广泛而深刻的影响。虽然人们对评估褒贬不一，既有赞成的声音，也不乏反对的声音，但不可否认的是，正是一轮又一轮的高校教学评估工作，促进了高教战线和全社会质量意识的觉醒，进一步确立了教学工作的中心地位、教学改革核心地位和教学建设优先地位，促进了教学资源的投入，强化了教学管理，确保了教学质量。同样，也正是有了这样的评估历程，才为国家新一轮评估工作开展积累了坚实的实践基础，为新一轮评估制度设计提供了宝贵的经验，使新一轮评估的方向和目标更加明确，使得安徽有信心、有底气、有能力敢于率先在全国启动审核评估工作。

（三）高校自主发展的强烈愿望为审核评估提供了动力

目前，安徽省共有普通高校107所，其中本科高校33所，高职高专院校74所，另外还有11所独立学院和6所成人高校。在全国高等教育快速发展的步伐下，安徽省高等教育按照省委省政府提出的高教强省战略和“科学定位、分类指导、多元发展、特色办学”的发展方针，初步探索出一条坚持“地方性、应用型、合作式、一体化”具有安徽特色的地方高等教育发展道路。纵向比较，安徽省高等教育已经彻底改变了过去“高校少、规模小、水平低、底子薄、结构不合理”的面貌，但横向比较与江、浙、沪等经济发达地区仍存在较大差距，高等教育发展仍面临着质量不能很好适应新时期人民群众对优质高等教育的需求，与办好人民满意的高等教育的要求及建设三个强省和美好安徽的要求还有较大差距。如，人才培养质量与经济社会加快发展的要求有差距；学科专业结构与促进区域协调发展和加快转型升级的要求有差距；自主创新能力与扩大开放竞争的要求有差距；在师资队伍、办学投入、办学条件和对外影响上与经济发达地区相比有差距，等等。

随着中西部地区经济和高等教育的快速发展，产业结构调整、产业升级转型，对高等教育的需求日益强烈。安徽作为中西部地区，紧靠沿海地区，经济发展对高等教育需求越发旺盛。安徽省在“十二五”期间，提出要大力培育战略新兴产业，改造传统产业，重点发展制造业、大力发展现代服务业和现代农业，大力加强交通、水利和新农村建设。区域经济的发展，离不开人才、科研服务支撑，安徽省委省政府高度重视教育事业，高瞻远瞩地提出优先发展教育、加快高等教育强省建设。国家和区域经济社会快速发展，人民生活水平的不断提高，广大人民群众对接受不同层次高等教育的需求和愿望越来越强烈。“地方高校的兴起不仅丰富了我国高等教育的类型，拓展了我国高等教育的层次，在满足人民群众接受不同层次类型高等教育的愿望过程中作出了积极的贡献。”[6]就安徽而言，作为拥有6800万人口和各级各类在校学生达1100多万的教育大省，安徽人民有着更加强烈接受高等教育的迫切愿望。安徽作为国务院批准的中部地区唯一一个省级政府教育统筹综合改革试点省，无论是安徽省委省政府还是高校，已经形成强烈的发展与改革愿望。良好的高等教育发展环境，高校希望发展主动改革的进取心，愿意作为国家教育改革发展的试验田的决心，省委省政府对高等教育投入的优先支持的保障，为安徽高等教育改革发展提供了强大的动力。

**二、安徽省本科教学审核评估的整体设计框架**

安徽省《关于普通高等学校本科教学评估工作的实施意见》共包括《安徽省普通高等学校本科教学审核评估工作实施方案》（以下简称《实施方案》）、《安徽省普通高等学校本科教学审核评估工作指南（试行）》（以下简称《工作指南》）和《安徽省普通高等学校本科教学工作审核评估引导性问题》（以下简称《引导性问题》）三块内容。其中《实施方案》分五个部分，分别阐述了审核评估的意义与目的、评估的指导思想与原则、评估的重点内容、评估程序、评估结论及其使用。《工作指南》主要规定了评估的组织与实施、学校自评与材料准备、专家组现场考察的方式方法，以及根据评估主要内容细化的评估参考要素等。《引导性问题》主要是为了使专家做好审核评估工作而设计的一些参考性问题，问题一般围绕学校“在做什么？在如何做？效果如何？问题如何？如何改进？”五个方面展开。引导性问题主要起示范性作用，对专家考察不具有限定性。

在评估内容和形式方面，《实施方案》除了充分吸收教育部9号文件所规定的“要加强教学基本状态数据常态监测”、“高校要建立本科教学自我评估制度”外，重点提出针对安徽应用型高等教育体制的审核评估内容是考察“五个度”，即高校办学定位与社会需求的符合度；高校人才培养、科学研究、社会服务、文化传承创新对办学定位的支撑度；高校人才培养目标、方案、教学运行、质量及质量监控之间的吻合度；高校师资队伍、教学仪器设备、实践教学基地、图书资料等教学资源对教学水平的保障度；学生、社会、用人单位、政府对教学质量的满意度。把提高“五个度”，作为高等学校人才培养水平判断的基本依据，作为办学水平衡量的基本标准，作为人才培养工作进行指导的重要抓手。

评估组织实施采取管办评分离的形式，以安徽省教育厅评估中心名义组织开展。按照学校自评、办学条件和教学状态分析与核实、专家进校考察三个阶段分步进行，其中规定办学条件和教学状态分析与核实环节，若学校办学条件达不到教育部合格评估办学指标要求，则暂停评估，待办学条件达标后，再组织专家进校考察。评估三个阶段工作任务明确、职责清楚，形成了有利于学校迎评准备，有利于评估专家操作，有利于审核评估各项工作进程稳步推进的评估程序。在评估结论方面取消了“等级”，为了增加专家指导性意见的权威性，保证评估专家建议的有效性，安徽教育厅以行政文件的形式下发学校，将专家的指导性意见转化为高校资源配置的调控手段。

**三、安徽省本科教学审核评估方案的主要特点**

安徽省审核评估方案与国家评估方案相比较，无论是评估的理念、评估对象及条件、评估的内容，还是评估的方式、程序、组织与管理都有很多共通之处。虽然从评估的范围，即所谓的评估一级指标体系上看差异较大，安徽省考察的重点是“五个度”，国家方案重点考察的是定位与目标、师资队伍、教学资源、培养过程、学生发展、质量保障及自选特色项目等六个方面，但核心都是对学校人才培养目标与培养效果的实现状况进行评价，旨在推进人才培养多样化，强调尊重学校办学自主权，体现学校在人才培养质量中的主体地位。另一个较明显差异就是安徽省审核评估增加了专业剖析这一项要求，即选取2—3个最能体现学校建设理念、建设思路、建设水平的特色专业进行深入剖析，通过专业的深度剖析从更深、更一线的角度来评估学校人才培养是否与学校的办学定位相吻合，与社会需求相符合。可以说，安徽省评估方案既遵循了国家新一轮评估的设计理念，又体现了安徽高等教育发展特点。

（一）方案设计充分体现以高校为本的评估理念

“审核评估作为一种由外部推动内部的评估模式，是一个基于事实判断的同行专家评审过程，其要义是对自评结果进行‘核实’。”[7] 确切地说它只是一部“显示器”，用以显示学校自立的标准或者学校向社会所作出的承诺是否达成，看被评估对象是否达到了自身设定的目标。评估后，专家组给出审核报告，引导学校自我改进。安徽省在方案设计时充分融入了以高校为本进行评估的主导思想，即从过去以政府为主、强调规范向以高校为本、突出内涵的理念转变，从高校的发展出发，使高校获得全面、主动、有特色的可持续发展，充分发挥高等学校的主体性作用，增进高校自主办学能力，适当弱化评估指标体系的刚性要求。

审核评估作为一种动态性评估，更加注重学校的自我设计、自我发展，强调学校在常态和开放的状态下对学校自身设定的目标进行“核实”；强调学校是人才培养质量的责任主体，旨在促进学校增强质量主体意识、建立健全质量保障体系、提升质量保障能力；强调尊重学校办学自主权，充分考虑学校办学定位和人才培养的多样性，引导学校合理确定培养目标，制定质量标准，形成办学特色；强调过程的改进和内涵的提升，注重资源的有效利用，注重建立质量保障的长效机制，促进质量的持续提高。

（二）评估目的更加注重测量与导向相结合

教学评估的目的到底是注重于“引导”还是“测量”，在不同国家表现差异较大。我国高等教育一直是以政府为主导进行办学，办学资源由政府所掌握，国家层面一直比较注重评估的规范性和引导。2003年，我国高校本科教学评估就提出了“以评促建、以评促改、评建结合、重在建设”的方针，新一轮合格评估方案也明确提出了“四个促进、三个基本、两个突出和一个引导”的评估要求，这些充分体现了政府对高校办学和教学工作鲜明而强烈的导向性，更侧重于“指挥棒”的作用。而西方发达国家一直强调“评估须尊重学校的主体意志，外部评估只是客观说明学校自身状况，给学校提供一部显示器，它所显示的是学校内部标准，表达学校自己确定的目标及实现情况，更加侧重于‘测量仪’作用。”[8]

为了突破国内教学评估的传统性思维，安徽省在制订审核评估方案时既考虑了我国高等教育评估发展实际，又充分借鉴和吸收了西方发达国家已有的评估经验。方案设计突出了高校内涵建设和特色发展，强化了办学合理定位、教学中心地位和质量保障体系建设等方面对高校办学的引导作用。同时，其评估方案又只是一个框架，由若干方面组成，每一方面提出一系列问题，这些问题由学校自己举证回答，提供支撑材料。如，“人才培养目标、方案、教学运行、质量及质量监控之间的吻合度”，“师资队伍、教学仪器设备、实践教学基地、图书资料等教学资源对人才培养的保障度”[9]，等等。在以“五个度”为主要评估内容基础上细化的评估要素仅作为一种参考性要求，是一种“柔性指标体系”，而非“刚性指标体系”。这样的指标设计既规避了专家用同一的指标考察不同类型学校的难题，更大发挥专家的自主性和灵活性，又能根据不同类型的学校进行客观和中立的事实描述，从而实现绩效评估结果高低好坏，其衡量的标准是高校自身。

（三）评估内容更加注重高等教育内外部要素的有机联系

安徽省审核评估方案确立的重点考查内容“五个度”。一方面在充分尊重高校的个性化选择和定位前提下，更加注重与社会经济发展需求相结合，如考察学校办学定位与社会需求的符合度。另一方面，“更加重视考量高等教育的产出，注重对教育资源使用效益和学生学习效果的评价”[10]，特别强调“学生、社会、政府用人单位对教学质量的满意度”考察。这种内容的设计摆脱了以往评估只注重在教育系统内部考察学校办学效果的局限性，突出了高等教育办学的开放性、人才培养为社会服务的现实性，更突出了高校办学必须紧密结合社会经济发展的与时俱进的时代特征。

**四、安徽省开展审核评估试点工作的启示**

（一）与时俱进的方案设计是开展好审核评估的基础

高校的教学工作是动态的，随着教育教学改革的不断发展、深化，以及人们认识水平的不断提高，人们对教育教学规律的认识也在不断深入。作为力图反映科学的教育价值观和教育教学规律的评估方案也应该是动态的，能紧密结合高等教育发展的形势需要，紧密结合不同类型、不同层次的学校现状，能正确地体现教育教学工作的客观规律。上一轮水平评估引起比较广泛的争议和质疑，一个很重要的因素就是评估方案的标准单一，对不同高校评估缺乏分类指导，用一把尺子考量所有学校。

各地在进行审核评估方案设计时应借鉴安徽省审核评估方案的设计思路，

在指标设计上采用参考性的“柔性指标体系”，尽量用学校自身设计的办学定位、办学目标与社会对人才培养需求的符合度对其进行评价，这种以学校为主体的目标导向就充分考虑了高校办学和人才培养的多样性以及教学质量的多元化，消除了评估标准单一的问题，鼓励学校探索创新、办出特色。这样的方案设计更容易被学校所接受，更利于学校以平常心、正常态对待评估，更利于学校以学习心、开放态参与评估，从而实现评估与学校日常教学工作有机结合和协调开展，确保教学常态，不搞临时突击，业绩不夸大、问题不隐瞒。

（二）高水平的专家队伍组成是开展好评估的关键

本科教学评估是一种政府指导下的专家行为，从方案的制订到过程的实施，都是在政府指导下进行的。因此，有没有一支好的专家队伍，是评估工作能否搞好的关键。审核评估作为一种对学校自身设定的目标进行核实的评估模式，相对合格评估更加柔性，更加注重发挥专家的主动灵活性，更加注重专家独立判断和分析能力，更加注重发挥专家的指导作用，对专家的要求也就更高。因此，在进校考察专家的配置上应根据学校规模、类型、办学形式、主干院系和专业等情况有针对性地配置（省外专家要达到1/3以上），并在进校前加强对评估专家进行全面系统的培训。专家组成员本身应具有较高的学术水平和比较丰富的工作经验（包括其所从事的学科和教学管理的水平与经验）；要有更高的视野、更敏锐的观察、更强的判断能力和分析问题的能力；要熟悉有关评估的职能和方法，掌握评估方案；要公平公正、无私无畏，能从帮助被评学校提高教学质量的目的出发，坦诚相待、热情地对被评学校提出改进教学工作的意见和建议。此外，作为专家队伍成员，还必须有良好的工作作风，认真遵守必要的工作纪律。审核评估专家特别要摆脱以往水平评估和合格评估的经验与思维模式的束缚，根据审核评估要求，更多侧重于学校办学定位、办学目标、人才培养定位和目标的审核与验证，减少硬性式的指标度量，更多发挥专家自主性和“诊断把脉”的作用。

（三）专业严谨的方式方法是开展好审核评估的重要保证

一个高质量的教学评估工作，除了需要一个科学完善的评估方案和一支高水平的专家队伍以外，专业严谨的评估方式方法是实现良好评估的又一极为重要因素。而我国以往的教学评估恰恰对此一直未给予足够的重视。做好新一轮审核评估工作，需要对审核评估方式方法进行合理设计。一方面，充分利用国家合格评估建立的“高等学校本科教学基本状态数据库”，对反映审核评估院校教学状态的基本数据进行采集，并将形成的“数据分析报告”在进校前提供给专家，实现本科教学工作及其质量常态监控。另一方面，考虑到审核评估“重在对高校的审核”，在借鉴国家合格评估工作方式方法的基础上，着重采用集体考察、审阅资料、深度访谈、随机听课、校内外考察等方法。同时，方案中应该明确规范专家组组长、副组长、专家组成员和秘书所应承担的工作职责。评估方式方法的使用，既要突出评估的点与面、量与质，保证专家能在最短的考察时间内最大限度发现学校教学的实际现状，找到学校取得的成绩和发现不足，又要注意引导被评学校把评估的自评工作与日常教学工作紧密结合起来，减少学校应付评估、突击评估、夸大业绩、隐瞒问题的情况，推进学校教学质量保障监控体系的建设，形成学校内部具有自我约束、自我完善功能的教学质量保证的机制。

（四）评估结论的有效使用是推进评估工作深入发展、稳步完善的重要举措

如何保证评估后的整改落实，切实提高评估整改成效一直是评估工作的一项难点。目前，审核评估结论取消了等级评价，代之以写实性的评估报告。报告突出用事实和数据说话，指明学校教学工作哪些方面值得肯定、哪些需要改进、还有哪些必须整改，要求对问题原因形成客观的分析，促进学校由注重评估结果向注重评建过程转变，加强制度建设，提高人才培养质量，但这些仅是专家指导性意见和建议，并不对学校形成有效的约束力。如何更好发挥专家评估结论性意见和建议，将专家的指导性意见切实转化为学校整改落实的具体措施直接关系到评估成效。各地教育主管部门应该参考安徽省教育厅的做法，以有关文件的形式规定，将审核评估报告和学校整改报告作为教育厅在学校领导班子配备、教学资源配置、项目审批、招生规模、新专业设置、硕士学位（博士学位）授权点申报等方面的重要参考。并在评估一年后委派专家再次进校“回头看”，就评估整改落实情况进行专项检查，从而有力保证了在取消评估等级式评价后的学校整改工作能落实到位。

参考文献：

[1] 教育部关于普通高等学校本科教学评估工作的意见(教高〔2011〕9号).

[2] 李志义，朱泓，刘志军.我国本科教学评估该向何处去[J]，高教发展与评估，

2011(6):1—9.

[3] 孙颖.自选模块:审核评估指标体系设计的新思路[J],高教发展与评估,2012(4):1—5.

[4] 教育部关于普通高等学校本科教学评估工作的意见(教高〔2011〕9号).

[5] 刘振天.我国新一轮高校本科教学评估总体设计与制度创新[J].高等教育研究,2012(3):23—28.

[6] 尚钢.破解地方高校科学发展瓶颈的战略思考[J].学校党建与思想教育,2011(8):4—6.

[7] 李志义,朱泓,刘志军.我国本科教学评估该向何处去[J].高教发展与评估,2011(6):1—9.

[8] 刘振天.教学评估:是"指挥棒",还是"测量仪"? [N].光明日报,2013年10月23日.

[9] 程艺.强化省级统筹 全面提升地方高等教育质量[J].中国高等教育,2012(11):30—32.

[10] 魏红,钟秉林.重视学生学习效果 改善教育评估效能:国际高等教育评估发展新趋势及其启示[J].中国高教研究,2009(10):16—19.

(原载于《中国高等教育评估》2014年第2期)

构建

地方应用性高等教育

新模式（下）

# 附　录

# 教育部关于全面提高高等教育质量的若干意见

教高〔2012〕4号

**各省、自治区、直辖市教育厅（教委），新疆生产建设兵团教育局，有关部门（单位）教育司（局），部属各高等学校：**

为深入贯彻落实胡锦涛总书记在庆祝清华大学建校100周年大会上的重要讲话精神和《国家中长期教育改革和发展规划纲要（2010—2020年）》，大力提升人才培养水平、增强科学研究能力、服务经济社会发展、推进文化传承创新，全面提高高等教育质量，现提出如下意见。

（一）坚持内涵式发展。牢固确立人才培养的中心地位，树立科学的高等教育发展观，坚持稳定规模、优化结构、强化特色、注重创新，走以质量提升为核心的内涵式发展道路。稳定规模，保持公办普通高校本科招生规模相对稳定，高等教育规模增量主要用于发展高等职业教育、继续教育、专业学位硕士研究生教育以及扩大民办教育和合作办学。优化结构，调整学科专业、类型、层次和区域布局结构，适应国家和区域经济社会发展需要，满足人民群众接受高等教育的多样化需求。强化特色，促进高校合理定位、各展所长，在不同层次不同领域办出特色、争创一流。注重创新，以体制机制改革为重点，鼓励地方和高校大胆探索试验，加快重要领域和关键环节改革步伐。按照内涵式发展要求，完善实施高校“十二五”改革和发展规划。

（二）促进高校办出特色。探索建立高校分类体系，制定分类管理办法，克服同质化倾向。根据办学历史、区位优势和资源条件等，确定特色鲜明的办学定位、发展规划、人才培养规格和学科专业设置。加快建设若干所世界一流大学和一批高水平大学，建设一批世界一流学科，继续实施“985工程”、“211工程”和优势学科创新平台、特色重点学科项目。加强师范、艺术、体育以及农林、水利、地矿、石油等行业高校建设，突出学科专业特色和行业特色。加强地方本科高校建设，以扶需、扶特为原则，发挥政策引导和资源配置作用，支持有特色高水平地方高校发展。加强高职学校建设，重点建设好高水平示范（骨干）高职学校。加强民办高校内涵建设，办好一批高水平民办高校。实施中西部高等教育振兴计划，推进东部高校对口支援西部高校计划。完善中央部属高校和重点建设高校战略布局。

（三）完善人才培养质量标准体系。全面实施素质教育，把促进人的全面发展和适应社会需要作为衡量人才培养水平的根本标准。建立健全符合国情的人才培养质量标准体系，落实文化知识学习和思想品德修养、创新思维和社会实践、全面发展和个性发展紧密结合的人才培养要求。会同相关部门、科研院所、行业企业，制订实施本科和高职高专专业类教学质量国家标准，制订一级学科博士、硕士学位和专业学位基本要求。鼓励行业部门依据国家标准制订相关专业人才培养评价标准。高校根据实际制订科学的人才培养方案。

（四）优化学科专业和人才培养结构。修订学科专业目录及设置管理办法，建立动态调整机制，优化学科专业结构。落实和扩大高校学科专业设置自主权，按照学科专业设置管理规定，除国家控制布点专业外，本科和高职高专专业自主设置，研究生二级学科自主设置，在有条件的学位授予单位试行自行增列博士、硕士一级学科学位授权点。开展本科和高职高专专业综合改革试点，支持优势特色专业、战略性新兴产业相关专业和农林、水利、地矿、石油等行业相关专业以及师范类专业建设。建立高校毕业生就业和重点产业人才供需年度报告制度，健全专业预警、退出机制。连续两年就业率较低的专业，除个别特殊专业外，应调减招生计划直至停招。加大应用型、复合型、技能型人才培养力度。大力发展专业学位研究生教育，逐步扩大专业学位硕士研究生招生规模，促进专业学位和学术学位协调发展。

（五）创新人才培养模式。实施基础学科拔尖学生培养试验计划，建设一批国家青年英才培养基地，探索拔尖创新人才培养模式。实施卓越工程师、卓越农林人才、卓越法律人才等教育培养计划，以提高实践能力为重点，探索与有关部门、科研院所、行业企业联合培养人才模式。推进医学教育综合改革，实施卓越医生教育培养计划，探索适应国家医疗体制改革需要的临床医学人才培养模式。实施卓越教师教育培养计划，探索中小学特别是农村中小学骨干教师培养模式。提升高职学校服务产业发展能力，探索高端技能型人才系统培养模式。鼓励因校制宜，探索科学基础、实践能力和人文素养融合发展的人才培养模式。改革教学管理，探索在教师指导下，学生自主选择专业、自主选择课程等自主学习模式。创新教育教学方法，倡导启发式、探究式、讨论式、参与式教学。促进科研与教学互动，及时把科研成果转化为教学内容，重点实验室、研究基地等向学生开放。支持本科生参与科研活动，早进课题、早进实验室、早进团队。改革考试方法，注重学习过程考查和学生能力评价。

（六）巩固本科教学基础地位。把本科教学作为高校最基础、最根本的工作，领导精力、师资力量、资源配置、经费安排和工作评价都要体现以教学为中心。高校每年召开本科教学工作会议，着力解决人才培养和教育教学中的重点难点问题。高校制订具体办法，把教授为本科生上课作为基本制度，将承担本科教学任务作为教授聘用的基本条件，让最优秀教师为本科一年级学生上课。鼓励高校开展专业核心课程教授负责制试点。倡导知名教授开设新生研讨课，激发学生专业兴趣和学习动力。完善国家、地方和高校教学名师评选表彰制度，重点表彰在教学一线做出突出贡献的优秀教师。定期开展教授为本科生授课情况的专项检查。完善国家、地方、高校三级“本科教学工程”体系，发挥建设项目在推进教学改革、加强教学建设、提高教学质量上的引领、示范、辐射作用。

（七）改革研究生培养机制。完善以科学研究和实践创新为主导的导师负责制。综合考虑导师的师德、学术和实践创新水平，健全导师遴选、考核等制度，给予导师特别是博士生导师在录取、资助等方面更多自主权。专业学位突出职业能力培养，与职业资格紧密衔接，建立健全培养、考核、评价和管理体系。学术学位研究生导师应通过科研任务，提高研究生的理论素养和实践能力。推动高校与科研院所联合培养，鼓励跨学科合作指导。专业学位研究生实行双导师制，支持在行业企业建立研究生工作站。开展专业学位硕士研究生培养综合改革试点。健全研究生考核、申诉、转学等机制，完善在课程教学、中期考核、开题报告、预答辩、学位评定等各环节的研究生分流、淘汰制度。

（八）强化实践育人环节。制定加强高校实践育人工作的办法。结合专业特点和人才培养要求，分类制订实践教学标准。增加实践教学比重，确保各类专业实践教学必要的学分（学时）。配齐配强实验室人员，提升实验教学水平。组织编写一批优秀实验教材。加强实验室、实习实训基地、实践教学共享平台建设，重点建设一批国家级实验教学示范中心、国家大学生校外实践教育基地、高职实训基地。加强实践教学管理，提高实验、实习实训、实践和毕业设计（论文）质量。支持高职学校学生参加企业技改、工艺创新等活动。把军事训练作为必修课，列入教学计划，认真组织实施。广泛开展社会调查、生产劳动、志愿服务、公益活动、科技发明、勤工助学和挂职锻炼等社会实践活动。新增生均拨款优先投入实践育人工作，新增教学经费优先用于实践教学。推动建立党政机关、城市社区、农村乡镇、企事业单位、社会服务机构等接收高校学生实践制度。

（九）加强创新创业教育和就业指导服务。把创新创业教育贯穿人才培养全过程。制订高校创新创业教育教学基本要求，开发创新创业类课程，纳入学分管理。大力开展创新创业师资培养培训，聘请企业家、专业技术人才和能工巧匠等担任兼职教师。支持学生开展创新创业训练，完善国家、地方、高校三级项目资助体系。依托高新技术产业开发区、工业园区和大学科技园等，重点建设一批高校学生科技创业实习基地。普遍建立地方和高校创新创业教育指导中心和孵化基地。加强就业指导服务，加快就业指导服务机构建设，完善职业发展和就业指导课程体系。建立健全高校毕业生就业信息服务平台，加强困难群体毕业生就业援助与帮扶。

（十）加强和改进思想政治教育。全面实施思想政治理论课课程方案，推动中国特色社会主义理论体系进教材、进课堂、进头脑。及时修订教材和教学大纲，充分反映马克思主义中国化最新成果。改进教学方法，把教材优势转化为教学优势，增强教学实效。制定思想政治理论课教师队伍建设规划，加大全员培训、骨干研修、攻读博士学位、国内外考察等工作力度。加强马克思主义理论学科建设，为思想政治理论课提供学科支撑。实施高校思想政治理论课建设标准，制定教学质量测评体系。加强形势与政策教育教学规范化、制度化建设。实施立德树人工程，提高大学生思想政治教育工作科学化水平。创新网络思想政治教育，建设一批主题教育网站、网络社区。推动高校普遍设立心理健康教育和咨询机构，开好心理健康教育课程。增强教师心理健康教育意识，关心学生心理健康。制定大学生思想政治教育工作测评体系。启动专项计划，建设一支高水平思想政治教育专家队伍，推进辅导员队伍专业化职业化。创新学生党支部设置方式，加强学生党员的教育、管理和服务，加强在学生中发展党员工作，加强组织员队伍建设。加强爱国、敬业、诚信、友善等道德规范教育，推动学雷锋活动机制化常态化。推进全员育人、全过程育人、全方位育人，引导学生自我教育、自我管理和自我服务。

（十一）健全教育质量评估制度。出台高校本科教学评估新方案，加强分类评估、分类指导，坚持管办评分离的原则，建立以高校自我评估为基础，以教学基本状态数据常态监测、院校评估、专业认证及评估、国际评估为主要内容，政府、学校、专门机构和社会多元评价相结合的教学评估制度。加强高校自我评估，健全校内质量保障体系，完善本科教学基本状态数据库，建立本科教学质量年度报告发布制度。实行分类评估，对2000年以来未参加过评估的新建本科高校实行合格评估，对参加过评估并获得通过的普通本科高校实行审核评估。开展专业认证及评估，在工程、医学等领域积极探索与国际实质等效的专业认证，鼓励有条件的高校开展学科专业的国际评估。对具有三届毕业生的高职学校开展人才培养工作评估。加强学位授权点建设和研究生培养质量监控，坚持自我评估和随机抽查相结合，每5年对博士、硕士学位授权点评估一次。加大博士学位论文抽检范围和力度，每年抽查比例不低于5%。建立健全教学合格评估与认证相结合的专业学位研究生教育质量保障制度。建设学位与研究生教育质量监控信息化平台。

（十二）推进协同创新。启动实施高等学校创新能力提升计划。按照国家急需、世界一流要求，坚持“需求导向、全面开放、深度融合、创新引领”原则，瞄准世界科技前沿，面向国家战略和区域发展重大需求，以体制机制改革为重点，以创新能力提升为突破口，通过政策和项目引导，大力推进协同创新。探索建立校校协同、校所协同、校企（行业）协同、校地（区域）协同、国际合作协同等开放、集成、高效的新模式，形成以任务为牵引的人事聘用管理制度、寓教于研的人才培养模式、以质量与贡献为依据的考评机制、以学科交叉融合为导向的资源配置方式等协同创新机制，产出一批重大标志性成果，培养一批拔尖创新人才，在国家创新体系建设中发挥重要作用。

（十三）提升高校科技创新能力。实施教育部、科技部联合行动计划。制定高校科技发展规划。依托重点学科，加快高校国家（重点）实验室、重大科技基础设施、国家工程技术（研究）中心以及教育部重点实验室、工程技术中心建设与发展。积极推进高校基础研究特区、国际联合研究中心、前沿技术联合实验室和产业技术研究院、都市发展研究院、新农村发展研究院等多种形式的改革试点，探索高校科学研究面向经济社会发展、与人才培养紧密结合、促进学科交叉融合的新模式。

（十四）繁荣发展高校哲学社会科学。实施新一轮高校哲学社会科学繁荣计划。积极参与马克思主义理论研究和建设工程，推进哲学社会科学教学科研骨干研修，做好重点教材编写和使用工作，形成全面反映马克思主义中国化最新成果的哲学社会科学学科体系和教材体系。推进高校人文社会科学重点研究基地建设，新建一批以国家重大需求为导向和新兴交叉领域的重点研究基地，构建创新平台体系。加强基础研究，强化应用对策研究，促进交叉研究，构建服务国家需要与鼓励自由探索相结合的项目体系。瞄准国家发展战略和重大国际问题，推进高校智库建设。重点建设一批社会科学专题数据库和优秀学术网站。实施高校哲学社会科学“走出去”计划，推进优秀成果和优秀人才走向世界，增强国际学术话语权和影响力。

（十五）改革高校科研管理机制。激发创新活力、提高创新质量，建立科学规范、开放合作、运行高效的现代科研管理机制。推进高校科研组织形式改革，提升高校科研管理水平，加强科研管理队伍建设，增强高校组织、参与重大项目的能力。创新高校科研人员聘用制度，建立稳定与流动相结合的科研团队。加大基本科研业务费专项资金投入力度，形成有重点的稳定支持和竞争性项目相结合的资源配置方式。改进高校科学研究评价办法，形成重在质量、崇尚创新、社会参与的评价方式，建立以科研成果创造性、实用性以及科研对人才培养贡献为导向的评价激励机制。

（十六）增强高校社会服务能力。主动服务经济发展方式转变和产业转型升级，加快高校科技成果转化和产业化，加强高校技术转移中心建设，形成比较完善的技术转移体系。支持高校参与技术创新体系建设，参与组建产学研战略联盟。开展产学研合作基地建设改革试点，引导高校和企业共建合作创新平台。瞄准经济社会发展重大理论和现实问题，加强与相关部门和地方政府合作，建设一批高水平咨询研究机构。支持高校与行业部门（协会）、龙头企业共建一批发展战略研究院，开展产业发展研究和咨询。组建一批国际问题研究中心，深入研究全球问题、热点区域问题、国别问题。

（十七）加快发展继续教育。推动建立继续教育国家制度，搭建终身学习“立交桥”。健全宽进严出的继续教育学习制度，改革和完善高等教育自学考试制度。推进高校继续教育综合改革，引导高校面向行业和区域举办高质量学历和非学历继续教育。实施本专科继续教育质量提升计划、高校继续教育资源开放计划。开展高校继续教育学习成果认证、积累和转换试点工作，鼓励社会成员通过多样化、个性化方式参与学习。深入开展和规范以同等学力申请学位工作。

（十八）推进文化传承创新。传承弘扬中华优秀传统文化，吸收借鉴世界优秀文明成果。加强对前人积累的文化成果研究，加大对文史哲等学科支持力度，实施基础研究中长期重大专项和学术文化工程，推出一批标志性成果，推动社会主义先进文化建设。发挥文化育人作用，把社会主义核心价值体系融入国民教育全过程，建设体现社会主义特点、时代特征和学校特色的大学文化。秉承办学传统，凝练办学理念，确定校训、校歌，形成优良校风、教风和学风，培育大学精神。组织实施高校校园文化创新项目。加强图书馆、校史馆、博物馆等场馆建设。面向社会开设高校名师大讲堂，开展高校理论名家社会行等活动。稳步推进孔子学院建设，促进国际汉语教育科学发展。推进海外中国学研究，鼓励高校合作建立海外中国学术研究中心。实施当代中国学术精品译丛、中华文化经典外文汇释汇校项目，建设一批国际知名的外文学术期刊、国际性研究数据库和外文学术网站。

（十九）改革考试招生制度。深入推进高考改革，成立国家教育考试指导委员会，研究制定考试改革方案，逐步形成分类考试、综合评价、多元录取的高校考试招生制度。改革考试内容和形式，推进分类考试，扩大高等职业教育分类入学考试试点和高等职业教育单独招生考试。改革考试评价方式，推进综合评价，探索形成高考与高校考核、高中学业水平考试和综合素质评价相结合的多样化评价体系。改革招生录取模式，推进多元录取，逐步扩大自主选拔录取改革试点范围，在坚持统一高考基础上，探索完善自主录取、推荐录取、定向录取、破格录取的方式，探索高等职业教育“知识+技能”录取模式。改革高考管理制度，推进“阳光工程”，加快标准化考点建设，规范高校招生秩序、高考加分项目和艺术体育等特殊类型招生。实施支援中西部地区招生协作计划，扩大东部高校在中西部地区招生规模。推进硕士生招生制度改革，突出对考生创新能力、专业潜能和综合素质的考查。推进博士生招生选拔评价方式、评价标准和内容体系等改革，把科研创新能力作为博士生选拔的首要因素，完善直博生和硕博连读等长学制选拔培养制度。建立健全博士生分流淘汰与名额补偿机制。

（二十）完善研究生资助体系。加大研究生教育财政投入，对纳入招生计划的学术学位和专业学位研究生，按综合定额标准给予财政拨款。建立健全研究生教育收费与奖学助学制度。依托导师科学研究或技术创新经费，增加研究生的研究资助额度。改革奖学金评定、发放和管理办法，实行重在激励的奖学金制度。设立国家奖学金，奖励学业成绩优秀、科研成果显著、社会公益活动表现突出的研究生。设立研究生助学金，将研究生纳入国家助学体系。

（二十一）完善中国特色现代大学制度。落实和扩大高校办学自主权，明确高校办学责任，完善治理结构。发布高校章程制定办法，加强章程建设。配合有关部门制定并落实坚持和完善普通高校党委领导下的校长负责制实施办法，健全党政议事规则和决策程序，依法落实党委职责和校长职权。坚持院系党政联席会议制度。高校领导要把主要精力投入到学校管理工作中，把工作重点集中到提高教育质量上。加强学术组织建设，优化校院两级学术组织构架，制定学术委员会规则，发挥学术委员会在学科建设、学术评价、学术发展中的重要作用。推进教授治学，发挥教授在教学、学术研究和学校管理中的作用。建立校领导联系学术骨干和教授制度。加强教职工代表大会、学生代表大会建设，发挥群众团体的作用。总结推广高校理事会或董事会组建模式和经验，建立健全社会支持和监督学校发展的长效机制。

（二十二）推进试点学院改革。建立教育教学改革试验区，在部分高校设立试点学院，探索以创新人才培养体制为核心、以学院为基本实施单位的综合性改革。改革人才招录与选拔方式，实行自主招生、多元录取，选拔培养具有创新潜质、学科特长和学业优秀的学生。改革人才培养模式，实行导师制、小班教学，激发学生学习主动性、积极性和创造性，培养拔尖创新人才。改革教师遴选、考核与评价制度，实行聘用制，探索年薪制，激励教师把主要精力用于教书育人。完善学院内部治理结构，实行教授治学、民主管理，扩大学院教学、科研、管理自主权。

（二十三）建设优质教育资源共享体系。建立高校与相关部门、科研院所、行业企业的共建平台，促进合作办学、合作育人、合作发展。鼓励地方建立大学联盟，发挥部属高校优质资源辐射作用，实现区域内高校资源共享、优势互补。加强高校间开放合作，推进教师互聘、学生互换、课程互选、学分互认。加强信息化资源共享平台建设，实施国家精品开放课程项目，建设一批精品视频公开课程和精品资源共享课程，向高校和社会开放。推进高等职业教育共享型专业教学资源库建设，与行业企业联合建设专业教学资源库。

（二十四）加强省级政府统筹。加大省级统筹力度，根据国家标准，结合各地实际，合理确定各类高等教育办学定位、办学条件、教师编制、生均财政拨款基本标准，合理设置和调整高校及学科专业布局。省级政府依法审批设立实施专科学历教育的高校，审批省级政府管理本科高校学士学位授予单位，审核硕士学位授予单位的硕士学位授予点和硕士专业学位授予点。核准地方高校的章程。完善实施地方“十二五”高等教育改革和发展规划。加大对地方高校的政策倾斜力度，根据区域经济社会发展需要，重点支持一批有特色高水平地方高校。推进国家示范性高等职业院校建设计划，重点建设一批特色高职学校。

（二十五）提升国际交流与合作水平。支持中外高校间学生互换、学分互认、学位互授联授。继续实施公派研究生出国留学项目。探索建立高校学生海外志愿服务机制。推动高校制定本科生和研究生中具有海外学习经历学生比例的阶段性目标。全面实施留学中国计划，不断提高来华留学教育质量，进一步扩大外国留学生规模，使我国成为亚洲最大的留学目的地国。以实施海外名师项目和学科创新引智计划等为牵引，引进一批国际公认的高水平专家学者和团队。在部分高校开展聘请外籍人员担任“学术院系主任”、“学术校长”试点。推动高校结合实际提出聘用外籍教师比例的增长性目标。做好高校领导和骨干教师海外培训工作。支持高职学校开展跨国技术培训。支持高校境外办学。支持高校办好若干所示范性中外合作办学机构，实施一批中外合作办学项目。

（二十六）加强师德师风建设。制定高校教师职业道德规范。加强职业理想和职业道德教育，大力宣传高校师德楷模的先进事迹，引导教师潜心教书育人。健全师德考评制度，将师德表现作为教师绩效考核、聘用和奖惩的首要内容，实行师德一票否决制。在教师培训特别是新教师岗前培训中，强化师德教育特别是学术道德、学术规范教育。制定加强高校学风建设的办法，完善高校科研学术规范，建立学术不端行为惩治查处机构。对学术不端行为者，一经查实，一律予以解聘，依法撤销教师资格。

（二十七）提高教师业务水平和教学能力。推动高校普遍建立教师教学发展中心，重点支持建设一批国家级教师教学发展示范中心，有计划地开展教师培训、教学咨询等，提升中青年教师专业水平和教学能力。完善教研室、教学团队、课程组等基层教学组织，坚持集体备课，深化教学重点难点问题研究。健全老中青教师传帮带机制，实行新开课、开新课试讲制度。完善助教制度，加强助教、助研、助管工作。探索科学评价教学能力的办法。鼓励高校聘用具有实践经验的专业技术人员担任专兼职教师，支持教师获得校外工作或研究经历。加大培养和引进领军人物、优秀团队的力度，积极参与“千人计划”，实施“长江学者奖励计划”和“创新团队发展计划”，加强高层次人才队伍建设。选择一批高校探索建立人才发展改革试验区。实施教师教育创新平台项目。建立教授、副教授学术休假制度。

（二十八）完善教师分类管理。严格实施高校教师资格制度，全面实行新进人员公开招聘制度。完善教师分类管理和分类评价办法，明确不同类型教师的岗位职责和任职条件，制定聘用、考核、晋升、奖惩办法。基础课教师重点考核教学任务、教学质量、教研成果和学术水平等情况。实验教学教师重点考核指导学生实验实习、教学设备研发、实验项目开发等情况。改革薪酬分配办法，实施绩效工资，分配政策向教学一线教师倾斜。鼓励高校探索以教学工作量和教学效果为导向的分配办法。加强教师管理，完善教师退出机制，规范教师兼职兼薪。加强高职学校专业教师双师素质和双师结构专业教学团队建设，鼓励和支持兼职教师申请教学系列专业技术职务。依法落实民办高校教师与公办高校教师平等法律地位。

（二十九）加强高校基础条件建设。建立全国高校发展和建设规划项目储备库及管理信息系统，严格执行先规划、后建设制度。通过多种方式整合校园资源，优化办学空间，提高办学效益。完善办学条件和事业发展监测、评价及信息公开制度。加快推进教育信息化进程，加强数字校园、数据中心、现代教学环境等信息化条件建设。完善高等学历教育招生资格和红、黄牌学校审核发布制度，确保高校办学条件不低于国家基本标准。积极争取地方政府支持，缓解青年教师住房困难。

（三十）加强高校经费保障。完善高校生均财政定额拨款制度，建立动态调整机制，依法保证生均财政定额拨款逐步增长。根据经济发展状况、培养成本和群众承受能力，合理确定和调整学费标准。完善财政捐赠配比政策，调动高校吸收社会捐赠的主动性、积极性。落实和完善国家对高校的各项税收优惠政策。推动高校建立科学、有效的预算管理机制，统筹财力，发挥资金的杠杆和导向作用。优化经费支出结构，加大教学投入。建立项目经费使用公开制度，增加高校经费使用透明度，控制和降低行政运行成本。建立健全自我约束与外部监督有机结合的财务监管体系，提高资金使用效益。

中华人民共和国教育部

二〇一二年三月十六日

# 教育部关于普通高等学校本科教学评估工作的意见

教高〔2011〕9号

**各省、自治区、直辖市教育厅（教委），新疆生产建设兵团教育局，有关部门（单位）教育司（局），部属各高等学校：**

为落实《国家中长期教育改革和发展规划纲要（2010—2020年）》，切实推进高等教育质量保障体系建设，全面提高本科教学水平和人才培养质量，现就普通高等学校本科教学评估工作提出如下意见。

**一、本科教学评估的意义目的**

1. 人才培养是高等学校的根本任务。提高人才培养质量的重点是提高教学质量。教学评估是评价、监督、保障和提高教学质量的重要举措，是我国高等教育质量保障体系的重要组成部分。

2. 开展教学评估的目的是促进高等学校全面贯彻党的教育方针，推进教学改革，提高人才培养质量，增强本科教学主动服务经济社会发展需要和人的全面发展需求的能力；促进政府对高等学校实施宏观管理和分类指导，引导高等学校合理定位、办出水平、办出特色；促进社会参与高等学校人才培养和评价、监督高等学校本科教学质量。

**二、本科教学评估的制度体系**

3. 建立健全以学校自我评估为基础，以院校评估、专业认证及评估、国际评估和教学基本状态数据常态监测为主要内容，政府、学校、专门机构和社会多元评价相结合，与中国特色现代高等教育体系相适应的教学评估制度。

4. 强化高等学校质量保障的主体意识，完善校内自我评估制度，建立健全校内质量保障体系；国家对高等学校实行分类的院校评估，促进高等学校办出特色；鼓励开展行业用人部门深度参与的专业认证及评估，增强人才培养与社会需求的适应性；充分利用信息技术，建设高等学校教学基本状态数据库，实现本科教学质量常态化监控；借鉴国际评估的先进理念和经验，加强国际合作与交流，鼓励在相关领域开展国际评估，提高本科人才培养质量和评估工作水平；按照中央和省级政府两级分工负责以及“管办评分离”的原则，形成科学合理、运行有效的评估工作组织体系。

**三、本科教学评估的主要内容与基本形式**

5. 教学基本状态数据常态监测。高等学校要充分利用信息技术，采集反映教学状态的基本数据，建立高等学校本科教学基本状态数据库。高等学校对数据库数据要及时更新，及时分析本科教学状况，建立本科教学工作及其质量常态监控机制，对社会关注的核心教学数据须在一定范围内向社会发布。国家建立全国高等学校本科教学基本状态数据库，充分发挥状态数据在政府监控高等教育质量、社会监督高等学校人才培养和本科教学评估工作中的重要作用。

6. 学校自我评估。高等学校应建立本科教学自我评估制度，根据学校确定的人才培养目标，围绕教学条件、教学过程、教学效果进行评估，包括院系评估、学科专业评估、课程评估等多项内容。应特别注重教师和学生对教学工作的评价，注重学生学习效果和教学资源使用效率的评价，注重用人单位对人才培养质量的评价。要建立有效的校内教学质量监测和调控机制，建立健全学校本科教学质量保障体系。学校在自我评估基础上形成本科教学年度质量报告，在适当范围发布并报相关教育行政（主管）部门。学校年度质量报告作为国家和有关专门机构开展院校评估和专业评估的重要参考。

7. 实行分类的院校评估。院校评估包括合格评估和审核评估。合格评估的对象是2000年以来未参加过院校评估的新建本科学校；审核评估的对象是参加过院校评估并获得通过的普通本科学校。

合格评估的重点是考察学校基本办学条件、基本教学管理和基本教学质量，学校服务地方经济社会发展的能力和应用型人才培养的能力，学校教学改革和内部质量保障体系建设和运行的情况。评估结论分为“通过”、“暂缓通过”和“不通过”三种。“通过”的学校5年后进入审核评估。

审核评估重点考察学校办学条件、本科教学质量与办学定位、人才培养目标的符合程度，学校内部质量保障体系建设及运行状况，学校深化本科教学改革的措施及成效。审核评估形成写实性报告，不分等级，周期为5年。

8. 开展专业认证及评估。在工程、医学等领域积极推进与国际标准实质等效的专业认证。要与行业共同制定认证标准，共同实施认证过程，体现行业需求，强化实践教学环节，并取得业界认可。鼓励专门机构和社会中介机构对高等学校进行专业评估。

9. 探索国际评估。鼓励有条件的高等学校聘请相应学科专业领域的国际高水平专家学者开展本校学科专业的国际评估。探索与国际高水平教育评估机构合作，积极进行评估工作的国际交流，提高评估工作水平。

**四、本科教学评估的组织管理**

10. 完善中央和省级政府两级分工明确、各负其责的本科教学评估工作制度。教育部制定评估工作方针政策、教学质量基本标准，统筹、指导和监督评估工作。省级教育行政部门依据国家有关规定和要求，结合本地区高等教育发展需要，制定本地区所属高等学校本科教学评估规划，组织实施本地区所属高等学校的审核评估工作，推动学校落实评估整改工作。

建立与“管办评分离”相适应的评估工作组织体系，充分发挥第三方评估的作用，由具备条件的教育评估机构实施相关评估工作。教育评估机构要加强自身专业化和规范化建设，加强评估专家队伍建设，严格评估过程组织，制定科学的评估方式方法。

11. 教育部设立普通高等学校本科教学工作评估专家委员会，开展评估研究、政策咨询、指导检查、监督与仲裁等。

12. 加强评估工作管理，切实推进“阳光评估”。评估机构、参评学校人员和评估专家要增强责任感、使命感，自觉遵守评估工作规则规程，规范评估行为。建立评估信息公告制度，评估政策、评估文件、评估方案、评估标准、评估程序以及学校自评报告、专家现场考察报告、评估结论等均在适当范围公开，广泛接受教师、学生和社会各界的监督。

中华人民共和国教育部

二〇一一年十月十三日

# 普通高等学校本科教学工作审核评估方案

## 一、普通高等学校本科教学工作审核评估实施办法

为贯彻落实党的十八大和《国家中长期教育改革和发展规划纲要（2010—2020年）》精神，提高本科教育教学质量，根据《教育部关于普通高等学校本科教学评估工作的意见》（教高〔2011〕9号），现制定普通高等学校本科教学工作审核评估（以下简称审核评估）实施办法。

（一）审核评估指导思想及总体要求

1. 审核评估指导思想。以党的十八大精神和教育规划纲要为指导，坚持"以评促建、以评促改、以评促管、评建结合、重在建设"的方针；突出内涵建设，突出特色发展；强化办学合理定位，强化人才培养中心地位，强化质量保障体系建设，不断提高人才培养质量。

2. 审核评估总体要求。审核评估坚持主体性、目标性、多样性、发展性和实证性五项基本原则，实行目标导向，问题引导，事实判断的评估方法。主体性原则注重以学校自我评估、自我检验、自我改进为主，体现学校在人才培养质量中的主体地位；目标性原则注重以学校办学定位和人才培养目标为导向，关注学校目标的确定与实现；多样性原则注重学校办学和人才培养的多样化，尊重学校办学自主权和自身特色；发展性原则注重学校内部质量标准和质量保障体系及其长效机制的建立，关注内涵的提升和质量的持续提高；实证性原则注重依据事实作出审核判断，以数据为依据、以事实来证明。

本次普通高等学校本科教学工作审核评估时间为2014年至2018年。

（二）审核评估对象及条件

3. 审核评估对象。凡参加普通高等学校本科教学工作水平评估获得"合格"及以上结论的高校均应参加审核评估。参加普通高等学校本科教学工作合格评估获得"通过"结论的新建本科院校，5年后须参加审核评估。

4. 审核评估条件。参加审核评估学校办学条件指标应达到教育部《普通高等学校基本办学条件指标（试行）》（教发〔2004〕2号）规定的合格标准；公

办普通本科高校生均拨款须达到《财政部关于进一步提高地方普通本科高校生均拨款水平的意见》（财教〔2010〕567号）规定的相应标准。

（三）审核评估范围及重点

5. 审核评估范围。审核评估范围主要包括学校的定位与目标、师资队伍、教学资源、培养过程、学生发展、质量保障以及学校自选特色等方面，涵盖学校的办学定位及人才培养目标，教师及其教学水平和教学投入，教学经费、教学设施及专业和课程资源建设情况，教学改革及各教学环节的落实情况，招生就业情况、学生学习效果及学风建设情况，质量保障体系的建设及运行情况等。

6. 审核评估重点。审核评估核心是对学校人才培养目标与培养效果的实现状况进行评价。重点考察办学定位和人才培养目标与国家和区域经济社会发展需求的适应度，教师和教学资源条件的保障度，教学和质量保障体系运行的有效度，学生和社会用人单位的满意度。

（四）审核评估组织与管理

7. 审核评估组织。教育部统筹协调全国普通高等学校本科教学审核评估工作，制定审核评估总体方案及规划，指导监督审核评估工作；省（区、市）教育行政部门负责组织本地区所属院校的审核评估工作，可结合本地区实际情况，在教育部审核评估方案基础上进行补充，制定本地区审核评估具体方案和评估计划，并报教育部备案后实施。

8. 审核评估实施。审核评估要积极探索、建立健全与管办评分离相适应的评估工作组织体系，充分发挥第三方评估的作用。中央部委所属院校的审核评估由教育部高等教育教学评估中心（以下简称教育部评估中心）负责实施；地方所属院校的审核评估由省级教育行政部门负责，逐步形成管办评分离的评估机制。

9. 审核评估专家。为保证审核评估专家工作水平，提高工作效率，由教育部评估中心分别建立审核评估专家库和全国高校教学基本状态数据库系统，为全国普通高等学校审核评估工作提供开放共享的服务平台。专家队伍应包括熟悉教学、管理和评估工作的教育专家，还应吸收行业、企业和社会用人部门有关专家参加。教育部评估中心与各地评估组织部门共同协商对审核评估专家进行培训。在审核评估组织实施中，外省（区、市）专家一般不少于进校考察专家组人数的三分之一。

10. 审核评估经费。审核评估经费应由审核评估具体组织部门负责落实。

（五）审核评估程序与任务

审核评估程序包括学校自评、专家进校考察、评估结论审议与发布等。

11. 学校自评。参评学校根据本办法和审核评估内容及上一次本科教学工作评估存在问题的整改情况，结合自身实际，认真开展自我评估，按要求填报本科教学基本状态数据（见教育部评估中心网页 http://udb.heec.edu.cn），在此基础上形成《自评报告》和《教学基本状态数据分析报告》，同时提交各年度《本科教学质量报告》。

12. 专家进校考察。专家组在审核学校《自评报告》、年度《本科教学质量报告》及《教学基本状态数据分析报告》基础上，通过查阅材料、个别访谈、集体访谈、考察教学设施与公共服务设施、观摩课堂教学与实践教学等形式，对学校教学工作做出公正客观评价，形成写实性《审核评估报告》。

13. 评估报告内容。《审核评估报告》应在全面深入考察和准确把握所有审核内容基础上，对各审核项目及其要素的审核情况进行描述，并围绕审核重点对学校本科人才培养总体情况作出判断和评价，同时明确学校教学工作值得肯定、需要改进和必须整改的方面。

14. 评估结论审议与发布。各省（区、市）教育行政部门和教育部评估中心应按年度将所组织的审核评估情况形成总结报告报教育部。教育部组织评估专家委员会进行审议，公布审议结果，并由教育部评估中心和各地教育行政部门公开发布参评高校的审核评估结论。

15. 评估结果。审核评估结果是学校教育教学质量的反映，与学校办学、发展直接相关，学校要根据审核评估中提出的问题及建议进行整改，有关教育行政部门应对参评学校的整改情况进行指导和检查，并在政策制定、资源配置、招生规模、学科专业建设等方面予以充分考虑，促进学校教学质量不断提高。

（六）审核评估纪律与监督

16. 纪律监督。审核评估要实行信息公开制度，严肃评估纪律，开展“阳光评估”，广泛接受学校、教师、学生和社会的监督，确保评估工作公平公正。教育部委托评估专家委员会，对参评学校和评估专家以及评估组织工作的规范性、公正性进行监督检查，同时受理有关申诉，对评估过程中违反相关规定的行为进行责任追究，作出严肃处理。

## 二、普通高等学校本科教学工作审核评估范围

| 审核项目 | 审核要素 | 审核要点 |
|---|---|---|
| 1. 定位与目标 | 1.1 办学定位 | (1)学校办学方向、办学定位及确定依据<br>(2)办学定位在学校发展规划中的体现 |
| | 1.2 培养目标 | (1)学校人才培养总目标及确定依据<br>(2)专业培养目标、标准及确定依据 |
| | 1.3 人才培养中心地位 | (1)落实学校人才培养中心地位的政策与措施<br>(2)人才培养中心地位的体现与效果<br>(3)学校领导对本科教学的重视情况 |
| 2. 师资队伍 | 2.1 数量与结构 | (1)教师队伍的数量与结构<br>(2)教师队伍建设规划及发展态势 |
| | 2.2 教育教学水平 | (1)专任教师的专业水平与教学能力<br>(2)学校师德师风建设措施与效果 |
| | 2.3 教师教学投入 | (1)教授、副教授为本科生上课情况<br>(2)教师开展教学研究、参与教学改革与建设情况 |
| | 2.4 教师发展与服务 | (1)提升教师教学能力和专业水平的政策措施<br>(2)服务教师职业生涯发展的政策措施 |
| 3. 教学资源 | 3.1 教学经费 | (1)教学经费投入及保障机制<br>(2)学校教学经费年度变化情况<br>(3)教学经费分配方式、比例及使用效益 |
| | 3.2 教学设施 | (1)教学设施满足教学需要情况<br>(2)教学、科研设施的开放程度及利用情况<br>(3)教学信息化条件及资源建设 |
| | 3.3 专业设置与培养方案 | (1)专业建设规划与执行<br>(2)专业设置与结构调整，优势专业与新专业建设<br>(3)培养方案的制定、执行与调整 |
| | 3.4 课程资源 | (1)课程建设规划与执行<br>(2)课程的数量、结构及优质课程资源建设<br>(3)教材建设与选用 |
| | 3.5 社会资源 | (1)合作办学、合作育人的措施与效果<br>(2)共建教学资源情况<br>(3)社会捐赠情况 |

| 审核项目 | 审核要素 | 审核要点 |
| --- | --- | --- |
| 4. 培养过程 | 4.1 教学改革 | (1)教学改革的总体思路及政策措施<br>(2)人才培养模式改革,人才培养体制、机制改革<br>(3)教学及管理信息化 |
| | 4.2 课堂教学 | (1)教学大纲的制订与执行<br>(2)教学内容对人才培养目标的体现,科研转化教学<br>(3)教师教学方法,学生学习方式<br>(4)考试考核的方式方法及管理 |
| | 4.3 实践教学 | (1)实践教学体系建设<br>(2)实验教学与实验室开放情况<br>(3)实习实训、社会实践、毕业设计(论文)的落实及效果 |
| | 4.4 第二课堂 | (1)第二课堂育人体系建设与保障措施<br>(2)社团建设与校园文化、科技活动及育人效果<br>(3)学生国内外交流学习情况 |
| 5. 学生发展 | 5.1 招生及生源情况 | (1)学校总体生源状况<br>(2)各专业生源数量及特征 |
| | 5.2 学生指导与服务 | (1)学生指导与服务的内容及效果<br>(2)学生指导与服务的组织与条件保障<br>(3)学生对指导与服务的评价 |
| | 5.3 学风与学习效果 | (1)学风建设的措施与效果<br>(2)学生学业成绩及综合素质表现<br>(3)学生对自我学习与成长的满意度 |
| | 5.4 就业与发展 | (1)毕业生就业率与职业发展情况<br>(2)用人单位对毕业生评价 |
| 6. 质量保障 | 6.1 教学质量保障体系 | (1)质量标准建设<br>(2)学校质量保障模式及体系结构<br>(3)质量保障体系的组织、制度建设<br>(4)教学质量管理队伍建设 |
| | 6.2 质量监控 | (1)自我评估及质量监控的内容与方式<br>(2)自我评估及质量监控的实施效果 |
| | 6.3 质量信息及利用 | (1)校内教学基本状态数据库建设情况<br>(2)质量信息统计、分析、反馈机制<br>(3)质量信息公开及年度质量报告 |
| | 6.4 质量改进 | (1)质量改进的途径与方法<br>(2)质量改进的效果与评价 |
| 自选特色项目 | 学校可自行选择有特色的补充项目 | |

教育部

二〇一三年十二月

# 后 记

2008年以来，我省为破解高等教育趋同发展、与经济社会多样化需求不相适应的难题，开展专题研究，突出地方性、应用性、服务性，提出了构建“具有区域特色现代应用性高等教育体系”的目标任务；在实践探索中，着力推进“高校分类发展、内涵建设、整体提升、各具特色、争创一流”的行动计划，主动适应、全面支撑了安徽省经济社会发展需求，取得了阶段性重要成果，积累了可资借鉴的成功经验和做法。《构建地方应用性高等教育新模式》是对我省近些年来开展地方应用性高等教育理论研究、实践探索以及所取得成果的系统梳理和深度挖掘。该书集中展现了“科学定位、分类指导、多元发展，特色办学”的地方高等教育发展思路和“地方性、应用型、合作式、一体化”地方应用性高等教育发展模式，汇集了一系列指导地方应用性高等教育体系建设的理论文章、政策文件和重大举措及先进典型案例。

全书共分上、中、下三册，由安徽省教育厅组织编写。安徽省教育厅厅长程艺、副厅长李和平对本书进行了设计和顶层系统策划，并提供撰写思路，其中上册第一章由方明、储常连编写，第二章由储常连、方明编写，第三章由潘和平、梁祥君编写，第四章由余国江、童兆胜编写，第五章由宋波、宋淮编写；中册由童兆胜、孙玉、彭璐、潘和平等整理和编写；下册由梁祥君、宋波、徐海洋、朱永国等整理和编写。储常连、方明负责统稿工作，最后由程艺、李和平审阅定稿。

本书编写过程中得到了教育厅相关处室和有关高校的大力支持，收到了很多宝贵的意见和建议，在此，表示衷心的感谢！

由于时间紧，水平有限，本书难免有疏漏之处，恳请读者批评指正。

编 者

2014年10月24日